Windows 10 Tipps und Tricks

Schritt für Schritt erklärt

von

Dirk Louis, Peter Müller

Vierfarben

Liebe Leserin, lieber Leser,

als mein Kollege dieses Buch zu beschreiben versucht hat, bediente er sich der Geschichte vom Ei des Kolumbus. Nachdem Kolumbus gerade aus Amerika zurückgekehrt war, spielten die Spanier seinen Verdienst herunter und sagten, es sei ja ein Leichtes gewesen, die Neue Welt zu entdecken. Jeder andere hätte das auch geschafft. Um dies zu widerlegen, forderte sie dazu auf, ein gekochtes Ei auf die Spitze zu stellen. Nachdem das niemandem gelungen war, schlug er das Ei mit der Spitze so auf den Tisch, dass es stehen blieb, und sagte: »Alles ist einfach, wenn man weiß, wie es geht!«

Zugegebenermaßen hat mein geschätzter Kollege die Geschichte leicht modifiziert, aber die Botschaft ist klar: Schon eine kluge Idee, nur ein wenig Wissen oder ein kleiner Tipp können viel bewegen. Gehen muss man den Weg dennoch selbst. Und das gilt auch für den Umgang mit dem Computer. Dieses Buch beinhaltet genau die Ideen und Tipps, die Ihnen das Leben mit Windows so viel leichter machen können. Profitieren Sie von den zahlreichen Hinweisen, die Dirk Louis und Peter Müller für Sie haben. Lernen Sie Windows richtig kennen, surfen Sie im Internet, schreiben Sie Mails, schauen Sie Filme und richten Sie sich in Windows 10 so ein, dass Sie einfach unkomplizierter und schneller damit arbeiten können. Sie müssen das Buch dafür nicht von vorne bis hinten lesen. Jeder Tipp steht für sich allein und Sie können sofort und ohne Vorkenntnisse loslegen. Und das sollten Sie jetzt auch tun. Entdecken Sie Windows 10!

Dieses Buch wurde mit größter Sorgfalt geschrieben und hergestellt. Sollten Sie dennoch einmal Fehler finden oder inhaltliche Anregungen haben, freue ich mich, wenn Sie mit mir in Kontakt treten. Für konstruktive Kritik bin ich dabei ebenso offen wie für lobende Worte. Doch zunächst einmal wünsche ich Ihnen viel Freude beim Lesen und Ausprobieren!

Ihre Maike Lübbers
Lektorat Vierfarben

maike.luebbers@rheinwerk-verlag.de

Wir hoffen, dass Sie Freude an diesem Buch haben und sich Ihre Erwartungen erfüllen. Ihre Anregungen und Kommentare sind uns jederzeit willkommen. Bitte bewerten Sie doch das Buch auf unserer Website unter **www.rheinwerk-verlag.de/feedback**.

An diesem Buch haben viele mitgewirkt, insbesondere:

Lektorat Maike Lübbers, Erik Lipperts
Korrektorat Marita Böhm, München
Herstellung Kamelia Brendel
Typografie und Layout Vera Brauner
Einbandgestaltung Julia Schuster
Coverentwurf Marc Thoben, Köln
Coverfoto Shutterstock: 626430806 © stockfour;
iStock: 155440607 © mf-guddyx
Satz Isolde Kommer, Tilly Mersin, Großerlach
Druck Media-Print Informationstechnologie GmbH, Paderborn

Gesetzt wurde dieses Buch aus der TheSans (9,35 pt/13,7 pt) in Adobe InDesign CC 2018.

Bibliografische Information der Deutschen Nationalbibliothek:
Die Deutsche Nationalbibliothek verzeichnet diese Publikation in der Deutschen Nationalbibliografie; detaillierte bibliografische Daten sind im Internet über *http://dnb.d-nb.de* abrufbar.

ISBN 978-3-8421-0473-0

2. Auflage 2018

Vierfarben ist eine Marke des Rheinwerk Verlags. Der Name Vierfarben spielt an auf den Vierfarbdruck, eine Technik zur Erstellung farbiger Bücher. Der Name steht für die Kunst, die Dinge einfach zu machen, um aus dem Einfachen das Ganze lebendig zur Anschauung zu bringen.

Informationen zu unserem Verlag und Kontaktmöglichkeiten finden Sie auf unserer Verlagswebsite **www.rheinwerk-verlag.de**. Dort können Sie sich auch umfassend über unser aktuelles Programm informieren und unsere Bücher und E-Books bestellen.

Gedruckt wurde es auf mattgestrichenem Bilderdruckpapier (115 g/m²). Hergestellt in Deutschland.

Inhalt

Laura

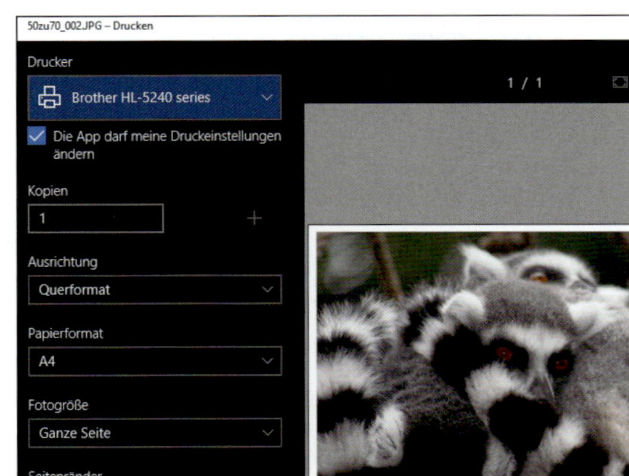
50zu70_002.JPG – Drucken
Drucker
Brother HL-5240 series
Die App darf meine Druckeinstellungen ändern
Kopien
1
Ausrichtung
Querformat
Papierformat
A4
Fotogröße
Ganze Seite
Seitenränder
1 / 1

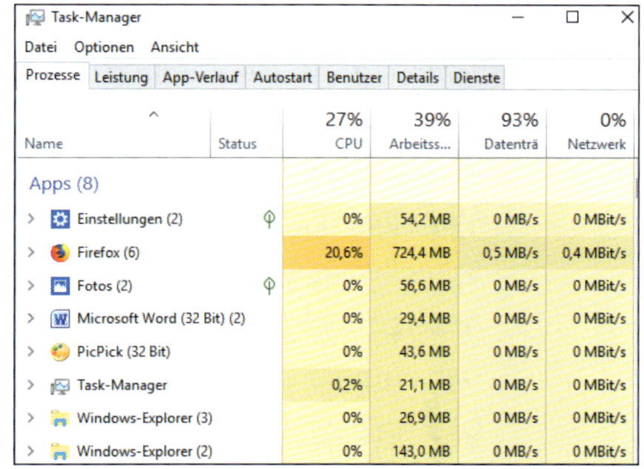
Task-Manager
Datei Optionen Ansicht
Prozesse Leistung App-Verlauf Autostart Benutzer Details Dienste
Name Status 27% CPU 39% Arbeitss... 93% Datenträ 0% Netzwerk
Apps (8)
Einstellungen (2) 0% 54,2 MB 0 MB/s 0 MBit/s
Firefox (6) 20,6% 724,4 MB 0,5 MB/s 0,4 MBit/s
Fotos (2) 0% 56,6 MB 0 MB/s 0 MBit/s
Microsoft Word (32 Bit) (2) 0% 29,4 MB 0 MB/s 0 MBit/s
PicPick (32 Bit) 0% 43,6 MB 0 MB/s 0 MBit/s
Task-Manager 0,2% 21,1 MB 0 MB/s 0 MBit/s
Windows-Explorer (3) 0% 26,9 MB 0 MB/s 0 MBit/s
Windows-Explorer (2) 0% 143,0 MB 0 MB/s 0 MBit/s

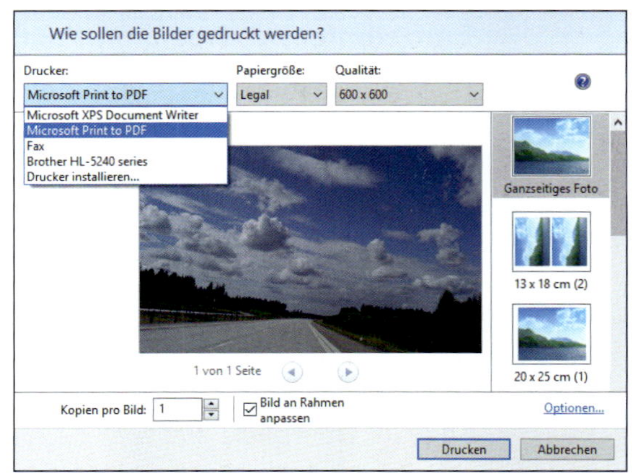
Wie sollen die Bilder gedruckt werden?
Drucker:
Papiergröße:
Qualität:
Microsoft Print to PDF
Legal
600 x 600
Microsoft XPS Document Writer
Microsoft Print to PDF
Fax
Brother HL-5240 series
Drucker installieren...
Ganzseitiges Foto
13 x 18 cm (2)
20 x 25 cm (1)
1 von 1 Seite
Kopien pro Bild: 1
Bild an Rahmen anpassen
Optionen...
Drucken
Abbrechen

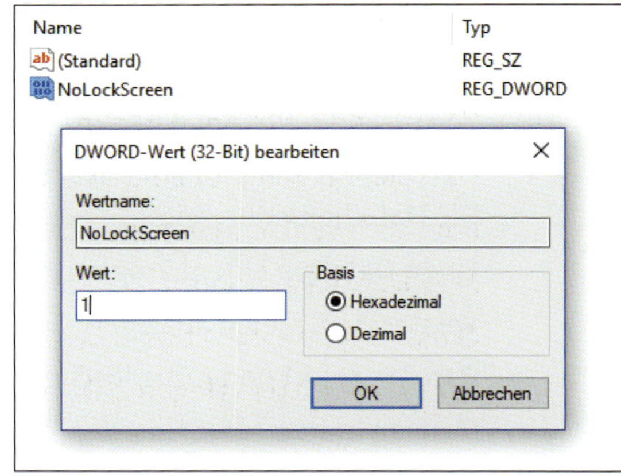

Name
Typ
(Standard)
REG_SZ
NoLockScreen
REG_DWORD
DWORD-Wert (32-Bit) bearbeiten
Wertname:
NoLockScreen
Wert:
1
Basis
Hexadezimal
Dezimal
OK
Abbrechen

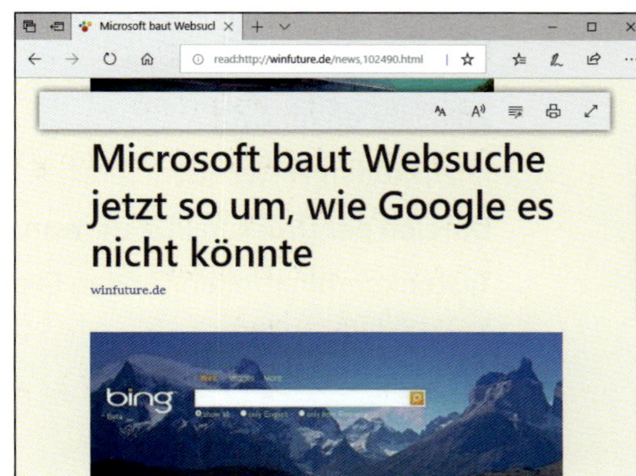

Microsoft baut Websucl
read:http://winfuture.de/news,102490.html
Microsoft baut Websuche jetzt so um, wie Google es nicht könnte
winfuture.de
bing

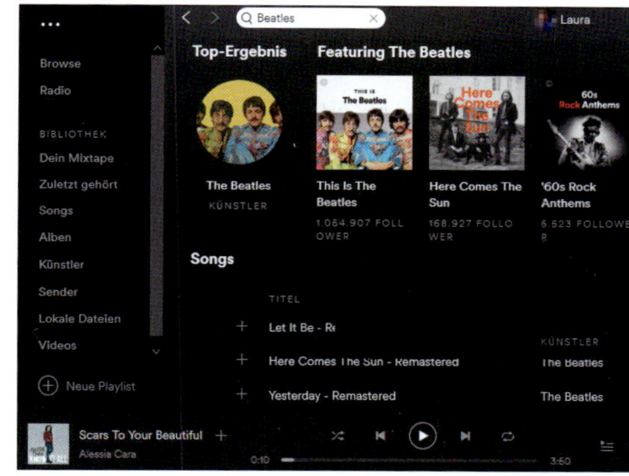
Beatles
Laura
Top-Ergebnis
Featuring The Beatles
Browse
Radio
BIBLIOTHEK
Dein Mixtape
Zuletzt gehört
Songs
Alben
Künstler
Sender
Lokale Dateien
Videos
Neue Playlist
The Beatles
KÜNSTLER
This Is The Beatles
Here Comes The Sun
'60s Rock Anthems
Songs
TITEL
Let It Be - Re
Here Comes The Sun - Remastered
Yesterday - Remastered
The Beatles
Scars To Your Beautiful
Alessia Cara

OneDrive ist auf dem neuesten Stand.
Kap06_42b.png
Verfügbar in "OneDr
vor 26 Minuten
Kap06_43.png
Heruntergeladen in
vor 1 Stunde
Kap06_43.png
Verfügbar in "OneDr
vor 1 Stunde
Ihren OneDrive-Ordner öffnen
Einstellungen
Online anzeigen
Synchronisierung anhalten
Upgrade
Hilfe
Quit OneDrive

7 Fotos, Musik, Videos und Karten 185

8 Ihr ganz persönliches Windows 203

Einstellungen
Startseite
Einstellung suchen
Personalisierung
Hintergrund
Farben
Sperrbildschirm
Designs
Schriftarten
Start
Sperrbildschirm
20:08
Sonntag, 8. April
Hintergrund
Diashow
Alben für die Diashow auswählen
Eigene Aufnahmen

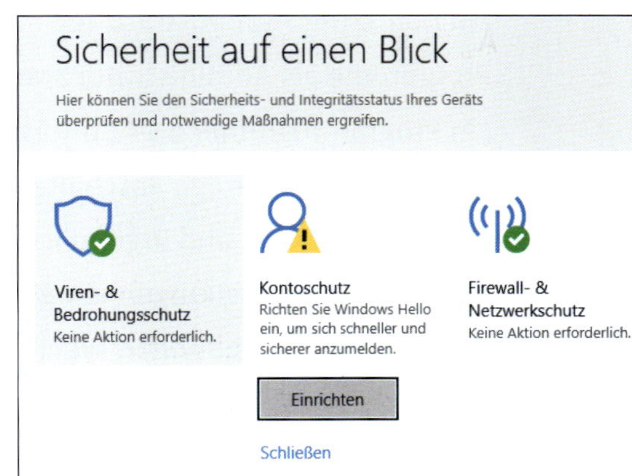

Sicherheit auf einen Blick
Hier können Sie den Sicherheits- und Integritätsstatus Ihres Geräts überprüfen und notwendige Maßnahmen ergreifen.
Viren- & Bedrohungsschutz
Keine Aktion erforderlich.
Kontoschutz
Richten Sie Windows Hello ein, um sich schneller und sicherer anzumelden.
Einrichten
Firewall- & Netzwerkschutz
Keine Aktion erforderlich.
Schließen

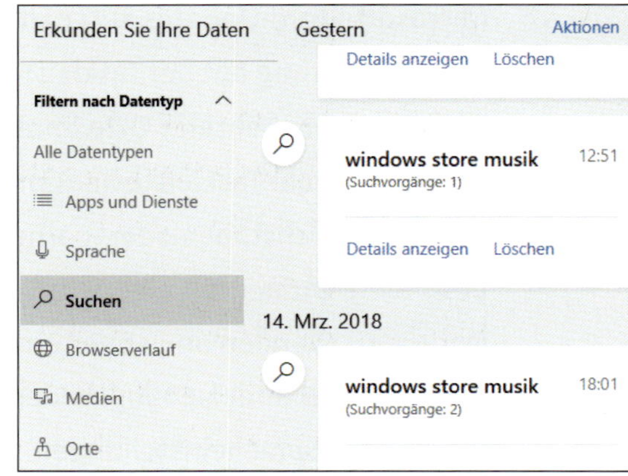
Erkunden Sie Ihre Daten
Gestern
Aktionen
Details anzeigen
Löschen
Filtern nach Datentyp
Alle Datentypen
Apps und Dienste
Sprache
Suchen
Browserverlauf
Medien
Orte
windows store musik
12:51
(Suchvorgänge: 1)
Details anzeigen
Löschen
14. Mrz. 2018
windows store musik
18:01
(Suchvorgänge: 2)

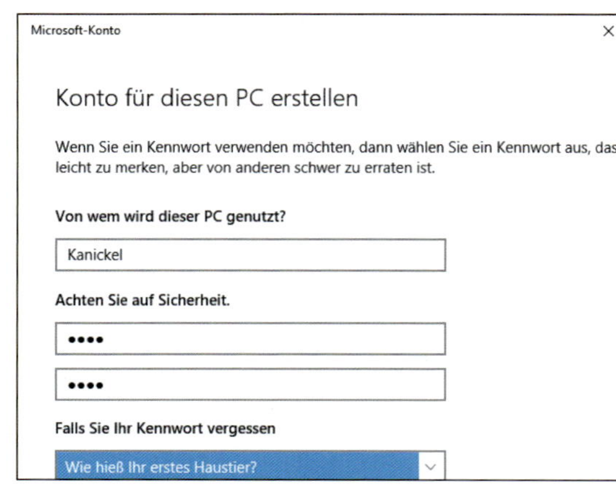
Microsoft-Konto
Konto für diesen PC erstellen
Wenn Sie ein Kennwort verwenden möchten, dann wählen Sie ein Kennwort aus, das leicht zu merken, aber von anderen schwer zu erraten ist.
Von wem wird dieser PC genutzt?
Kanickel
Achten Sie auf Sicherheit.
Falls Sie Ihr Kennwort vergessen
Wie hieß Ihr erstes Haustier?

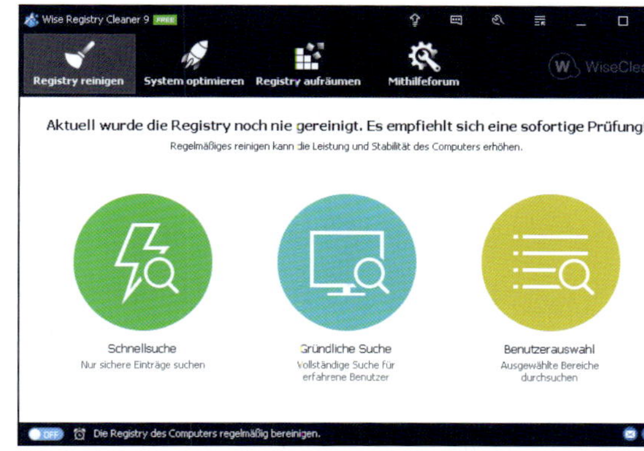

Wise Registry Cleaner 9
Registry reinigen
System optimieren
Registry aufräumen
Mithilfeforum
Aktuell wurde die Registry noch nie gereinigt. Es empfiehlt sich eine sofortige Prüfung!
Schnellsuche
Nur sichere Einträge suchen
Gründliche Suche
Vollständige Suche für erfahrene Benutzer
Benutzerauswahl
Ausgewählte Bereiche durchsuchen
Die Registry des Computers regelmäßig bereinigen.

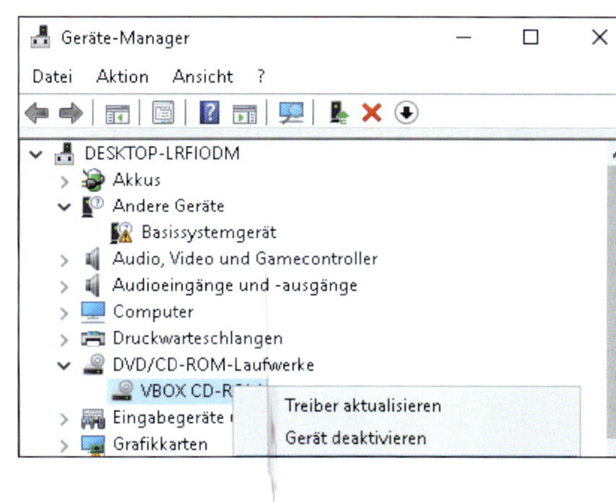

Geräte-Manager
Datei
Aktion
Ansicht
?
DESKTOP-LRFIODM
Akkus
Andere Geräte
Basissystemgerät
Audio, Video und Gamecontroller
Audioeingänge und -ausgänge
Computer
Druckwarteschlangen
DVD/CD-ROM-Laufwerke
Eingabegeräte
Grafikkarten
Treiber aktualisieren
Gerät deaktivieren

Kap12_62.png - paint.net v4.0.21
Datei
Bearbeiten
Ansicht
Bild
Ebenen
Korrekturen
Effekte

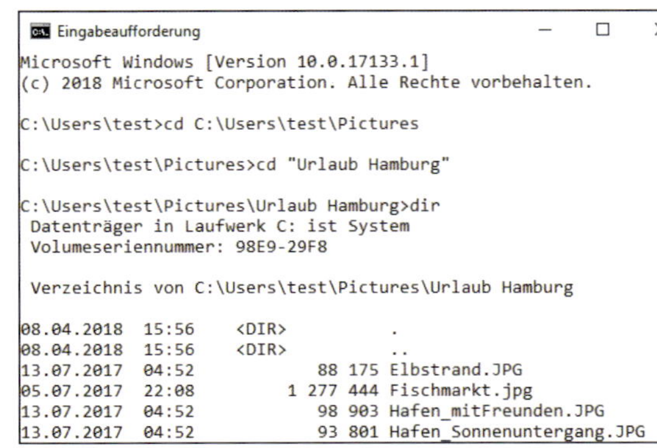

Eingabeaufforderung
Microsoft Windows [Version 10.0.17133.1]
(c) 2018 Microsoft Corporation. Alle Rechte vorbehalten.
C:\Users\test>cd C:\Users\test\Pictures
C:\Users\test\Pictures>cd "Urlaub Hamburg"
C:\Users\test\Pictures\Urlaub Hamburg>dir
Datenträger in Laufwerk C: ist System
Volumeseriennummer: 98E9-29F8
Verzeichnis von C:\Users\test\Pictures\Urlaub Hamburg
08.04.2018 15:56 <DIR> .
08.04.2018 15:56 <DIR> ..
13.07.2017 04:52 88 175 Elbstrand.JPG
05.07.2017 22:08 1 277 444 Fischmarkt.jpg
13.07.2017 04:52 98 903 Hafen_mitFreunden.JPG
13.07.2017 04:52 93 801 Hafen_Sonnenuntergang.JPG

Vorwort

Die Fertigstellung dieses Buches hat uns viel Mühe und Schweiß gekostet. Dabei hatten wir uns alles so einfach vorgestellt, als uns Anfang 2018 der Vierfarben Verlag signalisierte, dass unser Windows-Tipps-Buch für das anstehende April 2018 Update aktualisiert und frisch herausgeputzt werden soll. Leider hat uns Microsoft das Leben schwerer gemacht, als wir erwartet hatten.

Denn es hat sich in Windows 10 viel geändert – neue Apps, neue Befehle, ganz neue Möglichkeiten wie z. B. die Zeitleiste in der Taskansicht, die zentrale Kontakte-Verwaltung in der Taskleiste, PowerShell, Paint 3D und nicht zuletzt: viele neue Wege zu Einstellungen, Tricks und nützlichen Funktionen.

Kein Computerjargon!

Dies ist kein Tipps-und-Tricks-Buch für Computer-Freaks, sondern für ganz normale Anwender. Und für diese ist nichts frustrierender, als seitenlange Abhandlungen in Computersprech zu lesen, wenn sie nur herausfinden möchten, wie sie ein Problem in kürzester Zeit lösen oder eine neue nützliche Technik erlernen. Daher verzichtet dieses Buch weitgehend auf technische Ausdrücke und Computerchinesisch, und zu den Fachausdrücken, die unvermeidlich sind, gibt es am Ende des Buches ein Glossar.

Die meisten Tricks und Tipps werden auf einer Seite erläutert. Sehen Sie im Stichwort- oder Inhaltsverzeichnis nach, schlagen Sie die angegebene Seite auf, und Sie haben die illustrierte, in Einzelschritte zerlegte Anleitung vor Augen, ohne sich durch Grundsatzerklärungen hangeln zu müssen. Vollziehen Sie die Schritte einfach nach, und erledigen Sie Ihre Aufgabe mit einem Minimum an Aufwand. Ergänzende Informationen und zusätzliche Tipps finden Sie in den farbigen Kästen.

Die neue Windows-Benutzeroberfläche

Umsteiger von Windows 7 oder noch älteren Windows-Versionen werden feststellen, dass Windows 10 dem Anwender nicht nur zahlreiche neue Möglichkeiten bietet, sondern ihn auch vor etliche Herausforderungen stellt.

Umsteiger von Windows 8 oder 8.1 werden dagegen einige der Features vermissen, an die sie sich inzwischen gewöhnt haben. Aus diesem Grund schien es uns angebracht, das vorliegende Tipps-und-Tricks-Buch mit einem einleitenden Crashkurs für Umsteiger zu beginnen und auch diverse grundlegende Techniken aufzunehmen, wie z. B. das Einrichten eines Microsoft-Kontos oder die Arbeit mit Cortana, virtuellen Desktops, OneDrive und anderen vorinstallierten Apps.

Ein letztes Wort (oder zwei)

Beim Schreiben dieses Buches hatten wir drei Ziele vor Augen:

1. Wir möchten Ihnen viele praktische Tipps an die Hand geben, die Ihnen bei der täglichen Arbeit mit Windows 10 von Nutzen sind.
2. Wenn Sie im Laufe der Zeit in diesem Buch viele Tricks finden, die Sie richtig begeistert und die Ihnen Ihr Leben mit Windows deutlich erleichtert haben, ist unser zweites Ziel erreicht.
3. Wir möchten, dass Ihnen die Arbeit mit Windows 10 Spaß macht. Wir können uns nichts Besseres vorstellen, uns für Ihre Bereitschaft, dieses Buch zu kaufen, zu bedanken.

Wir möchten, dass Sie an diesem Buch genauso viel Freude haben wie wir beim Schreiben. Der beste Weg, etwas zu lernen, ist, es auszuprobieren. Wir hoffen, dass dieses Buch Sie dazu inspiriert.

Dirk Louis und **Peter Müller**

1 Crashkurs Windows 10

Mit Windows 10 scheint endlich geglückt, was Microsoft schon mit Windows 8 anvisierte: die Vereinigung von App-Oberfläche und klassischem Desktop in einem einzigen, universellen Betriebssystem, das auf dem Tablet-PC, Smartphone und auf dem traditionellen Desktop-Rechner dasselbe ist und Ihnen hoffentlich auch überall genauso viel Spaß macht.

Wird Windows 10 aber auch in der Lage sein, die Windows-Gemeinde wieder zu vereinen? Es scheint so. Zwar nutzen laut aktueller Statistiken derzeit immer noch ungefähr 40 % aller Windows-Anwender das klassische Windows 7, und auch Windows 8 und Windows XP haben noch ihre Fans, doch der Trend steht klar auf Umstieg.

Und falls auch Sie gerade von einem anderen Betriebssystem zu Windows 10 wechseln, möchten wir Ihnen mit diesem einführenden Kapitel den Einstieg oder Umstieg etwas erleichtern. Unsere ersten »Tipps« sind daher eher Übersichten und Zusammenfassungen grundlegender Neuerungen, Begriffe und Arbeitsschritte, die Lesern mit Windows-Erfahrung den Umstieg erleichtern sollen.

Falls Sie bereits mit Windows 10 vertraut sind, überspringen Sie dieses Kapitel bitte nicht ganz, sondern lesen Sie ab Seite 32 die Tipps zur Suche und den Schnellzugang zu den Befehlen und Einstellungen, da wir diese Techniken im Laufe des Buches viel verwenden werden.

In diesem Kapitel

- Windows auf einen Blick
- Die verbesserte Fingerbedienung
- Das Startmenü
- Der Tablet-Modus
- Gesten
- Das Info-Center
- Die Taskansicht
- Für Umsteiger von Windows 7
- Für Umsteiger von Windows 8
- Wie finde ich was?
- Windows beenden

Windows auf einen Blick

Ein erster Blick auf die Windows-Oberfläche (hier mit geöffnetem Startmenü) zeigt ein durchaus vertrautes Bild. Es gibt einen großen Arbeitsbereich (Desktop), hier mit dem blauen Windows-Logo als Hintergrundbild, am unteren Rand die sogenannte Taskleiste mit diversen Schaltflächen für den schnellen Zugriff auf wichtige Funktionen, Desktop-Symbole wie den links oben zu sehenden Papierkorb und natürlich ein Startmenü, das in Windows 10 etwas raumgreifender ausfällt als in früheren Windows-Versionen und über das Sie auf nahezu sämtliche Einstellungen, Apps und Funktionen zugreifen können.

❶ **Papierkorb**-Symbol

❷ Die **Start**-Schaltfläche öffnet das Startmenü. Per Rechtsklick oder durch Drücken von [⊞] + [X] öffnet sich das Kontextmenü der **Start**-Schaltfläche mit weiterführenden Befehlen, die vor allem für Desktop-Anwender interessant sind.

❸ **Startmenü:** Wir stellen es Ihnen ab Seite 21 vor.

❹ Das **Suchfeld**, das unter Windows 7 noch Teil des Startmenüs war, ist jetzt in die Taskleiste integriert – was sehr zu begrüßen ist, da die Suche nun mit einem Klick aktiviert werden kann. Die Anleitungen zur Suche finden Sie ab Seite 32.

5 **Taskansicht:** Arbeiten Sie mit mehreren Desktops. Siehe Seite 74.

6 **Microsoft Edge:** Der neue Browser, der den alten Internet Explorer ersetzt. Zu Edge und wie Sie mit ihm im Internet surfen, lesen Sie ab Seite 132 mehr.

7 Den **Explorer** kennen Sie vielleicht schon. Ihn werden Sie häufig einsetzen. Mit ihm verwalten Sie Ihre Ordner und Dateien.

8 Im **Microsoft Store** können Sie Tausende Apps herunterladen und auf Ihrem Rechner installieren. Siehe Seite 28.

9 **Mail:** App zum Verwalten Ihrer E-Mails. Siehe Seite 170.

10 Über die Schaltfläche **Benachrichtigungen** zeigen Sie nicht nur Systemmeldungen an, sondern öffnen auch das **Info-Center** 11. Auf Touchscreens können Sie es durch Wischen vom rechten Rand aufrufen.

Beim Start erscheint zuerst der Sperrbildschirm

Beim Hochfahren von Windows 10 erscheint zuerst der Sperrbildschirm. Um von diesem zur Anmeldung zu gelangen, müssen Sie ihn mit dem Finger oder mit der Maus nach oben ziehen. Alternativ genügt das Drücken einer Taste oder ein Klick mit der Maustaste.

Die verbesserte Fingerbedienung

Ein zweiter Blick auf die neue Windows-Oberfläche offenbart, wie unter Windows 10 die Desktop-Welt mit der Tablet-Welt vereint wird. Statt wie unter Windows 8 zwei getrennte Oberflächen anzubieten – den klassischen Desktop und die per Finger bedienbare App-Oberfläche –, wurde für Windows 10 der klassische Windows-Desktop so ausgelegt, dass er auch gut mit den Fingern zu bedienen ist. Zudem können Sie Windows 10 in nur zwei Schritten in ein echtes Tablet-System verwandeln: Klicken oder tippen Sie auf das Benachrichtigungssymbol und dann auf **Tablet-Modus**. Lesen Sie dazu den Abschnitt »Der Tablet-Modus« auf Seite 22.

1. Zunächst einmal wurden viele Bedienelemente von der Größe so ausgelegt, dass sie sich auch für die Fingerbedienung auf einem Tablet oder einem Desktop mit Touchscreen eignen.
2. Apps – also Anwendungen, bei deren Entwicklung auf fingerfreundliche Bedienung geachtet wurde – können wie ganz normale Anwendungen auf dem Desktop ausgeführt werden. Sie müssen also nicht wie unter Windows 8 auf die App-Oberfläche wechseln.
3. Die unter Windows 8 eingeführten Kacheln wurden in das Startmenü integriert. Dafür wurden einige fortgeschrittene Befehle in das Kontextmenü der **Start**-Schaltfläche ausgelagert.
4. Bei Bedarf rufen Sie über dieses Symbol die Bildschirmtastatur auf. Das Symbol wird im Tablet-Modus angezeigt und kann ansonsten über den Befehl **Bildschirmtastatur anzeigen** im Kontextmenü der Taskleiste ein- und ausgeblendet werden.

Das Startmenü

Das Startmenü ist die wichtigste Schaltzentrale. Von hier aus haben Sie Zugriff auf die installierten Apps (Programme) und die wichtigsten Einstellungen. Ganz links sehen Sie eine schmale Leiste mit kleinen Symbolen. Das oberste Symbol ist das Logo des aktuell angemeldeten Benutzers ❶. Über das zugehörige Kontextmenü wechseln Sie den Benutzer oder gelangen zu den Kontoeinstellungen. Die Bedeutung der darunter folgenden Symbole wird spätestens dann klar, wenn Sie links oben auf die sogenannte *Hamburger*-Schaltfläche klicken ❷ und die Leiste erweitert wird ❸.

Rechts neben den kleinen Symbolen finden Sie die alphabetische App-Liste ❹, in der alle installierten Apps aufgeführt sind. Über die alphabetische Liste können noch diverse weitere App-Sammlungen angezeigt werden, z. B. eine Liste der meistverwendeten Apps. Die Zusammenstellung dieser Listen können Sie über **Einstellungen > Personalisierung > Start** frei konfigurieren.

Der rechte Bereich des Startmenüs bietet über die Kacheln ❺ Schnellzugriff auf die wichtigsten Apps. Dieser Bereich ist frei konfigurierbar. Um eine Schnellzugriff-Kachel zu entfernen, wählen Sie einfach im Kontextmenü der Kachel den Befehl **Von „Start" lösen**. Um für eine App aus einer der linksseitigen App-Listen eine Schnellzugriff-Kachel anzulegen, ziehen Sie das App-Symbol einfach in den Kachelbereich oder wählen im Kontextmenü den Befehl **An „Start" anheften**.

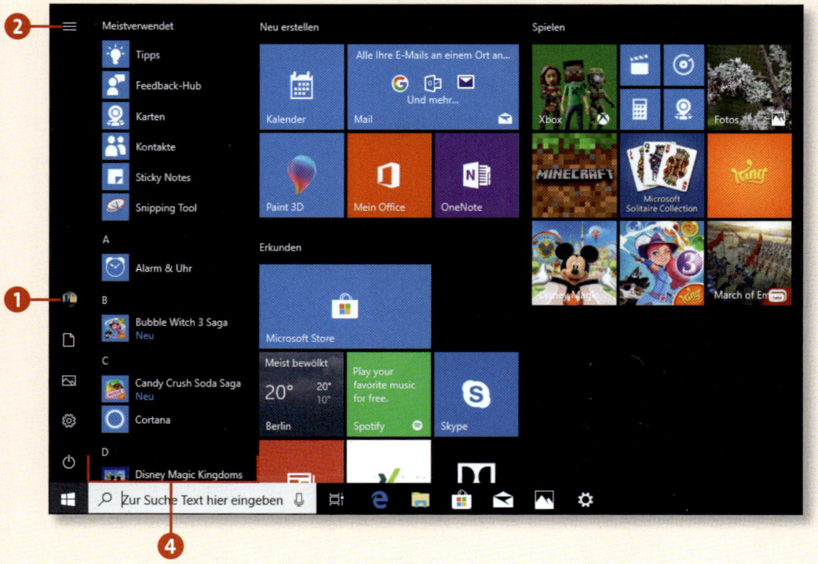

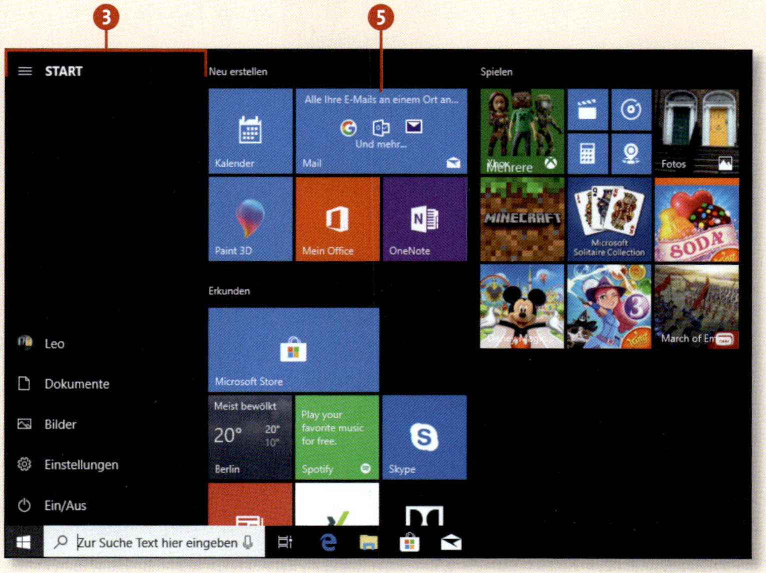

Der Tablet-Modus

Wenn Sie ein Windows-Tablet besitzen oder über einen PC mit Touchscreen verfügen, sollten Sie den Tablet-Modus einstellen. Dabei liegen die App-Kacheln großformatig auf dem Desktop. Jede aufgerufene App nimmt den gesamten Bildschirm ein. Um schnell vom Desktop-Modus in den Tablet-Modus zu wechseln, klicken Sie in der Taskleiste rechts auf das Symbol **Neue Benachrichtigungen** und im aufklappenden *Info-Center* unten auf die Schaltfläche **Tablet-Modus** (siehe dazu auch den Tipp »Tablet oder Desktop – den Startmodus festlegen« auf Seite 43). Die wichtigsten Bedienelemente und Schaltflächen im Tablet-Modus stellen wir Ihnen hier kurz vor.

1. **Angeheftete Kacheln:** Ein Klick auf diese Schaltfläche zeigt die Kacheln wie in der Abbildung.
2. **Alle Apps:** Ein Klick auf diese Schaltfläche wechselt zur alphabetischen Anzeige aller installierten Apps. (Die Befehlsleiste auf der linken Seite wird in der Windows-Szene übrigens auch *App-Menü* oder liebevoll *Hamburger-Menü* genannt, vermutlich weil die drei waagerechten Linien der Schaltfläche an eine Frikadelle zwischen zwei Brötchenhälften erinnern.)
3. **Bildschirmtastatur:** Bei Bedarf rufen Sie über dieses Symbol die Bildschirmtastatur auf.

Gesten

Falls Sie noch nie mit einem Tablet oder Touchscreen gearbeitet haben, hier eine Gegenüberstellung der wichtigsten Maus- und Fingeraktionen.

Aktion	Maus	Geste
Kontextmenü aufrufen	Klicken Sie das Objekt ❶ mit der rechten Maustaste an.	Drücken Sie mit dem Finger etwas länger auf das Objekt. Wenn Sie eine Kachel der Startseite etwas länger gedrückt halten, wechselt die Kachel in den Bearbeitungsmodus. Das Kontextmenü öffnen Sie dann durch Tippen auf das eingeblendete Menüsymbol ❷. Durch Tippen auf die Pinnnadel können Sie die Kachel aus dem Startmenü entfernen ❸.
Ausführen	Klicken Sie das Objekt mit der linken Maustaste an, um die Standardaktion für das Objekt auszuführen.	Tippen Sie mit dem Finger auf das Objekt, um die Standardaktion für das Objekt auszuführen.
Verschieben	Ziehen Sie das Objekt bei gedrückt gehaltener linker Maustaste mit der Maus.	Ziehen Sie das Objekt mit dem Finger.
Bildlauf	Drehen Sie das Mausrad.	Wischen Sie mit dem Finger.
Zoomen	–	Bewegen Sie zwei Finger aufeinander zu oder auseinander.

Die wichtigsten Finger- und Mausgesten

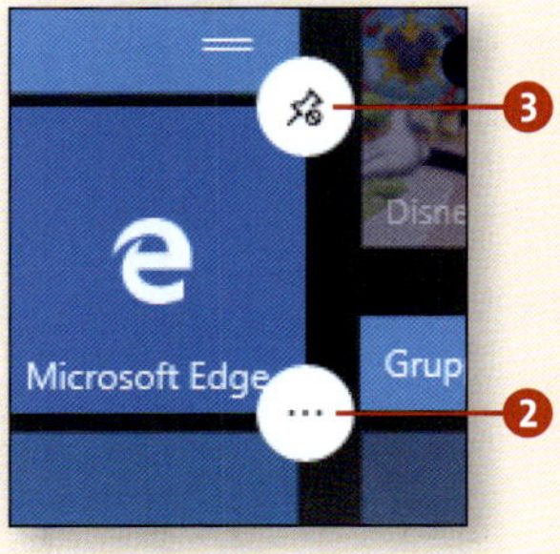

Das Info-Center

Im Gegensatz zu Windows 8 und Windows 8.1 sind die Ecken und Ränder bei Windows 10 nicht ganz so überfrachtet. Trotzdem kommt dem linken und rechten Rand Ihres Bildschirms ganz besondere Bedeutung zu, denn hier verbergen sich interessante zusätzliche Bedienelemente – und das gleichermaßen im Tablet- wie im Desktop-Modus. (Auf Touchscreen-Bildschirmen für Desktop-PCs sind die Ränder nicht immer gut mit den Fingern erreichbar. Manchmal hilft es dann, den Fingernagel oder einen Eingabestift zu verwenden, um den Rand zu erreichen. Oder Sie weichen auf die Mausbedienung oder die zugehörigen Tastenkombinationen aus. Lesen Sie dazu auch den Abschnitt »Ein Hoch auf die Tastenkombinationen« auf Seite 34.)

Neben dem *Info-Center* können Sie weitere Funktionsleisten am linken Rand einblenden: den *Ink-Arbeitsbereich* (Aufruf mit [Win] + [W]) und die **Verbinden**-Leiste (Aufruf mit [Win] + [K]).

1. Ein Klick auf dieses Symbol blendet das *Info-Center* ein. Wenn Sie mit einem Touchscreen oder einem Tablet arbeiten, können Sie auch einfach mit dem Finger vom rechten Rand nach links wischen.
2. Auflistung aktueller Tipps, Benachrichtigungen, Mails etc.
3. Ein-/Ausschalten von WLAN, Bluetooth, VPN, Tablet-Modus etc.
4. Hier rufen Sie alle Einstellungen auf.

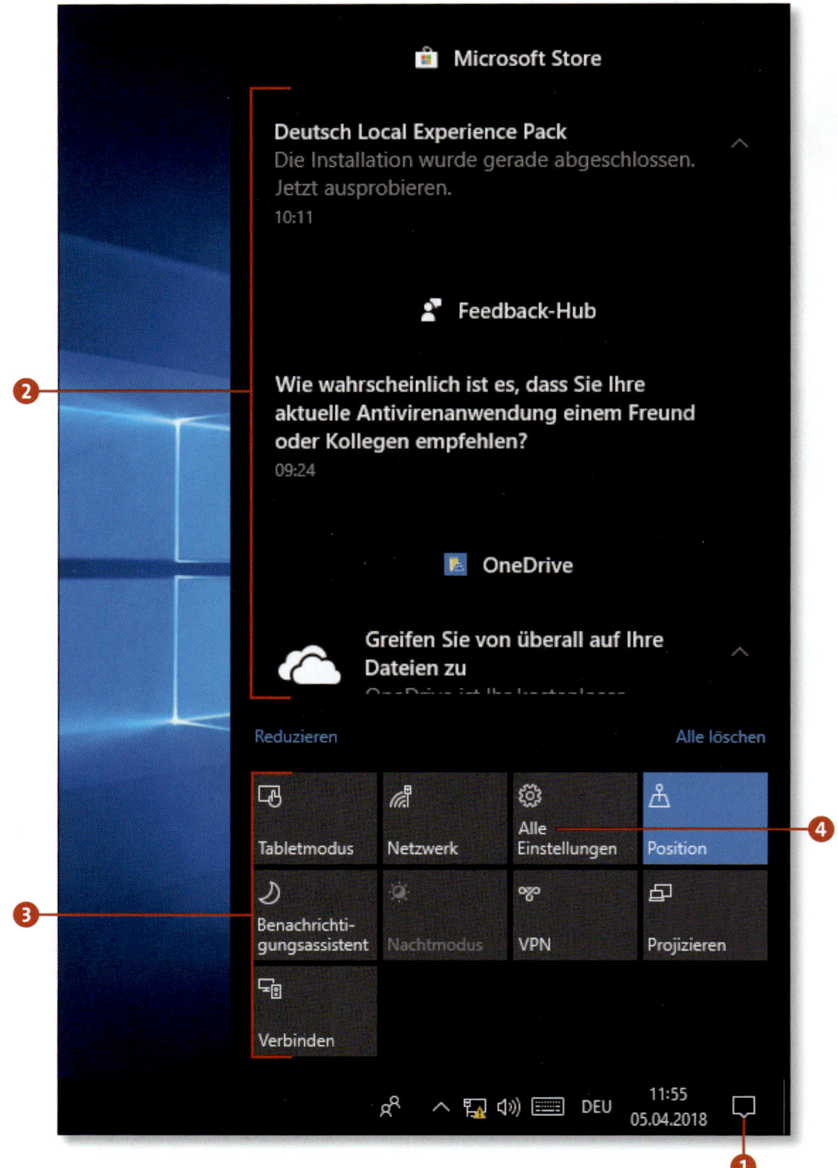

Die Taskansicht

Wie Sie vermutlich wissen, gibt es in Windows diverse Möglichkeiten, eine App, deren Fenster verdeckt oder minimiert ist, wieder in den Vordergrund zu holen: beispielsweise durch Klick auf das zugehörige App-Symbol in der Taskleiste oder durch Einblenden der Fensterübersicht mit Alt + ↹. Unter Windows 10 gibt es nun noch eine weitere Übersicht: die *Taskansicht*. Die Taskansicht bietet zwei wesentliche Vorteile: Sie ist für die Fingerbedienung optimiert, und sie unterstützt virtuelle Desktops (siehe Seite 74 f.).

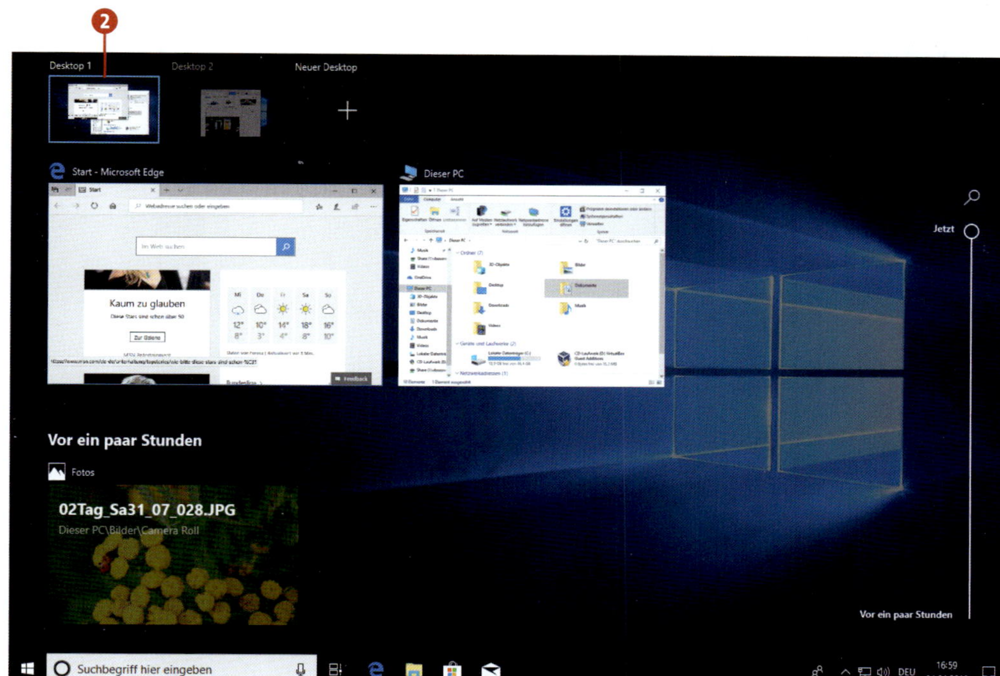

1. Um die Taskansicht einzublenden, tippen oder klicken Sie auf das Symbol **Taskansicht** ❶ in der Taskleiste.
2. Wenn Sie mehrere virtuelle Desktops eingerichtet haben, wählen Sie in der oberen Leiste den Desktop aus ❷, dessen Apps gezeigt werden sollen.

Die Taskansicht verlassen

Um die Taskansicht wieder zu verlassen, tippen oder klicken Sie einfach irgendwo in den Hintergrund.

Für Umsteiger von Windows 7

Apps starten

Ob Sie nun Windows auf einem Tablet- oder einem normalen Desktop-PC betreiben, Apps – also Programme, die für die Fingerbedienung optimiert sind – werden fortan bei Ihrem Windows-Erlebnis eine immer größere Rolle spielen.

1. Wenn die gewünschte App als große Kachel in der Kachel-Ansicht vertreten ist, können Sie direkt dort auf die Kachel klicken. (Wie Sie die Kachel-Ansicht an Ihre Bedürfnisse anpassen, lesen Sie ab Seite 58.)
2. Wenn nicht, lassen Sie sich die alphabetische Liste aller installierten Apps anzeigen. Klicken oder tippen Sie dazu im Desktop-Modus auf die **Start**-Schaltfläche, um das Startmenü einzublenden ❶, und im Tablet-Modus auf die Schaltfläche **Alle Apps** ❷.
3. Suchen Sie in der alphabetisch sortierten App-Liste ❸ nach der gewünschten App.
4. Tippen oder klicken Sie auf die Kachel der App, die Sie starten möchten ❹ (hier: **Cortana**).

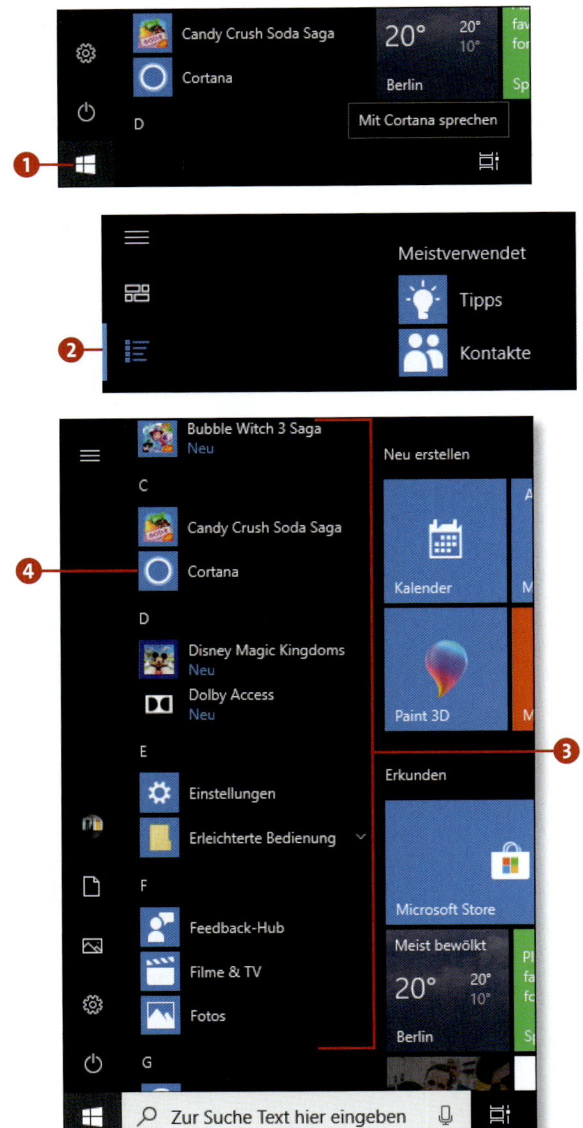

Was sind Apps?

Seit Windows 8 unterscheidet Microsoft nicht mehr zwischen klassischen Desktop-Programmen und Anwendungen, die für Tablets optimiert sind, sondern spricht ganz allgemein von *Apps*. In diesem Buch verwenden wir den Begriff App als Oberbegriff und sprechen von *Desktop-Apps* oder *Programmen*, wenn es speziell um die traditionellen Programme geht, und von *Apps*, wenn es um Apps geht, die für die Fingerbedienung optimiert sind und die in der Regel über den Microsoft Store bezogen werden.

Einstellungen in Apps vornehmen

Manche Microsoft-Store-Apps besitzen eine permanente Befehlsleiste mit App-spezifischen Befehlen, bei anderen muss diese erst über eine Menü-Schaltfläche eingeblendet werden. Dort finden Sie meist auch einen Befehl zum Konfigurieren der App.

1. Klicken oder tippen Sie auf das App-Menü ❶. Sie erkennen es in der Regel an den drei horizontalen Balken (daher auch als Hamburger-Menü bezeichnet). (In permanenten Befehlsleisten verbirgt sich der Einstellungen-Befehl dagegen meist hinter der Schaltfläche mit den drei Punkten.)
2. Klicken oder tippen Sie in der Befehlsleiste auf das Symbol für **Einstellungen**, um sich die App-spezifischen Einstellungsmöglichkeiten anzeigen zu lassen ❷.

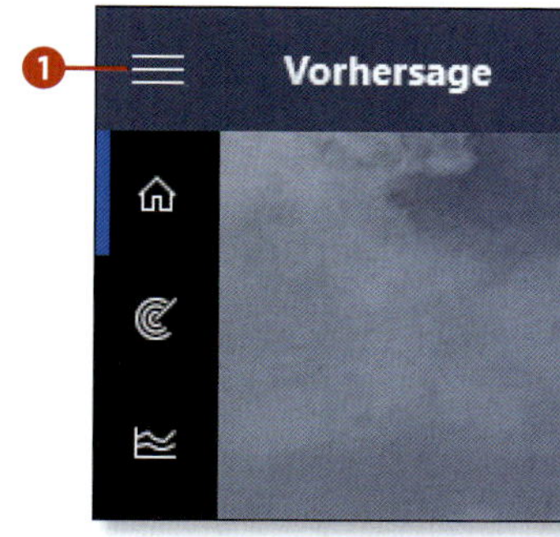

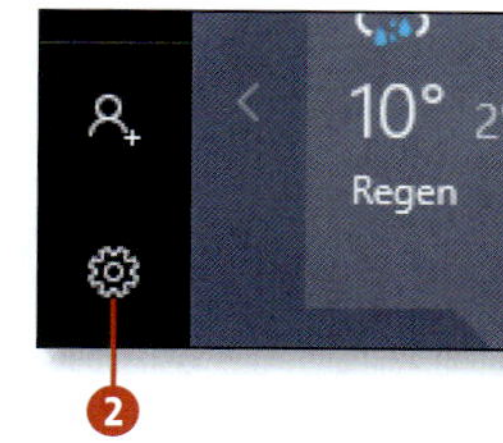

Apps benötigen meist eine Internetverbindung

Viele Apps sind auf eine bestehende Internetverbindung angewiesen. Das sollten Sie vor allem dann beachten, wenn Sie mit Ihrem Laptop oder Tablet unterwegs sind und übers Mobilfunknetz ins Internet gehen.

Apps beenden

Alle Apps – normale Programme wie auch Apps – können Sie über die altbekannte **Schließen**-Schaltfläche (das Kreuz) rechts oben in der Titelleiste beenden ❸. Im Tablet-Modus funktioniert das so allerdings nicht. Hier gibt es zwei Alternativen, um Apps zu beenden:

1. Bewegen Sie den Finger oder die Maus in die rechte obere Ecke, um die **Schließen**-Schaltfläche ❹ anzeigen zu lassen, und tippen Sie anschließend auf die Schaltfläche.
2. Wischen Sie mit dem Finger vom oberen Rand nach unten zur Bildmitte (die Windows-App wird verkleinert) und dann weiter ganz nach unten, bis die App beendet wird und verschwindet.

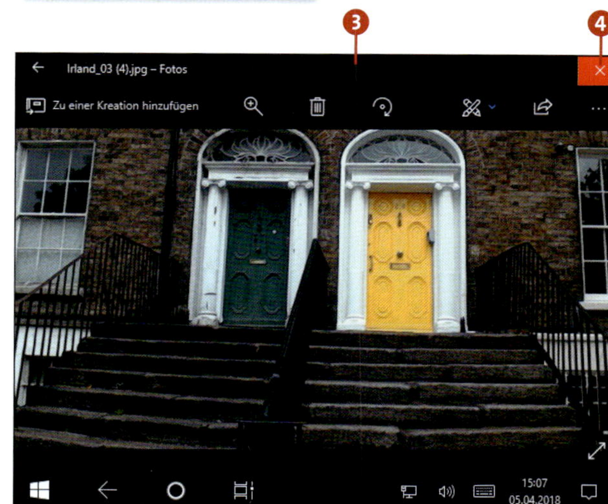

Schließen mit Alt + F4

Wenn Sie die **Schließen**-Schaltfläche nicht nutzen wollen oder können, gibt es eine weitere Möglichkeit zum Schließen: Unabhängig davon, in welchem Modus Sie arbeiten, können Sie die gerade aktive App immer auch mithilfe der Tastenkombination [Alt] + [F4] beenden.

Apps installieren

Apps finden Sie am besten im Microsoft Store. Oft sehen Sie auch auf Webseiten Links, die in den Store und direkt zur App führen. Wir zeigen Ihnen hier, wie Sie eine App im Store finden und installieren.

1. Starten Sie die App ❶. Sie ist in der Taskleiste und im Startmenü zu finden, wenn Sie sie nicht dort entfernt haben. Sie können auch »Store« ins Suchfeld eingeben und dann ↵ drücken.
2. Wählen Sie im Microsoft Store die gewünschte Windows-App aus (beispielsweise durch direkte Suche oder durch Stöbern auf den präsentierten Seiten), und klicken Sie sie an ❷. Es erscheint eine Seite mit ausführlichen Produktinformationen und dem Preis der App.
3. Überzeugen Sie sich gegebenenfalls, dass die Windows-App nicht zu teuer ist, und klicken Sie auf **Herunterladen** ❸. Nach erfolgreicher Installation finden Sie die Windows-App unter **Zuletzt hinzugefügt** im Startmenü. Von dort aus können Sie sie als Kachel einrichten, indem Sie den Text einfach in den Kachelbereich hineinziehen.

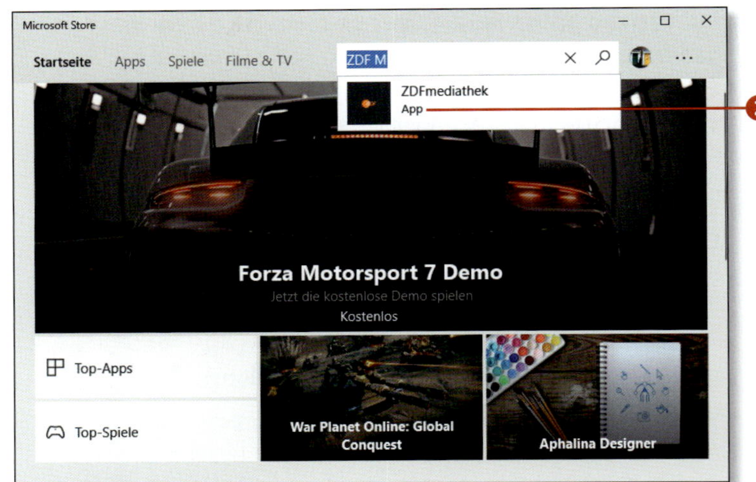

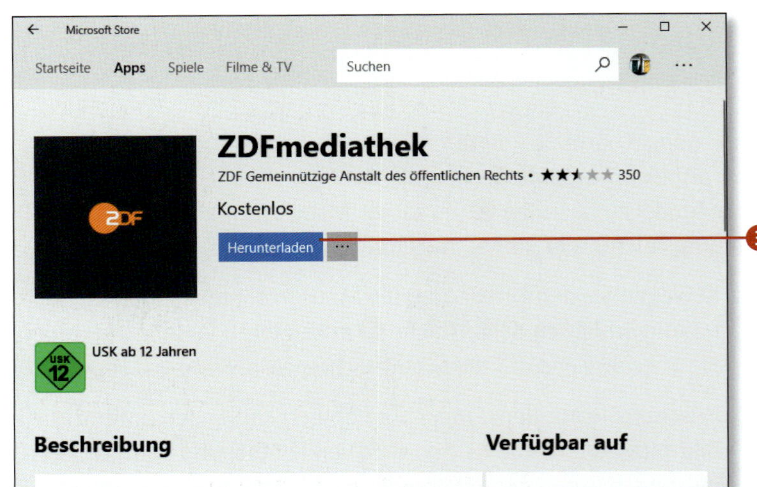

Kostenpflichtige Apps

Um kostenpflichtige Apps aus dem Microsoft Store herunterladen zu können, müssen Sie sich mit einem Microsoft-Konto anmelden. Wie das geht, lesen Sie auf Seite 164.

Apps deinstallieren

Zum Deinstallieren einer App öffnen Sie das Kontextmenü der App-Kachel (siehe die Tabelle auf Seite 23) und wählen den Befehl **Deinstallieren** oder **Weitere Optionen > Deinstallieren**.

Für Umsteiger von Windows 8

Die gute Nachricht vorweg: Wie Sie sicherlich schon bemerkt haben, gibt es in Windows 10 wieder ein vernünftiges Startmenü, wie Sie es vielleicht aus den Versionen vor Windows 8 schon kennen. Wenn Sie vorher mit Windows 8 gearbeitet und sich daran schon gewöhnt haben, dürften Sie es womöglich weniger erfreulich finden, dass zentrale Bedienelemente aus Windows 8, wie z. B. die Charms-Leiste, in Windows 10 verschwunden sind oder an andere Stellen verschoben wurden. Damit Sie nicht lange suchen müssen, haben wir in der nebenstehenden Tabelle die wichtigsten Verschiebungen aufgelistet.

Aktion	Windows 8	Windows 10
Suche	Startseite oder Charms-Leiste	Taskleiste
Startseite	Charms-Leiste	Startmenü
Einstellungen	Charms-Leiste	Startmenü
Geräte und Drucker	Charms-Leiste	**Startmenü > Einstellungen**
App-Befehlsleiste	unterer Rand	integriert in die linke Seite der Apps
Liste der geöffneten Apps	linker Rand	**Taskansicht**-Symbol in der Taskleiste

Von Windows 8 zu Windows 10

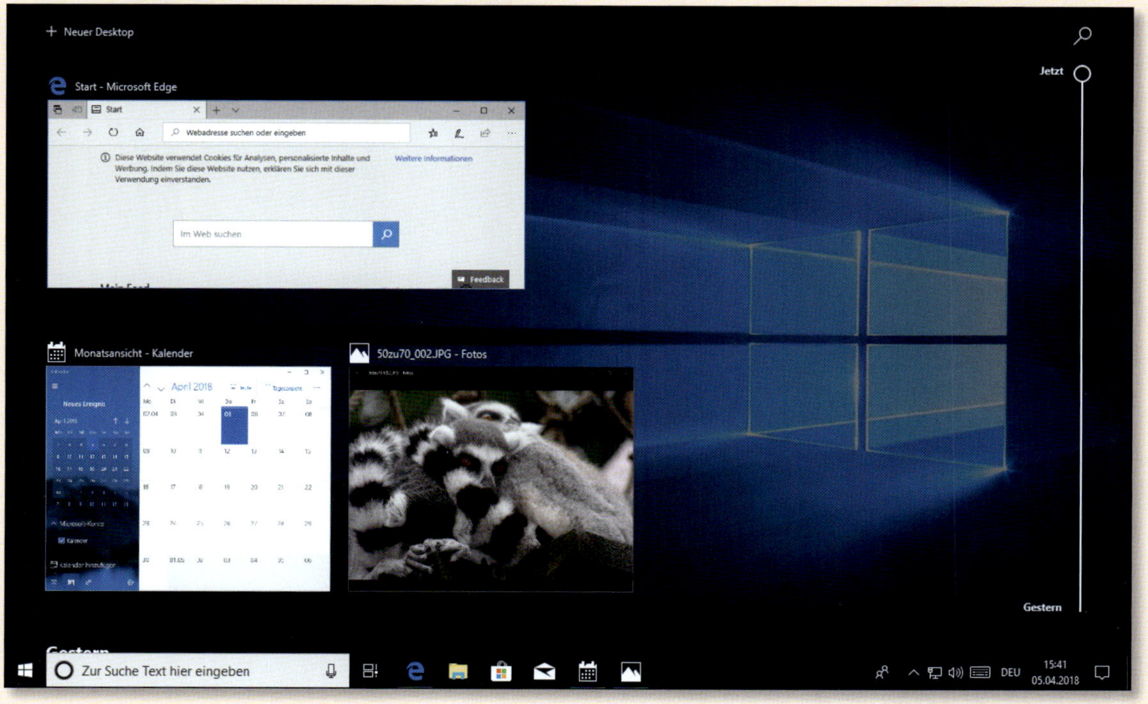

Die Taskansicht in Windows 10

Wie finde ich was?

Wegweiser

Man kennt das ja! Bei jedem neuen Windows-System stellt sich die Frage: Wo ist diese Funktion hin? Gibt es eigentlich noch diesen oder jenen Befehl? Hier ein kleiner Wegweiser für alle, die auf der Suche sind:

- Die zentrale Schaltstelle ist natürlich das Startmenü (siehe Seite 21).
- Fortgeschrittenere Befehle und Einstellungen erreichen Sie über das Kontextmenü der **Start**-Schaltfläche ❶. Klicken Sie mit der rechten Maustaste auf die **Start**-Schaltfläche, um es zu erreichen.
- Im Tablet-Modus erreichen Sie die Apps und Programme über die Kacheln der Startseite (Ansichten **Angeheftete Kacheln** und **Alle Apps**).
- Wenn Sie den ungefähren Namen eines Programms oder einer gesuchten Einstellung oder Datei kennen, nutzen Sie die Suchfunktion. Tippen Sie einfach den Suchbegriff in das Suchfeld der Taskleiste.

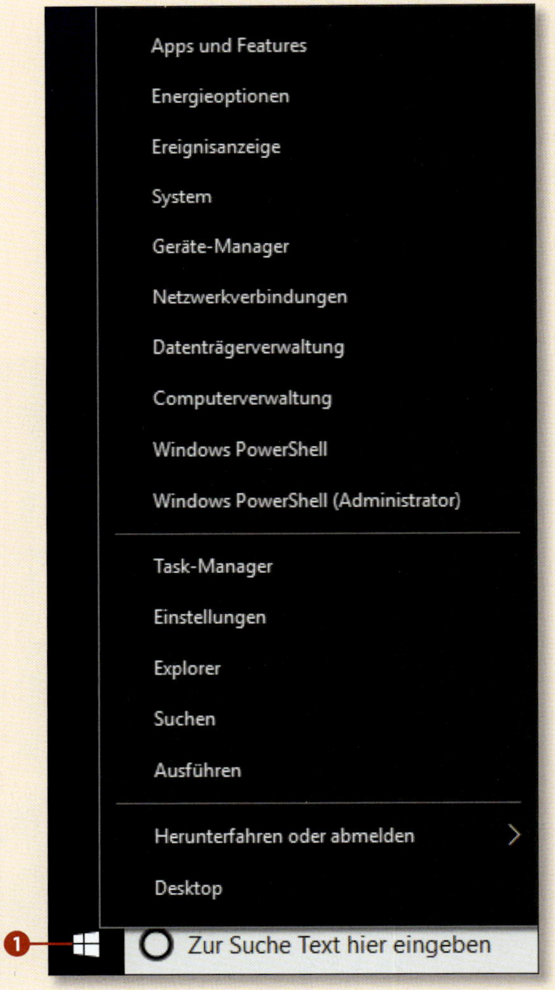

Die Suche ist oft die beste Wahl

Tatsächlich hat Microsoft die Suche diesmal gut programmiert. Wenn Sie in etwa wissen, wie das Programm oder die Funktion heißt, die Sie suchen, werden Sie mit großer Sicherheit in der Windows-Suche fündig. Blättern Sie dazu ruhig einmal zwei Seiten weiter, dort stellen wir Ihnen die Suche etwas ausführlicher vor.

In der folgenden Tabelle haben wir die wichtigsten Menüs und Bereiche für Sie aufgelistet sowie die Stellen angegeben, wo Sie sie finden, natürlich immer im Vergleich zwischen den Vorgängerversionen und Windows 10.

Windows 7	Windows 8.1	Windows 10 – Tablet	Windows 10 – Desktop-PC
Startmenü	Startseite und [Win] + [X]	Startmenü und [Win] + [X]	Startmenü und [Win] + [X]
Alle Programme im Startmenü	Apps-Ansicht	Ansicht **Alle Apps**	alphabetische App-Liste im Startmenü
Suchfeld im Startmenü	**Suchen**-Charm in der Charms-Leiste ▪ [Win] + [Q] – allgemeine Suche ▪ [Win] + [F] – Suche nach Dateien ▪ [Win] + [W] – Suche nach Einstellungen	Suchfeld in der Taskleiste	
Benutzerverwaltung im Startmenü	auf der Startseite das Benutzersymbol rechts oben	im App-Menü das Benutzersymbol	im Startmenü das Benutzersymbol
leeren Desktop anzeigen durch Klick auf das Symbol ganz rechts in der Taskleiste	wie unter Windows 7: auf dem klassischen Desktop Klick auf das rechte Ende der Taskleiste oder [Win] + [M]	nicht vorhanden	Wie unter Windows 7: auf dem klassischen Desktop Klick auf das rechte Ende der Taskleiste oder [Win] + [M]. Mit [Win] + [D] schalten Sie zwischen leerem Desktop und geöffneten Apps hin und her.
Systemsteuerung im Startmenü	[Win] + [X] und dann im Menü die Option **Systemsteuerung** auswählen Viele Optionen zur Konfiguration des Systems sind mittlerweile aber auch über die **PC-Einstellungen** möglich (Aufruf über [Win] + [I] und dann unten auf **PC-Einstellungen ändern** klicken).	Suche nach »Systemsteuerung« und dann die gleichnamige Desktop-App auswählen Viele Optionen zur Konfiguration des Systems sind mittlerweile aber auch über die **Einstellungen** möglich (Aufruf über [Win] + [I] oder **Startmenü > Einstellungen** und dann auf die gewünschte Kategorie klicken).	

Funktionen und wo Sie sie finden im Vergleich

Die Suche

Mit der Suchfunktion von Windows spüren Sie nicht nur lokale Dateien, sondern auch Apps, Windows-Dialoge und natürlich Webseiten auf.

1. Tippen Sie einfach – egal, ob im Tablet- oder im Desktop-Modus – den Suchbegriff in das Suchfeld unten links ein ❶, beispielsweise den Namen der gesuchten Windows-App, eines Desktop-Programms oder eines Windows-Dialogs. (Im Tablet-Modus müssen Sie zuerst auf das Lupensymbol in der Taskleiste tippen bzw. auf das **Cortana**-Symbol ❷, falls Sie Cortana aktiviert haben.) Windows blendet sofort mögliche Treffer ein ❸. Mehr über Cortana lesen Sie übrigens ab Seite 77.
2. Fahren Sie mit dem Eintippen des Suchbegriffs fort, um die Trefferauswahl einzugrenzen.
3. Klicken Sie in der über dem Suchfeld eingeblendeten Trefferliste auf das gesuchte Element ❹.
4. Mithilfe der Kategorien und Filter ❺ können Sie die Suche auf bestimmte Elemente eingrenzen.

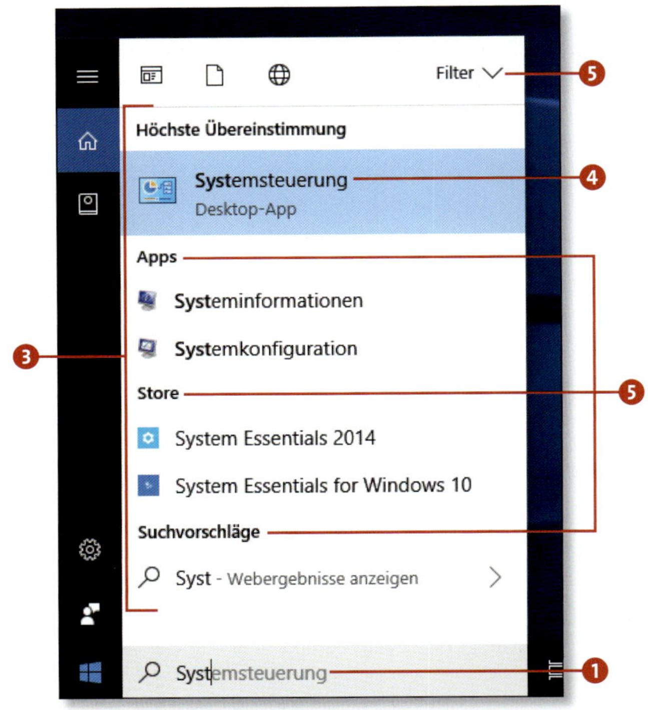

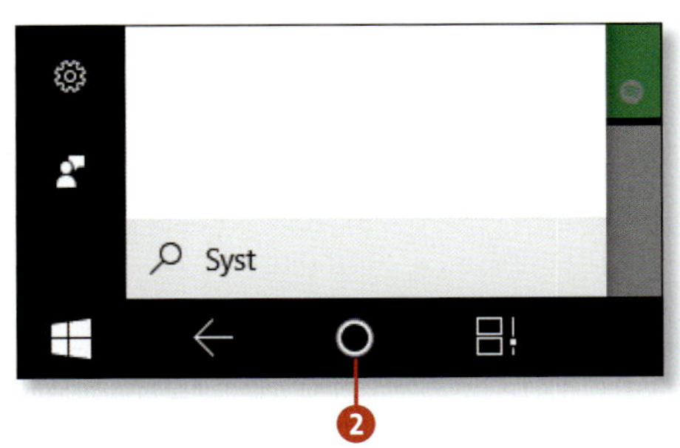

Schnellzugriff

Sie können die Suche auch mit [Windows] + [Q] aktivieren.

Bitte gut merken!

Die hier und auf der nächsten Seite beschriebenen Techniken der Suche und des Zugangs über das Dialogfenster **Ausführen** werden wir auch häufig in unseren Tipps und Tricks verwenden.

Die wichtigsten Einstellungen schnell erreichen

Viele Systemdialoge und Systemprogramme können Sie über das Dialogfenster **Ausführen** aufrufen. Gerade für fortgeschrittene Anwender ist dieser Zugang daher sehr nützlich.

1. Drücken Sie die Tastenkombination [Windows] + [R], um das Dialogfenster **Ausführen** aufzurufen. Alternativ können Sie im Kontextmenü der **Start**-Schaltfläche die Option **Ausführen** ❶ auswählen.
2. Tippen Sie den Namen der gewünschten Funktion ❷ ein, und wählen Sie **OK**.

Funktion	Aufrufname
Editor	`notepad`
Registrierungs-Editor	`regedit`
Bildschirmauflösung	`desk.cpl`
Hardware-Assistent	`hdwwiz.cpl`
Interneteinstellungen	`inetcpl.cpl`
Energieoptionen	`powercfg.cpl`
Systemeigenschaften	`sysdm.cpl`
Ereignisanzeige	`eventvwr`
Datenträgerverwaltung	`diskmgmt.msc`
Funktion (erst ab Pro-Edition)	Aufrufname
Lokale Benutzer und Gruppen	`lusrmgr.msc`
Lokale Sicherheitsrichtlinien	`secpol.msc`
Lokale Gruppenrichtlinien	`gpedit.msc`

Einige nützliche Funktionen im Überblick

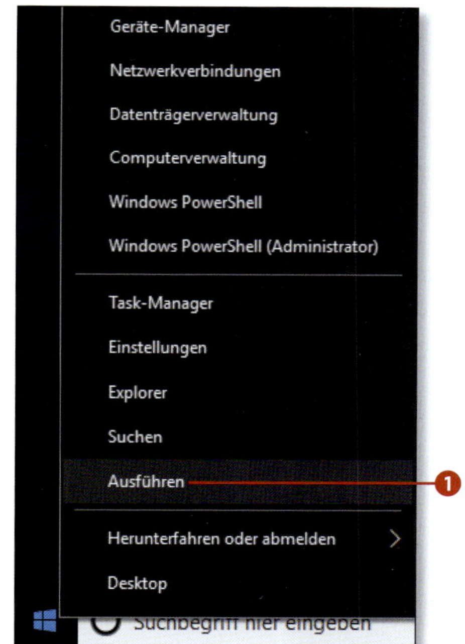

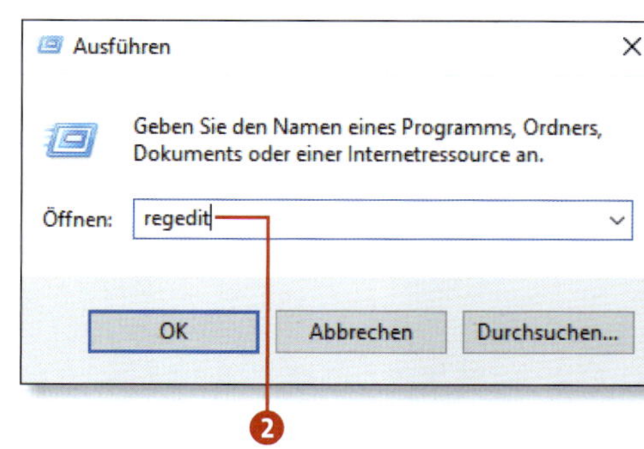

Ein Hoch auf die Tastenkombinationen

Wenn Sie Windows 10 auf einem normalen PC im Desktop-Modus betreiben, sollten Sie sich unbedingt die hier aufgelisteten Tastenkombinationen einprägen. Tastenkombinationen erschließen Ihnen nicht nur Elemente, die sonst verborgen bleiben; sie sind auch oft viel schneller als Gesten oder Mausbewegungen. Nutzen Sie Tastenkombinationen z. B. zum Wechseln zwischen Startmenü und Desktop oder als Abkürzungen zu vielen weiteren Elementen und Aktionen.

Tastenkombination	Aktion
⊞	Aufruf des Startmenüs (Desktop) oder Wechsel zwischen Apps und Startseite (Tablet)
⊞ + X	Öffnet das Kontextmenü der **Start**-Schaltfläche – ein etwas anderes, reduziertes Startmenü.
⊞ + Q	Startet die Suche (bzw. Cortana).
⊞ + D	Minimiert alle Fenster oder öffnet sie wieder.
⊞ + M	klassischer Desktop (alle Fenster minimiert)
⊞ + H	Teilen-Leiste
⊞ + K	Verbinden-Leiste
⊞ + W	Ink-Arbeitsbereich

Die wichtigsten Tastenkombinationen

Tastenkombination	Aktion
⇆	zwischen Bedienelement-Gruppen wechseln
↑ → ↓ ←	Liste von Bedienelementen einer Gruppe durchgehen
↵	Bedienelement ausführen
Esc	ausgewähltes Objekt verlassen (wird meist benötigt, wenn kein Zurück-Pfeil angeboten wird)

Nützliche Tasten für Apps

Tastenkombination	Aktion
⊞ + A	Benachrichtigungs- und Aktionscenter
⊞ + L	Benutzer abmelden (»lock«)
⊞ + E	Explorer
⊞ + R	**Ausführen**-Dialog (»run«)
⊞ + 1, 2, 3, 4 ...	Startet angepinnte Programme von der Taskleiste (nur im Desktop-Modus verfügbar).
⇧ + Strg + Esc	Task-Manager
⊞ + U	Center für erleichterte Bedienung
⊞ + ↵	Sprachausgabe (jetzt mit deutscher Stimme) ein- und ausschalten
⊞ + Pause	**System**-Dialog
⊞ + + ⊞ + -	Bildschirmlupe
Alt + Druck	Fenster-Screenshot in Zwischenablage
⊞ + Druck	Legt einen Screenshot direkt als PNG-Bild im **Bilder**-Ordner ab.
⊞ + ⇆	App-Übersicht mit der Möglichkeit zum Anlegen eines neuen Desktops bzw. zum Wechseln des Desktops (nur im Desktop-Modus verfügbar)

Nützliche Tastenkombinationen für Tablet- und Desktop-Modus

Windows beenden

Unter Windows 8 war der Befehl zum Herunterfahren des Systems gut versteckt – so gut, dass etliche Windows-Anwender ihn nicht fanden und ihren PC vermutlich über den Netzschalter ausschalteten. Das ist allerdings gefährlich, denn dabei kann immer ein Schaden entstehen. Unter Windows 10 ist der Befehl jetzt wieder da, wo er hingehört: im Startmenü (Startseite im Tablet-Modus).

Das Herunterfahren ist damit eigentlich wieder recht trivial und verläuft für Tablet- wie Desktop-Modus grundsätzlich gleich, aber wir möchten es zumindest kurz erwähnt haben.

1. Klicken Sie auf die **Start**-Schaltfläche ❶, um das Startmenü einzublenden.
2. Klicken Sie auf die Schaltfläche **Ein/Aus** ❷.
3. Wählen Sie den Befehl **Herunterfahren** ❸.

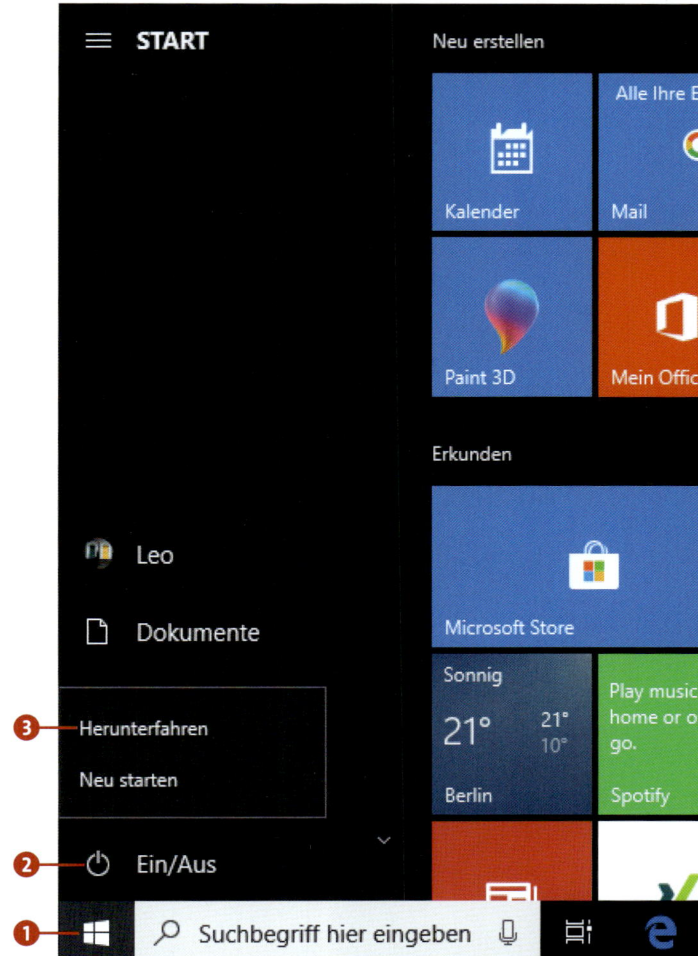

Herunterfahren über den Netzschalter

Sie können Windows auch durch Drücken des Netzschalters beenden. Was dann genau passiert, ob Windows z. B. komplett heruntergefahren oder nur in den Energiesparmodus versetzt wird, hängt allerdings vom Rechnertyp und von Ihrer Systemkonfiguration ab. Wie Sie diese kontrollieren bzw. einstellen, erfahren Sie im Tipp »Schneller weiterarbeiten dank Ruhezustand« auf Seite 119.

2 Windows geschickt bedienen

Sind Sie ganz neu in der Windows-Welt, oder arbeiten Sie schon lange mit Windows und kennen sich entsprechend gut aus? Für Einsteiger sind die Tipps in diesem Kapitel ohnehin Gold wert, aber auch eine langjährige Beziehung führt schnell zur Gewöhnung. Nutzen Sie wirklich alle Stärken und Kniffe des Systems? Haben Sie sich schon mit den letzten Neuerungen bekannt gemacht?

Nehmen wir z. B. das Starten des Rechners – vom Drücken des An-Schalters über die Anmeldung bis zum Erscheinen der Windows-Oberfläche. Eigentlich reine Routineangelegenheit, aber haben Sie schon einmal die neuen Anmeldeformen von Windows getestet? Vielleicht möchten Sie ja auch die Anmeldung lieber ganz überspringen? Oder wie wäre es, wenn Sie nur noch den An-Schalter drücken, sich dann erst einmal eine Tasse Kaffee machen, und wenn Sie zurückkommen, sehen Sie bereits den gewohnten Desktop, womöglich sogar schon mit geöffneten Dokumenten und Programmen? Interessiert? Dann haben wir in diesem Kapitel einige praktische Tipps für Sie.

Nach der Anmeldung wenden wir uns diversen weiteren Aspekten des Windows-Betriebssystems zu – beispielsweise der Arbeit mit den Apps, den *virtuellen Desktops* und *Cortana*. Sie wissen nicht, was Sie sich unter virtuellen Desktops vorstellen sollen, und von Cortana haben Sie auch noch nie gehört? Dann sollten Sie unbedingt in die entsprechenden Tipps im hinteren Teil des Kapitels schauen.

In diesem Kapitel

Mit PIN anmelden

PIN einrichten

Anstelle eines Kennworts können Sie sich auch mit einer PIN anmelden. PIN steht für *Persönliche Identifikationsnummer*, sie muss aber keine reine Ziffernfolge sein. Die erstellte PIN ersetzt nicht das normale Kennwort, sondern ist eine Alternative.

1. Klicken Sie im Startmenü auf das Symbol für den angemeldeten Benutzer 1.
2. Wählen Sie den Befehl **Kontoeinstellungen ändern** 2.
3. Wählen Sie links die Kategorie **Anmeldeoptionen** 3, und tippen oder klicken Sie danach rechts in der Rubrik **PIN** auf die Schaltfläche **Hinzufügen** 4.
4. Autorisieren Sie sich mit dem alten Kennwort.
5. Denken Sie sich eine mindestens vierstellige PIN aus, und geben Sie sie zweimal ein; dann klicken Sie auf **OK** 5.

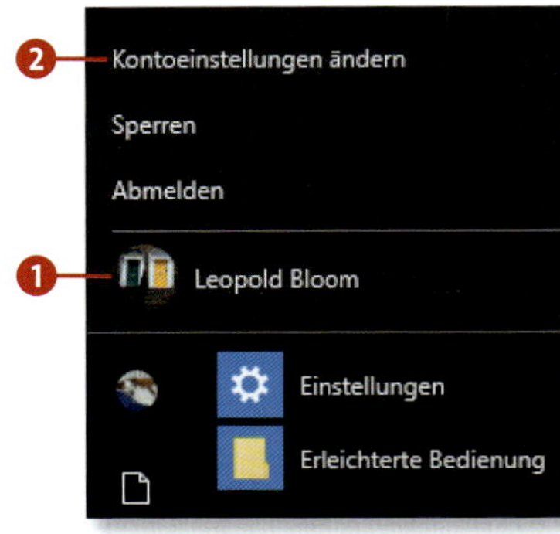

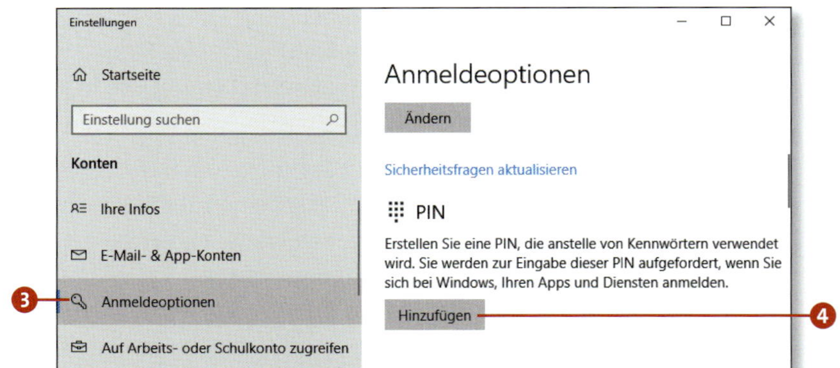

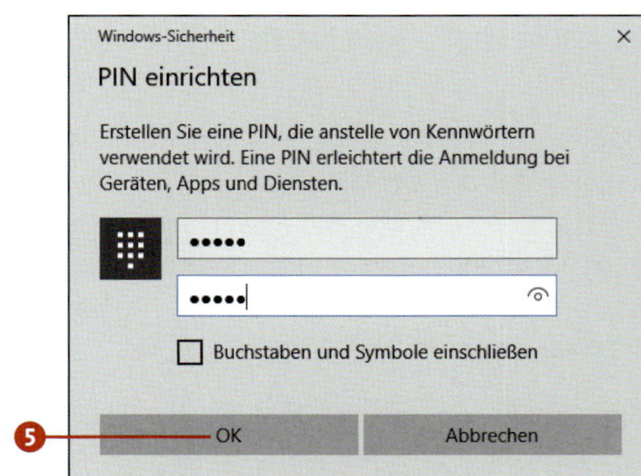

PINs dürfen kurz sein

Anders als Kennwörter müssen PINs nicht ellenlang sein, schließlich soll man Sie sich ja gut merken können. Wenn Sie die Sicherheit Ihrer PIN erhöhen wollen, bauen Sie lieber einen Buchstaben oder ein Sonderzeichen ein. Zuvor müssen Sie aber das Kontrollkästchen **Buchstaben und Symbole einschließen** aktivieren.

Nicht das Kennwort vergessen!

So bequem eine PIN sein mag, sie ist nur für die Anmeldung gedacht. Wenn Sie sich an anderer Stelle autorisieren müssen, werden Sie immer nach Ihrem Kennwort gefragt.

Mit PIN anmelden

Nachdem Sie die PIN eingerichtet haben, können Sie sich direkt beim nächsten Mal mit der PIN anmelden:

1. Fahren Sie den Rechner hoch, und gehen Sie zum Anmeldebildschirm.
2. Wenn in dem Anmeldebildschirm das Wort **PIN** zu lesen ist, können Sie sich direkt durch Eingabe Ihrer PIN anmelden ❶.
3. Ist eine andere Anmeldemethode angegeben, klicken Sie auf **Anmeldeoptionen** ❷.
4. Klicken Sie auf das eingeblendete Nummernfeld für die Anmeldung via PIN ❸, und tippen Sie die PIN ein.

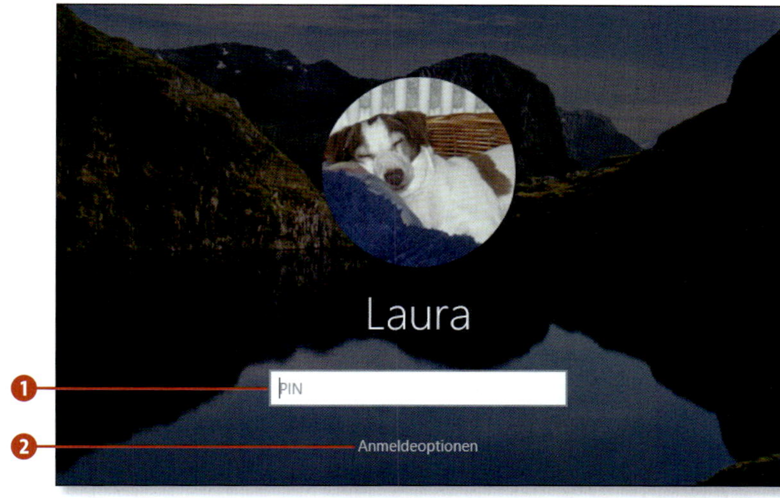

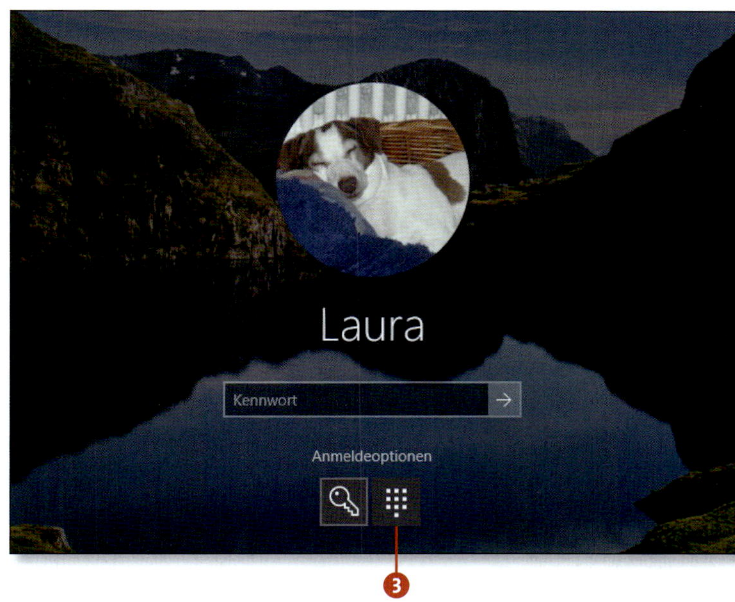

Zur besseren Kontrolle

Wenn Ihnen bei der Anmeldung niemand über die Schultern linst, können Sie sich die PIN auch unverschlüsselt anzeigen lassen. Klicken Sie dazu in das Eingabefeld und dann auf das Augensymbol.

Wie sicher ist eine PIN?

Die Sicherheit der Anmelde-PIN erwächst daraus, dass die PIN mit dem aktuellen Rechner verknüpft wird. Benutzer mit einem Microsoft-Konto können daher so vorgehen, dass sie das Microsoft-Konto mit einem langen, schwer zu knackenden Kennwort schützen, auf ihrem Heim-PC aber zum bequemeren Zugang eine leicht zu merkende PIN einrichten.

Mit Bildcode anmelden

Bildcode definieren

Sie sind es leid, sich immer neue Passwörter oder Zahlenkombinationen ausdenken zu müssen? Dann ist das Bildkennwort genau das Richtige für Sie. Und nebenbei ist es auch noch besonders tablet- und touchscreen-freundlich.

1. Klicken Sie im Startmenü auf das Symbol für den angemeldeten Benutzer, und wählen Sie im Menü den Eintrag **Kontoeinstellungen ändern**. Lesen Sie dazu auch den vorherigen Tipp.
2. Wählen Sie links die Kategorie **Anmeldeoptionen** ❶, und tippen oder klicken Sie dann rechts unter der Rubrik **Bildcode** auf die Schaltfläche **Hinzufügen** ❷.
3. Autorisieren Sie sich mit dem alten Kennwort.
4. Klicken Sie im anschließenden Dialogfenster auf **Bild auswählen**, und suchen Sie ein passendes Bild aus. Durch Anklicken von **Dieses Bild verwenden** bestätigen Sie Ihre Auswahl. Andernfalls suchen Sie nach einem besseren Bild.
5. Definieren Sie nun die gewünschte Geste, die aus drei Einzelgesten (Kreise, Linien, Antippen) in beliebiger Kombination bestehen muss ❸.
6. Sie müssen die Gesten durch Wiederholen bestätigen, bevor Sie durch Klicken auf **Fertig stellen** die Bildcodedefinition beenden.

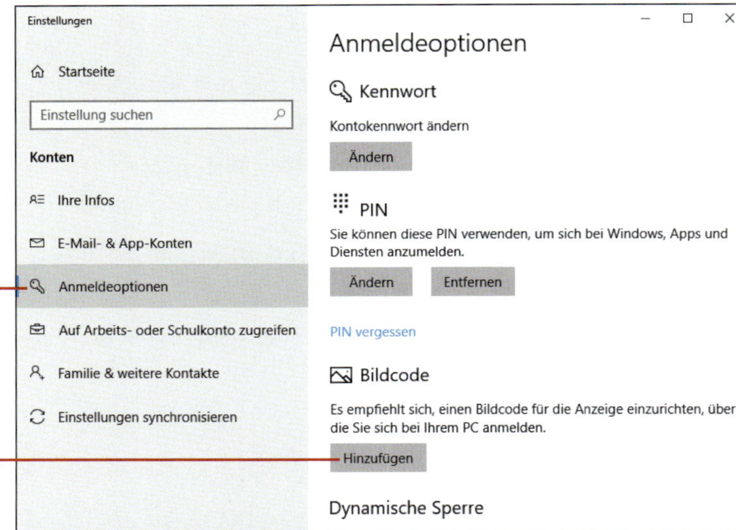

❶
❷

❸

Bildcodes vergisst man leicht

Auf den ersten Blick wirken Bildcodes leichter zu merken. Wir haben die Erfahrung gemacht, dass es oft nicht ganz so einfach ist, sich den Code zu merken. Aber lesen Sie dazu den Kasten rechts.

Mit Bildcode anmelden

Nun ist der Bildcode eingerichtet, und Sie können ihn beim nächsten Start ausprobieren. So melden Sie sich mit Ihrem Bildcode an:

1. Fahren Sie den Rechner hoch, und gehen Sie zum Anmeldebildschirm. Wenn Sie den Rechner zum Ausprobieren nicht herunterfahren und neu starten wollen, können Sie auch direkt über [Windows] + [L] den Sperrbildschirm einblenden.
2. Wenn das von Ihnen ausgewählte Bild erscheint (1), können Sie direkt mit den Gesten anfangen (Schritt 4).
3. Ist eine andere Anmeldemethode angegeben, klicken Sie zuerst auf **Anmeldeoptionen** (2) und dann auf das eingeblendete Bildsymbol für die Anmeldung via Bildcode (3).
4. Fahren Sie die Gesten (Kreis beschreiben, Linie ziehen, Antippen) in der festgelegten Reihenfolge und an der von Ihnen vorgegebenen Position nach.

Ist Ihnen der Bildcode entfallen?

Ein solcher Bildcode kann leichter zu merken sein als ein Kennwort oder eine PIN, aber wenn Sie ihn nicht zu offensichtlich einrichten möchten, kann auch das Gegenteil passieren, und dann erinnern Sie sich vielleicht nicht mehr daran. Aber keine Sorge: Sollte Ihnen Ihr Bildcode entfallen sein, melden Sie sich mit Ihrem Kennwort an, und gehen Sie vor wie im vorangehenden Tipp zu den Kontoeinstellungen, in denen Sie den Bildcode ändern oder entfernen können.

Die automatische Anmeldung aktivieren

Wenn Sie beim Hochfahren eines Rechners gleich loslegen und nicht noch die Anmeldung manuell durchführen möchten, dann sollten Sie die automatische Benutzeranmeldung aktivieren.

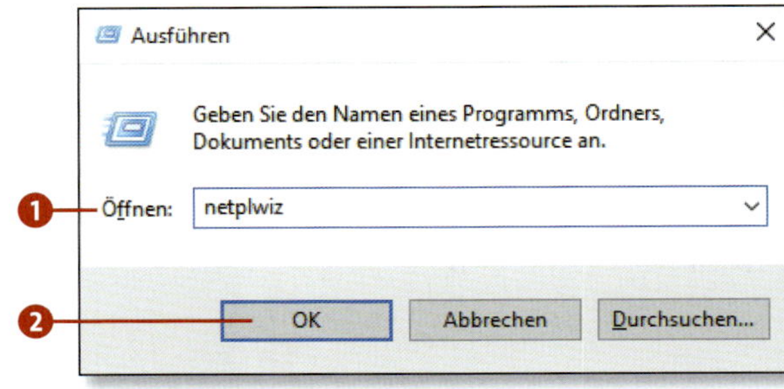

1. Rufen Sie das Dialogfenster **Ausführen** auf. Drücken Sie dazu die Tastenkombination [Win] + [R]. Alternativ können Sie aus dem Kontextmenü der **Start**-Schaltfläche die gleichnamige Option **Ausführen** auswählen, um dieses Dialogfenster aufzurufen.
2. Geben Sie den Befehl »netplwiz« (1) ein, und klicken Sie anschließend auf **OK** (2). Sind Sie nicht als Administrator angemeldet, erscheint noch ein Dialog zur Autorisierung dieser Aktion durch das Administratorkennwort. Lesen Sie dazu auch die Tipps auf den Seiten 264 f.
3. Wählen Sie in der angebotenen Liste den automatisch anzumeldenden Benutzer aus (3).
4. Deaktivieren Sie dann das Kontrollkästchen **Benutzer müssen Benutzernamen und Kennwort eingeben** (4), und klicken Sie auf **OK** (5).
5. Geben Sie zweimal das Kennwort für den ausgewählten Benutzer ein, und klicken Sie erneut auf **OK**.

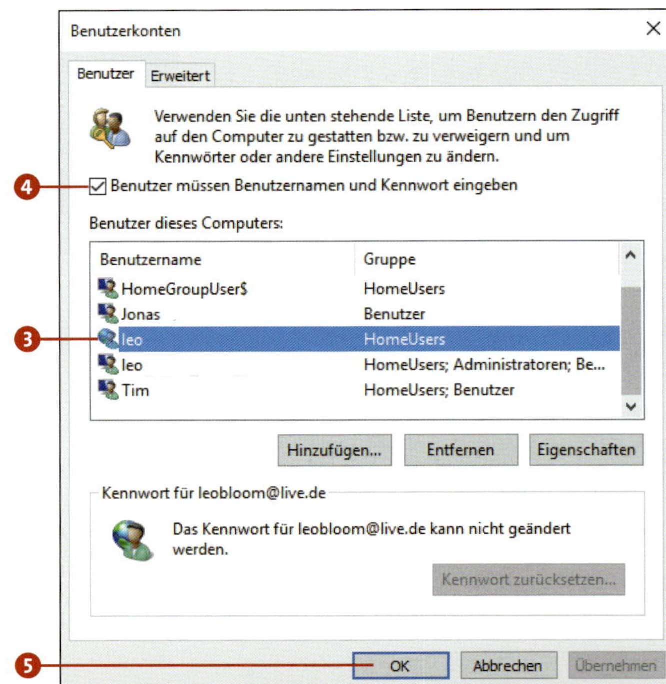

Nichts für allgemein zugängliche PCs

Bitte beachten Sie, dass Sie die automatische Anmeldung nur für Ihren privaten PC aktivieren sollten, der nur von Ihnen genutzt wird und nicht allgemein zugänglich ist. Sonst wäre es für Unbefugte viel zu leicht, sich Zugang zu Ihrem PC zu verschaffen.

Tablet oder Desktop – den Startmodus festlegen

Windows 10 erkennt automatisch, ob es auf einem Desktop-PC oder einem mobilen Gerät installiert wird, und präsentiert sich dem Nutzer je nachdem im klassischen Desktop- oder im Tablet-Modus. Sie können aber natürlich auch selbst festlegen, in welchem Modus Windows starten soll.

1. Rufen Sie mit der Tastenkombination [Windows] + [I] den **Einstellungen**-Dialog auf. Sie finden den dazugehörigen Befehl aber auch im Startmenü ❶.
2. Klicken Sie im **Einstellungen**-Dialog oben links auf **System** ❷.
3. Klicken Sie in der linken Leiste auf **Tablet-Modus** ❸.
4. Wählen Sie links im Listenfeld **Bei der Anmeldung** die Option **Tablet-Modus verwenden** ❹.

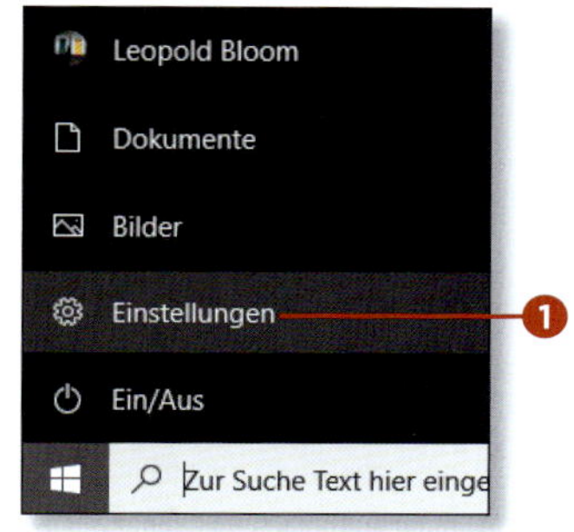

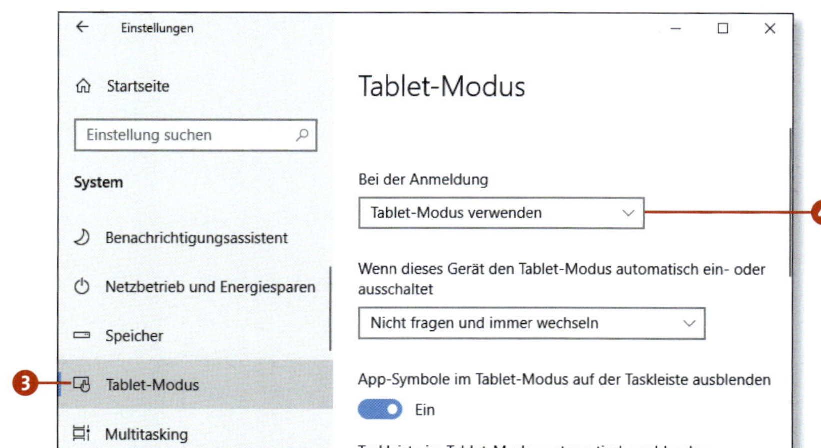

Kein Tablet-Modus angeboten?

Sollte die Option zum Ein- und Ausschalten des Tablet-Modus bei Ihnen deaktiviert sein, könnte dies daran liegen, dass Sie mehrere Monitore angeschlossen haben. Bei Verwendung mehrerer Monitore kann nämlich nicht in den Tablet-Modus gewechselt werden.

Schneller starten

Start mit der letzten Sitzung

Windows 10 unterstützt neben dem normalen Herunterfahren auch das Versenken in den Ruhezustand. Dabei wird im Zuge des Herunterfahrens der aktuelle Systemzustand auf Festplatte gespeichert. Beim nächsten Start wird diese Information dann geladen, und Sie können weitermachen, wo Sie aufgehört haben. Seltsamerweise ist diese praktische Option jedoch standardmäßig deaktiviert.

1. Rufen Sie das Dialogfenster **Ausführen** auf. Drücken Sie dazu die Tastenkombination [Windows] + [R]. Alternativ können Sie aus dem Kontextmenü der **Start**-Schaltfläche die gleichnamige Option **Ausführen** auswählen.
2. Geben Sie den Befehl »powercfg.cpl« ❶ ein, und klicken Sie auf **OK** ❷.
3. Klicken Sie links auf **Auswählen, was beim Drücken des Netzschalters geschehen soll** ❸.
4. Klicken Sie auf **Einige Einstellungen sind momentan nicht verfügbar** ❹. Falls Sie keine Administratorrechte haben, erscheint eine Abfrage, und Sie müssen noch das entsprechende Kennwort eingeben.
5. Wählen Sie für das Drücken des Netzschalters die Option **Ruhezustand** ❺ aus, und klicken Sie auf **Änderungen speichern** ❻.

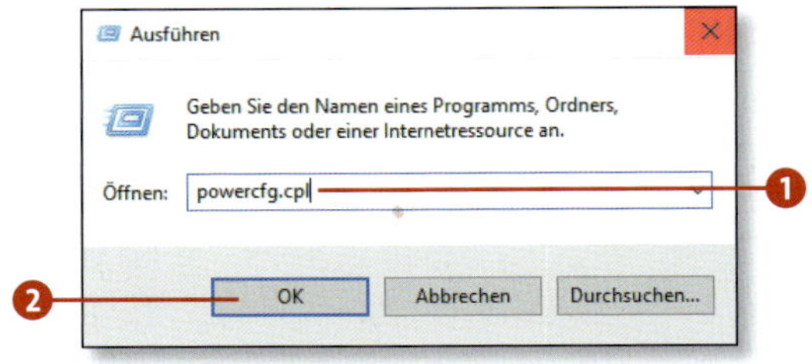

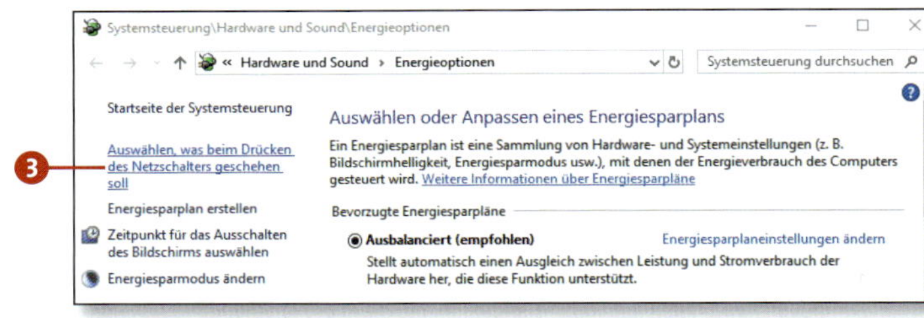

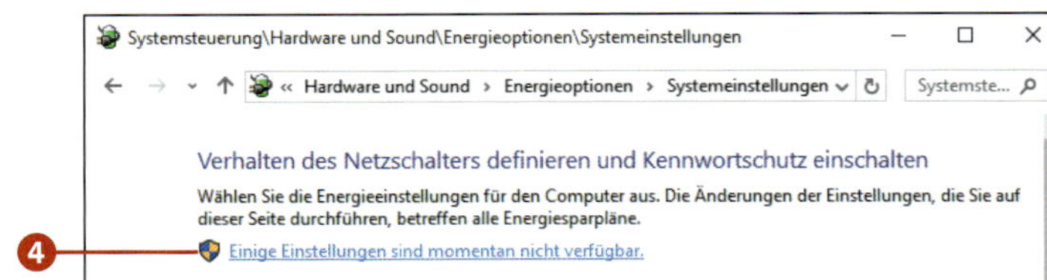

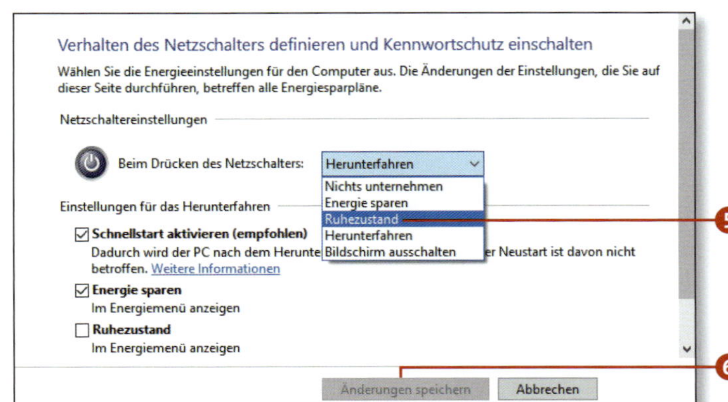

Ruhezustand über die Start-Schaltfläche auswählen

Die beschriebene Einstellung betrifft nur das Herunterfahren durch Drücken des Netzschalters. Wie Sie den Ruhezustand über die **Start**-Schaltfläche auswählen, lesen Sie im Tipp »Schneller weiterarbeiten dank Ruhezustand« auf Seite 119.

Apps schneller starten

Wenn Sie mit einer bestimmten App häufiger arbeiten, ist es sehr lästig, diese jedes Mal über das Startmenü – oder schlimmer noch: über die App-Liste – aufrufen zu müssen. Daher gibt es unter Windows diverse Techniken, die Apps schneller zu starten. Wir empfehlen Ihnen, eine dieser Möglichkeiten zu nutzen, die wir an anderer Stelle im Buch im Einzelnen beschreiben:

- Legen Sie auf dem Desktop, im Startmenü oder in der Taskleiste eine Verknüpfung ❶ zu der App an, um sie bei Bedarf schnell aufrufen zu können. Siehe die Tipps »Desktop-Verknüpfungen erstellen« auf Seite 48, »Wichtige Apps als Kacheln im Startmenü anzeigen« auf Seite 58 und »Apps an die Taskleiste heften« auf Seite 61.
- Verbinden Sie die App mit einer Tastenkombination, über die Sie die App aufrufen können. Siehe den Tipp »Apps per Tastenkombination aufrufen« auf Seite 52.
- Wenn Sie immer wieder mit einer bestimmten Gruppe von Apps arbeiten, schließen Sie diese am besten erst gar nicht und fahren den Rechner nicht herunter, sondern versetzen ihn in den Ruhezustand ❷. Siehe den Tipp »Start mit der letzten Sitzung« auf Seite 44.
- Aktivieren Sie für das Programm den Autostart, damit Windows das Programm automatisch beim Hochfahren für Sie startet. Siehe den Tipp »Apps beim Hochfahren automatisch starten« auf Seite 46.

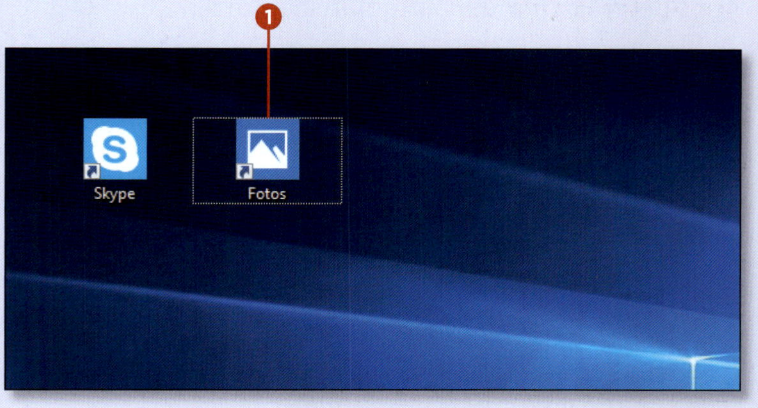

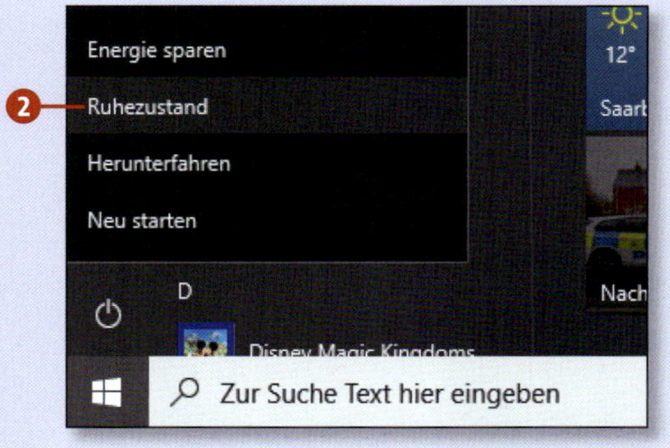

Apps beim Hochfahren automatisch starten

Sie möchten, dass eine bestimmte App bei jedem Hochfahren von Windows automatisch für Sie gestartet wird? Kein Problem!

1. Rufen Sie das Dialogfenster **Ausführen** auf. Drücken Sie die Tastenkombination [Win] + [R], oder wählen Sie im Kontextmenü der **Start**-Schaltfläche die Option **Ausführen**.
2. Geben Sie den Befehl »shell:startup« ❶ ein, und klicken Sie auf **OK**. Windows öffnet daraufhin für Sie den *Autostart*-Ordner ❷.
3. Starten Sie den Explorer. Drücken Sie dazu die Tastenkombination [Win] + [E], oder wählen Sie im Kontextmenü der **Start**-Schaltfläche die Option **Explorer**.
4. Wechseln Sie in den Ordner mit der *.exe*-Datei des Programms. Nehmen wir an, Sie arbeiten regelmäßig mit dem Windows-Taschenrechner. Dessen *.exe*-Datei heißt *calc.exe* ❸ und liegt im Ordner *c:\Windows\System32* ❹.
5. Klicken Sie mit der linken Maustaste auf die *.exe*-Datei, halten Sie die Maustaste gedrückt, und drücken und halten Sie zusätzlich die Tastenkombination [Strg] + [⇧].
6. Ziehen Sie die Datei in den Ordner *Autostart*. Unter dem Dateisymbol sollte der Hinweis zu lesen sein, dass eine Verknüpfung erstellt wird ❺. Lassen Sie die Maustaste los. Bei der nächsten Anmeldung wird die App automatisch gestartet.

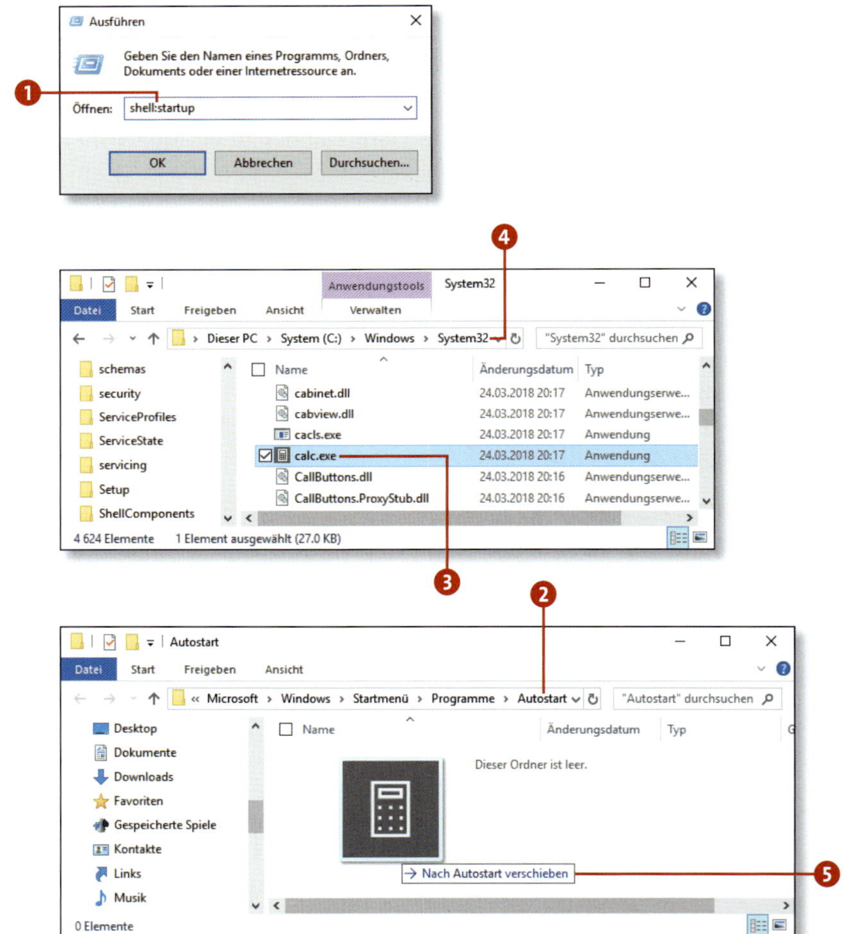

Verschoben statt verknüpft

Achten Sie darauf, dass Sie zuerst die Maustaste loslassen und dann erst die Tastenkombination aufheben. Sonst haben Sie die Datei nicht verknüpft, sondern verschoben und von ihrem Originalspeicherort entfernt.

Vorgang abbrechen

Wenn Sie sich anders entschieden haben und die Erstellung der Verknüpfung abbrechen möchten, drücken Sie einfach [Esc].

Dateien beim Hochfahren automatisch öffnen

Über den *Autostart*-Ordner können Sie Programme und auch Dateien automatisch beim Start von Windows öffnen lassen. Das Prinzip ist das gleiche wie beim automatischen Starten von Apps. Geöffnet wird die Datei in ihrem Standardbearbeitungsprogramm. Folgen Sie einfach der Anleitung.

1. Öffnen Sie den Ordner *Autostart* und den Explorer (siehe dazu die Anleitung auf Seite 46).
2. Wechseln Sie im Explorer in den Ordner mit der Datei ❶.
3. Klicken Sie mit der linken Maustaste auf die Datei, halten Sie die Maustaste gedrückt, und drücken Sie zusätzlich die Tastenkombination [Strg] + [⇧].
4. Ziehen Sie die Datei in den Ordner *Autostart* ❷. Unter dem Dateisymbol sollte der Hinweis zu lesen sein, dass eine Verknüpfung erstellt wird ❸. Lassen Sie die Maustaste los. (Achten Sie darauf, dass Sie zuerst die Maustaste loslassen und dann erst die Tastenkombination aufheben. Sonst haben Sie die Datei nicht verknüpft, sondern verschoben.)
5. Bei der nächsten Anmeldung wird die Datei automatisch in ein passendes Programm geladen.

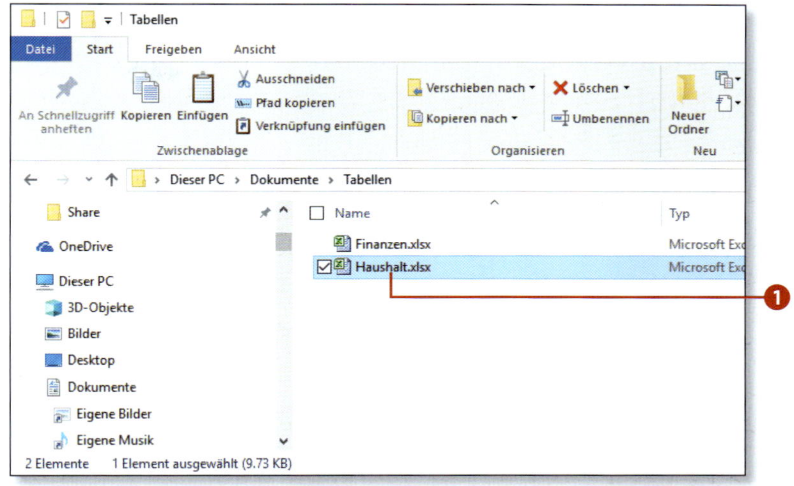

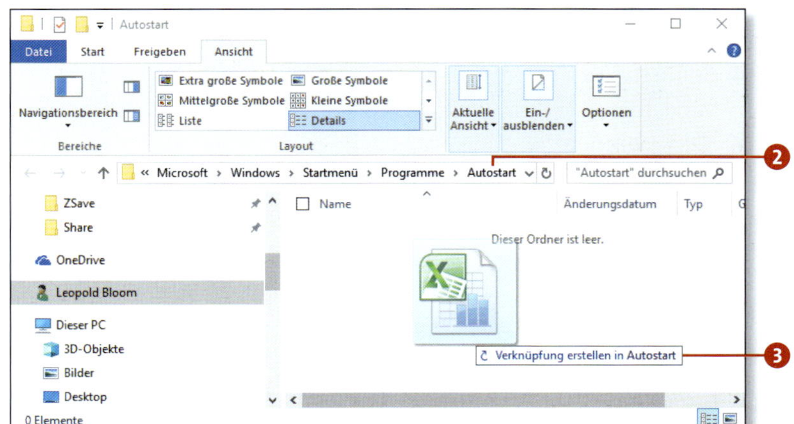

Wenn es mit dem Öffnen nicht klappt

Falls die Datei im falschen Programm geöffnet wird oder die Meldung »Windows kann diesen Dateityp nicht öffnen« erscheint, müssen Sie das Standardbearbeitungsprogramm für die Datei ändern. Lesen Sie dazu den Tipp »Einen Dateityp einem Programm zuordnen« auf Seite 90.

Ordnung auf dem Desktop schaffen

Desktop-Verknüpfungen erstellen

Einer der schnellsten Wege, zu einem häufig benötigten Programm, einem Ordner oder einer beliebigen Datei zu gelangen, ist die Desktop-Verknüpfung. Vielleicht kennen Sie den Weg dorthin bereits. Falls nicht, hier eine kleine Wiederholung der grundsätzlichen Technik.

1. Starten Sie den Explorer. Drücken Sie die Tastenkombination ⊞ + E, oder wählen Sie im Kontextmenü der **Start**-Schaltfläche die Option **Explorer**.
2. Gehen Sie zu dem Verzeichnis mit der Datei, die Sie als Symbol auf dem Desktop ablegen wollen.
3. Klicken Sie mit der linken Maustaste auf die Datei ❶, halten Sie die Maustaste gedrückt, und drücken und halten Sie zusätzlich die Tastenkombination Strg + ⇧.
4. Sollte das Explorer-Fenster den Desktop-Hintergrund verdecken, verkleinern Sie es so weit, dass Sie den Desktop im Hintergrund sehen können.
5. Ziehen Sie die Datei auf den Desktop-Hintergrund. Unter dem Dateisymbol sollte der Hinweis zu lesen sein, dass eine Verknüpfung erstellt wird ❷. Um den Vorgang abzubrechen, drücken Sie einfach die Taste Esc.

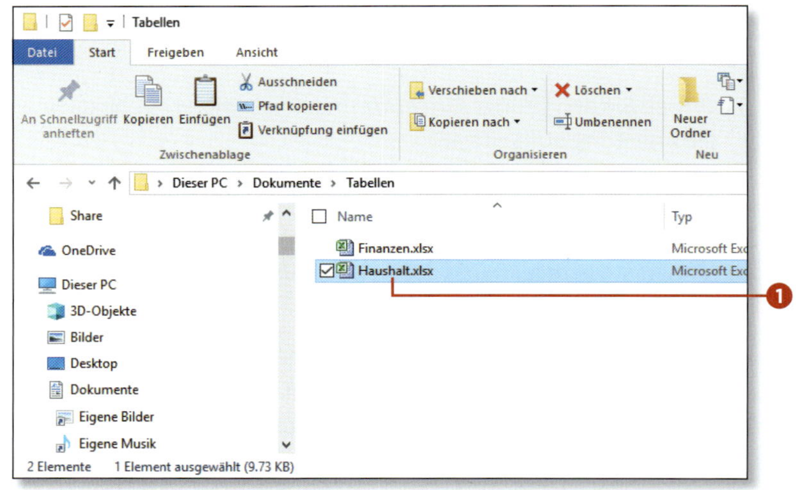

Verschoben statt verknüpft

Achten Sie darauf, dass Sie zuerst die Maustaste und dann erst die Tasten Strg + ⇧ loslassen. Sonst haben Sie die Datei nicht verknüpft, sondern verschoben und von ihrem Originalspeicherort entfernt.

Desktop-Symbole anordnen

Weil Verknüpfungen so praktisch sind, sammeln sie sich auf vielen PCs schnell an und kehren damit den eigentlichen Zweck, die Übersichtlichkeit, ins Gegenteil. Jetzt können Sie natürlich erst einmal aufräumen und überlegen, ob Sie wirklich alle Verknüpfungen brauchen. Wenn Sie sie aber behalten wollen, sollten Sie sich von Windows beim sauberen Anordnen der Symbole helfen lassen.

1. Klicken Sie mit der rechten Maustaste in den Hintergrund des Desktops, um das Kontextmenü aufzurufen.
2. Öffnen Sie das Untermenü **Ansicht** ❶.
3. Wählen Sie eine Größe für die anzuzeigenden Symbole ❷.
4. Öffnen Sie das Untermenü **Sortieren nach** ❸.
5. Lassen Sie die Symbole nach dem Namen ❹ oder einem der anderen angebotenen Kriterien anordnen.

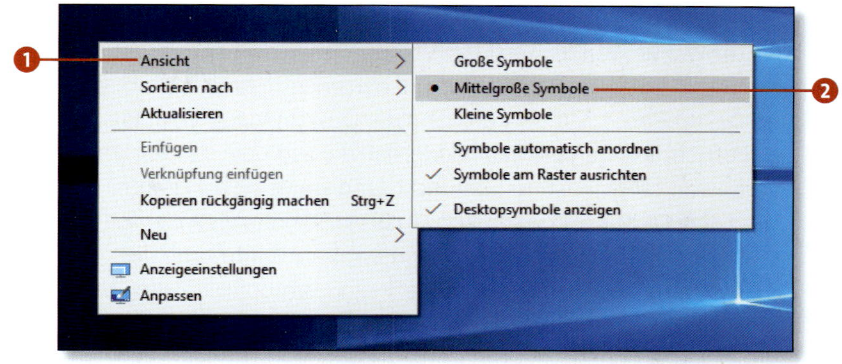

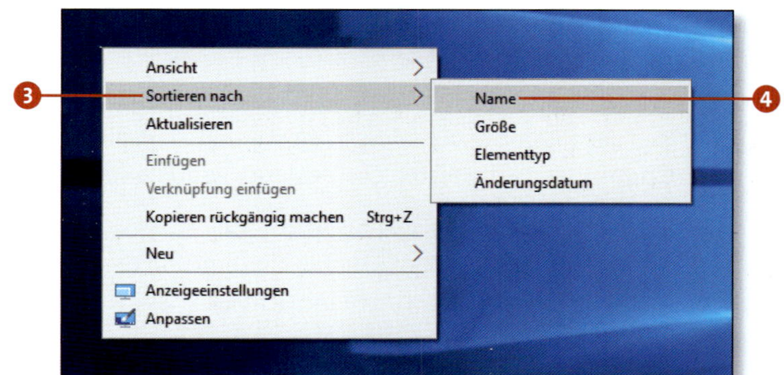

Desktop-Symbole frei platzieren

Gefällt Ihnen die neue Anordnung noch nicht so ganz? Kein Problem, selbstverständlich können Sie die Desktop-Symbole anschließend immer noch mit gedrückter Maustaste verschieben.

Desktop-Symbole nicht auf dem Desktop, sondern in Symbolleiste darstellen

Viele Anwender nutzen Desktop-Verknüpfungen als bequemen und fantastisch schnellen Zugang zu den wichtigsten Programmen und Dokumenten. Mit der Zeit kann der Desktop dadurch aber sehr unübersichtlich werden. Zudem werden die Symbole ständig von den Anwendungsfenstern überdeckt. Und wenn Sie als Hintergrund eine Diashow Ihrer letzten Urlaubsbilder anzeigen lassen, stören Sie womöglich auch die vielen Symbole. Dann kann die Umwandlung der Desktop-Symbole in eine Symbolleiste, die über die Taskleiste zu öffnen ist, eine willkommene Alternative sein.

1. Klicken Sie mit der rechten Maustaste in den Hintergrund der Taskleiste ❶, öffnen Sie das Untermenü **Symbolleisten** ❷, und wählen Sie den Eintrag **Desktop** ❸ aus.
2. Die Desktop-Symbolleiste können Sie nun über eine Schaltfläche ❹ rechts in der Taskleiste aufrufen. In ihr werden auch alle Desktop-Verknüpfungen aufgelistet. Die Desktop-Symbole sind aber noch nicht verschwunden.
3. Klicken Sie mit der rechten Maustaste in den Hintergrund des Desktops, und öffnen Sie das Untermenü **Ansicht** ❺.
4. Deaktivieren Sie darin den Eintrag **Desktopsymbole anzeigen** ❻.

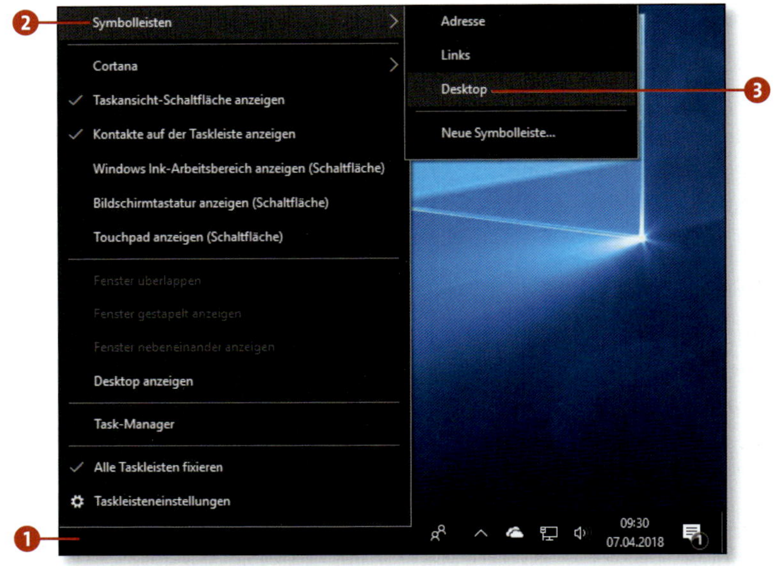

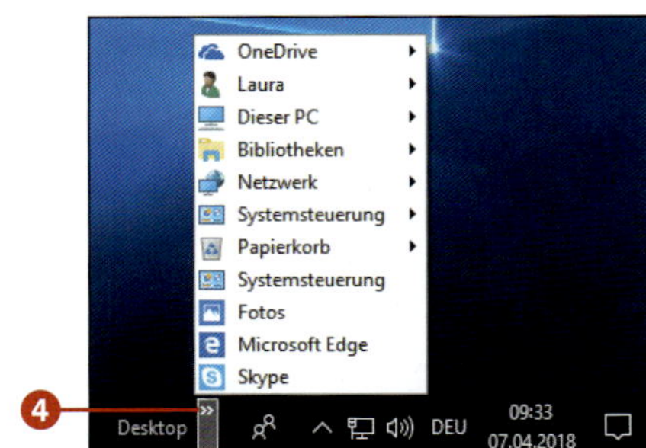

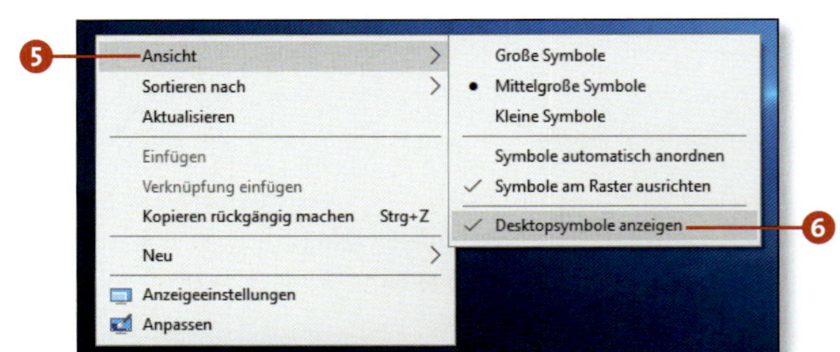

Urlaubsbilder im Hintergrund

Wenn Ihr Desktop nun wieder frei ist und Sie sich Ihre Urlaubsbilder im Hintergrund anzeigen lassen wollen, lesen Sie doch den Tipp »Eine Diashow Ihrer Lieblingsbilder als Hintergrund« auf Seite 218.

Größe und Abstand der Desktop-Symbole ändern

Falls Sie gerne Dateien und Verknüpfungen zu Programmen auf Ihrem Desktop ablegen, dann kann es im Laufe der Zeit etwas eng auf dem Desktop werden: Die Standardwerte für Symbolgröße und Abstand voneinander sind recht großzügig, und es wird viel Platz verschwendet. Glücklicherweise lässt sich das anpassen.

1. Klicken Sie auf eine freie Stelle auf dem Desktop, um sicherzustellen, dass kein geöffnetes Fenster den Eingabefokus hat.
2. Falls Sie die Symbolgröße anpassen möchten: Öffnen Sie mit einem Rechtsklick das Kontextmenü, und wählen Sie unter **Ansicht** die gewünschte Größe aus ❶. Für eine freie Anpassung klicken Sie in den Desktop-Hintergrund, halten die Taste Strg gedrückt und drehen am Mausrad.
3. Für die Anpassung der Zwischenabstände müssen interne Windows-Einstellungen geändert werden. Rufen Sie hierzu den Registrierungs-Editor auf (⊞ + R drücken und im Dialogfenster **Ausführen** den Befehl »regedit« eingeben oder über das Suchfeld nach »regedit« suchen).
4. Selektieren Sie links im Navigationsbaum den Eintrag **HKEY_CURRENT_USER\Control Panel\Desktop\WindowMetrics** ❷.
5. Doppelklicken Sie auf **IconSpacing** ❸. Ändern Sie den Wert im zulässigen Bereich von –480 bis –2730. Klicken Sie auf **OK** ❹.
6. Ändern Sie analog auch den Wert für **IconVerticalSpacing** ❺.
7. Damit die Änderung wirksam wird, müssen Sie den Rechner neu starten.

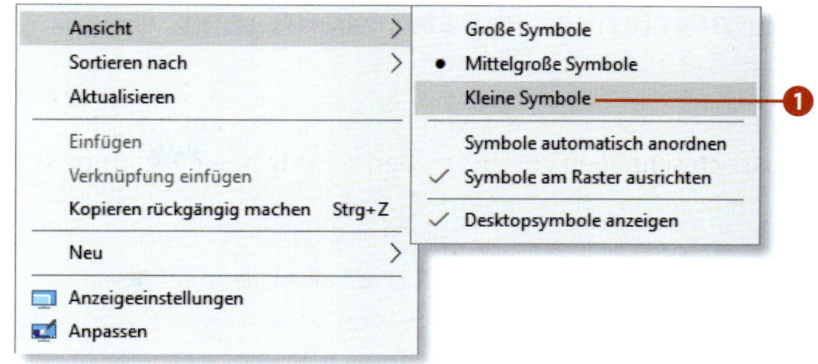

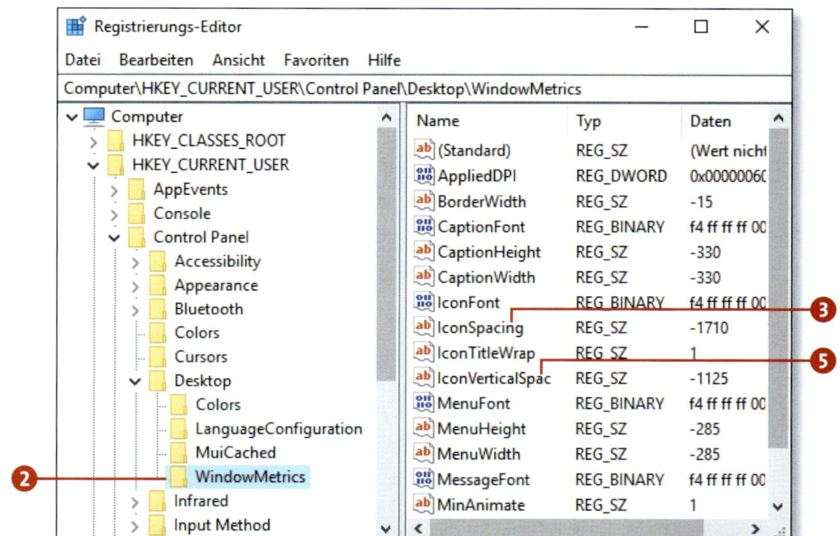

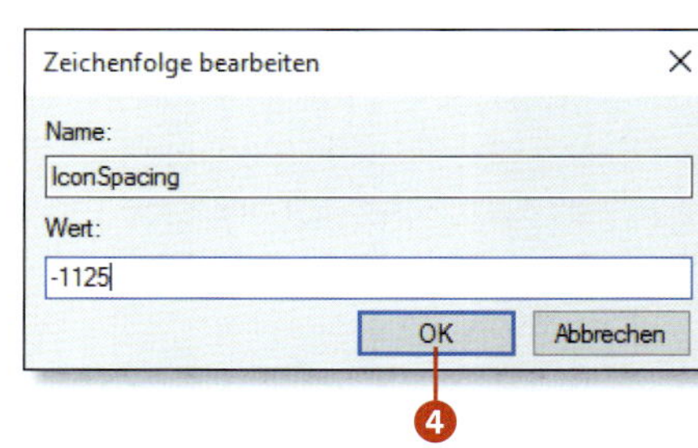

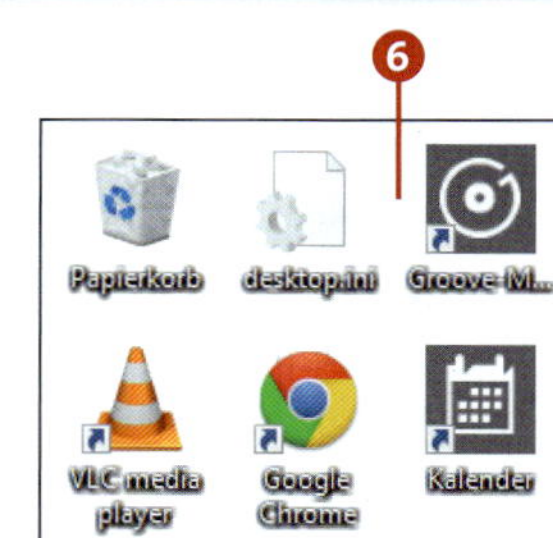

Kleiner Haken

Die neuen Abstandswerte ❻ greifen nur beim Platzieren von weiteren Symbolen bzw. wenn Sie ein vorhandenes Desktop-Symbol bewegen.

Apps per Tastenkombination aufrufen

Arbeiten Sie gerne mit der Tastatur, weil das noch schneller geht? Dann freuen Sie sich bestimmt über diese Möglichkeit: Alle Programme, für die Sie Desktop-Verknüpfungen eingerichtet haben, können Sie auch bequem per Tastenkombination aufrufen.

1. Klicken Sie mit der rechten Maustaste auf das Symbol der Desktop-Verknüpfung ❶.
2. Rufen Sie im Kontextmenü den Befehl **Eigenschaften** auf ❷.
3. Wechseln Sie im Dialogfenster **Eigenschaften** auf die Registerseite **Verknüpfung** ❸.
4. Klicken Sie auf dieser Registerseite in das Eingabefeld **Tastenkombination** ❹.
5. Drücken Sie auf der Tastatur die Taste, die zukünftig in Kombination mit [Strg] + [Alt] das Programm starten soll. Die Tasten [Strg] + [Alt] ergänzt Windows automatisch. Auch [Strg] + [⇧] + eine Taste ist als Kombination möglich.

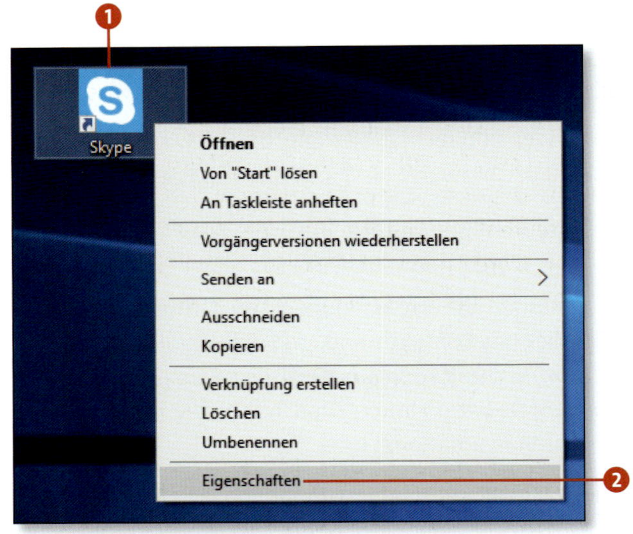

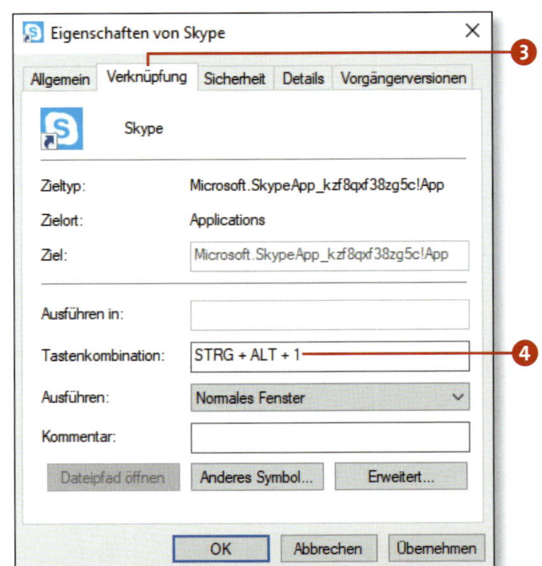

Kann ich Standard-Tastenkombinationen überschreiben?

Durch die Vorgabe [Strg] + [Alt] oder [Strg] + [⇧] stellt Windows bereits sicher, dass Sie keine wichtigen Windows-Tastenkombinationen wie [Strg] + [C] zum Kopieren von Dateien und anderen Elementen überschreiben, da diese alle mit [Strg] oder [⊞] beginnen. Sie können allerdings leider für zwei Verknüpfungen dieselbe Kombination festlegen, ohne dass Windows Sie warnt, was natürlich nicht besonders sinnvoll ist. Gültig ist dann immer die zuletzt eingestellte Kombination.

Windows für Linkshänder einrichten

Minderheiten haben es immer etwas schwerer. Leider betrifft das auch Linkshänder bei der Bedienung von Computern. Es wäre doch schön und praktisch, als Linkshänder die rechte Maustaste als Haupttaste für Klickoperationen zu benutzen und die linke Maustaste für den Aufruf des Kontextmenüs zu verwenden. Man kann zwar bei einigen (teuren) Computermäusen die Tasten über deren Treiber umprogrammieren, aber mit Windows 10 geht es sogar noch einfacher, denn Sie können dies in den Geräteeinstellungen bequem festlegen.

1. Wählen Sie im Startmenü den Befehl **Einstellungen** aus, oder drücken Sie [Win] + [I].
2. Wählen Sie die Rubrik **Geräte** ❶, dann **Maus** ❷.
3. Klicken Sie – zum letzten Mal mit der linken Maustaste! – auf das Dropdown-Listenfeld zur Auswahl der Primärtaste ❸, und wählen Sie **Rechts**. Ab sofort sind die Maustasten in ihrer Funktionalität vertauscht.

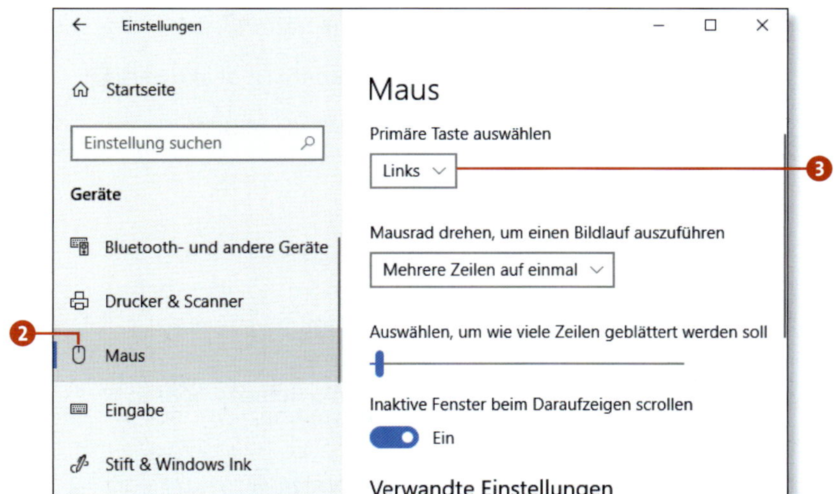

Stifteingabe für Linkshänder

Wenn Sie einen Eingabestift benutzen, möchten Sie Windows vielleicht auch so einstellen, dass die Kontextmenüs nicht rechts, sondern links vom Klickpunkt angezeigt werden. Geben Sie dazu in das Suchfeld »Tablet PC« ein, und wählen Sie den Eintrag **Tablet PC-Einstellungen**. Auf der Registerkarte **Andere** können Sie dann die Händigkeit einstellen.

Das geheime Administratorkonto aktivieren

Bei der Installation von Windows wird immer auch ein spezielles Administratorkonto mit besonderen Rechten erstellt, die über die Rechte anderer Administratorkonten hinausgehen. Aus Sicherheitsgründen ist dieses Konto standardmäßig deaktiviert. Sie können es aber über die **Computerverwaltung** aktivieren – vorausgesetzt, Sie haben Administratorrechte.

1. Rufen Sie das Dialogfenster **Ausführen** auf. Drücken Sie die Tastenkombination [Win] + [R], oder wählen Sie im Kontextmenü der **Start**-Schaltfläche die Option **Ausführen**.
2. Geben Sie den Befehl »lusrmgr.msc« ❶ ein, und klicken Sie auf **OK** ❷.
3. Klicken Sie links im Dialogfenster auf **Benutzer** ❸, und doppelklicken Sie dann auf den Eintrag **Administrator** ❹.
4. Deaktivieren Sie das Kontrollkästchen **Konto ist deaktiviert** ❺, und klicken Sie auf **OK** ❻.

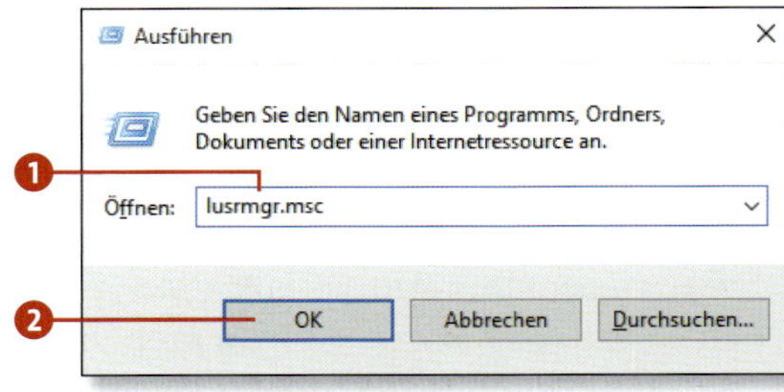

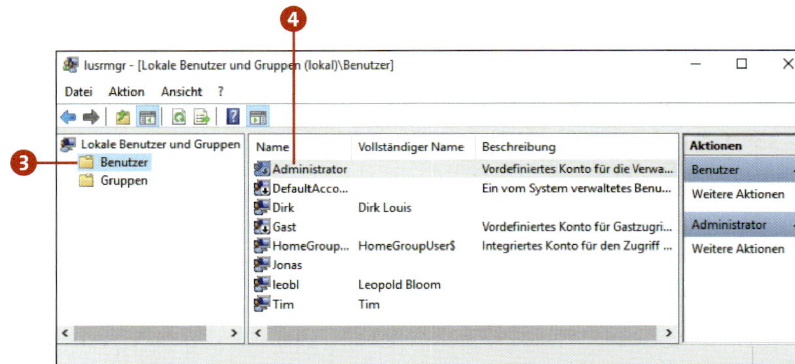

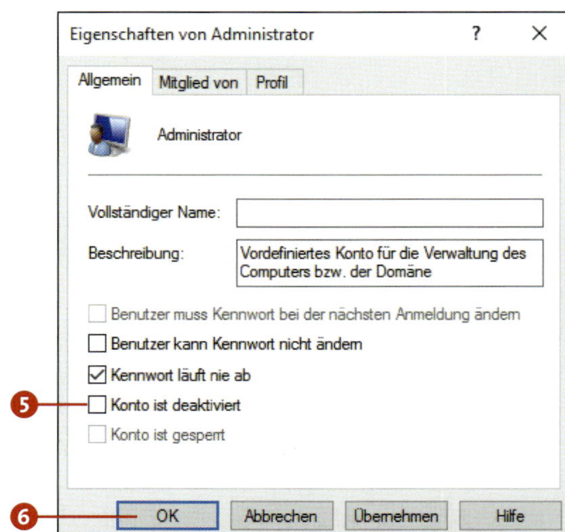

Achtung, Sicherheitslücke!

Das Administratorkonto ist nicht kennwortgeschützt. Um keine Sicherheitslücke zu reißen, sollten Sie es daher nach Gebrauch sofort wieder deaktivieren oder mit einem Kennwort versehen. Das tun Sie, indem Sie über das Suchfeld die Systemsteuerung aufrufen und den Links **Benutzerkonten > Kontotyp ändern** folgen.

Das Gastkonto aktivieren

Um das Gastkonto zu aktivieren, müssen Sie die Systemsteuerung aufrufen und den Links zu den Benutzerkonten und zum Ändern des Kontotyps folgen.

Schneller Benutzerwechsel

Sie teilen sich Ihren PC mit mehreren Benutzern, beispielsweise Ihren Kindern, und nun möchte eines dieser Kinder kurz etwas im Internet recherchieren. Was tun Sie? Bevor Sie jetzt das Kind einfach an Ihren Rechner lassen und damit Ihr eigenes Benutzerprofil in Gefahr bringen (bedenken Sie, dass ein falscher Klick genügt, um Benutzerdaten preiszugeben oder einen Virus zu installieren), denken Sie daran, wie einfach es unter Windows 10 ist, sich bei einem anderen Benutzerkonto anzumelden.

1. Klicken Sie im Startmenü auf das Symbol für den aktuellen Benutzer ❶.
2. Wählen Sie in der eingeblendeten Liste das gewünschte Konto ❷ aus (hier z. B. **Dirk Louis**).

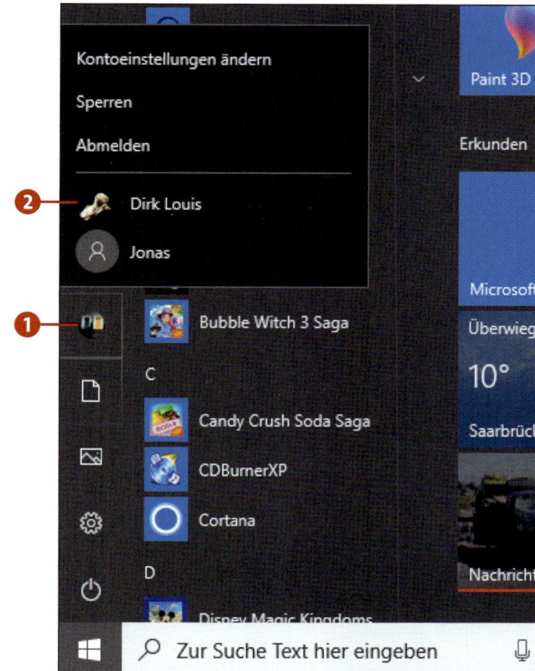

Weitere Konten einrichten

Falls Sie als Administrator angemeldet sind und weitere Konten einrichten wollen, klicken Sie auf das Benutzersymbol, dann auf den Befehl **Kontoeinstellungen ändern**. Wählen Sie in dem aufspringenden Bildschirm die Kategorie **Familie und weitere Benutzer**, und klicken Sie dann rechts auf **Diesem PC eine andere Person hinzufügen**. Lesen Sie dazu auch die Anleitungen in Kapitel 10, »Windows mit mehreren Benutzern«.

Automatischen Neustart bei Fehlern verhindern

Wer es nicht schon einmal erlebt hat, der mag es kaum glauben: Windows stellt beim Hochfahren einen Fehler fest und startet sich daraufhin automatisch neu, nur um den gleichen Fehler noch einmal festzustellen. Die Folge ist ein fruchtloses ständiges Neustarten. Mit diesen Schritten beugen Sie dem vor.

1. Rufen Sie das Dialogfenster **Ausführen** auf. Drücken Sie die Tastenkombination [Win] + [R], oder wählen Sie im Kontextmenü der **Start**-Schaltfläche die Option **Ausführen**.
2. Geben Sie den Befehl »sysdm.cpl« ❶ ein, und klicken Sie auf **OK** ❷. Alternativ können Sie auch in das Suchfeld der Startseite »Erweiterte Sy« eintippen und in der Ergebnisliste auf den Link **Erweiterte Systemeinstellungen anzeigen** klicken.
3. Wechseln Sie zur Registerkarte **Erweitert** ❸, und klicken Sie dann in der Kategorie **Starten und Wiederherstellen** auf **Einstellungen** ❹.
4. Entfernen Sie das Häkchen vor der Option **Automatisch Neustart durchführen**.

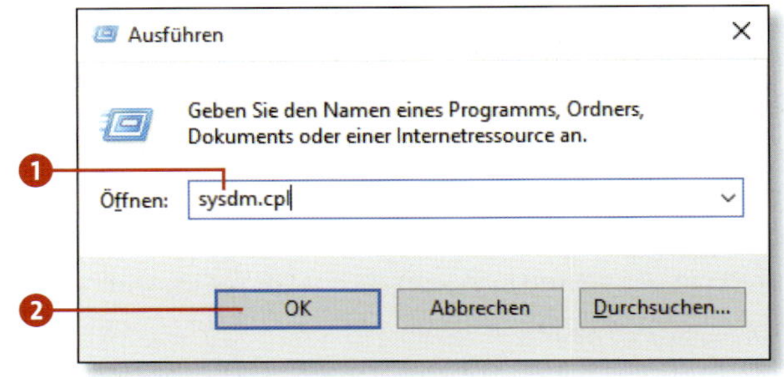

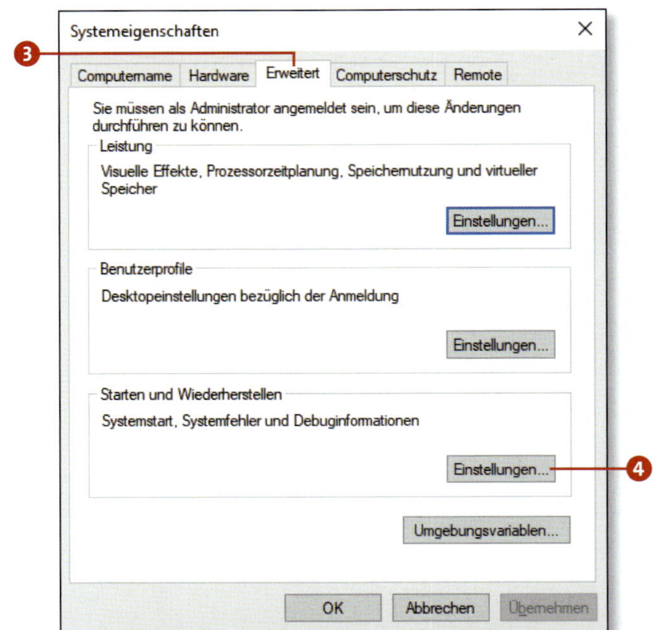

Fehler finden und beheben

Wenn ein solcher Fehler bei Ihnen auftritt, empfehlen wir Ihnen, in Kapitel 12, »Fehlersuche und Reparatur«, zu schauen, wo wir Hilfe und Tipps zu etlichen Problemen zusammengetragen haben.

Apps finden

Sie vermissen eine App? Sie wissen, dass die App installiert sein müsste, aber Sie finden im Startmenü keine Kachel für die App? Nun, vielleicht haben Sie die Kachel versehentlich gelöscht, oder es gibt im Startmenü gar keine Kachel für die App. Ein Weg, die App dann zu finden und zu starten, ist, die alphabetische App-Liste im Startmenü durchzugehen. Vor allem wenn es viele installierte Apps gibt, ist das Aufspüren und Aufrufen von Apps über die Suche allerdings meist schneller als der Weg über die alphabetische App-Liste. Vorausgesetzt natürlich, Sie erinnern sich an den App-Namen oder zumindest einen Teil davon.

1. Tippen Sie unten links in das Suchfeld der Taskleiste ❶ als Erstes das Präfix »apps:« ein. Beginnen Sie dann, den Namen der App einzugeben. Windows öffnet sofort eine Suchleiste und zeigt mögliche Treffer an ❷. (Im Tablet-Modus müssen Sie zuerst auf das Suchen-Symbol klicken, um das Suchfeld einblenden zu lassen.)
2. Fahren Sie gegebenenfalls mit dem Eintippen des Namens fort, um die Trefferauswahl einzugrenzen.
3. Klicken Sie in der Suchergebnisliste auf den Eintrag für die App, um diese aufzurufen ❸.

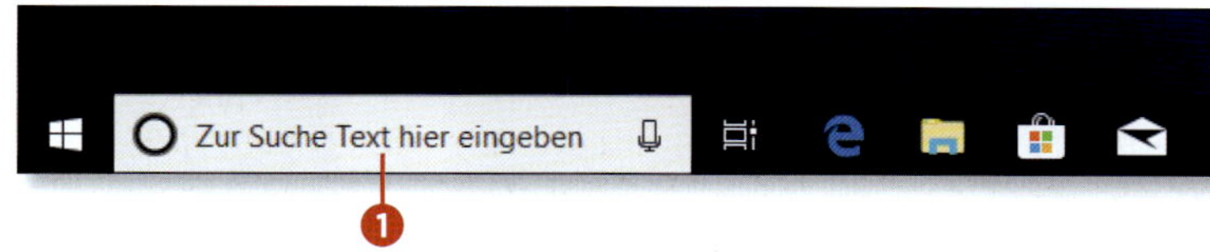

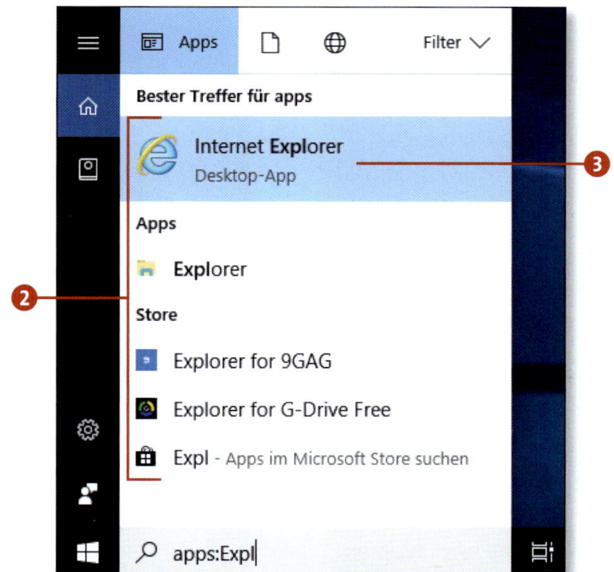

Am schnellsten

Sollten Sie feststellen, dass Sie nach einer bestimmten App öfter suchen, wäre es zu empfehlen, diese an die Startseite oder die Taskleiste anzuheften, siehe den Tipp »Wichtige Apps als Kacheln im Startmenü anzeigen« auf Seite 58.

Ordnung im Startmenü schaffen

Wichtige Apps als Kacheln im Startmenü anzeigen

Kacheln für neu installierte Apps werden grundsätzlich in der alphabetischen App-Liste angelegt. Wenn Sie öfter mit einer App arbeiten, ist es aber meist effizienter, für die App eine große Kachel im Kachelbereich des Startmenüs zu erstellen. Wie dies geht und wie Sie im Kachelbereich Ordnung halten, erfahren Sie in diesem und dem folgenden Tipp.

1. Suchen Sie in der App-Liste nach der App, für die Sie eine Kachel anlegen möchten, z. B. die App *Alarm & Uhr*.
2. Ziehen Sie die gesuchte App direkt mit dem Finger oder der Maus an die gewünschte Stelle im Kachelbereich, oder klicken Sie mit der rechten Maustaste auf die gewünschte App ❶, um das Kontextmenü aufzurufen, und wählen Sie im Kontextmenü den Befehl **An „Start" anheften** ❷.

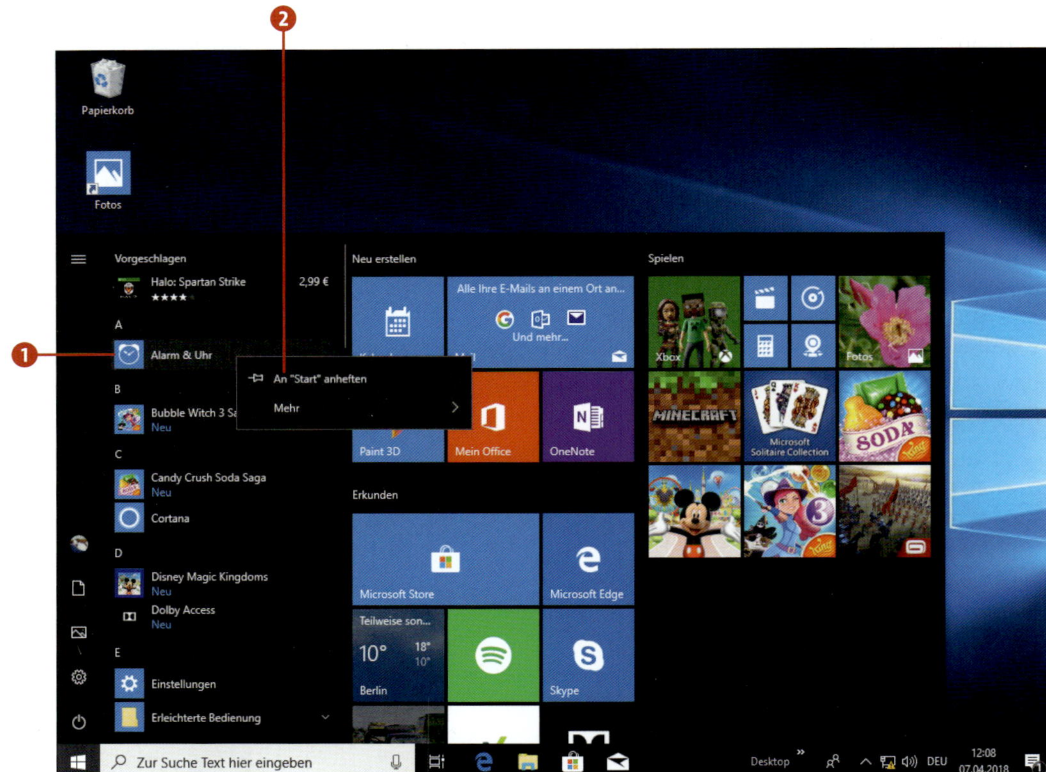

Desktop-Apps anheften

Sie möchten eine Desktop-App anheften, werden bei der Suche aber nicht fündig (oder der Befehl zum Anheften wird nicht angeboten)? Dann wechseln Sie auf den Desktop, machen im Explorer die *.exe*-Datei der App ausfindig, klicken mit der rechten Maustaste darauf und wählen den Befehl **An „Start" anheften**.

Kacheln aus dem Startmenü entfernen

Zum Entfernen von Kacheln können Sie sich wahlweise des entsprechenden Befehls im Kontextmenü bedienen oder die für die Fingerbedienung vorgesehenen Symbole verwenden.

1. Klicken Sie mit der rechten Maustaste auf die App-Kachel ❶. Wenn Sie vor einem Tablet oder einem Touchscreen sitzen, tippen Sie auf die zu entfernende App-Kachel und halten sie einen Moment gedrückt. Dann müssen Sie auf das unten rechts neben der Kachel eingeblendete Symbol mit den drei Punkten ❷ tippen.
2. Wählen Sie im Kontextmenü den Befehl **Von „Start" lösen** ❸, bzw. tippen Sie auf die Pinnadel ❹, die rechts oben neben der Kachel angezeigt wird.

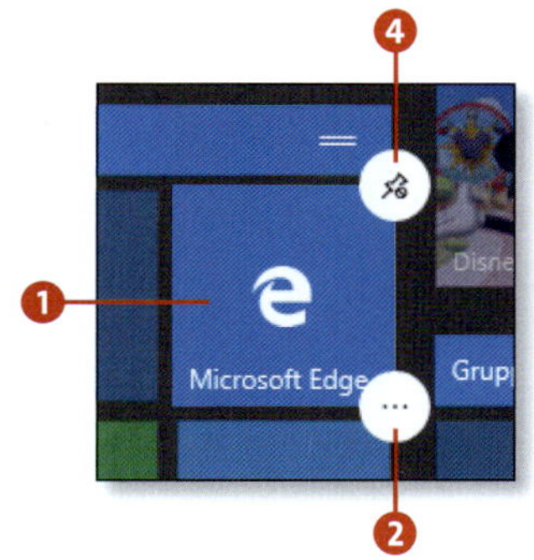

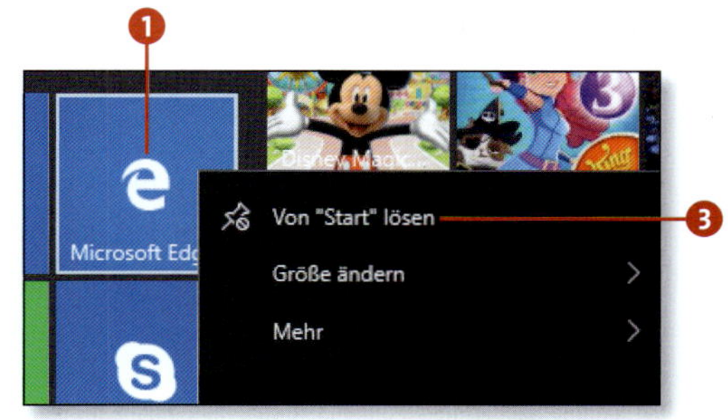

Live-Kacheln aktivieren oder deaktivieren

Sie möchten sich über den aktuellen Status einiger Apps informieren, ohne diese jedes Mal umständlich aufrufen zu müssen? Dann nutzen Sie die Live-Kacheln. Und werden die zu unübersichtlich, können Sie sie schnell wieder ausschalten.

1. Klicken Sie mit der rechten Maustaste auf die App-Kachel ❺. Wenn Sie vor einem Tablet oder einem Touchscreen sitzen, tippen Sie auf die App-Kachel, und halten Sie sie einen Moment gedrückt.
2. Öffnen Sie das Untermenü **Mehr**, und wählen Sie den Befehl **Live-Kachel deaktivieren** ❻ bzw. **Live-Kachel aktivieren**.

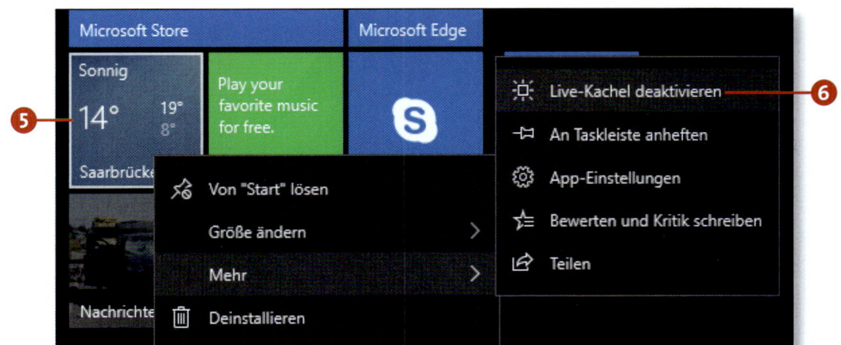

Es geht nichts verloren

Apps, deren Kachel Sie von der Startseite verbannt haben, können Sie über die Suche oder die alphabetische App-Liste starten, siehe den Tipp »Apps finden« auf Seite 57.

Kachelgröße ändern

Wenn es Ihnen vor allem darum geht, im Kachelbereich Platz zu schaffen, genügt es vielleicht schon, einfach die Kachelgrößen anzupassen. Um die Größe einer Kachel zu ändern, klicken Sie sie rechts an und entscheiden sich für eine der Optionen im Untermenü **Größe ändern**.

Ordnung durch App-Gruppen

Per Voreinstellung finden Sie im Startmenü bereits drei vordefinierte Gruppen. Durch Ziehen mit dem Finger oder der Maus können Sie Apps zwischen den Gruppen verschieben. Sie können aber auch neue Gruppen anlegen.

1. Öffnen Sie das Startmenü.
2. Klicken Sie auf die erste App für die neue Gruppe, und ziehen Sie sie an den gewünschten Bereich (zwischen zwei Gruppen oder links/rechts bzw. über/unter einer Gruppe), bis ein schmaler vertikaler bzw. horizontaler Balken erscheint. Dabei ist es egal, ob die App bereits Teil des Startmenüs ist oder aus der App-Liste stammt.
3. Legen Sie die App auf dem Balken ab ❶. Das war's.

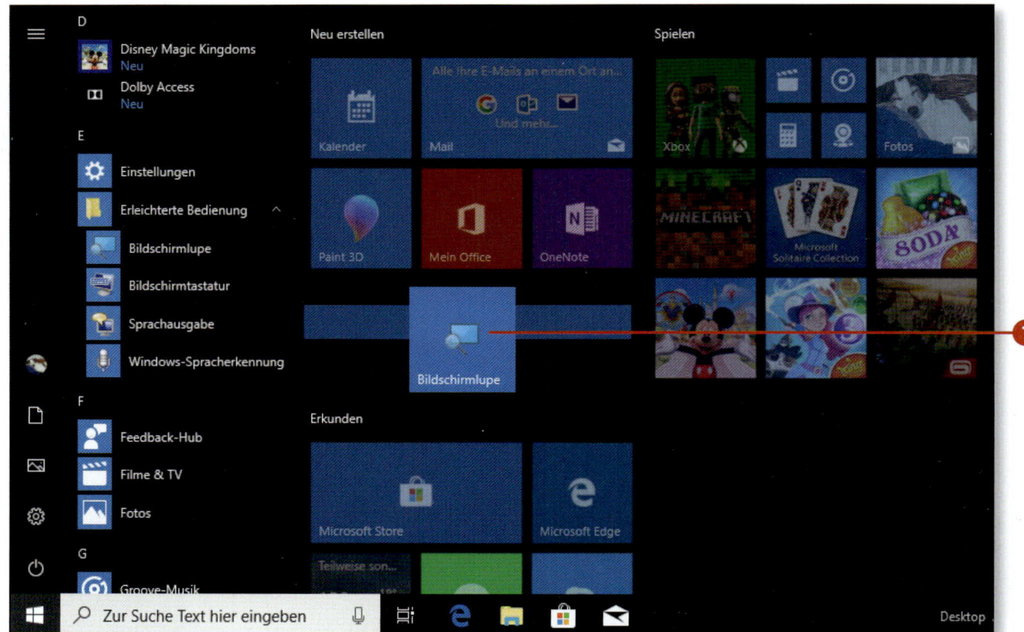

Gruppe löschen

Um eine Gruppe zu löschen, entfernen Sie einfach alle Apps aus der Gruppe (durch Verschieben in andere Gruppen, Lösen von der Startseite oder gegebenenfalls Deinstallieren).

Gruppennamen ändern

Sie können durch Anklicken des Gruppennamens diesen jederzeit ändern oder durch Klick auf das Kreuz rechts im Eingabefeld löschen.

App-Gruppen benennen

Wenn Sie App-Gruppen anlegen, sollten Sie sie auch benennen. Der Name wird dann als Titel über der Gruppe angezeigt und hilft Ihnen, sich schneller auf der Startseite zu orientieren.

1. Öffnen Sie das Startmenü.
2. Klicken Sie direkt über die neue Gruppe, um das Eingabefeld für den Gruppennamen einzublenden.
3. Geben Sie in das Eingabefeld den gewünschten Namen ein ❶.
4. Zum Verlassen des Eingabefeldes betätigen Sie [↵] oder tippen in den Hintergrund.

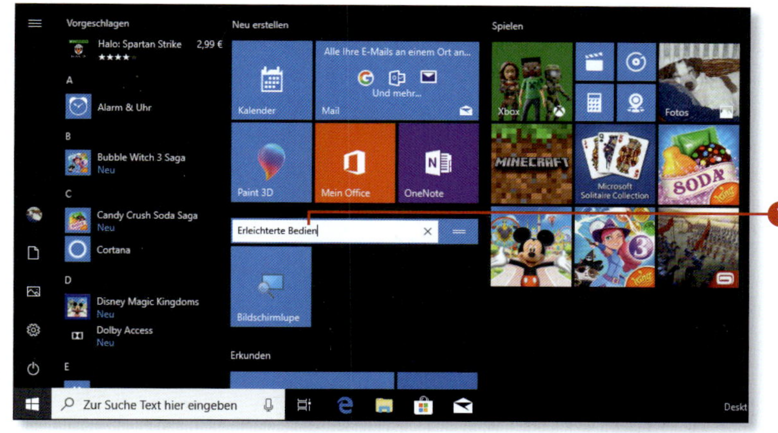

Apps an die Taskleiste heften

Apps können nicht nur ans Startmenü, sondern auch an die Taskleiste angeheftet werden. Der Vorteil ist, dass Sie die Apps dann bei Bedarf mit einem Klick aufrufen können. Schade nur, dass der Platz in der Taskleiste so begrenzt ist.

1. Starten Sie das anzuheftende Programm, damit sein Symbol in der Taskleiste angezeigt wird.
2. Klicken Sie in der Taskleiste mit der rechten Maustaste auf das Symbol des Programms ❷.
3. Wählen Sie den Befehl **An Taskleiste anheften** ❸.
4. Um das Programm später aufzurufen, genügt ein Klick auf sein Symbol in der Taskleiste.

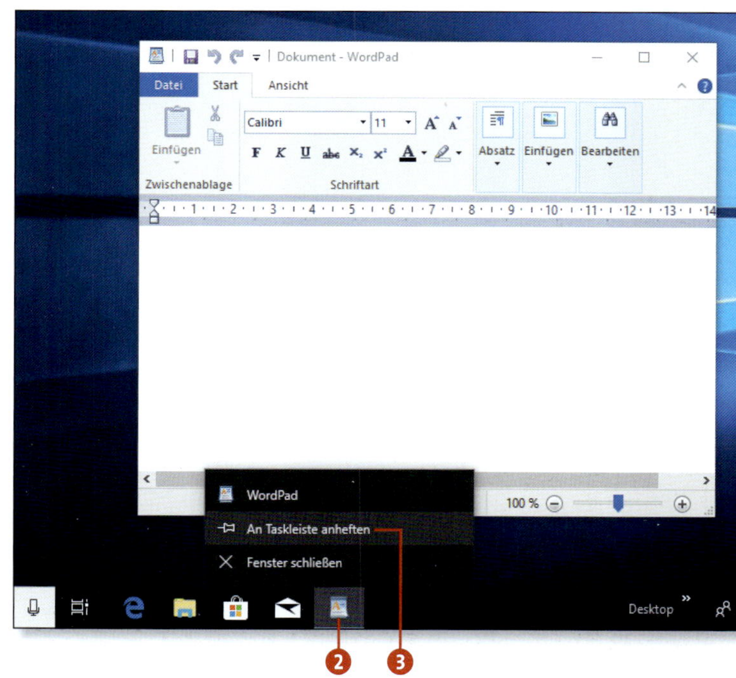

Apps von der Taskleiste entfernen

Öffnen Sie das Kontextmenü zu dem angehefteten App-Symbol, und wählen Sie den Befehl **Von Taskleiste lösen**.

Dialogfenster an die Taskleiste anheften

Bereits seit Windows 7 gibt es die Möglichkeit, häufig benötigte Programme und Dokumente nicht nur als Verknüpfung auf dem Desktop abzulegen, sondern sie auch direkt an die Taskleiste anzuheften. Diese Methode eignet sich übrigens auch für Dialoge.

1. Öffnen Sie das anzuheftende Dialogfenster.
2. Klicken Sie in der Taskleiste mit der rechten Maustaste auf das Symbol des Dialogfensters ❶.
3. Wählen Sie den Befehl **An Taskleiste anheften** aus ❷.

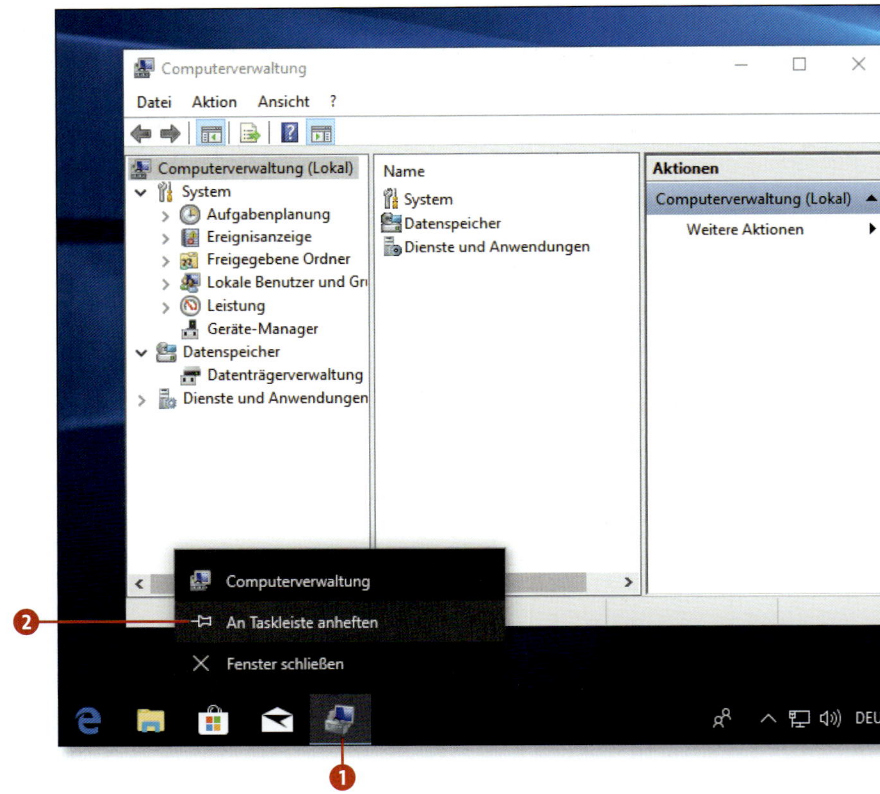

Die Taskleiste verwalten

Übrigens: Über die Befehle im Kontextmenü der Taskleiste können Sie diese auf vielfältige Weise konfigurieren und festlegen, welche Elemente wie angezeigt werden sollen. Um das Kontextmenü aufzurufen, klicken Sie am besten mit der rechten Maustaste in den Bereich zwischen den angehefteten Apps und dem Beginn des rechts gelegenen Info-Bereichs.

Nicht übertreiben

Um den Platz in der Taskleiste nicht unnötig zu verschwenden, sollten Sie nur solche Dialoge anheften, die ansonsten nur schwer zu erreichen sind und die Sie mehr oder weniger regelmäßig aufrufen.

Dokumente anheften

Bereits seit Windows 7 gibt es die Möglichkeit, häufig benötigte Programme und Dokumente nicht nur als Verknüpfung auf dem Desktop abzulegen, sondern sie auch direkt an die Taskleiste anzuheften. Der besondere Vorteil dieser Technik ist, dass Sie damit nicht nur das Dokument, sondern auch gleich das gewünschte Bearbeitungsprogramm speichern. Das ist sehr hilfreich, wenn Sie regelmäßig ein Dokument in einem anderen Programm als seinem Standardprogramm öffnen.

1. Öffnen Sie das Dokument in dem Programm, in dem es später auch bei Aufruf über die Taskleiste geöffnet werden soll. Falls noch nicht geschehen, heften Sie das Programm an die Taskleiste an.
2. Klicken Sie in der Taskleiste mit der rechten Maustaste auf das Symbol des Programms (1).
3. Klicken Sie auf die Pinnnadel neben dem anzuheftenden Dokument (2).
4. Um das Dokument später aufzurufen, klicken Sie zuerst mit der rechten Maustaste auf das Programmsymbol in der Taskleiste und dann in der **Angeheftet**-Liste auf den Namen des Dokuments.

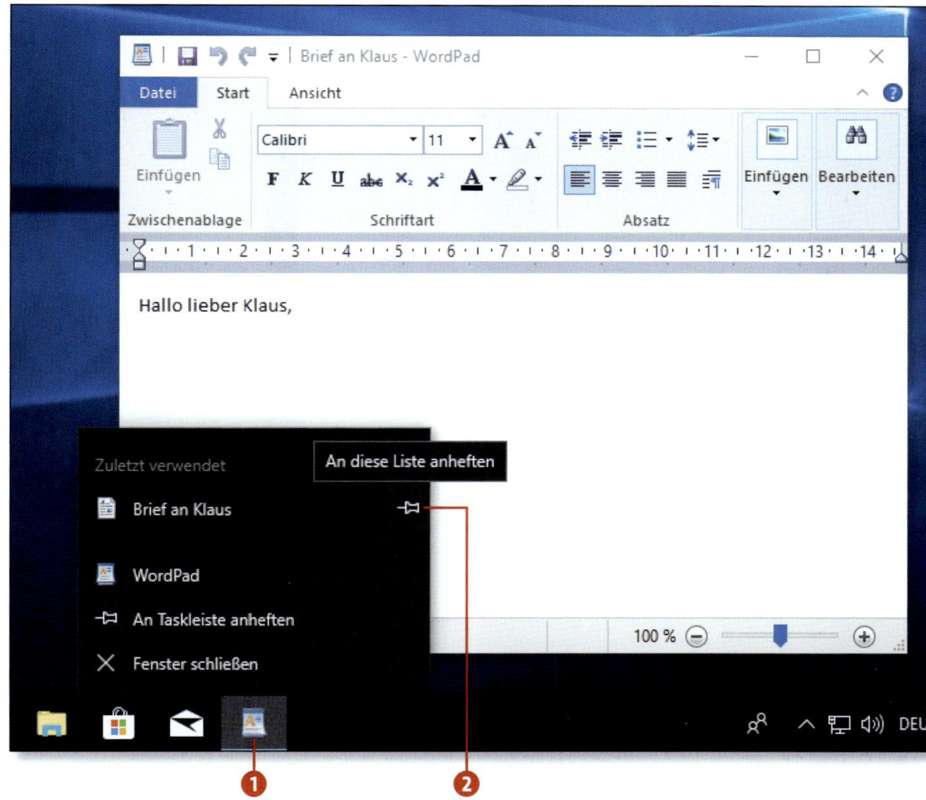

Ein Dokument – mehrere Programme

Sie können mit dieser Technik auch ein und dasselbe Dokument mit verschiedenen Bearbeitungsprogrammen anheften.

Apps über die Taskansicht schließen

Wenn Sie einmal zwischenzeitlich schnell und effizient auf Ihrem Desktop Ordnung schaffen und dazu alle nicht mehr benötigten Apps beenden möchten, wechseln Sie doch einfach einmal vorher in die Taskansicht. Die Apps werden dann sauber nebeneinander aufgereiht, und Sie können sie sehr schnell schließen.

1. Öffnen Sie die Taskansicht über den gleichnamigen Schalter in der Taskleiste ❶. Sie sehen alle derzeit geöffneten Apps in der Mitte des Bildschirms.
2. Klicken Sie nacheinander auf die **Schließen**-Schaltflächen der Apps, die Sie beenden wollen.
3. Um alle Apps auf dem Desktop zu schließen, drücken Sie einfach so lange nacheinander [Alt] + [F4], bis keine Apps mehr geöffnet sind.

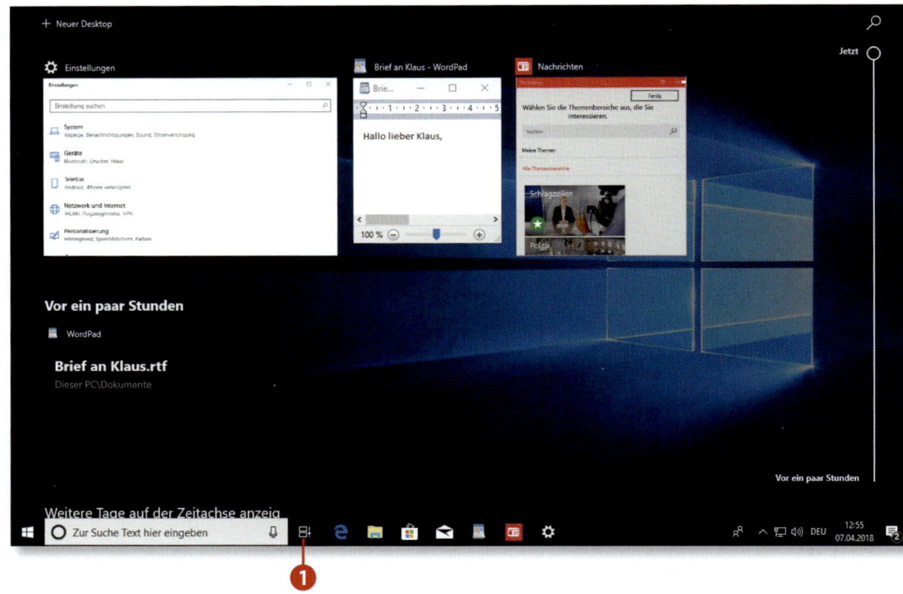

Was bedeutet die Zeitleiste?

Seit 2018 besitzt die Taskansicht eine Zeitleiste, mit deren Hilfe Sie in der Zeit zurückgehen und früher benutzte Apps und Dokumente aufrufen können. Die älteren Einträge haben aber keine **Schließen**-Schaltfläche. Mehr zur Zeitleiste finden Sie auf Seite 76.

Mehrere Instanzen einer App schließen

Wenn Sie von *einer* App mehrere Fenster geöffnet haben – also z. B. mehrere Word-Dokumente oder mehrere Explorer-Fenster –, die Sie alle schließen möchten, denken Sie an die Taskleiste! Wenn diese so konfiguriert ist, dass die Symbole nach Apps gruppiert werden (Option **Schaltflächen der Taskleiste** in den über das Kontextmenü aufrufbaren **Taskleisteneinstellungen**), können Sie alle Fenster gleichzeitig über das Kontextmenü der App in der Taskleiste schließen.

Abgestürzte Apps beenden

Apps, die abgestürzt sind und nicht mehr reagieren, können Sie meist nur noch über den Task-Manager beenden. Warten Sie allerdings ruhig ein paar Minuten ab, ob die App vielleicht nach einiger Zeit doch noch reagiert. Sollten Sie sicher sein, dass die App abgestürzt ist, folgen Sie diesen Schritten:

1. Rufen Sie den Task-Manager auf, indem Sie die Tastenkombination Strg + ⇧ + Esc drücken oder im Kontextmenü der **Start**-Schaltfläche die Option **Task-Manager** wählen.
2. Klicken Sie gegebenenfalls auf **Mehr Details** ❶, um in die erweiterte Ansicht zu wechseln.
3. Wechseln Sie falls nötig zur Registerseite **Prozesse** ❷.
4. Klicken Sie mit der rechten Maustaste auf die App, und wählen Sie anschließend den Befehl **Task beenden** ❸.

Den Stromverbrauch im Auge behalten

Apps beanspruchen nur so lange Strom und Systemleistung, wie sie im Vordergrund sind. Sollte es Sie also nicht stören, dass die App-Liste langsam immer länger und unübersichtlicher wird, können Sie ruhig beliebig viele Apps geöffnet lassen. Dies gilt jedoch nicht für die Desktop-Apps. Diese sollten Sie, wenn Sie sie nicht mehr benötigen, korrekt beenden.

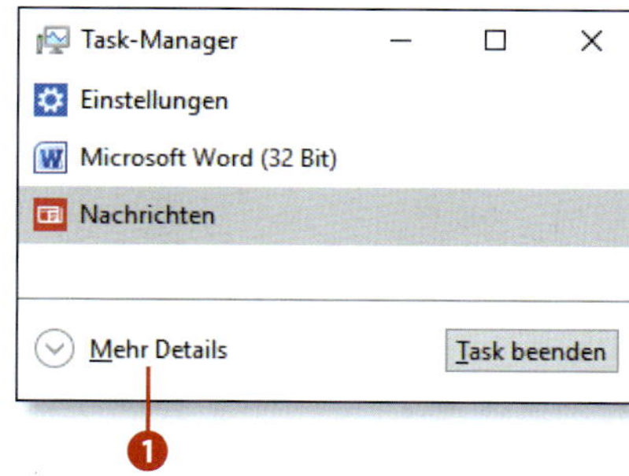

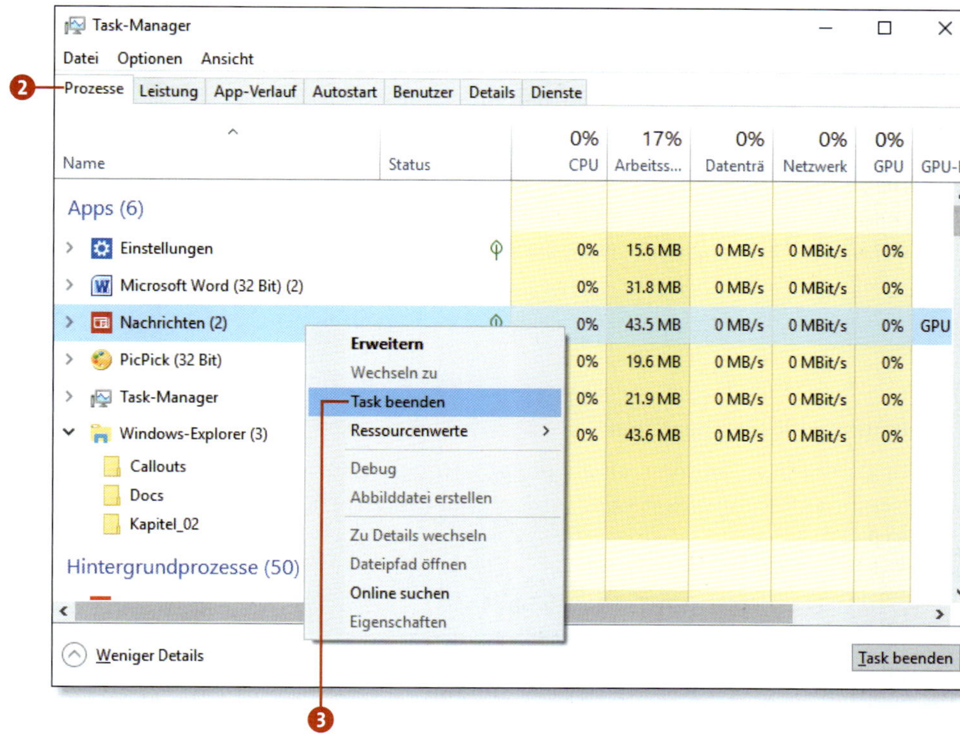

Im Tablet-Modus mehrere Apps anzeigen

Im Tablet-Modus nehmen Apps standardmäßig immer den ganzen Bildschirm ein. Auf einem Smartphone wäre eine gleichzeitige Darstellung mehrerer Apps wohl auch gar nicht möglich. Auf Tablet-PCs ist der Ausschließlichkeitsanspruch der Apps aber manchmal nervig. Windows 10 bietet daher die Möglichkeit, auch im Tablet-Modus zwei, drei oder vier Apps nebeneinander anzuzeigen.

1. Öffnen Sie die anzuzeigenden Apps. Anschließend haben Sie über die Taskansicht Zugriff auf die Apps, doch nur die zuletzt geöffnete App wird auf dem Bildschirm angezeigt.
2. Tippen oder klicken Sie auf den oberen Rand der App, um die Titelleiste einzublenden, und ziehen Sie die App daran an den rechten oder linken Bildschirmrand, bis der Teilungsbalken erscheint ❶. Lassen Sie die App jetzt los.
3. Wählen Sie aus der Taskansicht, die danach in der zweiten Hälfte des Bildschirms angezeigt wird ❷, die andere anzuzeigende App. Sie können die App auch der Startseite entnehmen.

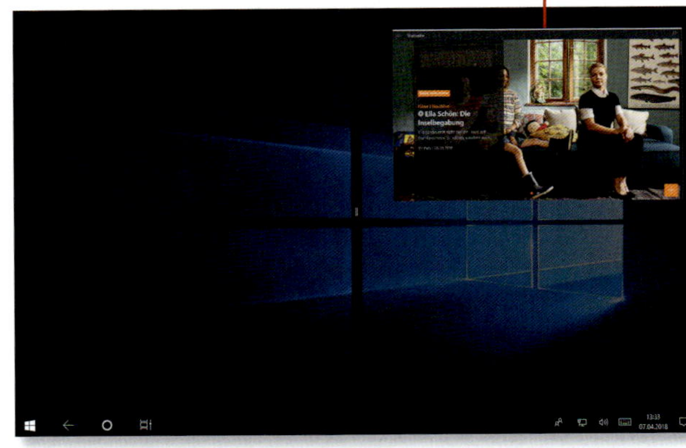

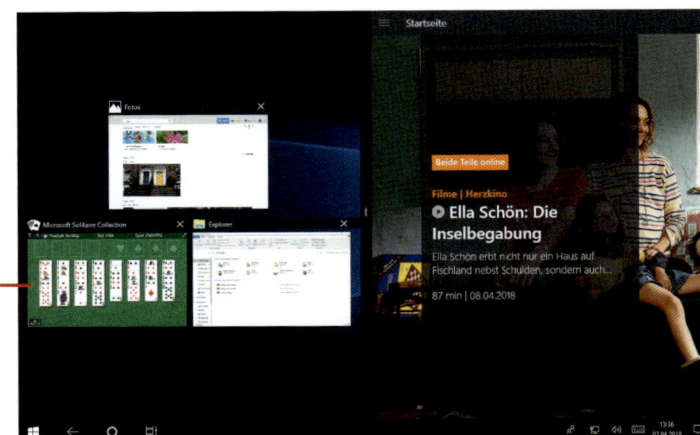

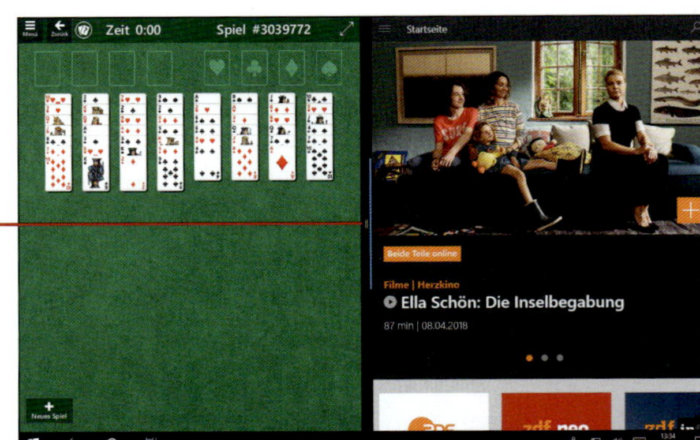

Bildschirmauflösung beachten

Mehr als zwei Apps können nur angezeigt werden, wenn die Bildschirmauflösung ausreichend groß ist (mindestens 1.900 × 1.200 Pixel).

Der Teilungsbalken ist verschiebbar

Durch Verschieben des Teilungsbalkens ❸ können Sie den Bildschirm beliebig aufteilen oder die Aufteilung beenden, indem Sie ihn ganz an den Rand schieben.

App-Benachrichtigungen ausschalten

Windows ist standardmäßig so konfiguriert, dass es Sie mittels Benachrichtigungen nicht nur über wichtige Vorgänge, sondern auch über Statusänderungen an Apps informiert, soweit die Apps dafür ausgelegt sind. Sie können diese Benachrichtigungen im **Info-Center** einsehen. Sie können aber auch lästige oder nicht interessierende Benachrichtigungen unterdrücken.

1. Rufen Sie mit der Tastenkombination [Windows] + [I] den **Einstellungen**-Dialog auf. Sie finden den Aufrufbefehl **Einstellungen** aber auch im Startmenü unten links.
2. Klicken Sie im **Einstellungen**-Dialog oben links auf **System**.
3. Wählen Sie links den Eintrag **Benachrichtigungen und Aktionen** ❶. Auf der dazugehörigen Seite können Sie bestimmte Benachrichtigungen ❷ und Benachrichtigungen für bestimmte Apps ❸ ein- und ausschalten.

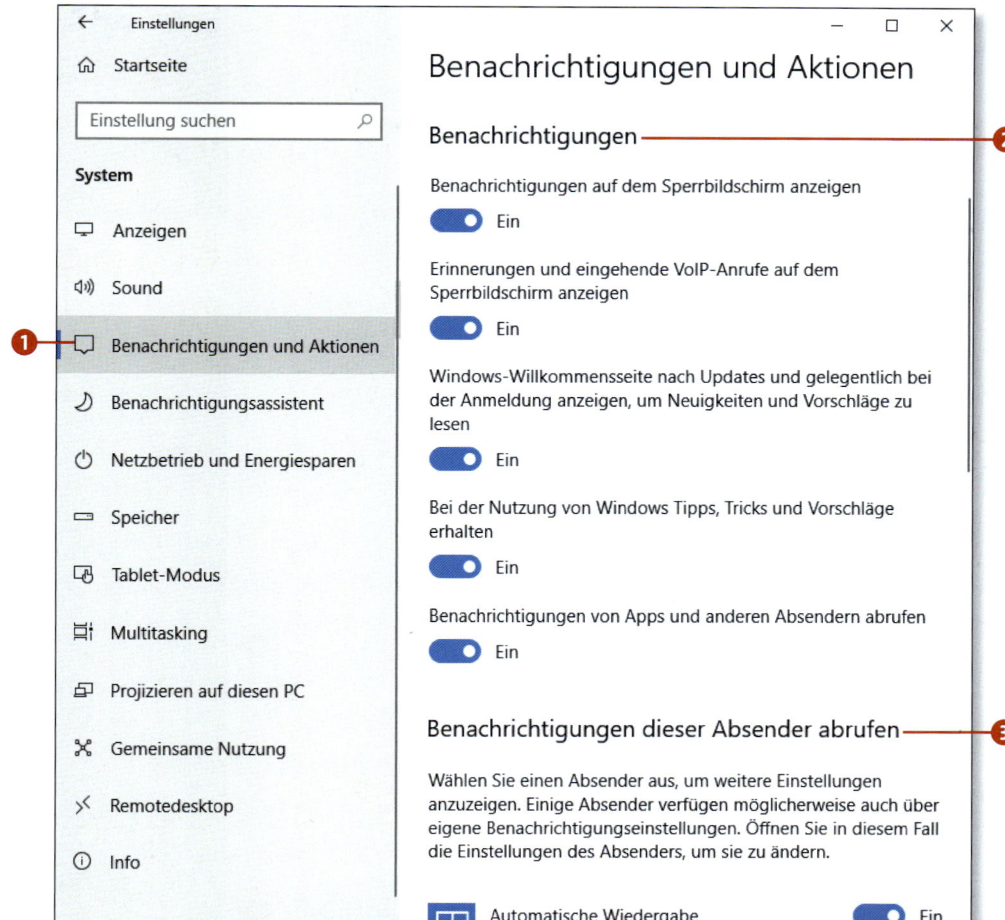

Das Info-Center

Wenn Sie mehr über das Info-Center und seine Meldungen und Möglichkeiten erfahren wollen, schlagen Sie doch noch einmal Seite 24 auf.

Von Apps aus drucken

Im Grunde ist das Drucken aus einer App heraus ganz einfach, denn anders als unter Windows 8 finden Sie den Druckbefehl in den Apps, die das Drucken unterstützen, wieder direkt in der App.

1. Starten Sie die App. Beispielsweise könnten Sie die App *Fotos* starten, um eines Ihrer Fotos auszudrucken.
2. Laden Sie den auszudruckenden Inhalt. Öffnen Sie also z. B. die Bildbibliothek, und wechseln Sie zu dem auszudruckenden Foto. Dadurch wird in der *Fotos*-App oben eine Menüleiste eingeblendet.
3. Klicken Sie in der Menüleiste oben rechts auf das **Drucken**-Symbol ❶. In anderen Apps finden Sie den Drucken-Befehl womöglich im Erweitert-Menü mit den drei Punkten oder im App-Menü (Hamburger-Menü).
4. Wählen Sie den zu verwendenden Drucker aus ❷.
5. Stellen Sie die gewünschten Druckeroptionen ein ❸.
6. Tippen oder klicken Sie auf **Drucken** ❹.

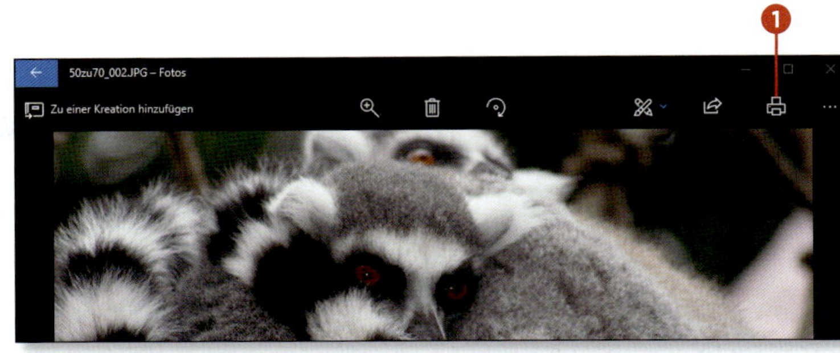

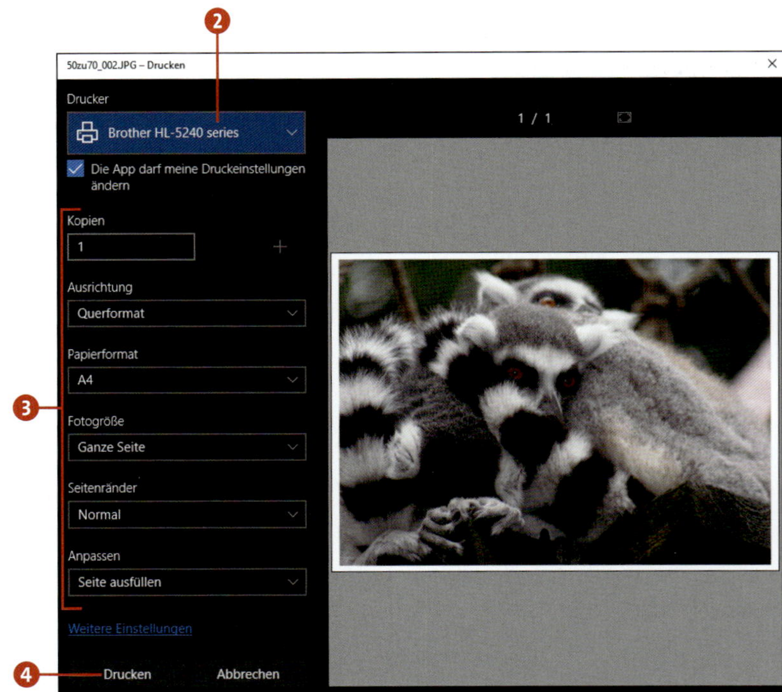

Den Drucker einrichten

Ihr Drucker erscheint nicht in der Liste? Dann sollten Sie ihn neu einrichten. Geben Sie dazu in das Suchfeld »Drucker« ein, und wählen Sie **Drucker und Scanner**, um zur gleichnamigen Seite der Einstellungen zu wechseln.

Fenster durch Zeigen aktivieren

Um ein Fenster in den Vordergrund zu holen, müssen Sie normalerweise darauf klicken oder tippen. Sie können Windows aber auch so einstellen, dass ein einfaches Zeigen mit der Maus auf ein Fenster dieses aktiviert.

1. Tippen Sie unten in das Suchfeld »System« ein, und wählen Sie in der Ergebnisliste den Link **Systemsteuerung**.
2. Klicken Sie in der Ansicht **Kategorie** auf **Erleichterte Bedienung**.
3. Klicken Sie in der Kategorie **Center für erleichterte Bedienung** auf **Funktionsweise der Maus ändern** (1).
4. Aktivieren Sie die Option **Ein Fenster durch Zeigen mit der Maus aktivieren** (2).
5. Bestätigen Sie die Änderung mit **OK**.

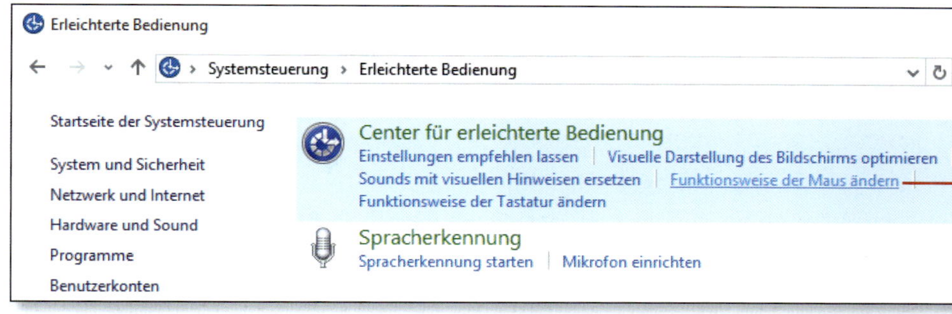

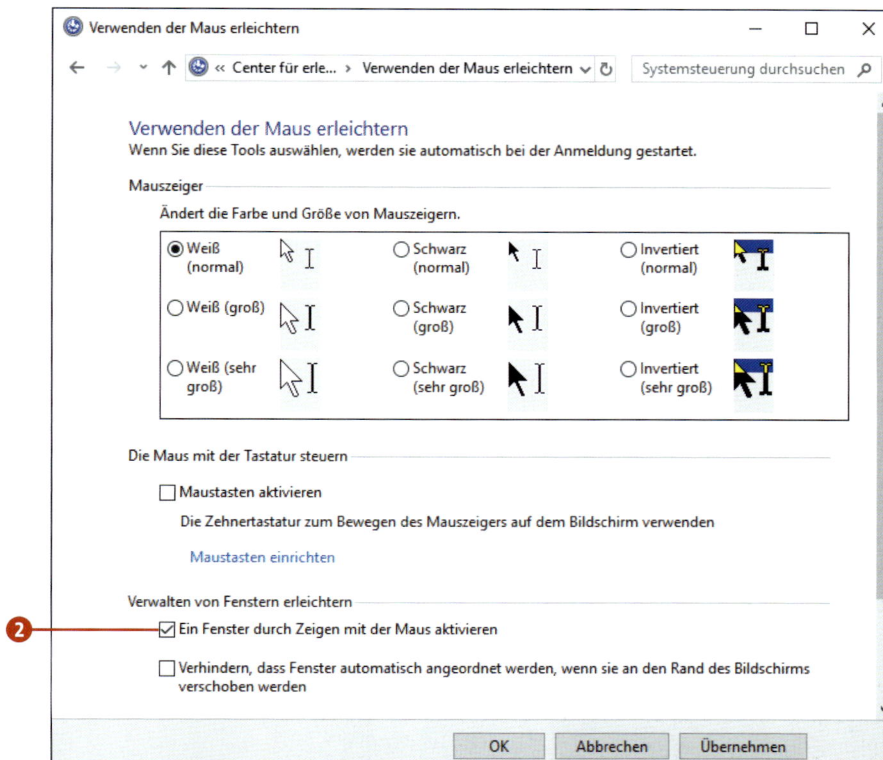

Schneller geht es in der Ansicht »Kleine Symbole«

Befindet sich die Systemsteuerung in der Ansicht **Kleine Symbole**, können Sie gleich das **Center für erleichterte Bedienung** aufrufen. Die Ansicht können Sie rechts oben in der Systemsteuerung ändern.

Sprunglisten ein- und ausschalten

Als *Sprungliste* bezeichnet Microsoft die Liste der zuletzt verwendeten Dateien, die angezeigt wird, wenn Sie in der Taskleiste mit der rechten Maustaste auf ein Programmsymbol klicken. Diese Liste speichert bis zu 10 Dateien (siehe das obere Bild). Diese Funktion ist vor allem dann sehr praktisch, wenn Sie oft mit denselben Dateien arbeiten. Sie sparen die Zeit, das Programm und die Datei einzeln zu öffnen. Arbeiten Sie ständig mit unterschiedlichen Dateien, ist die Sprungliste aber vielleicht eher störend. In diesem Fall möchten Sie vielleicht die Liste der zuletzt geöffneten Dateien streichen.

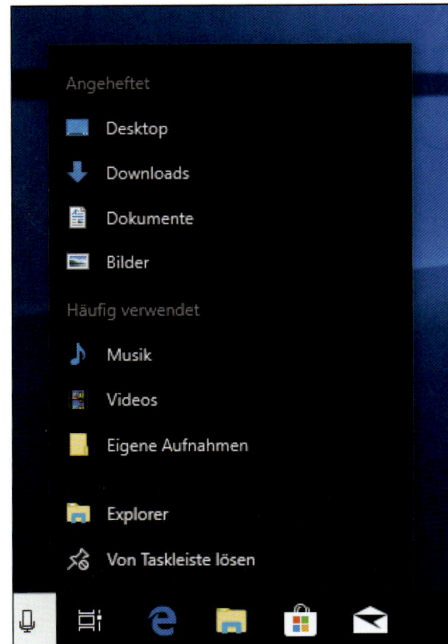

1. Rufen Sie mit der Tastenkombination [Win] + [I] den **Einstellungen**-Dialog auf. Sie finden den dazugehörigen Befehl auch im Startmenü unten links.
2. Klicken Sie auf **Personalisierung**.
3. Klicken Sie links auf **Start** ❶.
4. Mit der Option **Zuletzt geöffnete Elemente in Sprunglisten ...** schalten Sie die Sprunglisten-Funktion ein und aus ❷.

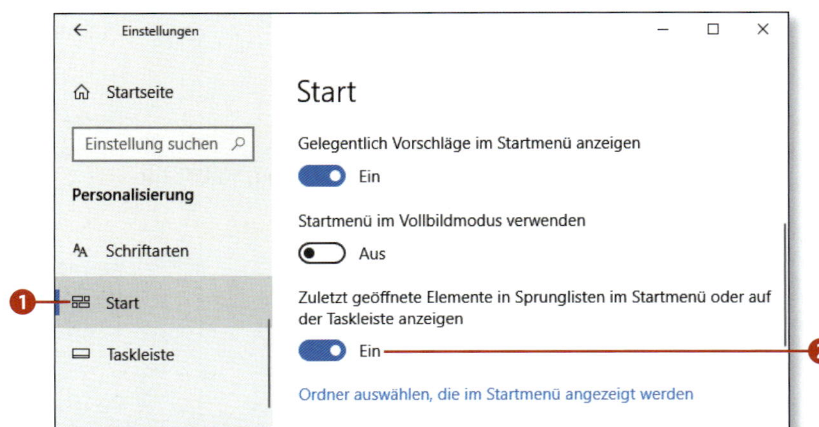

Sprunglisten löschen

Die Deaktivierung der Sprunglisten-Funktion führt automatisch dazu, dass sämtliche Sprunglisten gelöscht werden.

Notizzettel auf den Desktop kleben

In Windows brauchen Sie kein Zusatzprogramm, um sich mit elektronischen gelben Zettelchen an wichtige Dinge zu erinnern.

1. Tippen Sie unten in das Suchfeld der Startseite »Sticky« ❶ ein, und wählen Sie in der Ergebnisliste den Link **Sticky Notes** ❷. Alternativ finden Sie die Sticky Notes auch in der alphabetischen App-Liste unter der Kategorie **Windows-Zubehör**.
2. Ein gelbes Fensterchen wird angezeigt; geben Sie dort Ihren Text ein.
3. Weitere Notizzettel können Sie durch Klicken auf das Pluszeichen ❸ links in der Titelleiste erstellen.
4. Wenn die Titelleiste nicht zu sehen ist, klicken oder tippen Sie einfach in die Notiz.
5. Zum Löschen einer Notiz klicken Sie auf das **Löschen**-Symbol rechts in der Titelleiste ❹.
6. Über das Menü ❺ links neben dem **Löschen**-Symbol können Sie den Zetteln unterschiedliche Farben zuweisen.

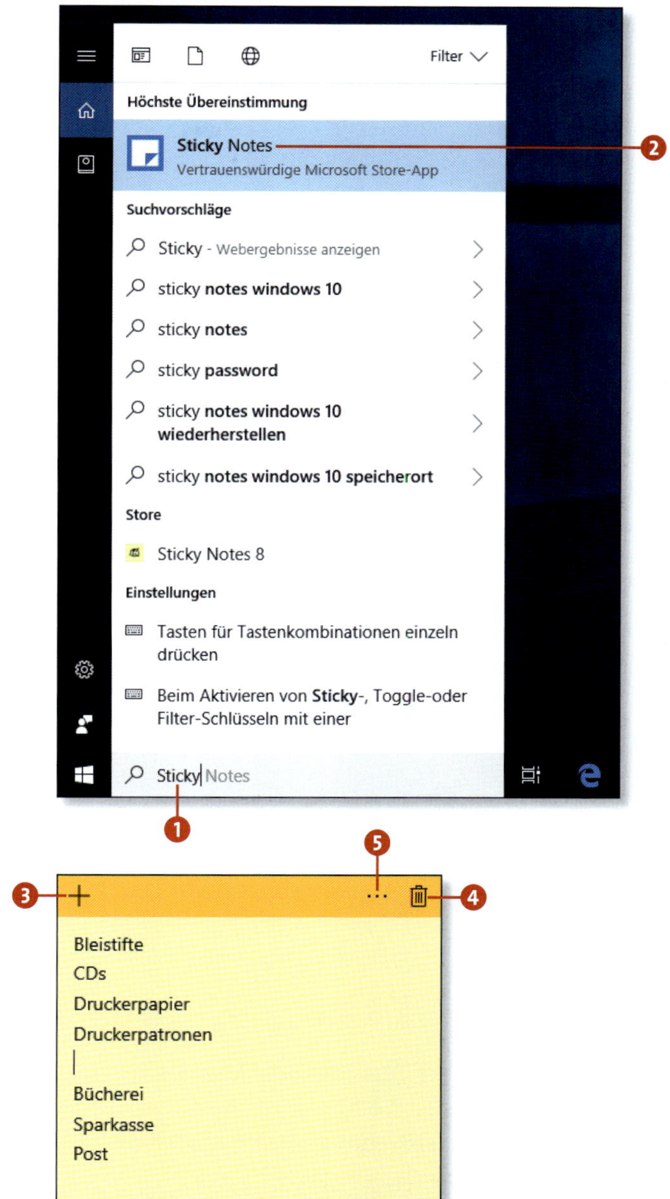

Nutzen Sie die Farbsymbolik

Nutzen Sie die Farben, um die Zettel thematisch zu kategorisieren, beispielsweise Grün für Wunschlisten und Rot für dringend zu erledigende Aufgaben.

Die Notizzettel ausblenden

Um alle Notizzettel aus- und einzublenden, klicken Sie in der Taskleiste auf die Schaltfläche **Sticky Notes**.

Die Lesbarkeit verbessern

Die Bildschirmlupe verwenden

Oft erscheint die Schrift in Dialogen sehr klein, und wenn dann auch noch viel Text zu lesen ist, ist es oft schwer, zu erkennen, was auf dem Bildschirm steht. Wenn Sie am Bildschirm Probleme haben, etwas zu lesen oder genauer zu betrachten, können Sie die integrierte Bildschirmlupe verwenden.

1. Tippen Sie unten in das Suchfeld der Startseite »Lupe« ein, und wählen Sie in der Ergebnisliste den Link **Bildschirmlupe**. Standardmäßig arbeitet die Lupe im Vollbildmodus und zeigt den kompletten Bildschirm vergrößert. Empfehlenswert ist meistens aber die Vergrößerung eines Bereichs, den Sie über die Option **Lupe** einstellen können.
2. Wenn Sie das Fenster der Bildschirmlupe sehen, klicken Sie auf den Pfeil neben **Ansichten** ❷. Andernfalls bewegen Sie die Maus nach unten zur Taskleiste und fahren dort mit der Maus über den Eintrag für die Bildschirmlupe ❶. Wenn daraufhin die Vorschau eingeblendet wird, klicken Sie auf den Pfeil neben **Ansichten**.
3. Wählen Sie die Option **Lupe** ❸.

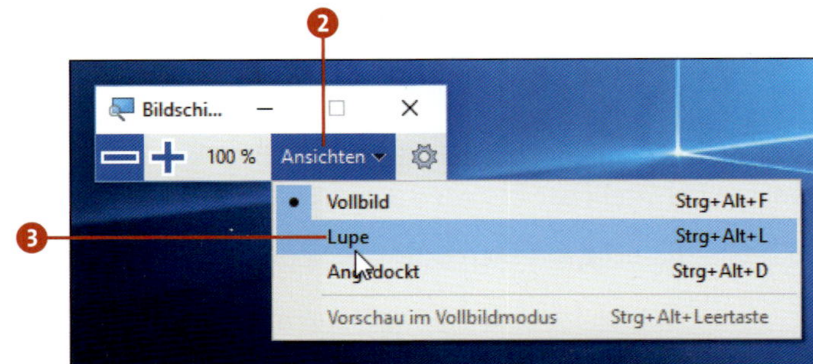

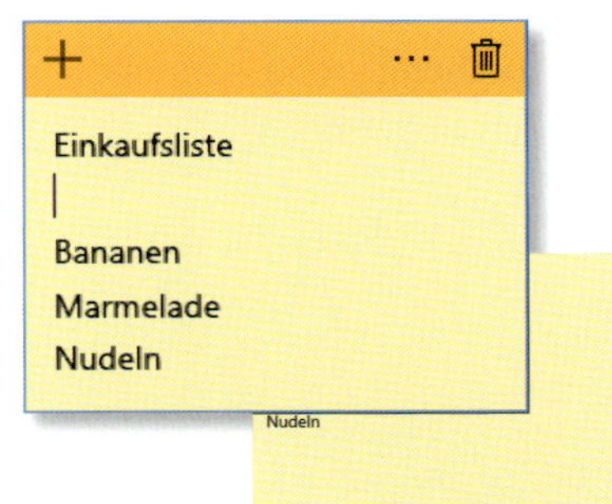

Bildschirmlupe andocken

In Schritt 4 können Sie sich auch für die Option **Angedockt** entscheiden. Dann wird im oberen Bildschirmbereich eine Vergrößerung gezeigt, während Sie darunter den Bildschirm in normaler Größe sehen.

Bildschirmlupe beenden

Zum Beenden der Lupe drücken Sie die Tastenkombination ⊞ + Esc, für Vergrößern ⊞ + + und für Verkleinern ⊞ + -.

Kontrastreiche Anzeige aktivieren

Falls Sie Ihr Notebook oder Tablet gerne im Freien verwenden, dann haben Sie unter Umständen bei ungünstigen Lichtverhältnissen das Problem, dass Sie kaum etwas auf dem Bildschirm erkennen können. Hierfür bietet Windows die Möglichkeit, auf eine besonders kontrastreiche Anzeige umzuschalten.

1. Geben Sie in das Suchfeld »Kontrast« ein, und wählen Sie in der Ergebnisliste **Einstellungen für hohen Kontrast** ❶.
2. Setzen Sie den Schalter unter **Hohen Kontrast aktivieren** auf **Ein** ❷.
3. Wählen Sie dann über das Listenfeld ein Design aus, beispielsweise **Kontrast Schwarz** ❸.
4. Passen Sie das Kontrast-Design mit den darunter stehenden Optionen weiter an, klicken Sie dann auf **Anwenden** ❹, und speichern Sie das Design unter einem Namen.

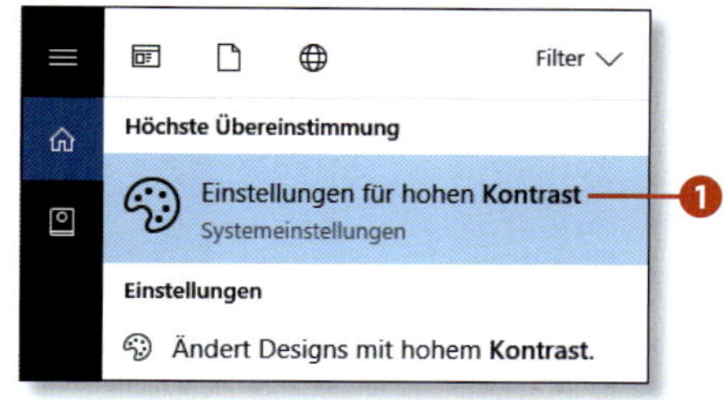

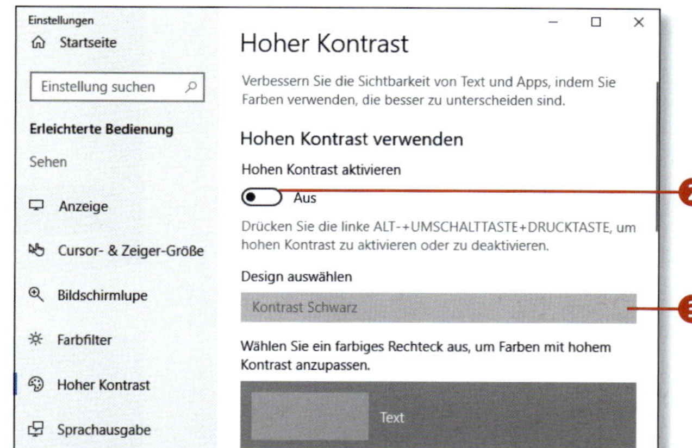

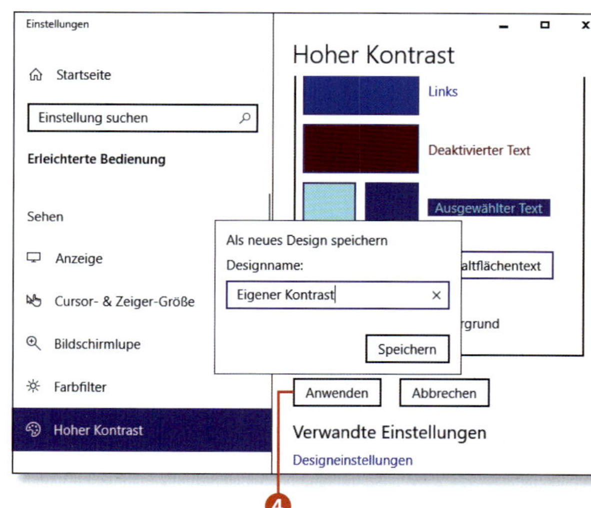

Und wie schaltet man den Kontrast wieder aus?

Indem Sie die Tastenkombination [Alt] + [⇧] + [Druck] drücken oder in den Einstellungen den Schalter unter **Hohen Kontrast aktivieren** auf **Aus** setzen.

Mit mehreren Desktops arbeiten

Mehrere Desktops einrichten

Was unter Linux schon lange möglich ist, können seit Windows 10 auch Windows-Anwender nutzen: mit mehreren Desktops arbeiten. Sinnvoll ist dies z. B., wenn Sie an mehreren Aufgaben gleichzeitig arbeiten. Wer also z. B. bei der Arbeit zur Entspannung gern ein Spielchen spielen möchte, kann auf einem Desktop die Programme und Dateien verwalten, die er zum Arbeiten braucht, und auf dem anderen Desktop seine Spiele. Und kommt der Chef, wechseln Sie schnell den Desktop. Pech nur, wenn der Chef auch schon von den neuen Möglichkeiten gehört hat.

1. Öffnen Sie im Desktop-Modus alle Apps, mit denen Sie auf diesem Desktop arbeiten wollen.
2. Drücken Sie in der Taskleiste auf die Schaltfläche **Taskansicht** ❶. Es erscheint die übliche Taskansicht mit den geöffneten Apps und Dateien.
3. Drücken Sie jetzt links oben auf das Plussymbol für den neuen Desktop ❷.
4. Bestücken Sie diesen zweiten Desktop mit den gewünschten Apps, indem Sie sie öffnen.
5. Über die Desktop-Leiste der Taskansicht können Sie schnell mit einmal Klicken oder Tippen zwischen den Desktops wechseln ❸.

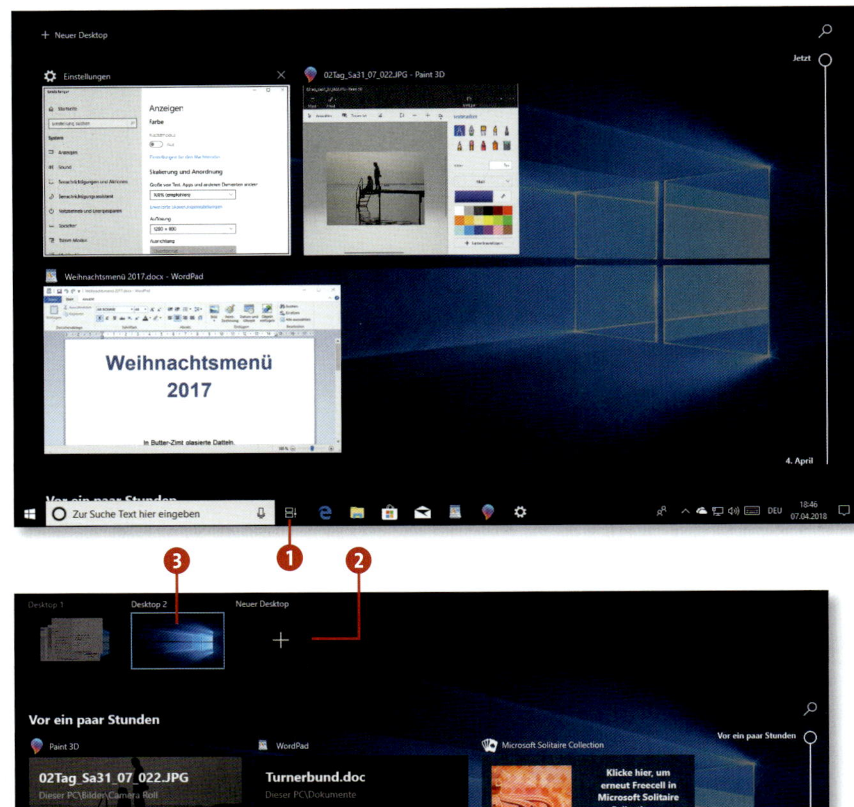

Schneller Desktop-Wechsel

Wenn Sie gerade mit der Tastatur arbeiten und schnell den Desktop wechseln möchten, verwenden Sie dafür die Tasten [Windows] + [Strg] + [→] bzw. [Windows] + [Strg] + [←].

Nicht für Tablet-Besitzer

Im Tablet-Modus werden virtuelle Desktops nicht unterstützt.

Apps zwischen Desktops verschieben

Wenn Sie auf einem Desktop eine App starten, die bereits auf einem anderen Desktop geöffnet ist, wechselt Windows unter Umständen automatisch zu diesem Desktop. Von dort können Sie die App aber leicht in den gewünschten Desktop verschieben.

1. Öffnen Sie die Taskansicht über das Symbol in der Taskleiste.
2. Klicken oder tippen Sie mitten in die zu verschiebende App (nicht auf die Titelleiste) ❶ und ziehen Sie sie auf den Ziel-Desktop.

Desktops schließen

Sie können einen Desktop, den Sie neu angelegt haben, natürlich auch wieder löschen. Sie sollten dabei allerdings darauf achten, was Sie mit den Apps tun, die auf dem Desktop geöffnet sind.

1. Öffnen Sie die Taskansicht über das Symbol in der Taskleiste.
2. Wählen Sie den Desktop, den Sie schließen wollen, und beenden Sie alle darauf geöffneten Apps. Sie können dies direkt in der Taskansicht tun oder indem Sie auf den virtuellen Desktop wechseln.
3. Falls nötig, öffnen Sie erneut die Taskansicht.
4. Schließen Sie oben in der Desktop-Übersicht den leeren Desktop, indem Sie auf den **Schließen**-Schalter ❷ klicken.

Und was passiert mit den Apps?

Die Apps werden nicht automatisch geschlossen, wenn ein Desktop geschlossen wird. Haben Sie die Apps auf dem beendeten Desktop vorher nicht geschlossen, werden sie einfach auf den links davon liegenden Desktop verschoben.

Verknüpfungen

Die Verknüpfungen im Hintergrund bleiben auf allen Desktops gleich. Sie können leider nicht mehrere Desktops einrichten, die unterschiedliche Verknüpfungen im Hintergrund zeigen.

Die Zeitleiste der Taskansicht

Seit Frühjahr 2018 ist die Taskansicht mit einer Zeitleiste (*Timeline*) ausgestattet, die es Ihnen erlaubt, auf Apps und Dokumente zuzugreifen, mit denen Sie vor ein paar Stunden oder Tagen gearbeitet haben. Rufen Sie einfach die Taskansicht auf, scrollen Sie durch die Zeitleiste, und öffnen Sie ein zuvor verwendetes Dokument durch Klick oder Antippen.

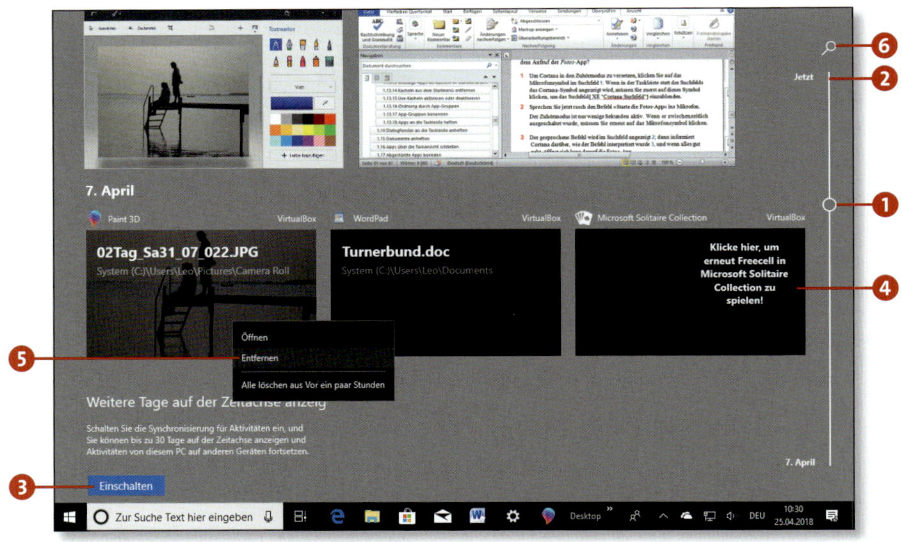

1. **Positionsmarke:** Ziehen Sie diese auf der Zeitleiste nach oben oder unten, um die Anzeige der verwendeten Apps und Dokumente zu scrollen.
2. Steht die Positionsmarke der Zeitleiste auf **Jetzt**, sehen Sie links die gerade geöffneten Apps und Dokumente.
3. Scrollen Sie nach unten, finden Sie am Ende der Zeitleiste die Schaltfläche **Einschalten**. Wenn Sie sie betätigen und mit einem Microsoft-Konto verbunden sind, geben Sie Microsoft die Erlaubnis, weiter zurückliegende Nutzerdaten für die Zeitleiste zu speichern und diese zwischen Ihren Geräten zu synchronisieren, sodass Sie z. B. Apps, die Sie auf Ihrem Smartphone genutzt haben, auch in der Zeitleiste auf Ihrem PC sehen.
4. Liste der Apps und Dokumente, mit denen Sie in der Vergangenheit gearbeitet haben. Mit einem Klick oder Antippen können Sie diese erneut auf dem aktuellen Bearbeitungsstand öffnen.
5. Kontextmenü mit Befehlen zum Entfernen von Einträgen aus der Zeitleiste
6. **Suche:** Wenn Sie die Zeitleiste nach Vorkommen einer App oder eines Dokuments durchsuchen möchten, klicken Sie auf die Lupe und geben den Suchbegriff ein. Meist genügt schon der Anfang des Namens.

Die Sprachassistentin Cortana

Cortana mit Microsoft-Konto nutzen

Seit Windows 8.1 gibt es für das Windows Phone die Sprachassistentin *Cortana*. Sie erwies sich als so erfolgreich und populär, dass sie in Windows 10 übernommen wurde. Cortanas Aufgabe ist es, den Nutzer – vorzugsweise sprachgesteuert – bei diversen Aufgaben zu unterstützen. So können Sie Cortana anweisen, Termine in Ihren Kalender einzutragen, Notizen aufzunehmen, Musik abzuspielen oder über Skype eine Verbindung zu einer Person aus Ihren Kontakten herzustellen. Für die meisten dieser Dienste ist es allerdings erforderlich, dass Sie sich bei Cortana mit Ihrem Microsoft-Konto anmelden.

1. Klicken Sie in der Taskleiste in das Suchfeld ❶. Wenn in der Taskleiste statt des Suchfelds das **Cortana**-Symbol angezeigt wird, müssen Sie zuerst auf dieses Symbol klicken, um das Suchfeld einzublenden.
2. Klicken Sie im App-Menü von Cortana auf das Notizbuch-Symbol ❷. Im Notizbuch verwaltet Cortana die ihr zugänglichen Dienste und Informationen.
3. Klicken Sie auf **Anmelden** ❸.
4. Wählen Sie im **Anmelden**-Dialog das Microsoft-Konto aus, mit dem Sie Cortana verbinden möchten ❹, und klicken Sie auf **Weiter** ❺. Ihr Konto ist nun verbunden.

Kein Microsoft-Konto, keine echte Cortana

Um das Leistungsspektrum von Cortana richtig nutzen zu können, müssen Sie mit einem Microsoft-Konto angemeldet sein. Andernfalls ist Cortana nicht viel mehr als eine sprachgestützte Suchmaschine.

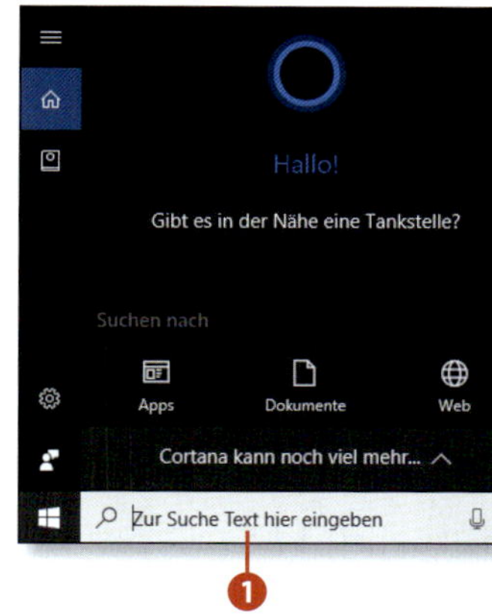

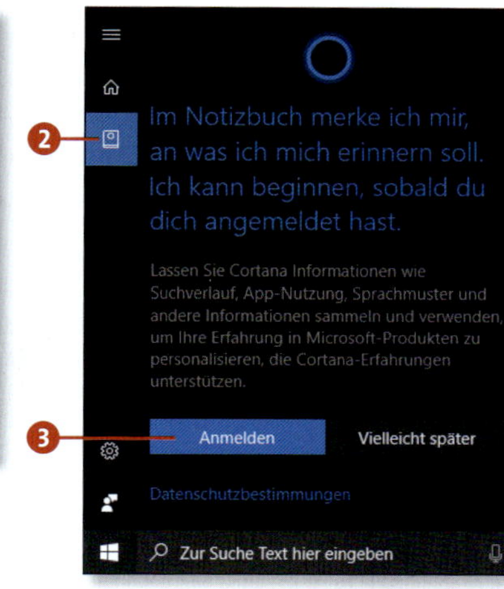

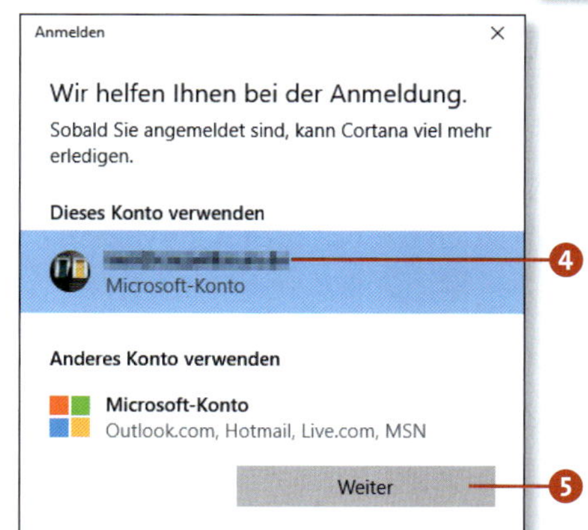

Cortana und Microsoft-Konto trennen

Sie können die Verbindung von Cortana zu Ihrem Microsoft-Konto jederzeit wieder trennen. Klicken Sie dazu in das Suchfeld und dann im App-Menü auf das Notizbuch-Symbol ❷. Anschließend müssen Sie mehrfach auf das Symbol Ihres Kontos klicken (bzw. die Mailadresse), bis Sie den **Abmelden**-Schalter sehen.

Cortana konfigurieren

Hinter Cortana steckt eine künstliche Intelligenz, die Ihre Nutzerdaten auswertet, um sich permanent zu verbessern und Ihnen eine immer hilfreichere persönliche Assistentin zu werden. Welche Dienste Cortana Ihnen anbietet und auf welche Daten sie dazu zugreifen kann, können Sie weitgehend selbst festlegen.

1. Klicken Sie in das Suchfeld ❶ und dann im App-Menü von Cortana auf das Notizbuch-Symbol ❷. Wenn in der Taskleiste statt des Suchfelds das Cortana-Symbol angezeigt wird, müssen Sie zuerst auf dieses Symbol klicken, um das Suchfeld einzublenden.
2. Wechseln Sie zur Seite **Fertigkeiten verwalten** ❸, und legen Sie fest, welche Dienste und Angebote Sie von Cortana erhalten möchten.
3. Klicken Sie im App-Menü von Cortana auf das **Einstellungen**-Symbol ❹.
4. Wählen Sie links die Rubrik **Berechtigungen & Verlauf** ❺, und klicken Sie rechts auf **Informationen verwalten, auf die Cortana von diesem Gerät zugreifen darf** ❻. Auf der daraufhin erscheinenden Seite können Sie z. B. festlegen, ob Cortana Ihre Positionsdaten abfragen (für Wettervorhersagen oder Wegbeschreibungen) oder Ihre Mails und Kontakte auswerten darf.

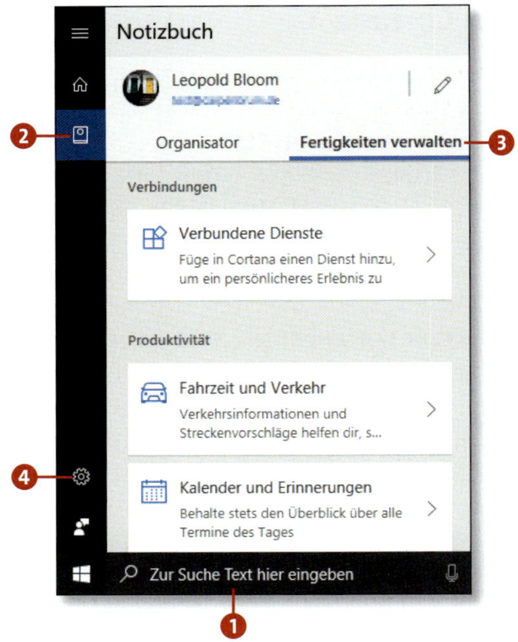

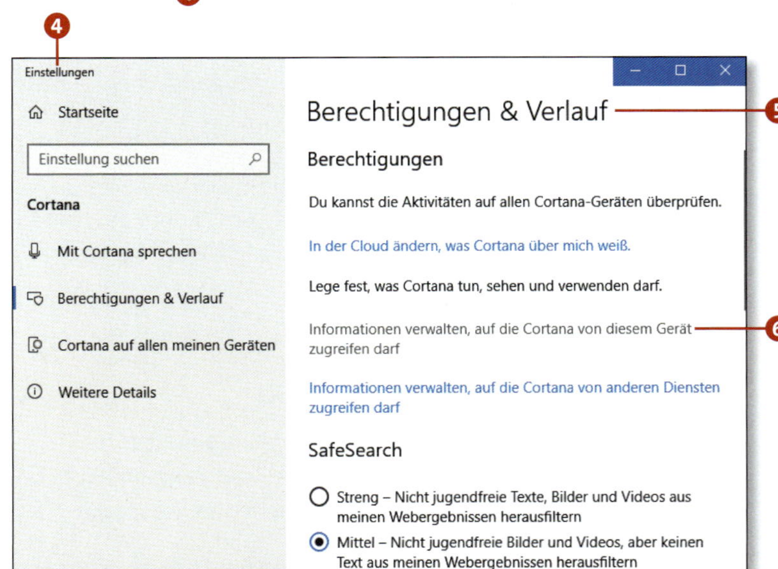

Das Notizbuch

Cortana wird größtenteils über das Cortana-Notizbuch konfiguriert. Um in das Notizbuch zu gelangen, klicken Sie einfach im Cortana-Menü auf das Notizbuch-Symbol ❷.

Die Cortana-Sprachsteuerung einrichten

Am meisten Spaß macht es, wenn Sie Cortana über Sprachbefehle steuern – sofern Sie keine Perfektion erwarten. Die Spracherkennung ist zwar recht gut, kommt aber schnell ins Stolpern, wenn die Eingabe mehrsprachig ist. Und ob die eingegebenen Befehle korrekt interpretiert und ausgeführt werden, scheint manchmal reine Glückssache zu sein.

1. Stellen Sie Ihr Mikrofon vor sich, oder setzen Sie Ihr Headset auf.
2. Klicken Sie im Startmenü auf **Einstellungen**, und wählen Sie die Kategorie **Zeit und Sprache**.
3. Wählen Sie links die Kategorie **Spracherkennung** ❶, und klicken Sie in der Rubrik **Mikrofon** auf **Erste Schritte** ❷.
4. Klicken Sie sich durch die Dialoge, bis Sie zur Mikrofonkalibrierung kommen. Machen Sie sich bereit zum Sprechen, und klicken Sie auf **Weiter**.
5. Sprechen Sie jetzt in das Mikrofon, und beobachten Sie, wie in der oberen Zeile der Pegel schwankt ❸. Falls Sie keinen Pegel sehen, stimmt etwas mit dem Anschluss des Mikrofons nicht. Klicken Sie danach auf **Weiter** und im abschließenden Dialog auf **Fertig stellen**.
6. Zum Testen folgen Sie einfach den Schritten zu »Mit Cortana den PC steuern« auf Seite 80.

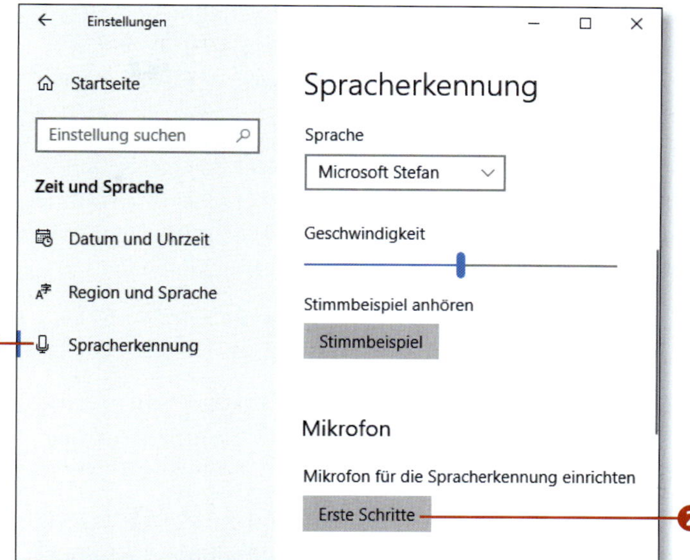

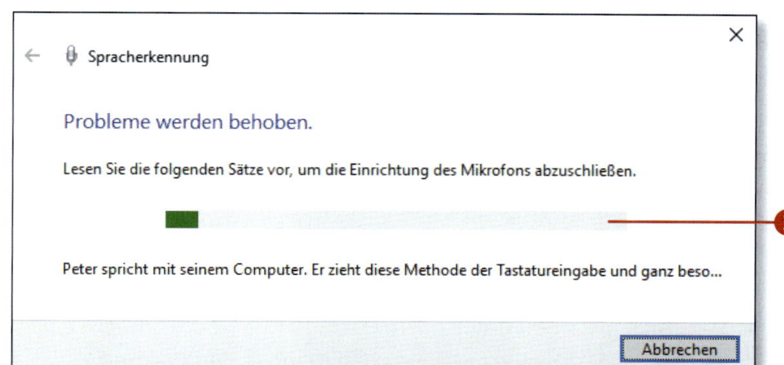

Probleme mit dem Mikrofon

Wenn Sie keinen Pegel sehen, kontrollieren Sie zuerst, ob das Mikrofon nicht vielleicht ausgeschaltet oder auf ganz leise gestellt ist. Ansonsten klicken Sie mit der rechten Maustaste auf das Lautsprechersymbol in der Taskleiste und rufen den **Assistenten für Problembehandlung** auf.

Mit Cortana den PC steuern

Wenn Sie Ihr Mikrofon erfolgreich für die Verwendung mit Cortana eingerichtet haben (siehe vorangehenden Tipp), sind Sie bereit, Ihren PC mit gesprochenen Befehlen zu steuern. Wie wäre es z. B. mit dem Aufruf der *Fotos*-App?

1. Um Cortana in den Zuhörmodus zu versetzen, klicken Sie auf das Mikrofonsymbol im Suchfeld ❶. Wenn in der Taskleiste statt des Suchfelds das Cortana-Symbol angezeigt wird, müssen Sie zuerst auf dieses Symbol klicken, um das Suchfeld einzublenden.
2. Sprechen Sie jetzt rasch den Befehl »Starte die Fotos-App« ins Mikrofon.

   Der Zuhörmodus ist nur wenige Sekunden aktiv. Wenn er zwischenzeitlich ausgeschaltet wurde, müssen Sie erneut auf das Mikrofonsymbol klicken.

3. Der gesprochene Befehl wird im Suchfeld angezeigt ❷; dann informiert Cortana darüber, wie der Befehl interpretiert wurde ❸, und wenn alles gut geht, öffnet sich kurz darauf die Fotos-App.

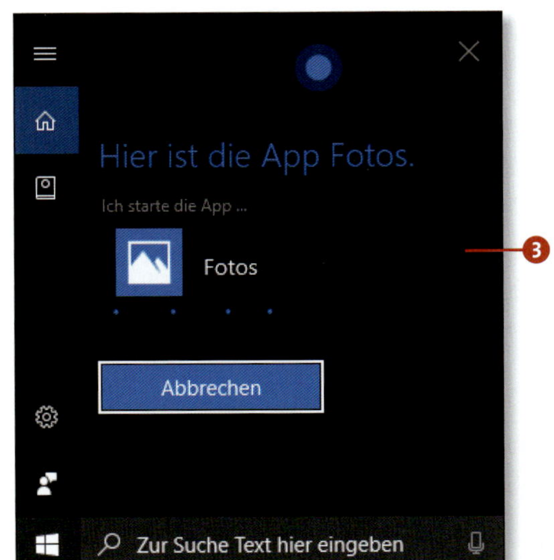

Cortana per Stimme aktivieren

Eine Sprachsteuerung, die ständig per Mausklick aktiviert werden muss, ist ein zweifelhaftes Vergnügen. Sie haben daher natürlich auch die Möglichkeit, Cortana mit einem Sprachbefehl zu starten. Setzen Sie dazu einfach in den Cortana-Einstellungen (zu erreichen über das Cortana-Menü) unter der Rubrik **Mit Cortana sprechen** den Schalter **Hey Cortana** auf **Ein**. Fortan können Sie Cortana mit dem Befehl »Hey Cortana« in den Zuhörmodus versetzen.

Die Cortana-Sprachbefehle

Cortana versteht vor allem Befehle, die mit den vorinstallierten Apps in Verbindung stehen. Mit anderen Apps geht das nicht ganz so gut, aber wir gehen davon aus, dass Microsoft daran weiterarbeiten wird. Damit Sie Cortana direkt einmal ausprobieren können, haben wir in der Tabelle unten einige Beispiele zusammengestellt.

Wenn Cortana einen Befehl nicht versteht, reicht sie ihn an den Browser und dessen Standardsuchmaschine weiter. Mit anderen Worten: Sie können Cortana auch für Recherchen im Internet nutzen, beispielsweise mit Befehlen wie »Was kostet die Playstation 4?« oder »Was ist ein Palindrom?«.

Befehl	Beschreibung
»Starte die Fotos-App.«	Öffnet die App *Fotos*.
»Starte den Editor.«	Öffnet den Windows-Editor.
»Starte Systemsteuerung.«	Öffnet die Systemsteuerung.
»Spiele meine Musik.«	Spielt die Songs aus der Musikbibliothek.
»Spiele den Song ›Scarborough Fair‹.« »Ich möchte den Titel ›Scarborough Fair‹ hören.«	Spielt den Titel »Scarborough Fair« aus der Musikbibliothek. Dieser Befehl wird allerdings recht unzuverlässig ausgeführt.
»Trage einen Termin ein.«	Trägt einen Termin in den Kalender ein. Die weiteren Daten zu dem Termin werden von Cortana abgefragt.
»Welche Termine habe ich am Montag?«	Zeigt die im Kalender notierten Termine für Montag an.
»Wie wird das Wetter?«	Das Wetter für den aktuellen Standort wird angezeigt.
»Wie ist das Wetter in Berlin?«	Das Wetter für Berlin wird angezeigt.

Auswahl funktionierender Sprachbefehle

Sich von Cortana erinnern lassen

Waren Sie auch schon einmal so in die Arbeit vertieft, dass Sie Termine verschlafen haben? Dank Cortana sollte Ihnen das nun nicht mehr passieren. Lassen Sie Cortana eine Erinnerung schicken. Voraussetzung ist allerdings, dass Sie Cortana mit einem Microsoft-Konto verbunden haben (siehe Seite 77).

1. Klicken Sie auf das Mikrofonsymbol im Suchfeld, um Cortana in den Zuhörmodus zu versetzen.
2. Sprechen Sie jetzt rasch den Befehl »Erinnere mich« ins Mikrofon.
3. Teilen Sie Cortana mit, woran Sie erinnert werden möchten (1).
4. Wählen Sie, ob Cortana Sie bei einem Kontakt-Ereignis an einem bestimmten Ort oder zu einer bestimmten Uhrzeit erinnern soll (2).
5. Legen Sie z. B. eine Uhrzeit fest (3).
6. Bestätigen Sie alle Eingaben mit **Erinnern** (4). Pünktlich zum angegebenen Zeitpunkt erscheint eine Erinnerung.

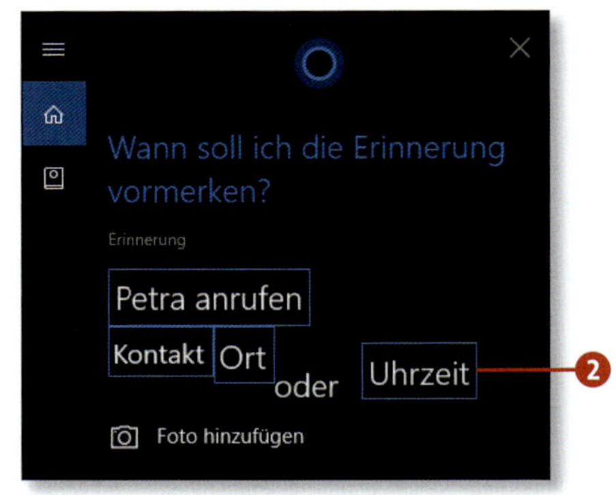

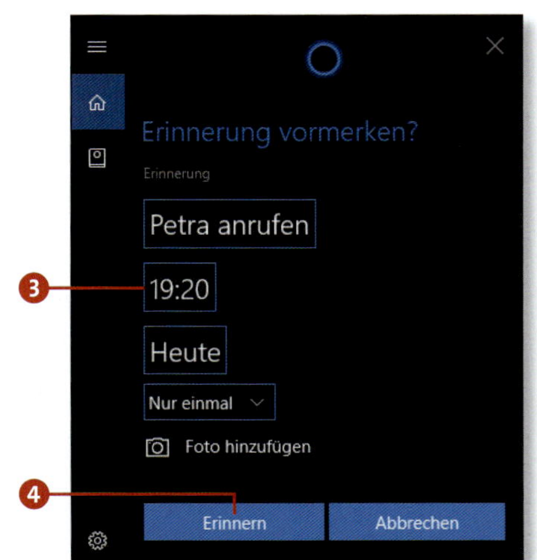

Erinnerungen für Kontakt- oder Ortsereignisse

Erinnerungen, die über Kontakte oder Orte getriggert werden, sind nur möglich, wenn Sie Cortana zuvor den Zugriff auf Ihre Kontakte bzw. Ihre Position freigegeben haben. Sie können dies direkt bei Erstellung der Erinnerung tun oder vorab über die Cortana-Berechtigungen, siehe Seite 78.

Erinnerungen verwalten

Wenn Sie laufende Erinnerungen einsehen, verändern oder löschen möchten, öffnen Sie Cortana, klicken Sie in der Menüleiste auf das Notizbuch-Symbol und im Notizbuch auf die Rubrik **Erinnerungen**.

Cortana ausschalten

Um Ihre Aufgaben als persönliche Assistentin möglichst gut erfüllen zu können, versucht Cortana, Sie und Ihre Interessen immer besser kennenzulernen. Dazu greift sie auf viele persönliche Daten zu, sammelt diese und wertet sie aus. Sollte Ihnen dies so sehr missfallen, dass Sie lieber ganz auf Cortana verzichten möchten, haben wir hier ein paar Tipps für Sie. Ganz von Ihrem PC entfernen können Sie Cortana allerdings nicht, denn sie ist fest in das Betriebssystem integriert.

1. Starten Sie Cortana mit einem Klick ins Suchfeld ❶.
2. Trennen Sie alle mit Cortana verbundenen Dienste. Klicken Sie dazu im Cortana-Menü auf das Notizbuch-Symbol ❷, wechseln Sie zur Seite **Fertigkeiten verwalten**, und klicken Sie auf **Verbundene Dienste** ❸. Auf der nächsten Seite wird Ihnen angezeigt, welche Dienste verbunden sind, und dort können Sie die Dienste auch trennen.
3. Schalten Sie alle Berechtigungen für Cortana aus. Klicken Sie dazu im Cortana-Menü auf das **Einstellungen**-Symbol ❹, wählen Sie links die Rubrik **Berechtigungen & Verlauf**, und schalten Sie alle Verläufe aus.
4. Klicken Sie danach auf **Informationen verwalten, auf die Cortana von diesem Gerät zugreifen darf**, und schalten Sie auf der nächsten Seite alle Berechtigungen aus.
5. Lösen Sie die Verbindung zu Ihrem Microsoft-Konto. Klicken Sie dazu im Cortana-Menü auf das Notizbuch-Symbol ❷. Anschließend müssen Sie mehrfach auf das Symbol Ihres Kontos klicken (bzw. die Mailadresse), bis Sie den **Abmelden**-Schalter sehen.
6. Melden Sie sich bei Ihrem Microsoft-Konto an (z. B. über **Benutzer-Logo > Kontoeinstellungen ändern > Mein Microsoft-Konto verwalten**), und löschen Sie die dort gespeicherten Cortana-Daten (derzeit zu finden unter **Datenschutz > Suchverlauf anzeigen und löschen > Cortanas Notizbuch** ❺.

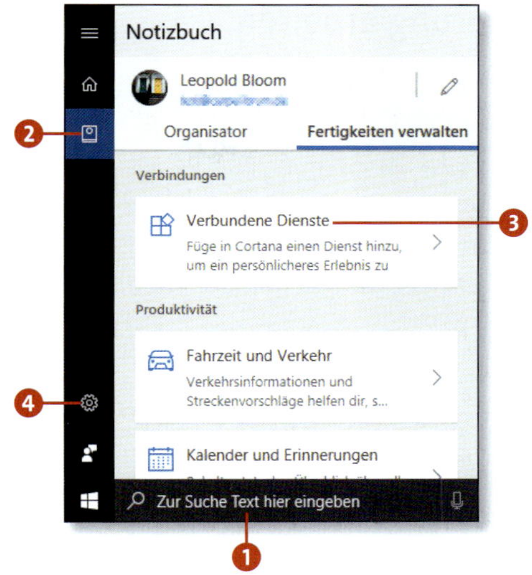

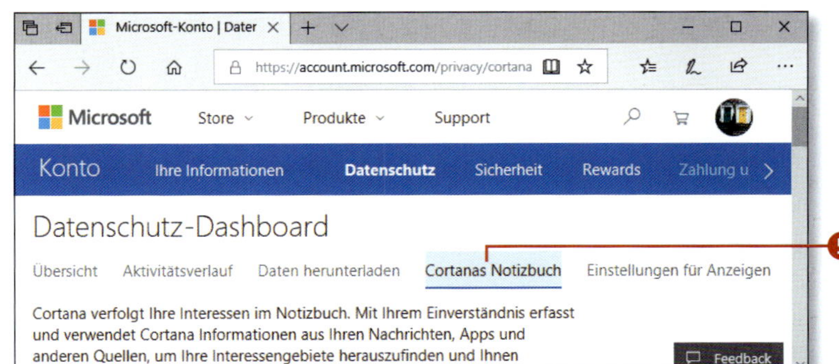

Das Suchfeld ausblenden

Wenn Sie möchten, können Sie auch noch das Suchfeld ausblenden. Klicken Sie dazu in die Taskleiste, und wählen Sie im Kontextmenü den Befehl **Cortana > Ausblenden**. Das Suchfeld ist danach noch über das Kontextmenü der **Start**-Schaltfläche verfügbar. Wollen Sie es wieder permanent einblenden, führen Sie den Befehl **Cortana > Suchfeld anzeigen** aus.

Mit der Eingabeaufforderung arbeiten

Ganz früher, als es Windows noch nicht gab und auf Rechner das Betriebssystem MS-DOS lief, sah der Bildschirm immer so aus wie die Eingabeaufforderung. Das Fenster der Eingabeaufforderung ist also so etwas wie eine Rückschau in die Frühzeit des PCs, als man diesen noch über eine *Konsole* und eine kleine Auswahl von Systembefehlen bediente. Heute benutzt niemand mehr die Eingabeaufforderung, um z. B. Dateien zu kopieren, aber sie kann immer noch sehr hilfreich sein, beispielsweise um Programme wie *ipconfig* zu starten, die über keine Fensteroberfläche verfügen. Sie können die Eingabeaufforderung über die Suche öffnen oder über die alphabetische App-Liste unter dem Ordner *Windows-System*.

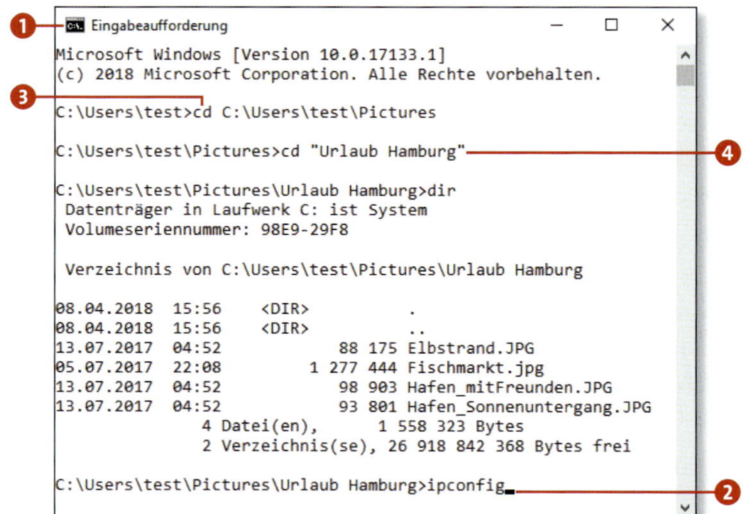

1. Ein Klick hier öffnet das Menü der Eingabeaufforderung. Über den Menübefehl **Eigenschaften** können Sie z. B. den üblicherweise schwarzen Hintergrund auf Weiß umstellen, wie in der Abbildung zu sehen ist.
2. Das Ende der letzten Zeile ist der sogenannte *Prompt*. Hier geben Sie Ihre Befehle ein und schicken diese mit [↵] ab. Bereits abgeschickte Befehle können Sie mit [↑] neu laden. Außer den vordefinierten Systembefehlen können Sie vom Prompt aus auch Programme starten – gegebenenfalls müssen Sie den Pfad zur *.exe*-Datei voranstellen. Oder Sie lassen sich mit »help« die unterstützten Befehle bzw. mit »help befehl« detaillierte Hilfe zu einem bestimmten Befehl anzeigen.
3. Mit dem Befehl »cd« können Sie in ein anderes Verzeichnis wechseln. Mit »d:« oder »c:« wechseln Sie das Laufwerk.
4. Enthält ein Verzeichnisname Leerzeichen, müssen Sie den gesamten Pfad in Anführungszeichen setzen.

Den Nachtmodus einrichten

Falls Sie abends nicht gut einschlafen können oder unter angestrengten Augen oder Kopfschmerzen leiden, könnte dies vielleicht auch daran liegen, dass Sie zu lange und zu spät abends noch vor einem Bildschirm sitzen, der zu viel Blaulicht ausstrahlt. Bevor Sie jetzt aber losziehen, um einen neuen Bildschirm mit integriertem Blaulichtfilter anzuschaffen, probieren Sie doch erst einmal den Nachtmodus von Windows 10.

1. Wählen Sie im Startmenü den Befehl **Einstellungen** aus, oder drücken Sie [⊞] + [I].
2. Wählen Sie die Rubrik **System**, dann **Anzeigen**.
3. Setzen Sie den Schalter für den **Nachtmodus** auf **Ein** (1), und klicken Sie auf **Einstellungen für den Nachtmodus** (2).
4. Wählen Sie eine Farbtemperatur, die Ihnen angenehm ist (3). Wenn die neue Farbtemperatur nicht sofort angezeigt wird, klicken Sie auf die Schaltfläche **Jetzt (de)aktivieren**.
5. Setzen Sie den Schalter **Nachtmodus planen** auf **Ein** (4).
6. Lassen Sie den Nachtmodus automatisch bei Sonnenuntergang aktivieren, oder legen Sie die Zeiten zum Ein- und Ausschalten selbst fest (5).

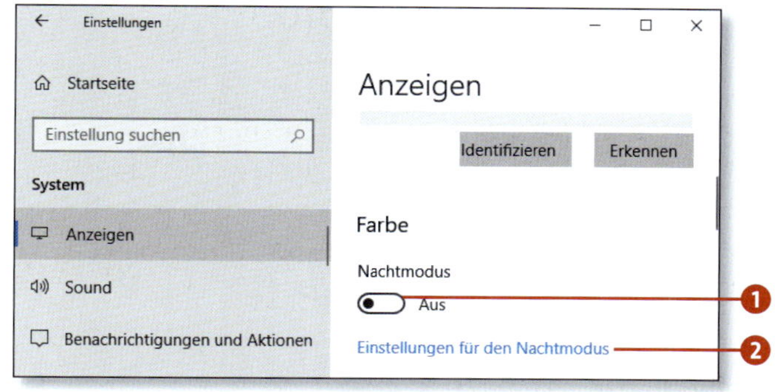

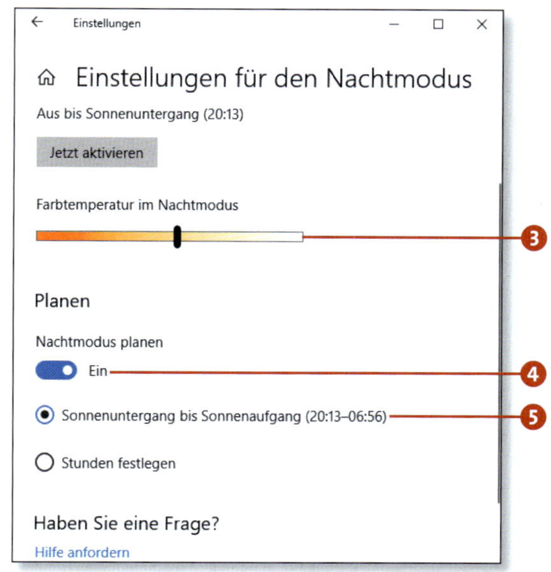

Auswirkungen von Blaulicht

Soweit uns bekannt ist, gibt es keine wirklich gesicherten Untersuchungen zu gesundheitsschädigenden Effekten von zu viel blauem Licht. Das muss aber natürlich nicht heißen, dass es solche Effekte nicht gibt. Folgen Sie also im Zweifelsfall Ihrem Gefühl. Sollten Sie entsprechende Beschwerden an sich feststellen, testen Sie einfach den Nachtmodus, und prüfen Sie, ob es besser wird.

Den Nachtmodus schnell ein- oder ausschalten

Ist der Nachtmodus erst einmal eingerichtet, können Sie ihn bei Bedarf schnell über die gleichnamige Schaltfläche im Info-Center (Aufruf mit [⊞] + [A]) aktivieren oder deaktivieren.

3 Dateien und Ordner besser im Griff

Der Explorer ist das Sichtfenster zu Ihrer Festplatte und das wichtigste Werkzeug zur Verwaltung und Organisation Ihrer Dokumente, Bilder und sonstigen Dateien. Umso erstaunlicher ist es, dass gerade junge Leute oft gar nicht wissen, dass es den Explorer gibt und wofür man ihn verwendet. Andererseits muss man zugestehen, dass der Explorer eher ein Tool für die klassische Datenverarbeitung ist (Stichwort EDV) und nicht unbedingt benötigt wird, solange man den PC vor allem zum Internetsurfen und zum multimedialen Konsum nutzt. Sobald Sie aber beginnen, mit dem PC zu arbeiten und Dateien anzulegen, finden Sie kaum einen besseren Begleiter als den Explorer.

Apropos Internetsurfen und Multimedia-Konsum: Bereits Mitte der Neunzigerjahre versuchte ein Konsortium von Sun, Apple und Netscape, den sogenannten Netzcomputer zu etablieren – ein abgespeckter PC, der knapp halb so viel wie ein damaliger Billigcomputer kosten und seinem Besitzer vor allem Zugang zum Internet und dessen Diensten bieten sollte. Der Netzcomputer war ein Flop – offenbar konnten sich die Kunden damals nicht vorstellen, dass man mit einem PC, der auf Internetdienste angewiesen war, sinnvoll arbeiten könnte. *The Times, they are a-changin'*.

In diesem Kapitel

Der Explorer im Überblick

Mit dem Explorer kommen Sie bei der Arbeit am Computer eigentlich ständig in Berührung. Angesichts der Bedeutung, die der Explorer auch für die folgenden Tipps hat, möchten wir Ihnen das Explorer-Fenster hier etwas ausführlicher vorstellen und Sie auf einige Besonderheiten aufmerksam machen.

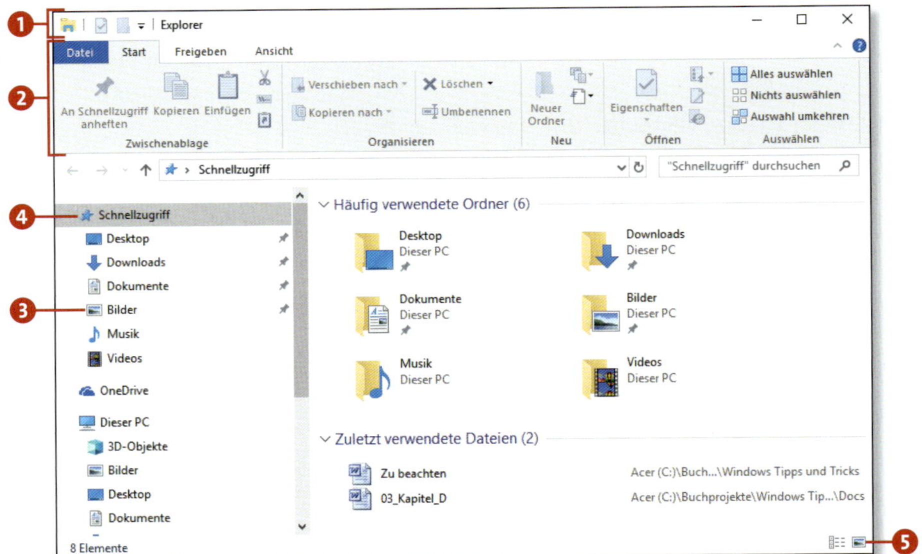

❶ Ganz oben befindet sich die *Schnellzugriffleiste* mit bis zu sechs vordefinierten Befehlen, die Sie über das Pfeilsymbol auswählen können.

❷ Das *Menüband* besteht aus den allgemeinen Menüs **Datei** und **Ansicht** und dazwischen kontextabhängigen Menüs, die sich auf das Element beziehen, das im Explorer ausgewählt ist. Über den Pfeilschalter rechts neben dem Fragezeichen blenden Sie das Menüband ein und aus. Übrigens: Wenn Sie im Navigationsbereich auf **Dieser PC** klicken, wird Ihnen im Menüband das Menü **Computer** angeboten, das Zugriff auf wichtige Systembefehle bietet.

❸ Im *Navigationsbereich* können Sie im Ordnersystem Ihres PCs navigieren und auswählen, welcher Ordnerinhalt im rechten Bereich angezeigt werden soll. Wie der Explorer in Bereiche aufgeteilt wird, legen Sie im Menü **Ansicht** fest.

❹ Der Bereich **Schnellzugriff** (nicht zu verwechseln mit der Schnellzugriffleiste ❶) ersetzt in Windows 10 die alten Favoriten und ergänzt sie um Listen der am häufigsten verwendeten Ordner und Dateien.

❺ Zum schnelleren Wechsel zwischen den beiden wichtigsten Ansichten für den Inhaltsbereich gibt es seit Windows 10 diese beiden Schaltflächen.

Den Explorer mit Laufwerksübersicht starten

Der Explorer ist zunächst so eingestellt, dass er mit der Schnellzugriff-Übersicht startet. Falls Sie, wie wir, lieber mit der Laufwerksansicht starten, gehen Sie wie folgt vor:

1. Öffnen Sie den Explorer. Klicken Sie in der Taskleiste auf das Symbol des Explorers, oder drücken Sie [Win] + [E].
2. Öffnen Sie das Menü **Datei** ❶, und wählen Sie den Befehl **Ordner- und Suchoptionen ändern** ❷.
3. Wählen Sie in der Liste **Datei-Explorer öffnen für** den Eintrag **Dieser PC** ❸, und bestätigen Sie mit **OK**.
4. Beim nächsten Start erscheint der Explorer mit der Laufwerksübersicht.

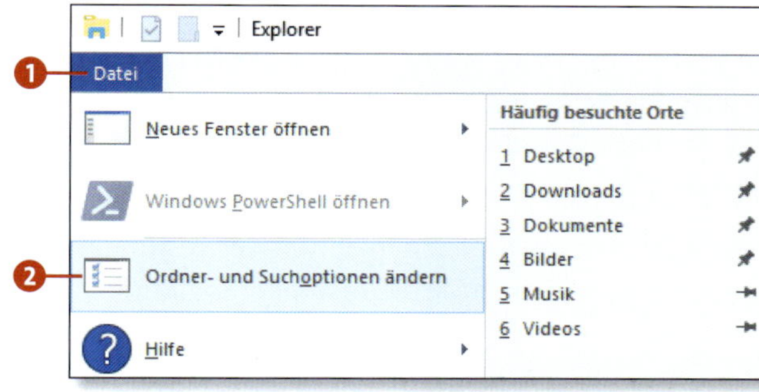

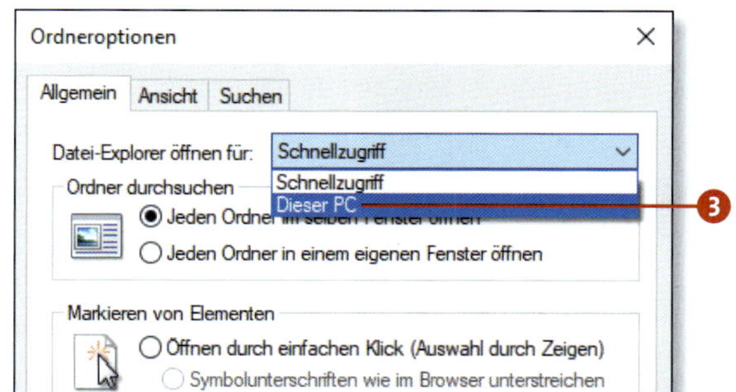

Die Dateinamenerweiterungen anzeigen

Standardmäßig blendet Windows die Dateiendung aus, wenn dafür ein Standardprogramm zur Verarbeitung installiert ist. Wenn Sie aber mehr Durchblick wünschen, lässt sich dies ändern:

1. Starten Sie den Explorer. Klicken Sie dazu in der Taskleiste auf das Symbol des Explorers, oder drücken Sie [Win] + [E].
2. Wechseln Sie zur Registerkarte **Ansicht** ❹.
3. Setzen Sie das Häkchen bei **Dateinamenerweiterungen** ❺.

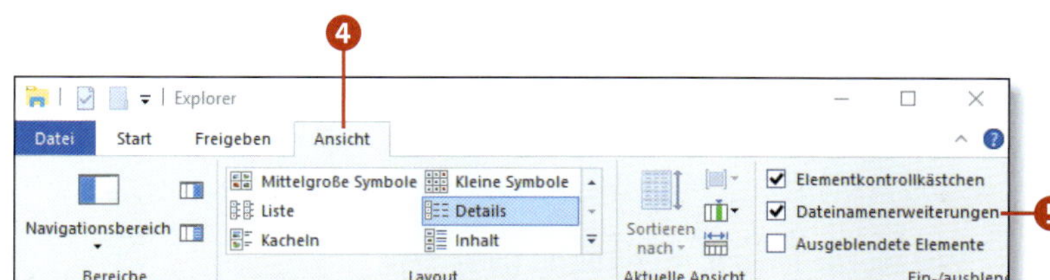

Schnellzugriff konfigurieren

Würden Sie die Schnellzugriff-Übersicht gerne auf die Anzeige der häufig benutzten Ordner beschränken? Dann behalten Sie in Schritt 3 den Listeneintrag **Schnellzugriff** bei, und deaktivieren Sie stattdessen weiter unten die Option **Zuletzt verwendete Dateien im Schnellzugriff anzeigen**.

Einen Dateityp einem Programm zuordnen

Viele Programme registrieren sich bei ihrer Installation für Dateien mit bestimmten Programmendungen, sodass ein Doppelklick auf eine Datei mit der jeweiligen Endung automatisch dieses Programm startet. Falls Sie diese Zuordnung ändern möchten, gehen Sie folgendermaßen vor:

1. Öffnen Sie den Explorer. Klicken Sie dazu in der Taskleiste auf das Symbol des Explorers, oder drücken Sie die Tastenkombination ⊞ + E.
2. Wählen Sie eine Datei des Typs aus, für den Sie das assoziierte Standardprogramm ändern möchten. In unserem Beispiel ist es eine Musikdatei mit der Endung *.mp3*.
3. Klicken Sie mit der rechten Maustaste auf die Datei, und wählen Sie im Kontextmenü den Befehl **Öffnen mit** ❶.
4. Im erscheinenden Untermenü klicken Sie dann auf **Andere App auswählen** ❷.
5. Wählen Sie das gewünschte Programm (App) zur Wiedergabe aus.
6. Über **Weitere Apps** ❸ können Sie die Auswahl der Programme noch vergrößern, um aus mehr Programmen auszuwählen.
7. Setzen Sie einen Haken bei **Immer diese App zum Öffnen von … verwenden** ❹.

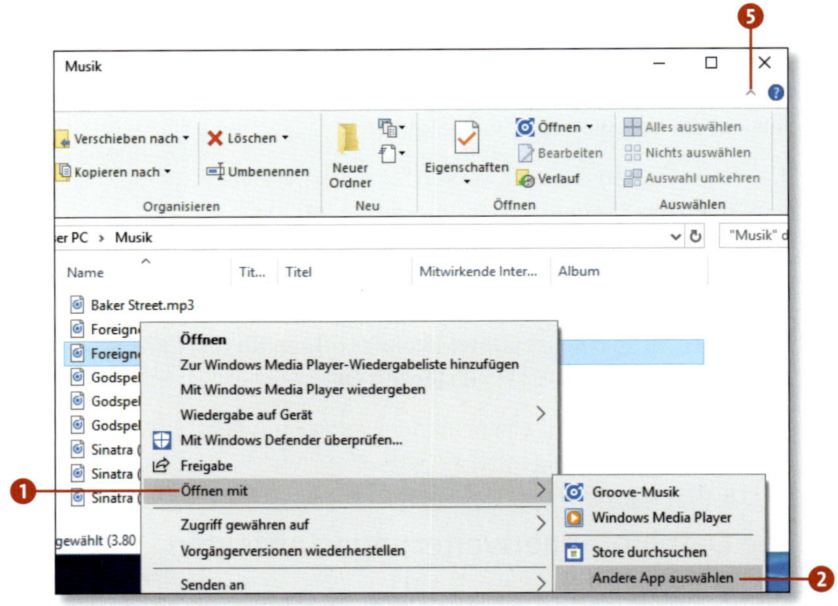

Wie werde ich das Menüband los?

Wenn Ihr Menüband minimiert ist, klicken Sie mit der rechten Maustaste auf die Leiste mit den Registerkartennamen und deaktivieren die Option **Menüband minimieren**. Alternativ können Sie auf die nach unten bzw. oben weisende Pfeilspitze rechts in der Menüleiste klicken ❺.

Versteckte Dateien anzeigen

Standardmäßig blendet Windows bestimmte Systemdateien und als geschützt markierte Dateien aus, sodass sie für den Benutzer unsichtbar sind. Falls Sie alles sehen wollen, können Sie dies aber ändern.

1. Starten Sie den Explorer: Klicken Sie in der Taskleiste auf das Symbol des Explorers, oder drücken Sie die Tastenkombination [Windows] + [E].
2. Wechseln Sie zur Registerkarte **Ansicht** 1.
3. Wählen Sie im Menü der Schaltfläche **Optionen** den Befehl **Ordner- und Suchoptionen ändern** 2 aus.
4. Wechseln Sie im Dialogfenster **Ordneroptionen** zur Registerkarte **Ansicht** 3.
5. Deaktivieren Sie die Option **Geschützte Systemdateien ausblenden (empfohlen)** 4.
6. Aktivieren Sie unter **Versteckte Dateien und Ordner** die Option **Ausgeblendete Dateien, Ordner und Laufwerke anzeigen** 5.

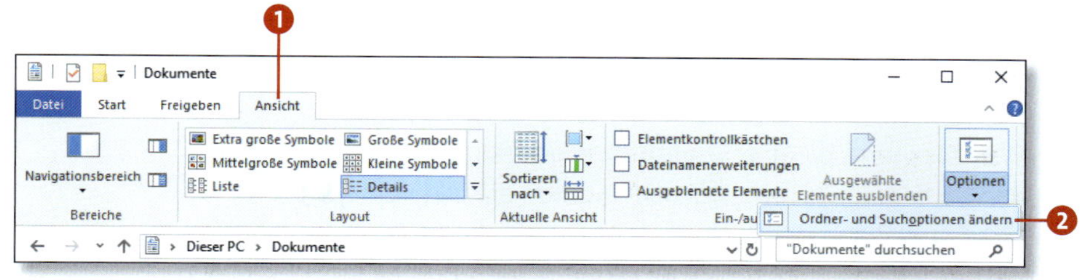

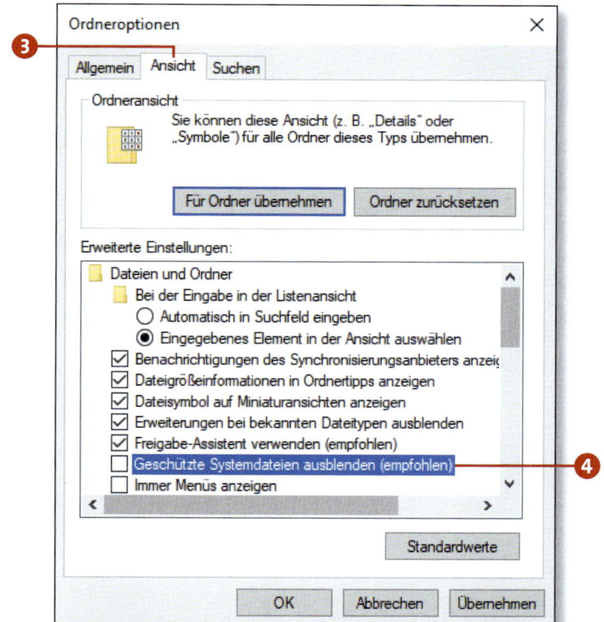

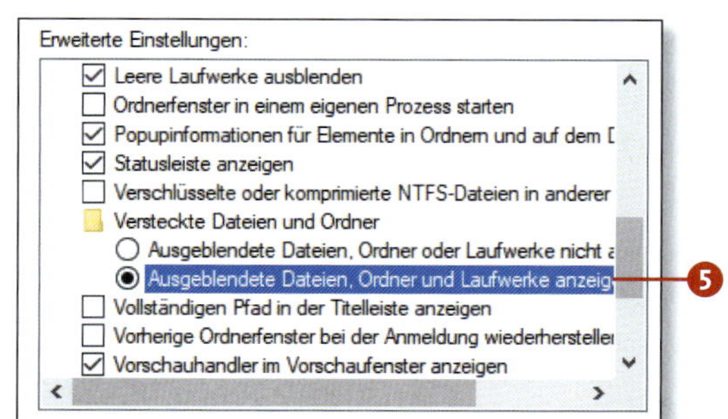

Spielen Sie nicht an versteckten Dateien herum!

Sie sollten an versteckten Dateien keine Änderungen vornehmen oder sie gar verschieben oder löschen. Ansonsten gefährden Sie die Stabilität von Windows!

Dateien sofort endgültig löschen

Windows verschiebt gelöschte Dateien erst einmal in den Papierkorb. Richtig gelöscht werden die Dateien dann erst, wenn der Papierkorb so voll ist, dass für hinzukommende Dateien Platz geschaffen werden muss, oder wenn Sie den Papierkorb explizit leeren. Dieses Verhalten ist durchaus sinnvoll, da es Ihnen erlaubt, versehentlich gelöschte Dateien wiederherzustellen. Andererseits kostet es Zeit und Festplattenspeicher.

1. Starten Sie den Explorer. Klicken Sie in der Taskleiste auf das Symbol des Explorers, oder drücken Sie die Tastenkombination [Windows] + [E].
2. Wählen Sie die zu löschende Datei (oder den Ordner) aus ❶, indem Sie darauf klicken. Wollen Sie mehrere Elemente auswählen, halten Sie beim Klicken die Taste [Strg] gedrückt.
3. Drücken Sie die Tastenkombination [⇧] + [Entf]. Windows fragt noch einmal nach, ob Sie die Dateien wirklich unwiderruflich löschen wollen. Bestätigen Sie mit **Ja**.

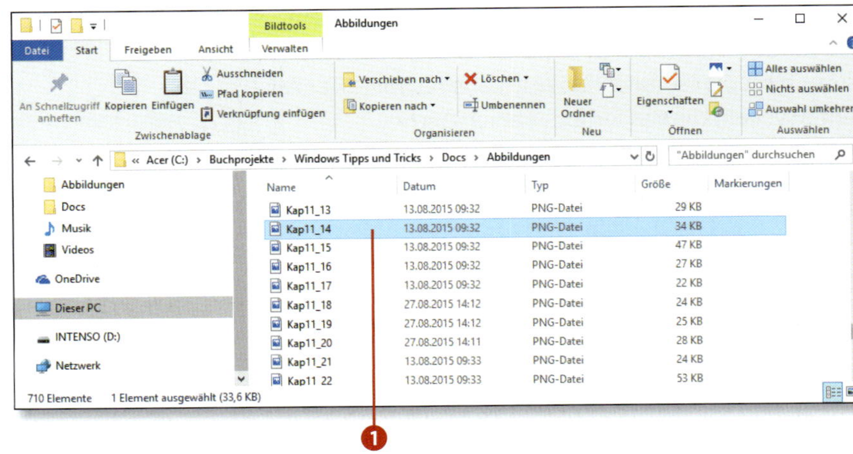

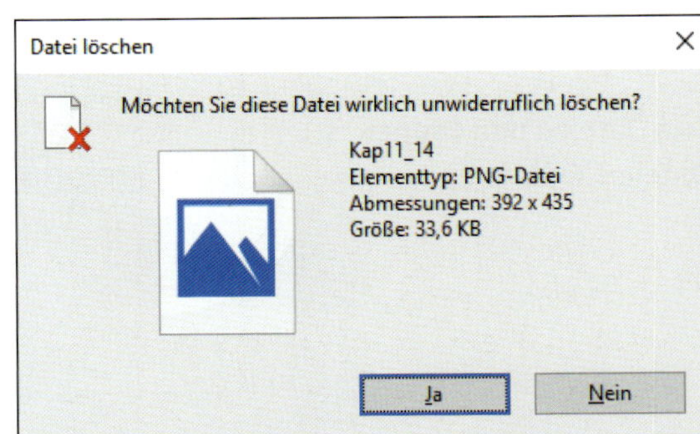

Was Sie sofort und endgültig löschen sollten!

Löschen Sie kostenlos wiederbeschaffbare Dateien – wie z. B. heruntergeladene Setupdateien – immer endgültig. Dies spart nicht nur Festplattenspeicher, sondern verhindert auch, dass andere Dateien – wie beispielsweise von Ihnen selbst erstellte Textdokumente oder Bilder – aus dem Papierkorb verdrängt werden.

Optimale Papierkorbgröße

Wie Sie die Papierkorbgröße ändern, erfahren Sie im Tipp »Die Papierkorbgröße sinnvoll einstellen« auf Seite 282.

Dateien immer sofort löschen

Sie können Windows auch so einstellen, dass Dateien und Ordner automatisch sofort gelöscht werden. Allerdings sollten Sie mit dieser Einstellung vorsichtig sein. Es gibt dann keinen Weg zurück, wenn Sie einmal etwas versehentlich löschen.

1. Klicken Sie im Desktop mit der rechten Maustaste auf das Symbol des Papierkorbs.
2. Wählen Sie den Befehl **Eigenschaften**.
3. Aktivieren Sie im Dialogfenster **Eigenschaften von Papierkorb** die Option **Dateien sofort löschen** ❶.
4. Als kleine Sicherheitsschranke können Sie zusätzlich die Option **Dialog zur Bestätigung des Löschvorgangs anzeigen** setzen ❷.
5. Beenden Sie den Dialog mit **OK**.

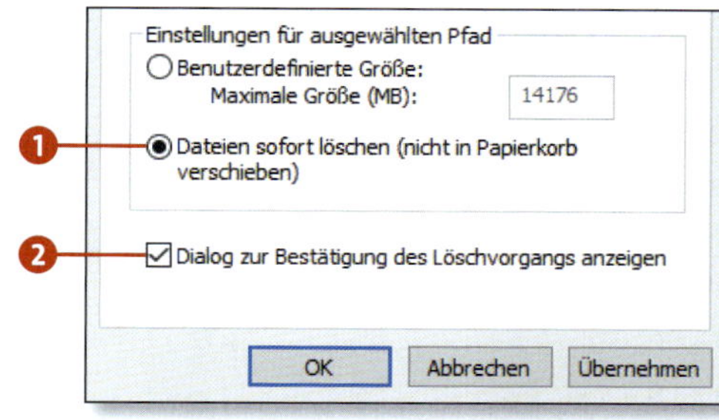

Navigationsbereich und Inhaltsfenster synchronisieren

Ärgert es Sie auch, dass im Explorer die linke Ordnerhierarchie nicht automatisch widerspiegelt, welcher Ordner in der rechten Inhaltsansicht zu sehen ist? Wenn ja und falls Sie die Einstellung nicht schon selbst entdeckt haben, können Sie mit zwei Klicks Abhilfe schaffen.

1. Starten Sie den Explorer: Klicken Sie in der Taskleiste auf das Symbol des Explorers, oder drücken Sie ⊞ + E.
2. Klicken Sie mit der rechten Maustaste in den Hintergrund des Navigationsbereichs.
3. Wählen Sie im Kontextmenü den Befehl **Auf aktuellen Ordner erweitern** ❸ aus.

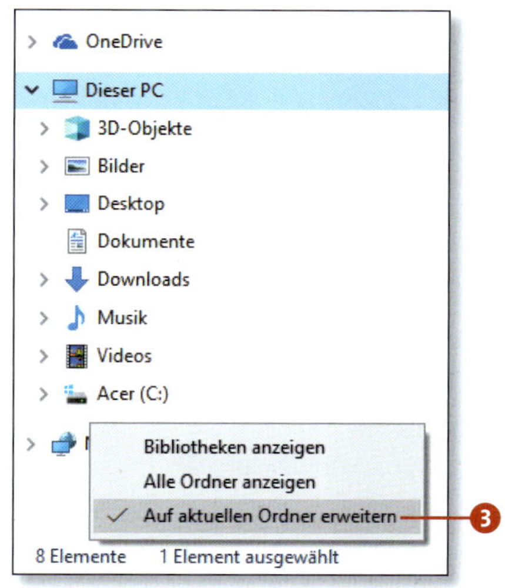

Falsches Löschen vermeiden

Sie können im Explorer Elemente sowohl im Navigationsbereich als auch im Inhaltsbereich löschen. Dies kann zu verheerenden Fehlern führen, wenn Sie der Ansicht sind, Sie würden das im Inhaltsbereich markierte Element löschen, während der Explorer meint, der Löschbefehl bezöge sich auf den Navigationsbereich. Klicken Sie daher vor dem Löschen zur Sicherheit immer auf das zu löschende Element im Inhaltsbereich.

Mehrere Dateien gleichzeitig umbenennen

Hin und wieder steht man vor dem Problem, dass man mehrere Dateien zusammen umbenennen möchte – und zwar so, dass ihre Namen gleichlautend anfangen. Je nach Anzahl der beteiligten Dateien kann dies viel Arbeit bedeuten. Vielleicht kennen Sie ja ein Programm, das Sie bei dieser Arbeit unterstützt. Falls nicht, geht es Ihnen wie uns. Aber nicht verzweifeln! Mit den Bordmitteln von Windows können Sie sich die Arbeit auch etwas erleichtern.

1. Wechseln Sie in den Ordner mit den umzubenennenden Dateien, und schalten Sie gegebenenfalls die Ansicht **Details** ein.
2. Bringen Sie die Dateien in die Reihenfolge, in der Windows sie durchnummerieren soll. Wenn Sie Bilddateien umbenennen, könnte es z. B. sinnvoll sein, die Dateien nach dem Datum anzuordnen – klicken Sie also einfach auf die Überschrift der Spalte **Datum** ❶.
3. Klicken Sie auf die erste Datei, die umbenannt werden soll ❷.

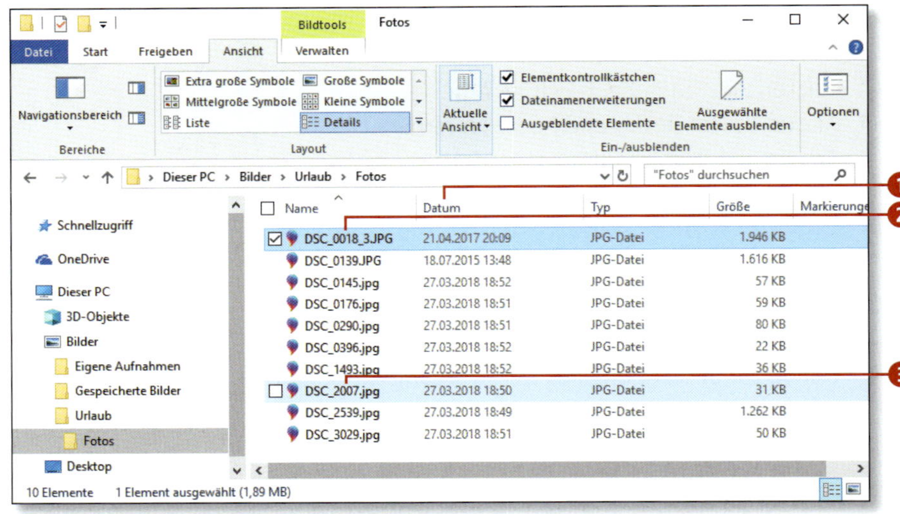

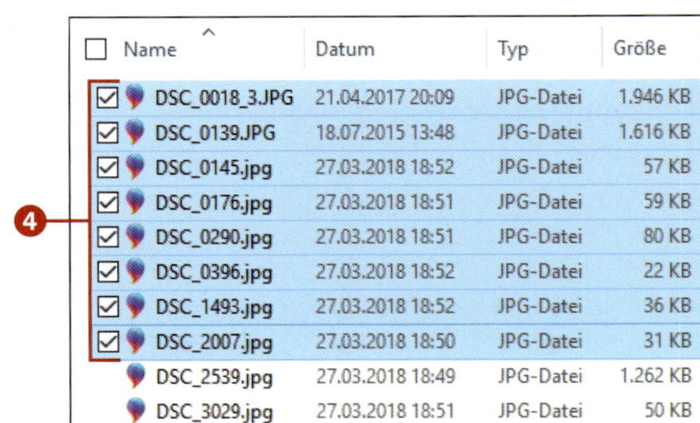

Mehrere Dateien auswählen, die nicht direkt untereinanderstehen

Wenn die umzubenennenden Dateien nicht in einem zusammenhängenden Block liegen, drücken und halten Sie [Strg] und wählen die Dateien per Klick einzeln aus.

4. Halten Sie [⇧] gedrückt, und klicken Sie auf die letzte Datei, die umbenannt werden soll ❸. Danach lassen Sie [⇧] los. Die ausgewählten Dateien sind jetzt markiert ❹.
5. Klicken Sie nun mit der rechten Maustaste auf die Datei ❺, die die erste Nummer tragen soll, und wählen Sie im Kontextmenü den Befehl **Umbenennen** ❻. Der Dateiname wird nun in ein Eingabefeld geladen.
6. Ändern Sie den Dateinamen.
7. Drücken Sie [↵], und kontrollieren Sie das Ergebnis ❼.

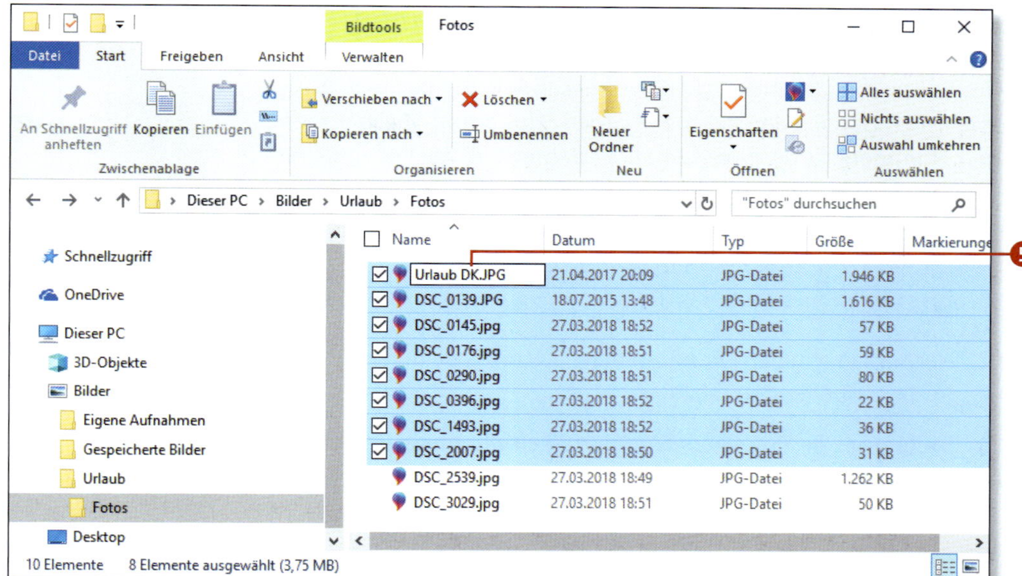

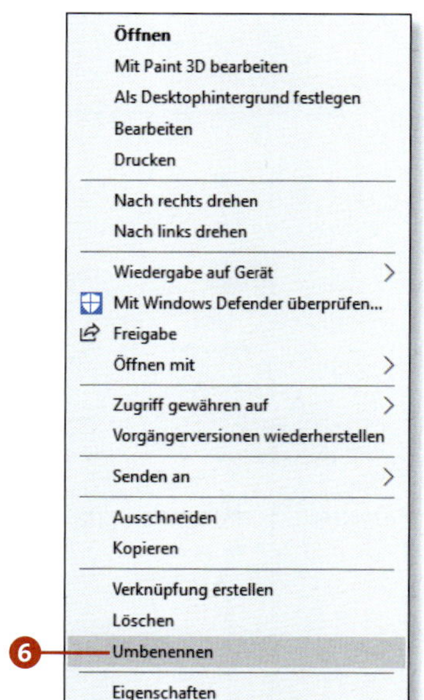

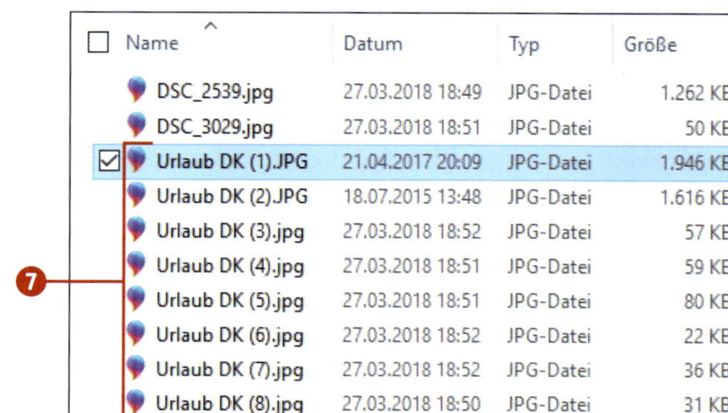

Umbenennung rückgängig machen

Mit der Tastenkombination [Strg] + [Z] können Sie die Umbenennung rückgängig machen – allerdings nur unmittelbar danach.

Finessen der Dateinamenvergabe

Dateien, die unterschiedlichen Dateitypen angehören, können den gleichen Dateinamen tragen, ohne dass es Probleme gibt.

Mehrere Dateien individuell umbenennen

Im vorangehenden Tipp haben Sie gelesen, wie Sie in einem Zug mehreren Dateien den gleichen Namen (plus automatisch vergebener Nummerierung) zuweisen. Hier erfahren Sie, wie Sie mehreren Dateien effizient individuelle Namen zuweisen.

1. Öffnen Sie den Explorer – klicken Sie in der Taskleiste auf das Symbol des Explorers, oder drücken Sie die Tastenkombination [Win] + [E].
2. Wechseln Sie in den Ordner, in dem sich die Dateien befinden, die Sie umbenennen möchten.
3. Bringen Sie die Dateien möglichst in die Reihenfolge, in der Sie sie umbenennen möchten. Klicken Sie dazu auf eine der Spaltenüberschriften, um die Dateien entsprechend zu sortieren.
4. Klicken Sie mit der rechten Maustaste auf die erste Datei, die Sie umbenennen möchten **1**, und wählen Sie im Kontextmenü den Befehl **Umbenennen** **2** aus.
5. Geben Sie den gewünschten Namen ein, aber drücken Sie nicht [Enter].
6. Drücken Sie [Tab], um zur nächsten Datei zu springen. Der Vorteil: Sie bleiben im Editiermodus. Wenn Sie noch einmal zu einer früheren Datei zurückspringen möchten, drücken Sie [Shift] + [Tab].

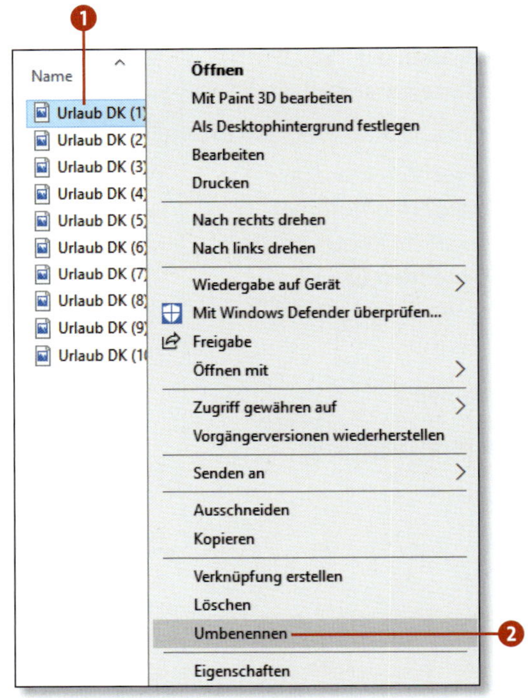

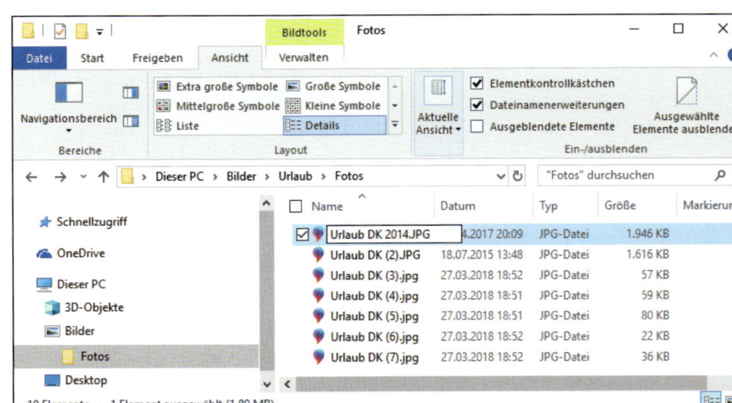

Sortiermöglichkeiten der Dateien im Explorer

Wenn Sie die Dateien nach einer Eigenschaft anordnen möchten, für die keine Spalte angezeigt wird, klicken Sie mit der rechten Maustaste auf eine Spaltenüberschrift und wählen im Kontextmenü den Befehl **Weitere**.

Kopieren unterbrechen und fortsetzen

Mehrere Kopiervorgänge auf gleichen Laufwerken können sich gegenseitig ausbremsen. Dies gilt selbst für besonders leistungsstarke Rechner. Deshalb lassen sich Kopiervorgänge bei Bedarf abbrechen oder unterbrechen. Wenn Sie also einmal mehrere Kopiervorgänge gestartet haben, von denen einer besonders zeitkritisch ist – etwa weil Sie erst weiterarbeiten können, nachdem dieser Vorgang abgeschlossen ist –, unterbrechen Sie doch einfach die anderen Kopiervorgänge, bis der zeitkritische abgeschlossen ist.

1. Um zu erreichen, dass eine der Kopieraktionen vorrangig abgearbeitet wird, klicken Sie einfach im Kopierfenster für die anderen Kopieraktionen auf den **Pause**-Schalter ❶.
2. Wenn Sie die Kopiervorgänge genauer mitverfolgen möchten, klicken Sie auf **Mehr Details** ❷.
3. Um eine angehaltene Kopieraktion wiederaufzunehmen, klicken Sie auf die **Play**-Schaltfläche ❸.

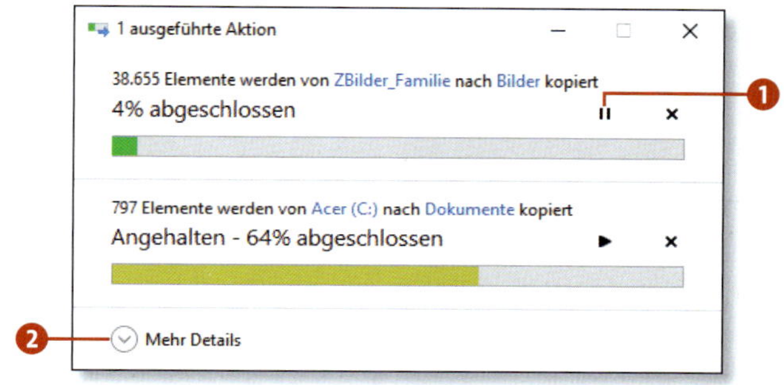

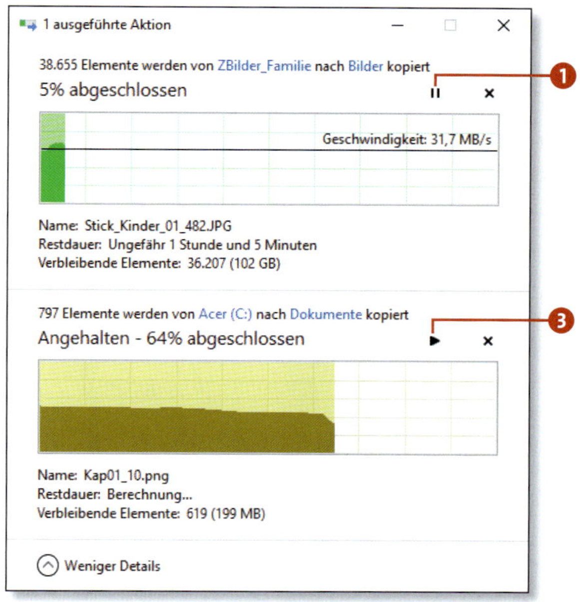

Explorer zeigt den linken Navigationsbereich nicht an – was tun?

Sollte Ihr Explorer so eingestellt sein, dass der linke Navigationsbereich nicht zu sehen ist, klicken Sie auf die Registerkarte **Ansicht**, dann auf die Schaltfläche **Navigationsbereich**, und wählen Sie den Befehl **Navigationsbereich** aus dem zugehörigen Menü.

Kopiervorgänge lassen sich auch nach Abmeldung wieder fortsetzen

Wenn Sie den Ruhezustand aktiviert haben, können Sie unterbrochene Kopiervorgänge bei der nächsten Anmeldung fortsetzen.

Explorer-Fenster durch eigenen Prozess absichern

Grundsätzlich laufen alle Explorer-Fenster, die Sie öffnen, in einem gemeinsamen Prozess. Dies spart zwar Ressourcen (beispielsweise ca. 50 MB Arbeitsspeicher), erhöht aber das Risiko, dass abstürzende Aktionen die Explorer-Fenster in Mitleidenschaft ziehen und umgekehrt. Sie können die möglichen Folgen eines Absturzes abmildern, indem Sie dafür sorgen, dass die Aktionen und die Explorer-Fenster in zwei getrennten Prozessen verwaltet werden.

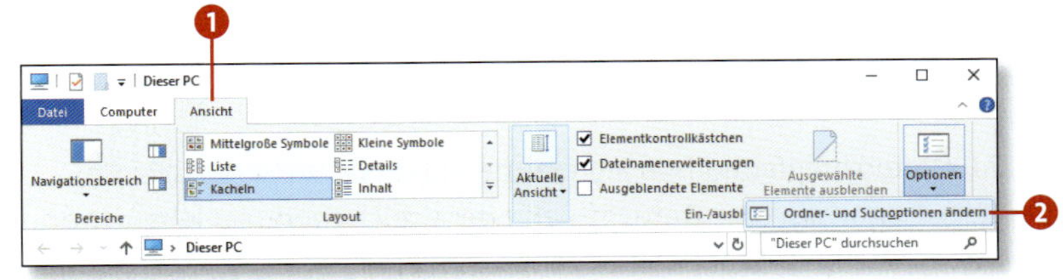

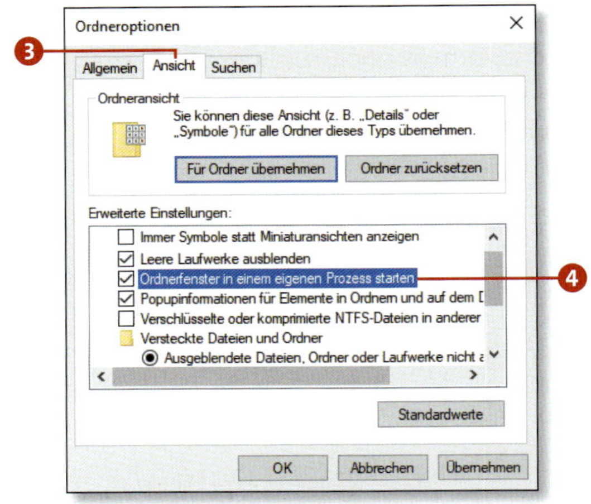

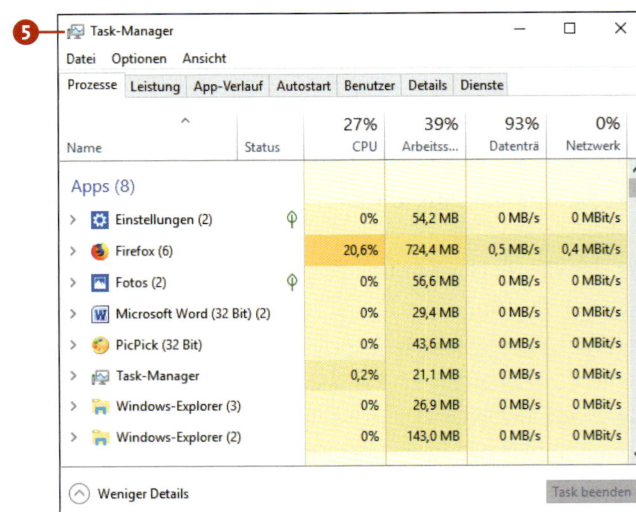

1. Starten Sie den Explorer: Klicken Sie in der Taskleiste auf das Symbol des Explorers, oder drücken Sie die Tastenkombination ⊞ + E.
2. Wechseln Sie zur Registerkarte **Ansicht** (1).
3. Rufen Sie im Menü der Schaltfläche **Optionen** den Befehl **Ordner- und Suchoptionen ändern** auf (2).
4. Wechseln Sie im Dialogfenster **Ordneroptionen** zur Registerkarte **Ansicht** (3).
5. Aktivieren Sie die Option **Ordnerfenster in einem eigenen Prozess starten** (4).
6. Wenn Sie nun eine Kopieraktion starten, wird sie in einem anderen Prozess ausgeführt als die Fenster, die Sie öffnen. Sie können dies im Task-Manager (5) kontrollieren. Sie starten ihn mit Strg + ⇧ + Esc.

Was genau sind eigentlich Prozesse?

Prozesse sind – vereinfacht ausgedrückt – Windows-interne »Karteikarten« zur Verwaltung laufender Programme. Wenn Sie ein Programm starten, legt Windows für dieses Programm einen Prozess an. Wird das Programm beendet, schließt Windows die »Karteikarte«, sprich den Prozess.

Im Dateidialogfenster kopieren

Ein Dateidialogfeld öffnet sich immer dann, wenn Sie in irgendeinem Programm eine Datei öffnen oder speichern wollen, z. B. wenn Sie in Word eine Word-Datei öffnen möchten. Dieses Fenster kennen Sie also bereits. Aber haben Sie gewusst, dass Sie im Dateidialogfeld auch kopieren können? Interessant ist dies vor allem, wenn das Dateidialogfeld einen Ordner öffnet, der sonst nur schwer auf der Festplatte zu finden ist. Nehmen Sie beispielsweise den Ordner, in dem Microsoft Word Dokumentvorlagen speichert. Wenn Ihnen jemand Dokumentvorlagen zur Verfügung stellt, müssen Sie diese in besagtem Vorlagenordner abspeichern, doch der ist tief in der Benutzer-Ordnerhierarchie vergraben. Statt nun nach dem Ordner zu suchen, können Sie wie nachfolgend beschrieben vorgehen.

1. Öffnen Sie zuerst ein Explorer-Fenster (Tastenkombination ⊞ + E), und wechseln Sie zu dem Ordner, in dem sich die zu kopierende Datei befindet.
2. Öffnen Sie den Dateidialog. Zum Hinzufügen/Anfügen einer anderen Dokumentvorlage in Word müssen Sie zuerst den Dialog **Dokumentvorlagen und Add-Ins** öffnen und dann auf die Schaltfläche **Anfügen ...** ❶ klicken. (Der Vorlagen-Dialog ist in den neueren Word-Versionen gut versteckt. In Word wählen Sie unter **Datei > Optionen > Add-Ins** im Listenfeld **Verwalten** die Option **Vorlagen** aus und klicken dann auf **Gehe zu** bzw. **Los ...**)
3. Ziehen Sie die gewünschte Datei aus dem Explorer-Fenster in den Dateidialog ❷.

Das gilt nur für den Standard-Dateidialog in Windows

Dieser Tipp gilt für den Standard-Dateidialog von Windows, aber nicht notwendigerweise für Dateidialoge anderer Anwendungen. Die meisten Anwendungen nutzen jedoch den Standard-Dateidialog.

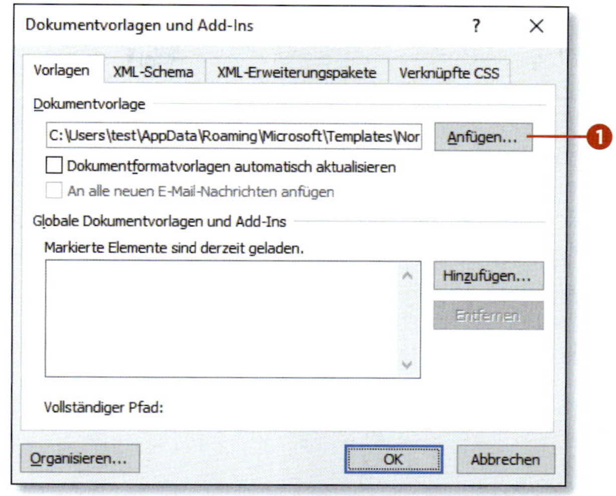

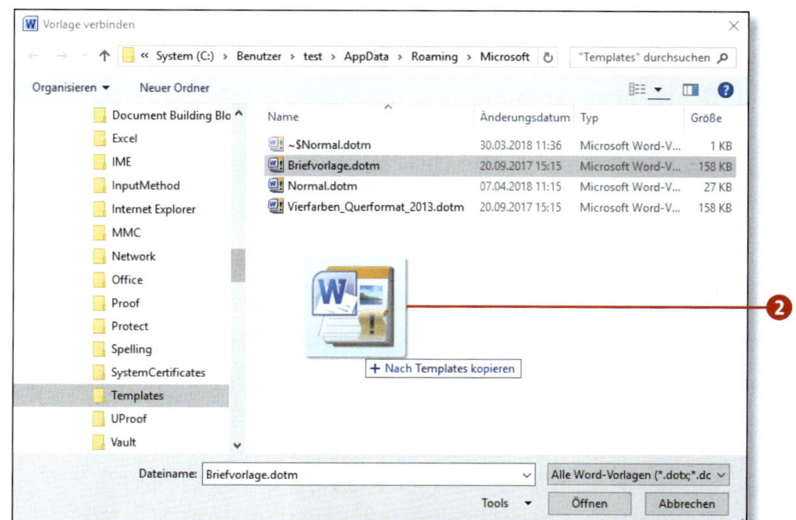

Schnell zu den Systemordnern wechseln

Unter Windows gibt es eine ganze Reihe von vorgegebenen Systemordnern. Die Inhalte der meisten dieser Ordner werden üblicherweise nur indirekt bearbeitet, über entsprechende Dialogfelder oder Hilfsprogramme. Manchmal ist es aber einfacher, direkt auf diese Ordner zuzugreifen. Doch da gibt es ein Problem: Nicht wenige dieser Ordner sind tief in der Ordnerhierarchie des Systems versteckt. Der folgende Trick zeigt Ihnen deshalb, wie Sie mithilfe von Shell-Befehlen, ohne viel zu klicken und ohne sich ellenlange Pfade merken zu müssen, zu den wichtigsten Systemordnern gelangen. Das klingt kompliziert? Ist es aber gar nicht.

1. Öffnen Sie den Explorer. Klicken Sie dafür in der Taskleiste auf das Symbol des Explorers, oder drücken Sie die Tastenkombination [Win] + [E].
2. Klicken Sie in die Adressleiste, geben Sie den gewünschten Shell-Befehl ein – z. B. »shell:Fonts« ❶ –, und drücken Sie [Enter].
3. Der betreffende Ordner oder das betreffende Systemsteuerungsfenster wird angezeigt ❷.

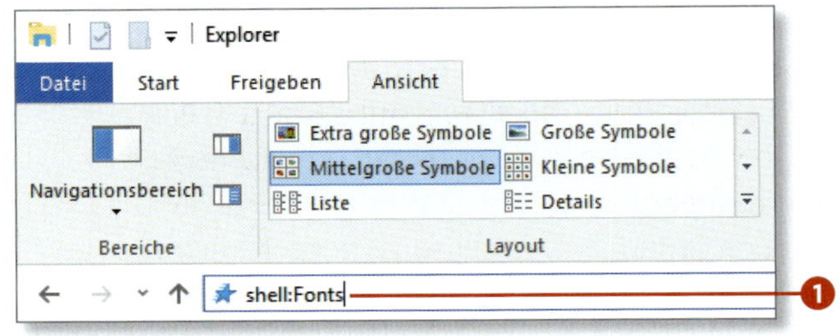

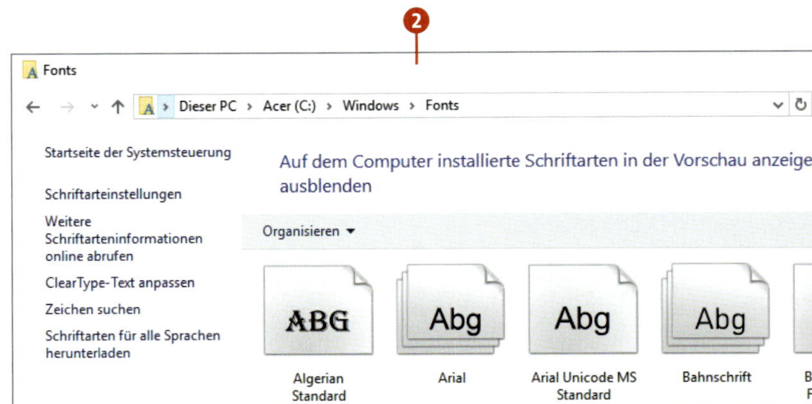

Wo finde ich Shell-Befehle?

Es gibt natürlich noch viel mehr Shell-Befehle, mit denen Sie in Spezialordnern landen. Versuchen Sie es einmal bei Google oder Bing mit der Suche nach »Shell-Befehle Windows« und »Spezialordner«. So dürften Sie bereits einige Treffer erzielen.

Kopieren und verschieben

Bereits zur Vorgängerversion hat Microsoft den Kopiervorgang gründlich überarbeitet. Mit Erfolg! Die Detailansicht macht jetzt dank grafischer Aufarbeitung richtig Spaß, und mit der neuen Pause-Funktion lassen sich nun endlich mehrere gleichzeitig laufende Kopieraktionen optimal steuern.

Öffnen Sie dazu zwei Explorer-Fenster. Sie können natürlich auch mit nur einem Explorer-Fenster kopieren, aber wir empfehlen Ihnen, zwei Explorer-Fenster zu verwenden, das ist übersichtlicher. Lassen Sie im ersten Explorer-Fenster den zu kopierenden Ordner oder die zu kopierenden Dateien anzeigen, und öffnen Sie im zweiten Explorer-Fenster den Zielordner. Gewöhnen Sie sich an, die beiden Fenster immer gleich zueinander zu positionieren, also z. B. den Explorer mit dem Quellordner links und den Explorer mit dem Zielordner rechts.

Nun können Sie per Drag & Drop, also durch Ziehen mit der Maus, mehrere Kopieraktionen starten. Halten Sie dabei Strg gedrückt, wenn Quell- und Zielordner auf dem gleichen Laufwerk liegen.

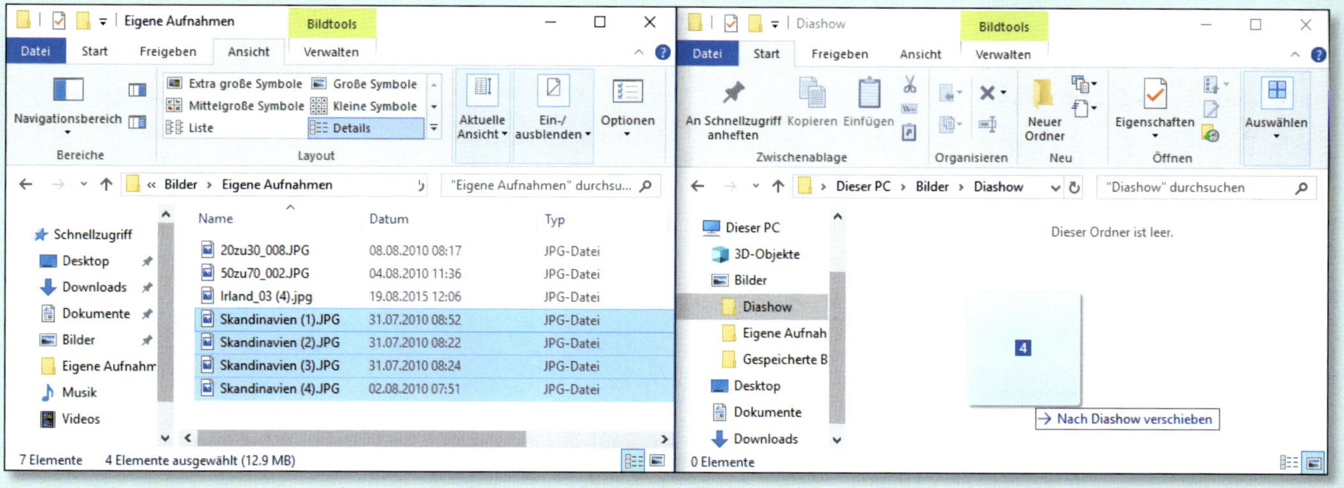

	Quell- und Zielordner auf gleichem Laufwerk	Quell- und Zielordner auf verschiedenen Laufwerken
Kopieren	Drag & Drop + Strg	Drag & Drop
Verschieben	Drag & Drop	Drag & Drop + ⇧
Verknüpfung erstellen	Drag & Drop plus Strg + ⇧	Drag & Drop plus Strg + ⇧
Abbrechen	Esc	Esc

Zugriffsrechte bei Dateien

Wer benutzt gerade die Datei, die ich löschen möchte?

Manche Programme sperren die Dokumente, die sie bearbeiten – mit dem Effekt, dass die betreffenden Dateien, solange sie gesperrt sind, nicht im Explorer gelöscht, umbenannt oder verschoben werden können. Versuchen Sie es doch, erhalten Sie eine Fehlermeldung. Bevor Sie die Datei bearbeiten können, müssen Sie das bearbeitende Programm schließen. Dumm nur, wenn Sie nicht feststellen können, welches das Programm ist, das die Datei sperrt. Hier hilft das Tool *LockHunter*, das Sie als Freeware-Version von der Website *http://lockhunter.com/download.htm* herunterladen können. Ist das Programm installiert und erhalten Sie das nächste Mal die Windows-Meldung, dass eine Aktion nicht abgeschlossen werden kann (1), gehen Sie wie folgt vor:

1. Klicken Sie im Explorer mit rechts auf die Datei oder den Ordner, und wählen Sie den Befehl **What is locking this file/folder?** aus (2). – Aha, in diesem Fall ist der Ordner, der umbenannt werden sollte (bzw. eine darin enthaltene Datei), noch im VLC-Player geöffnet (3).
2. Schließen Sie die aufgeführten Programme (3). Explorer-Instanzen müssen Sie dabei nicht schließen.
3. Lassen Sie die gewünschte Aktion wiederholen (4).

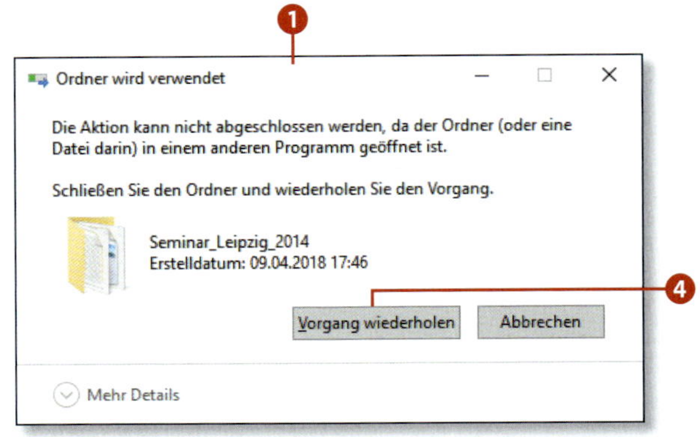

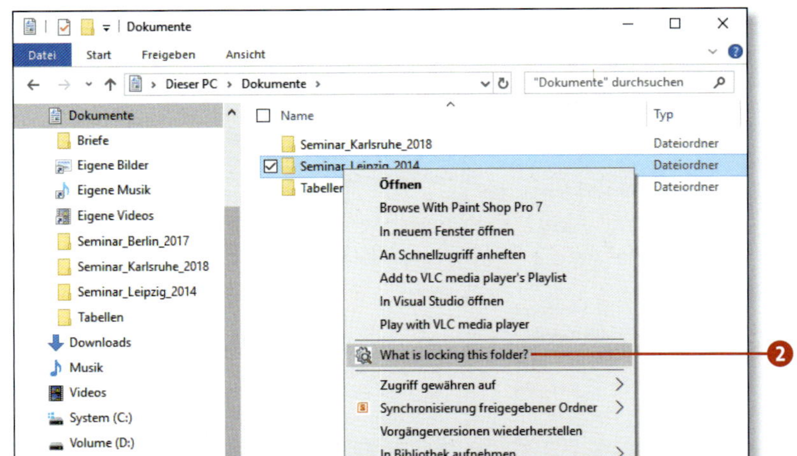

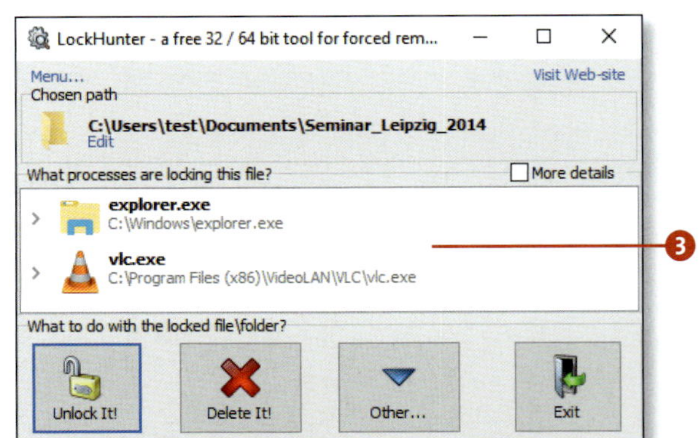

LockHunter installieren

Die Installation ist die Einfachheit selbst: Starten Sie das heruntergeladene Installationsprogramm, und folgen Sie den wenigen Anweisungen.

Zugriffsrechte von Dateien und Ordnern ändern

Administratoren sind unter Windows 10 keineswegs allmächtig. Bewusst wird uns dies meist dann, wenn wir trotz Anmeldung an einem Administratorkonto bestimmte Dateien oder Ordner einfach nicht bearbeiten oder löschen können. Im einfachsten Fall lässt sich dies durch die Anpassung der Zugriffsrechte lösen.

1. Klicken Sie im Explorer mit der rechten Maustaste auf die Datei, und rufen Sie den Befehl **Eigenschaften** auf.
2. Wechseln Sie im **Eigenschaften**-Dialog zur Registerkarte **Sicherheit** ❶. Wenn Sie hier im oberen Teil einen Benutzer oder eine Benutzergruppe auswählen, werden Ihnen im unteren Bereich die zugehörigen Rechte angezeigt ❷.

   Für die Datei *Brief an Bettina.txt* hat der Besitzer augenscheinlich die sonst standardmäßig vererbten Rechte in explizite Berechtigungen umgewandelt (über die Schaltfläche **Erweitert** ❸ und dann **Vererbung deaktivieren**) und diese dann bis auf das Lesen gelöscht.
3. Klicken Sie also auf **Bearbeiten** ❹.
4. Wählen Sie im Dialogfenster **Berechtigungen** zuerst den Benutzer aus, dessen Rechte Sie verändern möchten ❺.
5. Legen Sie dann durch Aktivieren oder Deaktivieren der Kontrollkästchen im unteren Teil die gewünschten Rechte fest ❻.
6. Schließen Sie die Dialogfenster mit **OK**.

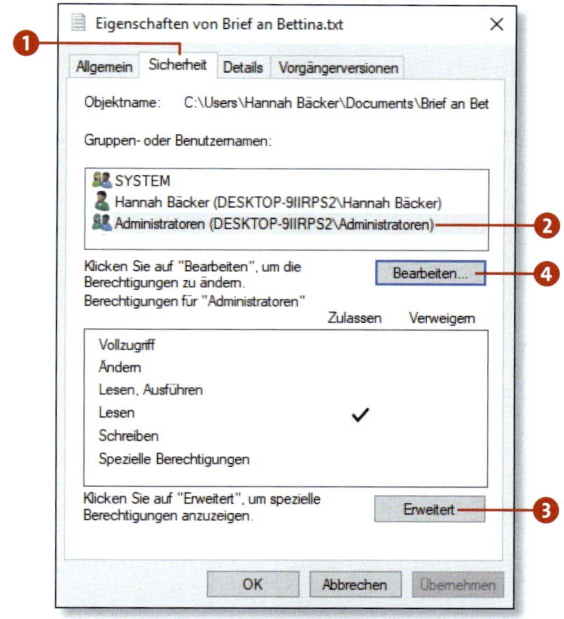

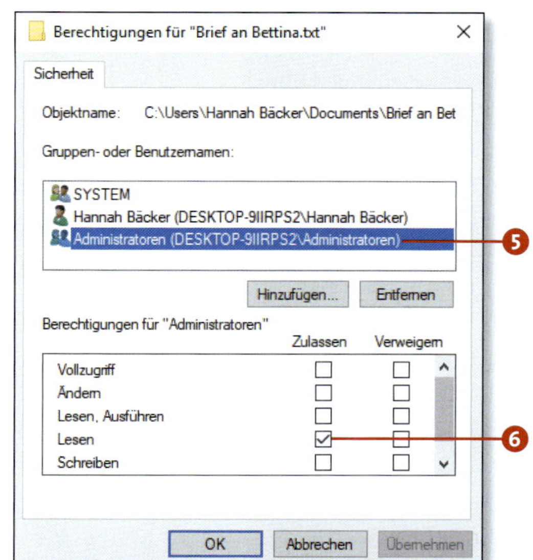

Vorsicht bei Systemdateien!

Manche Systemdateien lassen sich zwar nicht löschen, aber umbenennen. Um sie durch andere Versionen der gleichen Datei auszutauschen, können Sie in dem Fall so vorgehen, dass Sie die Datei umbenennen und dann die neue Datei in den Ordner kopieren.

Besitzrechte erzwingen

Ist eine Änderung der Besitzrechte mithilfe des **Eigenschaften**-Dialogfelds nicht möglich, gibt es noch die Chance, den Besitz mithilfe des Windows-Tools *takeown* zu übernehmen. Sie können das Tool von der PowerShell aus aufrufen. Drücken Sie ⊞ + X, und wählen Sie im sich öffnenden Menü den Befehl **PowerShell (Administrator)**. Oder legen Sie sich gleich eine Batch-Datei an, die einen ganzen Ordner in Ihren Besitz überführt und Ihnen den vollen Zugriff gewährt. Folgen Sie dazu den Schritten in dieser Anleitung.

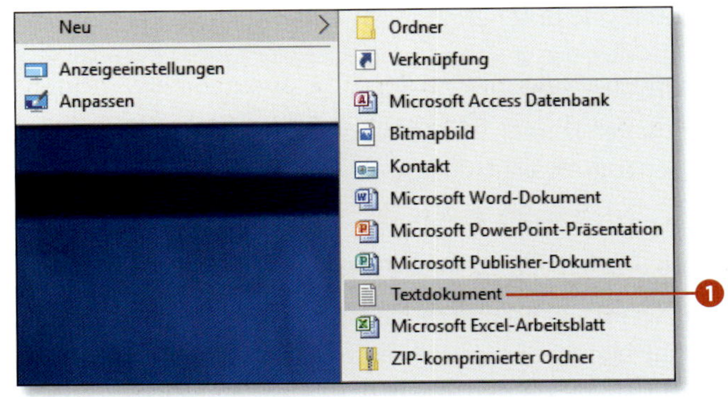

1. Melden Sie sich bei einem Administratorkonto an, wechseln Sie zum Desktop, und klicken Sie mit der rechten Maustaste in den Desktop-Hintergrund.
2. Rufen Sie im Kontextmenü den Befehl **Neu > Textdokument** auf **1**.
3. Ändern Sie den Namen in »Besitzrechte.bat« **2**, und drücken Sie ↵.
4. Klicken Sie mit der rechten Maustaste auf das Symbol der Datei, und wählen Sie den Befehl **Bearbeiten** **3**.
5. Tippen Sie folgenden Text in die Datei ein:

```
takeown /f "%1" /r /d j

icacls "%1" /grant administratoren:F /t

Pause
```

6. Speichern Sie die Datei, und schließen Sie sie.

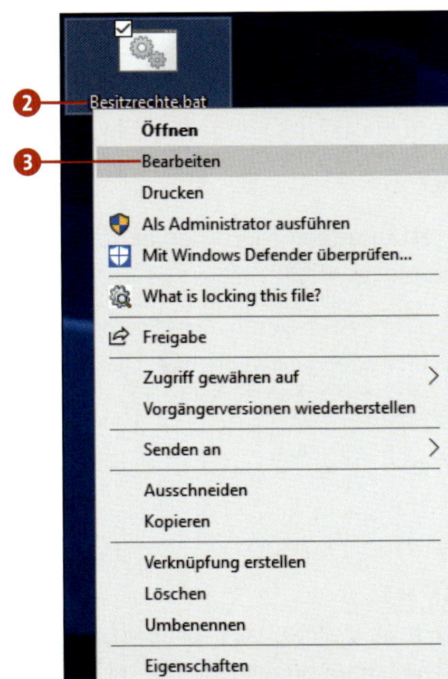

Batch-Dateien

Batch-Dateien sind Textdateien, die Befehle enthalten, die vom Betriebssystem ausgeführt werden können.

7. Starten Sie den Explorer. Klicken Sie in der Taskleiste auf das Symbol des Explorers, oder drücken Sie die Tastenkombination [Windows] + [E].
8. Ziehen Sie den Ordner, dessen Besitz Sie übernehmen möchten, per Drag & Drop auf das Desktop-Symbol der Batch-Datei 4.
9. Vergewissern Sie sich im aufspringenden PowerShell-Fenster, dass die Aktion erfolgreich war 5.
10. Klicken Sie in die PowerShell, und drücken Sie dann eine beliebige Taste, um das Fenster zu schließen.

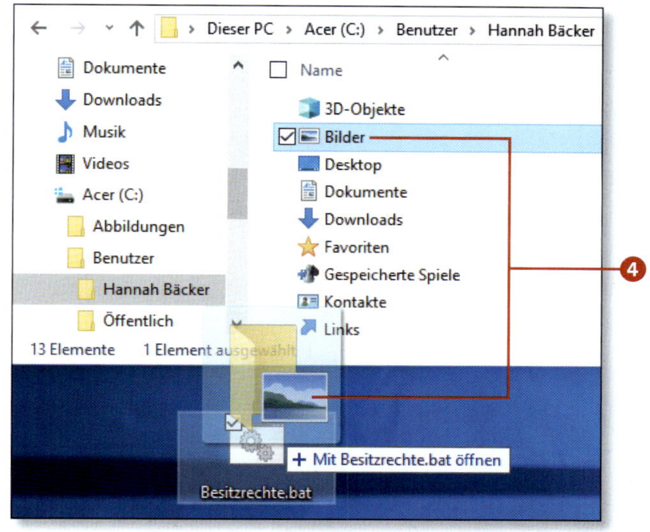

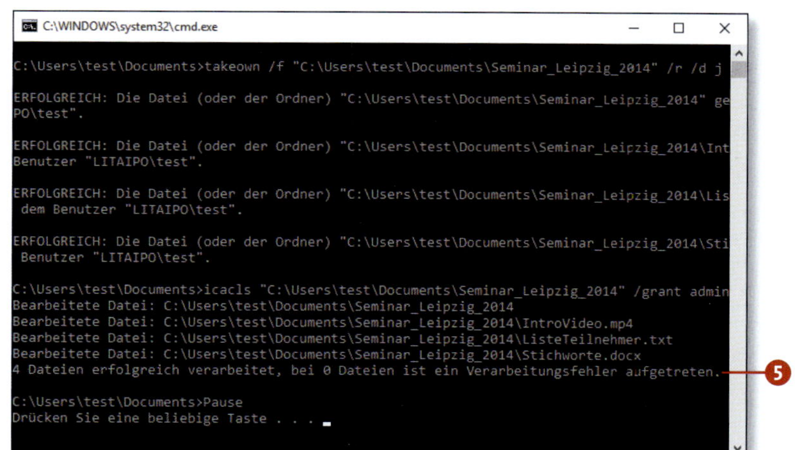

Syntax	Erläuterung
`%1`	Repräsentiert den übergebenen Ordner (oder die Datei). Bei Ausführung über die PowerShell müssen Sie `%1` durch den vollständigen Pfad ersetzen.
`administratoren`	Name des Benutzers oder der Benutzergruppe, der/die Vollzugriff (`:F`) erhalten soll
`takeown /f "%1"`	Besitzer für eine einzelne Datei ändern
`takeown /f "%1" /r /d j`	Besitzer für einen Ordner ändern
`icacls "%1" /grant administratoren:F /t`	Rechte für einen Benutzer oder eine Benutzergruppe setzen
`Pause`	Verhindert, dass das Fenster der PowerShell nach Abarbeitung der Befehle automatisch geschlossen wird.

Erläuterung der in der Batch-Datei verwendeten Syntax

Rechte an Dateien geltend machen

Wird Ihnen trotz Administratorrechten der Zugriff auf eine Datei verweigert, müssen Sie die Datei vorab in Ihren Besitz überführen. Und in ganz hartnäckigen Fällen, wo die Besitzüberführung über den **Eigenschaften**-Dialog nicht möglich ist, bleibt nur der Weg über spezielle Hilfstools. Lesen Sie dazu mehr im Tipp »Besitzrechte erzwingen« auf Seite 104.

1. Klicken Sie im Explorer mit der rechten Maustaste auf die Datei, und rufen Sie den Befehl **Eigenschaften** auf ❶.
2. Wechseln Sie im Eigenschaften-Dialog zur Registerkarte **Sicherheit**.
3. Klicken Sie auf **Erweitert** ❷.
4. Klicken Sie oben im Dialogfenster **Erweiterte Sicherheitseinstellungen** auf den Link **Ändern** ❸.
5. Tippen Sie in das Eingabefeld den Namen des Benutzers oder der Benutzergruppe ein ❹. Wenn Sie sich beim Namen unsicher sind, klicken Sie auf **Namen überprüfen** ❺. Erscheint daraufhin eine Fehlermeldung, war der Benutzername falsch.
6. Klicken Sie auf **OK**. Der neue Benutzer ist als Besitzer eingetragen.
7. Schließen Sie die Dialogfelder mit **OK**.

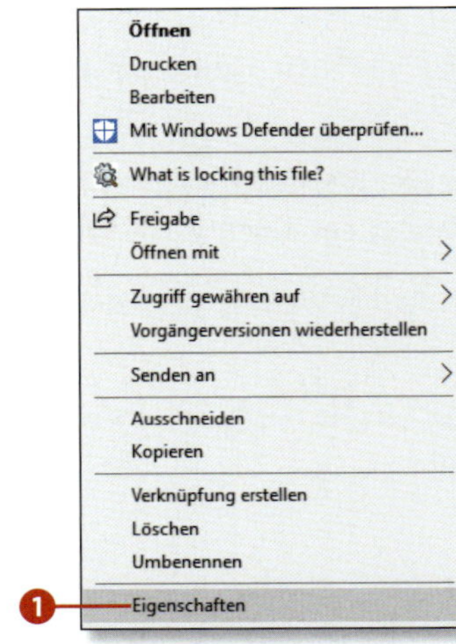

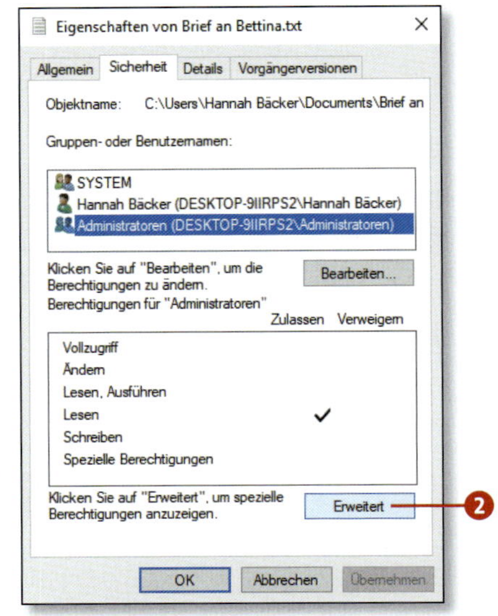

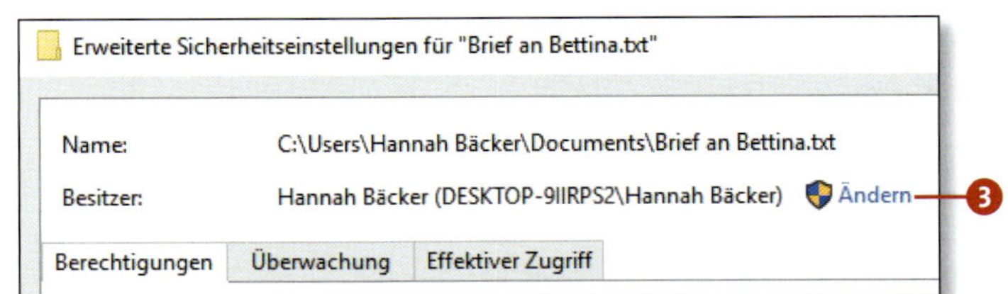

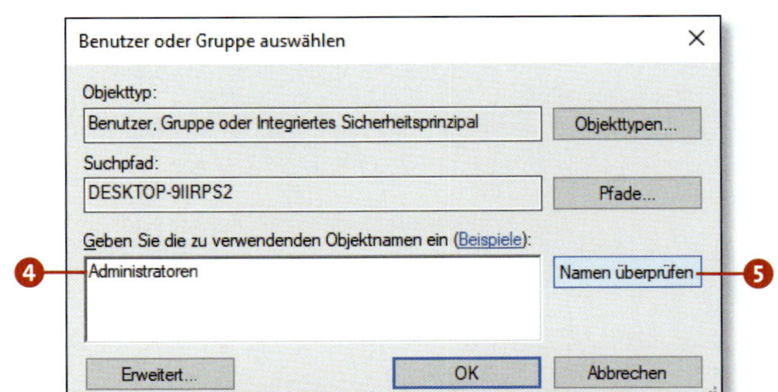

Besitzrechte an Dateien und Ordnern nur für Administratoren?

Per Voreinstellung ist Windows so konfiguriert, dass nur Benutzer mit Administratorrechten die Besitzrechte an Dateien und Ordnern übernehmen können. Wenn Sie im Besitz einer Pro-Edition (oder höher) sind, können Sie dies jedoch ändern: Drücken Sie [Win] + [R], wählen Sie links den Knoten **Lokale Richtlinien > Zuweisen von Benutzerrechten**, und doppelklicken Sie rechts auf **Übernehmen des Besitzes von Dateien und Objekten**. Dort legen Sie fest, wer Besitzrechte übernehmen kann.

ZIP-Dateien im Griff

Eine ZIP-Datei erstellen

ZIP-Dateien sind Archivdateien, in denen eine oder mehrere Dateien in komprimierter Form abgespeichert sind. Die Komprimierung erfolgt dabei ohne Informationsverlust, das Ausmaß der Reduzierung hängt davon ab, wie gut sich die ausgewählten Dateien ohne Informationsverlust komprimieren lassen. Erfreulich ist, dass Windows bereits über ein integriertes ZIP-Tool verfügt, das Sie nutzen können.

1. Öffnen Sie den Explorer, indem Sie [Windows-Taste] + E drücken oder in der Taskleiste auf das Explorer-Symbol klicken.
2. Wählen Sie per Klick den oder die Ordner und Dateien aus, die Sie zusammen in das Archiv packen möchten ❶. Mehrere Dateien wählen Sie per Strg + Mausklick aus.
3. Klicken Sie mit der rechten Maustaste in die Auswahl, und wählen Sie im Kontextmenü den Befehl **Senden an > ZIP-komprimierter Ordner** ❷. Meist schon nach kurzer Zeit ist die komprimierte Datei angelegt ❸.

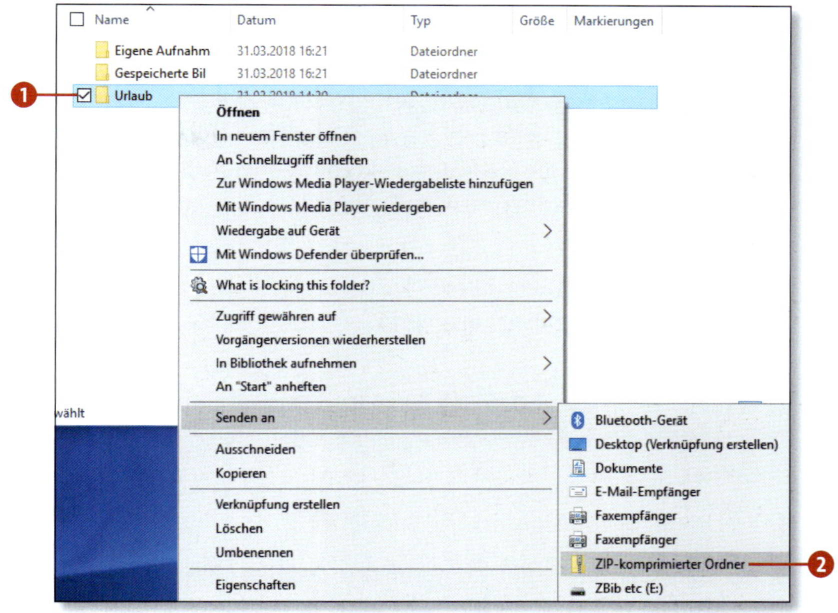

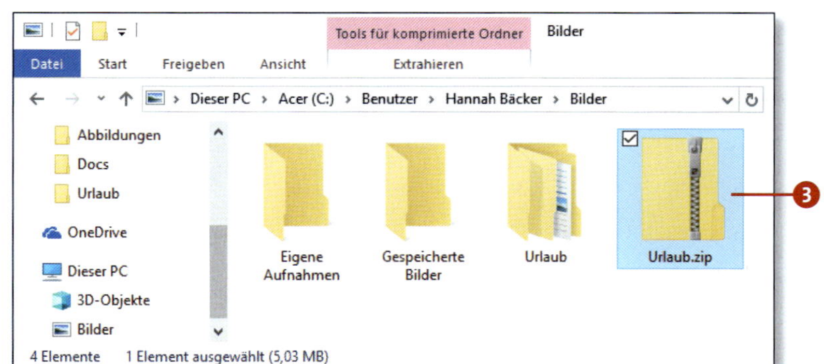

Kein Verkleinern mehr möglich

Etliche Bildformate wie *.png* oder *.jpg* sind bereits komprimiert, sodass eine weitere Komprimierung dieser Daten mit einem ZIP-Programm keine Ersparnis bringt. Gleiches gilt für bestimmte Dateiformate wie z. B. *.iso*.

Extrahieren

Natürlich gibt es auch einen Befehl zum Extrahieren. Einfach mit der rechten Maustaste auf die ZIP-Datei klicken und den Befehl **Alle extrahieren** wählen.

In ZIP-Dateien suchen

Für die Suche nach Ordnern und Dateien im lokalen Dateisystem benutzen Sie nicht das Windows-Suchfeld, sondern das Suchfeld des Explorers. Die Suche im Explorer ist sehr effizient. Wenn Sie möchten, können Sie die Suche sogar so konfigurieren, dass sie auch Dateien, die in komprimierten Dateien (z. B. ZIP-Dateien) versteckt sind, findet.

1. Öffnen Sie den Explorer. Klicken Sie dafür in der Taskleiste auf das Symbol des Explorers, oder drücken Sie die Tastenkombination [Windows] + [E].
2. Wählen Sie im Menü **Datei** 1 den Befehl **Ordner- und Suchoptionen ändern** 2. Manchmal heißt der Befehl auch einfach **Ordner**.
3. Wechseln Sie zur Registerkarte **Suchen** 3.
4. Aktivieren Sie die Option **Komprimierte Dateien (.ZIP, .CAB usw.) einbeziehen** 4.

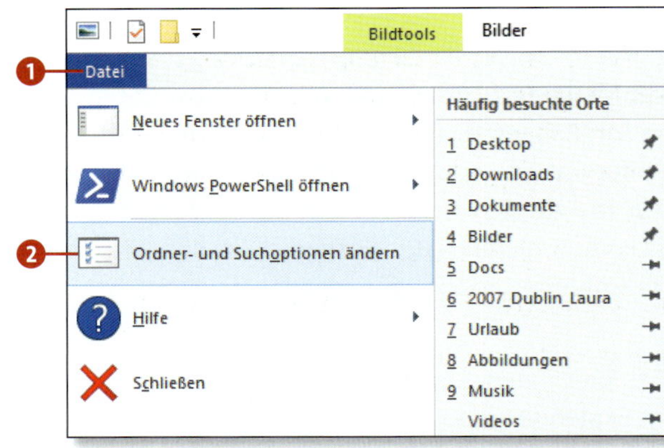

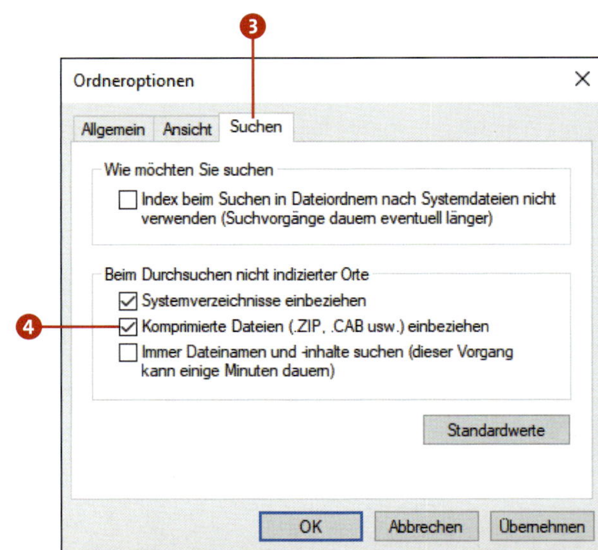

ZIP-Dateien in Bibliotheken werden immer durchsucht

In indizierten Orten, zu denen per Voreinstellungen die Bibliotheken des aktuell angemeldeten Benutzers gehören (*Dokumente*, *Bilder* etc.), werden ZIP-Dateien immer durchsucht.

Indizierte Orte

Wenn Sie wissen möchten, welche Orte neben den Bibliotheken auf Ihrem Rechner indiziert sind, tippen Sie »Indizierungsoptionen« in das Windows-Suchfeld ein, und rufen Sie den zugehörigen Systemsteuerungsdialog auf.

ZIP-Datei von anderem Computer extrahieren

Wenn Sie aus dem Internet oder von einem anderen Rechner ein ZIP-Archiv herunterladen, kann es passieren, dass sich dieses ZIP-Archiv mit dem **Extrahieren**-Befehl des Explorers nicht ordnungsgemäß entpacken lässt. Tritt ein solches Problem auf, müssen Sie Windows explizit mitteilen, dass es den betreffenden Zugriff auf die Datei zulassen soll.

1. Klicken Sie im Explorer mit der rechten Maustaste auf die Datei, und rufen Sie im Kontextmenü den Befehl **Eigenschaften** auf ❶.
2. Wechseln Sie im **Eigenschaften**-Dialogfenster gegebenenfalls zur Registerkarte **Allgemein** ❷.
3. Aktivieren Sie das Kontrollkästchen vor **Zulassen** ❸, und verlassen Sie das Dialogfenster mit einem Klick auf **OK** ❹.
4. Danach markieren Sie die Archivdatei per Rechtsklick und entpacken sie mit dem Befehl **Alle extrahieren** ❺.

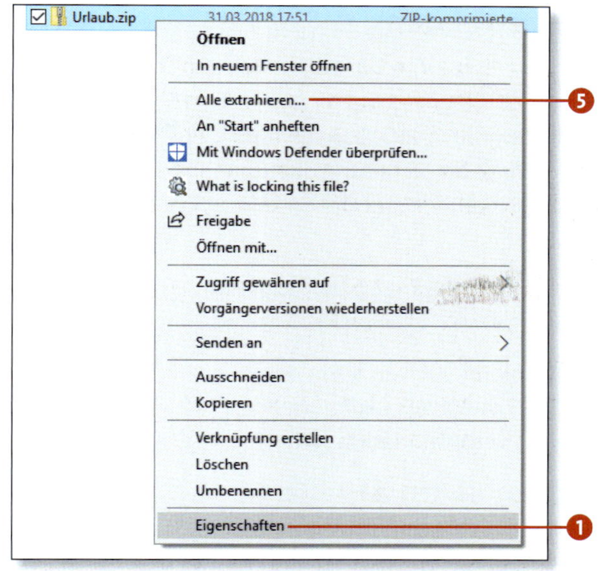

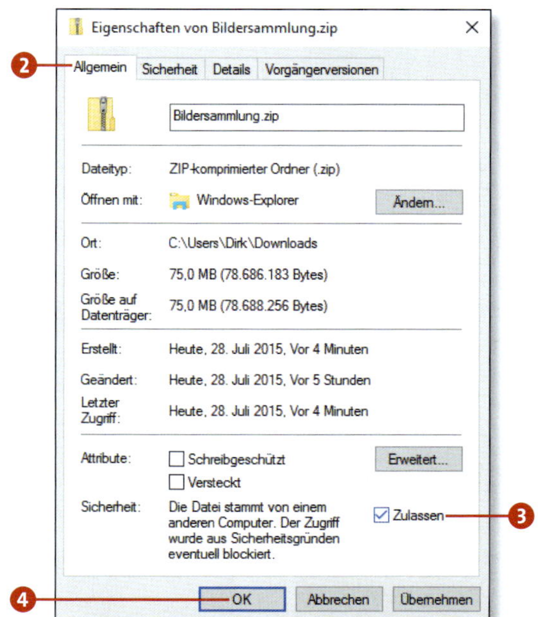

Was ist eine ZIP-Datei?

Eine ZIP-Datei erkennen Sie an der Dateiendung *.zip* und an dem Reißverschlusssymbol in der Darstellung im Explorer. Es ist eine komprimierte Datei, d. h., sie enthält eine oder auch viele Dateien und Ordner, die so »zusammengepackt« weniger Platz verbrauchen und auch leichter per E-Mail zu versenden sind. Neben ZIP gibt es noch andere Formate für komprimierte Dateien, wie z. B. RAR oder 7Z.

ISO-Dateien verwenden

ISO-Dateien brennen

Selbstverständlich können Sie ISO-Dateien auch brennen – beispielsweise als Sicherung oder um sie auf Rechnern zu verwenden, auf denen kein Windows 10 installiert ist.

1. Legen Sie einen beschreibbaren Datenträger in Ihren Brenner ein.
2. Öffnen Sie den Explorer: Klicken Sie in der Taskleiste auf das Symbol des Explorers, oder drücken Sie die Tastenkombination [⊞] + [E].
3. Wechseln Sie zu der ISO-Datei ❶. Klicken Sie mit der rechten Maustaste auf die Datei, und wählen Sie den Befehl **Datenträgerabbild brennen** ❷.
4. Wählen Sie, falls nötig, im Dialogfenster des Windows-Brenners das Laufwerk mit dem Datenträger aus ❸.
5. Klicken Sie auf **Brennen** ❹.

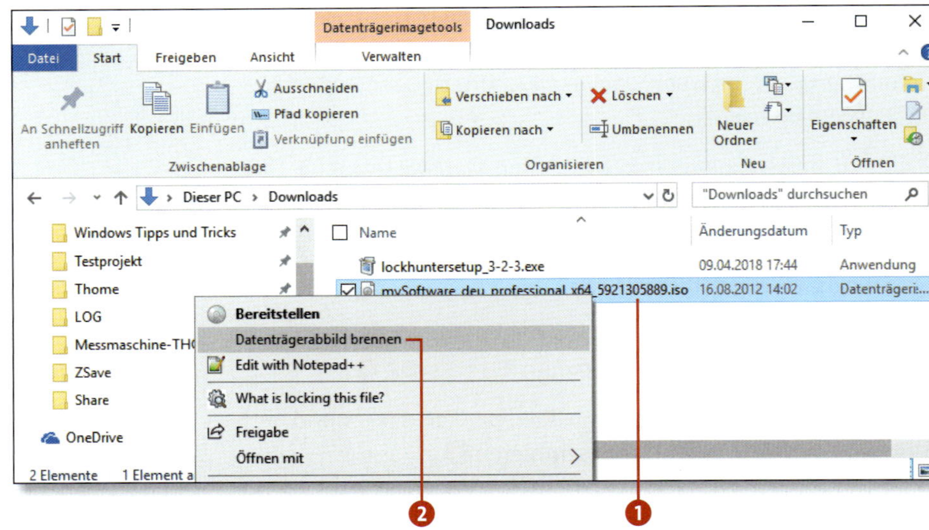

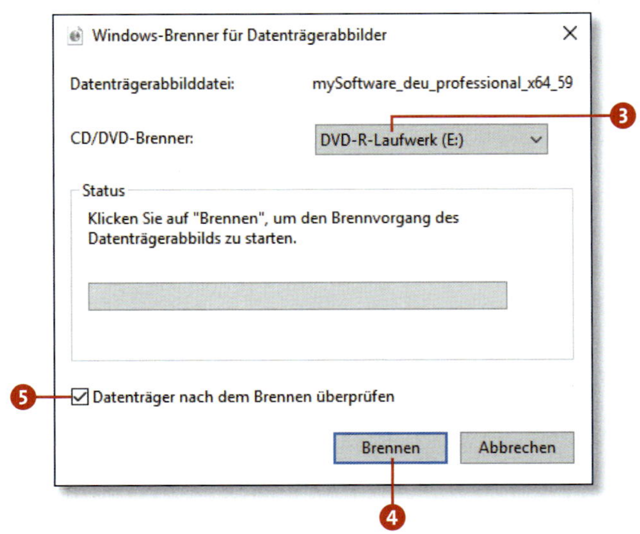

Das Brennen von Daten sollten Sie kontrollieren!

Aktivieren Sie die Option **Datenträger nach dem Brennen überprüfen** ❺. Das Brennen dauert dann zwar länger, aber dafür haben Sie die Sicherheit, dass alle Daten korrekt gebrannt wurden.

ISO-Dateien direkt verwenden

Wenn Sie früher die Installations-CD oder -DVD eines Programms als ISO-Datei aus dem Internet heruntergeladen hatten, mussten Sie die ISO-Datei anschließend erst auf CD bzw. DVD brennen, bevor Sie das Installationsprogramm ausführen könnten. Dies ist unter Windows 10 nicht mehr notwendig. Mit Windows 10 können Sie ISO-Dateien direkt als virtuelle DVD-Laufwerke ins Dateisystem einbinden.

1. Öffnen Sie den Explorer, indem Sie in der Taskleiste auf sein Symbol klicken oder die Tastenkombination [⊞] + [E] drücken.
2. Wechseln Sie zu der ISO-Datei ❶.
3. Klicken Sie mit der rechten Maustaste auf die Datei, und wählen Sie den Befehl **Bereitstellen** ❷.
4. Wechseln Sie danach zur Ansicht **Dieser PC**, wo Sie ein virtuelles Laufwerk für die ISO-Datei sehen ❸. Mit diesem virtuellen Laufwerk können Sie arbeiten, als wäre es ein echtes Laufwerk, in dem ein Medium mit der gebrannten ISO-Datei liegt.
5. Zum Schließen des virtuellen Laufwerks klicken Sie mit der rechten Maustaste auf das Laufwerksymbol und wählen den Befehl **Auswerfen** ❹.

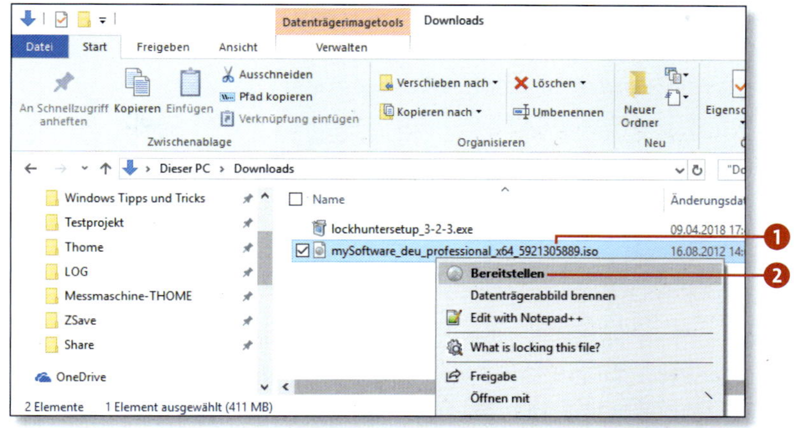

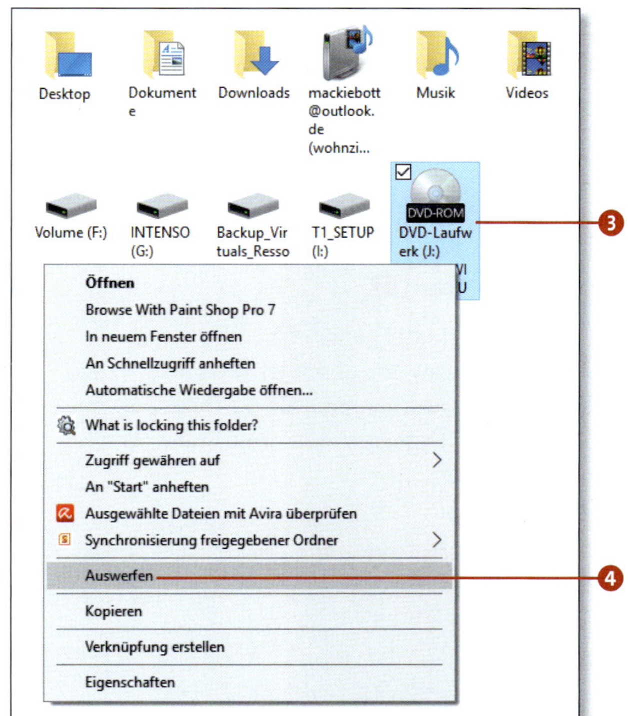

Was versteht man unter »mounten«?

Mounten ist der Fachausdruck für das Einhängen von Ordnerhierarchien in das aktuelle Dateisystem. Wird ein Datenträger wie beispielsweise eine CD »gemountet«, bedeutet das also, dass die Daten auf dem Datenträger nun im System verfügbar sind und Sie damit arbeiten können.

Dateien per Druck in PDF umwandeln

Das PDF-Format ist schon seit Langem eines der wichtigsten Formate für den Austausch von Dokumenten. Das Umwandeln von Text- oder Bilddokumenten durch Speichern oder Exportieren ist allerdings schwierig, da nur sehr wenige Programme entsprechende Befehle anbieten. Umso erfreulicher ist es da, dass man mittlerweile unter Windows 10 Dokumente ins PDF-Format »drucken« kann.

1. Öffnen Sie den Explorer. Dazu klicken Sie in der Taskleiste auf das Symbol des Explorers oder drücken die Tastenkombination ⊞ + E.
2. Wechseln Sie in den Ordner, in dem sich die Datei befindet, die Sie drucken möchten.
3. Klicken Sie die Datei mit der rechten Maustaste an, und wählen Sie den Befehl **Drucken** ❶ aus dem Kontextmenü.
4. Wählen Sie im Dialogfenster **Bilder drucken** im Listenfeld **Drucken** den Eintrag **Microsoft Print to PDF** ❷. Legen Sie die weiteren Druckeinstellungen fest, und klicken Sie dann auf **Drucken** ❸.
5. Geben Sie an, wie die Zieldatei heißen ❹ und wo sie abgelegt werden soll. Klicken Sie abschließend auf **Speichern**. Nach dem »Druck« können Sie die Datei per Doppelklick in Microsoft Edge bzw. mit Ihrem Standard-PDF-Viewer ansehen.

PDF (Portable Document Format)

Das PDF-Format wurde 1993 von Adobe Systems entwickelt. Vorbild war das PostScript-Druckformat.

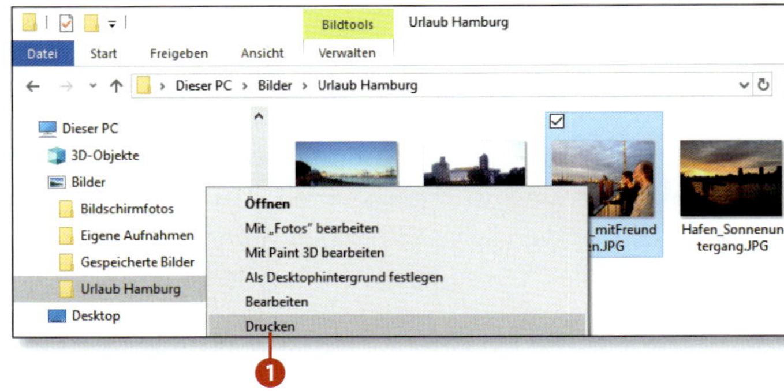

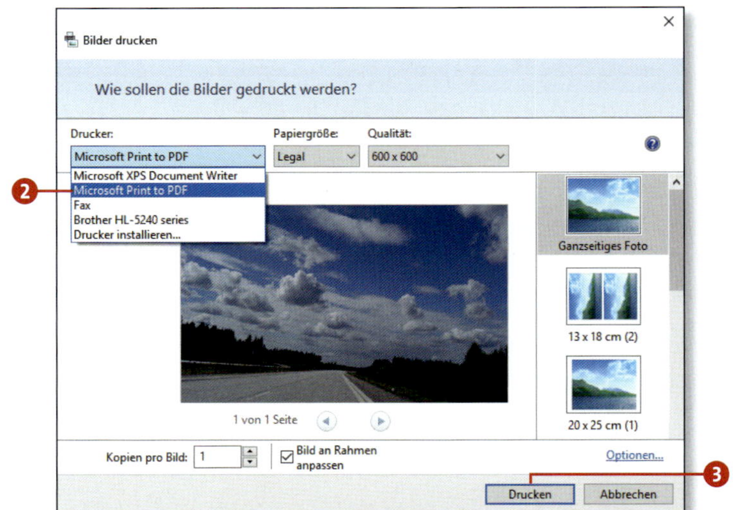

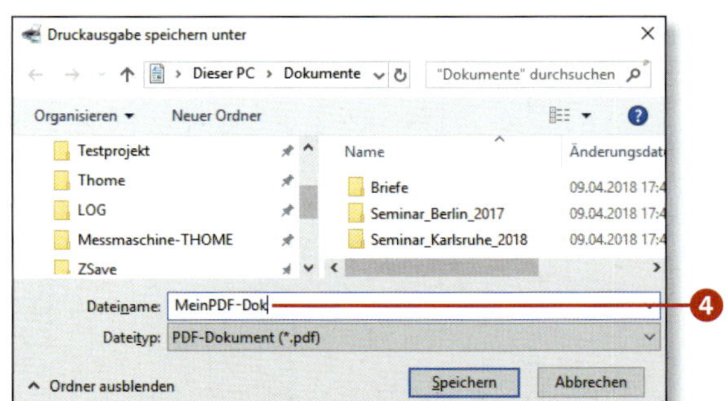

Tastenkombinationen für den Explorer

Wenn Sie viel mit dem Explorer arbeiten, sollten Sie sich vielleicht die eine oder andere der folgenden Tastenkombinationen einprägen, um künftig noch schneller und effizienter im Umgang mit dem Explorer zu werden:

Tastenkombination	Beschreibung
F11	Maximiert das Explorer-Fenster bzw. stellt die alte Größe wieder her.
⇆	Wechselt zwischen den Unterfenstern.
F5	Aktualisiert die Ansicht.
F4	Springt in das Adressfeld.
Strg + E	Springt in das Suchfeld.
Strg + N	Öffnet ein neues Explorer-Fenster für die aktuelle Ansicht.
Strg + Z	Macht den letzten Befehl rückgängig.
Alt + F4	Schließt das Explorer-Fenster.

Tastenkombinationen für den Explorer (allgemein)

Tastenkombination	Beschreibung
Strg + A	Markiert alles.
Strg + D	Löscht die markierten Dateien und Ordner.
Strg + Leer	Wählt die aktuelle Datei aus (bzw. den Ordner) oder hebt die Auswahl auf.
↑ / ↓	Wechselt zur nächsten Datei bzw. zum nächsten Ordner.
⇧ + ↑ / ↓	Wählt Dateien und Ordner aus.
↵	Öffnet die aktuelle Datei in ihrem Standard-Bearbeitungsprogramm.
Strg + ⇧ + N	Legt einen neuen Ordner an.
Strg + C	Kopiert in die Zwischenablage.
Strg + V	Fügt aus der Zwischenablage ein.

Tastenkombinationen für den Explorer (Dateien und Ordner)

4 Windows schneller machen

In diesem Kapitel

- Die Startzeit kontrollieren
- Den Sperrbildschirm deaktivieren
- Mehrere Prozessoren beim Boot-Vorgang zulassen
- Schneller weiterarbeiten dank Ruhezustand
- Anzeige der Betriebssystemauswahl anpassen
- Den automatischen Start von Programmen verhindern
- Dienste deaktivieren
- Visuelle Effekte abschalten
- Automatische App-Updates abschalten
- Schneller mit ReadyBoost
- Programmen mehr Prozessorzeit zuteilen
- Laufzeitintensive Programme aufspüren
- Unerwünschte Updates verhindern
- Windows schneller herunterfahren

Windows hat im Allgemeinen nicht gerade den Nimbus der Schnelligkeit. Seit Windows 10 hat sich diesbezüglich sehr vieles gebessert, aber schnell genug kann ein Computersystem eigentlich nie sein. Man will natürlich immer, dass es noch schneller läuft.

Doch die Beschleunigung des Systems ist knifflig. Viele Tipps, wie sie beispielsweise im Internet kursieren, haben bestenfalls einen gewissen Placeboeffekt und bringen keine echte Leistungssteigerung. Auf der anderen Seite müssen wir uns damit abfinden, dass jeder PC im Laufe der Zeit langsamer wird – und oftmals hat dies gar nichts mit der Software zu tun, sondern einfach mit der Überalterung der Elektronik. Trotzdem haben wir für Sie ein paar Tipps zusammengestellt, mit denen Sie tatsächlich Ihre Arbeit mit Windows spürbar beschleunigen können.

Wir beginnen mit der Beschleunigung des Systemstarts und arbeiten uns vor bis zum Herunterfahren.

Die Startzeit kontrollieren

Windows hängt traditionell der Ruf an, sehr viel Zeit für das Hochfahren zu benötigen. Das hat sich dank moderner Hardware und Windows 10 längst geändert. Aber Spaß macht es allemal, die Zeit für den Windows-Start zu messen.

1. Rufen Sie den Dialog **Ereignisanzeige** auf. Drücken Sie dazu die Tastenkombination [Windows-Taste] + [X], und wählen Sie aus dem erscheinenden Kontextmenü der **Start**-Schaltfläche die Option **Ereignisanzeige** aus.
2. Öffnen Sie links im Fenster **Ereignisanzeige** den Knoten **Anwendungs- und Dienstprotokolle > Microsoft > Windows > Diagnostics-Performance > Betriebsbereit** ❶.
3. Klicken Sie auf den aktuellsten Eintrag mit der Ereignis-ID **100** ❷.
4. Danach können Sie im mittleren unteren Fenster die bereinigte Startzeit ablesen (ohne die Zeiten für Startbildschirm und Anmeldung) ❸.

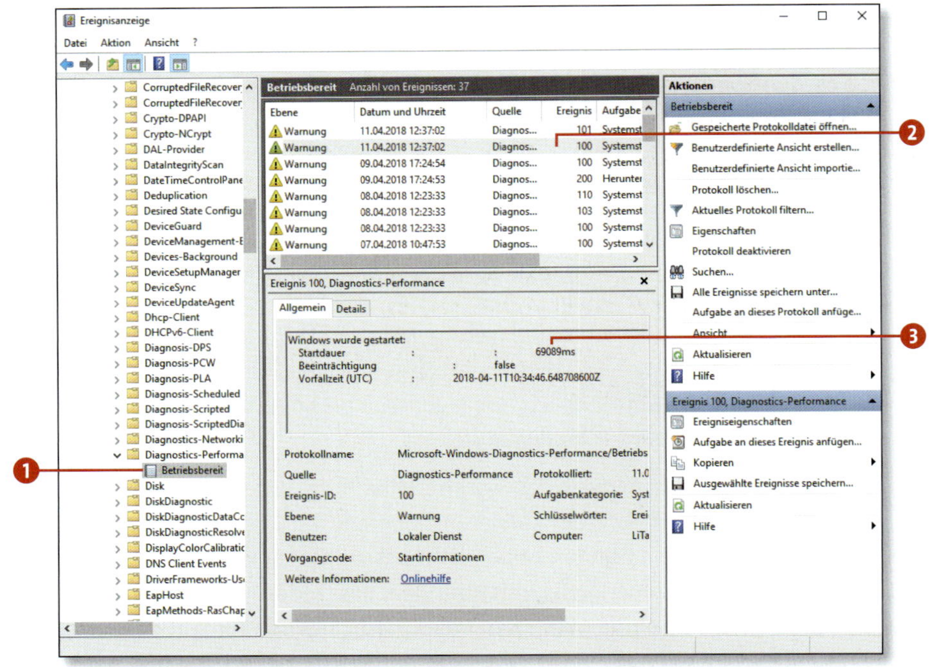

Verzögerte Ereignisanzeige nach Neustart

Wenn Sie das Fenster **Ereignisanzeige** direkt nach dem Neustart aufrufen, werden die Ereignisse für den letzten Systemstart eventuell noch nicht angezeigt. Warten Sie in dem Fall, bis in der Titelleiste die Meldung »Neue Ereignisse verfügbar« erscheint, und klicken Sie dann rechts auf **Aktualisieren**.

Vorsicht, Trickbetrüger!

Dass die Start-Ereignisse als Warnungen klassifiziert sind, hat nichts weiter zu bedeuten. Lassen Sie sich auch nicht beunruhigen, wenn in der Ereignisanzeige immer wieder Fehlermeldungen auftreten. Dies ist mehr oder weniger normal. Wenn Ihr Rechner problemlos funktioniert, gibt es keinen Grund zur Beunruhigung. Wir betonen dies hier in besonderer Weise, weil in letzter Zeit vermehrt Betrüger mit einer Masche unterwegs waren, bei der sie Anwender telefonisch kontaktierten, sich als Microsoft-Mitarbeiter ausgaben und behaupteten, Microsoft hätte beobachtet, dass sich auf dem PC vermehrt Fehler fänden, die das System auf Dauer beschädigen könnten. Als Beweis lassen sie Sie dann in die Ereignisanzeige schauen – und dort finden sich dann natürlich entsprechende Meldungen. Aber wie gesagt, das ist auf praktisch jedem PC so.

Den Sperrbildschirm deaktivieren

Ich liebe es, den Sperrbildschirm auf meinem Touchscreen mit einem beiläufigen Wischen nach oben verschwinden zu lassen. Ich kann aber auch verstehen, wenn Sie diesen Sperrbildschirm als vollkommen unnötig ansehen und ihn lieber ausschalten würden.

1. Drücken Sie dazu die Tastenkombination [⊞] + [X], und wählen Sie aus dem erscheinenden Kontextmenü der **Start**-Schaltfläche die Option **Windows PowerShell (Administrator)** aus.
2. Geben Sie im blauen Shell-Fenster den Befehl »regedit« ein, um den Registrierungs-Editor zu öffnen.
3. Geben Sie in das Eingabefeld Folgendes ein: »Computer\HKEY_LOCAL_MACHINE\SOFTWARE\Policies\Microsoft\Windows« ❶, und drücken Sie dann [↵], oder klicken Sie sich durch die Knoten.
4. Erzeugen Sie einen neuen Eintrag, indem Sie mit der rechten Maustaste auf den Schlüssel **Windows** klicken und im Kontextmenü **Neu > Schlüssel** wählen ❷. Vergeben Sie für den Schlüssel den Namen »Personalization«.
5. Klicken Sie nun den erzeugten Schlüssel mit der rechten Maustaste an, und wählen Sie **Neu > DWORD Wert (32 Bit)** aus dem Kontextmenü. Als Namen geben Sie »NoLockScreen« ein.
6. Doppelklicken Sie schließlich auf **NoLockScreen** ❸, und setzen Sie den Wert auf 1 ❹. Beim nächsten Hochfahren Ihres Rechners wird Sie der Sperrbildschirm nicht mehr ärgern.

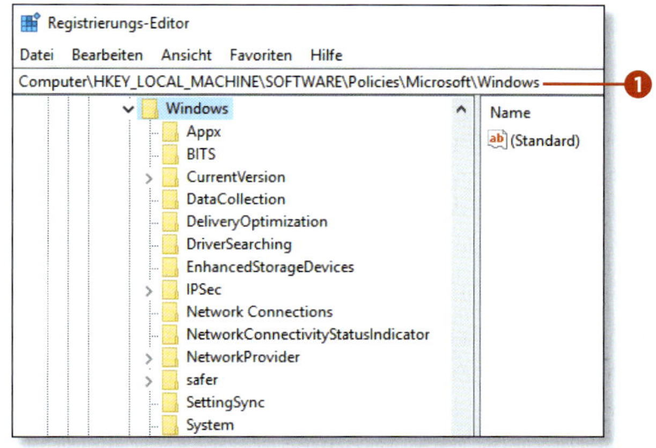

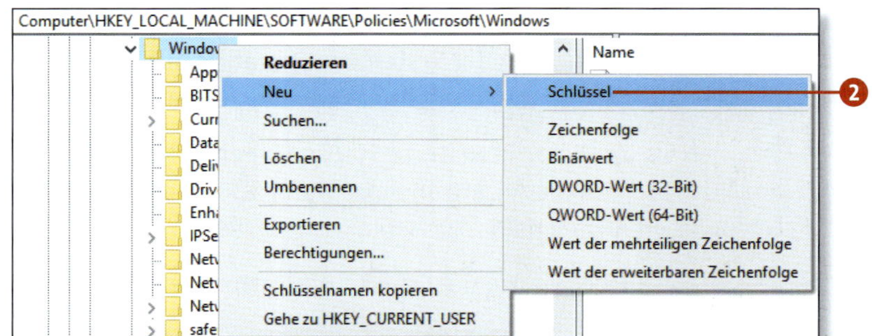

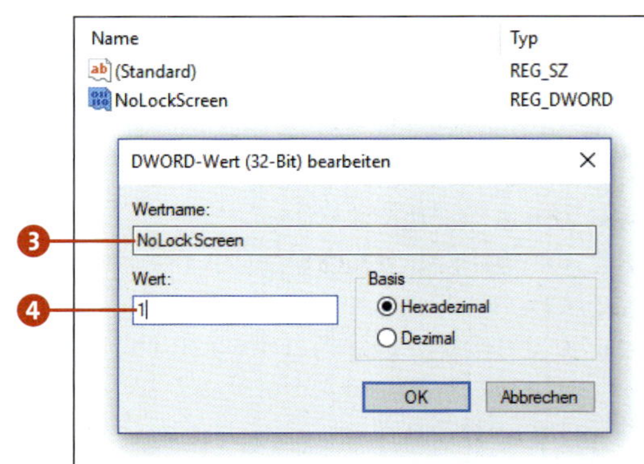

Sperrbildschirm als Schutz

Bedenken Sie, dass der Sperrbildschirm Sie auch schützt, weil sich mit ihm jeder, der auf den Rechner zugreifen will, zunächst anmelden muss.

Mehrere Prozessoren beim Boot-Vorgang zulassen

Einer der zahllosen Konfigurationsdialoge von Windows erlaubt das Setzen der Anzahl der Prozessoren, die beim Systemstart verwendet werden sollen. Eine offizielle Information von Microsoft über die genaue Wirkungsweise gibt es wohl nicht, aber viele Anwender beteuern, dass es ihren Startvorgang beschleunigt hat. Probieren Sie es einfach einmal aus.

1. Rufen Sie das Dialogfenster **Ausführen** auf. Drücken Sie dazu die Tastenkombination [Windows] + [R], oder wählen Sie im Kontextmenü der **Start**-Schaltfläche die Option **Ausführen**.
2. Geben Sie den Befehl »msconfig« (1) ein, und klicken Sie auf **OK**.
3. Klicken Sie im Dialogfenster **Systemkonfiguration** auf der Registerkarte **Start** (2) auf die Schaltfläche **Erweiterte Optionen** (3).
4. Erhöhen Sie im Dialog **Erweiterte Startoptionen** unter **Prozessoranzahl** die maximale Anzahl an Prozessoren (4) abhängig von der verfügbaren Anzahl der Prozessoren in Ihrem PC.
5. Bestätigen Sie das Ganze mit **OK** (5), und starten Sie den Rechner neu.

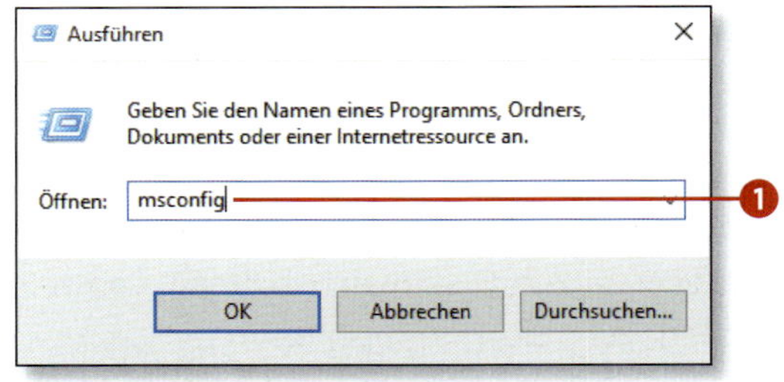

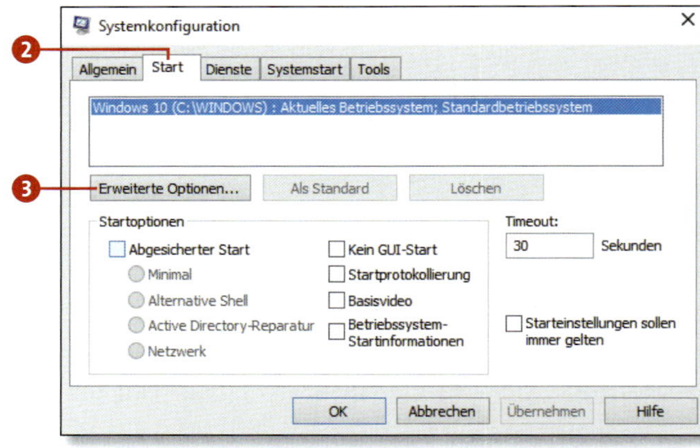

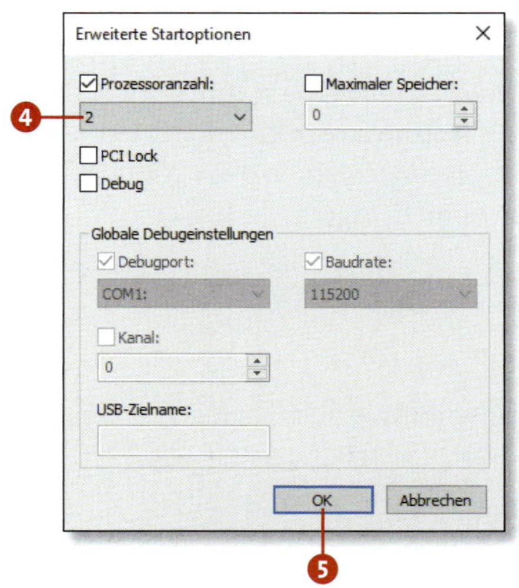

Neustart

Die Änderungen werden natürlich erst nach einem Neustart aktiv. Generell empfehlen wir Ihnen auch, nicht zu viele Änderungen gleichzeitig vorzunehmen, sondern jeden Tipp in diesem Kapitel erst einmal auszuprobieren. Sollte etwas nicht funktionieren wie gewünscht, können Sie die Änderungen so leichter zuordnen und rückgängig machen.

Schneller weiterarbeiten dank Ruhezustand

Wenn Sie das schnellere Hochfahren mit der automatischen Wiederherstellung der letzten Arbeitssitzung (d. h. den beim Herunterfahren noch geöffneten Programmen) verbinden möchten, sollten Sie die Ruhezustandsfunktion nutzen. Wie Sie den Ruhezustand mit dem Netzschalter verbinden, lesen Sie im Tipp »Start mit der letzten Sitzung« auf Seite 44. Hier zeigen wir Ihnen, wie Sie die Ruhezustandsfunktion in die Menüs mit den Befehlen zum Beenden von Windows integrieren.

1. Rufen Sie das Dialogfenster **Ausführen** auf, indem Sie [Windows] + [R] drücken oder alternativ im Kontextmenü der **Start**-Schaltfläche auf die Option **Ausführen** klicken.
2. Geben Sie den Befehl »powercfg.cpl« ein, und klicken Sie anschließend auf **OK**.
3. Klicken Sie links auf **Auswählen, was beim Drücken des Netzschalters geschehen soll** 1.
4. Klicken Sie im oberen Bereich der nächsten Seite auf den Link **Einige Einstellungen sind momentan nicht verfügbar** 2.
5. Aktivieren Sie das Kontrollkästchen **Ruhezustand** 3, und klicken Sie auf **Änderungen speichern** 4.
6. Danach können Sie beim Beenden von Windows (z. B. über [Alt] + [F4]) die Option **Ruhezustand** auswählen.

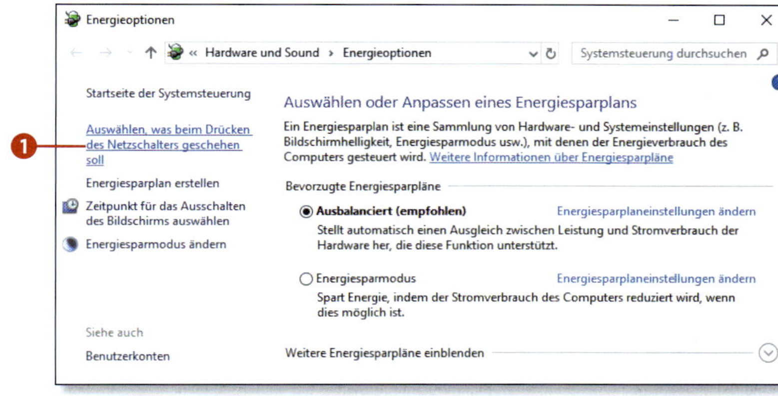

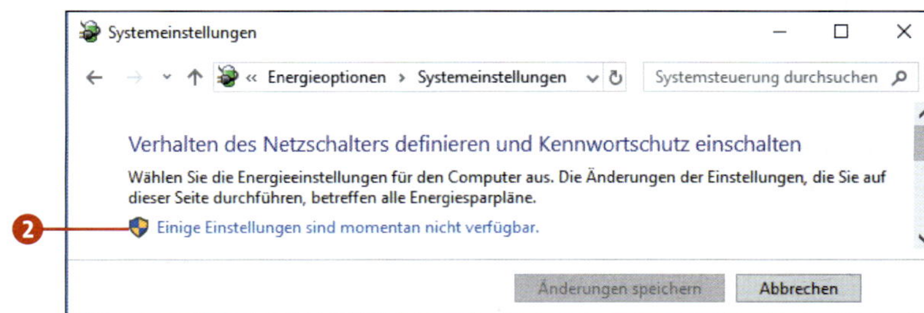

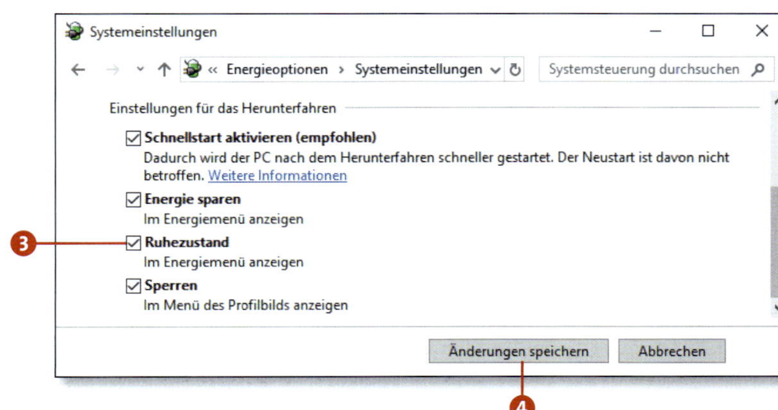

Im Ruhezustand ist der Rechner aus

Auch im Ruhezustand wird der Rechner wirklich heruntergefahren und verbraucht dann keinen Strom mehr.

Anzeige der Betriebssystemauswahl anpassen

Wenn Sie neben Windows 10 noch eine ältere Windows-Version auf Ihrem Rechner installiert haben, legt Windows ein Boot-Menü an und wartet bei jedem Hochfahren volle 30 Sekunden darauf, dass Sie entscheiden, welche Windows-Version gestartet werden soll. Für Anwender, die das Hochfahren des Rechners gerne dazu nutzen, sich noch eine Tasse Kaffee zu holen, bedeutet dies, dass der Rechner bei ihrer Rückkehr womöglich immer noch bootet oder gerade die falsche Windows-Version hochfährt.

1. Drücken Sie ⊞ + X, und wählen Sie den Eintrag **Windows PowerShell (Administrator)**.
2. Geben Sie den Befehl »sysdm.cpl« ❶ ein, und drücken Sie ↵.
3. Klicken Sie im Dialog **Systemeigenschaften** auf der Registerkarte **Erweitert** ❷ im Bereich **Starten und Wiederherstellen** auf **Einstellungen** ❸.
4. Wählen Sie in der Dropdown-Liste **Standardbetriebssystem** ❹ das Betriebssystem aus, das nach Verstreichen der Anzeigedauer automatisch gestartet werden soll.
5. Legen Sie die Anzeigedauer für die Betriebssystemliste nach Ihren Vorstellungen fest ❺, und klicken Sie zur Bestätigung auf **OK**.

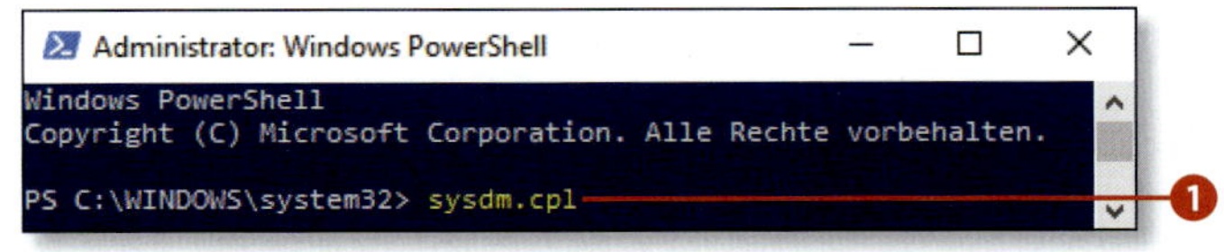

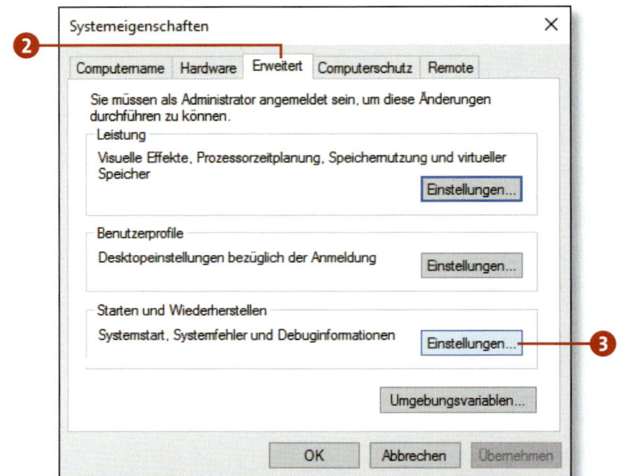

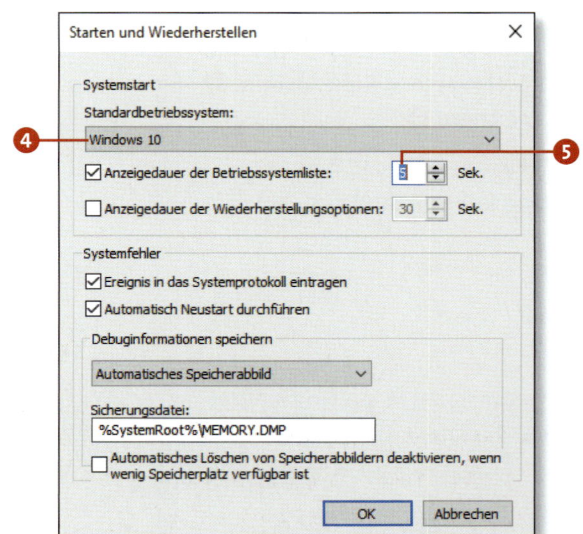

Und was passiert, wenn die Anzeigedauer deaktiviert ist?

Wenn Sie das Kontrollkästchen **Anzeigedauer der Betriebssystemliste** deaktivieren, wird die Betriebssystemauswahl komplett übersprungen und sofort das festgelegte Standardbetriebssystem gestartet.

Den automatischen Start von Programmen verhindern

Es gibt Programme, die sich selbst für so unentbehrlich halten, dass sie sich bei der Installation auch gleich für den automatischen Start vormerken lassen – manchmal ist dies sinnvoll, manchmal eher ärgerlich, vor allem wenn dadurch das Hochfahren des Betriebssystems verzögert, die gesamte Arbeitsgeschwindigkeit des PCs unnötig gedrosselt und im Hintergrund vielleicht noch insgeheim eine Internetverbindung aufgebaut wird. Es lohnt sich daher, gelegentlich die Liste der Autostart-Programme durchzugehen und aufzuräumen.

1. Rufen Sie den Task-Manager auf. Drücken Sie dafür die Tastenkombination Strg + ⇧ + Esc; oder öffnen Sie das Kontextmenü der **Start**-Schaltfläche, und wählen Sie dort den Eintrag **Task-Manager** aus.
2. Stellen Sie sicher, dass der Task-Manager alle Details anzeigt. Sie erkennen das an der Schaltfläche **Weniger Details** ❶. Klicken Sie andernfalls auf **Mehr Details**, um zur erweiterten Ansicht zu wechseln.
3. Wechseln Sie zur Registerkarte **Autostart** ❷.
4. Wählen Sie das unerwünschte Programm aus, und klicken Sie auf **Deaktivieren** ❸.

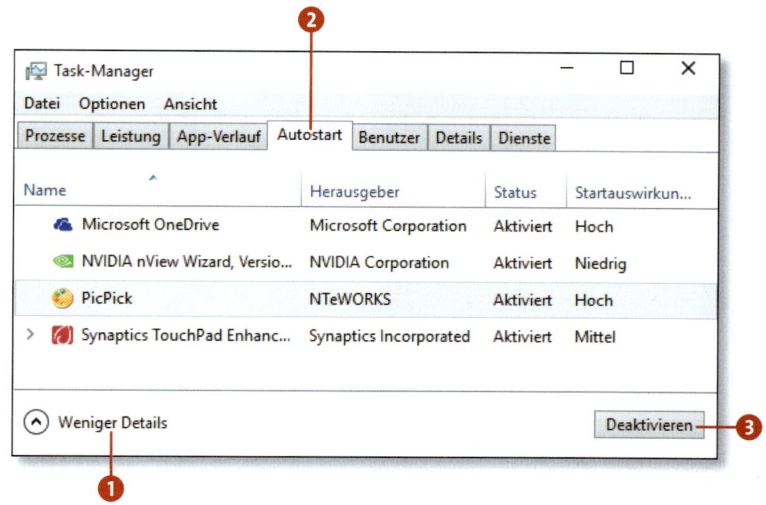

Autostart von Programmen wieder aktivieren

Auf dem gleichen Weg können Sie den Autostart des Programms auch jederzeit wieder einschalten.

Testen Sie den Effekt

Wenn Sie den Effekt direkt testen möchten, drücken Sie Alt + F4 und starten den Rechner neu. Beachten Sie, dass manche der Programme sich nicht durch eine Benutzeroberfläche »bemerkbar« machen.

Dienste deaktivieren

Neben den normalen sichtbaren Programmen laufen auf jedem Windows-System auch zahlreiche Hintergrundprozesse, die als *Dienste* bezeichnet werden. Viele davon sind für das Funktionieren von Windows notwendig, aber einige sind überflüssig und können stillgelegt werden.

1. Drücken Sie die Tastenkombination [Windows] + [R], um das Dialogfenster **Ausführen** aufzurufen. Alternativ wählen Sie aus dem Kontextmenü der **Start**-Schaltfläche die Option **Ausführen** aus.
2. Geben Sie den Befehl »services.msc« ein, und klicken Sie auf **OK**.
3. Klicken Sie mit der rechten Maustaste auf den stillzulegenden Dienst, und wählen Sie im Kontextmenü den Befehl **Eigenschaften** ❶.
4. Stellen Sie ein, ob und wie der Dienst gestartet werden soll ❷.

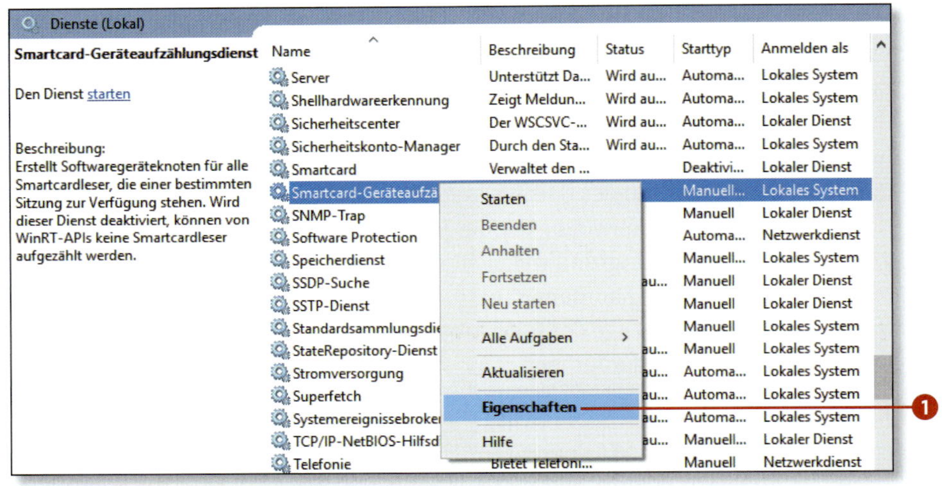

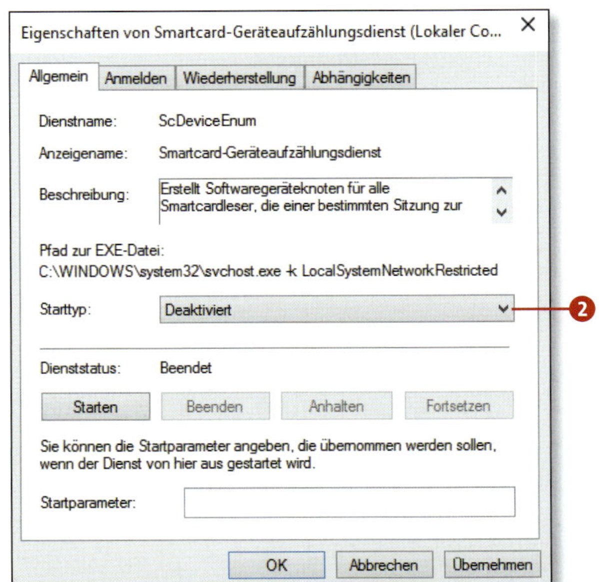

Achtung bei Eingriffen in Dienste

Dieser Eingriff ist heikel. Deshalb halten Sie sich bitte an diese Regel: Modifizieren Sie Dienste nur dann, wenn Sie genau wissen, was Sie tun! Andernfalls können Programme und Windows-Komponenten in ihrer Funktion beeinträchtigt werden.

Visuelle Effekte abschalten

Windows hat viele visuelle Effekte, die einiges an Rechenleistung fordern. Falls Sie das Gefühl haben, dass alles etwas zäh läuft, können Sie die meisten Effekte abschalten und das System so beschleunigen.

1. Drücken Sie ⊞ + X, und wählen Sie den Eintrag **Windows PowerShell (Administrator)**.
2. Geben Sie den Befehl »sysdm.cpl« ein, und drücken Sie die ↵-Taste.
3. Wechseln Sie im Dialogfenster **Systemeigenschaften** zur Registerkarte **Erweitert** ❶.
4. Klicken Sie im Bereich **Leistung** auf die Schaltfläche **Einstellungen** ❷.
5. Wechseln Sie im Dialogfenster **Leistungsoptionen**, das sich dann öffnet, zur Registerkarte **Visuelle Effekte** ❸.
6. Aktivieren Sie die Option **Benutzerdefiniert** ❹, und wählen Sie in der darunter befindlichen Liste die Effekte, die Sie behalten möchten ❺.

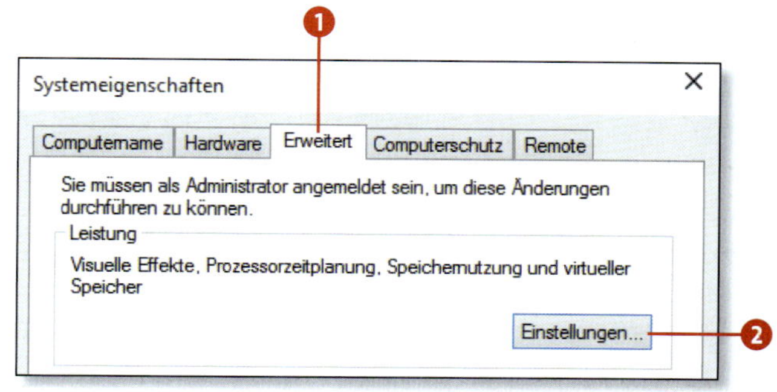

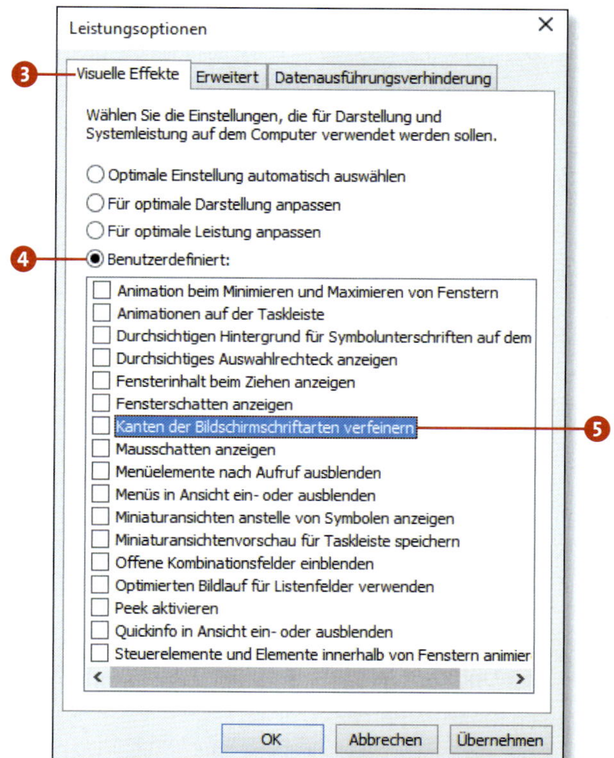

Visuelle Effekte

Windows 10 nutzt 17 visuelle Effekte, von denen die meisten standardmäßig aktiviert sind. Sie können alle abwählen, ohne etwas befürchten zu müssen. Es geht hier lediglich um Bedienkomfort.

Automatische App-Updates abschalten

Apps werden üblicherweise automatisch im Hintergrund aktualisiert. Je mehr Apps Sie installiert haben, umso häufiger kann es vorkommen, dass plötzliche unerklärliche Leistungsabfälle des Rechners durch im Hintergrund stattfindende Aktualisierungen verursacht werden.

1. Wählen Sie im Startmenü den Eintrag **Microsoft Store**.
2. Klicken Sie auf das Hamburger-Symbol ❶, und wählen Sie den Eintrag **Einstellungen** ❷.
3. Schalten Sie die Option **Apps automatisch aktualisieren** aus ❸.

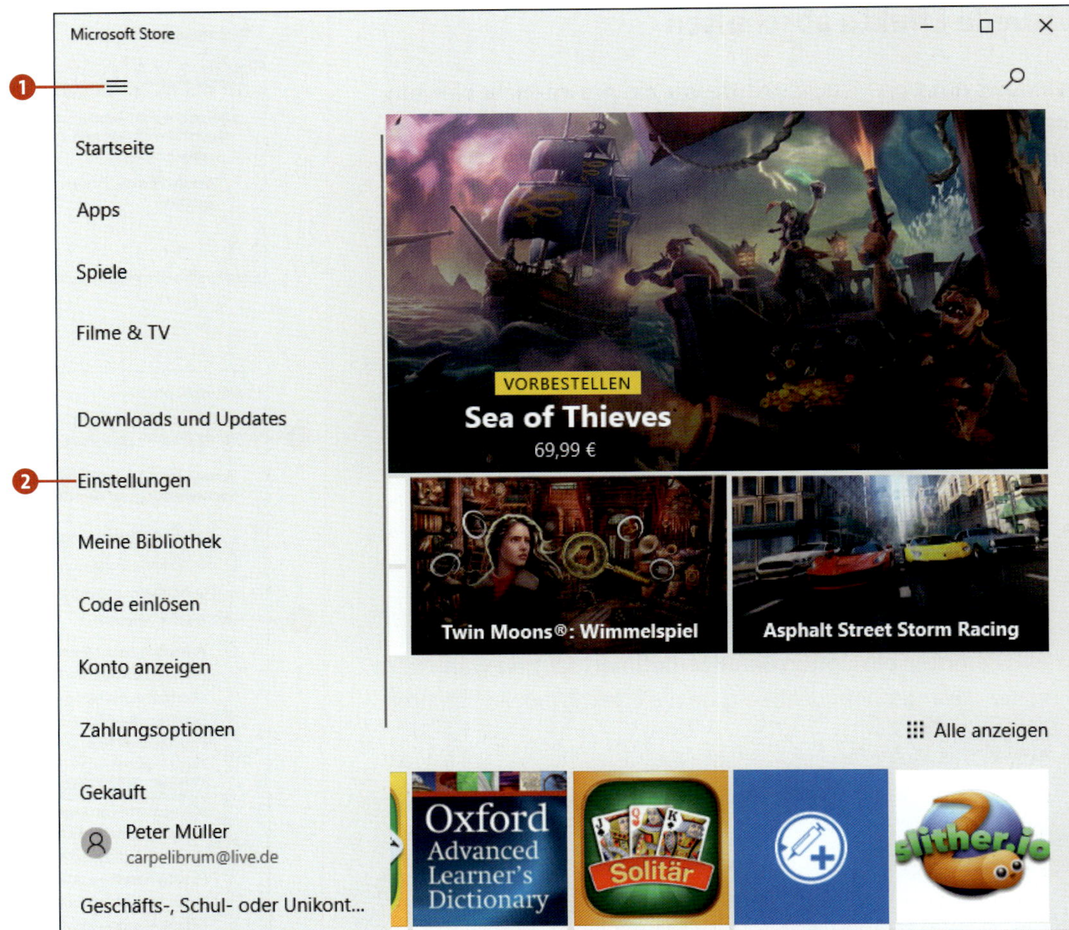

Live-Vorschau und App-Update

Wie Sie die Live-Vorschau auf den Kacheln ausschalten, lesen Sie im Tipp »Live-Kacheln aktivieren oder deaktivieren« auf Seite 59.

Schneller mit ReadyBoost

Windows nutzt die Festplatte intensiv zur Zwischenspeicherung von kleineren Datenmengen. Bei einer langsamen Festplatte kann dies die Gesamtgeschwindigkeit deutlich herabsetzen. ReadyBoost erlaubt das Verwenden eines (möglichst schnellen) USB-Sticks als Zwischenspeicher, sodass die langsamen Festplattenzugriffe reduziert werden.

1. Schließen Sie einen für ReadyBoost geeigneten USB-Stick an.
2. Öffnen Sie den Explorer. Drücken Sie dazu [Windows] + [E], oder wählen Sie im Kontextmenü der **Start**-Schaltfläche die Option **Explorer**.
3. Klicken Sie mit der rechten Maustaste auf das Laufwerkssymbol des USB-Sticks, und wählen Sie **Eigenschaften** ❶.
4. Im **Eigenschaften**-Fenster wechseln Sie zur Registerkarte **ReadyBoost** ❷ und aktivieren die Option **Dieses Gerät verwenden** ❸.
5. Stellen Sie ein, wie viel Speicher für ReadyBoost verwendet werden darf ❹.

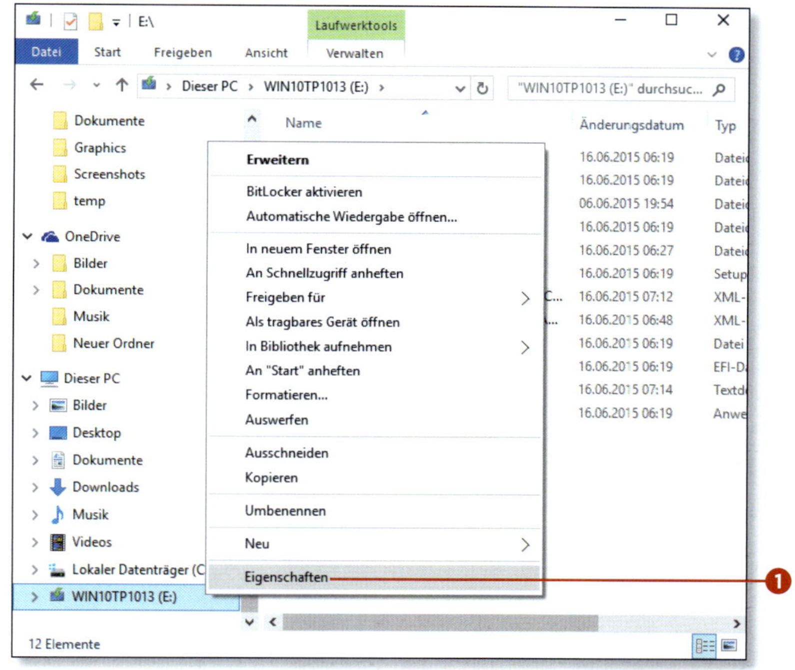

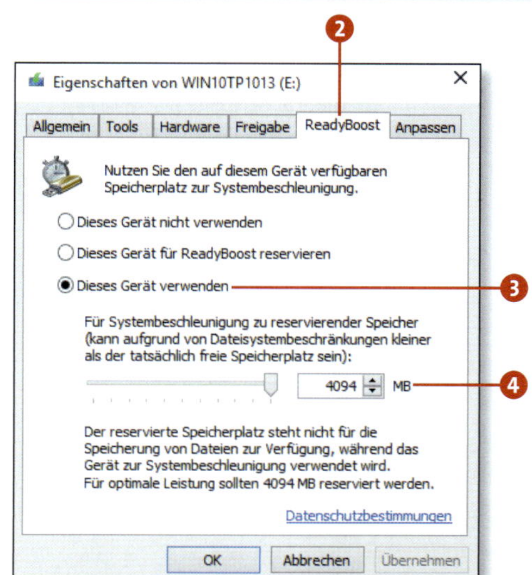

Augen auf beim Kauf

Windows prüft automatisch, ob sich ReadyBoost lohnt und ob der USB-Stick dafür geeignet ist. Zu langsame und zu kleine Sticks werden mit der Meldung **Der Datenträger ist für ReadyBoost nicht geeignet** abgelehnt. Achten Sie beim Kauf daher auf ReadyBoost-Unterstützung, oder fragen Sie beim Verkäufer konkret danach.

Wählen Sie Ihren Mindestspeicher groß genug

Geben Sie mindestens 1 GB als verfügbaren Speicher an (siehe Schritt 5), um einen spürbaren Effekt zu erzielen.

Programmen mehr Prozessorzeit zuteilen

Auf einem Windows-Rechner gibt es immer mehr auszuführende Programmeinheiten (die sogenannten *Prozesse*) als zur Verfügung stehende Prozessoren. Windows löst dies, indem es den einzelnen Prozessen immer nur für kurze Zeit das Nutzungsrecht für einen Prozessor zuteilt. Dann muss der Prozess den Prozessor abgeben, und der nächste Prozess kommt zum Zug. Durch den schnellen Wechsel entsteht beim Anwender der Eindruck, die Programme würden gleichzeitig ausgeführt. Sie können Windows anweisen, rechenintensiven Programmen vergleichsweise mehr Prozessorzeit zuzugestehen.

1. Rufen Sie den Task-Manager auf, indem Sie Strg + ⇧ + Esc drücken oder in das Suchfeld »Task« eingeben und in der Ergebnisliste **Task-Manager** wählen.
2. Klicken Sie unten im Fenster gegebenenfalls auf **Mehr Details**, um zur erweiterten Ansicht zu wechseln. Wird **Weniger Details** ❶ angezeigt, sind Sie bereits in der erweiterten Ansicht.
3. Klicken Sie mit der rechten Maustaste auf das Desktop-Programm, dem Sie mehr Prozessorzeit zugestehen möchten, und wählen Sie **Zu Details wechseln** ❷.
4. Klicken Sie auf der Registerkarte **Details** ❸ mit der rechten Maustaste auf den hervorgehobenen Prozess, wählen Sie dann **Priorität festlegen** ❹, und setzen Sie die Priorität herauf ❺.

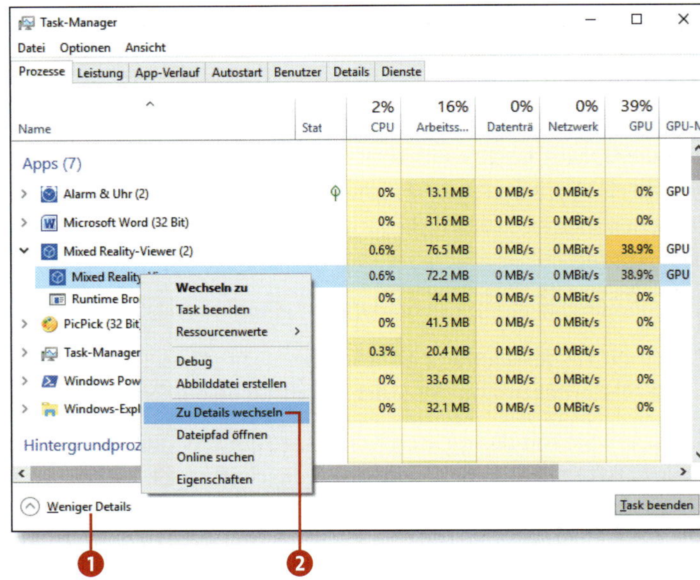

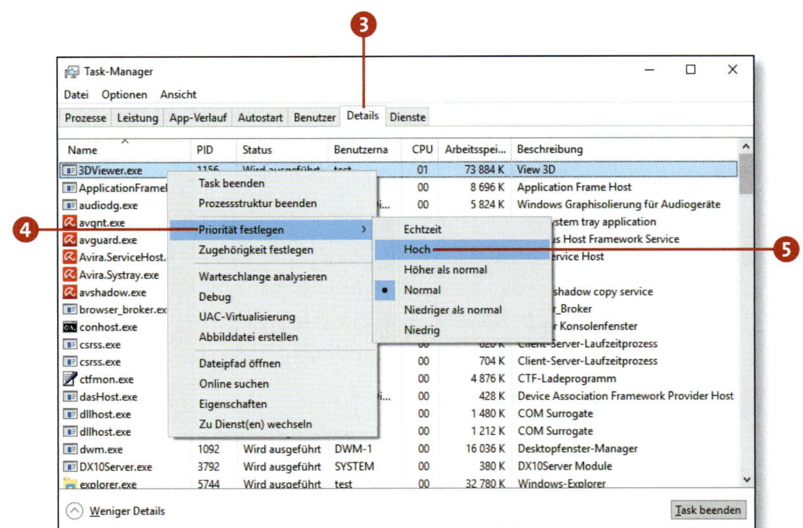

Priorität »Echtzeit«

Verzichten Sie auf die Prioritätsoption **Echtzeit**, insbesondere falls Sie vorhaben, während der Ausführung des priorisierten Programms weiter mit dem PC zu arbeiten: Die üblichen Betriebsabläufe im System könnten gestört werden, und möglicherweise reagiert Windows kaum noch auf Benutzereingaben.

Laufzeitintensive Programme aufspüren

Insbesondere für die Besitzer von Laptops oder Tablet-PCs kann es durchaus interessant sein, wie stark die Ausführung einer bestimmten App oder eines Programms den Rechner und damit die Laufzeit belastet. Alte Windows-Füchse werden jetzt an die Registerkarte **Prozesse** des Task-Managers denken. Doch diese eignet sich nur zur Kontrolle von Programmen und Hintergrundprozessen, nicht von Apps.

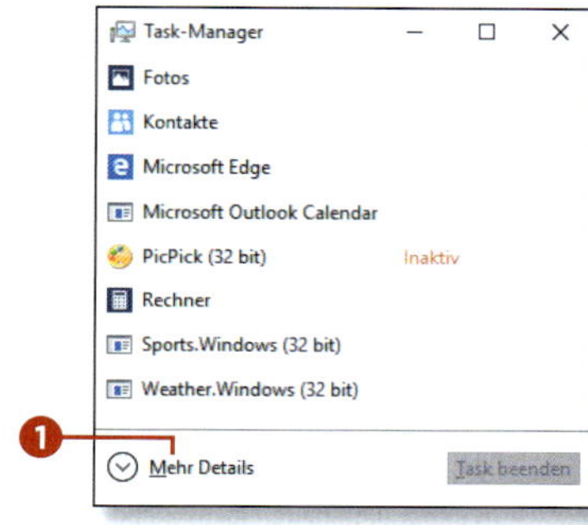

1. Rufen Sie den Task-Manager auf, indem Sie Strg + ⇧ + Esc drücken, oder öffnen Sie das Kontextmenü der **Start**-Schaltfläche mittels eines Rechtsklicks oder durch längeres Antippen der **Start**-Schaltfläche, und wählen Sie dort **Task-Manager** aus.
2. Klicken Sie gegebenenfalls auf **Mehr Details** ❶, um in die erweiterte Ansicht zu wechseln.
3. Kontrollieren Sie die Leistungsdaten für das Programm. Beobachten Sie vor allem den Wert in der Spalte **CPU** ❷. Die meisten Programme führen überwiegend kurze Aktionen aus, nach deren Abarbeitung ihr CPU-Wert auf 0 % fällt. Arbeitet ein Programm ständig oder wird es immer wieder von sich aus aktiv, sollte es dafür einen Grund geben – z. B. bei einem Medien-Player, der gerade eine Musikdatei oder eine DVD abspielt.
4. Wenn Sie feststellen, dass Sie das Programm nicht länger benötigen, können Sie hier mit einem Rechtsklick sein Kontextmenü aufrufen und es mit **Task beenden** ❸ von hier aus schließen.

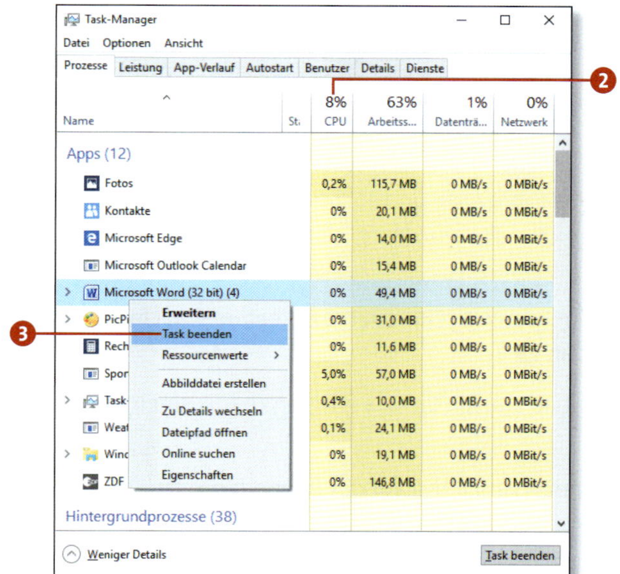

Update oder Malware?

Ein Grund, misstrauisch zu werden, besteht auch, wenn ein Prozess im Hintergrund aktiv wird und über das Netzwerk Daten austauscht. Es kann sein, dass es sich um ein harmloses Update-Programm handelt, es kann aber auch sein, dass hier eine Malware Ihre persönlichen Daten ausspioniert.

Die Aktualisierungsgeschwindigkeit ist anpassbar

In Ihrer Anzeige tut sich überhaupt nichts? Dann setzen Sie die Aktualisierungsgeschwindigkeit über den gleichnamigen Befehl im Menü **Ansicht** in der Menüleiste des Task-Managers (Modus **Mehr Details**) herauf.

Unerwünschte Updates verhindern

Windows 10 prüft regelmäßig, ob Updates und Patches (kleinere Korrekturen) verfügbar sind. Wenn dies der Fall ist, lädt Windows die notwendigen Dateien und installiert sie. Dieses Vorgehen ist schon seit vielen Windows-Versionen so, aber mit Windows 10 kommt eine Neuerung: Sie als Anwender können das Einspielen dieser Updates im Gegensatz zu früheren Versionen nicht mehr verhindern. Dadurch wird gewährleistet, dass Ihr Betriebssystem immer auf dem neuesten Stand ist, insbesondere im Hinblick auf Sicherheitslecks. Leider kommt es aber auch gelegentlich vor, dass Microsoft schadhafte Updates ausliefert. Selbst wenn Sie als interessierter Anwender von einem solchen schadhaften Update erfahren, haben Sie im Normalfall keine Möglichkeit, es zu stoppen. Glücklicherweise hat Microsoft ein Einsehen gezeigt und bietet ein Zusatzprogramm an, mit dem man bestimmte Updates zeitweilig verhindern kann.

1. Öffnen Sie einen Webbrowser, und suchen Sie die Webseite *https://support.microsoft.com/de-de/kb/3073930* ❶ auf.
2. Scrollen Sie ein Stück nach unten, und klicken Sie auf den Link **Problembehandlungspaket „Ein- oder Ausblenden von Updates“ jetzt herunterladen** ❷.
3. Nach dem Download starten Sie das Programm mit einem Klick auf **Öffnen** ❸.
4. Klicken Sie auf **Weiter** und dann auf der folgenden Seite auf **Hide updates** ❹.
5. Wählen Sie das Update aus, das Sie verhindern wollen ❺, und beenden Sie den Assistenten mit **Weiter** und **Schließen**.

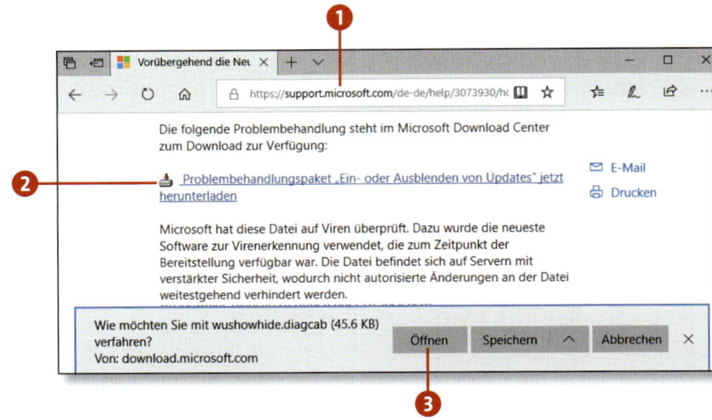

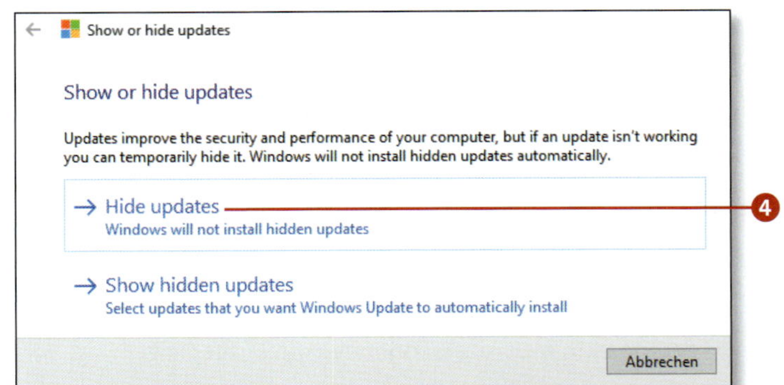

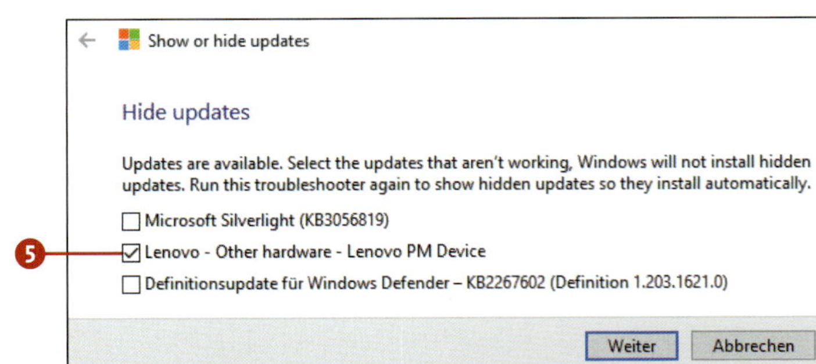

Schalten Sie Updates nur aus, wenn Sie wissen, was Sie tun

Updates sind in fast allen Fällen sinnvoll und notwendig. Verhindern sollten Sie sie wirklich nur, wenn Sie ganz genau wissen, warum und welche Konsequenzen das hat.

Windows schneller herunterfahren

Das Herunterfahren von Windows dauert manchmal etwas länger, da Windows jedem Programm reichlich Zeit lässt, sich zu beenden.

1. Rufen Sie den Registrierungs-Editor auf, indem Sie [Windows] + [R] drücken und im Dialogfeld **Ausführen** den Befehl »regedit« eingeben, und bestätigen Sie die Systemabfrage mit **Ja**.
2. Geben Sie oben im Fenster den folgenden Pfad ein: »Computer\HKEY_LOCAL_MACHINE\SYSTEM\CurrentControlSet\Control« ①, und drücken Sie dann [↵].
3. Öffnen Sie mit einem Rechtsklick das Kontextmenü zum Eintrag **WaitToKillServiceTimeout**, wählen Sie den Befehl **Ändern** ②, und ändern Sie den Wert z. B. auf 2000 (Millisekunden) ③.
4. Wechseln Sie zum Schlüssel **HKEY_CURRENT_USER\Control Panel\Desktop**, klicken Sie ihn mit rechts an, und wählen Sie den Befehl **Neu > Zeichenfolge** aus dem Kontextmenü. Hierfür geben Sie den Namen »AutoEndTasks« an.
5. Legen Sie für den neuen Eintrag **AutoEndTasks** den Wert 1 fest.
6. Falls sie nicht schon vorhanden sind: Legen Sie analog zu den Schritten 4 und 5 in **Desktop** die neuen Einträge **WaitToKill-AppTimeout** und **HungAppTimeout** an, und weisen Sie ihnen danach jeweils den Wert 1000 zu ④.
7. Schließen Sie die Registrierungsdatenbank. Nach dem nächsten Neustart sind die Änderungen gültig.

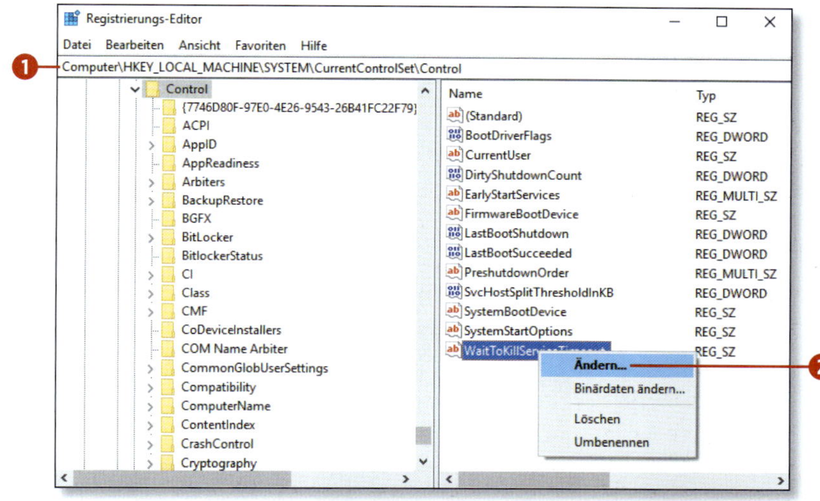

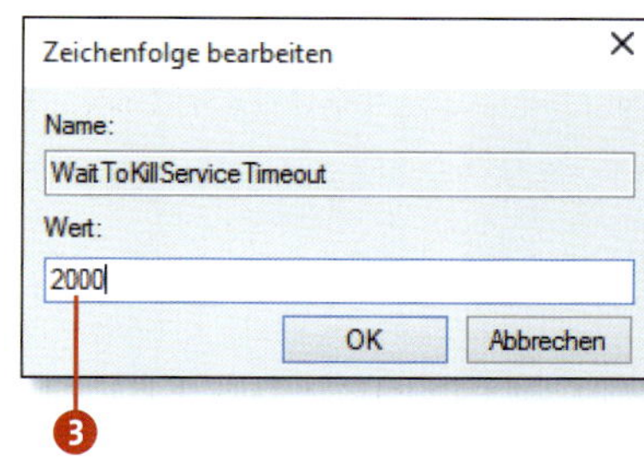

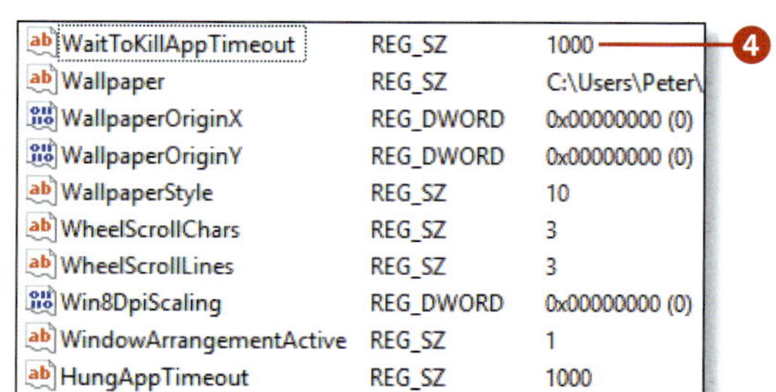

Registry vorab sichern!

Grundsätzlich empfiehlt es sich, die Registrierungsdatenbank mit dem Befehl **Datei > Exportieren** zu sichern, bevor Sie sie verändern (siehe dazu den Tipp »Die Registrierungsdatenbank sichern« auf Seite 280).

5 Online mit Browser und Apps

In diesem Kapitel

- Edge im Überblick
- Tipps zum neuen Browser Edge
- Webseiten speichern und aufrufen
- Tipps zum Internet Explorer
- Tastenkombinationen für Edge und Internet Explorer
- Den Flugzeugmodus einschalten
- Webseiten vom Smartphone zum PC senden
- Wetterdaten für einen bestimmten Ort anzeigen lassen
- Die Nachrichten-Flut eindämmen
- Pünktlich Schluss machen
- Musik hören mit Spotify
- Online-Spielen mit Xbox
- Soziale Kontakte pflegen: XING-Statusinfos im Blick haben

Laut Heraklit ist der Krieg der »Vater aller Dinge«. Zumindest was das Internet angeht, hatte er damit durchaus recht, denn das Internet geht auf ein Forschungsprojekt des US-Militärs zurück. Heute wird das Internet größtenteils friedlich genutzt und ist aus unserem Leben kaum noch wegzudenken. 2017 nutzten über 80 % der Deutschen über 13 Jahren das Internet, und über 64 % der Deutschen waren mobil im Internet unterwegs. Das wichtigste Werkzeug für die Bewegung im Internet ist nach wie vor der Browser. Doch bereits seit Windows 8 hat er massive Konkurrenz bekommen: Viele Apps integrieren das Internet und übernehmen Aufgaben, für die früher der Browser herangezogen worden wäre.

In diesem Kapitel legen wir das Hauptaugenmerk auf den *Internet Explorer* und den neuen Browser *Edge*. Am Ende gibt es noch einige Tipps zu diversen weiteren Apps, die standardmäßig bei Windows 10 mit dabei sind und das Internet für ihre ganz eigenen Zwecke nutzen – vom Abfragen aktueller Wetterdaten bis hin zum Pflegen sozialer und geschäftlicher Kontakte mit XING. Tipps zu Mail und OneDrive finden Sie in Kapitel 6, »E-Mail, OneDrive, Skype«, ab Seite 170.

Die neue Browser-App von Windows: Edge

Wie bereits unter Windows 8 gibt es auch unter Windows 10 neben dem klassischen Internet Explorer noch eine alternative Browser-App: *Microsoft Edge*. Während jedoch die Browser-App von Windows 8 noch den Eindruck machte, als wäre es Microsoft lediglich darum gegangen, schnell noch die allerwichtigsten Grundfunktionen eines Browsers in einer fingerbedienbaren Version bereitzustellen, handelt es sich bei Edge um einen voll ausgereiften Browser, der dem Internet Explorer durchaus die Stirn bieten kann – und dies in Zukunft wohl auch mehr und mehr tun wird! Auf jeden Fall lohnt es, sich mit Edge vertraut zu machen. Und falls Sie dann doch entscheiden, lieber weiterhin mit dem Internet Explorer zu surfen, können Sie das auch tun. Sie sollten ihn als Standardbrowser konfigurieren und an die Taskleiste anheften. Lesen Sie dazu den Tipp »Den Internet Explorer als Standardbrowser einrichten« auf Seite 143.

Windows 10 ist so konfiguriert, dass Edge der Standardbrowser ist, was sich auch daran zeigt, dass nur das Edge-Symbol in der Taskleiste angezeigt wird. Wer mit der klassischen Version des Internet Explorers arbeiten möchte, muss sich schon etwas mehr Mühe geben, denn dieser verbirgt sich in der alphabetischen App-Liste unter dem Eintrag **Windows-Zubehör**. Doch dies ist natürlich nicht der einzige Vorzug von Edge. Unten finden Sie eine kleine Übersicht über die besonderen Charakteristika der beiden Browser.

Edge	Internet Explorer
■ bereits in Startmenü und Taskleiste integriert	■ versteckt in der App-Liste
■ optimiert für die Fingerbedienung	■ optimiert für die Maus- und Tastaturbedienung
■ Leseansicht	■ unterstützt das Speichern im lokalen Dateisystem
■ unterstützt das Teilen	■ Zugriff auf mehr Funktionen und Einstellmöglichkeiten
■ unterstützt Webnotizen (Schreiben in Webseiten)	
■ kann über die Cortana-Sprachsteuerung bedient werden	

Edge und der Internet Explorer im Vergleich

Edge im Überblick

Wir stellen Ihnen im Folgenden die Oberfläche von Edge und die wichtigsten Schaltflächen im Überblick vor.

1. die **Befehlsleiste** mit den App-spezifischen Befehlen
2. die **Adressleiste** zur Eingabe der anzusteuernden Webadressen
3. die **Leseansicht** (von der Webseite im Beispiel nicht unterstützt)
4. Schaltfläche zum Hinzufügen zu **Favoriten** oder **Leseliste**
5. Verteiler zu **Favoriten, Leseliste, Verlauf** und **Download**
6. Erstellen von **Webseitennotizen**
7. die Funktion **Teilen**
8. Menü mit weiteren Aktionen und Einstellungen

Tipps zum neuen Browser Edge

Startseite festlegen

Wenn Sie Edge über sein Symbol im Startmenü aufrufen, startet der Browser mit seiner voreingestellten Startseite. Falls Sie diese Startseite austauschen möchten, gehen Sie wie folgt vor:

1. Laden Sie die Webseite, die Sie als Startseite verwenden möchten ❶. In unserem Beispiel ist es übrigens *www.startpage.com*– eine Suchseite, vergleichbar mit Google oder Bing, die weitgehend darauf verzichtet, persönliche Daten über ihre Nutzer zu sammeln. Sie können natürlich jede andere Webseite aufrufen.
2. Klicken Sie in das Adressfeld, und kopieren Sie die Adresse in die Windows-Zwischenablage, indem Sie [Strg] + [A] und [Strg] + [C] drücken ❷.
3. Öffnen Sie das Menü **Einstellungen und mehr** ❸, und wählen Sie den Befehl **Einstellungen** ❹.
4. Scrollen Sie im **Einstellungen**-Dialog nach unten bis zu **Erweiterte Einstellungen**, und klicken Sie auf **Erweiterte Einstellungen anzeigen**.
5. Setzen Sie den Schalter **Schaltfläche „Startseite" anzeigen** auf **Ein** ❺.
6. Wählen Sie in dem Listenfeld, das daraufhin unter dem Schalter erscheint, die Option **Bestimmte Seite** ❻, und fügen Sie die Adresse der neuen Startseite in das darunter liegende Feld ein (z. B. mit [Strg] + [V]) ❼.
7. Klicken Sie auf das **Speichern**-Symbol ❽.

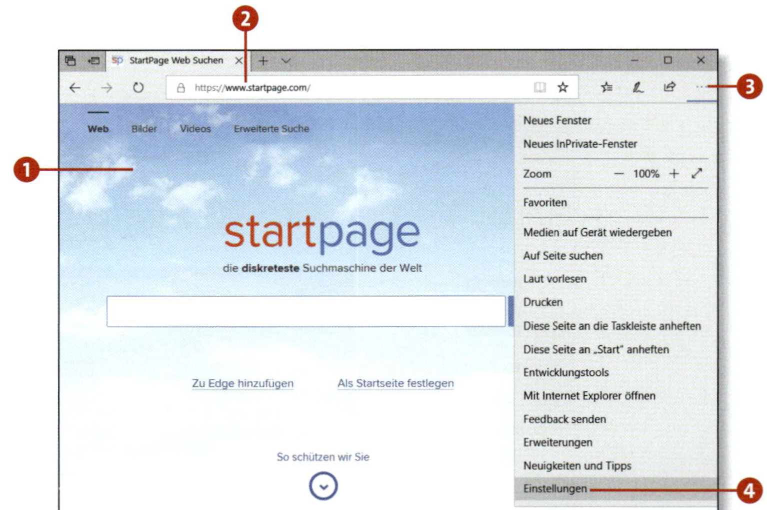

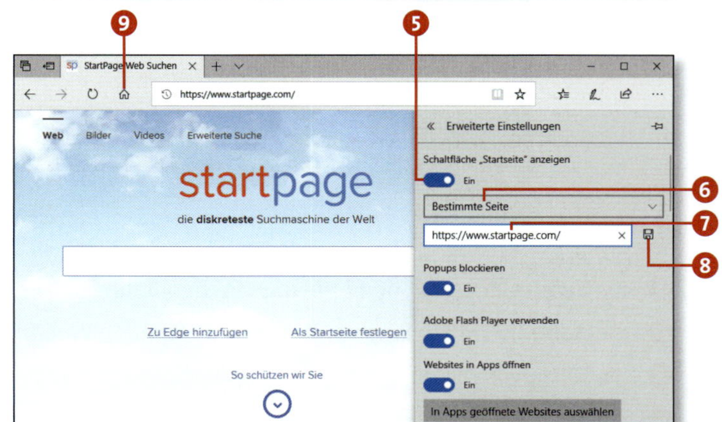

> **Startseiten-Schalter in Befehlsleiste**
>
> Schritt 5 führt nebenbei auch dazu, dass zukünftig in der Befehlsleiste, links vom Adressfeld, der Schalter zum Aufruf der Startseite ❾ eingeblendet wird.

Favoriten speichern

Um wichtige oder beliebte Webseiten jederzeit schnell neu abrufen zu können, gibt es in Edge die Möglichkeit, die Webseiten als Favoriten abzulegen.

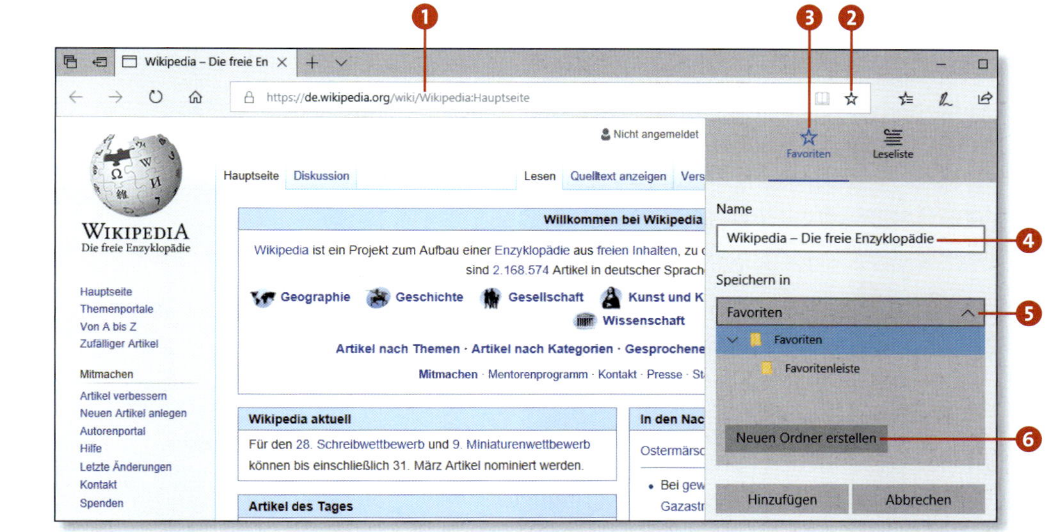

1. Laden Sie die Webseite, die Sie in den Favoriten speichern möchten 1, und klicken Sie in der Befehlsleiste auf das Symbol **Favoriten** 2.
2. Achten Sie darauf, dass oben im erscheinenden Dialog die Option **Favoriten** ausgewählt ist 3.
3. Ändern Sie gegebenenfalls den Titel 4, unter dem die Webseite in den Favoriten später aufgeführt wird.
4. Wählen Sie im Dropdown-Listenfeld **Speichern in** 5, ob die Webseite unter **Favoriten** oder unter der **Favoritenleiste** abgelegt werden soll. Die Favoritenleiste ist ein Unterordner der Favoriten.
5. Wollen Sie Ihre Webseite unter einem eigenen Ordner ablegen, klicken Sie auf den Link **Neuen Ordner erstellen** 6 und geben einen individuellen Ordnernamen ein 7.
6. Klicken Sie auf **Hinzufügen** 8.

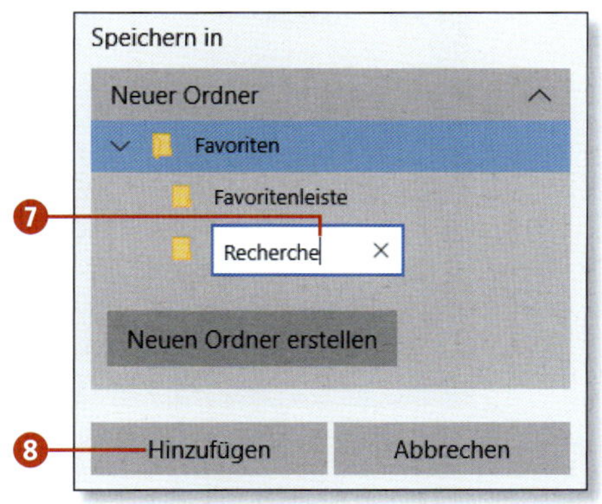

Favoriten sind immer nur Links

Favoriten und Leseliste speichern immer nur Verweise (Links), keine Inhalte. Zum Abrufen der Inhalte müssen Sie also mit dem Internet verbunden sein.

Leseliste

Statt unter den Favoriten können Sie Webseiten auch in der Leseliste speichern (siehe Einstellung in Schritt 3). Die Leseliste ist chronologisch geordnet. Oder heften Sie die Webseite an »Start« oder die Taskleiste an. Die entsprechenden Befehle finden Sie im Menü **Einstellungen und mehr**.

Favoriten abrufen

Webseiten, die Sie in den Favoriten abgespeichert haben, können Sie bei Bedarf jederzeit schnell abrufen – vorausgesetzt natürlich, Sie sind mit dem Internet verbunden.

1. Klicken Sie in der Befehlsleiste auf das **Hub**-Symbol ❶.
2. Klicken Sie im aufspringenden Dialog, sofern nicht bereits voreingestellt, ganz links auf das **Favoriten**-Symbol ❷.
3. Klicken Sie auf den gewünschten Webseiteneintrag aus den Favoriten, der Favoritenleiste oder einem der von Ihnen definierten Favoritenordner ❸.

   Wenn Sie die Webseite in einer neuen Registerkarte öffnen möchten, rufen Sie das Kontextmenü zu dem Webseiteneintrag auf und wählen den Befehl **In neuem Tab öffnen**.

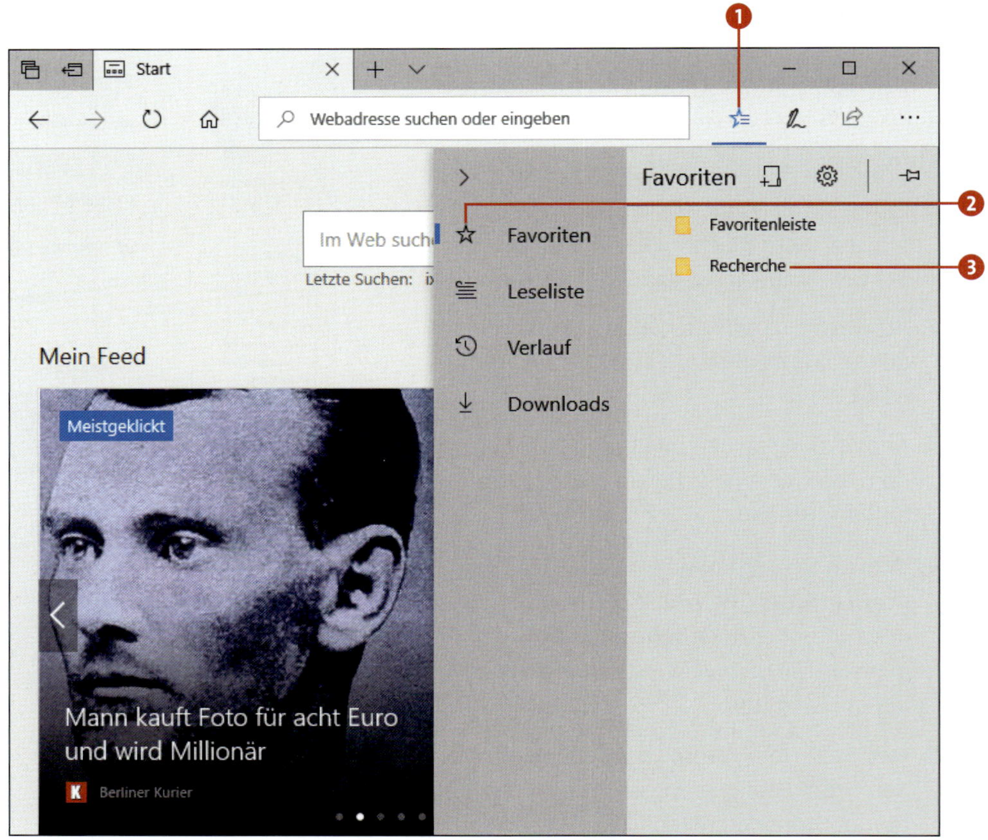

Favoriten verwalten

Sie können den **Favoriten**-Dialog aus dem zweiten Schritt auch zum Umordnen Ihrer Favoriten verwenden. Um z. B. einen neuen Ordner anzulegen, rufen Sie das Kontextmenü auf und wählen den Befehl **Neuen Ordner erstellen**. Um Webseiteneinträge zu verschieben, ziehen Sie sie einfach auf einen anderen Ordner.

Favoritenleiste einblenden

Für den ganz schnellen Zugriff können Sie die Favoritenleiste einblenden und so direkt auf alle dort abgelegten Webseiten zugreifen. Rufen Sie dazu über das Menü **Einstellungen und mehr** die Einstellungen auf, und setzen Sie den Schalter **Favoritenleiste anzeigen** auf **Ein**.

Webseiten speichern und aufrufen

Im vorangehenden Tipp haben wir Ihnen gezeigt, wie Sie häufig besuchte Webseiten als Favoriten ablegen. Favoriten sind jedoch nicht die einzige Möglichkeit, in Microsoft Edge Webseiten bzw. Links zu Webseiten zu speichern. Hier eine kleine Übersicht:

1. Als Eintrag in den Favoriten oder der Leseliste. Im Vergleich zu den Favoriten bietet die Leseliste eine Vorschau auf die Webseite und ist chronologisch geordnet. Einträge in den Favoriten oder der Leseliste sind immer Verweise.
2. Besonders interessante Webseiten können Sie auch an Freunde schicken oder zur weiteren Verarbeitung in andere Apps laden. Klicken Sie dazu auf **Teilen**, und wählen Sie in der eingeblendeten **Freigeben**-Leiste das gewünschte Ziel.
3. Schließlich gibt es die Möglichkeit, Webseiten auf den lokalen Rechner herunterzuladen, sodass Sie sie jederzeit auch ohne Internetverbindung lesen können. Dies ist allerdings nur mithilfe des Internet Explorers möglich. Wählen Sie daher im Menü **Einstellungen und mehr** den Eintrag **Mit Internet Explorer öffnen**. Im Internet Explorer öffnen Sie **Extras** und wählen dann den Befehl **Datei > Speichern unter**.

Die Leseansicht

Obwohl wir gegen Werbung auf Webseiten grundsätzlich nichts einzuwenden haben (besser jedenfalls, als zu versuchen, mit Cookies und Tracking Geld zu verdienen), ärgert es uns schon, wenn manche Webseiten mit Werbung so überfüllt sind, dass wir kaum noch den eigentlichen Text erkennen. Wenn es Ihnen ebenso geht, sollten Sie unbedingt die Leseansicht testen.

1. Rufen Sie zur Veranschaulichung dieser Funktion eine werbelastige Webseite auf.
2. Klicken Sie in der Befehlsleiste auf das Buchsymbol ❶ rechts neben der Adresszeile, um in die Leseansicht ❷ zu wechseln.
3. Durch erneutes Anklicken dieses Symbols gelangen Sie wieder zurück zur Normalansicht.

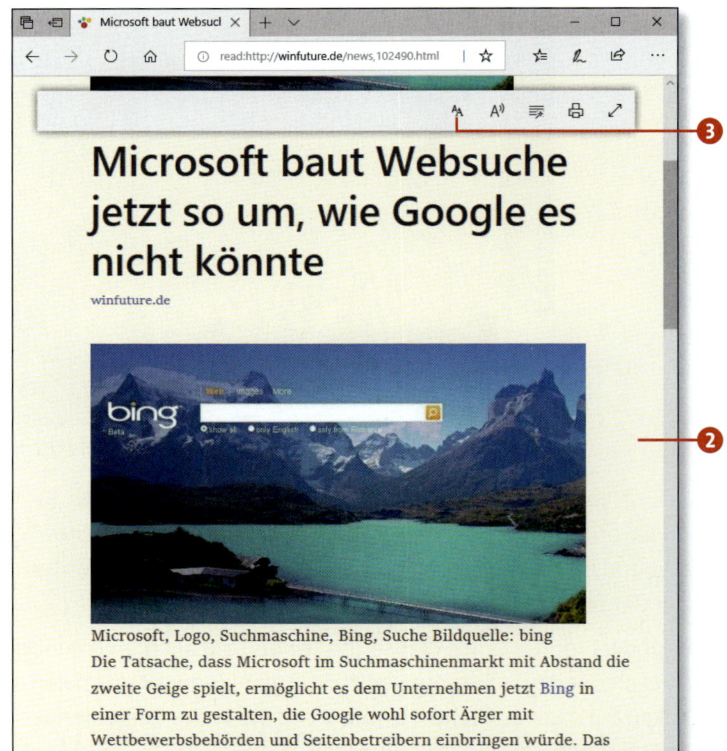

Keine Leseansicht verfügbar?

Nicht für jede Webseite wird die Leseansicht angeboten. Dies liegt daran, dass die Autoren der Webseiten den Browser anweisen können, die Leseansicht für die aktuelle Seite zu deaktivieren. Eigentlich schade!

Schriftgröße der Leseansicht zu klein?

Wenn Sie möchten, können Sie die Schriftgröße der Leseansicht vergrößern. Die entsprechenden Einstellungen verbergen sich hinter dem Symbol **Textgröße** ❸. Sollten Sie die Symbolleiste nicht sehen, können Sie sie über das Kontextmenü einblenden lassen.

Notizen auf Webseiten anlegen

Eine der herausragendsten Funktionen von Edge ist die Möglichkeit, Webseiten zu kommentieren. Stellen Sie sich vor, Sie hätten im Web von einem neuen Kinofilm gelesen, den Sie am liebsten mit einer Freundin oder einem Freund ansähen. Mit Edge können Sie die Webseite mit dem Bericht über den Kinofilm mit Markierungen und Kommentaren versehen und das Ergebnis direkt an Ihren Freund oder Ihre Freundin senden.

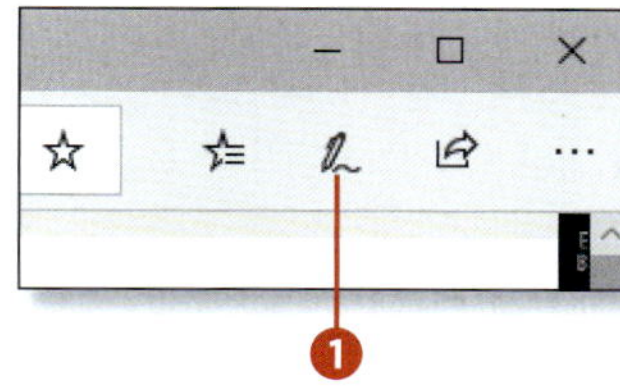

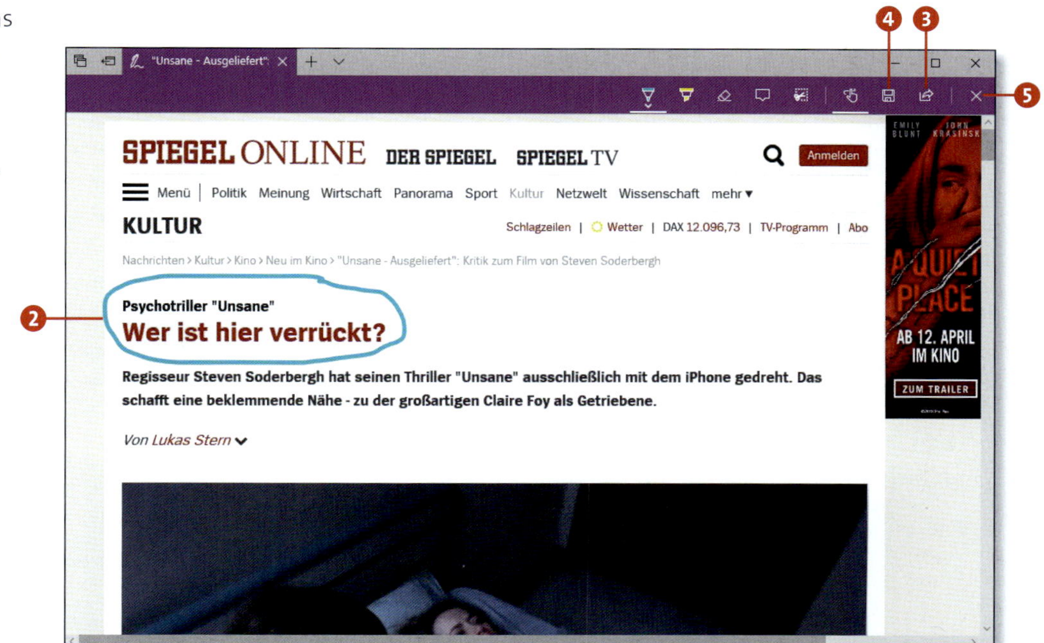

1. Laden Sie die Webseite, die Sie kommentieren möchten, in Edge, und klicken Sie in der Befehlsleiste auf das **Webseitennotiz**-Symbol ❶.
2. Nutzen Sie die angebotenen Funktionen zum Editieren und Kommentieren des Webseitentextes ❷.
3. Klicken Sie auf das **Teilen**-Symbol, um die kommentierte Webseite per Mail an jemanden zu senden ❸.
4. Zurück in Edge können Sie die kommentierte Webseite zur Erinnerung auf Wunsch auch in Ihrer Leseliste ❹ speichern.
5. Beenden Sie den Bearbeitungsmodus ❺.

Webseitennotizen per Mail teilen

Wenn Sie eine Webseitennotiz per Mail verschicken, erhält der Empfänger ein Bild von der kommentierten Webseite plus einen Link, der ihn zu der Originalwebseite führt.

Die voreingestellte Suchmaschine ändern

Wenn Sie in das Adressfeld von Edge Suchbegriffe eingeben, suchen Sie per Voreinstellung mit der Bing-Suchmaschine von Microsoft. Vielleicht würden Sie aber lieber mit Google suchen oder in der Wikipedia?

1. Laden Sie die Webseite, die Sie zukünftig als Startseite verwenden möchten.
2. Öffnen Sie das Menü **Einstellungen und mehr** ❶, und wählen Sie den Befehl **Einstellungen** ❷.
3. Scrollen Sie im **Einstellungen**-Dialog nach unten bis zu **Erweiterte Einstellungen**, und klicken Sie auf **Erweiterte Einstellungen anzeigen**.
4. Scrollen Sie im **Erweiterte Einstellungen**-Dialog nach unten bis zu **In Adressleiste suchen mit**, und klicken Sie auf **Suchmaschine ändern** ❸.
5. Klicken Sie im Dialog **Suchmaschine ändern** auf den Eintrag für Ihre Suchwebseite ❹. Wird die von Ihnen geladene Webseite nicht angezeigt, bedeutet dies in der Regel, dass der Suchanbieter nicht den OpenSearch-Standard unterstützt.
6. Klicken Sie auf **Als Standard** ❺.

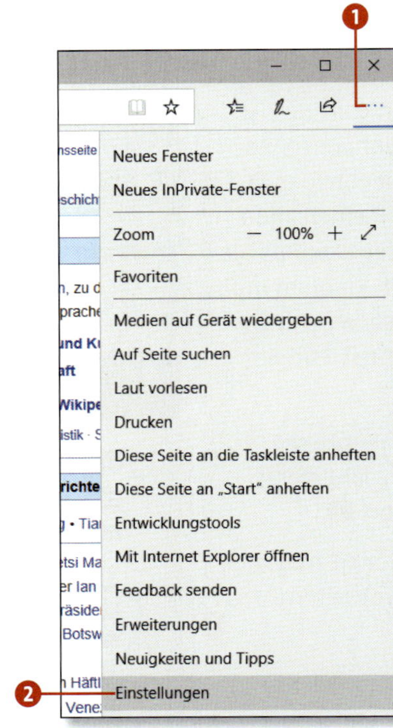

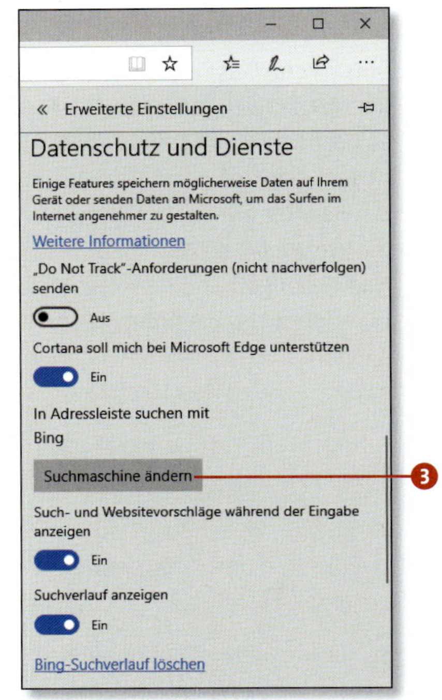

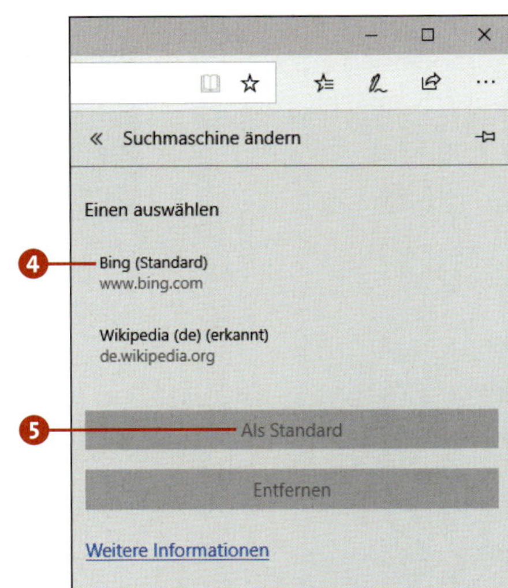

Bing und Google

Welche Suchmaschine Sie nutzen wollen, bleibt Ihre Entscheidung. Unserer Erfahrung nach sind Google und Bing im Grunde gleich leistungsfähig und liefern gute Treffer. Es gibt auch sehr spannende Alternativen wie StartPage (siehe den Kasten »Eine schlaue Alternative« auf Seite 146) oder DuckDuckGo (*www.duckduckgo.de*). Beide sammeln anders als Google oder Bing keine oder so gut wie keine Daten über Sie.

Links im Internet Explorer öffnen

Auch wenn Edge viele Vorteile bietet, die der Internet Explorer nicht aufweist, gibt es immer noch Nutzer, die die vertraute Umgebung des Internet Explorers bevorzugen oder dort einige Features nutzen, auf die bei Edge verzichtet wurde. Wer also zufällig auf einen Link klickt und in Edge landet, weil er den Internet Explorer nicht als Standardbrowser eingerichtet hat, kann den Browser schnell gegen den Internet Explorer tauschen.

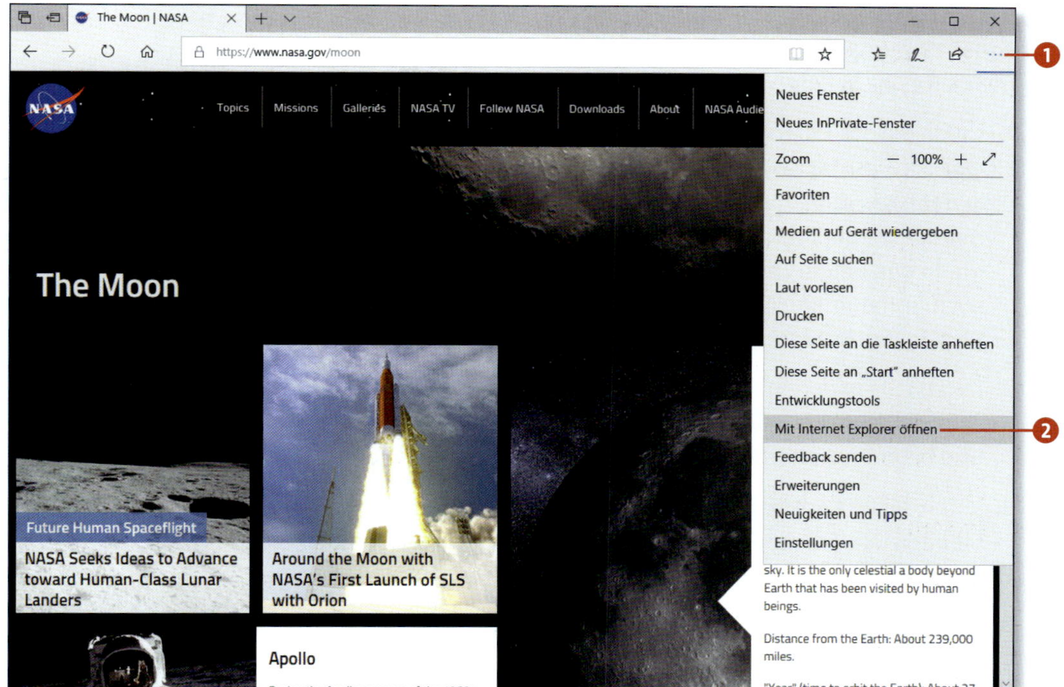

1. Um die in Edge aktuell angezeigte Webseite direkt in der Desktop-Version des Internet Explorers zu öffnen, klicken Sie in der Befehlsleiste auf das Symbol **Einstellungen und mehr** 1.
2. Wählen Sie in dem sich öffnenden Menü den Befehl **Mit Internet Explorer öffnen** 2 aus.
3. Danach können Sie Edge oder zumindest die Seite schließen.

Firefox

Natürlich gibt es auch noch andere Browser als die von Microsoft. *Firefox* können wir Ihnen unter diesen Alternativen am ehesten empfehlen. Sie finden den Browser unter *www.mozilla.org/de/firefox/new/*.

Ein Grund, beim Internet Explorer zu bleiben

Der Internet Explorer hat immer noch klare Vorteile. Von ihm aus können Sie eine Webseite auf Ihren Rechner herunterladen (Befehl **Extras > Datei > Speichern unter**).

E-Books im Vollbildmodus lesen

Neben Webseiten können Sie in Edge auch E-Books lesen. Falls Sie dabei als Lesegerät ein Smartphone oder Tablet benutzen, versäumen Sie es nicht, Edge in den Vollbildmodus zu laden.

1. Laden Sie das E-Book in Microsoft Edge. E-Books im *.epub*- oder *.pdf*-Format, die Sie auf Ihrem PC gespeichert haben, können Sie in der Regel direkt per Doppelklick laden. Andernfalls klicken Sie mit der rechten Maustaste auf die Datei und wählen im Kontextmenü den Befehl **Öffnen mit > Microsoft Edge** aus. Es gibt aber auch immer mehr Webseiten, auf denen Sie E-Books direkt per Klick in den Browser laden können.
2. Klicken Sie in der Befehlsleiste auf das Symbol **Favoriten** ❶, und speichern Sie das E-Book in der Leseliste ❷, um jederzeit schnell und bequem weiterlesen zu können.
3. Rufen Sie im Kontextmenü den Befehl **Symbolleisten ein-/ausblenden** auf, um die Schrift zu vergrößern ❸, sich vorlesen zu lassen ❹ oder zu einem bestimmten Kapitel zu springen ❺.
4. Wenn Sie im Vollbildmodus lesen möchten, drücken Sie F11.

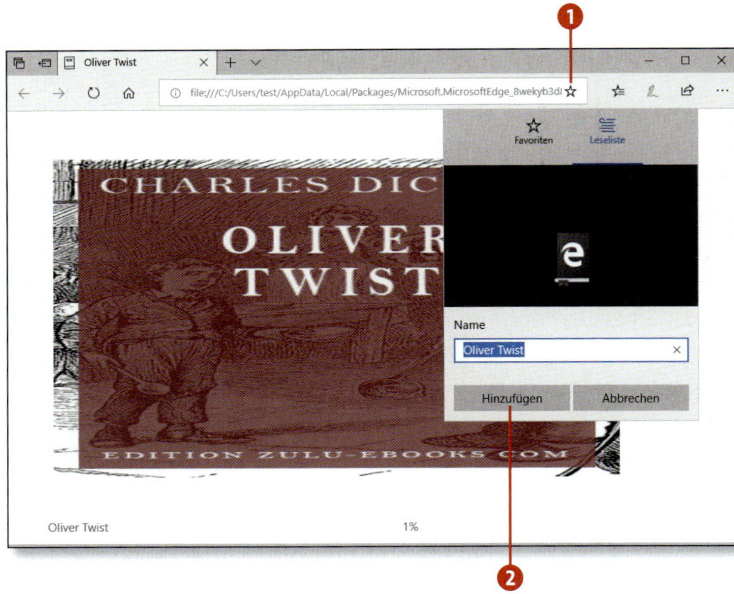

Vollbildmodus für beliebige Apps

Mit [Win] + [⇧] + [↵] können Sie übrigens jede Microsoft-Store-App in den Vollbildmodus und wieder zurücksetzen.

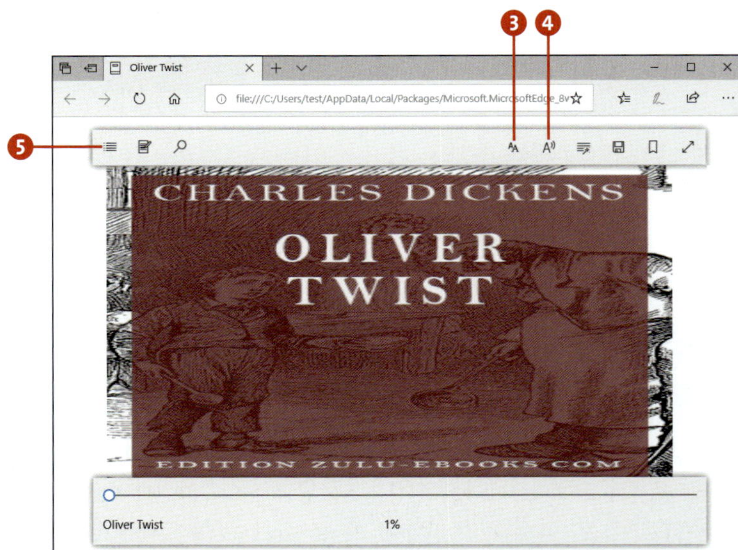

Kostenlose E-Books

Mittlerweile gibt es diverse Webseiten, über die Sie auch kostenlose E-Books, zum Teil sogar ohne Anmeldung, beziehen können. Wenn Sie auf StartPage oder einer anderen Suchmaschine nach »Kostenlose E-Books« suchen, dürften Sie schnell fündig werden.

Tipps zum Internet Explorer

Den Internet Explorer als Standardbrowser einrichten

Wenn Sie in einer App auf einen Link zu einer Webseite klicken oder eine HTML-Seite öffnen, wird diese automatisch in den Standardbrowser geladen – und dies ist in Windows 10 der Edge-Browser. Fans des klassischen Browsers Internet Explorer werden dies natürlich sofort ändern wollen.

1. Tippen Sie in der Taskleiste in das Suchfeld »Links« ❶ ein, und wählen Sie in der Ergebnisliste den Link **Auswählen, wie Links geöffnet werden sollen** ❷.
2. Klicken Sie im Dialogfenster **Eigenschaften von Internet**, das automatisch mit der Registerkarte **Programme** geöffnet wird, im obersten Listenfeld auf den Link **Internet Explorer als Standardbrowser einrichten** ❸.
3. Scrollen Sie im Dialogfenster **Standard-Apps** nach unten bis zum Bereich **Webbrowser**, und klicken Sie auf Ihren aktuellen Standardbrowser, hier **Microsoft Edge** ❹. Nun können Sie die für Sie passende App aus dem Listenfeld auswählen ❺.

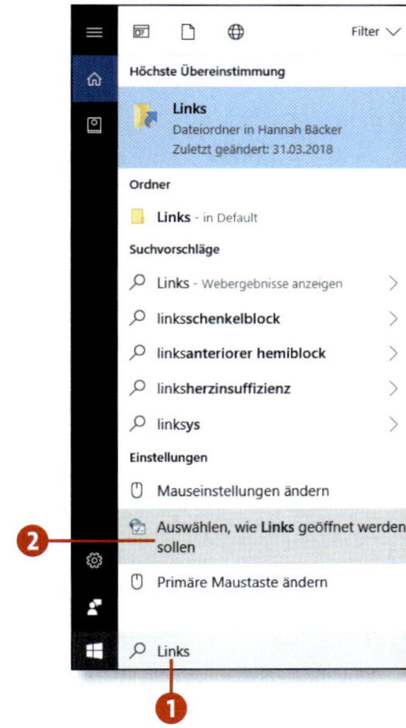

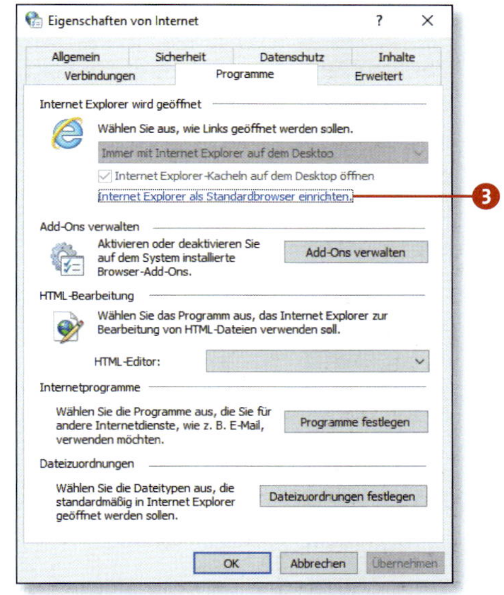

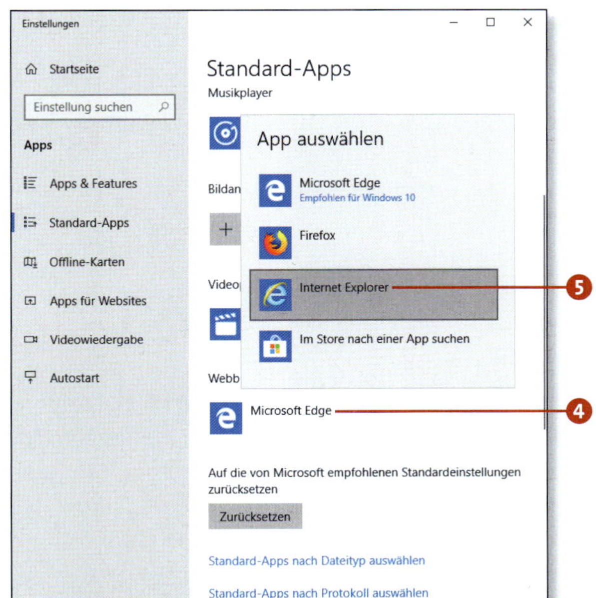

Internet Explorer in der Taskleiste

In der Taskleiste wird standardmäßig nur das Symbol zum Aufruf von Edge angezeigt. Sie können dieses Symbol aber mit dem Kontextmenü-Befehl **Von Taskleiste lösen** entfernen und dafür das Symbol des Internet Explorers anheften (siehe Tipp »Apps an die Taskleiste heften« auf Seite 61).

Mehr Platz für die Registerkarten

Der Internet Explorer 11 zeigt die Reiter zur Auswahl der geöffneten Registerkarten standardmäßig neben der Adressleiste an. Dies führt dazu, dass der Platz für die Reiter recht beschränkt ist. Wenn Sie mehrere Registerkarten öffnen, werden die Reiter schnell so klein, dass der Titel der angezeigten Seiten nicht mehr zu lesen ist. Im schlimmsten Fall werden Pfeilschaltflächen zum Scrollen durch die Reiter angezeigt. Glücklicherweise ist es ganz einfach, den Reitern mehr Platz einzuräumen.

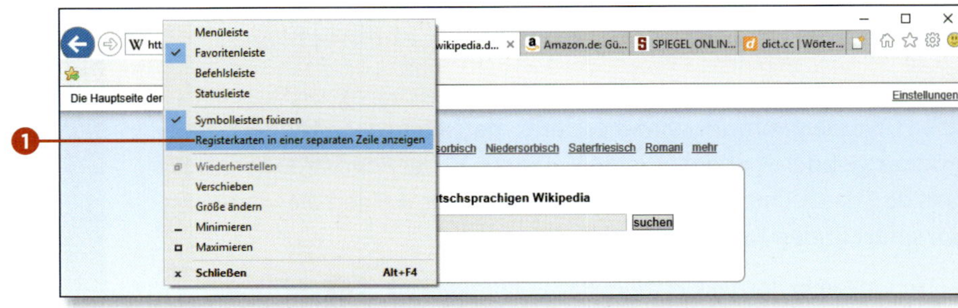

1. Klicken Sie mit der rechten Maustaste in die Titelleiste des Internet Explorers.
2. Wählen Sie den Befehl **Registerkarten in einer separaten Zeile anzeigen** 1 aus.
3. Im Gegensatz zu vorher, als die Registerkarten-Reiter noch neben der Adresszeile angeordnet waren 2, erscheinen sie jetzt in einer eigenen Zeile unter der Adressleiste 3.

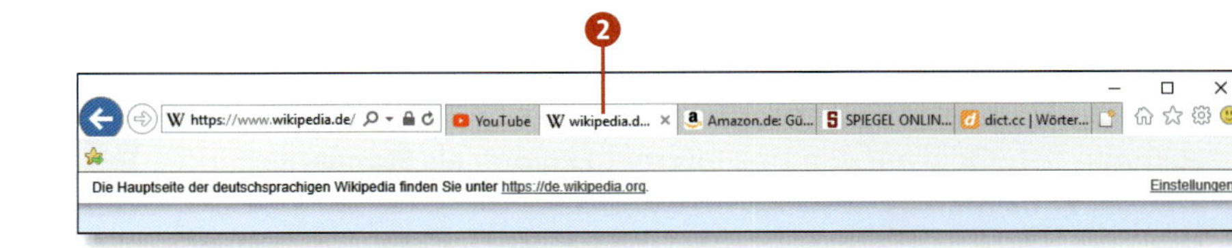

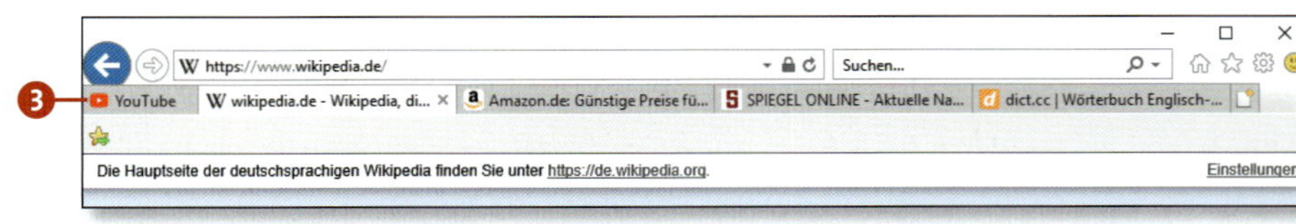

Im äußersten Notfall

Denken Sie auch daran, dass Sie im Notfall auch einfach mehrere Internet-Explorer-Fenster öffnen können. Falls Sie mehrere Webseiten zu jeweils verschiedenen Themengebieten öffnen möchten, kann dies sogar recht sinnvoll sein. Starten Sie einfach für jedes Themengebiet ein eigenes Internet-Explorer-Fenster, und es wird Ihnen viel leichter fallen, zwischen den Themengebieten und Webseiten zu wechseln.

Individuelle Befehlsleiste

Microsoft ist ständig dabei, Nutzerdaten zu sammeln, auszuwerten und seine Produkte danach umzugestalten. Meist führt dies dazu, dass weniger häufig benötigte Befehle langsam verschwinden oder nur noch schwer zu erreichen sind. Hier ein paar Tipps, wie Sie herabgestufte Befehle wieder hervorholen können.

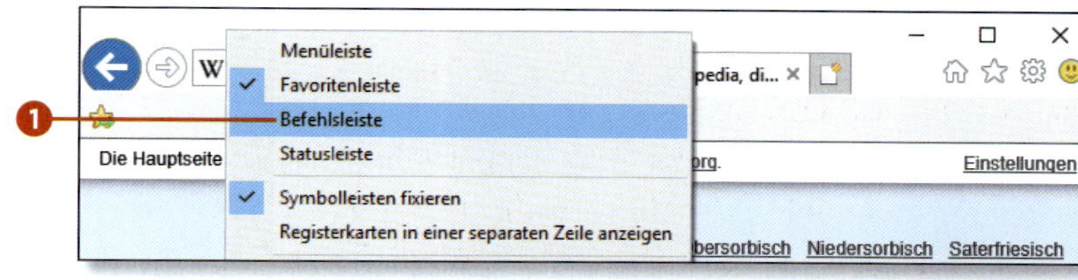

1. Klicken Sie mit der rechten Maustaste in die Titelleiste des Internet Explorers, und wählen Sie den Befehl **Befehlsleiste** 1 aus.
2. Klicken Sie mit der rechten Maustaste in die Befehlsleiste, und benutzen Sie die oberen drei Befehle im Untermenü **Anpassen**, um festzulegen, ob Text, Text und Symbole oder nur Symbole in der Befehlsleiste angezeigt werden sollen 2.

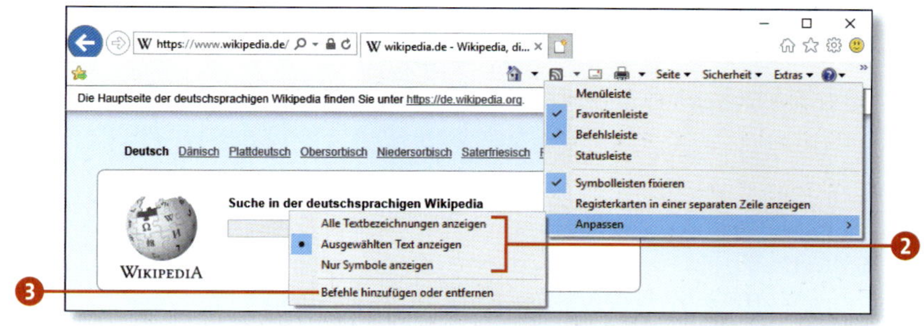

3. Klicken Sie mit der rechten Maustaste in die Befehlsleiste, und rufen Sie im Untermenü **Anpassen** den Befehl **Befehle hinzufügen oder entfernen** 3 auf, um die Befehlsleiste individuell zu konfigurieren.
4. Um einen Befehl aufzunehmen, wählen Sie ihn links im Dialogfenster **Symbolleiste anpassen** aus und klicken auf **Hinzufügen** 4.
5. Um einen Befehl aus der Befehlsleiste zu entfernen, wählen Sie ihn rechts aus und klicken dann auf **Entfernen** 5.

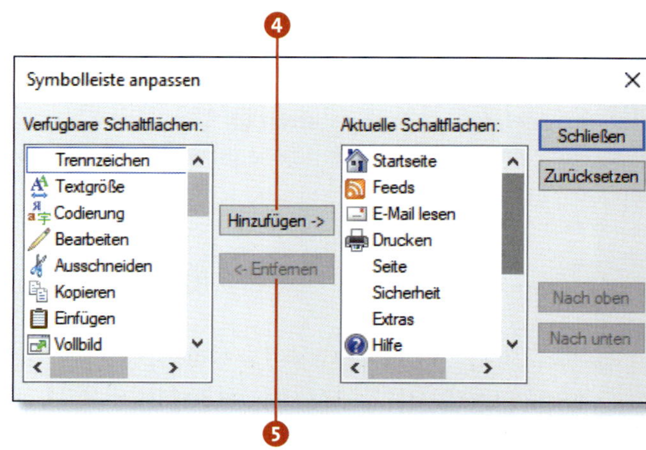

Individuelle Leisten

In der Pro-Version können Sie die Symbole in den verschiedenen Symbolleisten des Internet Explorers vergrößern. Drücken Sie [Windows] + [R], und geben Sie in das Dialogfeld **Ausführen** den Befehl »gpedit.msc« ein. Öffnen Sie links den Ordner **Benutzerkonfiguration > Administrative Vorlagen > Windows-Komponenten > Internet Explorer**, und klicken Sie auf **Symbolleisten**. Doppelklicken Sie rechts auf **Große Symbole für Befehlsschaltflächen verwenden**, und markieren Sie die Option **Aktiviert**.

Startseite festlegen

Den meisten Anwendern dürfte wohl bekannt sein, dass sie die Startseite – d. h. die Webseite, die beim Starten des Internet Explorers automatisch geladen wird – selbst festlegen können. Weit weniger bekannt aber ist, dass der Internet Explorer sogar die Festlegung mehrerer Startseiten erlaubt.

1. Laden Sie im Internet Explorer die Webseite, die Sie zukünftig als Startseite verwenden möchten ❶.
2. Klicken Sie rechts oben auf das Symbol **Extras** ❷.
3. Rufen Sie im Menü den Befehl **Internetoptionen** ❸ auf.
4. Wechseln Sie gegebenenfalls zur Registerkarte **Allgemein**.
5. Klicken Sie auf die Schaltfläche **Aktuelle Seite** ❹.
6. Wenn Sie eine weitere Startseite öffnen möchten, klicken Sie im Textfeld an das Ende des Links, drücken Sie [↵], um eine neue Zeile anzufangen, und tippen Sie dort die Webadresse der zusätzlichen Startseite ein ❺.
7. Wenn Sie beim nächsten Aufruf automatisch mit den zuletzt geöffneten Seiten starten möchten, aktivieren Sie die Option **Mit Registerkarten der letzten Sitzung starten** ❻. Beenden Sie den Internet Explorer, ohne die gewünschten Registerkarten zuvor zu schließen.

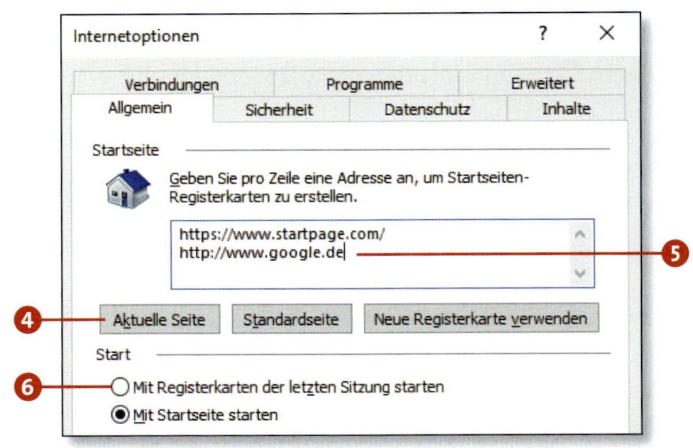

Eine schlaue Alternative

StartPage ist eine Suchseite, vergleichbar mit Google oder Bing, die sich vor allem dadurch auszeichnet, dass sie darauf verzichtet, persönliche Daten über ihre Nutzer zu sammeln. StartPage ist zwar keine staatliche Website, aber sie besitzt das Europäische Datenschutz-Gütesiegel und steht im Besitz eines niederländischen Unternehmens, das sich ausschließlich um den Betrieb von StartPage und Ixquick kümmert.

Downloads-Ordner ändern

Der Internet Explorer speichert heruntergeladene Dateien per Voreinstellung automatisch im *Downloads*-Ordner des angemeldeten Benutzers. Sie können im Einzelfall aber auch einen anderen Speicherort auswählen oder grundsätzlich einen anderen Standardordner für heruntergeladene Dateien festlegen.

1. Öffnen Sie die Download-Liste. Drücken Sie dazu die Tastenkombination `Strg` + `J`; oder klicken Sie rechts oben im Internet Explorer auf das Symbol **Extras**, und wählen Sie den Befehl **Downloads anzeigen**.
2. Klicken Sie links unten auf **Optionen** ❶.
3. Klicken Sie im Dialogfenster **Downloadoptionen** auf die Schaltfläche **Durchsuchen** ❷, und wählen Sie den Ordner aus, in dem zukünftig heruntergeladene Dateien abgelegt werden sollen.
4. Schließen Sie das Dialogfenster mit **OK** ❸, und schließen Sie die Download-Liste ❹.

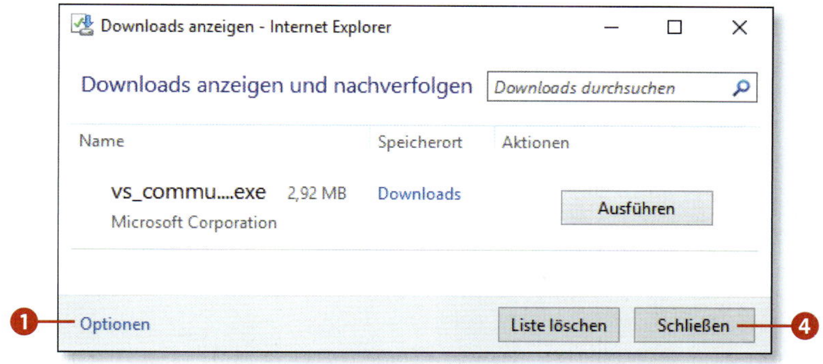

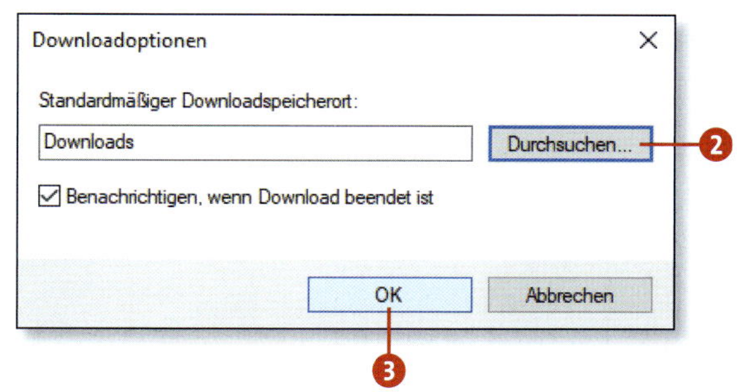

Speicherort

Der *Downloads*-Ordner ist auch der voreingestellte Speicherort für Webseiten, die Sie speichern (Symbol **Extras**, Befehl **Datei > Speichern unter**).

Downloads-Ordner für Edge

Den *Downloads*-Ordner des Browsers Edge können Sie über **Einstellungen und mehr > Einstellungen > Erweiterte Einstellungen anzeigen > Heruntergeladene Dateien speichern in** ändern.

Nach anderen Standardsuchanbietern suchen

Wie Sie vielleicht wissen, macht die Adressleiste des Internet Explorers nicht nur Vorschläge zur Vervollständigung von Webadressen, sondern kann gleichzeitig zur Suche verwendet werden. Ausgewertet werden diese Suchbegriffe von den installierten Suchanbietern – standardmäßig Bing. Sie können aber auch weitere Suchanbieter installieren und Bing als Standardsuchanbieter ablösen.

1. Klicken Sie rechts oben im Internet Explorer auf das Symbol **Extras** ❶.
2. Rufen Sie im Menü den Befehl **Add-Ons verwalten** ❷ auf.
3. Wechseln Sie gegebenenfalls links zum Add-On-Typ **Suchanbieter** ❸.
4. Klicken Sie unten auf die Schaltfläche **Weitere Suchanbieter suchen** ❹, und lassen Sie sich eine Übersicht über die verschiedenen Suchanbieter anzeigen. Nun müssen Sie sich nur noch für einen davon entscheiden, um ihn zu installieren.

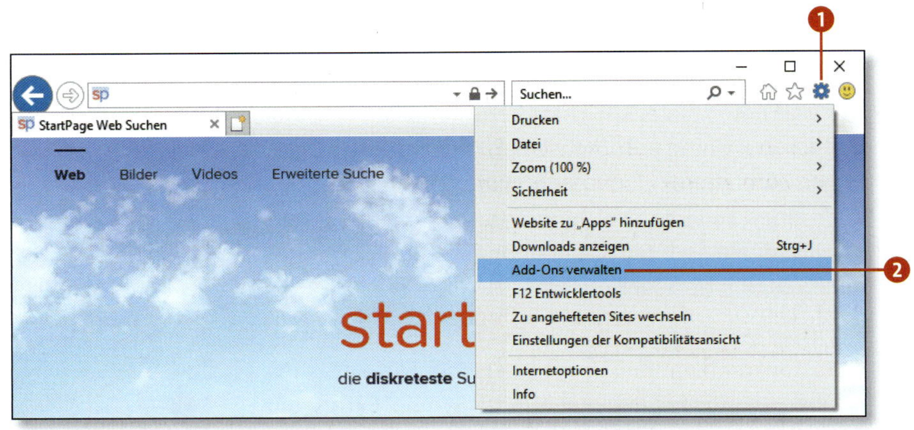

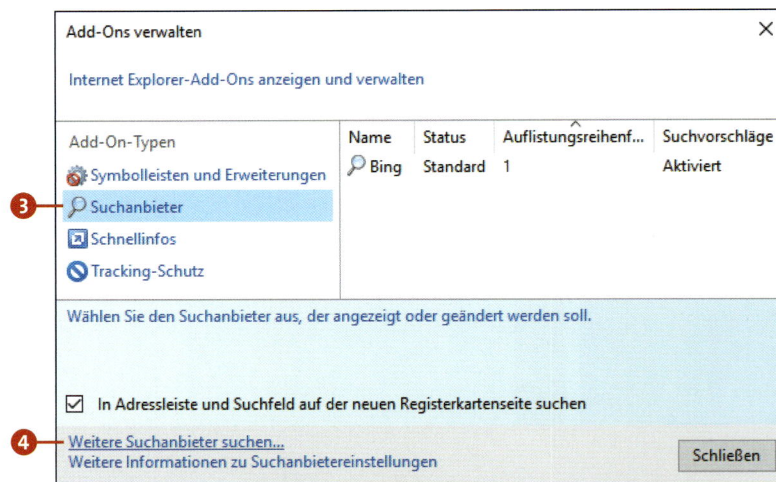

Kein StartPage

Leider wird StartPage – eine Suchmaschine, die auf das Sammeln von Daten über ihre Nutzer weitgehend verzichtet – derzeit nicht zur Auswahl angeboten. Vermutlich, weil StartPage nicht den OpenSearch-Standard unterstützt.

5. Scrollen Sie in der erscheinenden Webseite nach unten bis zu dem gewünschten Suchanbieter, beispielsweise **Wikipedia** ❺.
6. Klicken Sie unter der Seite des Suchanbieters auf die Schaltfläche **Zum Internet Explorer hinzufügen** ❻.
7. Aktivieren Sie im Dialogfenster **Suchanbieter hinzufügen** die Option **Suchvorschläge von diesem Anbieter verwenden** ❼.
8. Klicken Sie auf **Hinzufügen** ❽, und schließen Sie die geöffneten Internet-Explorer-Fenster.

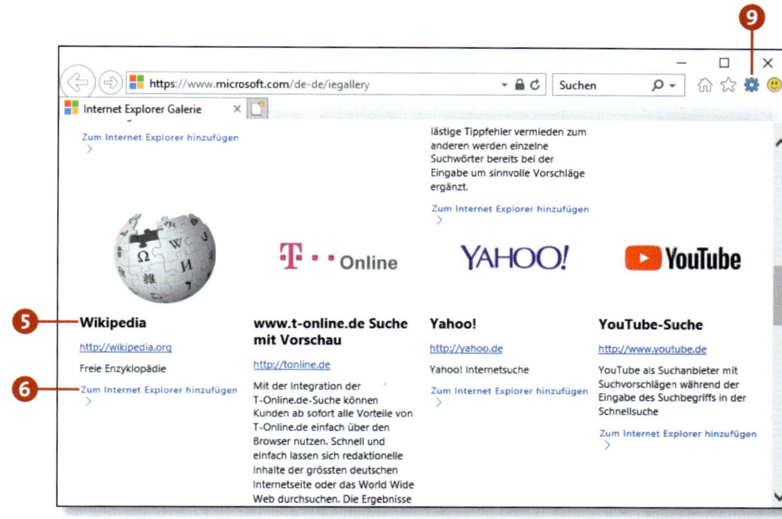

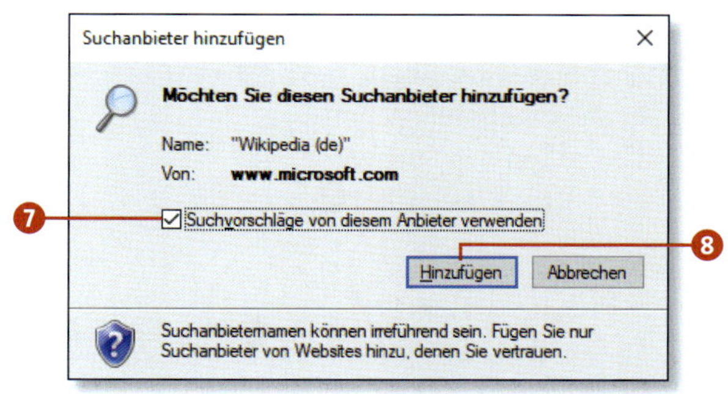

Suchanbieter als Standard festlegen

In der Adressleiste werden zuerst immer nur die Suchergebnisse des Standardsuchanbieters angezeigt. So machen Sie einen Suchanbieter zum Standardsuchanbieter:

1. Klicken Sie rechts oben im Internet Explorer auf das Symbol **Extras** ❾, und rufen Sie im Menü den Befehl **Add-Ons verwalten** auf.
2. Wechseln Sie links zum Add-On-Typ **Suchanbieter**.
3. Wählen Sie den gewünschten Suchanbieter aus ❿, und klicken Sie auf **Als Standard** ⓫.

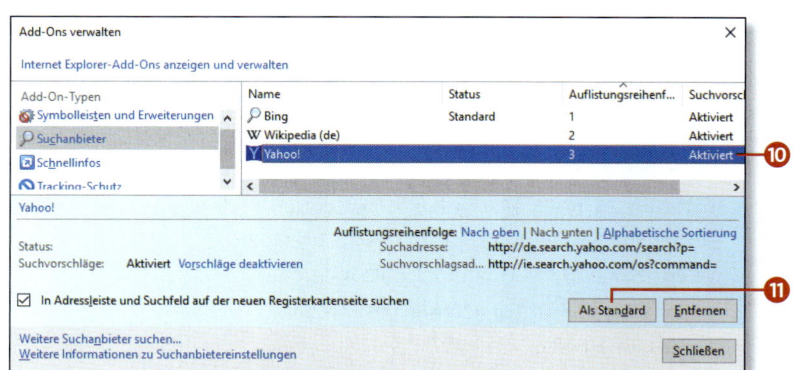

Wikipedia als Standardsuchanbieter

Wenn Sie das Internet vornehmlich zur Wissensrecherche nutzen, ist Wikipedia ein ganz hervorragender und zudem sehr diskreter Standardsuchanbieter. Für die Suche nach Video-Anleitungen, Online-Shops etc. sind allgemeine Suchanbieter aber sicherlich besser geeignet.

Suchen mit alternativem Suchanbieter

Wenn Sie einen anderen Suchanbieter als Standard festgelegt haben, werden Ihnen bei der Eingabe von Suchbegriffen in der Adressleiste zuerst die Vorschläge dieses Suchanbieters angezeigt.

1. Starten Sie den Internet Explorer.
2. Tippen Sie in die Adressleiste einen Suchbegriff oder den Beginn eines Suchbegriffs ein ❶.
3. Bei der ersten Nutzung müssen Sie eventuell noch auf **Vorschläge einschalten** ❷ klicken.
4. Danach erscheinen die gewünschten Suchergebnisse ❸.
5. Wenn Sie mehrere Suchanbieter installiert haben, können Sie über die angebotenen Symbole am unteren Rand zwischen den Suchergebnissen der einzelnen Anbieter wechseln ❹.

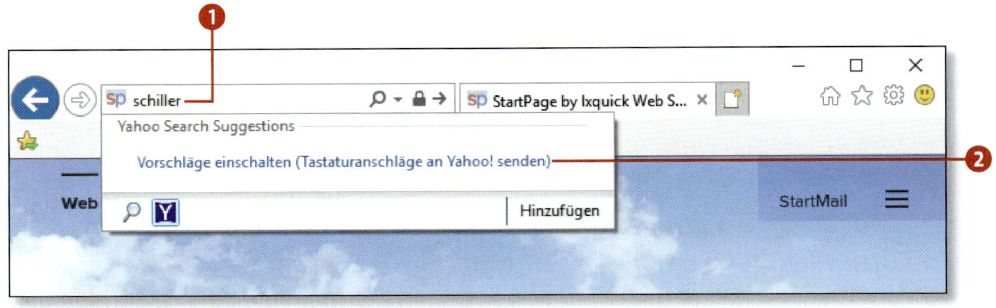

Suche optimieren

Eine sehr praktische Kombination ist es, die Hauptseite eines globalen Suchanbieters wie StartPage, Bing oder Google als Startseite zu verwenden und spezialisierte Suchanbieter wie Wikipedia als Add-Ons für die Adressleiste zu installieren.

Den Suchanbieter konfigurieren

Auch wenn Sie einen neuen Suchanbieter als Standard festgelegt haben, muss das nicht für immer sein. Sie können das jederzeit ändern.

1. Klicken Sie rechts oben im Internet Explorer auf das Symbol **Extras** ❶, und rufen Sie im Menü den Befehl **Add-Ons verwalten** auf ❷.
2. Wechseln Sie gegebenenfalls zum Add-On-Typ **Suchanbieter** ❸.
3. Klicken Sie auf den Suchanbieter, den Sie konfigurieren möchten ❹.
4. Klicken Sie auf **Entfernen** ❺, um den ausgewählten Suchanbieter zu deinstallieren. Achtung! Den Standardanbieter können Sie nicht entfernen. Sie müssen erst einen anderen Standardsuchanbieter festlegen.
5. Klicken Sie auf **Als Standard** ❻, um den ausgewählten Suchanbieter zum Standardsuchanbieter zu machen.
6. Lassen Sie das Kontrollkästchen **In Adressleiste und Suchfeld auf der neuen Registerkartenseite suchen** ❼ aktiviert. Die Option gilt global und sorgt dafür, dass die in die Adressleiste eingetippten Suchbegriffe an die Suchanbieter weitergegeben werden.

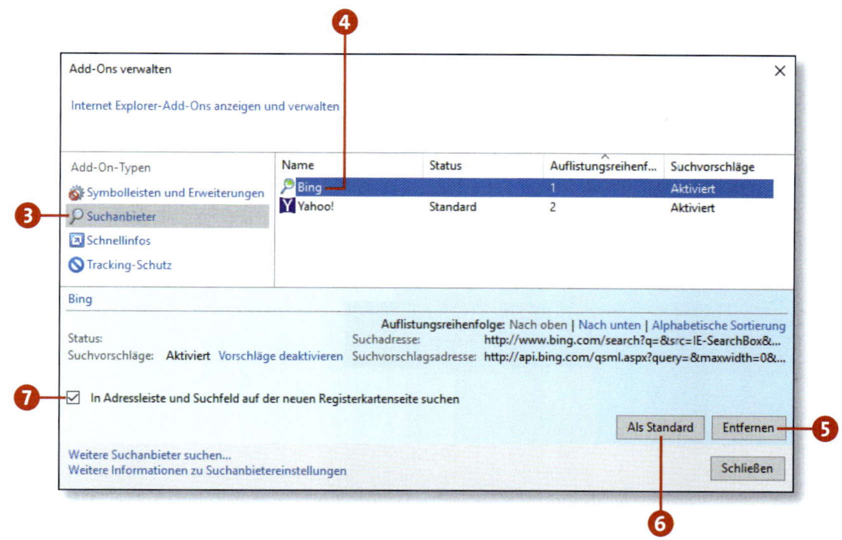

Ergebnisse anderer Suchanbieter einblenden

In der Adressleiste werden zuerst nur die Suchergebnisse des Standardsuchanbieters angezeigt. Um die Ergebnisse anderer installierter Suchanbieter zu sehen, müssen Sie explizit zu diesen wechseln (siehe dazu den Tipp »Suchen mit alternativem Suchanbieter«, Schritt 5).

Favoriten hinzufügen

Auch beim Internet Explorer gibt es natürlich die Möglichkeit, häufiger besuchte Webseiten als Favoriten abzuspeichern, um sie bei Bedarf schneller – und ohne sich an die Adresse erinnern zu müssen – abrufen zu können. Allerdings weicht das Prozedere etwas von dem bei Edge ab.

1. Rufen Sie die Webseite auf, die Sie als Favorit abspeichern wollen.
2. Klicken Sie rechts in der Befehlsleiste auf das Symbol für **Favoriten** ❶.
3. Klicken Sie auf **Zu Favoriten hinzufügen** ❷.
4. Im eingeblendeten Dialogfenster **Favoriten hinzufügen** können Sie immer noch entscheiden, in welchem Ordner die Webseite als Favorit abgelegt werden soll ❸ und ob der Name vielleicht etwas kürzer auch aussagekräftig genug ist.

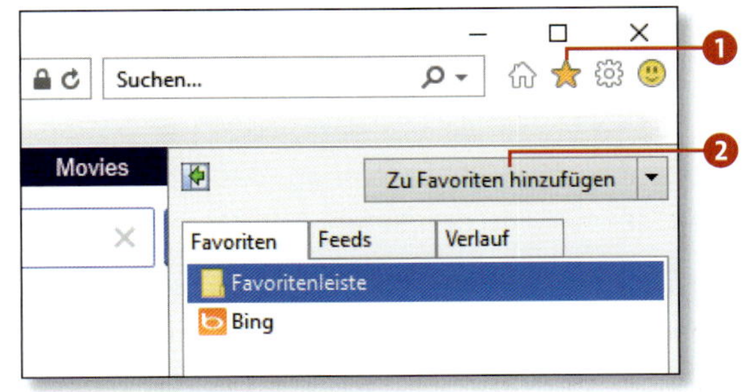

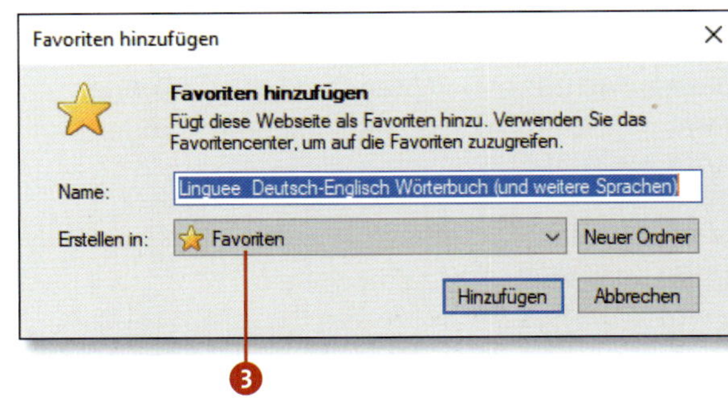

Favoriten können zur Sicherheit beitragen

Internetbetrüger nutzen gelegentlich Tippfehler in Webadressen, um ahnungslose Surfer auf Seiten umzuleiten, die zwar fast genauso aussehen wie die Originalseite, letztlich aber nur dazu gedacht sind, brisante Informationen von ihnen abzufragen. Indem Sie sicherheitsrelevante Seiten als Favoriten speichern – nachdem Sie sich noch einmal davon überzeugt haben, dass Sie wirklich auf der richtigen Seite gelandet sind –, können Sie solche Tippfehler vermeiden.

Favoriten verwalten

Im Gegensatz zu Edge gibt es beim Internet Explorer ein spezielles Dialogfenster zur Verwaltung der Favoriten.

1. Klicken Sie rechts in der Befehlsleiste auf das Symbol für **Favoriten** ①.
2. Klicken Sie auf den Pfeil rechts neben **Zu Favoriten hinzufügen** ②.
3. Klicken Sie auf **Favoriten verwalten** ③.
4. Im gleichnamigen Dialogfenster können Sie die Favoriten und Favoritenordner umbenennen, verschieben und löschen ④. Sie können von hier aus sogar einen neuen Ordner erstellen.
5. Beim Verschieben landen Sie im Dialogfenster **Ordner suchen**, wo Sie festlegen, wo Sie Ihren Favoriten ablegen wollen ⑤.

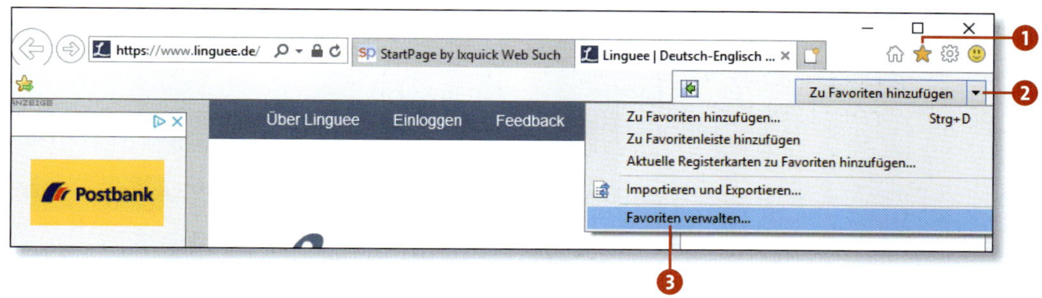

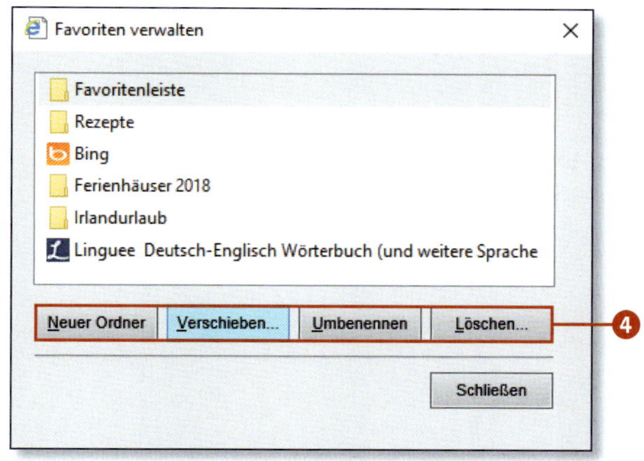

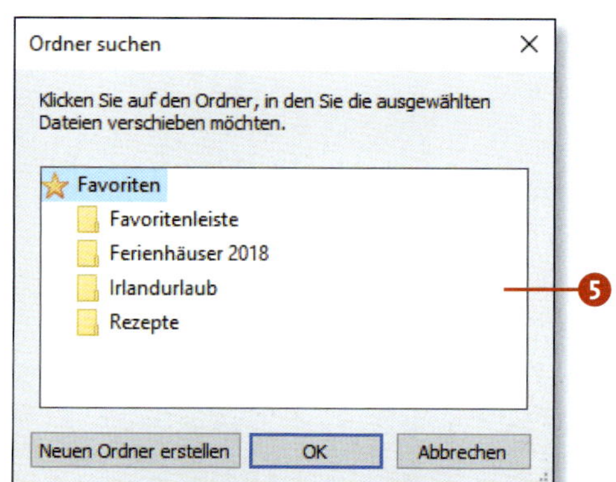

Favoritenleiste einblenden

Die Favoritenleiste mit allen darin abgelegten Favoriten lässt sich mit nur einem Klick einblenden: Klicken Sie mit der rechten Maustaste in die Befehlsleiste, und wählen Sie aus dem Kontextmenü die Option **Favoritenleiste**. Wenn Sie mehr Platz zur Anzeige der Webseite benötigen, lässt sich auf dem gleichen Weg die Favoritenleiste auch wieder ausblenden.

Tastenkombinationen für Edge und Internet Explorer

Ich muss gestehen, ich bin ein Fan der Maus. Auf meinem Desktop-Rechner bediene ich die laufenden Anwendungen fast ausschließlich über die Maus. Trotzdem geht es mit der Tastatur natürlich oft schneller, und so versuche ich, mir für die Anwendungen, mit denen ich regelmäßig arbeite – wie z. B. den Internet Explorer –, zumindest für die am häufigsten verwendeten Aktionen Tastenkombinationen, soweit vorhanden, einzuprägen. In diesem Sinne hier eine kleine Vorschlagliste für Sie.

Tastenkombination	Aktion
Alt + Pos1	zur Startseite wechseln
Alt + →	im Verlauf zur nächsten Seite wechseln
Alt + ←	im Verlauf zur vorherigen Seite wechseln
Strg + Mausklick auf Link	Öffnet das Ziel des Links in einer neuen Registerkarte, ohne zu wechseln.
Strg + ⇧ + Mausklick auf Link	Öffnet das Ziel des Links in einer neuen Registerkarte und wechselt zu dieser.
Strg + ⇆	Wechseln zwischen den Registerkarten
Strg + W	aktuelle Registerkarte schließen

Tastenkombinationen für die Navigation im Browser

Tastenkombination	Aktion
Strg + F	Suche im Inhalt der Seite
F5	die aktuelle Webseite neu laden
Strg + T	neue Registerkarte öffnen
Strg + I	Favoriten öffnen
Strg + H	Verlauf öffnen
Strg + J	Download-Liste öffnen
Strg + +, Strg + -	zoomen
Strg + 0	Zoom auf 100 % zurückstellen

Weitere nützliche Tastenkombinationen

Den Flugzeugmodus einschalten

Kann die Strahlung mobiler Kommunikationsgeräte krank machen? Wir wissen es nicht. Fest steht aber, dass die bei der Kommunikation ausgestoßene Strahlung empfindliche elektronische Geräte in ihrer Funktion stören kann, weswegen Mobilgeräte in der Nähe solcher Geräte (z. B. in Flugzeugen und Krankenhäusern) auszuschalten oder in den sogenannten Flugzeugmodus, also einen Betriebsmodus ohne Onlinekommunikation, zu versetzen sind. Mit Windows 10 geht dies ganz einfach:

1. Klicken Sie auf das **Benachrichtigungen**-Symbol rechts in der Taskleiste, und öffnen Sie damit das Info-Center **1**.
2. Klicken Sie auf die entsprechende Kachel, um den **Flugzeugmodus** **2** einzuschalten.
3. Durch erneutes Anklicken oder Antippen können Sie den Flugzeugmodus wieder ausschalten und die Verbindungen reaktivieren.

PCs können nicht fliegen

Da Desktop-PCs normalerweise zu unhandlich sind, um sie als Handgepäck mit ins Flugzeug zu nehmen, wird auf diesen Rechnern die Schaltfläche für den Flugzeugmodus nicht angeboten.

Webseiten vom Smartphone zum PC senden

Sie haben unterwegs auf Ihrem Smartphone eine interessante Webseite entdeckt, die Sie gerne abends zu Hause in Ruhe an Ihrem PC anschauen möchten? Wenn Sie Ihr Smartphone zuvor an Ihrem Windows-Rechner registriert haben, können Sie die Webseite mit wenigen Klicks an den Rechner schicken.

1. Wählen Sie im Startmenü den Befehl **Einstellungen** aus, oder drücken Sie die Tastenkombination ⊞ + I.
2. Klicken Sie im **Einstellungen**-Dialog auf **Telefon** ❶.
3. Klicken Sie rechts auf **Handy hinzufügen** ❷, geben Sie im nächsten Dialog Ihre Handynummer ein, und klicken Sie auf **Senden** ❸.
4. Microsoft schickt Ihnen daraufhin eine SMS an Ihr Handy, die einen Download-Link für eine App enthält. Installieren Sie die App auf Ihrem Smartphone. Nach erfolgreicher Installation sollte das Handy anschließend im **Einstellungen**-Dialog aufgeführt werden.
5. Anschließend finden Sie im **Einstellungen**-Menü Ihres Browsers die Option zum Teilen mit dem PC (oder zum Senden einer Benachrichtigung).

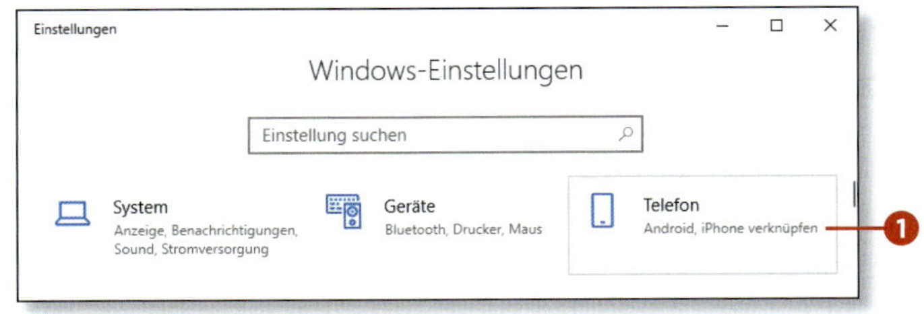

Achtung, Microsoft-Konto!

Während das Senden an einen laufenden PC unserer Erfahrung nach auch mit einem einfachen lokalen Konto funktioniert, ist für das Senden von Benachrichtigungen ein Microsoft-Konto erforderlich.

Wetterdaten für einen bestimmten Ort anzeigen lassen

Die *Wetter*-App zeigt per werksmäßiger Voreinstellung das Wetter in Berlin. Interessanter für Sie dürfte aber natürlich das Wetter in Ihrem Ort sein. Daher werden Sie beim ersten Start der App gefragt, ob für die App Ihre Standardortdaten übermittelt werden dürfen. Wenn Sie dies zulassen, zeigt die Kachel fortan das Wetter an Ihrem Ort an. Sie können aber auch ohne Standardortübermittlung Ihre Stadt (oder eine Stadt in Ihrer Nähe) auswählen – oder die Liste der angezeigten Orte erweitern.

1. Klicken Sie im Startmenü auf die Kachel **Wetter**.
2. Klappen Sie über Antippen oder Anklicken des App-Menüs ❶ die Befehlsleiste auf, und klicken Sie auf **Favoriten** ❷.
3. Um einen Ort aufzunehmen, klicken Sie auf die Kachel mit dem Plussymbol ❸ und geben dann den Namen des Ortes ein.
4. Klicken Sie in der angebotenen Liste auf einen Ort, um sich die Prognose für die nächsten Tage anzeigen zu lassen.
5. Um einen Ort zu löschen, klicken Sie mit der rechten Maustaste auf den Ort und anschließend auf **Aus Favoriten entfernen** ❹.
6. Um den Startort zu ändern, klicken Sie mit der rechten Maustaste auf den bisherigen Startort und anschließend auf **Startort ändern**.

Ihr Standort

Um die Standortübermittlung auszuschalten, drücken Sie ⊞ + I, klicken im Dialogfenster **Einstellungen** auf **Datenschutz**, wählen links die Kategorie **Position** und schalten dann rechts den Positionsdienst oder gleich die ganze Positionserkennung (Schalter **Ändern)** aus.

❶
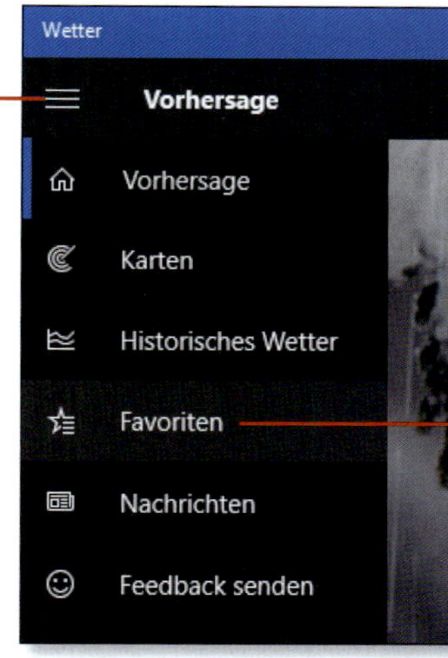

❷

❸

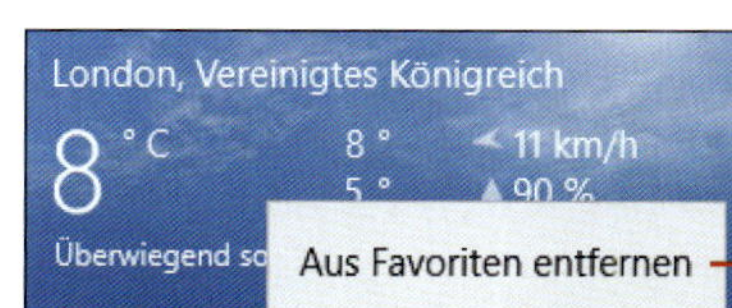

❹

Die Nachrichten-Flut eindämmen

Falls Sie gerne gut informiert sind und dazu bisher vor allem den Browser nutzen, probieren Sie doch einmal die *Nachrichten*-App. Die App ist leistungsstark, einfach zu bedienen und lässt sich schnell und in vielfältiger Weise personalisieren, damit Sie genau die Nachrichten erhalten, die Sie interessieren.

1. Klicken Sie im Startmenü auf die Kachel **Nachrichten**. Wenn Sie die Nachrichten-App das erste Mal aufrufen, können Sie der Aufforderung zur Personalisierung folgen. Sie gelangen dann in einen Dialog, in dem Sie, wie in den Schritten 3 und 4 beschrieben, die Sie interessierenden Themen auswählen können.
2. Klappen Sie über Antippen oder Anklicken des App-Menüs ❶ die Befehlsleiste auf, und klicken Sie auf **Themenbereiche** ❷.
3. Unter **Meine Themen** ❸ sind die Themenbereiche aufgelistet, zu denen Ihnen Nachrichten angezeigt werden und die Sie als Oberpunkte in der Titelleiste ❹ sehen.
4. Um einen Themenbereich abzuwählen, klicken Sie auf das Sternsymbol ❺. Ausgewählte Themenbereiche haben ein grünes Sternsymbol, abgewählte ein graues ❻.
5. Um einen Themenbereich hinzuzufügen, wählen Sie links die passende Rubrik und klicken dann rechts auf das (graue) Sternsymbol.

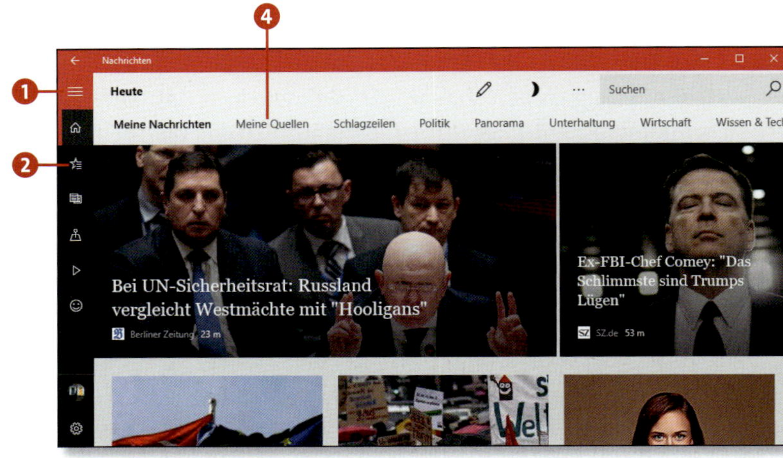

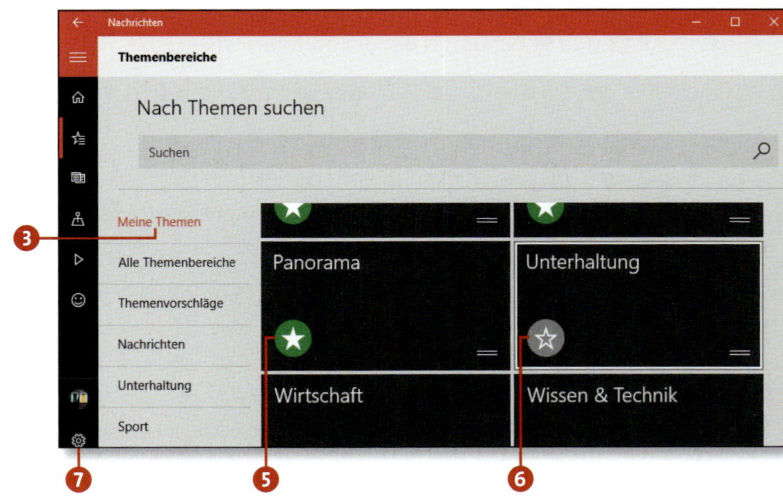

Lassen Sie sich benachrichtigen

Wenn Sie möchten, dass die *Nachrichten*-App Sie auf neu eingetroffene Nachrichten aufmerksam macht, klicken Sie im App-Menü auf **Einstellungen** ❼ und setzen den Schalter **Benachrichtigungen bei wichtigen Nachrichten** auf **Ein**.

Pünktlich Schluss machen

Arbeiten, surfen, spielen – die Beschäftigung mit dem PC oder Tablet nimmt einen schnell so gefangen, dass man darüber ganz die Zeit vergisst. Ärgerlich nur, wenn Sie dadurch wichtige Termine verpassen. Mit der *Alarm*-App können Sie solchem Ungemach vorbeugen.

1. Rufen Sie die Alarm-App auf. Klicken Sie dazu in der alphabetischen App-Liste auf **Alarm & Uhr**. Die App startet mit einem vordefinierten, aber ausgeschalteten Wecker ❶.
2. Klicken Sie in den Weckzeitpunkt ❷, um ihn anzupassen, und stellen Sie ein, wann der Wecker klingeln soll ❸.
3. Geben Sie den Benachrichtigungstext ein ❹. Tippen oder klicken Sie dazu auf den Text (das aktiviert den Editiermodus). Speichern Sie Ihre Einstellungen ❺.
4. Wenn der Wecker klingelt, wird die Benachrichtigung rechts unten auf dem Bildschirm angezeigt.

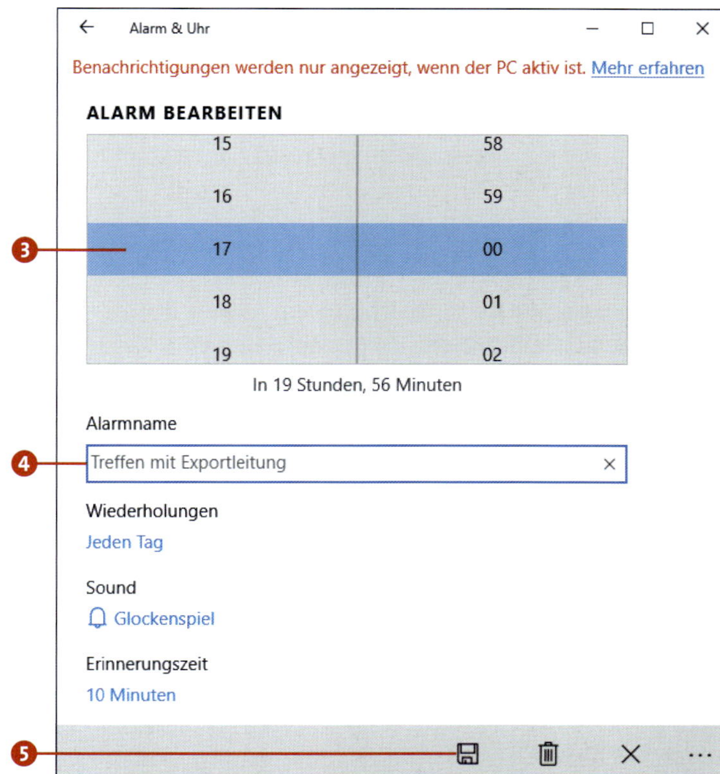

Verschiedene Weckereinstellungen

Um einen weiteren Wecker anzulegen, klicken Sie im ersten Bildschirm auf das Plussymbol rechts unten. Und falls Sie statt eines Weckers eher einen Countdown oder eine Stoppuhr benötigen, wählen Sie die entsprechende Option in der Menüleiste oben.

Musik hören mit Spotify

Statt einzelne Musiktitel zu kaufen und mit der App *Groove-Musik* abzuspielen, können Sie auch ein *Spotify*-Konto eröffnen und unbegrenzt online Musik hören. Das kostenlose Spotify-Konto wird dann allerdings über Werbung finanziert.

1. Klicken Sie im Startmenü auf die Kachel **Spotify**, oder rufen Sie die App über die alphabetische App-Liste auf. (Wie Sie Spotify und andere Apps installieren, lesen Sie im Abschnitt »Apps installieren« auf Seite 28.)
2. Melden Sie sich bei Ihrem Spotify-Konto an, oder registrieren Sie sich als neuer Anwender ❶.
3. In Spotify können Sie dann beispielsweise nach einem Künstler oder einer Gruppe suchen ❷ und in den Suchergebnissen auf einen abzuspielenden Song ❸ oder eine von anderen Anwendern zusammengestellte Playlist ❹ klicken.
4. Nach der ersten Aktivierung trägt sich Spotify in die AutoStart-Liste ein. Um dies zurückzustellen, wählen Sie im Kontextmenü der Kachel den Befehl **Mehr > pp-Einstellungen** und stellen auf der nächsten Seite die Schieberegler für **Spotify** und **Spotify Web Helper** auf **Aus**.

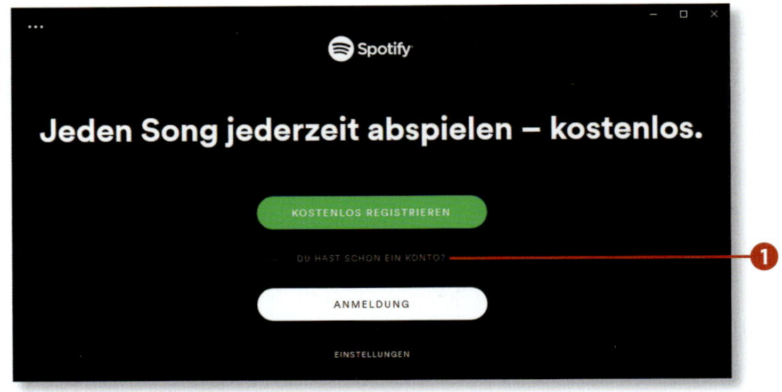

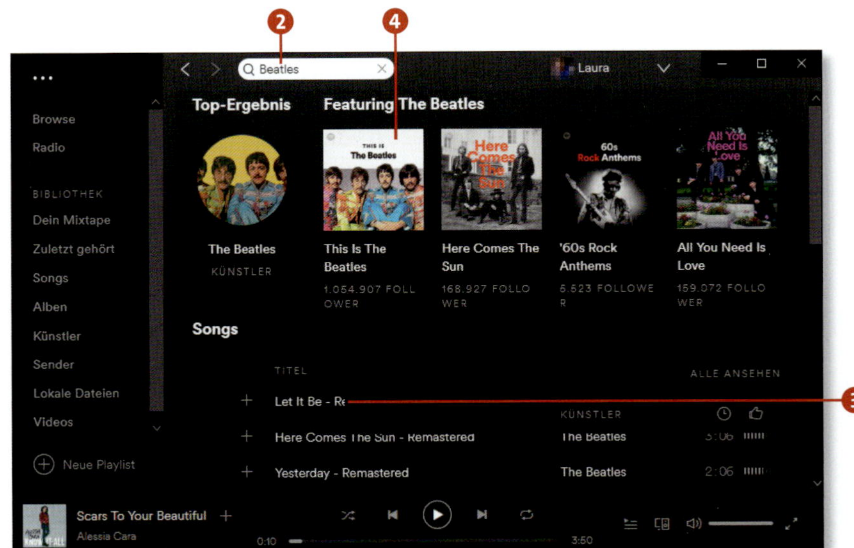

Musik auf dem Sperrbildschirm

Wenn Sie über Ihren Rechner Hintergrundmusik zu einer Party abspielen möchten, ohne die Einstellungen für den Energiesparmodus ändern zu müssen, öffnen Sie einfach Ihre Spotify-Playlist, klicken im Startmenü mit der rechten Maustaste auf das Logo des Benutzers und wählen den Befehl **Sperren**.

Playlists

Wenn Sie mit der Maus über das Bild einer Playlist fahren, wird ein **Play**-Schalter eingeblendet. Mit einem Klick auf diesen Schalter spielen Sie die Playlist ab; mit einem Klick in das Bild neben dem **Play**-Schalter öffnen Sie die Song-Liste der Playlist.

Online-Spielen mit Xbox

Über die *Xbox*-App können Sie Spiele kaufen, spielen und nebenher chatten. Eine separate Xbox ist nicht notwendig, und solange Sie keine kostenpflichtigen Spiele-Apps installieren, In-App-Käufe tätigen oder ausdrücklich gebührenpflichtige Xbox-Dienste in Anspruch nehmen, ist das Ganze kostenfrei.

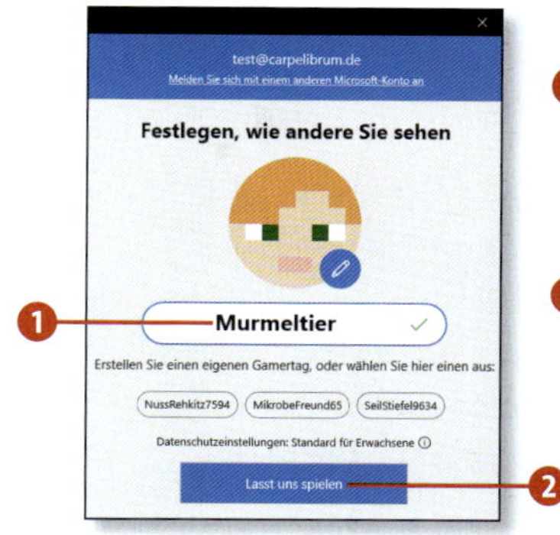

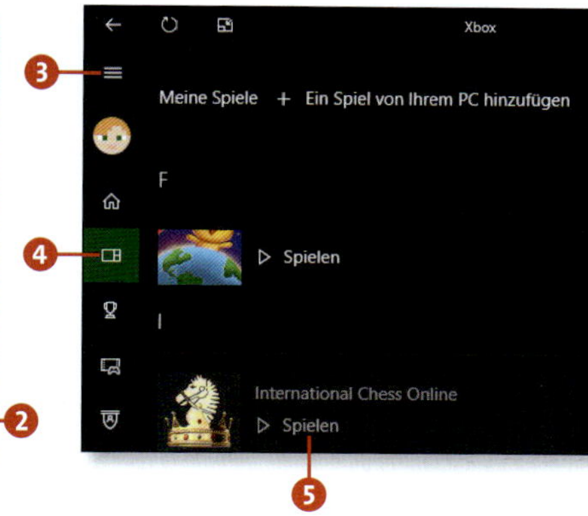

1. Klicken Sie im Startmenü auf die **Xbox**-Kachel, oder rufen Sie die App über die alphabetische App-Liste auf. Sie werden mit Ihrem Microsoft-Konto bei Xbox Live angemeldet.
2. Beim ersten Start von Xbox werden Sie aufgefordert, einen Spielernamen festzulegen ❶. Klicken Sie danach auf **Lasst uns spielen** ❷.
3. Um ein Spiel zu beginnen, öffnen Sie das App-Menü ❸, klicken auf **Meine Spiele** ❹ und dann auf die Schaltfläche **Spielen** ❺ des gewünschten Spiels.
4. Um einen Freund zum Spielen einzuladen, öffnen Sie die Freundesliste ❻. Klicken Sie auf den Namen des Freundes ❼ und danach auf **Einladung** ❽ (das öffnet den Chat in Xbox) oder auf **Nachricht** ❾, um dem Freund mitzuteilen, bei welchem Online-Spiel er sich anmelden soll.
5. Neue Freunde können Sie über deren Spielernamen suchen ❿ und danach Ihrer Freundesliste hinzufügen.

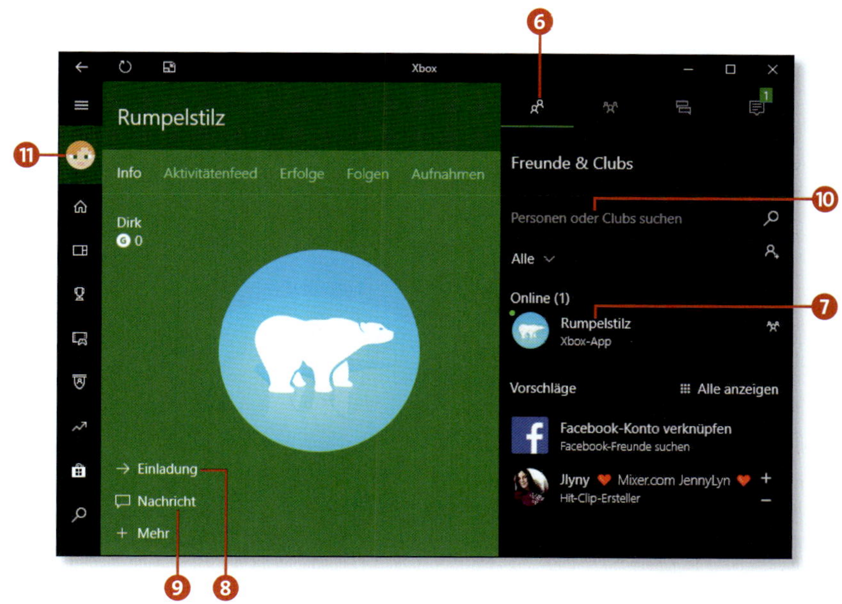

Spielerbild und -name wechseln

Klicken Sie links oben auf Ihr Spielerbild ⓫ und im zugehörigen Fenster auf **Anpassen**. Auf der nächsten Seite klicken Sie auf das Stiftsymbol neben dem Bild, um das Spielerbild (*GamerPic*) zu wechseln, und auf **Gamertag ändern**, um einen anderen Anmeldenamen festzulegen.

Soziale Kontakte pflegen: XING-Statusinfos im Blick haben

Wenn Sie ein eifriger Teilnehmer des sozialen Netzwerks XING sind, dann können Sie bei Windows 10 nicht nur den Browser dafür benutzen, sondern auch die vorinstallierte App *XING*. Ein wesentlicher Vorteil der App gegenüber dem Browser ist, dass Sie über Nachrichten direkt auf dem Sperrbildschirm informiert werden können. Gehen Sie hierzu folgendermaßen vor.

1. Öffnen Sie das Startmenü, und klicken Sie auf **XING**, um die App zu öffnen. Melden Sie sich an.
2. Rufen Sie mit [Windows] + [I] die Einstellungen auf.
3. Suchen Sie nach »Sperrbildschirm«, und wählen Sie **Einstellungen für den Sperrbildschirm** ❶.
4. Scrollen Sie rechts nach unten bis zur Rubrik **Sperrbildschirm**. Sie können nun die XING-App auswählen und für die Anzeige von ausführlichen ❷ oder kurzen Statusinfos ❸ festlegen.

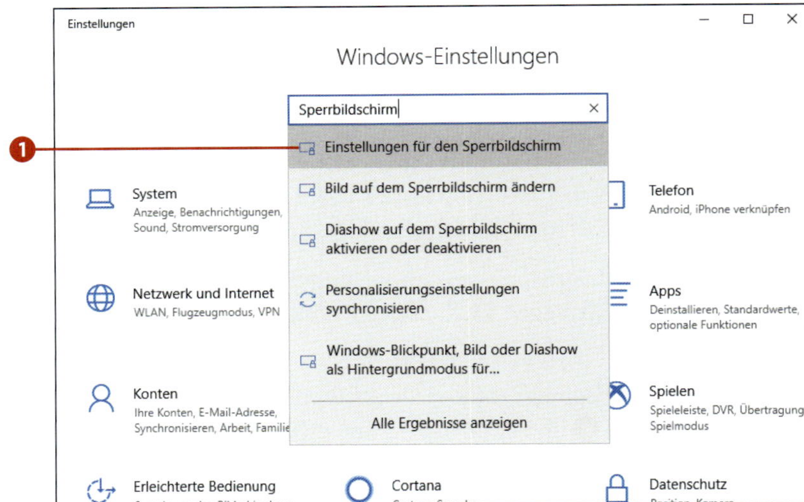

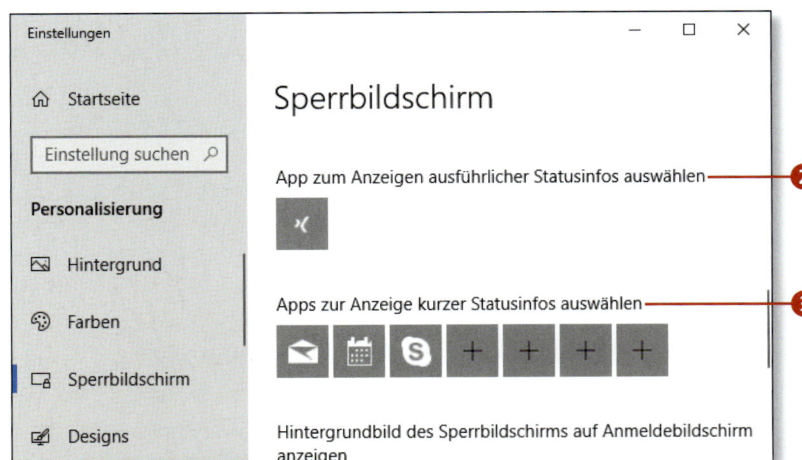

Facebook

Für Facebook-Nutzer gibt es auch eine passende App, allerdings muss man sie erst selbst installieren. Öffnen Sie über das Startmenü den Microsoft Store, und suchen Sie nach »Facebook«.

6 E-Mail, OneDrive, Skype

Viele Apps, die mit Windows 10 ausgeliefert werden, können Sie nur dann richtig nutzen, wenn Sie sich mit einem Microsoft-Konto anmelden. Der Begriff *Microsoft-Konto* ist dabei nicht ganz eindeutig. Zunächst einmal ist ein Microsoft-Konto ein Konto, das Sie durch Registrierung bei Microsoft erhalten – vergleichbar mit einem Kundenkonto bei dem Onlinebuchhändler Ihres Vertrauens oder Ihrem bevorzugten Pizza-Service. Dieses Microsoft-Konto identifiziert Sie über eine E-Mail-Adresse.

Falls Sie bereits über eine Windows Live-ID verfügen, kennen Sie das bereits, denn das Microsoft-Konto ist letztlich nichts anderes. Wenn Sie bereits eine Windows Live-ID eingerichtet hatten, ist diese jetzt Ihr Microsoft-Konto. Mit der E-Mail-Adresse Ihres Microsoft-Kontos können Sie sich bei vielen Microsoft-Apps anmelden, die ein solches voraussetzen, wie z. B. *Mail* oder *OneDrive*. Sie können, Sie müssen aber nicht. Sie können sich auch als lokaler Benutzer bei Ihrem Windows-10-Betriebssystem anmelden – vorausgesetzt, Sie besitzen ein Benutzerkonto, das auf einem Microsoft-Konto basiert. Sie sehen also, Sie kommen nicht wirklich darum herum, sich ein Microsoft-Konto einzurichten.

In diesem Kapitel

Ein Microsoft-Konto anlegen

Viren, Trojanern, Phishing und Internetbetrügern zum Trotz verschmilzt der PC immer mehr mit dem Internet. Auch Windows 10 folgt diesem Trend und bietet etliche Dienste an, die Sie nur dann nutzen können, wenn Sie sich mit einem Microsoft-Konto (vormals Windows Live-ID) authentifizieren können. Das Microsoft-Konto selbst ist kostenlos; die Inhalte und Dienste, die Sie darüber nutzen, sind allerdings möglicherweise kostenpflichtig.

1. Starten Sie Ihren Webbrowser, z. B. *Edge*, per Klick auf die entsprechende Kachel im Startmenü oder in der Taskleiste.
2. Geben Sie in das Adressfeld des Browsers folgende Adresse ein: »https://signup.live.com« ❶.
3. Die Anmeldung beim Microsoft-Konto erfolgt über eine registrierte E-Mail-Adresse ❷. Wenn Sie bereits eine E-Mail-Adresse haben und diese verwenden möchten, geben Sie sie hier ein. Haben Sie keine E-Mail-Adresse oder wollen diese nicht verwenden, müssen Sie mithilfe des Links **Neue E-Mail-Adresse anfordern** ❸ eine neue erzeugen.
4. Als Nächstes legen Sie das Passwort fest ❹. Allerdings sollten Sie aus Sicherheitsgründen nicht das Passwort dieser Adresse auch als Passwort für das neue Microsoft-Konto verwenden. Vergeben Sie im Feld **Kennwort erstellen** daher unbedingt ein neues Passwort!

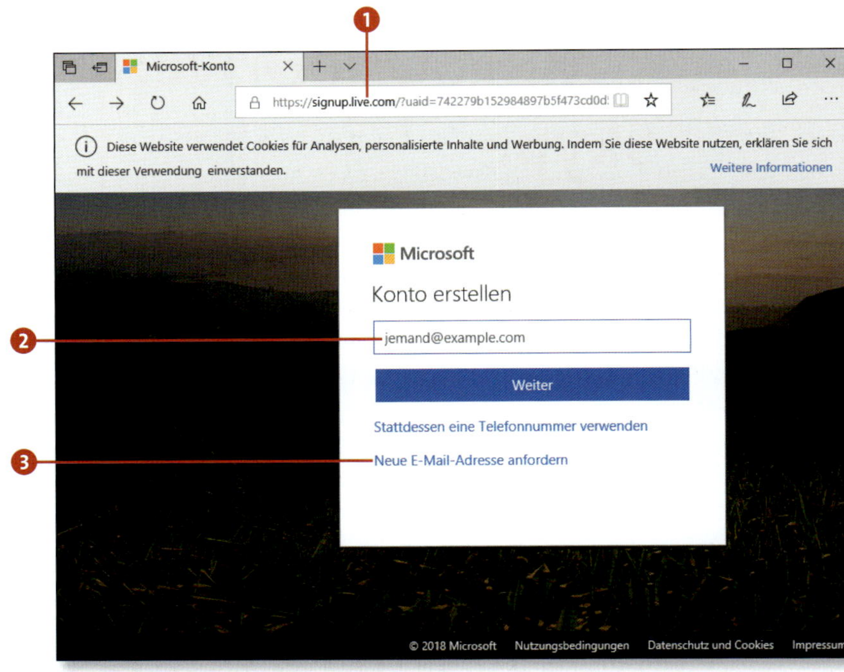

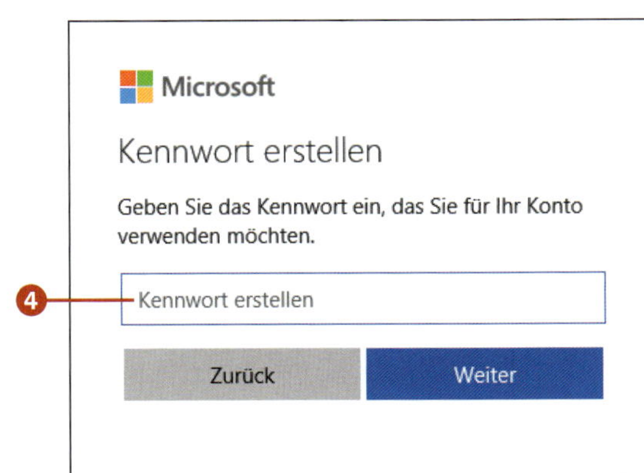

Weitere Typen von Microsoft-Konten

Wenn Sie bereits über eine Windows Live-ID, eine Hotmail- oder Outlook-Adresse verfügen, haben Sie damit automatisch auch schon ein Microsoft-Konto.

5. Klicken Sie mehrfach auf **Weiter**, und geben Sie in den nachfolgenden Dialogen die persönlichen Daten wie Name ❺ und Geburtsdatum an, damit Microsoft Sie identifizieren und Ihnen notfalls das Zurücksetzen des Kennworts ermöglichen kann.
6. Im Zuge dieser Abfragen müssen Sie auch die Echtheit Ihrer Angaben verifizieren. Dazu schickt Ihnen Microsoft einen Sicherheitscode an die von Ihnen angegebene E-Mail-Adresse. Prüfen Sie also Ihre E-Mails, und tragen Sie den Sicherheitscode in das vorgesehene Feld ein ❻. (Wenn Sie sich weiter oben für die Identifizierung über eine SMS-fähige Telefonnummer statt eine E-Mail-Adresse entschieden haben, warten Sie auf eine Nachricht von Microsoft, und tragen Sie den Code aus der SMS in das Formular ein.)
7. Folgen Sie den von Microsoft vorgegebenen Schritten bis zum Abschluss der Registrierung.

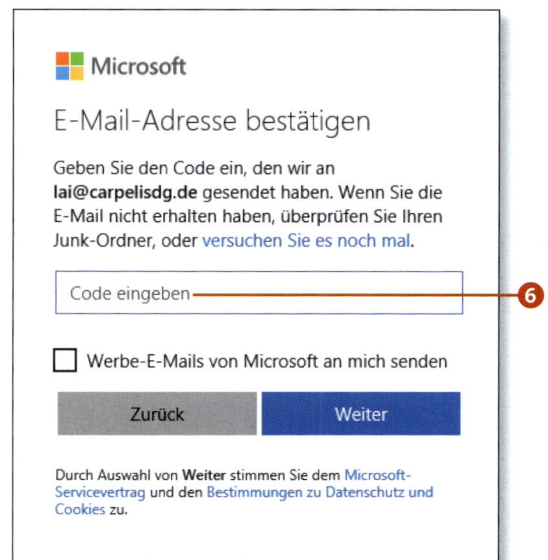

Alles fließt

Leider mussten wir feststellen, dass Microsoft die Schritte zur Anmeldung häufig umstellt oder verändert. Wundern Sie sich also nicht, wenn die Anmeldung bei Ihnen etwas anders verläuft. Wir hoffen, dass unsere Erläuterungen trotzdem hilfreich für Sie sind.

Korrekte Anmeldedaten angeben

Notieren Sie sich die Anmeldedaten (Adresse, Kennwort und Kennworthinweis) des Microsoft-Kontos unbedingt auch auf Papier, und legen Sie dieses an einem sicheren Ort ab, wo es nicht verloren geht. Geben Sie eine private Telefonnummer an, da sie auch zum Zurücksetzen des Kennworts verwendet wird. Sonst laufen Sie Gefahr, keinen Zugriff mehr auf Ihre Daten zu haben, falls Sie einmal das Kennwort vergessen sollten!

Ein lokales Konto in ein Microsoft-Konto umwandeln

Wer viel mit an ein Microsoft-Konto gebundenen Apps wie *Mail*, *OneDrive* oder *Store* arbeitet und es gerne bequem hat, für den ist ein Benutzerkonto vom Typ Microsoft-Konto ideal. Bei einem solchen Benutzerkonto melden Sie sich mit Adresse und Kennwort Ihres Microsoft-Kontos an und werden in einem Zug bei Windows und Windows Live angemeldet. Falls Sie bei der Windows-Installation zunächst nur ein normales lokales Benutzerkonto angelegt haben, haben Sie die Möglichkeit, für die Verwendung der Apps ein zusätzliches Microsoft-Konto anzulegen oder Ihr vorhandenes Konto in ein Microsoft-Konto umzuwandeln.

1. Klicken Sie im Startmenü am linken Rand auf das Benutzersymbol, und wählen Sie den Eintrag **Kontoeinstellungen ändern** ❶.
2. Klicken Sie auf **Stattdessen mit einem Microsoft-Konto anmelden** ❷.
3. Geben Sie die E-Mail-Adresse ein, mit der Sie sich für Ihr Microsoft-Konto registriert haben, und klicken Sie auf **Weiter** ❸. Falls Sie noch kein Microsoft-Konto haben, klicken Sie auf **Erstellen Sie ein Konto** ❹.

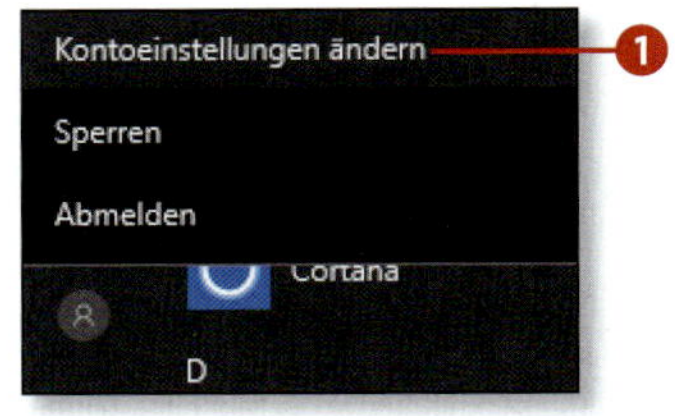

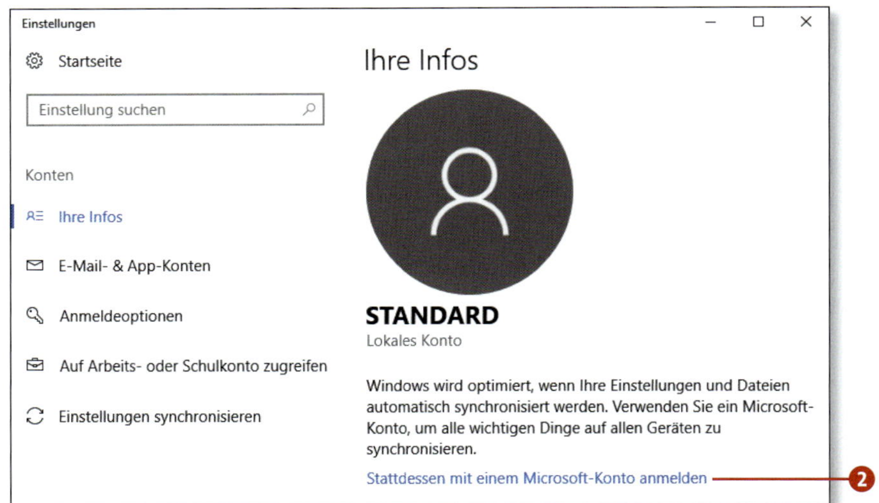

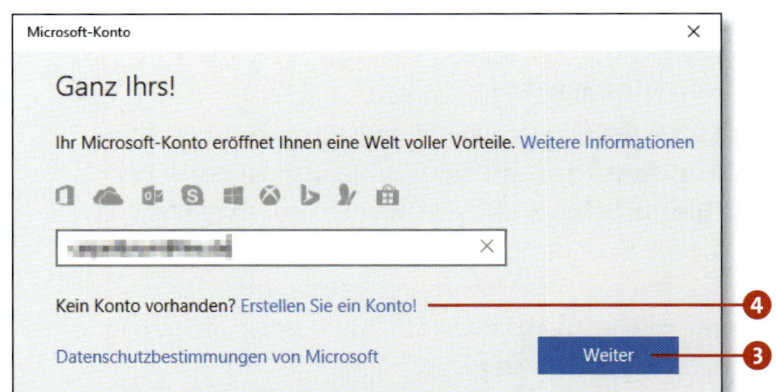

Vor- und Nachteile

Natürlich ist es für Microsoft leichter, Daten über Sie zu sammeln, wenn Sie ein Microsoft-Konto nutzen. Es bietet allerdings auch viele Vorteile: OneDrive und Datensicherung z. B. – Sie müssen abwägen, was Ihnen wichtiger ist.

4. Geben Sie im folgenden Dialog nun das Passwort des Microsoft-Kontos an, und klicken Sie auf **Anmelden**.
5. Geben Sie, um sich zu autorisieren, das Kennwort 5 des aktuellen lokalen Windows-Kontos ein, klicken Sie auf **Weiter** 6, und folgen Sie den weiteren Anweisungen.
6. Nach kurzer Zeit ist das lokale Konto umgewandelt, und Sie sind im Einstellungsmenü. Zuletzt müssen Sie eventuell noch das Microsoft-Konto für den aktuellen PC bestätigen. Klicken Sie hierzu auf **Bestätigen** 7, und folgen Sie den weiteren Anweisungen.

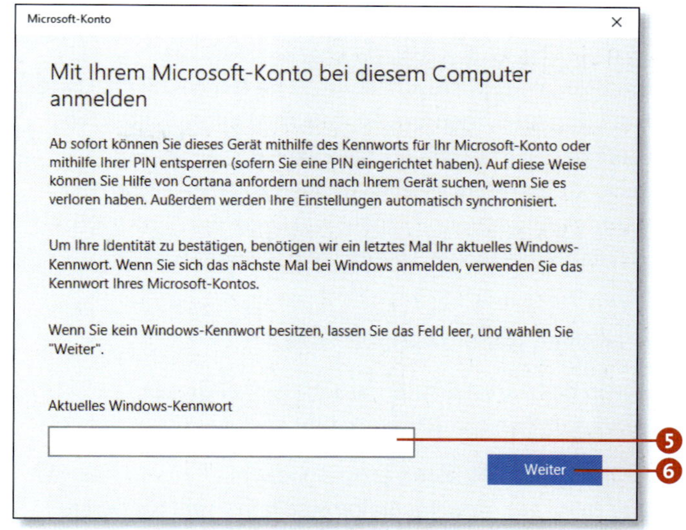

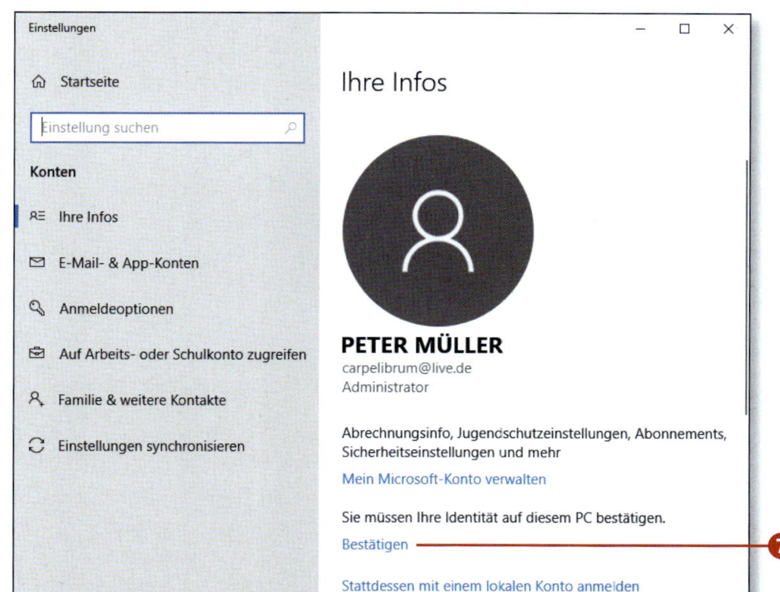

Microsoft-Konto in lokales Konto umwandeln

Durch die Umwandlung verschwindet das alte lokale Konto. Sie melden sich in Zukunft nur noch mit dem Microsoft-Konto und seinem Kennwort an, auch wenn Sie gerade nicht mit dem Internet verbunden sind. Sie können das Microsoft-Konto wieder in ein lokales Konto verwandeln, indem Sie die vorangegangenen Schritte analog durchführen: im Startmenü auf das Benutzersymbol klicken, **Kontoeinstellungen ändern** wählen und dann auf **Stattdessen mit einem lokalen Konto anmelden** klicken und den Anweisungen folgen.

Das Microsoft-Konto schließen

Da das Einrichten eines Microsoft-Kontos erst einmal nichts kostet, ist die Versuchung groß, mehrere Konten anzulegen. Sollten Sie dann im Laufe der Zeit feststellen, dass Sie eines dieser Konten nicht mehr benötigen – oder vielleicht auch ganz auf die an ein Microsoft-Konto gebundenen Dienste wie OneDrive, Microsoft Store etc. verzichten wollen –, sollten Sie das Konto explizit schließen.

1. Starten Sie einen Webbrowser, z. B. Edge.
2. Geben Sie in das Adressfeld des Browsers die Adresse »https://account.live.com/closeaccount.aspx« ein.
3. Melden Sie sich für das Konto an, das Sie schließen möchten ❶. (Achtung: Falls kein Anmeldedialog erscheint, sind Sie bereits angemeldet. Prüfen Sie, ob es sich um das zu schließende Konto handelt!)
4. Es erscheint ein Dialog zur Identitätsprüfung. Klicken Sie auf die Schaltfläche **Textnachricht an** *** ❷, und folgen Sie den weiteren Anweisungen.

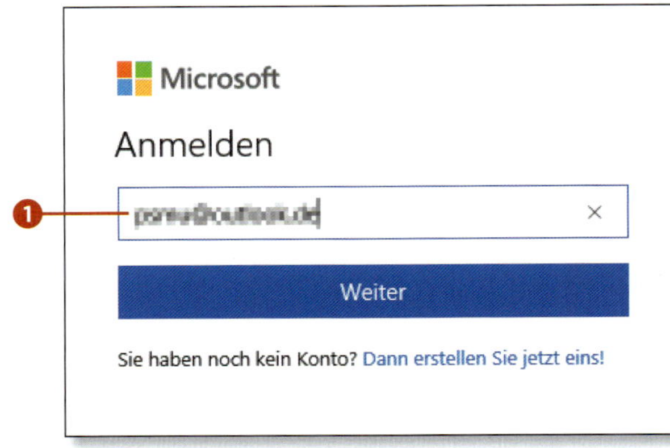

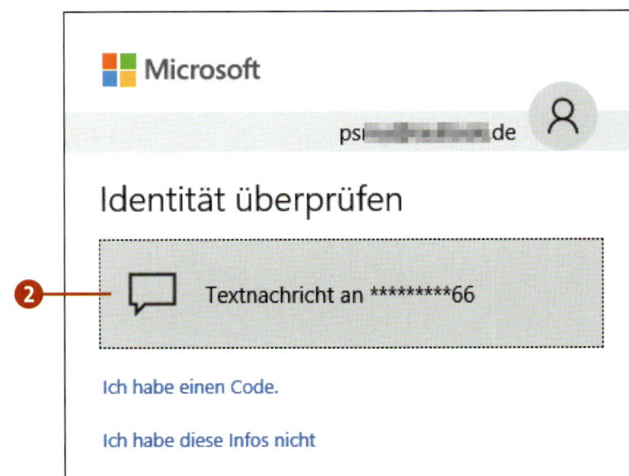

Automatische Löschung

Wenn Sie sich 270 Tage lang nicht mehr bei einem Microsoft-Konto anmelden, wird es automatisch geschlossen. Dennoch sollten Sie nicht mehr benötigte Konten umgehend selbst löschen, um Missbrauch auszuschließen.

5. Nach erfolgreicher Prüfung erscheinen mehrere Dialoge mit Hinweisen über die Auswirkungen der Kontoschließung. Lesen Sie diese Hinweise aufmerksam durch, und führen Sie gegebenenfalls die angebotenen Aktionen noch aus, bevor Sie mit dem Schließen fortfahren.
6. Aktivieren Sie alle Checkboxen ❸, und klicken Sie dann auf **Als zu schließendes Konto markieren** ❹.
7. Zum Schluss sehen Sie eine Bestätigung, dass das Konto zum Löschen in 30 Tagen vorgesehen ist. Außerdem wird eine entsprechende SMS an Ihr Telefon gesendet.

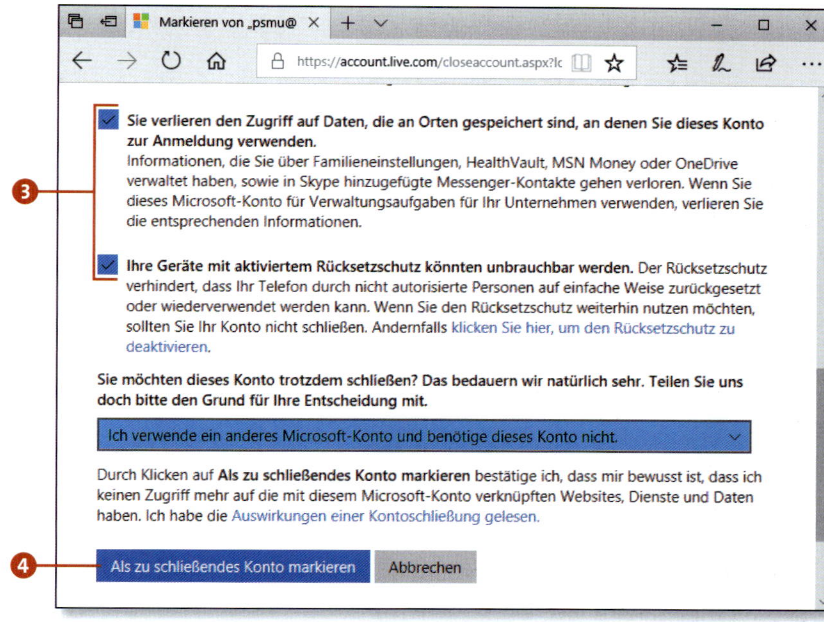

Bevor Sie Ihr Konto schließen!

Denken Sie vor dem Schließen daran, Guthaben und Abonnements, die an das Microsoft-Konto gebunden sind, zu verbrauchen bzw. zu beenden. Wenn Sie das Microsoft-Konto auch für Dienste von Drittanbietern verwenden, gehen Sie zunächst auf deren Webseiten, und ändern Sie Ihre Daten bzw. melden Sie sich dort ab.

Weitere Mailkonten hinzufügen

Die App *Mail* verwaltet standardmäßig nur das E-Mail-Konto, das mit der E-Mail-Adresse des zugrunde liegenden Microsoft-Kontos verbunden ist. Sie können aber weitere Konten hinzufügen, um auch die Mails zu anderen Adressen zu verwalten.

1. Klicken Sie im Startmenü auf die Kachel **Mail**.
2. Öffnen Sie die Einstellungen durch Klicken auf das Zahnradsymbol ❶.
3. Klicken Sie auf **Konten verwalten** ❷ und dann auf **Konto hinzufügen** ❸.
4. Wählen Sie nun den gewünschten Kontotyp. Für nicht explizit aufgeführte Mailanbieter oder wenn Sie unsicher sind, klicken Sie auf **Anderes Konto** ❹.
5. Geben Sie die geforderten Daten für das Konto ein, und klicken Sie auf **Anmelden**.

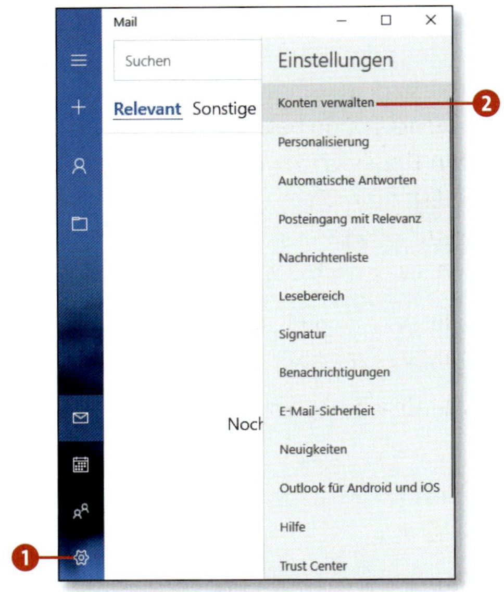

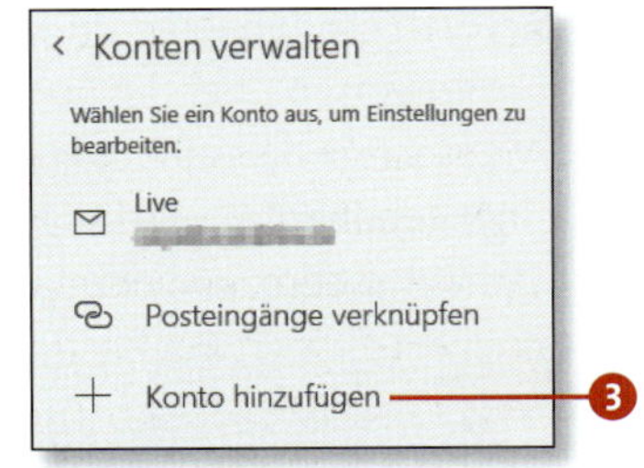

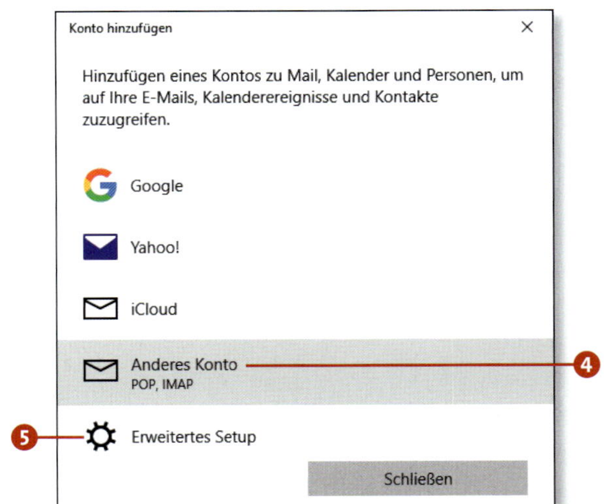

Im Falle eines Scheiterns

Bei dem hier beschriebenen Verfahren müssen Sie nur Anmeldenamen und Kennwort für das abzufragende Konto angeben. Alle weiteren Daten, die die Mail-App zum Abfragen des Kontos benötigt, werden automatisch vom Kontotyp abgeleitet. Manchmal scheitert dieses Verfahren jedoch. Dann müssen Sie im Dialog **Konto hinzufügen** in Schritt 4 den Eintrag **Erweitertes Setup** ❺ auswählen und alle nötigen Kontodaten selbst angeben. Mehr dazu lesen Sie im folgenden Abschnitt »Profi-Einstellungen für Mailkonten« auf Seite 171.

Profi-Einstellungen für Mailkonten

Wenn Sie bei diesem Tipp gelandet sind, dann vermutlich, weil das Hinzufügen eines Mailkontos wie im vorangehenden Tipp beschrieben nicht funktioniert hat. Sie haben den vorangehenden Tipp noch gar nicht ausprobiert? Dann holen Sie dies jetzt am besten nach. Für die meisten Konten ist dies der einfachste Weg. Ansonsten halten Sie die Anmeldedaten bereit, die Ihnen Ihr Internet-Provider zugestellt hat, und beginnen Sie zunächst wie im vorangegangenen Tipp:

1. Klicken Sie im Startmenü auf die Kachel **Mail**, und öffnen Sie die Einstellungen durch Klicken auf das Zahnradsymbol.
2. Klicken Sie im **Einstellungen**-Menü auf **Konten verwalten > Konto hinzufügen**.
3. Scrollen Sie im Dialog **Konto hinzufügen** nach unten, und wählen Sie den Eintrag **Erweitertes Setup** ❶ aus.
4. Im Dialog **Erweitertes Setup** wählen Sie den Eintrag **Internet-E-Mail** ❷.
5. Vergeben Sie im Feld **Kontoname** den Namen, der angezeigt werden soll (siehe dazu auch den Abschnitt »Den Kontonamen ändern« auf Seite 172), tragen Sie die benötigten Zugangsdaten ein, und klicken Sie auf **Anmelden** ❸.
6. Das angelegte Mailkonto ist nun in der *Mail*-App verfügbar, und Sie können es per Klick auswählen.

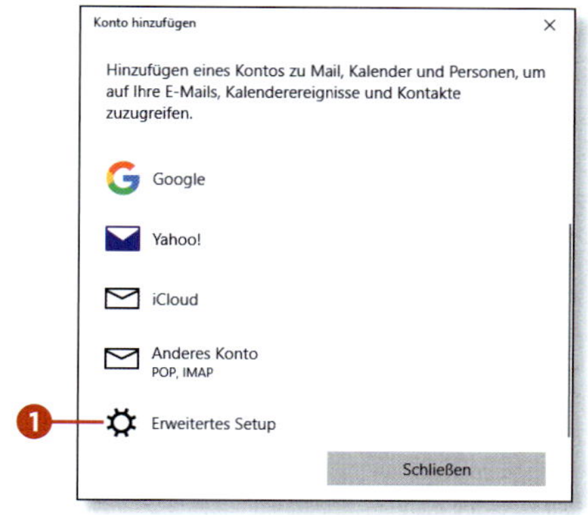

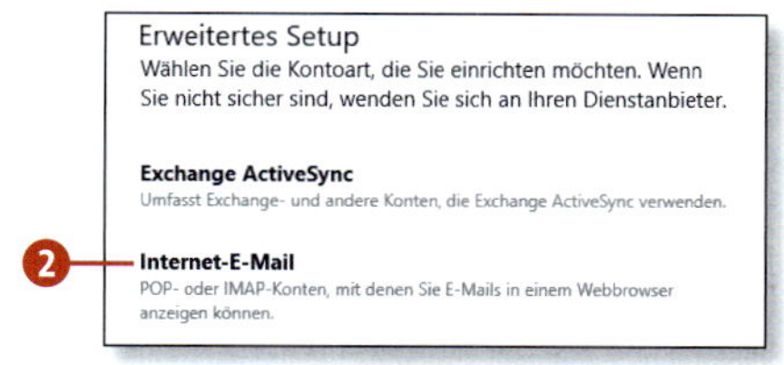

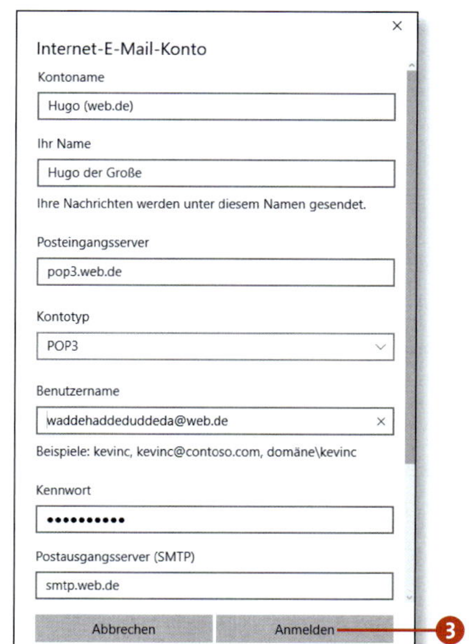

Manchmal hilft die Suchmaschine

Wenn die beiden Tipps zum Einrichten eines Kontos Ihnen nicht weiterhelfen, versuchen Sie, auf der Seite Ihres Providers Hilfe zu bekommen. Oder Sie suchen mit der Suchmaschine Google oder Bing nach den Stichwörtern »Windows Mail [Ihr Provider] Konto einrichten«.

Den Kontonamen ändern

Die App *Mail* verwendet Standardnamen für die Anzeige von Microsoft-Mailkonten, beispielsweise *Outlook*. Falls Sie mehrere Konten verwenden, ist dies eventuell nicht sehr aussagekräftig, und so sollten Sie nicht zögern, den Anzeigenamen zu ändern.

1. Klicken Sie im Startmenü auf die Kachel **Mail**.
2. Öffnen Sie die Einstellungen mit einem Klick auf das Zahnradsymbol ❶.
3. Wählen Sie **Konten verwalten**, und klicken Sie auf das Konto, dessen Bezeichnung Sie ändern wollen ❷.
4. Geben Sie den neuen Kontonamen ❸ ein, und klicken Sie auf **Speichern**.

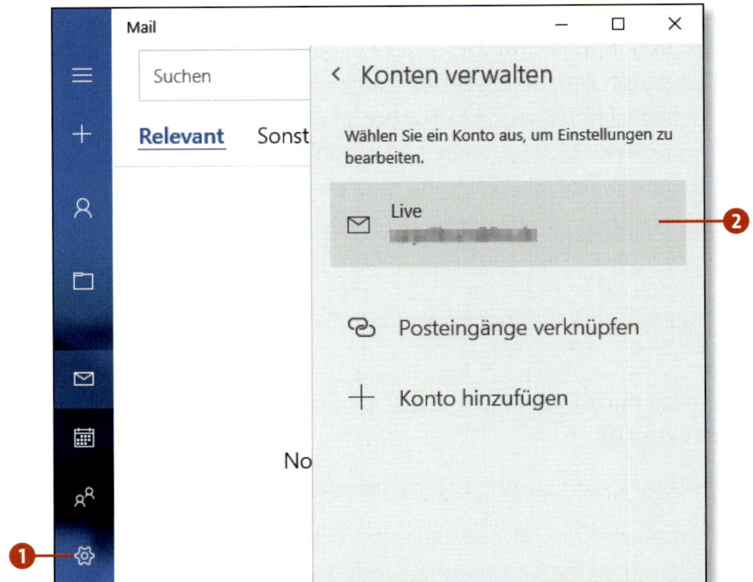

Mailkonto entfernen

Um ein zusätzliches Konto wieder aus der *Mail*-App zu entfernen, wählen Sie in Schritt 3 das zu entfernende Konto aus und klicken im zugehörigen Menü auf **Konto von diesem Gerät löschen** ❹.

Spam-Mails herausfiltern

Die App *Mail* kennt selbst keine Regeln zum Aussortieren von unerwünschter Werbemail (*Junk-Mail*, *Spam-Mail*). Stattdessen verlässt sie sich darauf, dass die Mails schon gefiltert vom zugrunde liegenden Microsoft-Konto bzw. dem Internet-Mail-Konto bereitgestellt werden. Wenn Sie also prüfen möchten, nach welchen Regeln gefiltert wird, oder selbst auszuschließende Absender hinzufügen oder löschen möchten, müssen Sie sich beim entsprechenden Konto anmelden und dort die Einstellungen für unerwünschte Mail prüfen und gegebenenfalls ändern. Im Falle eines Microsoft-Outlook-Kontos gehen Sie beispielsweise folgendermaßen vor:

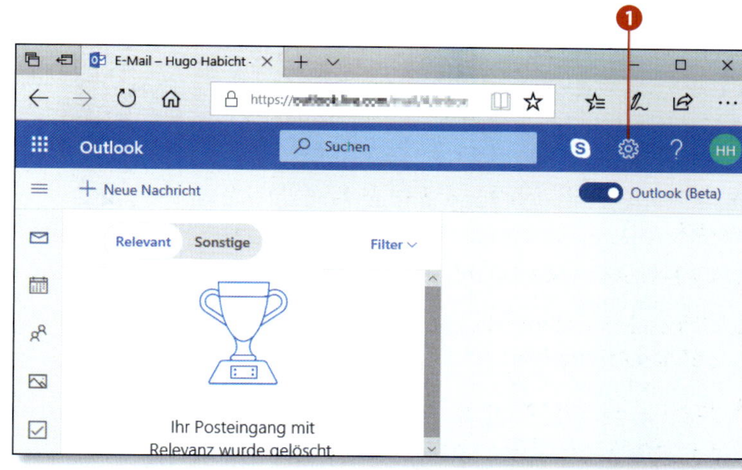

1. Starten Sie einen Webbrowser, geben Sie in das Adressfeld des Browsers die Adresse »www.outlook.de« ein, und melden Sie sich für Ihr Microsoft-Konto an.
2. Klicken Sie auf das Zahnradsymbol für die **Schnelleinstellungen** ❶, und wählen Sie ganz unten den Eintrag **Alle Einstellungen anzeigen**.
3. Klicken Sie auf **Junk-E-Mail** ❷.
4. Tragen Sie nach Bedarf blockierte Absender ein ❸, um einzelne Absender als Junk-Mail-Versender einzustufen. Wenn Sie weiter nach unten scrollen, erscheinen analoge Felder für das Eintragen von sicheren Absendern.

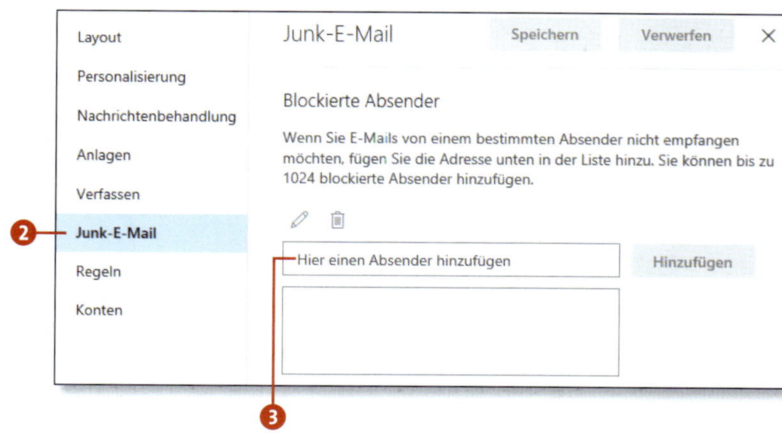

Was heißt eigentlich »Spam«?

Was der Begriff *Spam* eigentlich bedeutet, ist nicht ganz klar. Es gibt mehrere Erklärungen. Auf Englisch soll das Wort unter anderem »Abfall« oder »Plunder« bedeuten. Das passt natürlich recht gut zu den unerwünschten Mails, die eigentlich niemand haben möchte. Spam heißt auch ein Büchsenfleisch, das intensiv beworben wurde. Und auch ein Monty-Python-Sketch könnte der Ursprung gewesen sein.

Die Microsoft-Konto-Verbindung für Apps reparieren

Wenn Sie die Anmeldedaten eines Microsoft-Kontos über die Hotmail- oder Windows Live-Site (*www.outlook.de* bzw. *login.live.com*) ändern, kann es danach zu Problemen mit den Apps kommen, die mit diesem Microsoft-Konto verbunden sind. In hartnäckigen Fällen hilft da nur eins: die Verbindung komplett lösen und neu mit dem Microsoft-Konto verbinden.

1. Rufen Sie den Registrierungs-Editor mit der Tastenkombination [Win] + [R] auf, und geben Sie im Dialogfenster **Ausführen** den Befehl »regedit« ein, oder suchen Sie über das Suchfeld nach »regedit«, und starten Sie die gefundene App.
2. Öffnen Sie links den Ordner **HKEY_CURRENT_USER\Software\Microsoft**, und klicken Sie mit der rechten Maustaste auf **IdentityCRL** ❶.
3. Wählen Sie im Kontextmenü **Löschen** ❷.
4. Schließen Sie die Registrierungsdatenbank, und starten Sie den Rechner neu. Danach ist die Änderung wirksam. Anschließend können Sie die Apps neu starten und erneut mit einem Microsoft-Konto Ihrer Wahl verbinden.

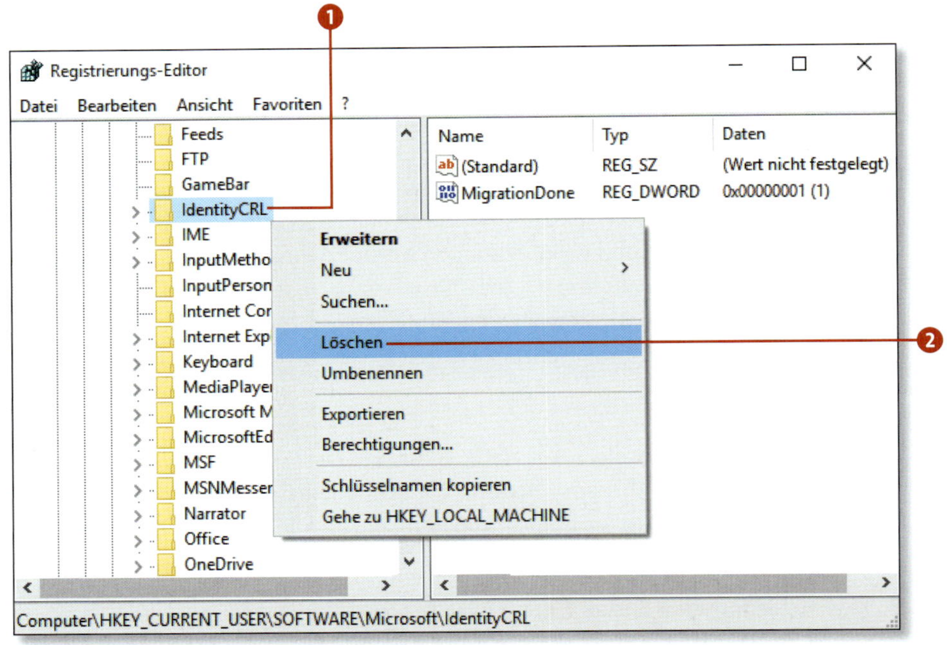

Sicherheitskopie der Registrierungsdatenbank

Grundsätzlich empfiehlt es sich, vor Änderungen an der Registrierungsdatenbank diese mit dem Befehl **Datei > Exportieren** zu sichern (siehe dazu auch den Tipp »Die Registrierungsdatenbank sichern« auf Seite 280).

Mit OneDrive arbeiten

Ihr OneDrive ist ein virtueller Ordner, der anstatt auf Ihrem lokalen Computer in der Cloud liegt – also auf einem Microsoft-Server, der über das Internet mit Ihrem Computer verbunden ist. Und so nutzen Sie OneDrive:

1. Öffnen Sie den Explorer, oder wählen Sie im Startmenü den Eintrag **OneDrive** (falls Sie nicht mit einem Microsoft-Konto angemeldet sind, werden Sie nach dem zu verwendenden Konto gefragt).
2. OneDrive erscheint wie ein normaler Ordner im Explorer, zusätzlich markiert durch ein Wolkensymbol. Sie können wie gewohnt mit allen üblichen Explorer-Dateiaktionen arbeiten, z. B. per Maus Dateien auswählen und sie durch Ziehen verschieben oder (mit zusätzlich gedrückter Strg-Taste) kopieren.
3. Jede Datei in OneDrive hat einen Status, der in der **Status**-Spalte 1 angezeigt wird. Dateien im Online-Status sind nur bei bestehender Internetverbindung verfügbar, während der Status anzeigt, dass eine aktuelle lokale Kopie auf Ihrem Rechner vorliegt. Beachten Sie generell bei einem Cloud-Laufwerk, dass die Arbeitsgeschwindigkeit stark reduziert ist, wenn eine lokal noch nicht vorhandene Datei geöffnet wird.
4. Sie können einzelne Dateien oder ganze Ordner auf OneDrive anderen Personen per Internet-Link zugänglich machen. Wählen Sie die Datei oder den Ordner aus, öffnen Sie mit einem Rechtsklick das Kontextmenü, und wählen Sie darin den Eintrag **Weitere OneDrive-Freigabeoptionen** 2. Automatisch wird ein Browserfenster zur OneDrive-Website geöffnet. Klicken Sie beispielsweise auf **E-Mail** 3, wo Sie dann die E-Mail-Adresse des Empfängers eingeben und mit Klick auf **Teilen** versenden können.

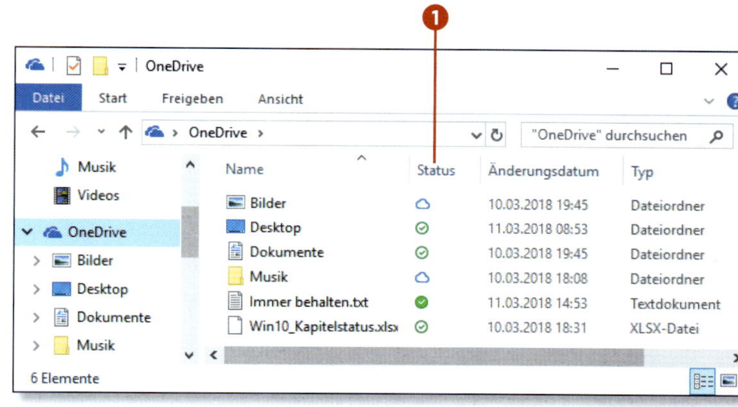

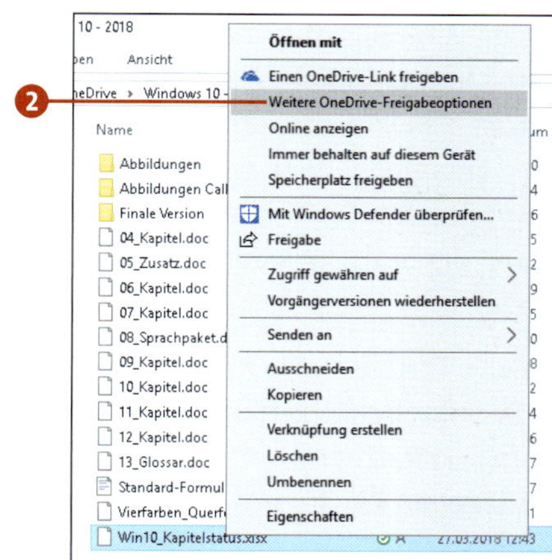

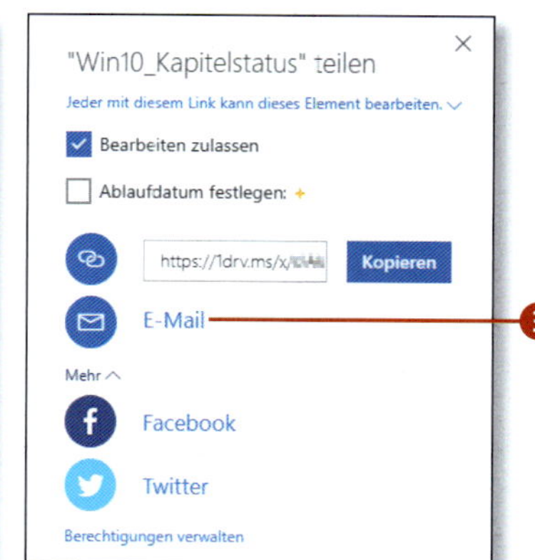

Internetverbindung

Natürlich beschränkt die Leistungsfähigkeit Ihrer Internetverbindung die Geschwindigkeit, mit der Sie Dateien von und nach OneDrive kopieren können. Insbesondere das Kopieren nach OneDrive (= Internet-Upload) kann sehr langsam sein.

OneDrive-Synchronisation

Bei der Arbeit mit OneDrive müssen Sie Folgendes beachten: Wenn Sie Dateien auf OneDrive speichern, haben Sie lokal auf Ihrem Rechner keine Kopie davon, da standardmäßig jede Datei den Status *Online* ( ) hat, d. h., ohne Internetverbindung können Sie die Datei nicht wieder öffnen. Damit immer eine aktuelle Kopie auf Ihrem Rechner gehalten wird, müssen Sie die Synchronisierungseinstellungen ändern:

1. Wenn eine Datei in OneDrive gelöscht wird oder durch eine Speicherplatzbereinigung in eine Onlinedatei umgewandelt wird, dann verschwindet sie auf allen Computern, von denen aus auf sie via OneDrive zugegriffen worden war. Falls man dies nicht möchte, kann man sie in den Status **Immer behalten auf diesem Gerät** ( ) versetzen. Klicken Sie die Datei mit der rechten Maustaste an, und wählen Sie den entsprechenden Eintrag 1 im Kontextmenü. Ein Häkchen wird gesetzt. Durch nochmaliges Klicken kann es wieder entfernt und der Status wieder geändert werden.

2. Wenn Sie lokale Kopien von OneDrive-Dateien (also mit dem Status) nicht mehr auf Ihrem Rechner benötigen und Platz sparen wollen, dann wählen Sie im Kontextmenü der jeweiligen Datei den Eintrag **Speicherplatz freigeben** 2. Dadurch wird sie lokal gelöscht, bleibt aber weiterhin in OneDrive verfügbar. Der Status hat sich wieder in den Online-Status geändert.

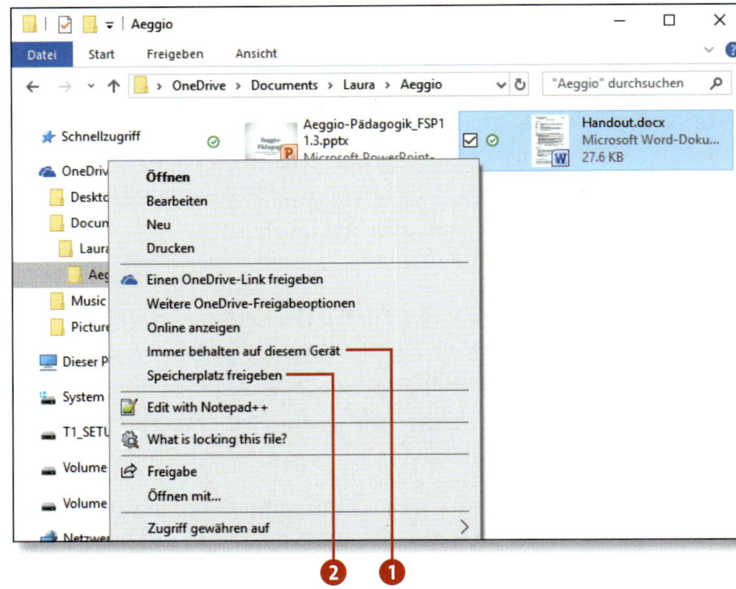

Das Synchronisieren kann dauern!

Wenn Sie an einem Rechner mit aktivem OneDrive arbeiten, achten Sie darauf, dass ein eventuell laufender Synchronisationsprozess beendet ist, bevor Sie Ihren Rechner abschalten. Sie erkennen das am OneDrive-Wolkensymbol im Infobereich der Taskleiste (unten rechts). Wenn Sie mit der Maus über das Symbol fahren, sehen Sie einen Hinweis, ob noch Dateien synchronisiert werden oder alle Dateien auf dem aktuellen Stand sind.

3. Viele interessante Synchronisationseinstellungen sind über das OneDrive-Symbol im Infobereich der Taskleiste (unten rechts) möglich. Klicken Sie erst darauf und dann auf das Überlauf-Symbol ❸, und wählen Sie den Eintrag **Einstellungen**.
4. Der Reiter **Konto** ❹ gibt an, wie viel Onlinespeicher Sie momentan belegen. Praktisch kann auch die Möglichkeit sein, festzulegen, welche Ordner eines OneDrive-Laufwerks überhaupt auf dem aktuell verwendeten Rechner synchronisiert werden (und damit sichtbar sein) sollen. Dies lässt sich über die Schaltfläche **Ordner auswählen** ❺ festlegen.
5. Über den Reiter **Automatisch speichern** ❻ können Sie festlegen, ob die wichtigsten Ordner immer automatisch mit OneDrive synchronisiert werden sollen. Auch die Aktivierung der Option **Fotos und Videos automatisch auf OneDrive speichern** ❼ kann sinnvoll sein. Allerdings fotografiert man erfahrungsgemäß auch sehr viel Ausschuss, daher sollte dieses Häkchen mit Bedacht gesetzt werden.

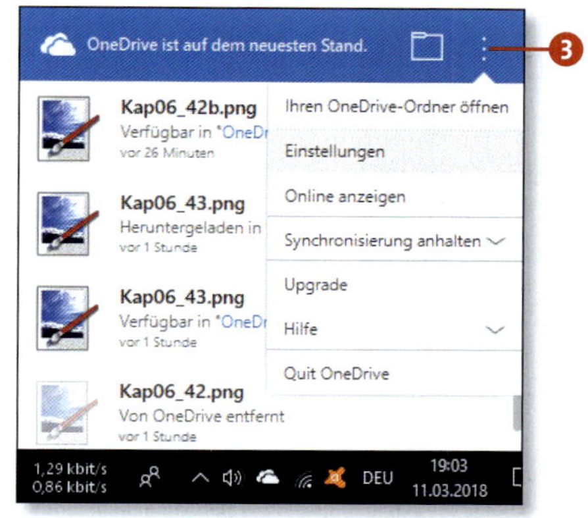

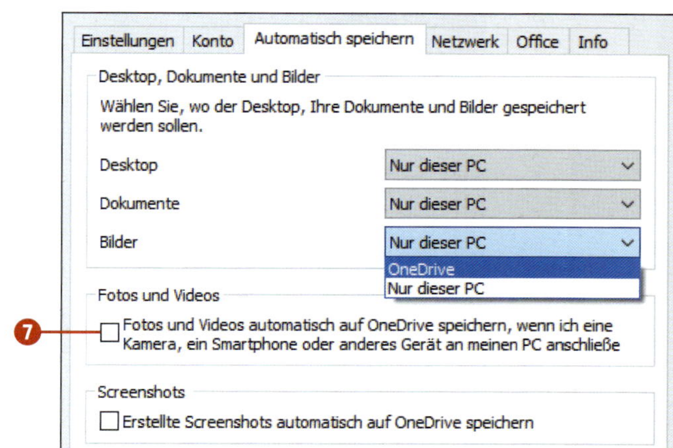

Speicherkontingent erhöhen

Bei der Einführung von OneDrive gab es 15 GB kostenloses Speichervolumen, mittlerweile sind es nur noch 5 GB. Bei Bedarf kann man diese Grenze kostenpflichtig erhöhen (rufen Sie im Browser *https://onedrive.live.com* auf, und klicken Sie dann links oben im sogenannten Hamburger-Menü auf **Zu Premium wechseln**).

Was ist OneDrive?

Mit *OneDrive* (ehemals SkyDrive) hat sich Microsoft dem Cloud-Trend angeschlossen und bietet Ihnen einen Onlinespeicher an, den Sie von jedem Computer und Smartphone aus verwenden können, um Daten zu speichern und wieder abzurufen. Es handelt sich also um eine Art virtuelle Festplatte, die immer verfügbar ist, sofern Sie mit dem Internet verbunden sind.

Zur Nutzung des Microsoft-eigenen Onlinespeichers OneDrive brauchen Sie ein gültiges Microsoft-Konto (Windows Live, Windows Connect, Hotmail/Outlook oder Xbox Live). Ihnen steht standardmäßig ein kostenloser Speicherplatz von zurzeit 5 GB zur Verfügung, den Sie gegen eine bestimmte Jahresgebühr deutlich erhöhen können. Und wer Microsoft Office 365 abonniert hat, darf sich sogar über unbegrenzten Speicherplatz freuen.

Für die meisten Betriebssysteme und Smartphones benötigen Sie zur optimalen Nutzung von OneDrive noch eine kleine App, die Sie herunterladen müssen. Sie als Windows-10-Nutzer sind hierbei natürlich privilegiert: Die App *OneDrive* ist bereits vorinstalliert. Sie finden sie sowohl im Startmenü als auch integriert in den Explorer und die Dateidialoge. Sie können aber auch über einen Webbrowser auf OneDrive zugreifen: *https://OneDrive.live.com*. Voraussetzung ist aber in jedem Fall, dass Sie sich mit Ihrem Microsoft-Konto anmelden.

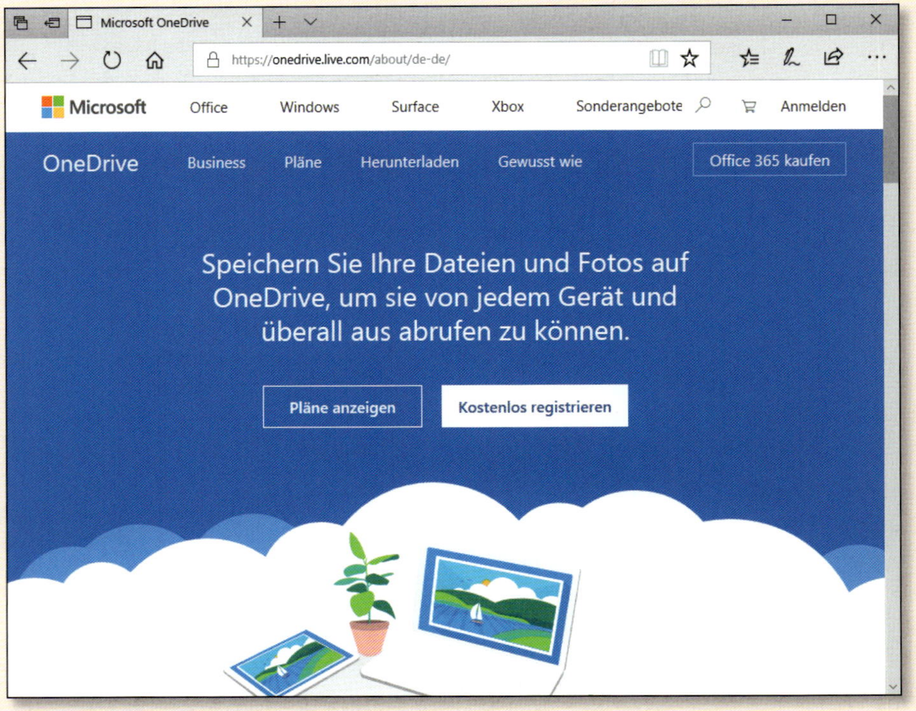

(Video-)Telefonieren mit Skype

Skype starten

Ein Freund oder Kollege von Ihnen reist beruflich nach El Salvador? Kein Grund, nicht ab und an einen gemütlichen Plausch mit ihm zu halten. Windows 10 hat die beliebte IP-Telefonie-Software Skype mit an Bord, mit der Sie weltweit über das Internet telefonieren und chatten können. Hierzu benötigen Sie ein Microsoft- oder Skype-Konto.

1. Um Skype zu starten, klicken Sie im Startmenü auf den Eintrag bzw. die Kachel **Skype**.
2. Skype startet automatisch mit dem zuletzt verwendeten Microsoft- oder Skype-Konto. Beim allerersten Start hat das Programm diese Information jedoch noch nicht, daher öffnet sich ein Anmeldebildschirm. Wählen Sie dort mit einem Klick auf **Anmelden** ❶ Ihr Microsoft-Konto aus.
3. Falls Sie ein anderes Konto verwenden möchten, wählen Sie **Mit anderem Konto anmelden** ❷. Im darauf folgenden Dialog können Sie ein vorhandenes Konto suchen lassen ❸ oder ein ganz neues anlegen ❹. Hierfür wird neben einigen persönlichen Daten auch eine SMS-fähige Telefonnummer benötigt (siehe dazu den Abschnitt »Ein Microsoft-Konto anlegen« auf Seite 164).
4. Wenn ein Konto zur Verwendung ausgewählt worden ist, startet Skype und fragt bei der erstmaligen Verwendung einige Rechte ab, unter anderem bezüglich des Zugriffs auf Mikrofon und Kamera. Sie sollten beides zulassen, da Skype ansonsten kaum sinnvoll nutzbar ist.

Nötige Hardware

Zur Nutzung von Skype benötigen Sie Lautsprecher und Mikrofon (oder ein Headset) und bei Bedarf eine Kamera. In Notebooks ist dies alles meist bereits integriert.

Skype-Benutzerprofil

Es lassen sich zahllose Aspekte zu Skype konfigurieren. Die wichtigsten sind direkt über das Benutzerprofil erreichbar.

1. Ein Klick auf das Benutzerprofil-Symbol ❶ führt Sie zu diversen Skype-Einstellungen. Hier können Sie beispielsweise festlegen, ob andere Skype-Benutzer erkennen dürfen, ob Sie gerade in Skype aktiv sind. Wählen Sie **Als offline anzeigen** ❷, wenn Sie dies nicht wollen.
2. Skype-Telefonate in das ausländische Fest-oder Mobilnetz können kostenpflichtig sein. Ein dafür notwendiges Guthaben wird über den Link **Skype-Guthaben hinzufügen** ❸ aufgeladen.
3. Wenn Sie Probleme mit Bild und Ton haben, sollten Sie prüfen, ob die Konfiguration von Mikrofon, Kamera und Lautsprecher stimmt. Klicken Sie dazu auf **Einstellungen** ❹, und wählen Sie die richtigen Geräte ❺.

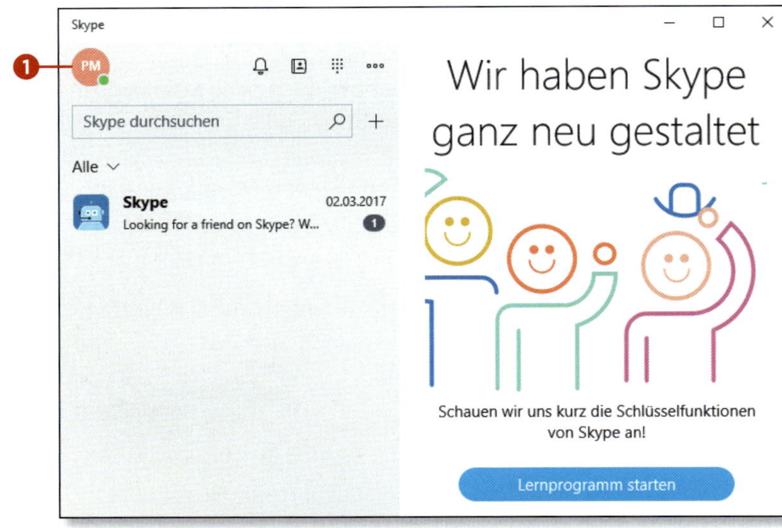

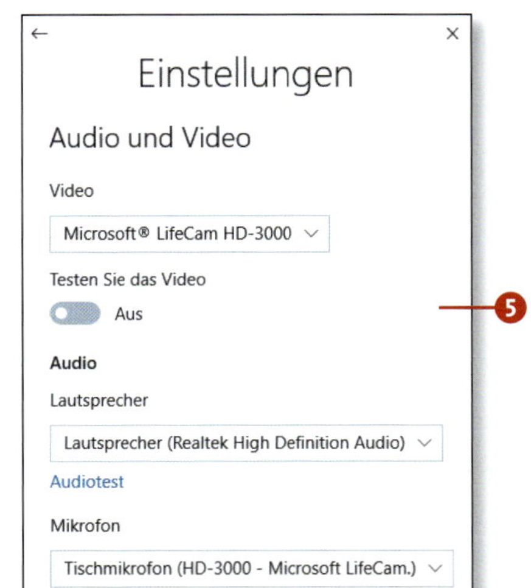

Datenverbrauch im Auge behalten

Nicht vergessen: Wenn Sie mit Skype telefonieren, wird Ihr Internet-Datenvolumen in Anspruch genommen (ca. 0,5 MB pro Minute bei einer reinen Sprachverbindung, bei Videoanrufen ca. 30 MB).

Kontakte hinzufügen

Wie in modernen Social-Apps üblich, werden auch in Skype Kommunikationspartner in Form von Kontakten verwaltet.

1. Starten Sie Skype, und klicken Sie in der oberen Leiste auf das Symbol **Kontakte** ❶.
2. Klicken Sie auf das Eingabefeld ❷, und geben Sie den gesuchten Skype-Namen ein. Sie können auch nach Vornamen oder Nachnamen suchen, allerdings werden Sie dann vermutlich sehr viele Treffer erhalten.
3. Klicken Sie auf den gewünschten Kontakteintrag ❸. Sie können nun eine Textnachricht schreiben und senden ❹ oder einen Telefonanruf tätigen ❺. Dadurch wird der Kommunikationspartner automatisch Ihrer Kontaktliste hinzugefügt.

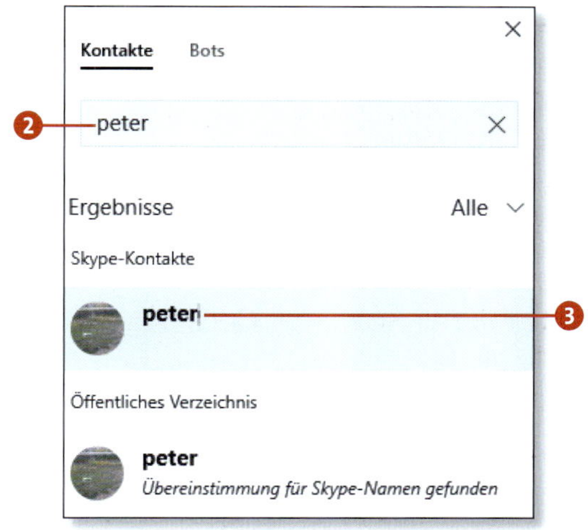

Kontakt löschen

Um einen Kontakt zu löschen, wählen Sie ihn in der Kontaktliste durch einen Klick mit der rechten Maustaste aus und selektieren den Eintrag **Aus Kontakten entfernen**.

Jemanden anrufen

Mit Skype können Sie zwei Arten von Anrufen durchführen: Sie können einen anderen Skype-Benutzer anrufen (nur über Internet) oder eine »echte« Festnetz- oder Mobilnummer wählen.

1. Klicken Sie auf das Zahlenfeld-Symbol in der oberen Leiste ❶. Über den Nummernblock können Sie dann die Telefonnummer eingeben. Beachten Sie hierbei, dass ein Anruf bei einer klassischen Telefonnummer Zusatzgebühren verursacht und Sie gegebenenfalls Ihr Skype-Guthaben aufladen müssen. Ein entsprechender Dialog wird Sie darauf hinweisen.
2. Zum Anrufen eines Skype-Kontakts (online) wählen Sie den Kontakt aus der Kontaktliste aus ❷ oder suchen ihn über die Suche ❸.
3. Klicken Sie in beiden Fällen auf das Hörersymbol ❹. (Bei einem reinen Skype-Anruf [von Skype zu Skype] können Sie auch alternativ auf das Kamerasymbol für eine Videokonferenz [Bild und Ton] klicken ❺.) Warten Sie, bis Ihr Kontakt das Gespräch angenommen hat.
4. Zum Beenden des Gesprächs klicken Sie auf den roten Telefonhörer ❻.

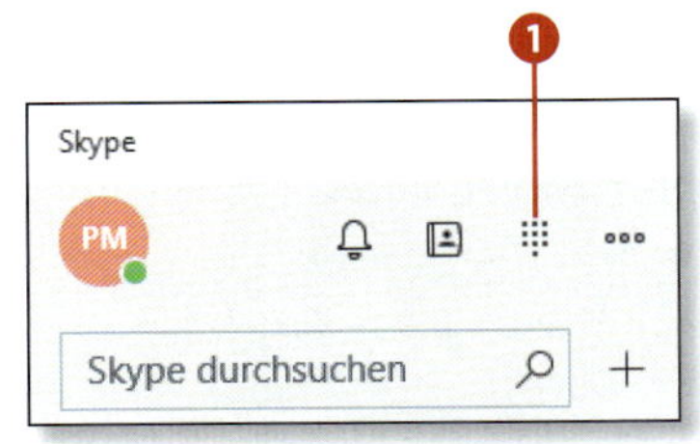

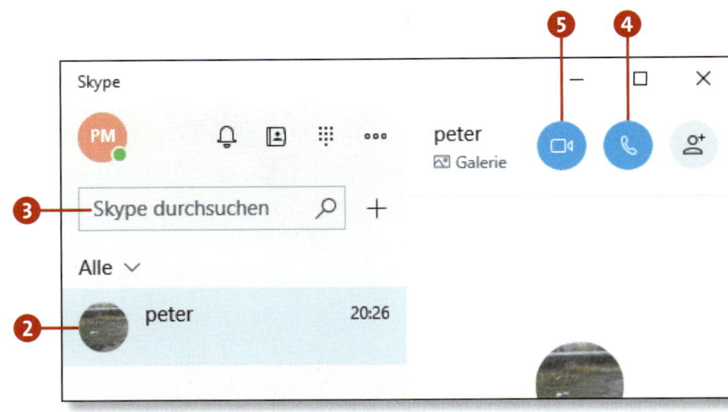

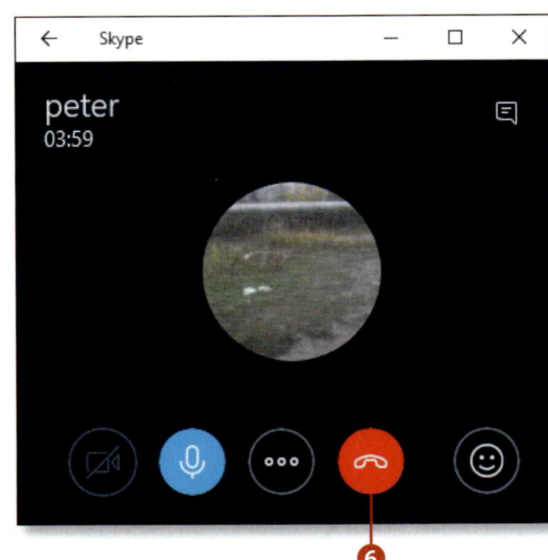

Anrufe annehmen

Wenn Skype geöffnet ist, werden Ihnen einkommende Anrufe als Benachrichtigung angezeigt. Klicken Sie dann im Benachrichtigungsfenster auf den grünen Telefonhörer, um das Gespräch entgegenzunehmen. Im Falle eines Videoanrufs können Sie auf das Kamerasymbol klicken, um Bildübertragung zuzulassen. Zum Beenden des Gesprächs klicken Sie wie gehabt auf den roten Telefonhörer.

Automatische Übersetzung

Was früher nur in Science-Fiction-Romanen vorkam, ist mittlerweile fast Alltag: Echtzeit-Übersetzung durch künstliche Intelligenz. Auch Skype kann das, und zwar sowohl für Telefongespräche als auch für Textnachrichten. Unbedingt mal ausprobieren!

1. Klicken Sie mit der rechten Maustaste auf einen Kontakt aus der Kontaktliste, und wählen Sie **Profil anzeigen** ❶ im Kontextmenü.
2. Klicken Sie in der Profilanzeige auf **Übersetzer starten** ❷.
3. Der Skype-Translator wird gestartet. Leider arbeitet er selbst nur auf Englisch, also nicht verwirren lassen. Sie können für Ihren eigenen Skype-Benutzer ❸ und den gewählten Kontakt ❹ (*other participant*) die bevorzugte Sprache (*language*) und eine passende Stimme (*voice, female*/weiblich oder *male*/männlich) einstellen.
4. Genießen Sie die automatische Übersetzung ❺. Im Chat fügt der Translator nun zu jeder Nachricht von Ihnen automatisch eine Übersetzung hinzu.

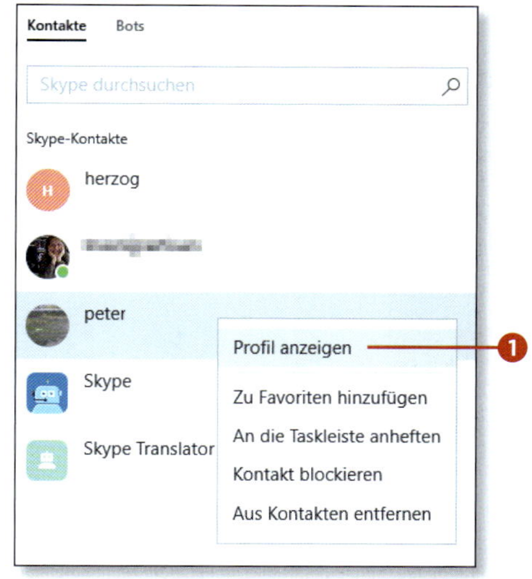

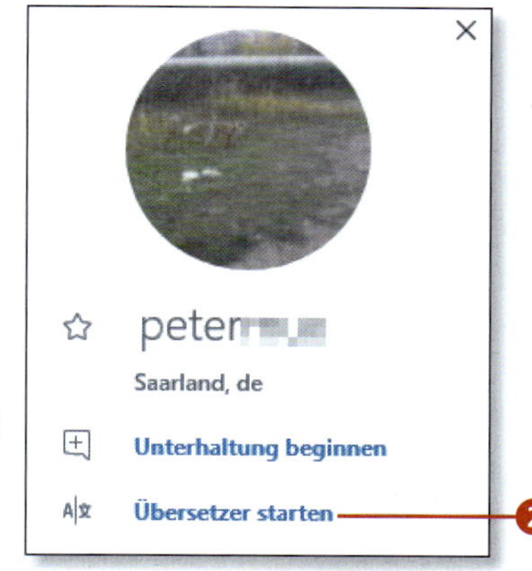

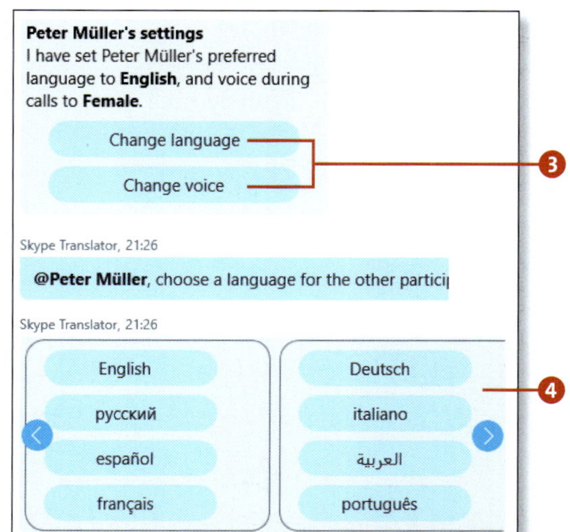

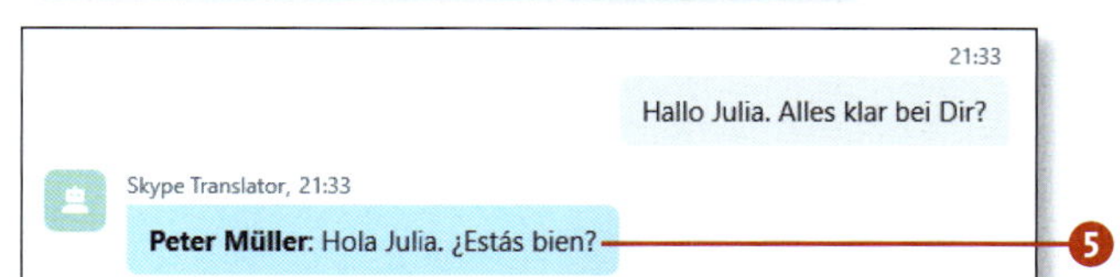

Datenspeicherung durch Skype-Translator

Wenn Sie die automatische Übersetzung aktiviert haben, wird der gesamte Chat auf Microsoft-Servern zwischengespeichert, damit die Übersetzung durchgeführt werden kann. Microsoft behält sich ferner vor, diese Daten als Trainingsmaterial für die weitere Verbesserung des Skype-Translators zu verwenden.

Emojis, Fotos, Videos und Dateien senden

Seit einiger Zeit kann man mit Skype während eines Chats auch Fotos und Dateien, ja sogar ganze Videos übertragen! Und die beliebten Emojis dürfen natürlich auch nicht fehlen.

1. Starten Sie einen Chat mit dem gewünschten Kontakt. Neben der Texteingabezeile für den Chat an sich befinden sich mehrere Symbole zum Einfügen von Datein.
2. Klicken Sie auf das Emoji-Symbol ❶ zum Einfügen eines Emojis an der aktuellen Cursorposition im Chat (ein Auswahldialog wird geöffnet).
3. Ferner kann man über das Kamerasymbol ❷ ein kurzes Video aufnehmen und ad hoc an den Gesprächspartner senden.
4. Falls Sie ein bereits vorhandenes Video versenden möchten, handelt es sich aus Skype-Sicht dabei einfach um eine Datei. Klicken Sie daher in diesem Fall auf das Datei-Symbol ❸, und wählen Sie das passende Video aus.

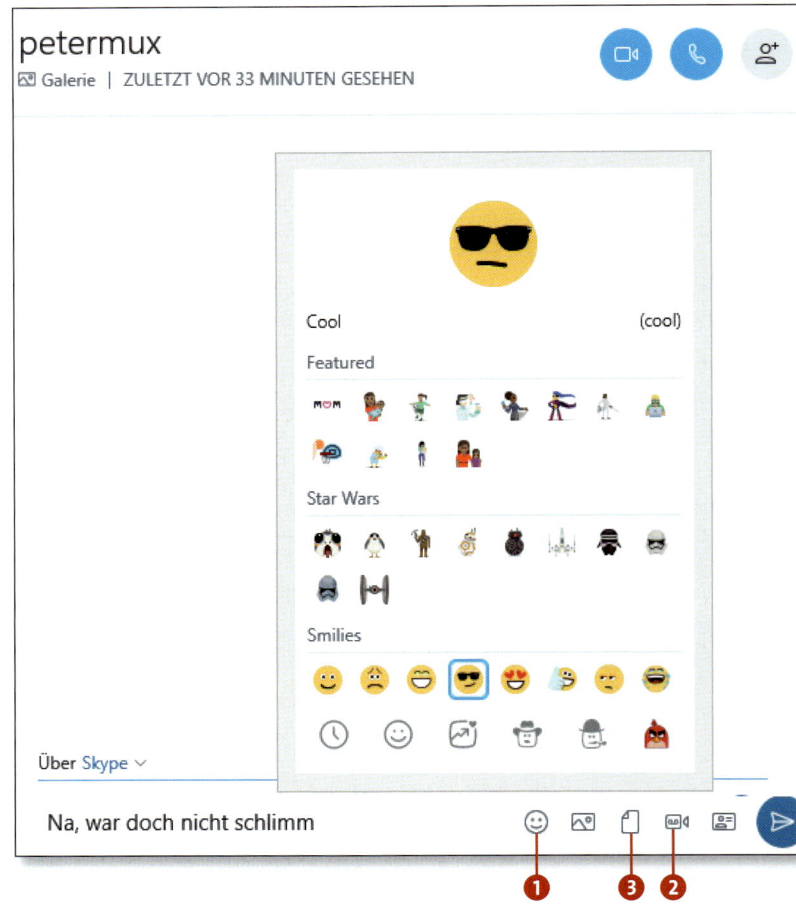

Datenverbrauch

Beachten Sie, dass das Versenden von Dateien (insbesondere Videos) einen hohen Verbrauch Ihres Internet-Datenvolumens bedeuten kann.

7 Fotos, Musik, Videos und Karten

Ob Sie nun die Fotos vom letzten Urlaub nachbereiten, mithilfe von Windows Media Player Ihre eigenen CDs zusammenstellen oder nebenbei gerne am PC Filme schauen – Sie liegen damit voll im Trend, denn längst ist der PC ein unverzichtbares Hilfsmittel für den Konsum und die Bearbeitung aller möglicher medialer Inhalte geworden. Umso bedauerlicher ist daher, dass der Windows Media Player die Fähigkeit »verloren« hat, DVDs abzuspielen. Und in Europa darf das Programm auf höchstrichterlichen EU-Beschluss nicht einmal standardmäßig mit jedem Windows-System ausgeliefert werden. Dafür ist eine Reihe anderer Apps zum Betrachten und Abspielen von Fotos, Musik und Filmen hinzugekommen.

In diesem Kapitel finden Sie unter anderem Tipps und Tricks zur *Fotos*-App, zum Umgang mit dem guten alten Media Player und eine Freeware-Empfehlung, damit Sie auch ohne den Windows Media Player auf Ihrem PC DVDs anschauen können.

In diesem Kapitel

- Bilder anschauen mit der Fotos-App
- Bilder vergrößert anzeigen
- Foto für den Sperrbildschirm festlegen
- Fotos drehen und kreativ gestalten
- Aufnahmedatum und andere Bilddaten ändern
- Fotos auf dem Fernseher anschauen
- Musik von CD in den »Musik«-Ordner kopieren
- Eine Audio-CD in MP3-Dateien umwandeln
- Eine MP3-CD brennen
- Musik auf das Smartphone übertragen
- CD-Cover finden und in Paint verarbeiten
- CD-Cover drucken
- DVDs am PC anschauen
- Die Karten-App nutzen
- Kartenmaterial offline verfügbar machen
- Aufkleber auf 3D-Objekten mit Paint 3D

Bilder anschauen mit der Fotos-App

Die App *Fotos* scannt regelmäßig Ihren *Bilder*-Ordner inklusive Unterordner (im Explorer: *Dieser PC\Bilder*) und präsentiert diese als Sammlung. Nur Bilder aus dieser Sammlung können Sie mit der App ansehen. Sie können allerdings festlegen, welche Quellen diese Sammlung berücksichtigt (siehe Kasten).

1. Klicken Sie im Startmenü auf die App-Kachel **Fotos**; oder geben Sie in das Suchfeld »Fotos« ein, und wählen Sie aus der Ergebnisliste **Fotos**. Sie müssen gegebenenfalls noch das Microsoft-Konto auswählen, mit dem Sie die App nutzen wollen.
2. Scrollen Sie durch die Liste der gefundenen Bilder (sie sind automatisch nach Datum sortiert), und klicken Sie auf das Bild, das Sie sich näher anschauen möchten ❶ (falls nichts angezeigt wird, lesen Sie bitte unten im Kasten weiter).
3. Im oberen Bereich des Bildes erscheint eine Leiste mit möglichen weiteren Aktionen ❷. Durch Klick auf das Bild können Sie diese Leiste ein- und ausblenden.

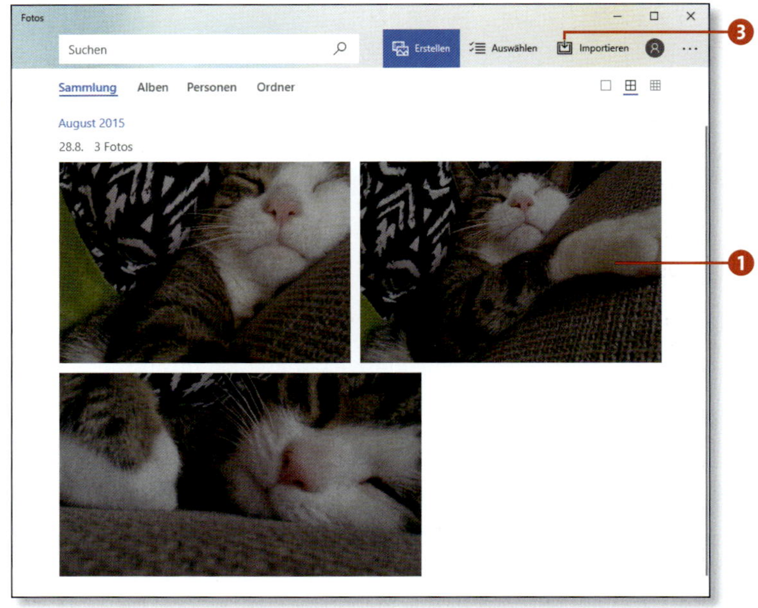

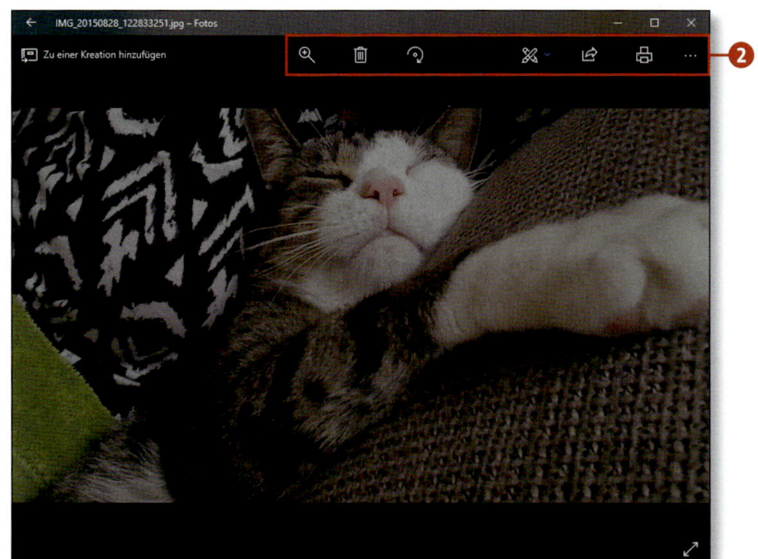

Wie kann ich Fotos hinzufügen?

Per Voreinstellung speist sich die Fotosammlung nur aus dem allgemeinen *Bilder*-Ordner, dem *Bilder*-Ordner des angemeldeten Benutzers und dem *Bilder*-Ordner seines OneDrive-Laufwerks (sofern vorhanden). Sehen Sie keine Bilder nach dem Öffnen der App, müssen Sie entweder neue Quellen hinzufügen oder Bilder importieren. Beides können Sie durch Klicken auf das Importieren-Symbol ❸ erreichen: Wählen Sie dann im Untermenü die gewünschte Aktion aus (beim Importieren von einem USB-Stick nicht vergessen, ihn auch vorher anzuschließen).

Bilder vergrößert anzeigen

Mit der *Fotos*-App können Sie natürlich auch den sogenannten Zoom-Faktor ändern, sodass ein Bild vergrößert wird. Dies hat lediglich Auswirkung auf die aktuelle Anzeige; das Bild an sich bleibt unverändert!

1. Wählen Sie in der Fotos-App durch einen Mausklick das gewünschte Bild aus.
2. Zum Vergrößern der Bildansicht haben Sie verschiedene Möglichkeiten. Bei einem Touch-Display tippen Sie mit Daumen und Zeigefinger in das Bild und bewegen die Finger auseinander. Auf einem PC können Sie auf die Lupe mit Plussymbol (1) klicken und mit einem Schieber die Vergrößerung anpassen, oder Sie halten die Taste [Strg] gedrückt und drehen das Mausrad nach vorn (von Ihnen weg). Sie können auch [Strg] gedrückt halten und gleichzeitig die Taste [+] drücken.
3. Zum Verkleinern haben Sie entsprechend auch die Wahl zwischen verschiedenen Wegen: Bei einem Touch-Display tippen Sie mit Daumen und Zeigefinger in das Bild und bewegen die Finger aufeinander zu. Auf dem PC klicken Sie auf das Plus (1) und ziehen den Schieber nach links. Oder Sie halten [Strg] gedrückt und drehen das Mausrad zu Ihnen hin. Auch [Strg] + [-] funktioniert hier.

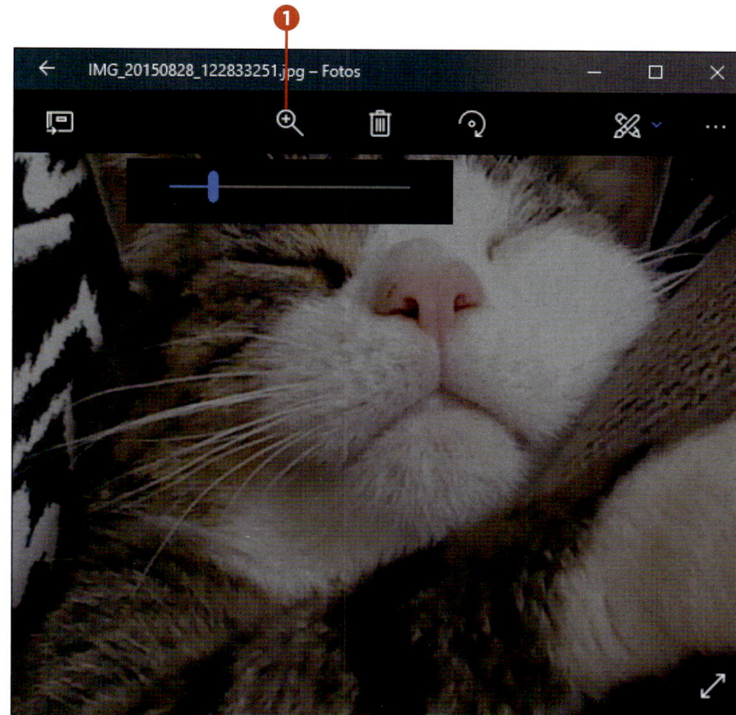

Den Bildausschnitt anpassen

Wollen Sie einen anderen Teil des vergrößerten Bildes sehen? Dann verschieben Sie den Bildausschnitt mit dem Finger oder der Maus.

Foto für den Sperrbildschirm festlegen

Aus der *Fotos*-App heraus kann man mit wenigen Klicks ein Bild als Standard für den Sperrbildschirm auswählen oder auch festlegen, was die Fotos-App in ihrer Startmenü-Kachel als Bild anzeigt.

1. Klicken Sie im Startmenü auf die Kachel **Fotos**, und wählen Sie ein Bild aus. Sie können auch in das Suchfeld »Fotos« eingeben und **Fotos** aus der Ergebnisliste wählen.
2. Rufen Sie das Kontextmenü des Bildes durch einen Klick mit der rechten Maustaste auf.
3. Wählen Sie **Festlegen als** ❶ und dann die gewünschte Aktion.

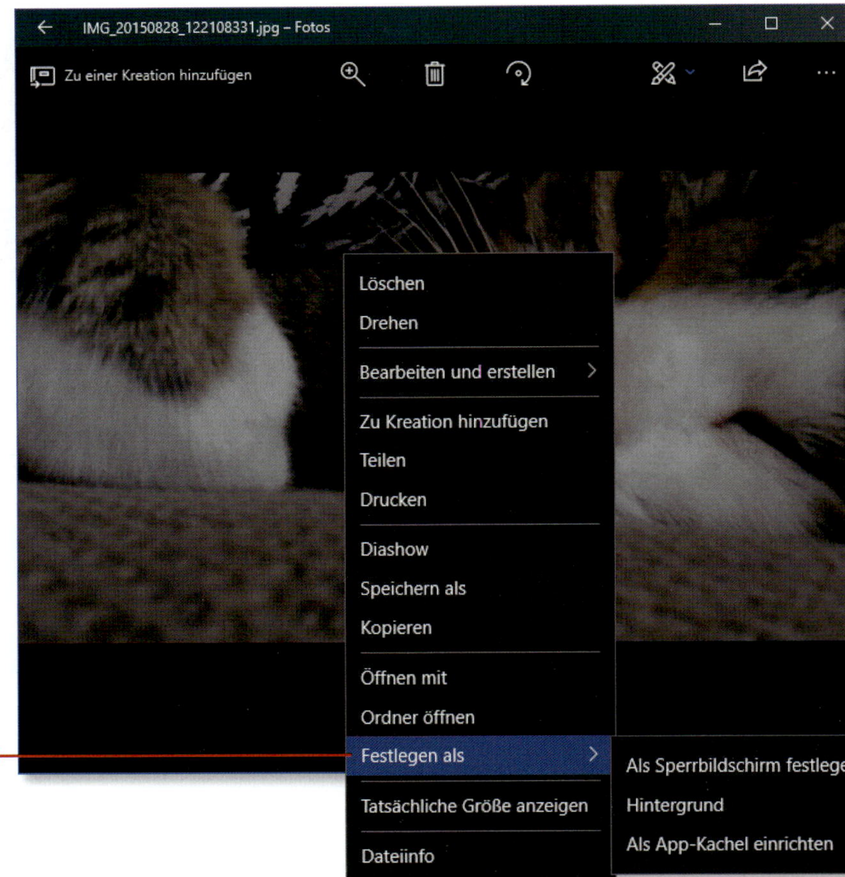

Diashow auf Sperrbildschirm

Man kann auf dem Sperrbildschirm übrigens auch eine Art Diashow ausgewählter Fotos zeigen lassen. Mehr dazu lesen Sie im Tipp »Diashow auf Sperrbildschirm« auf Seite 207.

Fotos drehen und kreativ gestalten

Die *Fotos*-App bietet auch einige Möglichkeiten, die man vielleicht gar nicht erwarten würde und die nur darauf warten, mal von Ihnen entdeckt zu werden.

1. Klicken Sie im Startmenü auf die Kachel **Fotos**, und wählen Sie ein Bild aus. Sie können auch in das Suchfeld »Fotos« eingeben und **Fotos** aus der Ergebnisliste wählen.
2. Klicken Sie auf das zu bearbeitende Bild.
3. Zum Drehen (im Uhrzeigersinn) klicken Sie auf das Rotationssymbol ①. *Achtung*: Die Änderung wird sofort wirksam, und das Bild ist auf der Festplatte entsprechend geändert!
4. Drehen, zuschneiden und optisch mit Filtern modifizieren können Sie über die Kreativoption **Bearbeiten** ②. Alle Änderungen werden hier erst wirksam, wenn Sie explizit speichern.
5. Um im Bild zu zeichnen, können Sie einen einfachen Grafikeditor in den Kreativoptionen aufrufen ③. Erfolgte Änderungen werden erst gespeichert, wenn Sie zur normalen Bildansicht zurückkehren und **Speichern** ④ geklickt haben.

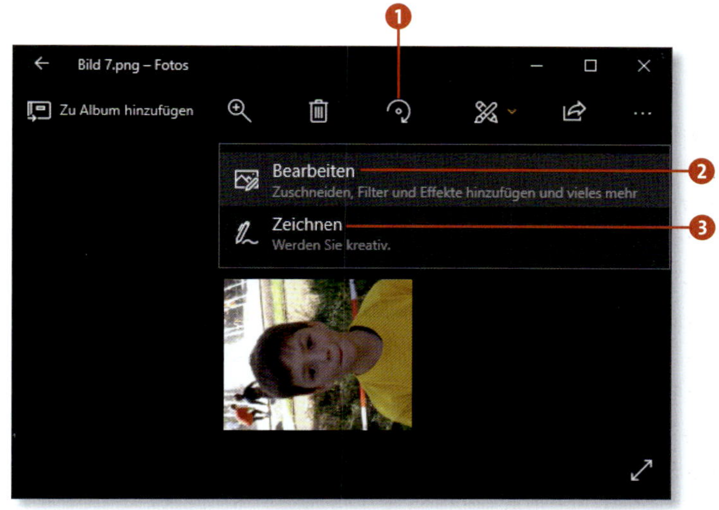

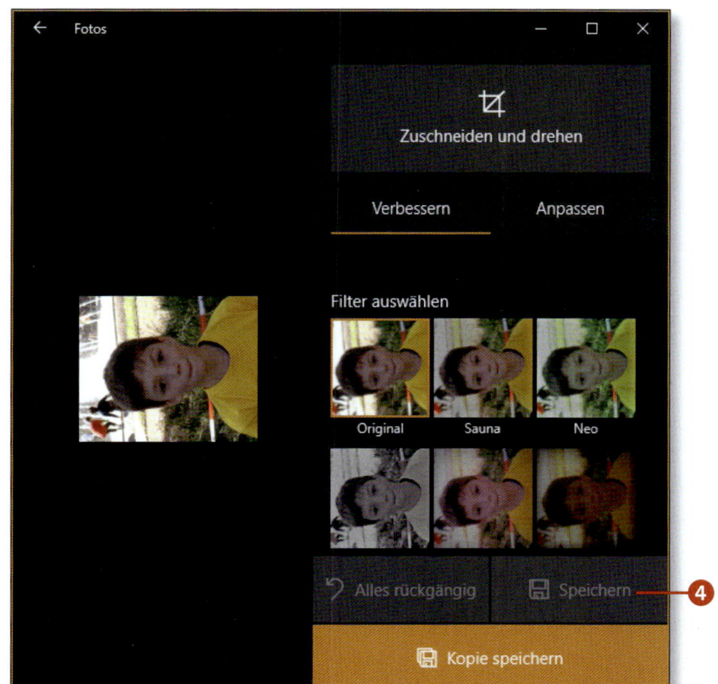

Alternative

Für weitergehende Bildbearbeitung brauchen Sie nicht gleich Geld auszugeben. Das kostenlos *Paint.Net* bietet auch einiges an Unterstützung (Download via *www.heise.de/download/product/paint.net-27767*).

Aufnahmedatum und andere Bilddaten ändern

Bevor Sie wichtige Daten eines Bildes ändern, sollten Sie sich vergegenwärtigen, dass die Information auf diese Art für immer verloren geht und Sie dann Jahre später vielleicht ein Foto nicht mehr zuordnen können. Wichtige Bilddaten wie Aufnahmedatum, Änderungsdatum, Autor oder Bewertung lassen sich ohne Zuhilfenahme spezieller Programme direkt über das Dialogfenster **Eigenschaften** der betreffenden Bilddatei bearbeiten.

1. Öffnen Sie den Explorer über das Symbol in der Taskleiste oder durch Drücken von [Windows] + [E].
2. Wechseln Sie zu dem Ordner ❶ mit den zu bearbeitenden Bildern, klicken Sie mit der rechten Maustaste auf das betreffende Bild, und wählen Sie **Eigenschaften** ❷.
3. Im erscheinenden **Eigenschaften**-Dialog wechseln Sie zur Registerkarte **Details** ❸.
4. Klicken Sie auf die Angabe zu einer Eigenschaft, beispielsweise **Aufnahmedatum** ❹, und bearbeiten Sie sie. Zum Abschluss klicken Sie auf **OK** ❺.

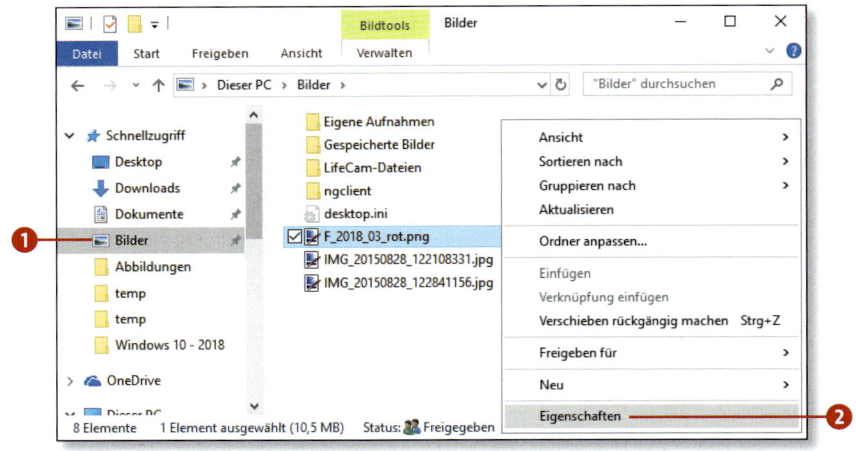

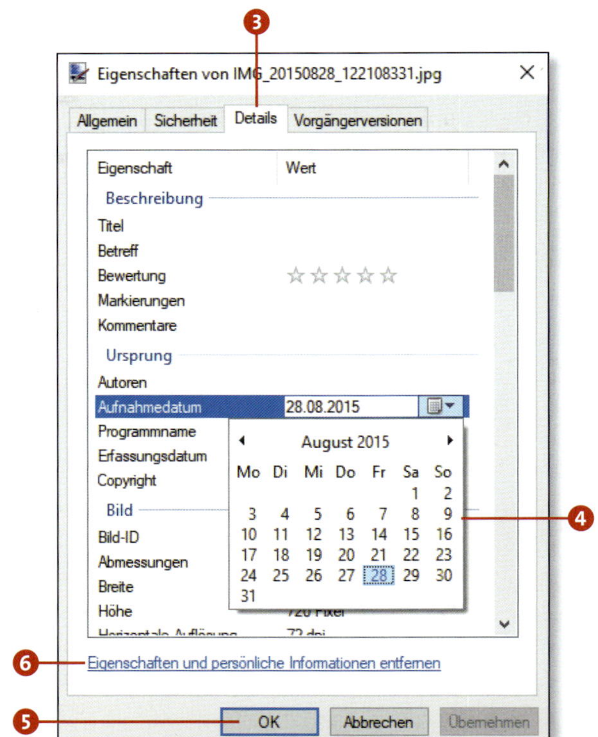

Kopie ohne persönliche Bildinformationen erzeugen

Wenn Sie Bilder an Freunde weitergeben oder ins Internet hochladen, sollten Sie eine Kopie der Dateien ohne persönliche Daten verwenden. Klicken Sie hierzu unten im Dialog **Details** auf den Link **Eigenschaften und persönliche Informationen entfernen** ❻.

Fotos auf dem Fernseher anschauen

Falls Sie ein Smartphone haben, kennen Sie sicherlich die Funktionalität *Bildschirm spiegeln*, womit man die Bildschirmanzeige drahtlos auf ein anderes Anzeigegerät wie Fernseher oder Beamer umlenken kann. Auch Windows 10 kann dies, allerdings nur zusammen mit Geräten, die den Miracast-Standard unterstützen. Wenn Sie also das nächste Mal Urlaubsfotos zeigen, warum nicht gleich in groß auf dem Fernseher?

1. Aktivieren Sie bei Ihrem Fernseher den Modus **Bildschirm spiegeln**. Eventuell müssen Sie auch den Modus **Wifi-Direct** explizit aktivieren.
2. Drücken Sie [Win] + [A], und wählen Sie im zugehörigen Menü den Eintrag **Projizieren** ❶.
3. Nun wählen Sie den Modus **Duplizieren** ❷ und klicken auf den Link **Mit drahtloser Anzeige verbinden** ❸.
4. Wählen Sie nun Ihren Fernseher aus ❹. Nach einigen Sekunden sollte der Windows-Bildschirm auf dem Fernseher zu sehen sein.

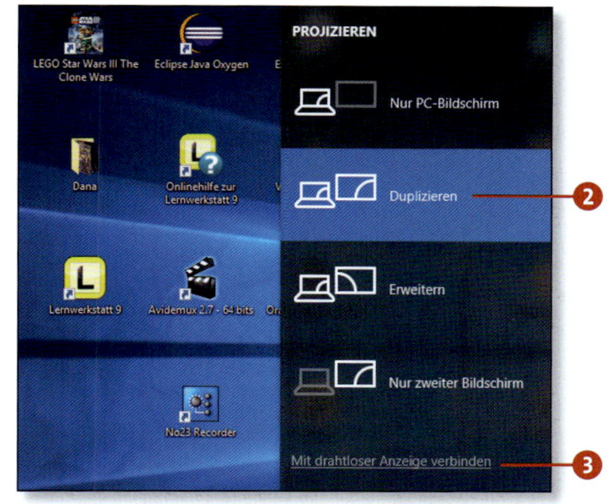

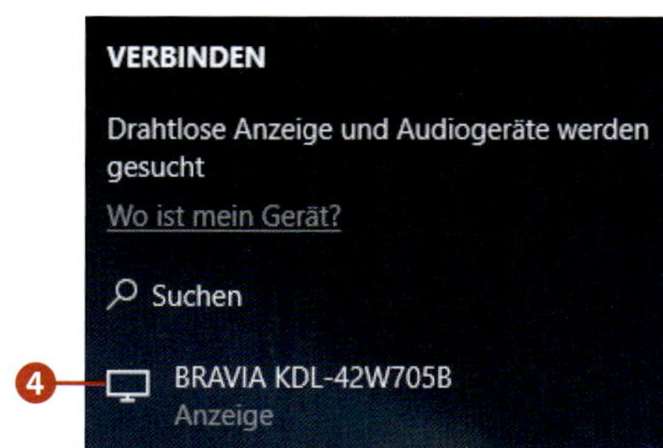

Achtung, Verbindungsfrust!

In der Praxis gibt es leider zahllose Fehlerquellen, und es kommt keine Verbindung zustande. Viele Fernseher implementieren den Miracast-Standard nicht vollständig, sodass Windows 10 damit nicht kommunizieren kann. Häufig liegt das Problem auch auf der PC-/Notebook-Seite. Stellen Sie sicher, dass Sie den neuesten Grafikkarten- und Netzwerkkartentreiber installiert haben.

Wifi-Direct

Miracast arbeitet standardmäßig als drahtlose Direktverbindung zwischen Computer und Fernseher (daher: Wifi-Direct beim Empfänger aktivieren). Falls dies nicht funktioniert, können Sie versuchen, beide Geräte im selben WLAN zu betreiben und dann die Verbindung ohne Wifi-Direct über das WLAN herzustellen. Allerdings leidet darunter die Übertragungsgeschwindigkeit.

Musik von CD in den »Musik«-Ordner kopieren

Auch im Zeitalter von Streaming und Downloads von Musik – beispielsweise mit der App *Musik* von Windows über den Microsoft Store – spielen konventionelle Datenträger wie die CD immer noch eine große Rolle. Sie können Lieder von einer CD in Ihren *Musik*-Ordner kopieren und dann mit dem Windows Media Player oder der App *Groove-Musik* abspielen.

1. Starten Sie den Windows Media Player, indem Sie in das Suchfeld »Media« eingeben und in der Ergebnisliste **Windows Media Player** wählen.
2. Legen Sie die CD in das CD/DVD-Laufwerk ein. Nach einer kurzen Weile sollte die CD im Navigationsbereich angezeigt werden ❶. Falls statt des Namens der CD nur der Eintrag **Unbekanntes Album** erscheint, kann der Media Player im Internet keine Informationen zu dem Album finden, oder Sie haben im Menü **Optionen** (Aufruf über **Organisieren**) auf der Registerkarte **Datenschutz** die Option **Medieninformationen aus dem Internet anzeigen** deaktiviert.
3. Rufen Sie in der Befehlsleiste **CD kopieren** ❷ auf.
4. Der Windows Media Player beginnt mit dem Kopieren. In der Spalte **Kopierstatus** ❸ können Sie für jedes einzelne Lied den Fortschritt überwachen. Standardmäßig wird beim Kopieren als Medienformat WMA verwendet (beachten Sie für MP3 bitte die nächste Seite).
5. Anschließend können Sie die importierten Lieder z. B. über **Musik > Album** auswählen ❹. Oder Sie wechseln zur App Groove-Musik, wo Sie alle importierten CDs unter der Rubrik **Alben** ❺ finden.

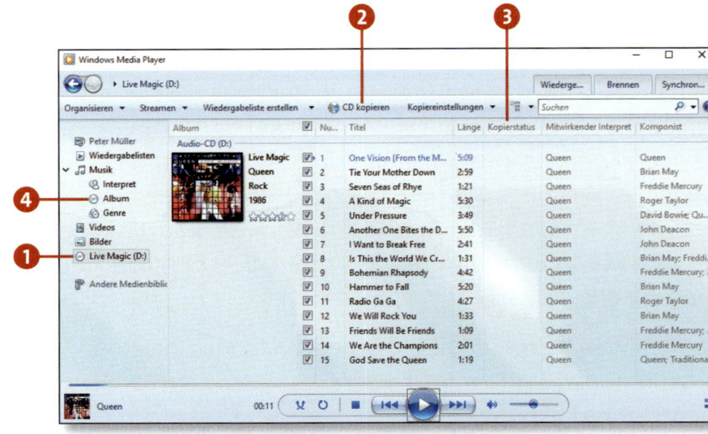

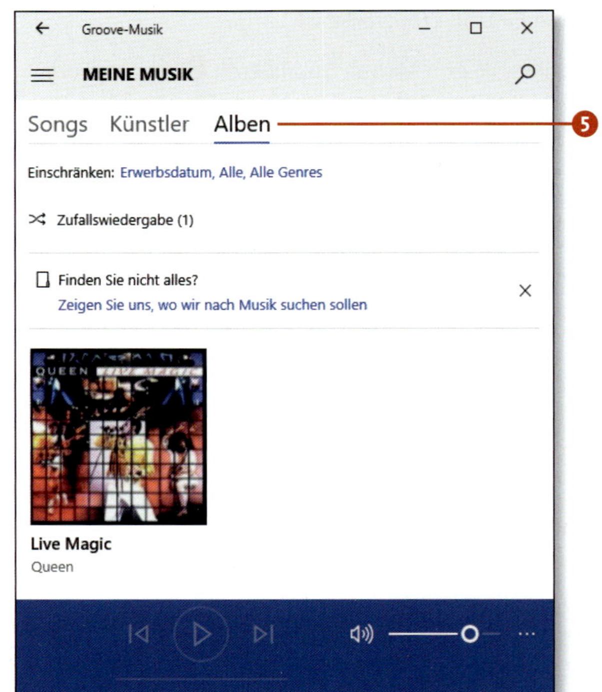

Kopiervorgang anpassen

Über die Registerkarte **Musik kopieren** im Dialogfenster **Optionen** (Aufruf über **Organisieren**) können Sie den Kopiervorgang individuell einstellen – beispielsweise indem Sie einen anderen Speicherort festlegen oder das Medienformat bestimmen (siehe den Tipp »Eine Audio-CD in MP3-Dateien umwandeln« auf Seite 193).

Eine Audio-CD in MP3-Dateien umwandeln

Auch wenn Sie zu jener Gattung Musikliebhaber gehören, die über eine Schallplatten- und CD-Sammlung verfügen und den Klang einer Stereoanlage dem Geschepper eines Smartphone-Lautsprechersurrogats vorziehen – die Zukunft gehört klar dem MP3-Format. Es ist platzsparend, zukunftsorientiert und lässt sich auf Smartphones übertragen. Lesen Sie dazu den nächsten Tipp. Die grundsätzliche Vorgehensweise ist die gleiche wie beim Kopieren von CDs (siehe den vorherigen Tipp).

1. Rufen Sie den Windows Media Player auf, und legen Sie die CD in das CD/DVD-Laufwerk ein.
2. Klicken Sie auf **Organisieren**, und wählen Sie **Optionen** ❶.
3. Wechseln Sie zur Registerkarte **Musik kopieren** ❷.
4. Wählen Sie in der Dropdown-Liste **Format** den Eintrag **MP3** ❸ aus.
5. Setzen Sie den Schieberegler für die **Audioqualität** ❹. Eine für die meisten Ansprüche ausreichende Qualität ist ein Wert zwischen 196 und 256 kBit/s. Je höher Sie die **Audioqualität** setzen, desto mehr Speicherplatz werden die MP3-Dateien benötigen. Schließen Sie das Dialogfenster mit **OK** ❺.
6. Rufen Sie in der Befehlsleiste des Windows Media Players nun den Befehl **CD kopieren** auf.

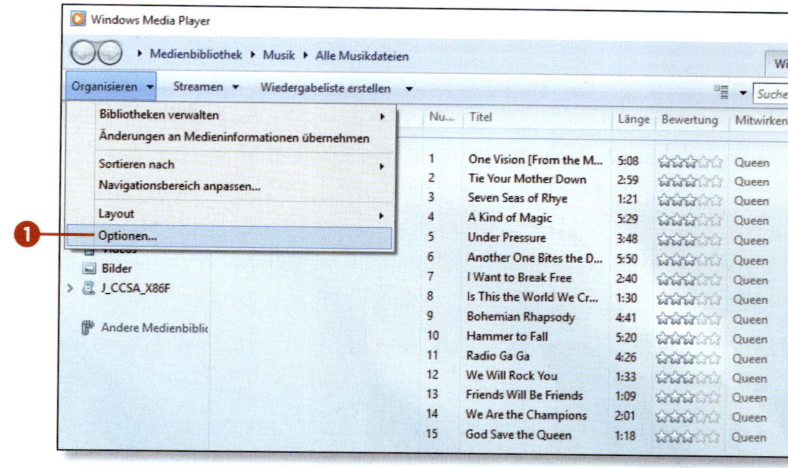

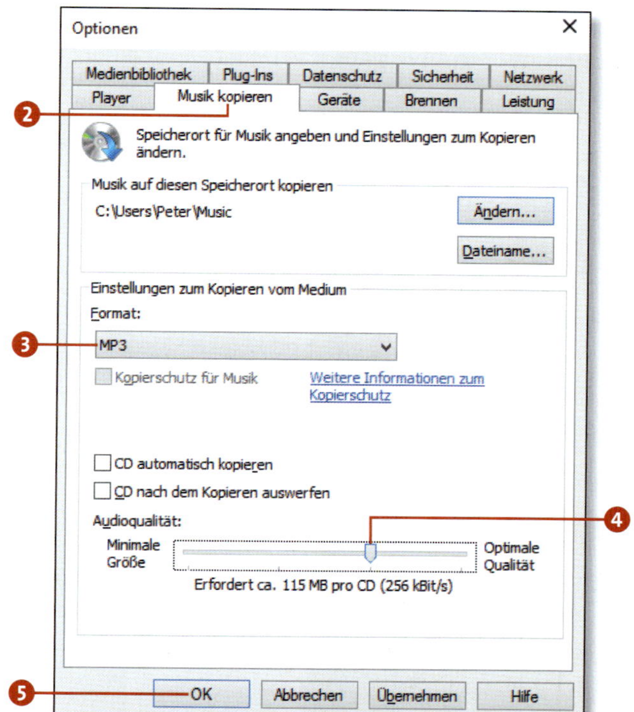

MP3-Dateien auf CD brennen

Wenn Sie den umgekehrten Weg gehen wollen, nämlich MP3-Dateien wieder auf eine Audio-CD zu brennen, die mit einem CD-Player abgespielt werden kann, lesen Sie den Tipp »Eine MP3-CD brennen« auf Seite 194.

Eine MP3-CD brennen

Mithilfe des Windows Media Players können Sie sich aus den Titeln in Ihrer Medienbibliothek eigene CDs zusammenstellen. Standardmäßig erstellt der Windows Media Player dabei Audio-CDs. Sie können aber auch Daten-CDs mit einer MP3-Sammlung erzeugen. Letzteres hat den Vorteil, dass solche CDs weit mehr Titel fassen und trotzdem mittlerweile auf den meisten CD- und DVD-Playern abgespielt werden können.

1. Starten Sie den Windows Media Player, indem Sie in das Startmenü-Suchfeld »Media« eingeben und in der Ergebnisliste **Windows Media Player** wählen.
2. Legen Sie eine leere CD in Ihr CD/DVD-Laufwerk. Nach einer kurzen Weile sollte die CD im Navigationsbereich angezeigt werden.
3. Selektieren Sie im Navigationsbereich **Album** ❶, und wählen Sie durch Doppelklick das gewünschte Album aus. Die Lieder werden nun im mittleren Fensterbereich angezeigt.
4. Wechseln Sie zur Registerkarte **Brennen** ❷, und klicken Sie auf die Schaltfläche **Brennoptionen** ❸.
5. Wählen Sie **Daten-CD oder -DVD** ❹, und klicken Sie dann auf **Weitere Brennoptionen** ❺.
6. Wählen Sie im Dialogfenster **Optionen** auf der Registerkarte **Brennen** unter **Daten-CDs** die Option **M3U** ❻ aus, und klicken Sie auf **OK**.
7. Ziehen Sie einzelne Titel oder ganze Alben aus dem mittleren Bereich nach rechts in die **Brennliste** ❼. Überfüllen Sie die CD nicht!
8. Klicken Sie auf **Brennen starten** ❽.

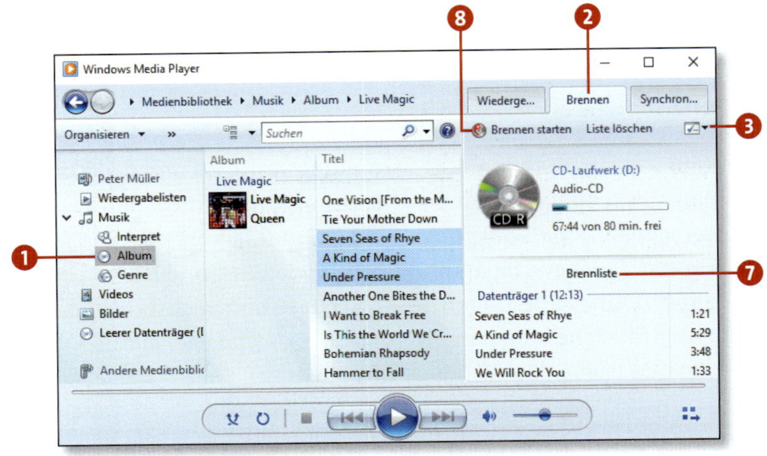

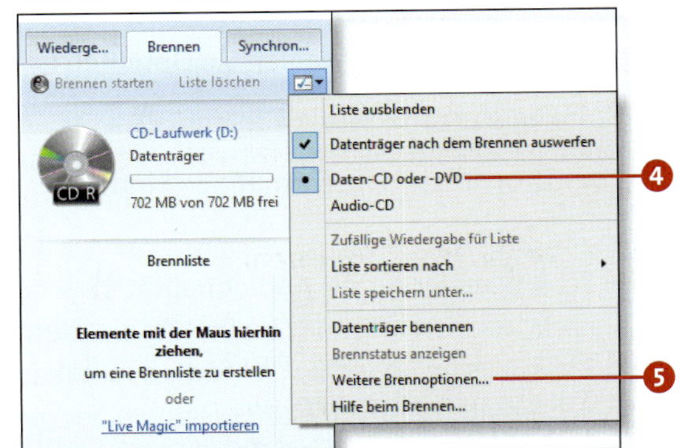

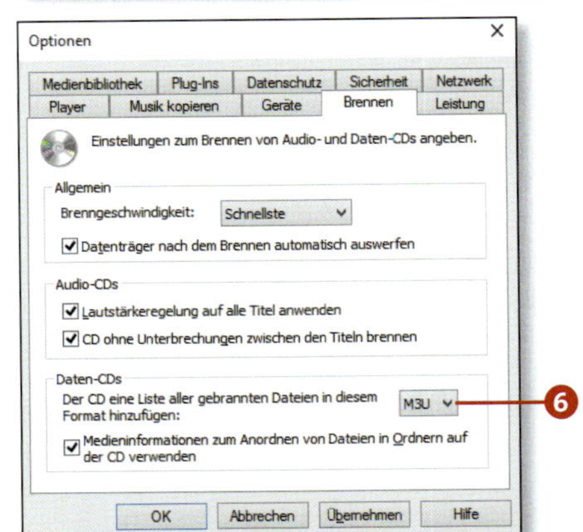

CD in MP3 umwandeln

Falls Sie umgekehrt eine Audio-CD als MP3-Dateien abspeichern wollen, finden Sie eine Anleitung auf Seite 193.

Musik auf das Smartphone übertragen

Wenn Sie ein Android- oder Windows-Smartphone besitzen, können Sie die Titel in Ihrer Musikbibliothek mithilfe des Windows Media Players schnell und bequem auf Ihr Smartphone übertragen.

1. Starten Sie den Windows Media Player, indem Sie in das Suchfeld »Media« eingeben und in der Ergebnisliste **Windows Media Player** wählen.
2. Verbinden Sie Ihr Smartphone über ein USB-Kabel mit dem Rechner. Nach kurzer Zeit sollte das Smartphone im Navigationsbereich aufgelistet werden ❶.
3. Wechseln Sie zur Registerkarte **Synchronisieren** ❷.
4. Ziehen Sie einzelne Titel oder ganze Alben aus dem mittleren Bereich in die **Synchronisierungsliste** ❸.
5. Achten Sie darauf, dass auf dem Smartphone noch genügend Platz für Windows-Apps und andere Daten bleibt ❹, und klicken Sie auf **Synchronisierung starten** ❺.
6. Trennen Sie nach Beendigung der Synchronisierung die USB-Verbindung zum Smartphone.

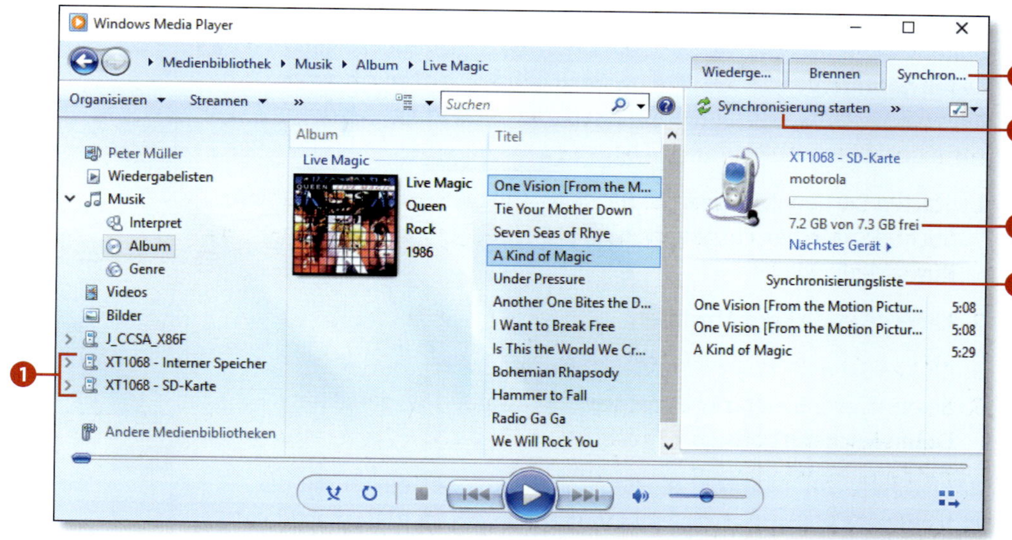

Musik auf das iPhone übertragen

Wenn Sie ein iPhone als Zielgerät verwenden möchten, müssen Sie zwingend das Apple-Programm *iTunes* installieren und die Übertragung damit durchführen.

CD-Cover finden und in Paint verarbeiten

Sie können die mittels Windows Media Player heruntergeladenen Bilder der CD-Cover zum Ausdrucken von Covern für Ihre selbst gebrannten CDs verwenden. Die Qualität ist zwar nicht überragend, da die heruntergeladenen Bilder eine zu geringe Auflösung haben, aber das Verfahren ist schnell, unkompliziert und bringt durchaus zufriedenstellende Resultate.

1. Starten Sie den Windows Media Player. Geben Sie dafür in das Suchfeld »Media« ein, und wählen Sie in der Ergebnisliste **Windows Media Player**.
2. Klicken Sie links auf **Musik** ❶.
3. Klicken Sie mit der rechten Maustaste auf das Albumsymbol, dessen Cover Sie drucken möchten, und wählen Sie den Befehl **Dateispeicherort öffnen** ❷ aus.
4. Klicken Sie im daraufhin erscheinenden Explorer-Fenster mit der rechten Maustaste auf die Bilddatei **Folder.jpg** ❸, und rufen Sie im Kontextmenü den Befehl **Öffnen mit > Paint** auf.

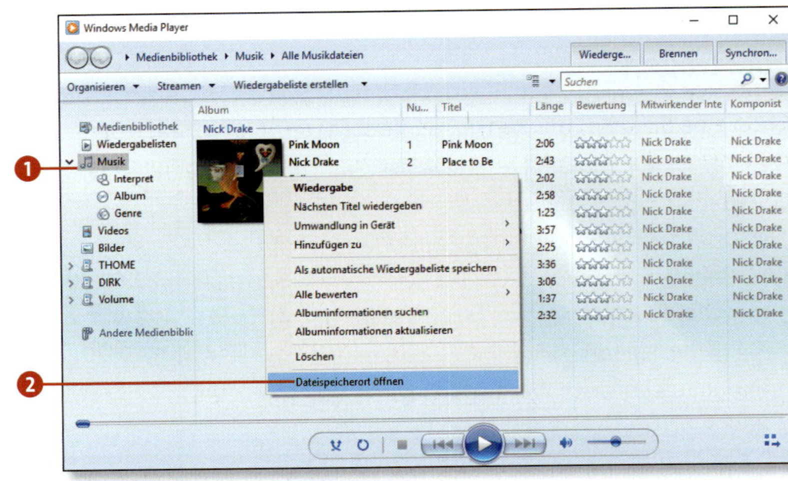

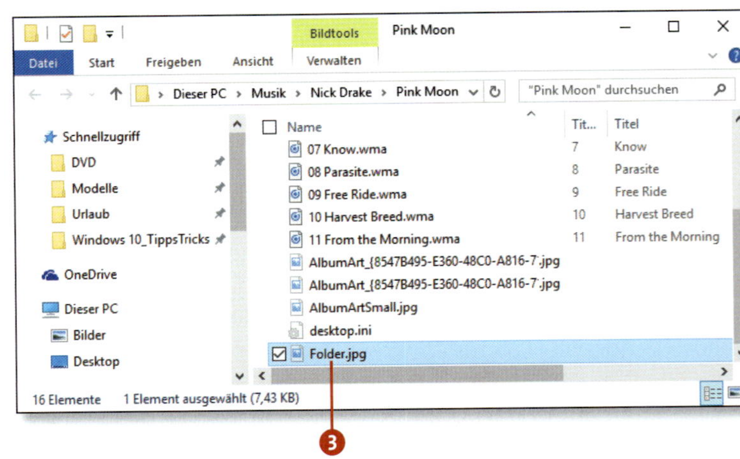

Keine Bilddatei »Folder.jpg«?

Folder.jpg ist eine versteckte Systemdatei. Damit sie Ihnen angezeigt wird, müssen Sie im Explorer unter **Datei > Optionen > Ansicht** die Option **Geschützte Systemdateien ausblenden** deaktiviert und für **Versteckte Dateien und Ordner** die Option zum Anzeigen ausgewählt haben.

Kein Bild zu sehen?

Wenn Ihnen zu dem Album kein Bild angezeigt wird, rufen Sie vorab im Kontextmenü des Albums den Befehl **Albuminformationen aktualisieren** auf.

CD-Cover drucken

Wenn Sie der Anleitung auf Seite 196 bereits gefolgt sind oder schon eine Bilddatei mit dem Cover Ihrer CD besitzen, können Sie das Cover in der *Paint*-App auf Wunsch noch bearbeiten. Anschließend geht es ans Drucken.

1. Starten Sie Paint, indem Sie »Paint« in das Suchfeld der Taskleiste eingeben, und wählen Sie in der Ergebnisliste dann den entsprechenden Eintrag. Wenn Paint geöffnet ist, klicken Sie auf der Registerkarte **Datei** ❶ auf den Befehl **Drucken > Druckvorschau**.
2. Klicken Sie auf der Registerkarte **Druckvorschau** auf **Seite einrichten** ❷.
3. Wählen Sie im Dropdown-Listenfeld **Größe** die Option **A5** aus ❸.
4. Achten Sie darauf, dass die Skalierung auf **Seite(n) anpassen** ❹ steht, und klicken Sie auf **OK**.
5. Drucken Sie das Bild.

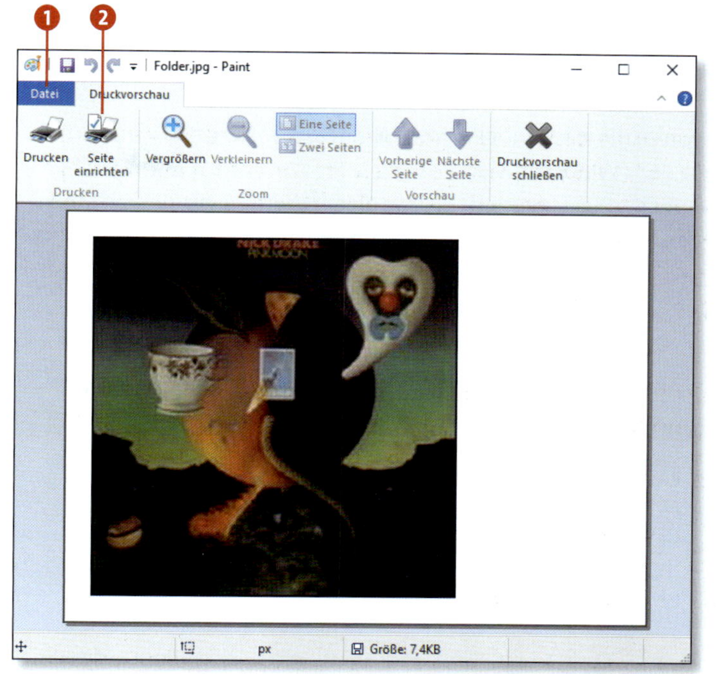

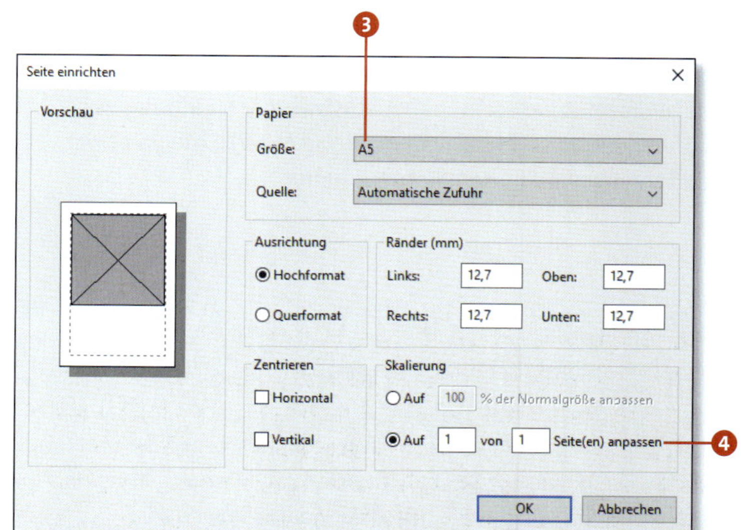

Besser geht immer

Wenn Sie mithilfe eines Grafikprogramms (z. B. das kostenlose *paint.net*, zu finden unter *www.getpaint.net/index.html*) perfekt dimensionierte Cover-Bilder erstellen möchten, legen Sie Bilddateien mit den Pixelmaßen 453 × 453 und einer Auflösung von 96 dpi an.

DVDs am PC anschauen

Wer von früheren Windows-Versionen gewöhnt war, DVDs am PC mit dem Windows Media Player oder Windows Media Center anzusehen, muss feststellen, dass dies mit Windows 10 nicht mehr möglich ist: Microsoft hat sich bereits seit Windows 8 die Lizenzierungskosten hierfür gespart. Allzu tragisch ist dies allerdings auch wieder nicht, denn Sie können sich den kostenlosen *VLC Media Player* installieren (*www.videolan.org* oder *www.vlc.de*), der fast jedes Format abspielen kann.

1. Falls noch nicht erfolgt: Laden Sie das Setup-Programm von VLC aus dem Internet, und führen Sie es aus.
2. Legen Sie nun die DVD in das DVD-Laufwerk ein. Falls Autoplay (automatisches Abspielen) für Ihr DVD-Laufwerk aktiviert ist, klicken Sie auf das Meldungsfenster und wählen dann **DVD-Video wiedergeben** ❶.
3. Falls kein Meldungsfenster erscheint, starten Sie den Explorer (z. B. über das Symbol in der Taskleiste oder durch Drücken von [Windows-Taste] + [E]) und wechseln gegebenenfalls zum Explorer-Fenster **Dieser PC** ❷.
4. Klicken Sie mit der rechten Maustaste auf den Eintrag des DVD-Laufwerks, und wählen Sie den Eintrag **Mit VLC media player wiedergeben** ❸ aus dem Kontextmenü.

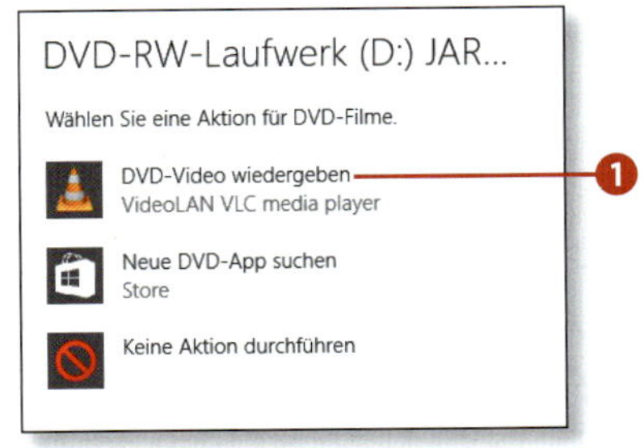

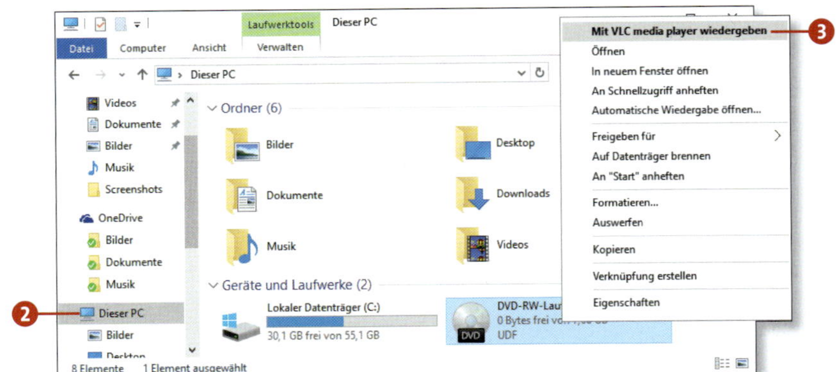

VLC als Standard für DVDs festlegen

Nachdem der VLC Media Player installiert ist, können Sie ihn auch als Standardplayer für DVDs einrichten. Legen Sie einfach eine DVD ein, warten Sie, bis das Autoplay-Meldungsfenster erscheint, und wählen Sie dort **VLC Media Player** aus.

Die Karten-App nutzen

Fast jeder kennt aus der Smartphone-Welt die App *Google Maps*, aber nur wenige wissen, dass auch Windows seit Version 8 eine vollwertige Karten- und Navigations-App hat. Sie trägt den unscheinbaren Namen *Karten*.

1. Geben Sie in das Suchfeld »Karten« ein, und wählen Sie in der Ergebnisliste den entsprechenden App-Eintrag ❶.
2. Beim ersten Aufruf werden Sie gefragt, ob die App auf Positionsdaten zugreifen darf. Dies sollten Sie bejahen, andernfalls wird die Leistungsfähigkeit der App stark vermindert. Positionsdaten sind übrigens zum einen GPS-Koordinaten (typischerweise, wenn Ihr Rechner ein Tablet ist) oder Koordinaten des nächstgelegenen Internet-Zugangsservers, die naturgemäß mehrere Kilometer von Ihrem tatsächlichen Standort abweichen können.
3. Ein grauer Punkt zeigt Ihren aktuellen Standort an (die Genauigkeit hängt von der Qualität der vorhandenen Positionsdaten ab) ❷.
4. Mit gedrückter linker Maustaste können Sie den Kartenausschnitt verschieben; durch Klicken auf + und – ❸ oder Einsatz des Mausrads können Sie vergrößern und verkleinern. Auf einem Tablet können Sie zusätzlich mit der bekannten Zwei-Finger-Geste vergrößern (Finger auseinanderbewegen) und verkleinern (Finger zueinanderbewegen).
5. Über das Suchfeld können Sie weltweit nach einer Adresse suchen ❹. Falls vorhanden, werden sogleich Zusatzinformationen angezeigt, z. B. Restaurants und Sehenswürdigkeiten in der Nähe.

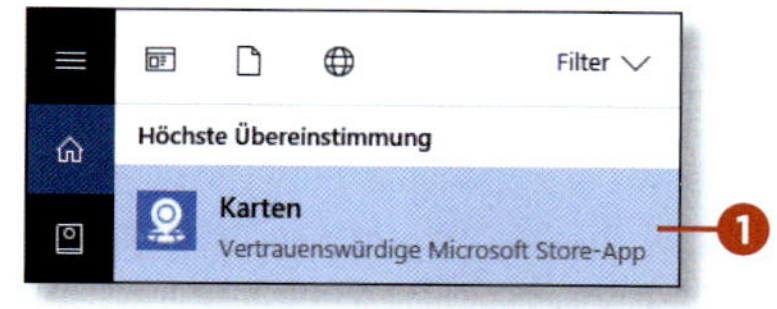

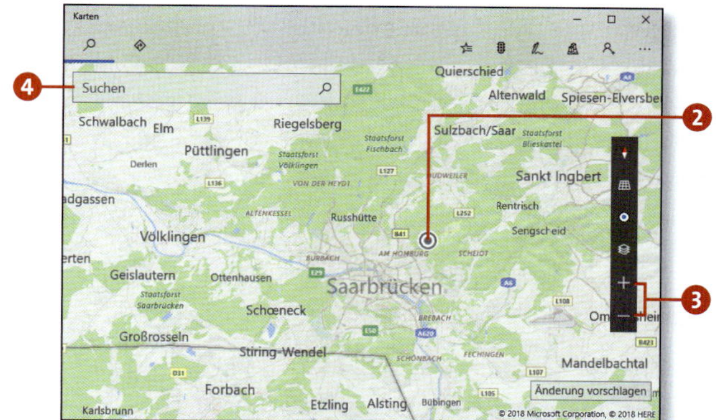

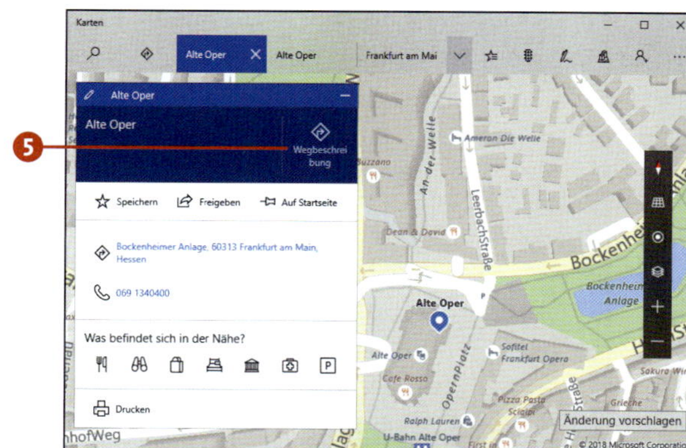

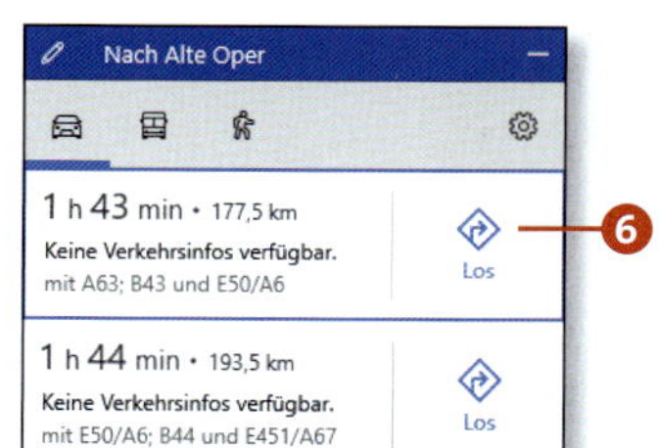

Navigieren mit der Karten-App

Durch Klicken auf **Wegbeschreibung** ❺ wird eine optimale Route von Ihrem aktuellen Standort zur Zieladresse berechnet und angezeigt. Durch Klicken auf **Los** ❻ können Sie eine Navigation starten und Ihr Windows somit als Navigationsgerät benutzen!

Kartenmaterial offline verfügbar machen

Die App *Karten* lädt die benötigten Karteninformationen über das Internet von einem Microsoft-Server. Dies kann je nach Geschwindigkeit der Verbindung zu einer leichten Verzögerung bei der Kartenanzeige führen. Wesentlich störender dürfte aber sein, dass man unterwegs – insbesondere im Ausland – gar keine oder nur eine sehr teure mobile Internetverbindung zur Verfügung hat, sodass man die App Karten nur eingeschränkt oder gar nicht nutzen kann. Die Lösung für dieses Problem lautet Offline-Karten: Sie laden die Karten zu Hause vorab herunter, sodass Sie unterwegs ohne Internetverbindung darauf zugreifen können.

1. Stellen Sie sicher, dass die App Karten geschlossen ist.
2. Geben Sie in das Suchfeld »Apps & Features« ein, und wählen Sie in der Ergebnisliste den entsprechenden Eintrag ❶.
3. Klicken Sie auf **Offline-Karten** ❷ und dann auf **Karten herunterladen** ❸. Ein Dialogfenster öffnet sich, wo Sie weltweit nach Regionen und Unterregionen geordnet Kartenmaterial auswählen können ❹.
4. Das Herunterladen beginnt und kann einige Zeit dauern, da die Kartengröße je nach ausgewählter Region stark variiert ❺. Danach stehen die Karten dauerhaft und ohne Internetverbindung in der App Karten zur Verfügung.

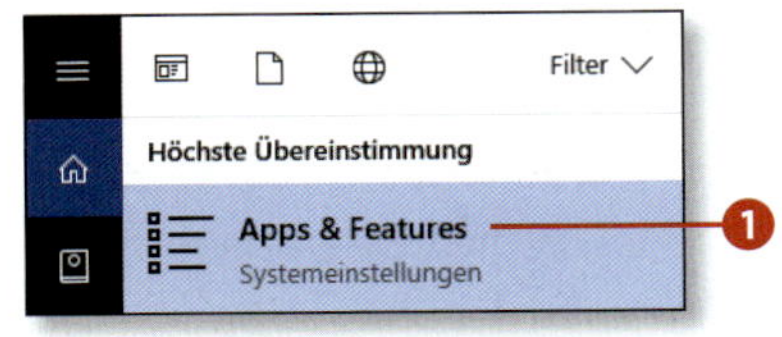

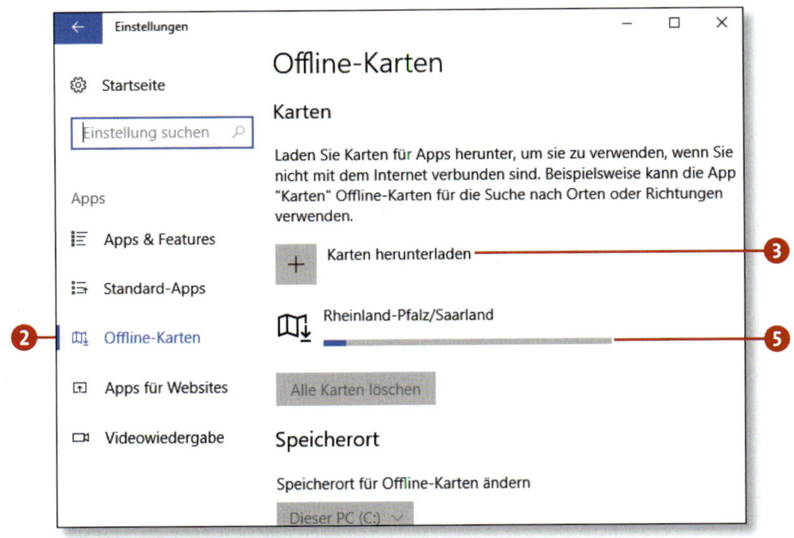

Heruntergeladene Karten löschen

Um einzelne heruntergeladene Karten zu löschen, klicken Sie auf der Seite **Karten** auf den Namen der Karte und danach auf die daraufhin eingeblendete Schaltfläche **Löschen**. Wenn Sie alle heruntergeladenen Karten entfernen möchten, klicken Sie einfach auf die Schaltfläche **Alle Karten löschen**.

Aufkleber auf 3D-Objekten mit Paint 3D

Das legendäre Programm *Paint* gibt es bereits seit der allerersten Windows-Version, es wird allerdings seit Jahren nicht mehr weiterentwickelt und muss als veraltet bezeichnet werden. Nun gibt es endlich eine Neuentwicklung namens *Paint 3D*. Damit kann man nicht nur einfache 2D-Bilder bearbeiten, sondern sogar dreidimensional modellieren. Aus Platzgründen zeigen wir Ihnen hier das einfache Erstellen eines 3D-Aufklebers:

1. Starten Sie Paint 3D über das Startmenü, und klicken Sie auf die Schaltfläche **Neu**.
2. Klicken Sie nun auf **3D-Formen** ❶. Wählen Sie eine Kugel ❷, und klicken Sie dann auf die weiße Zeichenfläche. Verschieben Sie die erzeugte Kugel mit gedrückter Maustaste, und vergrößern Sie sie etwas durch Ziehen am Rahmen.
3. Wählen Sie in der Leiste oben die Schaltfläche **Aufkleber** ❸, klicken Sie auf das Ordnersymbol ❹ und dann auf **Aufkleber hinzufügen** ❺. Im nun erscheinenden Dateidialog können Sie ein Bild aussuchen. Mit **Öffnen** wählen Sie das Bild aus. Es wird automatisch als Aufkleber an die Kugeloberfläche angepasst. Sie können die Form und Position durch Ziehen mit der Maus verändern ❻.
4. Über **Menü** ❼ > **Speichern unter** können Sie die Kugel wahlweise in 2D- oder 3D-Formaten als Datei exportieren und weiterverarbeiten bzw. weitergeben.

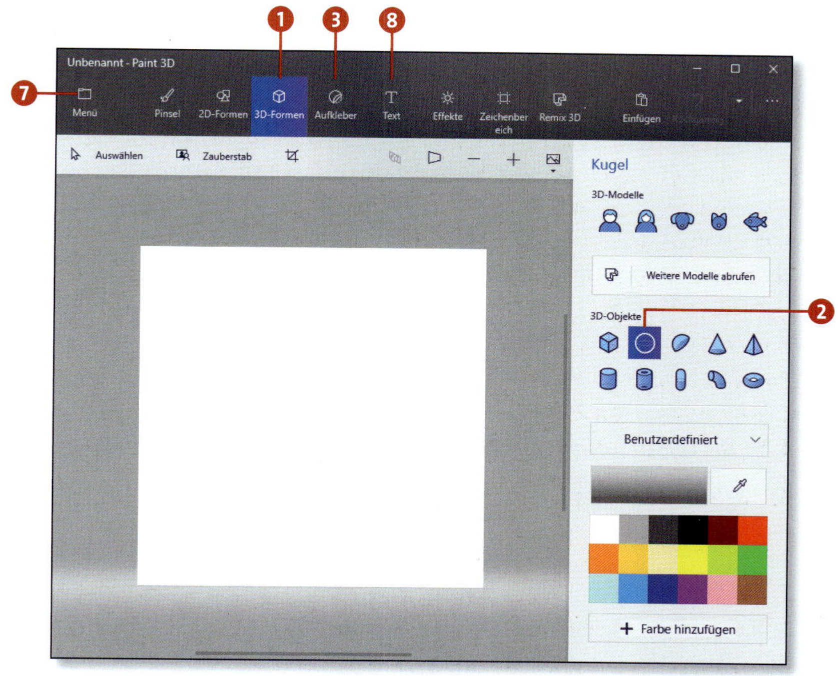

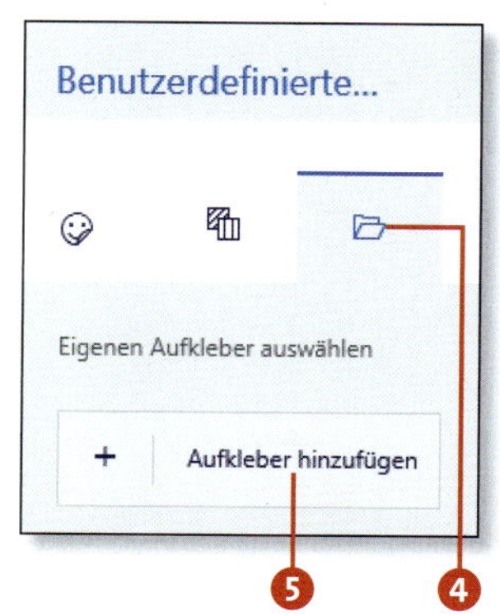

Aufkleber mit Text versehen

Über die Schaltfläche **Text** ❽ können Sie Ihrem Aufkleber auch eine Beschriftung hinzufügen. Klicken Sie dazu auf die Kugel, und geben Sie Ihren Text ein. In der Leiste rechts können Sie dann Schriftgröße und -farbe anpassen.

8 Ihr ganz persönliches Windows

Wir haben einen Bekannten, der zu Hause seit über fünf Jahren mit dem gleichen Windows-Notebook arbeitet. Und als wäre dies allein nicht schon bemerkenswert, ist auf diesem PC immer noch das Standard-Windows-Design mit dem Standard-Hintergrundbild – diese fantastisch leuchtende Felslandschaft – eingestellt.

Worauf wir hinauswollen: Wenn Sie ähnlich veranlagt sind wie unser Bekannter, werden Sie in diesem Kapitel womöglich nichts finden, was Sie interessieren könnte, denn es geht um Personalisierung. Auf der anderen Seite dreht sich nur ein geringer Prozentsatz der hier vorgestellten Tipps um rein optische Einstellungen.

Meist geht es darum, wie Sie Windows an Ihre Arbeitsweise oder Ihre aktuellen Bedürfnisse anpassen können. Wir zeigen Ihnen beispielsweise, wie Sie in der Taskleiste neben der örtlichen Uhrzeit die Uhrzeit in Sydney sehen können, weil Ihre Tochter dort ein Praktikum macht. Wie Sie den Laufwerksbuchstaben Ihrer USB-Festplatte korrigieren, wenn Verweise auf diese Festplatte nicht mehr funktionieren, weil Windows dem Laufwerk plötzlich einen anderen Laufwerksbuchstaben zugewiesen hat. Oder wie Sie Ihren Desktop auf einen zweiten angeschlossenen Monitor ausdehnen. Es sind manchmal kleine Änderungen, die das Windows-Leben deutlich erleichtern.

In diesem Kapitel

Ein persönlicher Gruß auf dem Begrüßungsbildschirm

Ist Ihr PC Ihr bester Freund? Dann lassen Sie sich von ihm doch richtig begrüßen.

1. Rufen Sie den Registrierungs-Editor ❶ auf. Drücken Sie dazu die Tastenkombination [Win] + [R], und geben Sie in das Dialogfeld **Ausführen** den Befehl »regedit« ein. Alternativ können Sie auch über das Suchfeld nach »regedit« suchen.
2. Öffnen Sie links den Ordner **HKEY_LOCAL_MACHINE\SOFTWARE\Microsoft\Windows\CurrentVersion\Policies**, und klicken Sie auf **System** ❷.
3. Doppelklicken Sie rechts auf den Eintrag **legalnoticecaption** ❸, und geben Sie in das aufspringende Dialogfenster einen kurzen Überschriftentext ein ❹. Schließen Sie das Dialogfenster mit **OK**.
4. Doppelklicken Sie rechts auf den Eintrag **legalnoticetext**, und geben Sie in das aufspringende Dialogfenster einen Begrüßungstext ein. Schließen Sie das Dialogfenster mit **OK**.
5. Schließen Sie die Registrierungsdatenbank.
6. Fortan wird vor dem Sperrbildschirm ein Bildschirm mit Ihrem Begrüßungstext angezeigt ❺.

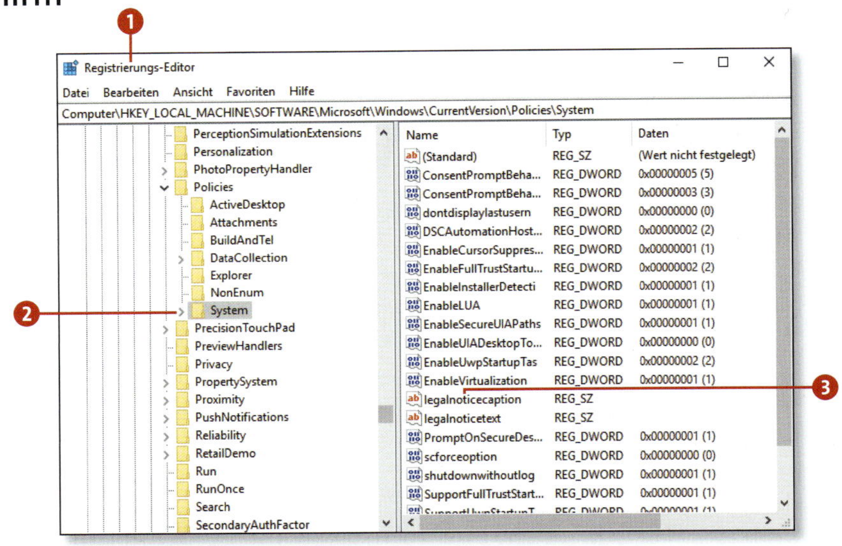

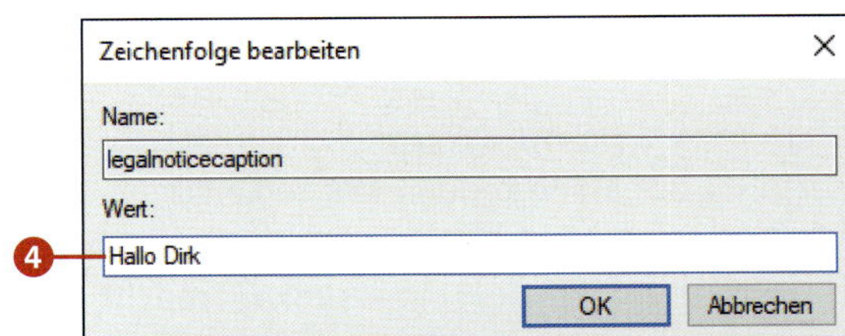

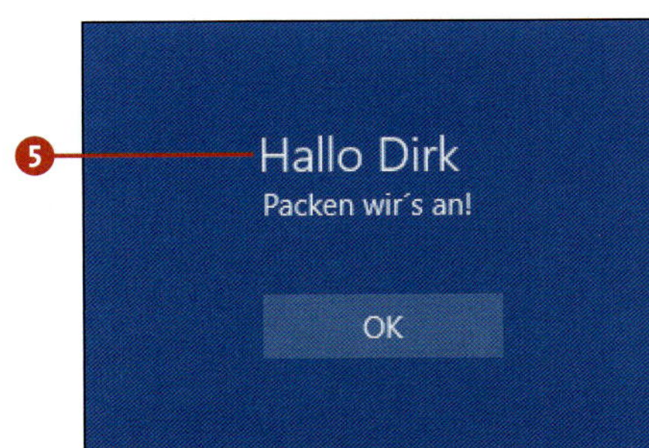

Vorsicht bei Änderungen an der Registrierungsdatenbank

Grundsätzlich empfiehlt es sich, vor Änderungen an der Registrierungsdatenbank diese mit dem Befehl **Datei > Exportieren** zu sichern (siehe den Tipp »Die Registrierungsdatenbank sichern« auf Seite 280).

Tipps zum Sperrbildschirm

Den Sperrbildschirm anpassen

Beim Hochfahren von Windows 10 erscheint immer zuerst ein Sperrbildschirm. Wen dies stört, der erfährt im Tipp »Den Sperrbildschirm deaktivieren« auf Seite 117, wie er den Sperrbildschirm gegebenenfalls loswird. Wer den Sperrbildschirm dagegen ganz hip findet, der sollte sich ruhig ein wenig Zeit nehmen, ihn ganz nach den eigenen Vorlieben zusammenzustellen.

1. Wählen Sie im Startmenü den Befehl **Einstellungen** aus, oder drücken Sie ⊞ + I.
2. Klicken Sie im **Einstellungen**-Dialog auf **Personalisierung** und dann in der linken Leiste auf **Sperrbildschirm** ❶.
3. Entscheiden Sie sich für spektakuläre Blickpunkte, eigene Bilder oder eine Diashow als Hintergrund für den Sperrbildschirm ❷.
4. Wählen Sie die Apps aus, die ausführliche Statusmeldungen in den Sperrbildschirm einblenden sollen ❸.
5. Wählen Sie die Apps aus, die kurze Statusmeldungen in den Sperrbildschirm einblenden sollen ❹.
6. Um eine App abzuwählen, klicken Sie auf das jeweilige App-Symbol und dann auf **Keiner** ❺.
7. Verlassen Sie die PC-Einstellungen.

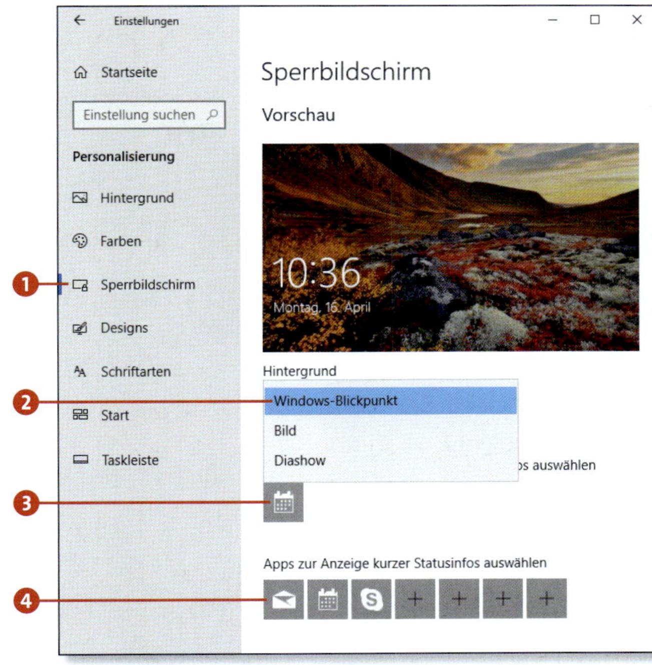

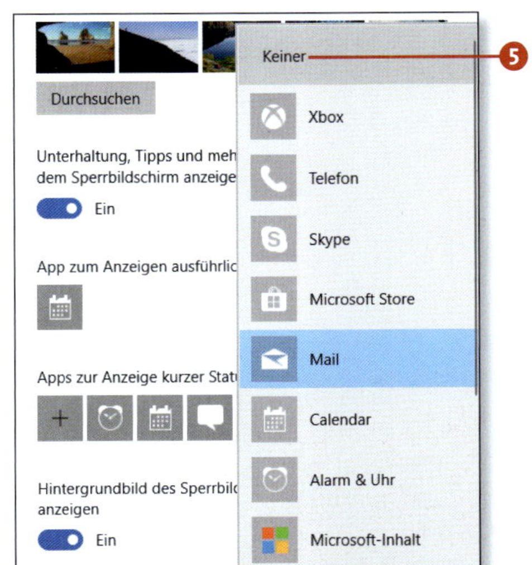

Außenwahrnehmung Ihrer Präsenz

Denken Sie daran, dass der Sperrbildschirm auch dann erscheint, wenn Sie sich abmelden. Wenn Sie in einem Großraumbüro arbeiten, ist er also auch so etwas wie ein Aushängeschild.

Benachrichtigungen auf dem Sperrbildschirm unterdrücken

App-Benachrichtigungen sind eine ganz nette Sache, um ständig aktuell informiert zu bleiben. Auf dem Sperrbildschirm sollten sie aber nur dann erscheinen, wenn dadurch keine privaten Informationen preisgegeben werden. Um die App-Benachrichtigungen aller Apps schnell ein- und auszuschalten, gehen Sie wie folgt vor:

1. Wählen Sie im Startmenü den Befehl **Einstellungen** aus, oder drücken Sie ⊞ + I.
2. Klicken Sie im **Einstellungen**-Dialog links oben auf **System**.
3. Klicken Sie in der linken Leiste auf **Benachrichtigungen und Aktionen** ❶.
4. Stellen Sie den Schalter für **Benachrichtigungen auf dem Sperrbildschirm anzeigen** auf **Aus** ❷, und verlassen Sie die PC-Einstellungen.

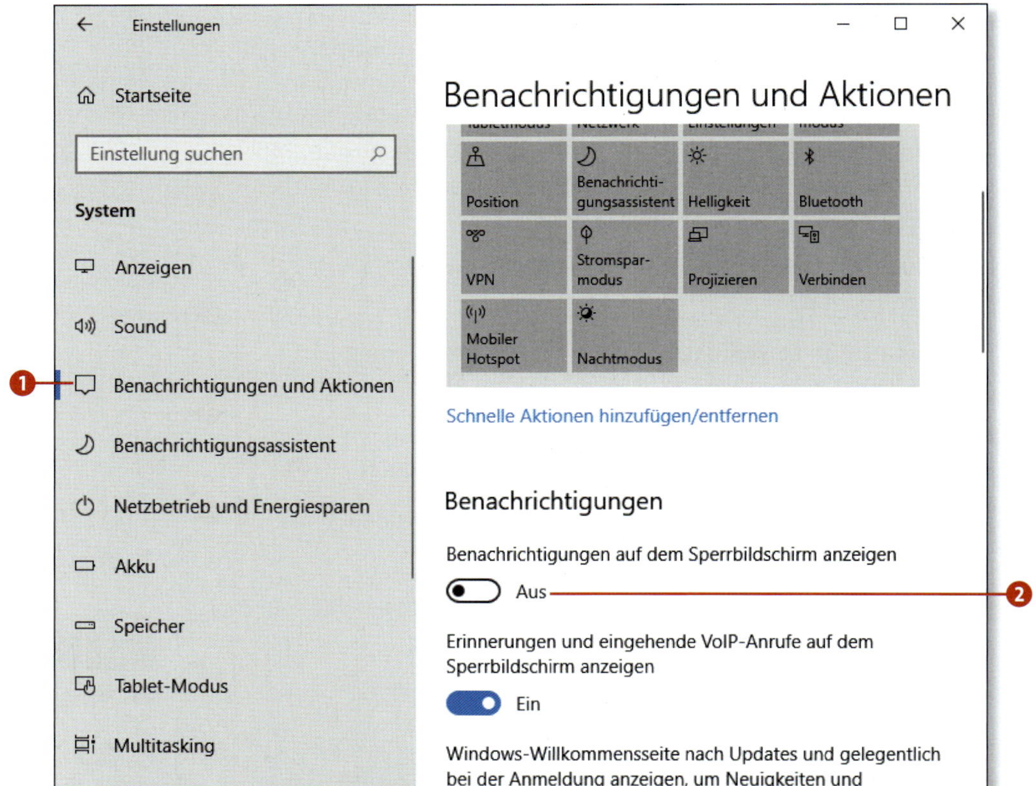

Benachrichtigungen einzelner Apps

Wie Sie sehen, ist es auch möglich, die Benachrichtigungen einzelner Apps ein- und auszuschalten. Dies betrifft dann allerdings nicht nur den Sperrbildschirm.

Diashow auf Sperrbildschirm

Den Sperrbildschirm können Sie auch als digitale Diashow einsetzen und in zufälliger Abfolge Fotos und andere Bilddaten anzeigen lassen.

1. Kopieren Sie die anzuzeigenden Bilder in den Ordner *Dieser PC\Bilder* oder in einen beliebigen anderen Ordner.
2. Klicken Sie im Startmenü auf den Befehl **Einstellungen**, und wählen Sie im **Einstellungen**-Dialog die Rubrik **Personalisierung**.
3. Klicken Sie in der linken Leiste auf **Sperrbildschirm** ❶, dann in der Mitte auf das Dropdown-Feld **Hintergrund**, und wählen Sie **Diashow** ❷.
4. Wenn Sie als Quelle neben dem ausgewählten Standardalbum ❸ noch weitere Ordner mit Bildern einbeziehen möchten, klicken Sie auf **Ordner hinzufügen** ❹ und wählen weitere Orte aus (z. B. den Ordner **Zoobesuch 2018**). Bestätigen Sie Ihre Wahl über den Schalter **Diesen Ordner auswählen** ❺.
5. Klicken Sie dann auf **Erweiterte Diashoweinstellungen** ❻, und aktivieren Sie gegebenenfalls die Option **Ordner „Eigene Aufnahmen" von diesem PC und OneDrive einschließen** ❼.
6. Deaktivieren Sie die Option **Nur Bilder verwenden, die auf meinen Bildschirm passen** ❽, da ansonsten erfahrungsgemäß zahlreiche Bilder für die Diashow ignoriert werden.
7. Aktivieren Sie **Bei inaktivem PC Sperrbildschirm anzeigen und Bildschirm nicht ausschalten** ❾.

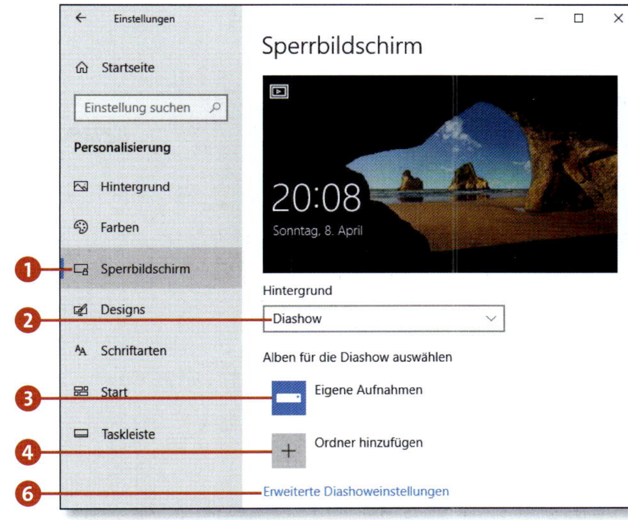

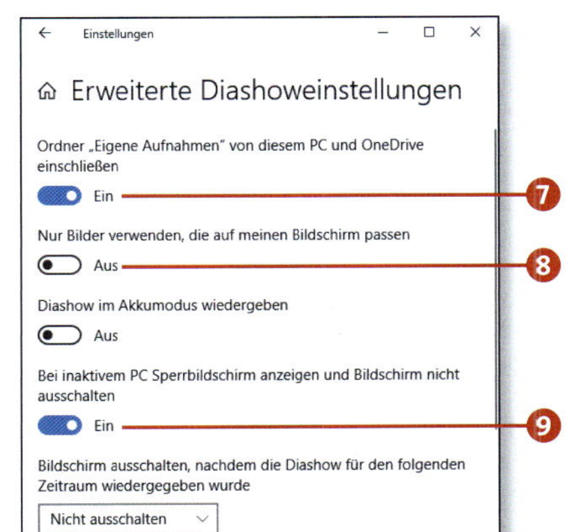

Testen Sie den neuen Sperrbildschirm direkt

Sie müssen den Rechner nicht gleich neu starten oder warten, bis der Sperrbildschirm automatisch erscheint. Sperren Sie zur Probe einfach den Bildschirm mit der Tastenkombination ⊞ + L, und genießen Sie die Diashow.

Die Fenstervorschau verzögern

Seit Windows 7 wird beim Darübergleiten mit der Maus über Programmsymbole in der Taskleiste eine Vorschau der geöffneten Fenster angezeigt. Dies erfolgt allerdings erst nach einer gewissen Verzögerung, die sich – ebenso wie die Größe der eingeblendeten Minifenster – ändern lässt.

1. Rufen Sie den Registrierungs-Editor auf ❶. Drücken Sie dazu die Tasten [Win] + [R], und geben Sie in das Dialogfeld **Ausführen** den Befehl »regedit« ein. Alternativ können Sie auch über das Suchfeld nach »regedit« suchen und dann [↵] drücken.
2. Öffnen Sie links den Ordner **HKEY_CURRENT_USER\Control Panel\Mouse** ❷.
3. Doppelklicken Sie rechts auf **MouseHoverTime** ❸.
4. Die Voreinstellung beträgt **400 ms**. Ändern Sie den Wert nach Ihrem Geschmack (z. B. 0 für keine Verzögerung), und klicken Sie auf **OK** ❹.
5. Schließen Sie die Registrierungsdatenbank. Beim nächsten Neustart sind die Änderungen gültig.

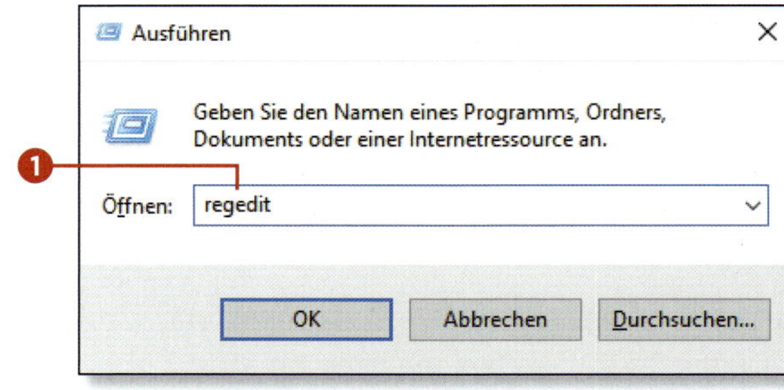

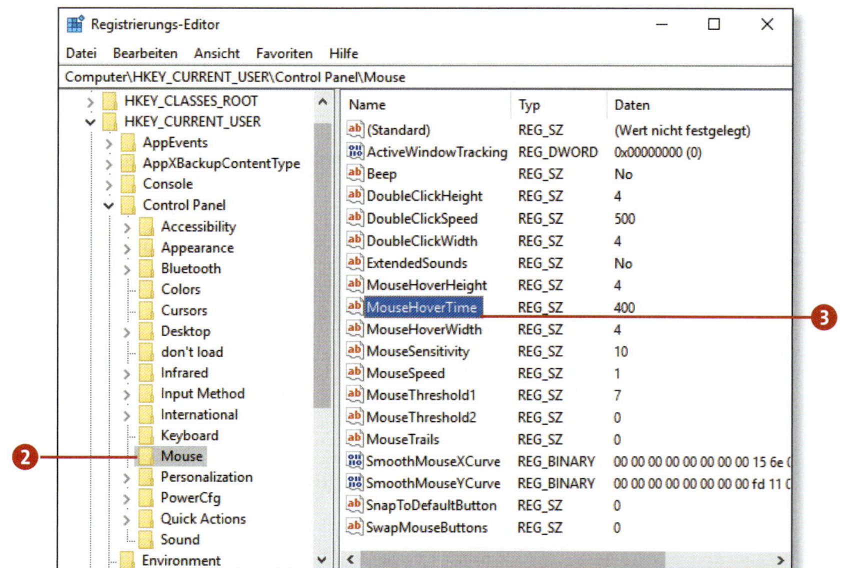

Vorsicht bei Änderungen an der Registrierungsdatenbank

Grundsätzlich empfiehlt es sich, vor Änderungen an der Registrierungsdatenbank diese mit dem Befehl **Datei > Exportieren** zu sichern (siehe den Tipp »Die Registrierungsdatenbank sichern« auf Seite 280).

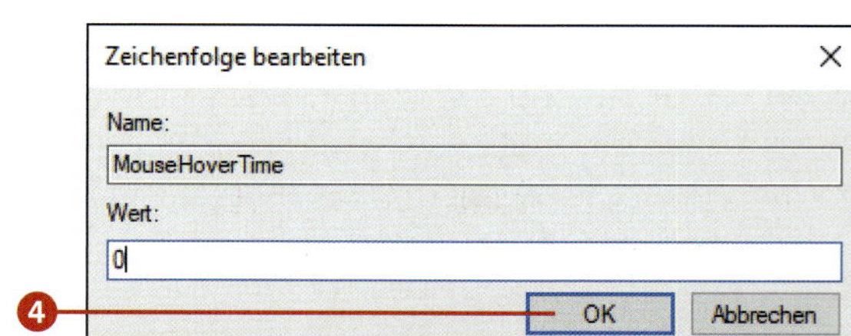

Die Fenstervorschau vergrößern

Sind Ihnen die Vorschaufenster der Taskleiste zu klein? Haben Sie Schwierigkeiten, anhand der Vorschauen zu erkennen, welches das Fenster ist, das Sie gerade suchen? Dann probieren Sie es doch einmal mit größeren Vorschaufenstern.

1. Rufen Sie den Registrierungs-Editor auf. Dazu drücken Sie die Tastenkombination ⊞ + R, und geben Sie in das Dialogfeld **Ausführen** den Befehl »regedit« ein. Alternativ können Sie auch über das Suchfeld nach »regedit« suchen.
2. Öffnen Sie links den Ordner **HKEY_CURRENT_USER\Software\Microsoft\Windows\CurrentVersion\Explorer\Taskband** ❶.
3. Klicken Sie mit der rechten Maustaste in den rechten Bereich, und rufen Sie den Befehl **Neu > DWORD (32-Bit)** auf ❷.
4. Nennen Sie den neuen Wert »MinThumbSizePx«.
5. Doppelklicken Sie auf den neuen Eintrag, und setzen Sie ihn auf **Dezimal** ❸ mit dem Wert **350** ❹.
6. Schließen Sie das Dialogfenster mit **OK**, und schließen Sie die Registrierungsdatenbank. Beim nächsten Neustart sind die Änderungen gültig.

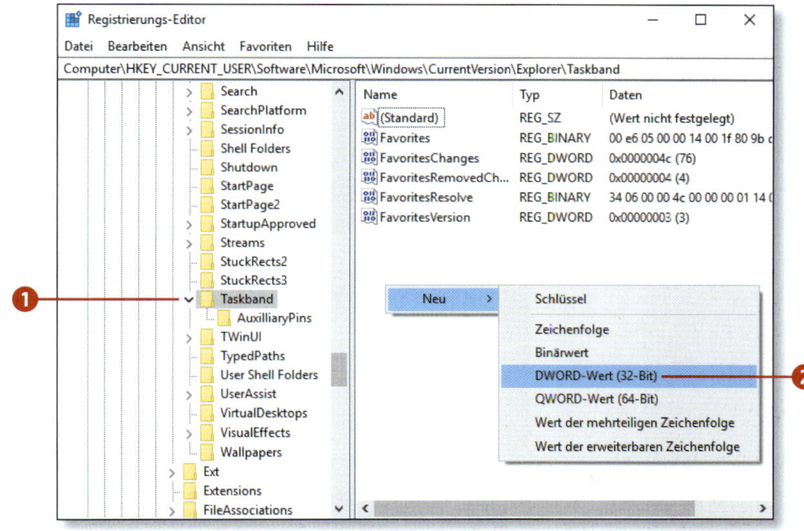

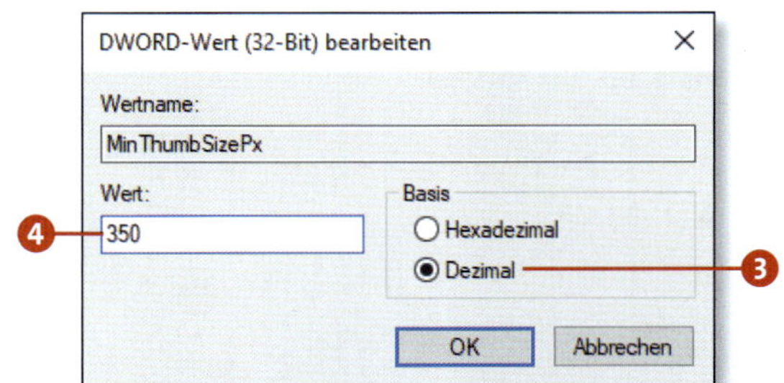

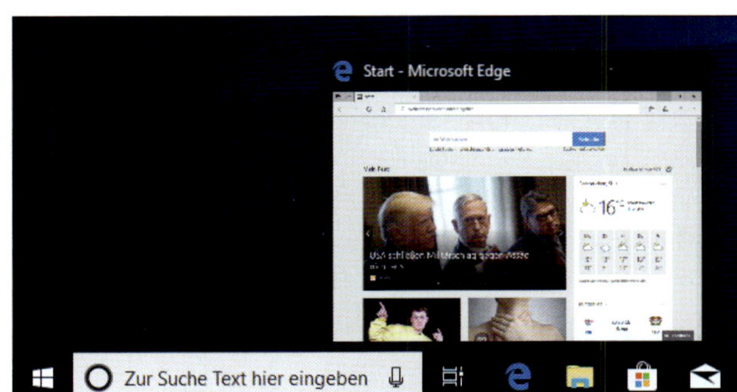

Vorsicht bei Änderungen an der Registrierungsdatenbank

Grundsätzlich empfiehlt es sich, vor Änderungen an der Registrierungsdatenbank diese mit dem Befehl **Datei > Exportieren** zu sichern (siehe den Tipp »Die Registrierungsdatenbank sichern« auf Seite 280).

Microsoft-Store-Updates abschalten

Viele Microsoft-Store-Apps aktualisieren sich bei vorhandener Internetverbindung automatisch. Dies ist auf der einen Seite ganz praktisch und schließt hin und wieder auch eine gefährliche Sicherheitslücke. Auf der anderen Seite führt es dazu, dass sich Erscheinungsbild und Funktionsweise der Apps ständig ändern. Falls Sie dies nervt, schalten Sie die automatischen Updates doch einfach ab.

1. Starten Sie den Microsoft Store über sein Symbol in der Taskleiste.
2. Klicken Sie rechts in der Befehlsleiste auf **Weitere Infos** ❶, und wählen Sie im aufklappenden Menü den Befehl **Einstellungen** ❷.
3. Stellen Sie im **Einstellungen**-Dialog den Schalter **Apps automatisch aktualisieren** auf **Aus** ❸.

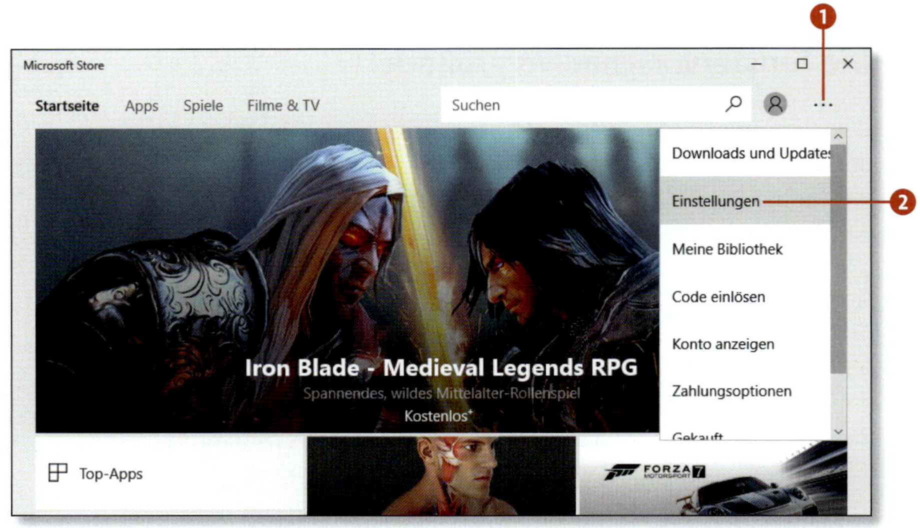

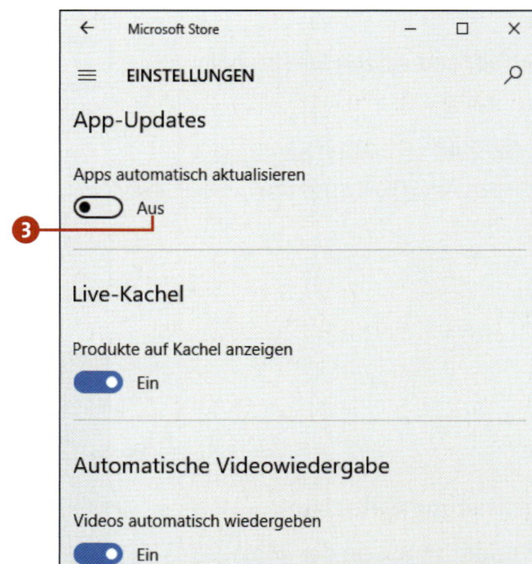

Microsoft-Store-Apps und Sicherheit

Dass Hacker Bugs in Microsoft-Store-Apps nutzen, um Malware auf den Rechner einzuschleusen, dürfte eher unwahrscheinlich sein, auszuschließen ist es aber natürlich nicht. Sollten Sie deswegen die Updates unbedingt eingeschaltet lassen? Unserer Meinung nach nicht notwendigerweise, denn anders als Microsoft, das sofort auf Hacker-Attacken oder bekannt gewordene Sicherheitslücken reagiert, dürften die meisten App-Entwickler von Sicherheitslücken in ihren Apps gar nichts merken – und folglich auch nur selten sicherheitsrelevante Updates bereitstellen.

Die Gruppierung auf der Taskleiste ausschalten

Wenn Sie, wie ich, häufig vermittels der Taskleiste navigieren, wird es Sie vermutlich ebenfalls stören, dass die Schaltflächen auf der Taskleiste standardmäßig gruppiert werden, d. h., Schaltflächen, die zu mehreren Instanzen des gleichen Programms gehören – wie z. B. mehrere geöffnete Microsoft-Word- oder mehrere Explorer-Fenster –, werden zusammengefasst. Um ein spezielles Fenster in den Vordergrund zu heben, müssen Sie dann zuerst mit der Maus über die Schaltfläche in der Taskleiste fahren und anschließend die gewünschte Instanz im eingeblendeten Auswahlmenü anklicken. Ein ziemlich umständliches Verfahren, wenn man es eilig hat.

1. Wechseln Sie zum Desktop, und klicken Sie mit der rechten Maustaste in den Hintergrund der Taskleiste.
2. Rufen Sie im Kontextmenü den Befehl **Taskleisteneinstellungen** auf ❶.
3. Wählen Sie im Listenfeld **Schaltflächen der Taskleiste gruppieren** eine der Optionen **Nie** oder **Wenn die Taskleiste voll ist** ❸ aus.

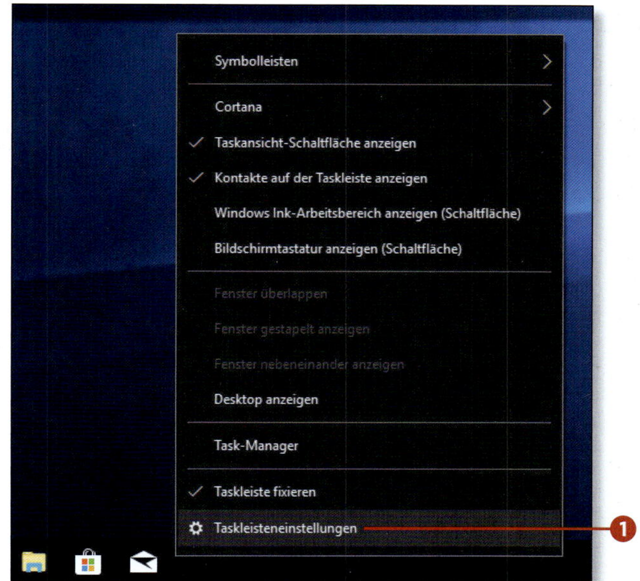

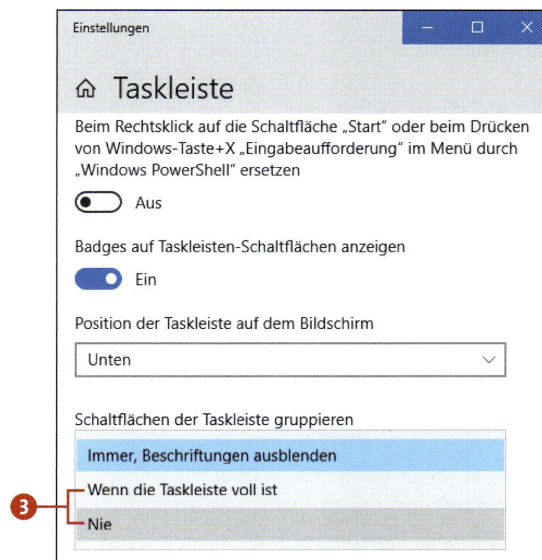

Bekannte Positionen nutzen

Wenn Sie oft mit der gleichen Kombination von Apps arbeiten, ist es hilfreich, wenn die zugehörigen Taskleisten-Schaltflächen immer die gleiche Position innehaben. Um ein bestimmtes Fenster in den Vordergrund zu heben, müssen Sie dann gar nicht mehr die Texte der Schaltflächen lesen, sondern wissen gleich anhand der Position, auf welche Schaltfläche Sie klicken müssen. Die Positionen der Schaltflächen können Sie übrigens durch Ziehen mit der Maus tauschen. Wenn Sie über einen längeren Zeitraum mit den gleichen Programmen arbeiten, lohnt sich womöglich auch die Einrichtung des Ruhezustands (siehe den Tipp »Start mit der letzten Sitzung« auf Seite 44).

Die Uhrzeiten mehrerer Orte immer im Blick

Ein Klick auf die Zeitanzeige rechts unten im Infobereich der Taskleiste zeigt standardmäßig das Datum und die aktuelle Zeit. Falls Sie Weltbürger sind, können Sie sich aber bis zu zwei weitere Uhrzeiten darstellen lassen.

1. Klicken Sie mit der rechten Maustaste auf die Zeitangabe der Taskleiste, und rufen Sie im Kontextmenü den Befehl **Datum/ Uhrzeit ändern** auf.
2. Klicken Sie ganz unten in der Rubrik **Datum und Uhrzeit** ❶ unter **Verwandte Einstellungen** auf **Uhren für unterschiedliche Zeitzonen hinzufügen** ❷.
3. Aktivieren Sie im Dialogfenster **Datum und Uhrzeit** auf der Registerkarte **Zusätzliche Uhren** ❸ eine oder beide weitere Uhren, und wählen Sie die gewünschten Zeitzonen ❹; schließen Sie dann den Dialog mit **OK**.
4. Beim nächsten Klicken auf die Zeitanzeige werden alle aktiven Uhren angezeigt ❺.

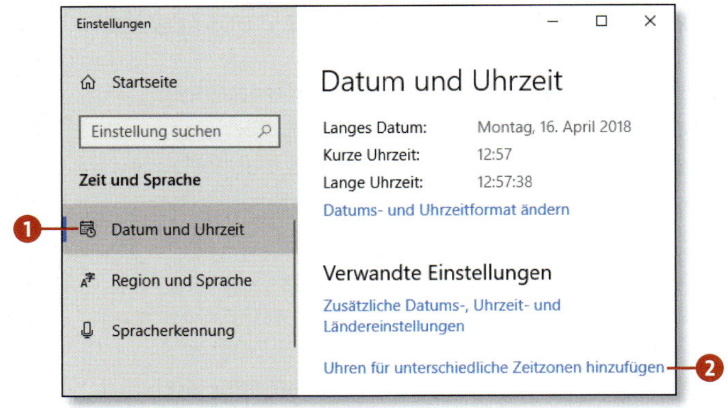

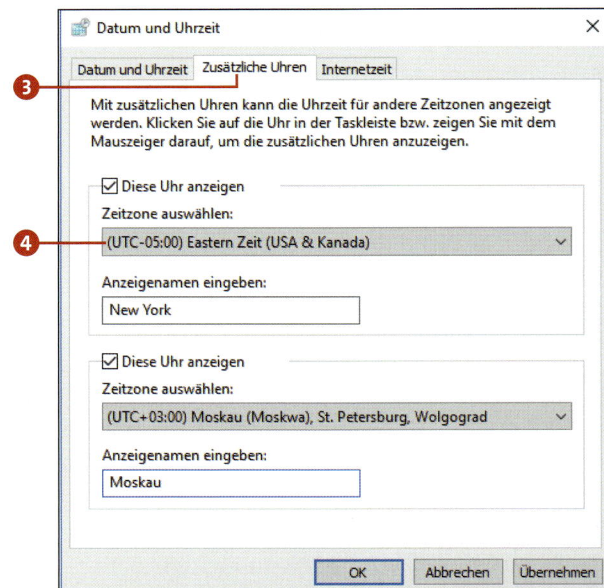

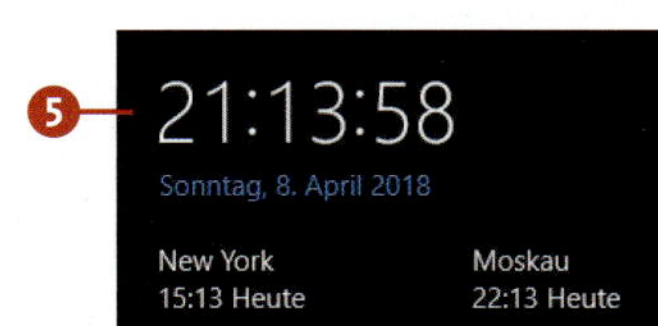

Datumsformat ändern

Über den Link **Datums- und Uhrzeitformat ändern** auf der Seite **Datum und Uhrzeit** kommen Sie zu einer Seite, wo Sie zwischen verschiedenen Darstellungen für Datum und Uhrzeit wählen können. Die angebotenen Darstellungen entsprechen dem im Deutschen üblichen Format. Wenn Sie Datum und Uhrzeit global im englischen oder französischen Format anzeigen und verarbeiten möchten, rufen Sie die Systemsteuerung auf (z. B. über die Suche nach »System«) und wechseln zu **Zeit und Region > Datums-, Uhrzeit- oder Zahlenformat ändern** und im Dialog **Region** zu **Weitere Einstellungen**.

Die Position der Taskleiste ändern

Die Windows-Taskleiste wird standardmäßig am unteren Bildschirmrand gezeigt. Vielleicht gefällt es Ihnen aber am oberen Rand oder an der Seite besser – vor allem bei großen Bildschirmen ist das sicherlich eine Überlegung wert.

1. Klicken Sie mit der rechten Maustaste auf einen freien Bereich in der Taskleiste ❶.
2. Wählen Sie im Kontextmenü den Befehl **Taskleisteneinstellungen** ❷.
3. Wählen Sie im Listenfeld **Position der Taskleiste auf dem Bildschirm** die gewünschte Position (**Unten**, **Rechts**, **Oben** oder **Links**) ❸ aus.

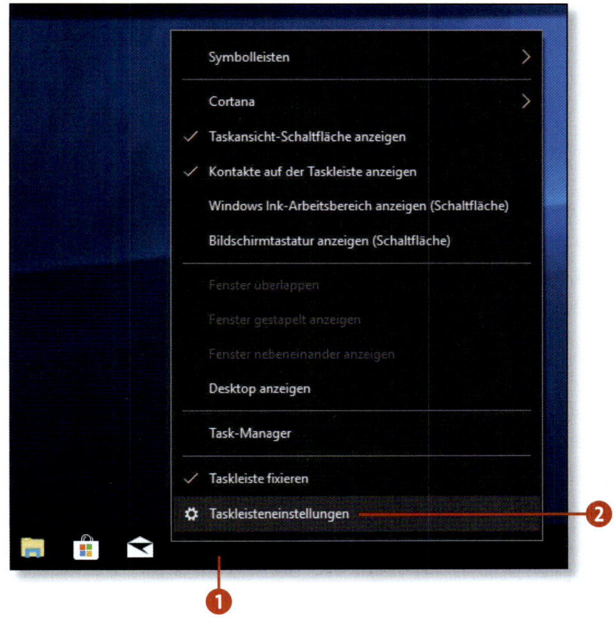

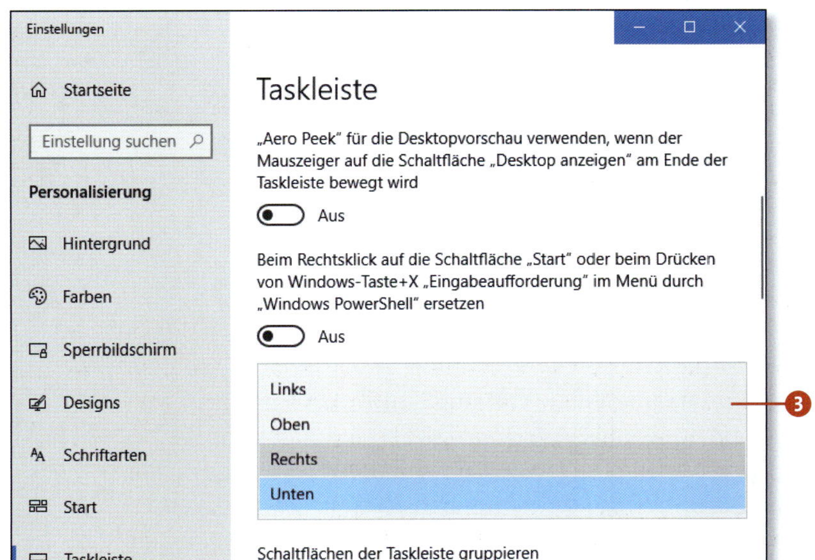

Mein »Eigenschaften«-Dialog sieht anders aus

Wenn Sie mehrere Monitore an Ihren Rechner angeschlossen haben, werden Sie feststellen, dass der hier abgebildete **Eigenschaften**-Dialog bei Ihnen etwas anders aussieht. Dies liegt daran, dass Ihnen im unteren Bereich zusätzlich die Einstellungen für die Anpassung der Taskleiste an mehrere Monitore eingeblendet werden.

Laufwerksbuchstaben oder -namen ändern

Wie Sie sicherlich wissen, werden in Windows die angeschlossenen Laufwerke ab *C:* aufsteigend benannt und erhalten keinen oder einen mehr oder weniger nichtssagenden Namen wie **Lokaler Datenträger** oder **Volume**. Das lässt sich glücklicherweise ändern.

1. Drücken Sie die Tastenkombination [⊞] + [X], und wählen Sie den Befehl **Windows PowerShell (Administrator)**. Sie werden gegebenenfalls nach einem Administratorkennwort gefragt.
2. Geben Sie den Befehl »diskmgmt.msc« ein, und drücken Sie [↵] ❶.
3. Klicken Sie im Fenster **Datenträgerverwaltung** mit der rechten Maustaste auf das gewünschte Laufwerk ❷, und wählen Sie **Laufwerkbuchstaben und -pfade ändern** ❸.
4. Klicken Sie im erscheinenden Dialogfenster auf **Ändern** ❹.
5. Wählen Sie den gewünschten Buchstaben aus ❺, und klicken Sie auf **OK**.

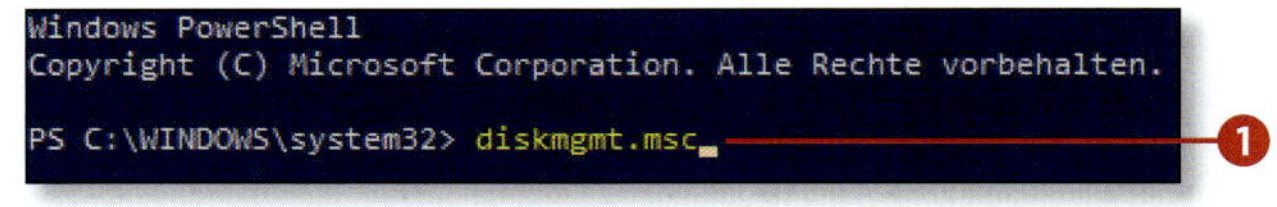

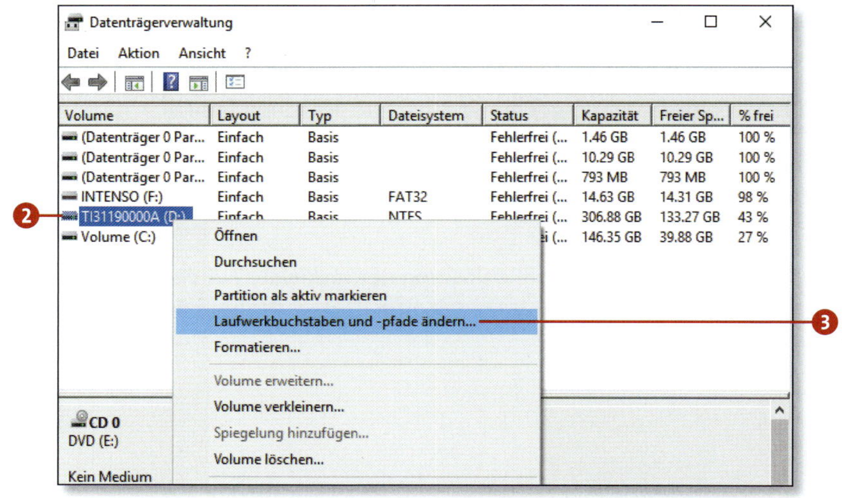

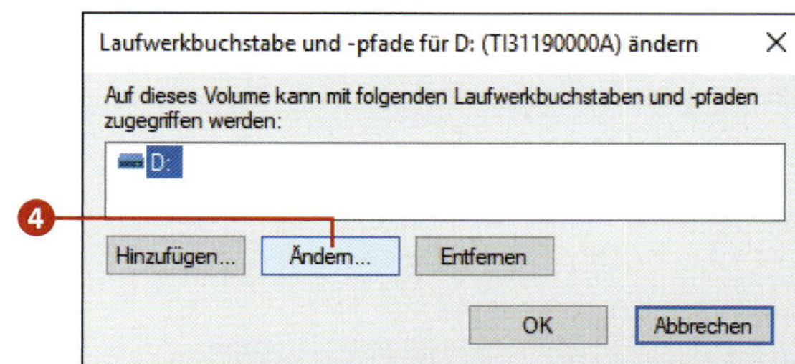

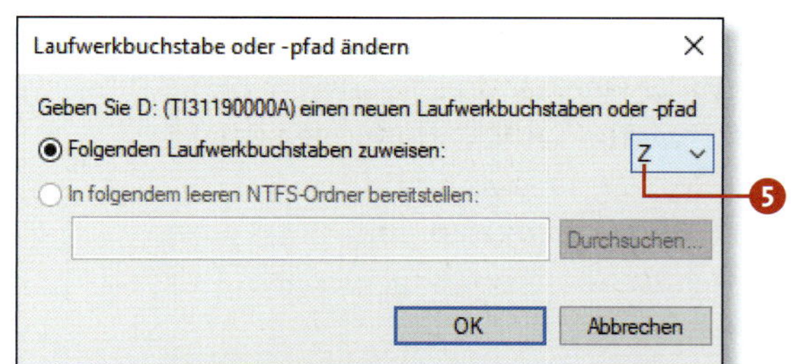

Vorsicht beim Ändern!

Ändern Sie keinesfalls leichtfertig Laufwerksbuchstaben, sondern nur, wenn Sie sich auch sicher sind, dass dadurch keinerlei Verknüpfungen und Pfade verloren gehen, die in Windows oder in Apps gespeichert sind. Sonst können Sie diese Programme nicht mehr benutzen oder riskieren einen Absturz.

6. Wenn Sie auch den Namen ändern wollen, klicken Sie erneut mit der rechten Maustaste auf das Laufwerk und wählen **Eigenschaften** ❻.
7. Geben Sie auf der Registerkarte **Allgemein** die gewünschte Bezeichnung ein ❼, und schließen Sie dann das Dialogfenster mit **OK**.

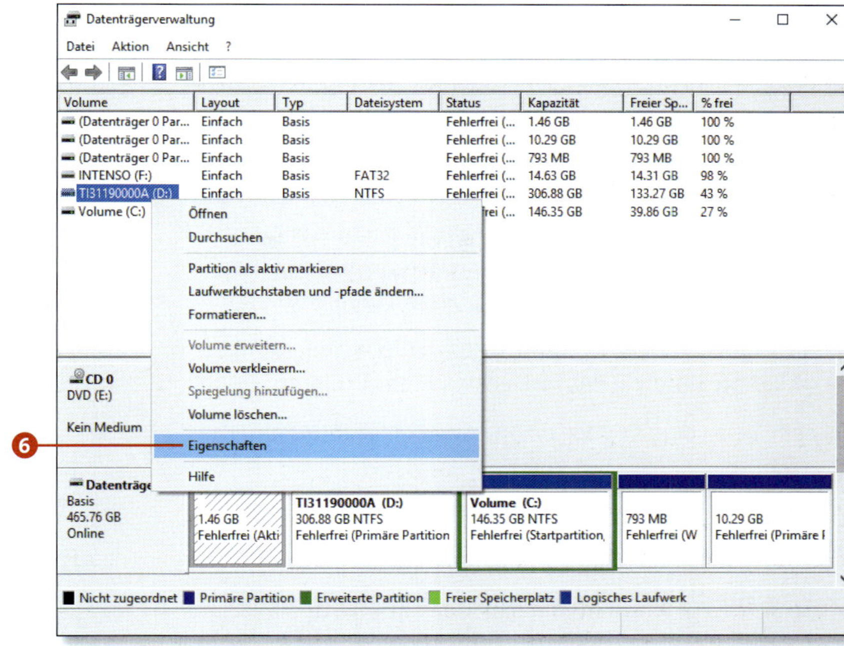

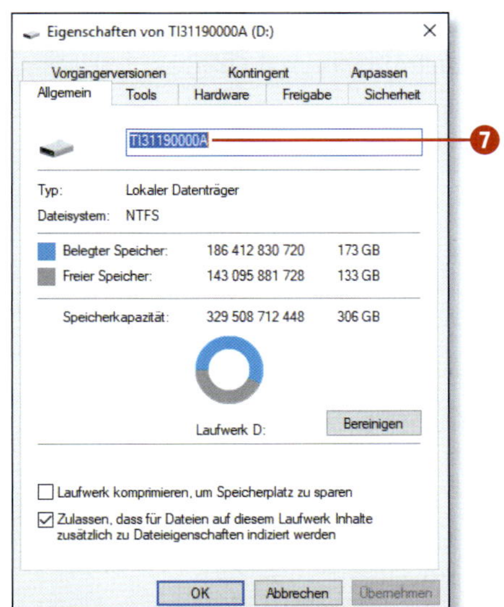

Verweise retten

Wenn Sie Dateien, auf die von anderen Dateien oder Programmen aus verwiesen wird, auf einem externen Laufwerk speichern, kann dies zu Problemen führen. Wenn Sie die externe Festplatte irgendwann abkoppeln und später wieder anschließen und Windows der Festplatte einen anderen Laufwerksbuchstaben zuteilt, werden alle Verknüpfungen ungültig. Indem Sie dann den Laufwerksbuchstaben, wie hier beschrieben, wieder zurücksetzen, können diese Dateien wieder über die alten Verknüpfungen gefunden werden.

Besondere Ordner mit eigenem Symbol versehen

Im Explorer ist jeder Knoten mit einem Symbol ausgestattet, das entweder den Knotentyp kennzeichnet (z. B. Laufwerk, Ordner, Verknüpfung) oder Aufschluss über seinen Inhalt gibt. Wenn Sie möchten, können Sie diese Technik aufgreifen und dazu nutzen, spezielle Ordner grafisch zu kennzeichnen – beispielsweise als optische Gedächtnisstütze, welche Ihrer Ordner private Daten enthalten.

1. Starten Sie den Explorer. Drücken Sie dazu die Tasten [Windows] + [E], oder klicken Sie unten in der Taskleiste auf das Explorer-Symbol.
2. Wechseln Sie zu dem Ordner, dessen Symbol Sie tauschen wollen ❶.
3. Klicken Sie mit der rechten Maustaste auf das Symbol, und wählen Sie **Eigenschaften** ❷.
4. Klicken Sie auf der Registerkarte **Anpassen** im **Eigenschaften**-Dialogfenster auf die Schaltfläche **Anderes Symbol** ❸.
5. Wählen Sie im Dialogfenster **Symbol für Ordner** ❹ ein passendes Symbol aus, und schließen Sie die Dialogfenster mit **OK**. Das Symbol wird sofort ausgetauscht.

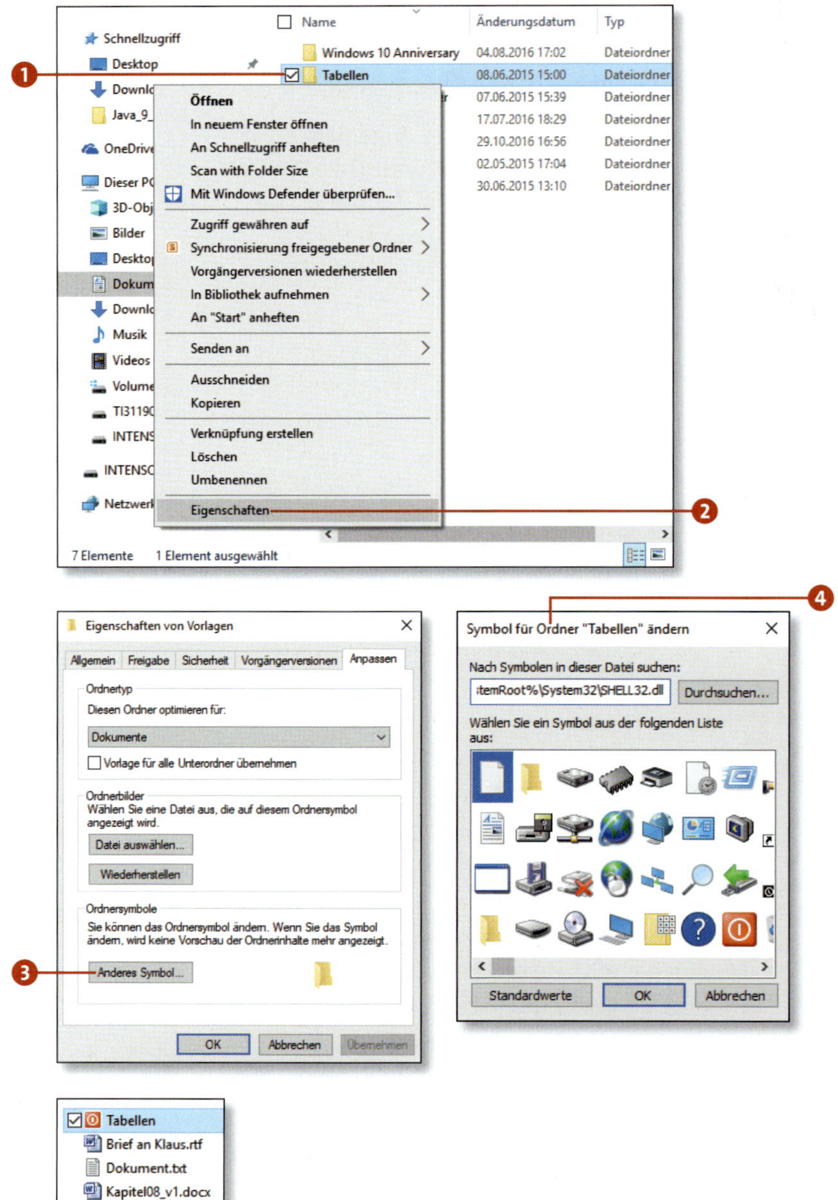

Es geht sogar noch individueller

Wenn Sie eigene Symbole kreieren möchten, benötigen Sie ein Grafikprogramm, das das *.ico*-Format unterstützt.

Das Menü »Senden an« erweitern

Wenn Sie im Explorer mit der rechten Maustaste auf eine Datei klicken, wird im Kontextmenü der Befehl **Senden an** gezeigt, in dem mögliche Bearbeitungsprogramme oder Zielorte zum Kopieren oder Verschieben angeboten werden. Falls Sie beispielsweise immer wieder einen bestimmten Ordner als Ziel benötigen, sollten Sie ihn in dieses Menü aufnehmen.

1. Starten Sie den Explorer: Drücken Sie die Tastenkombination [Win] + [E], oder klicken Sie unten in der Taskleiste auf das Explorer-Symbol.
2. Tippen Sie in die Adressleiste den Befehl »shell:SendTo« ein, und drücken Sie [↵] ❶.
3. Klicken Sie mit der rechten Maustaste in den rechten Bereich, und erstellen Sie mit dem Befehl **Neu > Verknüpfung** ❷ eine Verknüpfung auf den gewünschten Zielordner. Ein Dialogassistent wird Ihnen dabei helfen.

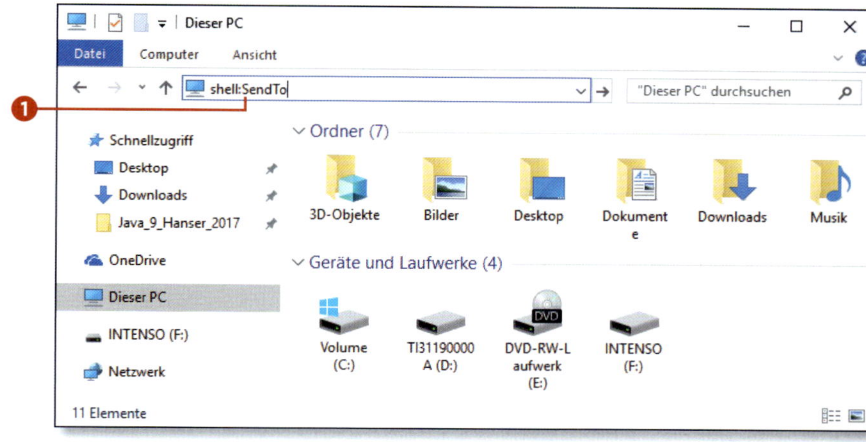

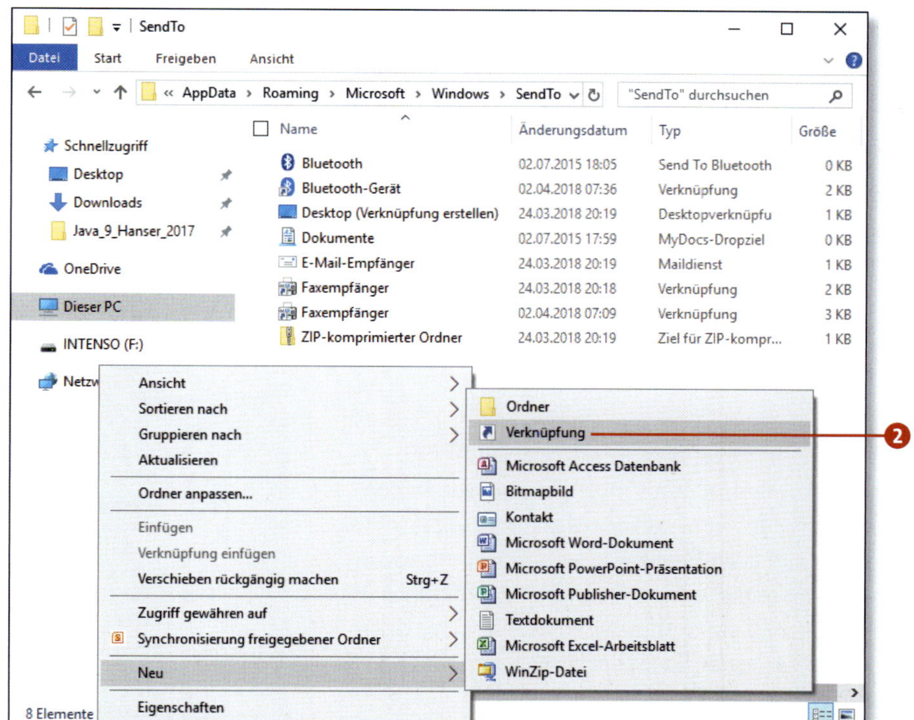

Mögliche Einträge sind Apps oder Ordner

Wenn Sie eine Verknüpfung zu einem Programm einrichten, können Sie im Explorer ausgewählte Dokumente über den Aufruf des betreffenden Programmeintrags im Menü **Senden an** in dem Programm starten. Wenn Sie eine Verknüpfung zu einem Ordner einrichten, können Sie die ausgewählte Datei in diesen Ordner kopieren.

Eine Diashow Ihrer Lieblingsbilder als Hintergrund

Haben Sie aus Ihrem letzten Urlaub tolle Bilder mitgebracht? Dann retten Sie doch etwas von Ihrem Urlaub in Ihren Alltag, indem Sie auf dem Desktop-Hintergrund eine Diashow Ihrer Bilder ablaufen lassen.

1. Starten Sie den Explorer. Drücken Sie zu diesem Zweck die Tastenkombination [Windows] + [E], oder klicken Sie unten in der Taskleiste auf das Explorer-Symbol.
2. Öffnen Sie den Ordner **Dieser PC > Bilder** (1).
3. Legen Sie einen Unterordner für Ihre Diashow an. Klicken Sie z. B. mit der rechten Maustaste in den rechten Inhaltsbereich, und rufen Sie im Kontextmenü den Befehl **Neu > Ordner** auf (2). Benennen Sie diesen Ordner (beispielsweise »Blumen«).
4. Kopieren Sie die Bilder, die Teil der Diashow werden sollen, in den Ordner. Sie können diese Auswahl jederzeit überarbeiten.

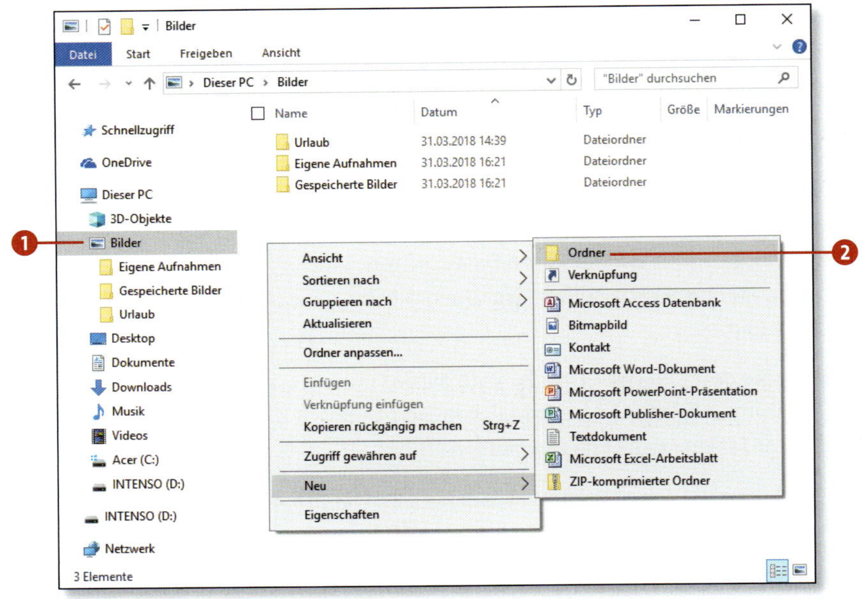

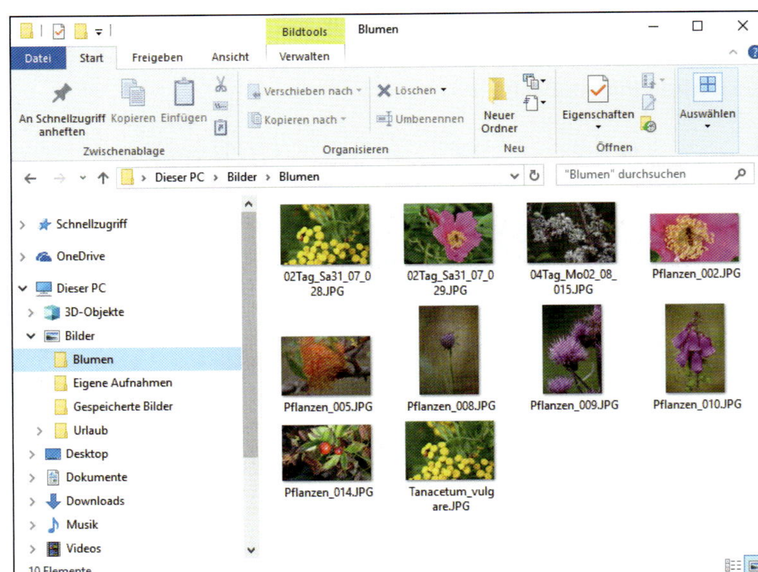

Diashow bei zwei angeschlossenen Monitoren

Wenn Sie mehrere Monitore angeschlossen haben, werden die Hintergründe der Monitore sukzessive aktualisiert. Bei zwei Monitoren sieht das dann so aus, dass das erste Bild auf dem ersten Monitor erscheint, das zweite Bild auf dem zweiten Monitor, das dritte Bild dann wieder auf dem ersten Monitor und so weiter.

5. Klicken Sie mit der rechten Maustaste auf eine freie Stelle auf dem Desktop, und wählen Sie **Anpassen**.
6. Öffnen Sie rechts unter **Vorschau** das Dropdown-Listenfeld für **Hintergrund**, und wählen Sie den Eintrag **Diashow** 3.
7. Über den Schalter **Durchsuchen** wählen Sie den Ordner aus, den Sie für die Diashow angelegt haben – in unserem Beispiel **Blumen** 4.
8. Legen Sie unter **Bildänderungsintervall** fest, wie schnell die Bilder gewechselt werden sollen.
9. Bestimmen Sie unter **Anpassung auswählen**, wie die Bilder in das Format des Monitors eingepasst werden sollen. Ihre Einstellungen werden sofort wirksam.

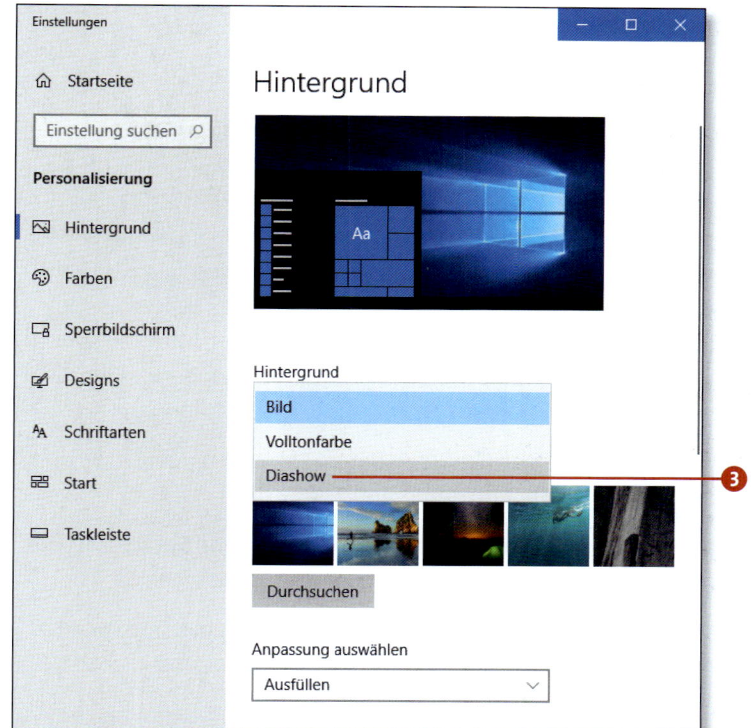

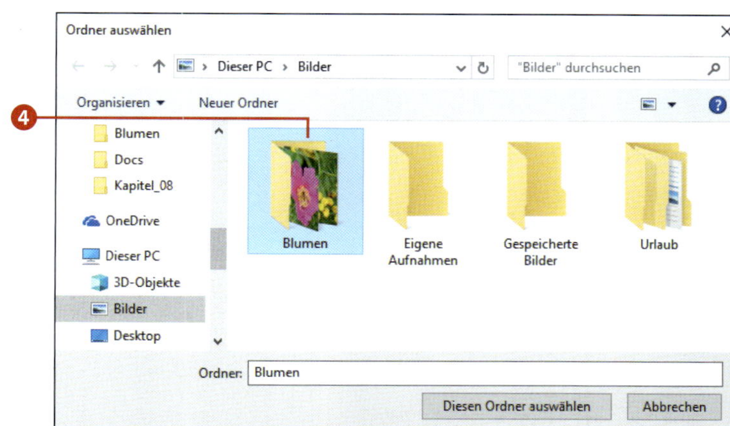

Bilderfolge

Die Reihenfolge, in der die Bilder in der Diashow abgespielt werden, entspricht der alphabetischen Abfolge der Bilddateinamen.

Bilder der Diashow überspringen

Wenn Sie in der laufenden Diashow schnell ein oder zwei Bilder vorrücken möchten, klicken Sie in den Desktop-Hintergrund und rufen den Befehl **Nächster Desktophintergrund** auf.

Persönliche Spracheinstellungen

Zusätzliche Sprache einrichten

Im Zuge der Windows-Installation haben Sie vermutlich Deutsch als Sprache festgelegt. Dies ist notwendig, um Anzeige, Tastatur sowie die Darstellung von Zahlen, Datumsangaben und Preisen korrekt zu konfigurieren. Aber wäre es nicht auch ganz angenehm, wenn Sie bei Bedarf zu einer anderen Sprache wechseln könnten – beispielsweise Schwedisch, damit Sie E-Mails an schwedische Freunde oder Geschäftspartner schreiben können, ohne die speziellen schwedischen Umlaute über irgendwelche Sonderzeichentabellen einkopieren zu müssen?

1. Wählen Sie im Startmenü den Befehl **Einstellungen** aus, oder drücken Sie die Tastenkombination ⊞ + I.
2. Klicken Sie im **Einstellungen**-Dialog auf **Zeit und Sprache**, und wählen Sie dann links die Rubrik **Region und Sprache** ❶.
3. Klicken Sie rechts im Bereich **Bevorzugte Sprachen** auf **Sprache hinzufügen** ❷, wählen Sie eine Sprache ❸ aus, und klicken Sie auf **Weiter** ❹.
4. Denken Sie daran, die Option **Als meine Windows-Anzeigesprache festlegen** ❺ zu deaktivieren. Klicken Sie auf **Installieren** ❻. Die Sprachdaten werden nun heruntergeladen. Warten Sie, bis der Download beendet ist. Dies kann einige Minuten dauern.

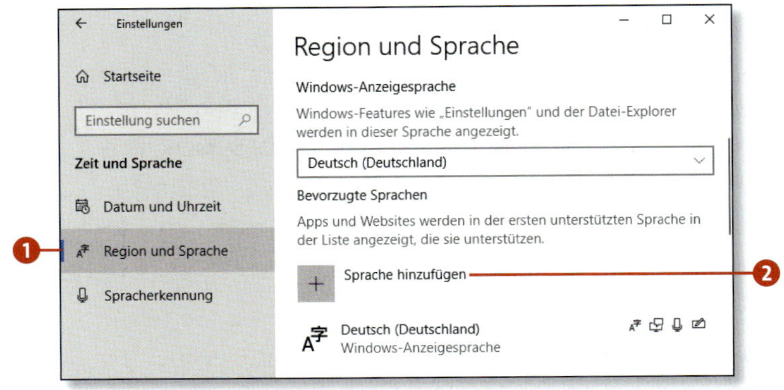

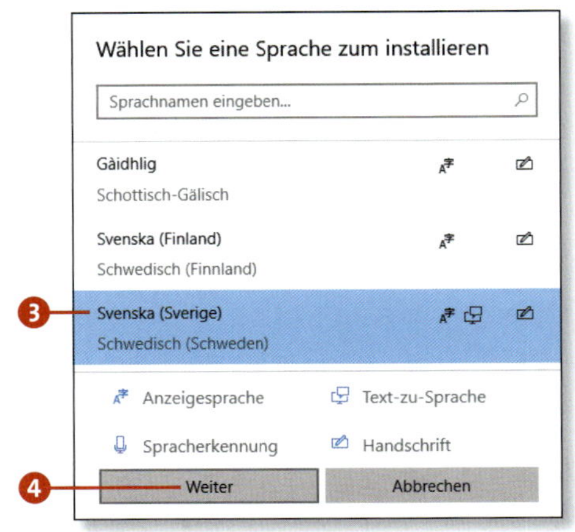

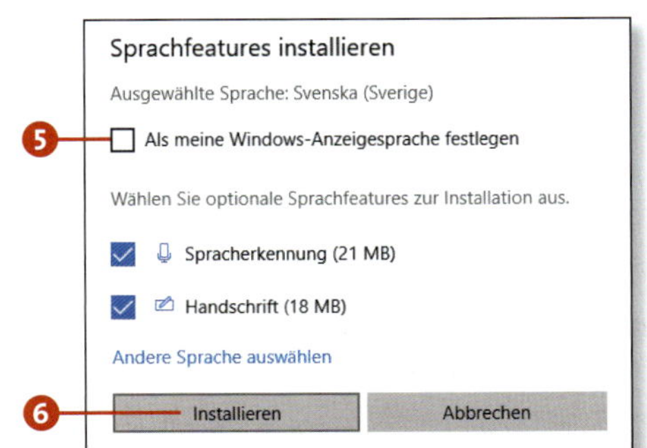

Sprachenwechsel leicht gemacht

Um die Eingabesprache zu wechseln, drücken Sie die Tastenkombination Alt + ⇧.

Sprachenleiste zur Auswahl der Sprache anzeigen

Wenn Sie mit mehreren Sprachen arbeiten, werden Sie sicherlich häufiger zwischen diesen Sprachen hin und her schalten wollen. Um das schnell erledigen zu können, sollten Sie die Sprachenleiste einblenden lassen, um dort eine schnelle Auswahl treffen zu können.

1. Rufen Sie die **Einstellungen** auf. Drücken Sie dazu die Tastenkombination ⊞ + I.
2. Klicken Sie im **Einstellungen**-Dialog auf **Zeit und Sprache**, und wählen Sie dann in der linken Leiste **Region und Sprache** ❶ aus.
3. Klicken Sie unter der Rubrik **Verwandte Einstellungen** auf **Erweiterte Tastatureinstellungen** ❷.
4. Aktivieren Sie die Option **Bei Verfügbarkeit Desktopsprachenleiste verwenden** ❸.
5. Über das betreffende Symbol in der Taskleiste können Sie nun das Popup-Menü zum Wechseln der Sprache einblenden ❹. Mit dem Befehl **Sprachenleiste anzeigen** ❺ wird eine frei auf dem Bildschirm verschiebbare Leiste zum Wechseln der Sprache angezeigt.

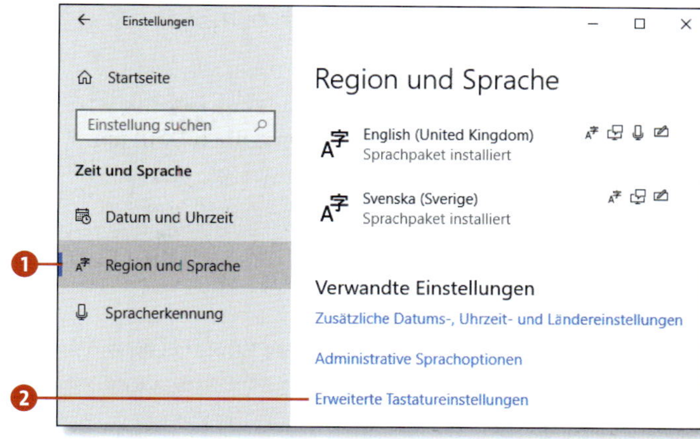

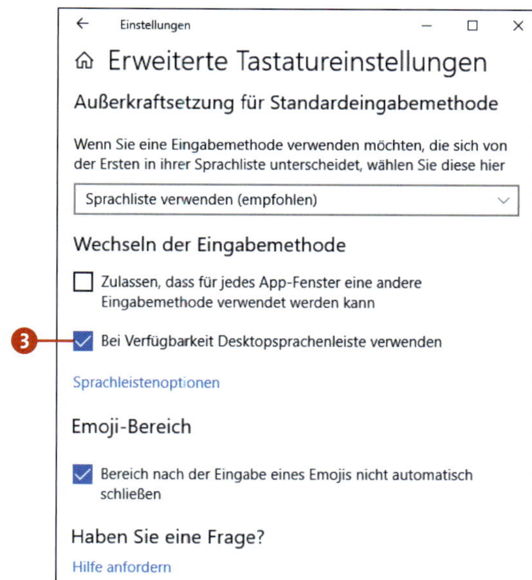

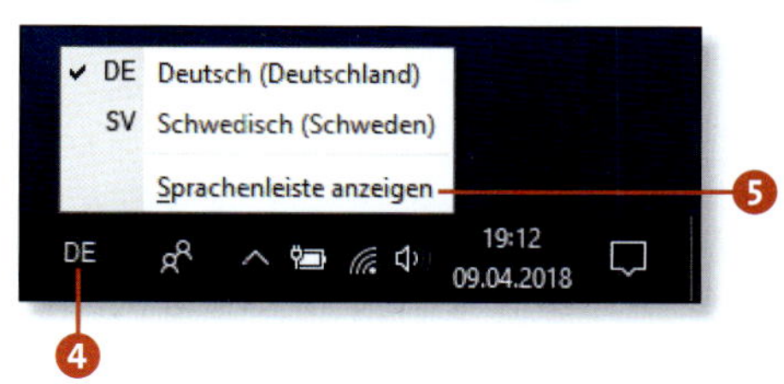

Wollen Sie noch schneller wechseln?

Wenn Sie noch schneller zwischen den Sprachen wechseln wollen, lesen Sie die nächste Anleitung »Die Sprache über Tastenkombinationen wechseln« auf Seite 222.

Die Sprache über Tastenkombinationen wechseln

Noch effizienter als, wie im letzten Tipp gezeigt, über die Sprachenleiste ist es natürlich, die einzelnen Sprachen mit Tastenkombinationen zu verbinden. Diese Möglichkeit haben Sie in wenigen Einstellungen eingerichtet:

1. Rufen Sie die Einstellungen auf (mit der Tastenkombination ⊞ + I), und klicken Sie unter **Zeit und Sprache** auf **Region und Sprache**.
2. Klicken Sie in der Rubrik **Verwandte Einstellungen** auf **Erweiterte Tastatureinstellungen** und im zugehörigen Fenster auf **Sprachleistenoptionen** ❶.
3. Öffnen Sie, falls notwendig, im Dialogfenster **Textdienste und Eingabesprachen** die Registerkarte **Erweiterte Tastatureinstellungen**, und wählen Sie die Sprache aus, die Sie mit einer Tastenkombination verbinden möchten ❷. Dann klicken Sie auf **Tastenkombination ändern** ❸.
4. Aktivieren Sie im Dialogfenster **Tastenkombination ändern** das Kontrollkästchen **Tastenkombination aktivieren** ❹, und stellen Sie eine Tastenkombination ein ❺. Verlassen Sie die Dialogfenster mit **OK**.

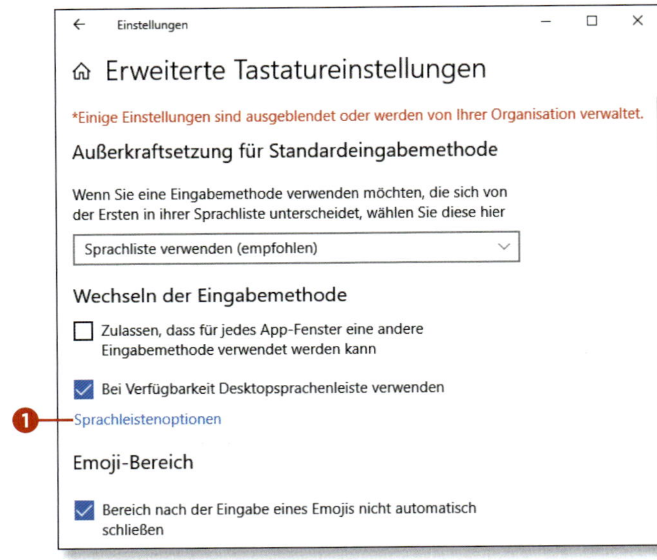

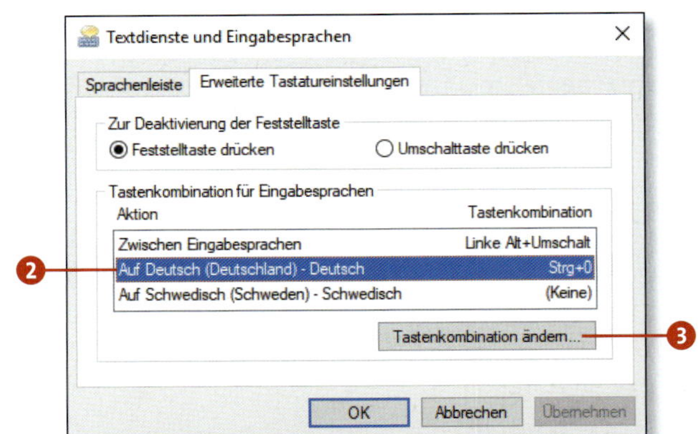

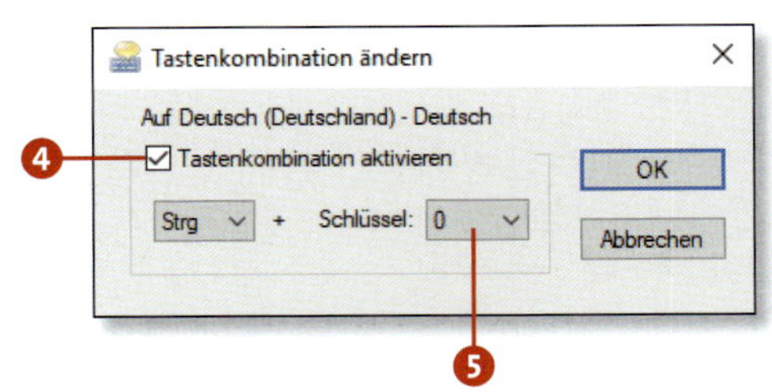

Welches Zeichen ist wo?

Die hier beschriebene Einstellung schaltet vor allem Ihre Tastaturbelegung um, sodass Sie danach z. B. schwedische Texte aufsetzen können, ohne die schwedischen Sonderzeichen über die Windows-Zeichentabelle einfügen zu müssen. Welches Zeichen ist aber mit welcher Taste verbunden? Die Belegung praktisch sämtlicher nationaler Tastaturen können Sie unter *http://ascii-table.com/keyboards.php* nachschlagen.

Die Eingabesprache nur für die aktuelle App wechseln

Per Voreinstellung wird die Sprache immer systemweit umgeschaltet. Sie können Windows aber auch so konfigurieren, dass die Umstellung der Sprache immer nur für das aktuell aktive Fenster gilt.

1. Rufen Sie die Einstellungen auf, indem Sie die Tastenkombination [Windows] + [I] drücken.
2. Klicken Sie unter **Zeit und Sprache** links auf **Region und Sprache** (1).
3. Rechts klicken Sie dann in der Rubrik **Verwandte Einstellungen** auf **Erweiterte Tastatureinstellungen** (2).
4. Aktivieren Sie im Dialogfenster **Erweiterte Tastatureinstellungen** die Option **Zulassen, dass für jedes App-Fenster eine andere Eingabemethode verwendet werden kann** (3).

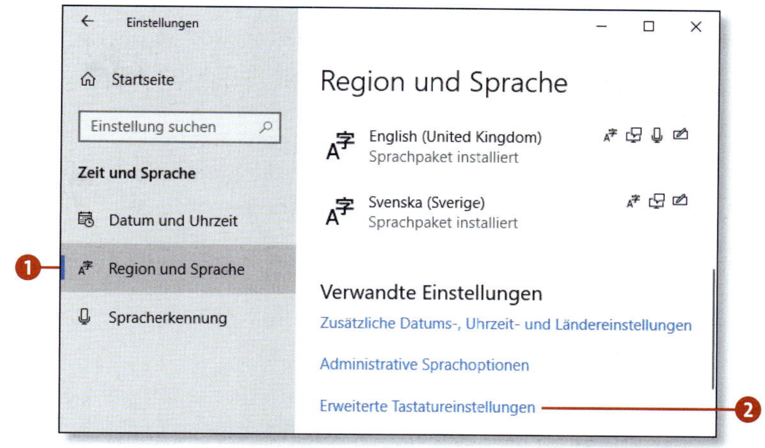

Nicht den Überblick verlieren

Ich persönlich finde die Option zur individuellen Einstellung der Eingabesprache für die einzelnen Apps manchmal sehr nützlich, muss allerdings zugeben, dass man dabei auch schnell den Überblick verliert. Kombinieren Sie diese Option daher unbedingt mit dem Tipp »Sprachenleiste zur Auswahl der Sprache anzeigen« auf Seite 221, um jederzeit in der Taskleiste nachschauen zu können, welche Sprache gerade eingestellt ist.

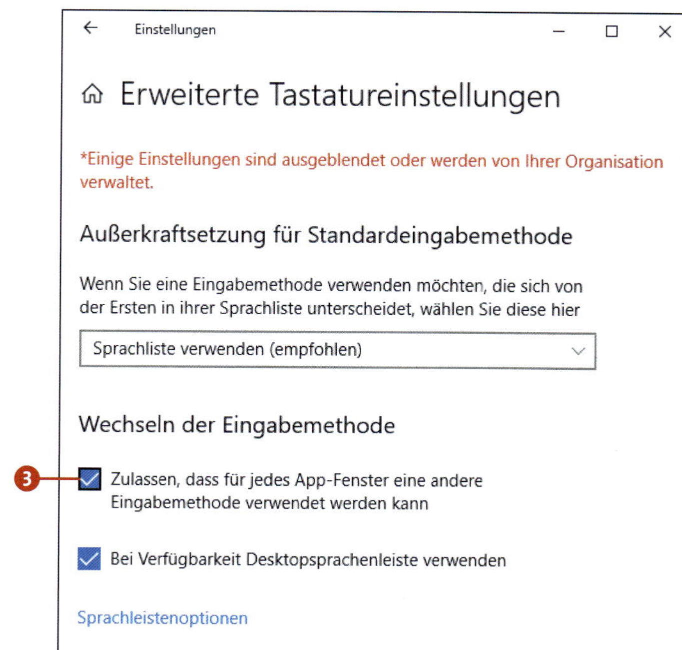

Achtung, Tastaturänderung!

Durch das Ändern der Sprache wird automatisch auch die Tastatur umgestellt. Dadurch kann es passieren, dass Sie nicht mehr in der Lage sind, mit einer deutschen Tastatur Ihr Windows-Passwort auf dem Anmeldebildschirm korrekt einzugeben! Schließen Sie die passende fremdsprachige Tastatur an, oder aktivieren Sie die Bildschirmtastatur, oder wählen Sie wieder Deutsch als Sprache (beides unten rechts auf dem Anmeldebildschirm).

Schriftarten installieren

Windows wird mit einem soliden Grundstock von Schriftarten ausgeliefert. Weitere Schriften kommen in der Regel hinzu, wenn Sie Textverarbeitungs- oder andere Office-Anwendungen installieren. Sollte Ihnen das Angebot dennoch einmal nicht genügen, besteht die Möglichkeit, weitere Schriften hinzuzufügen. Sie benötigen dazu lediglich eine OTF- oder TTF-Datei, in der die Schrift definiert ist. Gehen wir von dem durchaus typischen Fall aus, dass Sie eine ZIP-Datei mit kostenlosen Schriften aus dem Internet heruntergeladen haben.

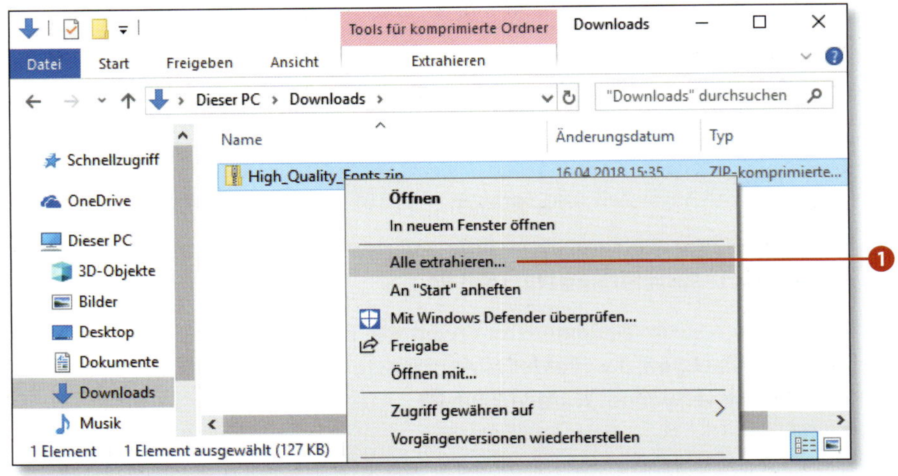

1. Starten Sie den Explorer. Drücken Sie dafür die Tastenkombination [⊞] + [E], oder klicken Sie unten in der Taskleiste auf das Explorer-Symbol.

2. Wechseln Sie in den Ordner mit der ZIP-Datei.

3. Extrahieren Sie die ZIP-Datei. Klicken Sie dazu mit der rechten Maustaste auf die ZIP-Datei, und wählen Sie im Kontextmenü den Befehl **Alle extrahieren** ❶.

4. Wechseln Sie zu dem Ordner mit der oder den Schriftartendateien ❷.

5. Installieren Sie die Schrift. Klicken Sie dazu mit der rechten Maustaste auf die Schriftdatei, oder wählen Sie mehrere Dateien aus, und wählen Sie den Befehl **Installieren** ❸.

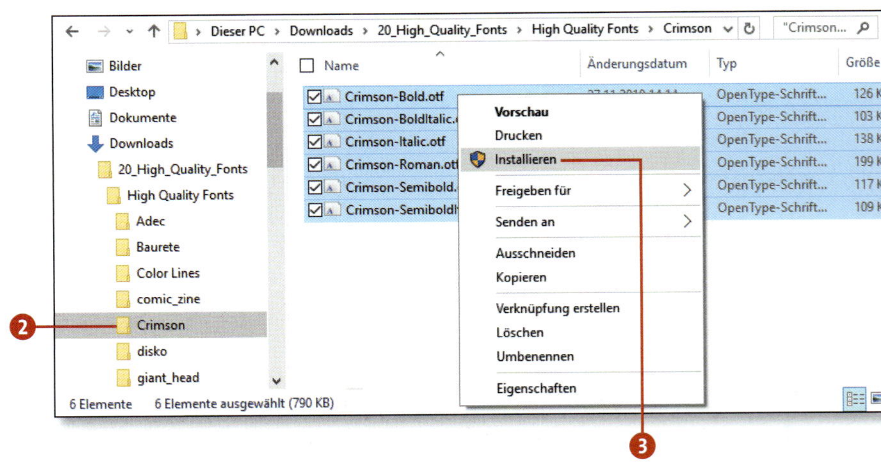

Vermeiden Sie Ärger mit Copyright

Beachten Sie vor der Installation und Verwendung neuer Schriften die für diese geltenden Copyrighthinweise und Lizenzbestimmungen.

6. Falls Sie das Fenster des Explorers schon geschlossen haben, öffnen Sie ein neues Fenster durch Drücken von [⊞] + [E].
7. Tippen Sie in die Adressleiste 4 den Befehl »shell:fonts« ein, und drücken Sie [↵].
8. Scrollen Sie durch die Liste, und suchen Sie nach der neuen Schrift 5. Wenn Sie zur Ansicht **Details** wechseln, lässt sich die Liste der Schriften schneller durchsuchen.
9. Nach erfolgreicher Installation sollte die neue Schrift auch in den installierten Textverarbeitungsprogrammen verfügbar sein 6.

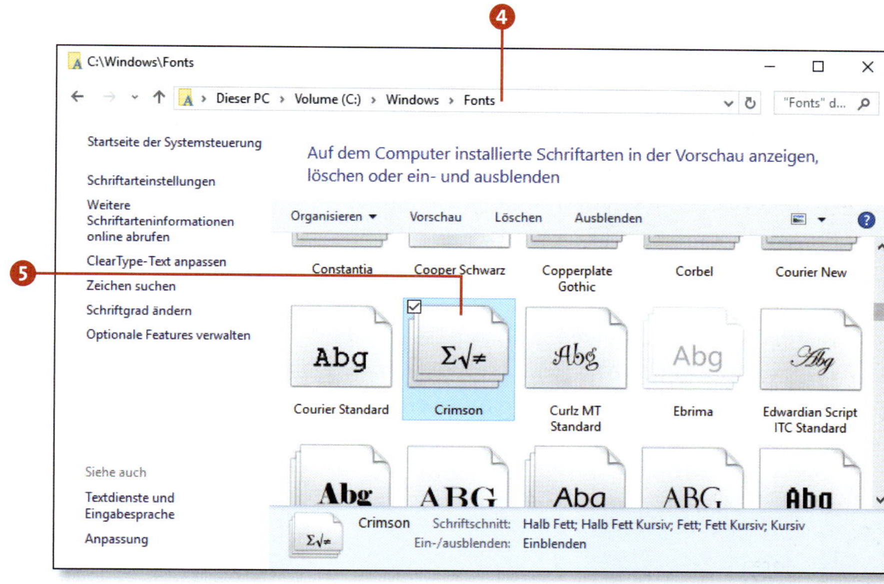

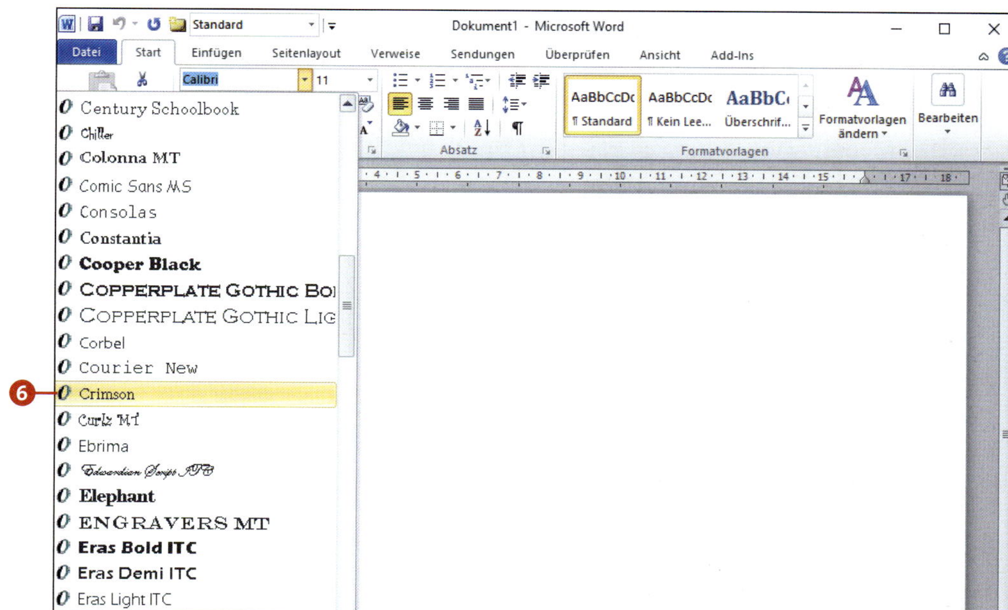

Die wichtigsten Schriftformate

Die am weitesten verbreiteten Schriftformate heutzutage sind OpenType (**.otf*) und TrueType (**.ttf*). Beide Formate werden von Windows 10 unterstützt.

Der Einsatz mehrerer Monitore

Mehrere Monitore an einen Rechner anzuschließen wird immer populärer. Was früher vor allem Börsenmaklern, Grafik-Designern und hochbezahlten IT-Profis vorbehalten war, steht dank immer günstigerer Monitore und leistungsfähigerer Grafikkarten heute praktisch jedem PC-Benutzer offen. Und so hat sich als Gegenbewegung zu den Ein-App-Benutzern eine langsam, aber stetig wachsende Gemeinde von Benutzern herausgebildet, die es schätzen, wenn sie dank zweier Monitore zwei bis vier Programme in nicht zu kleinen Fenstern gleichzeitig im Blick behalten können. Grund genug für Microsoft, die betriebssystemseitige Unterstützung für mehrere Monitore weiter zu verbessern.

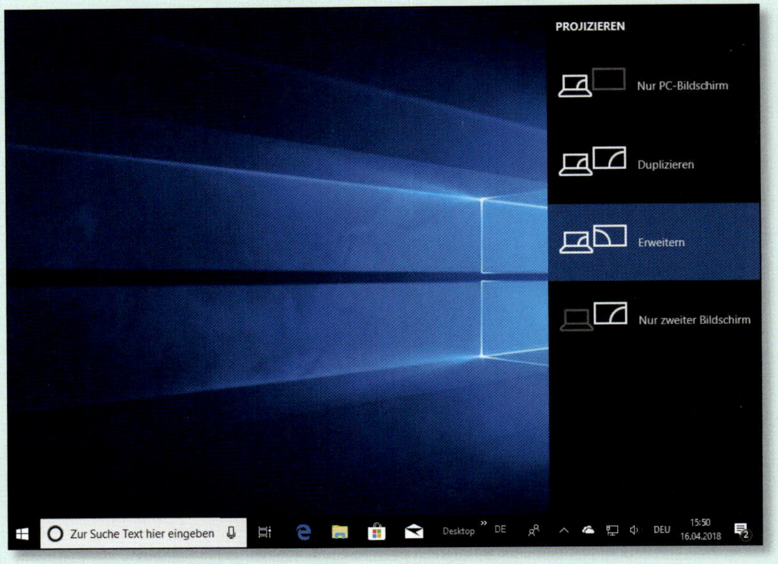

Das »Projizieren«-Menü von Windows 10

Erkennt Windows, dass mehrere Monitore angeschlossen sind, wechselt es automatisch in den Multi-Monitor-Modus und dehnt den Desktop über die zur Verfügung stehenden Monitore aus. Sollten Sie zufälligerweise doch einen anderen Modus vorziehen – beispielsweise das Duplizieren des Desktops auf alle angeschlossenen Monitore –, drücken Sie einfach die Tastenkombination [Win] + [P] und wählen in dem sich öffnenden Menü den gewünschten Modus.

Wenn Sie zwei Monitore angeschlossen haben, ist einer immer der Hauptbildschirm. Auf dem Hauptbildschirm wird die Haupttaskleiste mit dem Datumsfeld angezeigt. Die einzelnen Monitore können Sie über die **Anzeige**-Einstellungen (Aufruf über **Startmenü > Einstellungen > Bildschirm**) konfigurieren. Sie müssen nur vorab den zu konfigurierenden Monitor im oberen Anzeigefeld auswählen.

Wie die Anzeigen auf die Bildschirme verteilt werden, können Sie auch über das **Projizieren**-Menü festlegen, das Sie durch Drücken von [Win] + [P] aufrufen.

Monitore richtig anordnen

Mittlerweile erkennt Windows, wenn mehrere Monitore angeschlossen sind, und erstreckt den Desktop automatisch über beide Monitore. Pech nur, wenn Sie dann feststellen, dass Windows die Monitore so zugeordnet hat, dass Sie die Maus, um den Zeiger vom linken Monitor zum rechten Monitor zu bewegen, nicht wie erwartet und gewünscht nach rechts, sondern nach links bewegen müssen. Bevor Sie jetzt auf die Idee kommen, die Monitore umzustellen oder neu anzuschließen, teilen Sie doch Windows einfach mit, welcher Monitor rechts und welcher links steht.

1. Klicken Sie mit der Maustaste in den Hintergrund Ihres Desktops, und wählen Sie im Kontextmenü den Befehl **Anzeigeeinstellungen** ❶.
2. Sie sehen nummerierte Symbole für die angeschlossenen Bildschirme ❷. Klicken Sie auf **Identifizieren** ❸. Auf Ihren Monitoren erscheinen nun ebenfalls große Ziffern, die Ihnen anzeigen, welcher Bildschirm welche Nummer hat. Sie werden feststellen, dass diese tatsächliche Nummerierung nicht mit der Nummerierung der Bildschirmsymbole im Dialogfenster übereinstimmt.
3. Verschieben Sie eines der Monitorsymbole mit gedrückter Maustaste, um die Reihenfolge der Monitore zu tauschen ❹, und klicken Sie auf **Anwenden** ❺.
4. Kontrollieren Sie die Mausbewegung. Bei richtiger Anordnung sollte die Maus jetzt wie gewünscht von einem Monitor zum anderen zu bewegen sein.

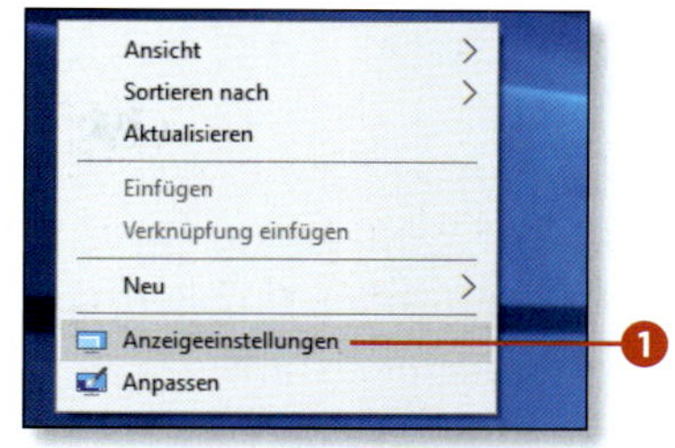

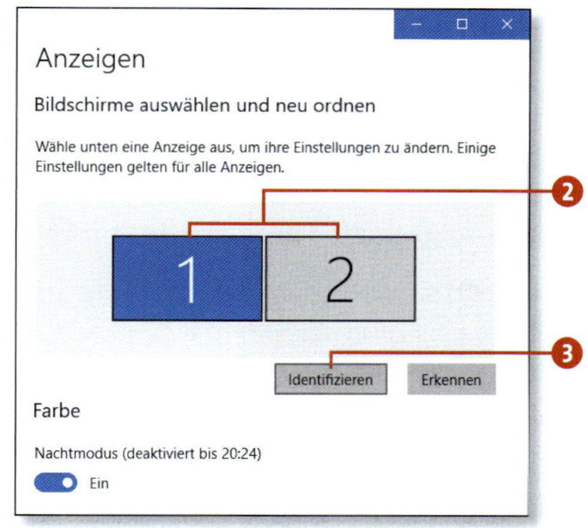

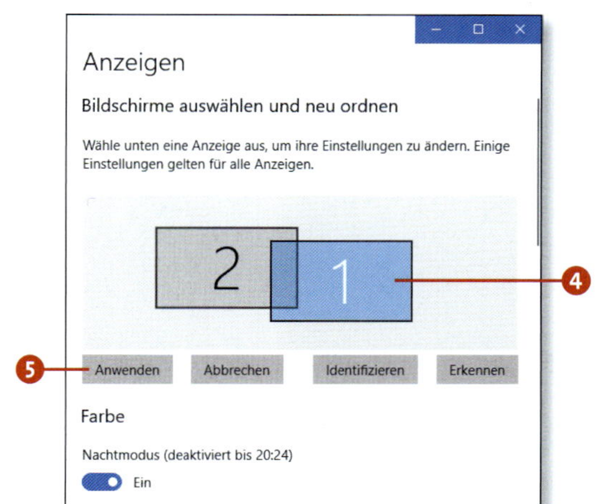

Probleme mit der Ansicht

Falls Sie trotz zweier angeschlossener Monitore nur auf einem Monitor etwas sehen oder beide Monitore das Gleiche anzeigen, drücken Sie die Tastenkombination ⊞ + P und wählen die Einstellung **Erweitern**.

Festlegen, welche Fenster auf welcher Taskleiste erscheinen

Wenn Sie den Desktop auf mehrere Monitore erweitern, erhält jeder Monitor seine eigene Taskleiste, wobei die Haupttaskleiste (zu erkennen am Datumsfeld am rechten Ende) auf dem Hauptbildschirm angezeigt wird. Die Frage ist allerdings, auf welcher Taskleiste nun die Schaltfläche eines geöffneten Fensters angezeigt wird.

1. Klicken Sie mit der rechten Maustaste in den Hintergrund der Taskleiste, und wählen Sie den Befehl **Taskleisteneinstellungen** ❶ im Kontextmenü.
2. Scrollen Sie im rechten Bereich nach unten bis zum Abschnitt **Mehrere Bildschirme**. Falls nötig, setzen Sie den Schieberegler **Taskleiste auf allen Anzeigegeräten anzeigen** auf **Ein** ❷.
3. Öffnen Sie das Listenfeld **Schaltflächen der Taskleiste anzeigen auf** ❸, und wählen Sie eine der angebotenen Optionen. **Alle Taskleisten** heißt, dass die geöffneten Fenster auf jeder Taskleiste vertreten sind. **Haupttaskleiste und Taskleiste mit geöffnetem Fenster** bedeutet, ein Fenster, das auf Monitor A zu sehen ist, ist in der Taskleiste des Monitors A und in der Haupttaskleiste mit einer Schaltfläche vertreten, wobei beide Taskleisten natürlich auch identisch sein können. **Taskleiste mit geöffnetem Fenster** führt dazu, dass ein Fenster, das auf Monitor A zu sehen ist, auch nur in der Taskleiste des Monitors A mit einer Schaltfläche vertreten ist.

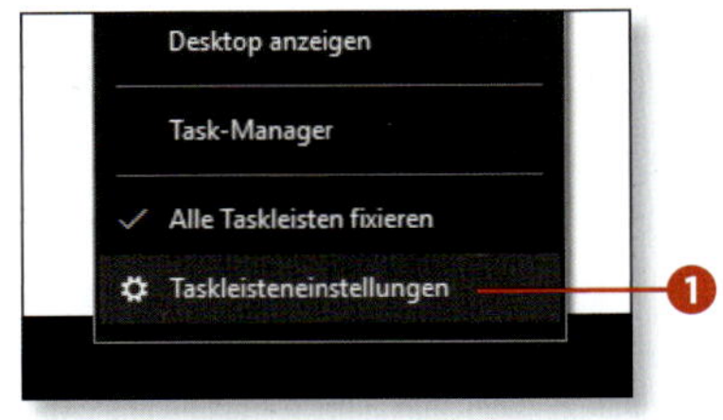

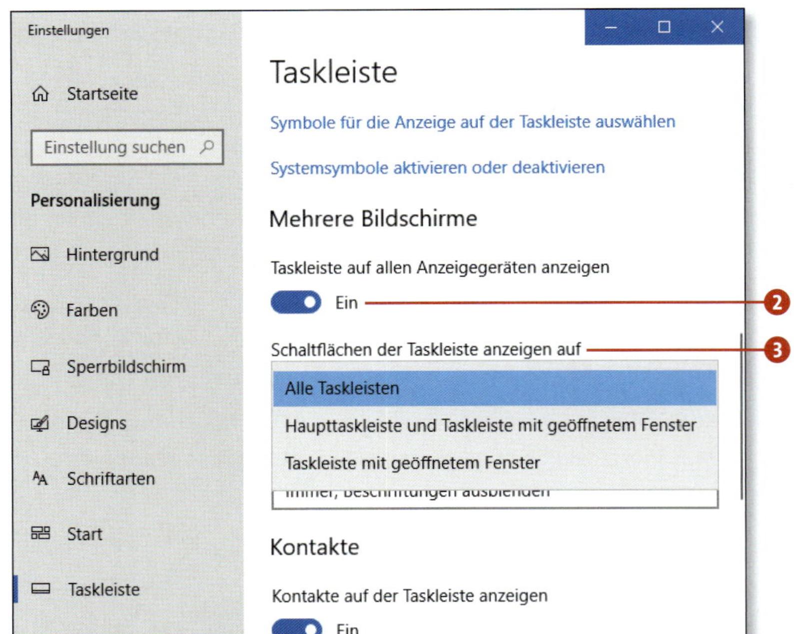

Nur eine Taskleiste

Wenn Sie lediglich die Haupttaskleiste auf dem Hauptbildschirm anzeigen lassen möchten, deaktivieren Sie die Option **Taskleiste auf allen Anzeigegeräten anzeigen** ❷.

Ein Hintergrundbild für mehrere Monitore

Mithilfe der Optionen zum Anpassen des Hintergrundbildes können Sie ein Bild auch über mehrere Monitore strecken. Da Bilder aber selten Panoramaabmessungen haben, sollten Sie sich gegebenenfalls die Mühe machen, das Bild passend zurechtzuschneiden.

1. Geben Sie in das Suchfeld »Bildschirmaufl« ein, und wählen Sie in der Suchergebnisliste **Ändert die Anzeigeauflösung**.
2. Klicken Sie nacheinander auf die beiden Monitorsymbole ❶, und notieren Sie sich die eingestellten Auflösungen ❷.
3. Laden Sie das gewünschte Bild in ein geeignetes Grafikprogramm (z. B. *Paint*), und schneiden Sie es ungefähr auf die gewünschte Größe zu (addierte Breite × Höhe oder proportionale Maße). Speichern Sie das Bild.
4. Rufen Sie im Kontextmenü des Desktops den Befehl **Anpassen** auf.
5. Wählen Sie über die Schaltfläche **Durchsuchen** ❸ das anzuzeigende Bild aus.
6. Klappen Sie das Listenfeld **Anpassung auswählen** ❹ auf, und wählen Sie die Option **Strecken** aus. Schließen Sie die Einstellungen.

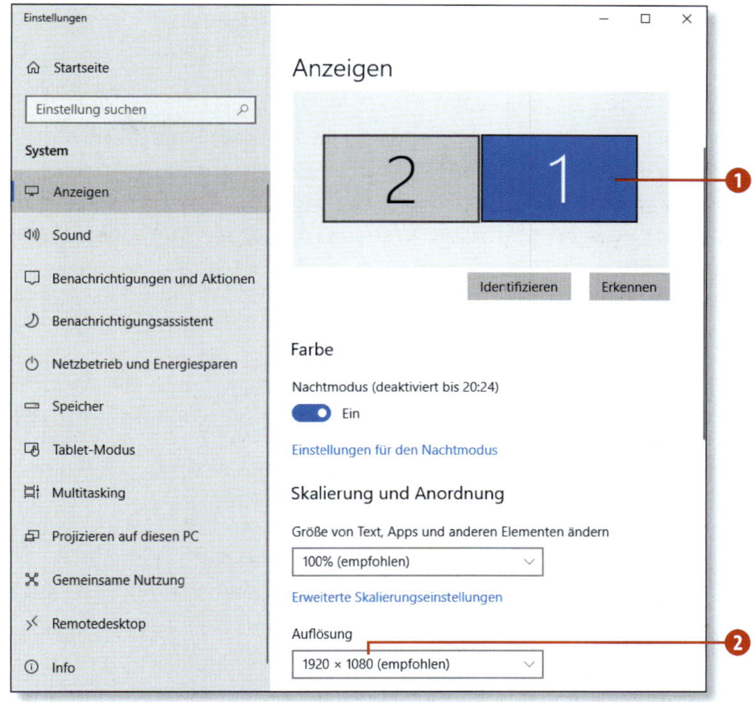

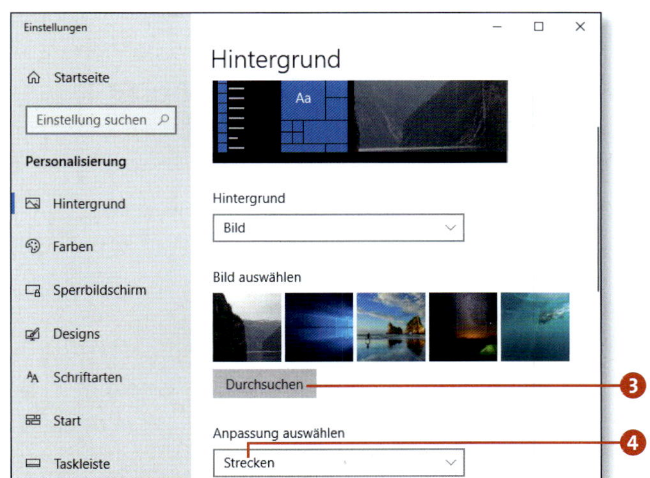

Optimale Arbeitsumgebung

Eine gute Wirkung eines gemeinsamen Hintergrundbildes ist verständlicherweise nur zu erzielen, wenn die beteiligten Monitore in etwa die gleiche Höhe haben.

Kontakte über die Taskleiste pflegen

Einen Mail-Kontakt mit der Taskleiste verknüpfen

Wie wichtig Tablet-PC und Co. heutzutage für die Kommunikation sind, spiegelt sich schon allein in den zahlreichen Apps wider, die mit Kontakten arbeiten: Mail, Skype, Twitter, XING, um nur einige zu nennen. Da ist es ganz praktisch, dass es mittlerweile möglich ist, die Kontakte zentral in der Taskleiste zu verwalten und auf diesem Weg kontakt- statt App-orientiert zu kommunizieren.

1. Klicken Sie in der Taskleiste auf das **Kontakte**-Symbol ❶. Wenn Sie die Funktion zum ersten Mal nutzen, klicken Sie auf **Erste Schritte** ❷.
2. Unter **Kontakte** sehen Sie eine Liste der zuletzt verwendeten Kontakte, die vermutlich noch leer ist. Unter **Apps** ❸ sind die bereits verbundenen Apps ❹ aufgeführt.

   Sollten Sie neben der Kachel **Mail** einen Hinweis sehen, dass die *Mail*-App noch nicht verbunden wurde, haben Sie in Mail noch kein Mailkonto eingerichtet, das den nötigen Windows-Standard unterstützt. Holen Sie dies jetzt nach, damit die Kontakte aus der Mail-App übernommen werden können (siehe den Tipp »Weitere Mailkonten hinzufügen« auf Seite 170).
3. Klicken Sie unten auf **Kontakte suchen und anheften** ❺, und wählen Sie einen Kontakt aus ❻. Die zugehörigen Kontaktdaten werden angezeigt, und der Kontakt wird automatisch an die Taskleiste angeheftet ❼.

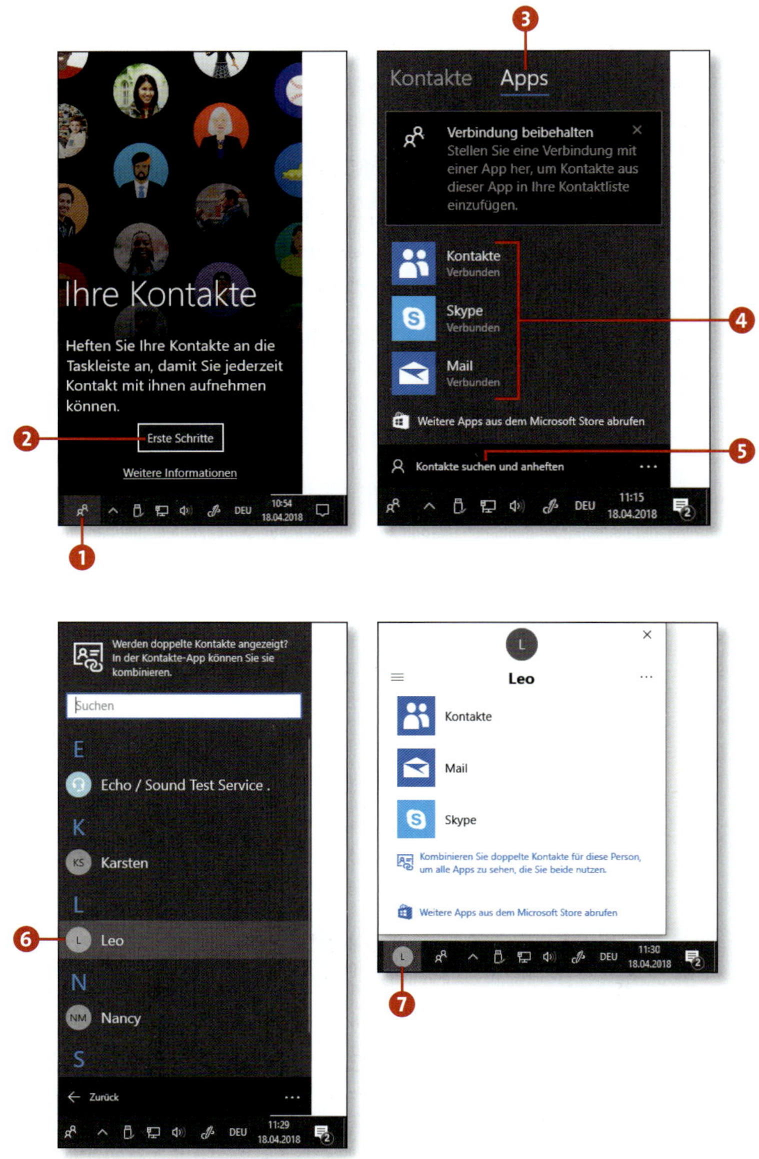

Was sind verbundene Apps?

»Verbunden« bedeutet hierbei, dass die App von dem Kontakte-Tool in der Taskleiste ausgewertet werden kann. Das Kontakte-Tool kann dann einerseits die Kontakte aus der App auslesen und andererseits später über die Kontakte die App oder bestimmte Funktionen der App aufrufen.

Einem Kontakt in der Taskleiste eine Mail senden

Ist ein Kontakt erst einmal an die Taskleiste angeheftet, können Sie jederzeit schnell und bequem seine Daten einsehen oder ihn über die verbundenen Apps kontaktieren – beispielsweise indem Sie ihm eine Mail schicken.

1. Klicken Sie in der Taskleiste auf das Symbol des Kontakts ❶.
2. Klicken Sie auf die Kachel **Mail** ❷. (Beim nächsten Klick auf das Kontakte-Symbol entfällt dieser Schritt unter Umständen, weil Windows direkt zur zuletzt verwendeten App springt.)
3. Klicken Sie im Fenster mit den zuletzt empfangenen Mails unten auf das Pluszeichen ❸.
4. Füllen Sie das E-Mail-Formular aus, und klicken Sie danach auf das Senden-Symbol ❹.

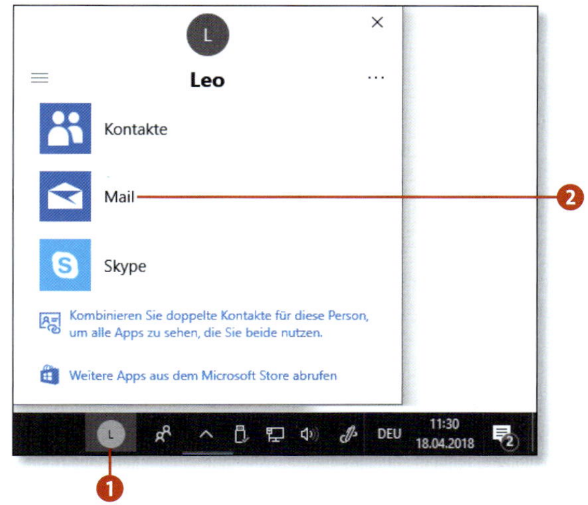

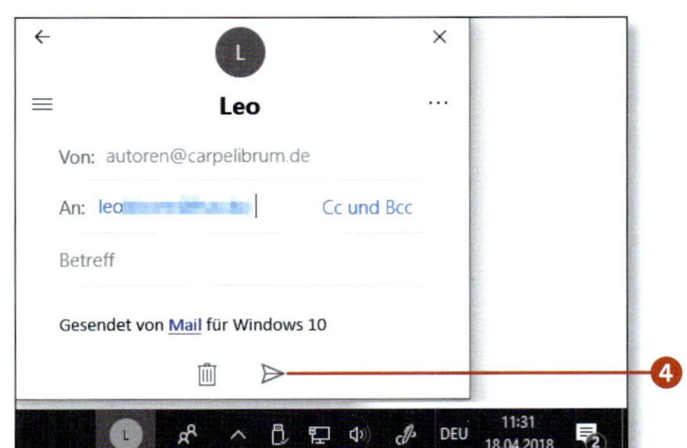

Anzahl der Kontakte in Taskleiste erhöhen

Per Voreinstellung können Sie nur drei Kontakte an die Taskleiste anheften. Um diesen Wert zu erhöhen, wählen Sie im Kontextmenü der Taskleiste den Befehl **Taskleisteneinstellungen**, scrollen Sie nach unten zum Bereich **Taskleiste**, und wählen Sie im angebotenen Listenfeld den Wert **hoch**.

Die Kontakte aus der Taskleiste verbannen

Um das Kontakte-Symbol aus der Taskleiste zu entfernen, deaktivieren Sie im Kontextmenü der Taskleiste den Befehl **Kontakte auf der Taskleiste anzeigen**. Einzelne Kontakte entfernen Sie über den Befehl **Von Taskleiste lösen** im Kontextmenü des betreffenden Kontakte-Symbols.

Lästige Benachrichtigungen abschalten

Nervt es Sie auch, wenn Sie bei der Arbeit in der Konzentration ständig durch irgendwelche System-Benachrichtigungen gestört werden? Mithilfe des Benachrichtigungsassistenten können Sie selbst entscheiden, welche Benachrichtigungen aufpoppen und welche stillschweigend ins Info-Center wandern.

1. Wählen Sie im Startmenü den Befehl **Einstellungen** aus, oder drücken Sie [Win] + [I].
2. Klicken Sie im **Einstellungen**-Dialog auf **System** und dann in der linken Leiste auf **Benachrichtigungsassistent** 1.
3. Wählen Sie, ob alle, nur bestimmte oder gar keine Benachrichtigungen aufpoppen sollen 2.
4. Wenn Sie Benachrichtigungen nach Priorität sehen möchten, klicken Sie auf **Prioritätsliste anpassen** 3. (Beachten Sie, dass sich die dort vorgenommenen Einstellungen überschneiden können, beispielsweise können Mails über einen Kontakt wie auch die *Mail*-App empfangen werden.)
5. Legen Sie eigene Regeln für bestimmte Zeiten fest 4.

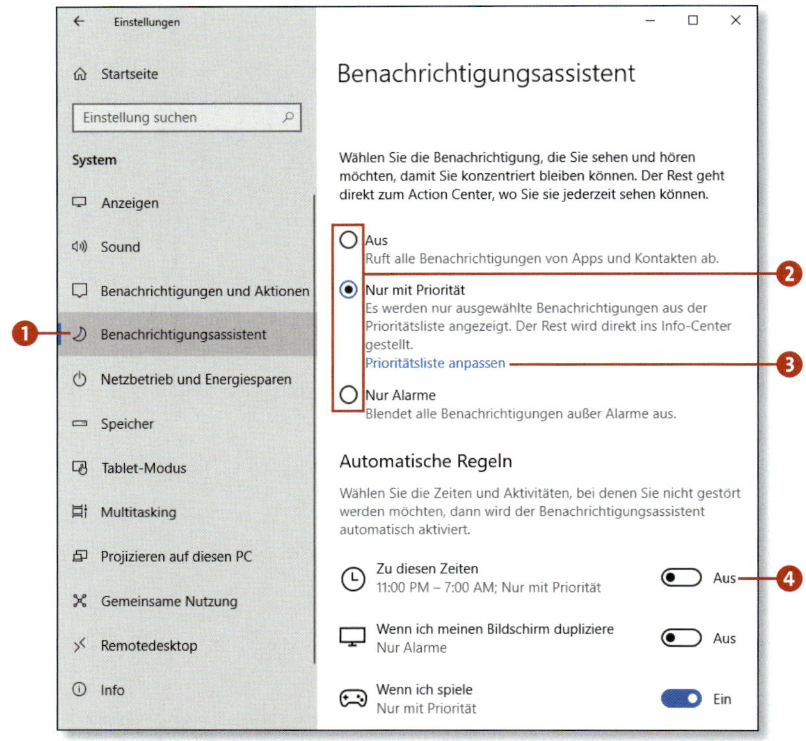

Schneller umschalten

Über die Schaltfläche des Benachrichtigungsassistenten 5 im Info-Center (Aufruf mit [Win] + [A] können Sie ohne den Umweg über den **Einstellungen**-Dialog schnell zwischen **Aus**, **Alarm** und **Priorität** wechseln. Einfach mehrfach klicken.

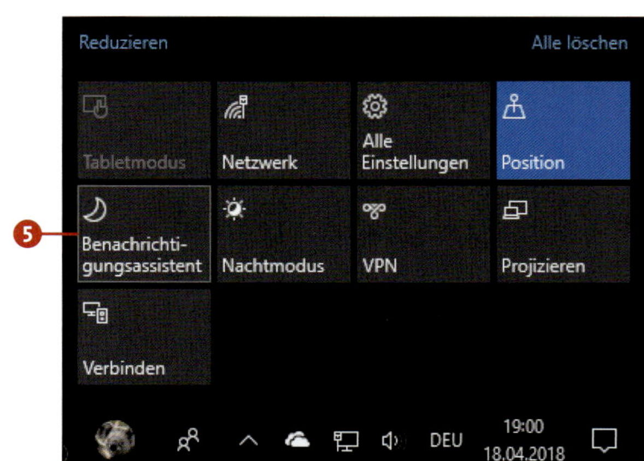

Weitere Einstellungen

Weitere Einstellungen finden Sie im Dialogfenster **Einstellungen** unter **Benachrichtigungen und Aktionen**.

Die Feststelltaste deaktivieren

Haben Sie jemals die Feststelltaste gedrückt, um längere Zeit in Großbuchstaben zu tippen? Nein? Aber bestimmt haben Sie schon einmal aus Versehen auf die Feststelltaste gedrückt und sich dann geärgert, dass nur noch Großbuchstaben erscheinen? Falls ja, dann deaktivieren Sie doch einfach die Feststelltaste ganz.

1. Rufen Sie den Registrierungs-Editor auf: Drücken Sie die Tastenkombination [Windows] + [R], und geben Sie in das Dialogfeld **Ausführen** »regedit« ein.
2. Öffnen Sie den Ordner **HKEY_LOCAL_MACHINE\SYSTEM\CurrentControlSet\Control**, und klicken Sie auf **KeyboardLayout** ❶.
3. Legen Sie einen neuen Binärwert an. Klicken Sie dazu in der rechten Ansicht mit der rechten Maustaste in den Hintergrund, und rufen Sie den Befehl **Neu > Binärwert** ❷ auf. Nennen Sie den neuen Eintrag **Scancode Map**.
4. Klicken Sie dann mit der rechten Maustaste auf den neuen Wert, und rufen Sie den Befehl **Ändern** ❸ auf.
5. Tippen Sie in das Dialogfenster **Binärwert bearbeiten** folgenden Wert ein ❹:

   00 00 00 00   00 00 00 00   02 00 00 00   00
   00 3A 00   00 00 00 00

   Wir haben zur besseren Lesbarkeit nach jeweils vier Ziffernpaaren einen größeren Leerraum eingefügt, den Sie aber bitte so nicht eintippen. Der Dialog fügt selbstständig Zwischenräume ein (siehe Abbildung).
6. Klicken Sie auf **OK**, um das Dialogfenster zu schließen, und schließen Sie dann den Editor. Wenn Sie Windows das nächste Mal starten, bleibt das Drücken der Feststelltaste ohne Effekt, auch wenn die Kontroll-LED auf der Tastatur aufleuchtet.

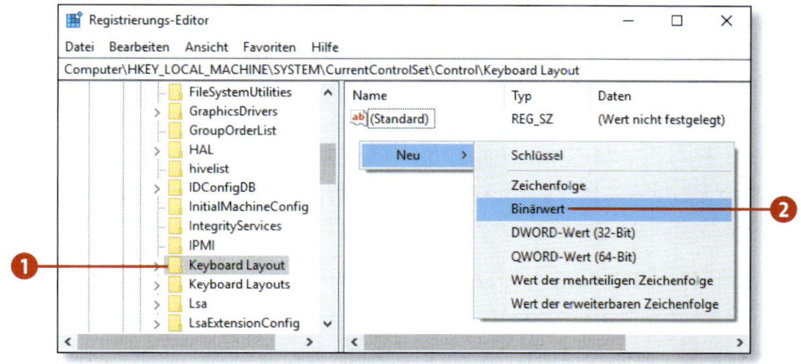

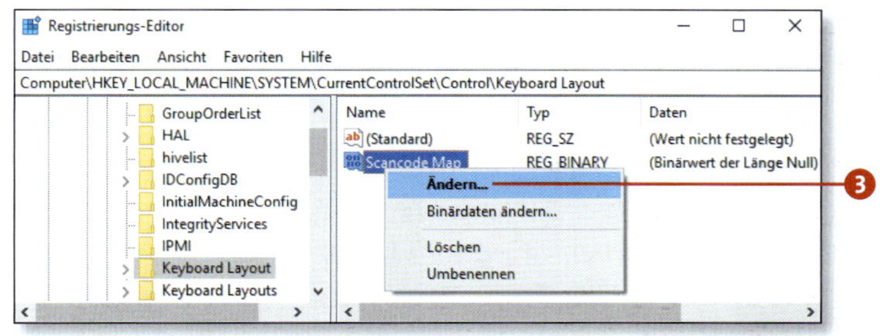

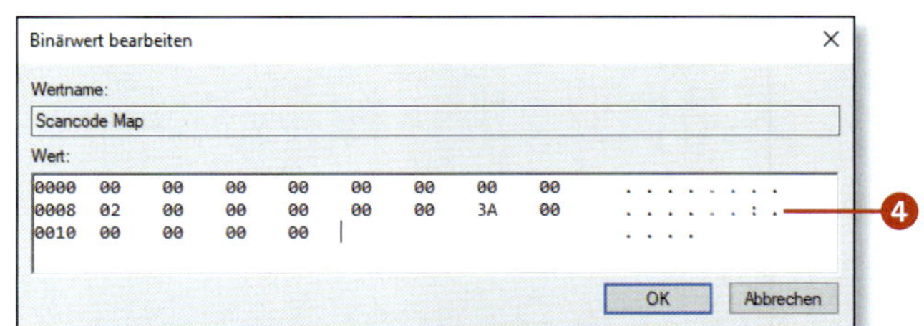

Vorsicht bei Änderungen an der Registrierungsdatenbank

Grundsätzlich empfiehlt es sich, vor Änderungen an der Registrierungsdatenbank diese mit dem Befehl **Datei > Exportieren** zu sichern (siehe den Tipp »Die Registrierungsdatenbank sichern« auf Seite 280).

Den »Godmode« aktivieren

Die Möglichkeiten zur Konfiguration von Windows sind zahlreich und über viele Untermenüs des Dialogs **Einstellungen** und der Systemsteuerung verteilt, ja geradezu versteckt. Eine gute Unterstützung ist daher der sogenannte *Godmode*, der einen zentralen Zugriff auf alle Einstellungen bietet.

1. Klicken Sie mit der rechten Maus auf eine freie Stelle auf dem Desktop, und wählen Sie im Kontextmenü den Befehl **Neu > Ordner** ❶.
2. Wenn Sie nicht automatisch im Editiermodus sind, klicken Sie zweimal auf das Ordnersymbol, und geben Sie dem neuen Ordner folgenden Namen ❷:

   ```
   SysInfo.{ED7BA470-8E54-465E-825C-99712043E01C}
   ```

3. Mit einem Doppelklick auf den Ordner erhalten Sie in Zukunft den direkten Zugriff auf alle Optionen der Systemsteuerung ❸.

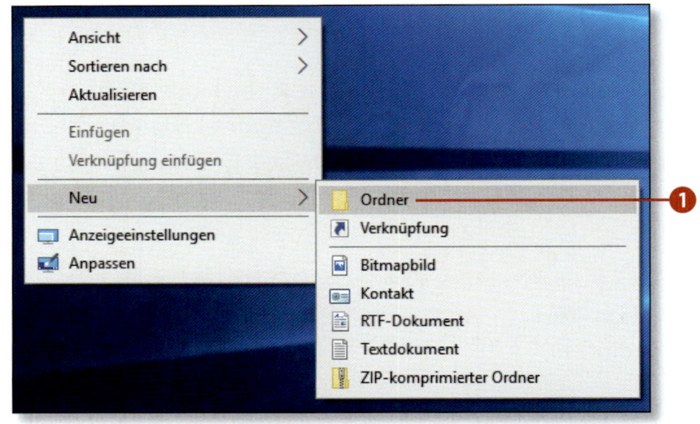

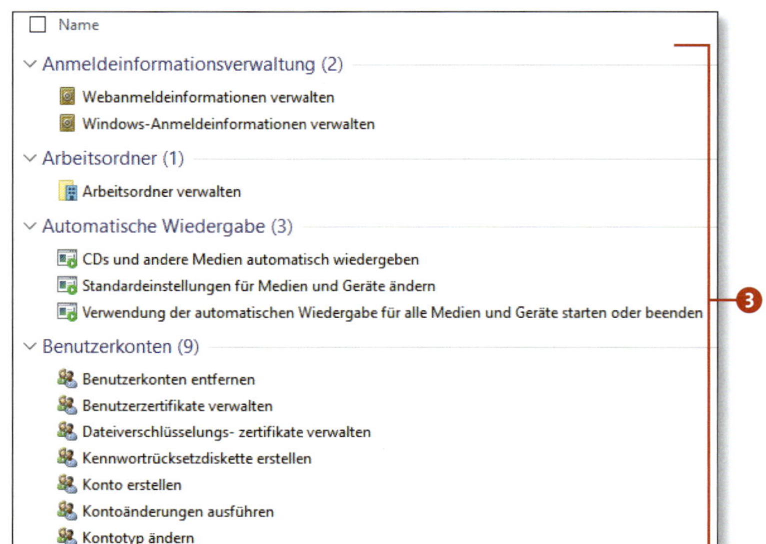

Alternativen der Namensgebung

Anstelle von »SysInfo« können Sie ein beliebiges anderes Präfix verwenden. Sie können den Ordner auch an anderer Stelle im Dateisystem anlegen, es muss nicht auf dem Desktop sein.

9 Schützen Sie Ihren Computer und sich selbst

Absolute Sicherheit gibt es nicht. Nicht im echten Leben, nicht auf Ihrem Rechner und schon gar nicht beim Surfen im Internet. Sie können jedoch einiges tun, um sich abzusichern.

Grundregel Nr. 1: Dokumente, an denen Sie gerade arbeiten, sollten Sie in kurzen Abständen auf Festplatte und mindestens einmal am Tag als Sicherungskopie auf einem zweiten Medium (siehe Grundregel Nr. 2) abspeichern. Nichts ist ärgerlicher, als wenn Ihr Hund auf den Netzschalter tritt und plötzlich die Arbeit der letzten fünf Stunden weg ist, weil Sie zwischendurch nicht einmal die Tastenkombination `Strg` + `S` zum Speichern gedrückt haben.

Grundregel Nr. 2: Nutzen Sie als zweiten Speicherort nicht eine zweite Festplatte im Computer, sondern besser ein externes Medium, z. B. einen großen separaten USB-Stick oder eine USB-Festplatte. Dasselbe gilt für die Sicherungsdateien, die Windows für Sie anlegt, damit Sie Ihr System im Falle des Falles wiederherstellen können.

Grundregel Nr. 3: Wenn Sie sich mit dem Internet verbinden, achten Sie darauf, ein aktuelles Antivirenprogramm installiert zu haben. Und wer noch mehr tun möchte, um seine Daten und seine Privatsphäre zu schützen, für den haben wir in diesem Kapitel ein paar Tipps zusammengetragen.

In diesem Kapitel

- Daten- und Systemsicherung
- Den Datenschutz verbessern
- Den Dateiversionsverlauf aktivieren
- Auf frühere Dateiversion zugreifen
- Einen Wiederherstellungspunkt erstellen
- Einen Kennwortrücksetzdatenträger erstellen
- Dateien spionagesicher löschen
- Die Liste der zuletzt verwendeten Dateien beim Abmelden löschen
- Kamera und Mikrofon deaktivieren
- Daten verschlüsseln (nur Windows Pro/Enterprise)
- Meldung über Media-Player-Verwendung deaktivieren
- Computer beim Weggehen automatisch sperren
- Was weiß Cortana über mich?
- Anonym surfen
- Den Browserverlauf und Cookies löschen
- Viren und andere Schädlinge im Griff

Daten- und Systemsicherung

Moderne Computerhardware ist zwar in der Regel ziemlich stabil, aber manchmal passiert es doch: Die Festplatte versagt und funktioniert nicht mehr, oder durch einen Programmabsturz werden Dateien so beschädigt, dass Sie sie nicht mehr öffnen können. In diesem Zusammenhang bietet Windows 10 eine Reihe von Möglichkeiten an, Sicherungskopien von Dateien und Ordnern zu erstellen, auf die Sie dann im Notfall zurückgreifen können:

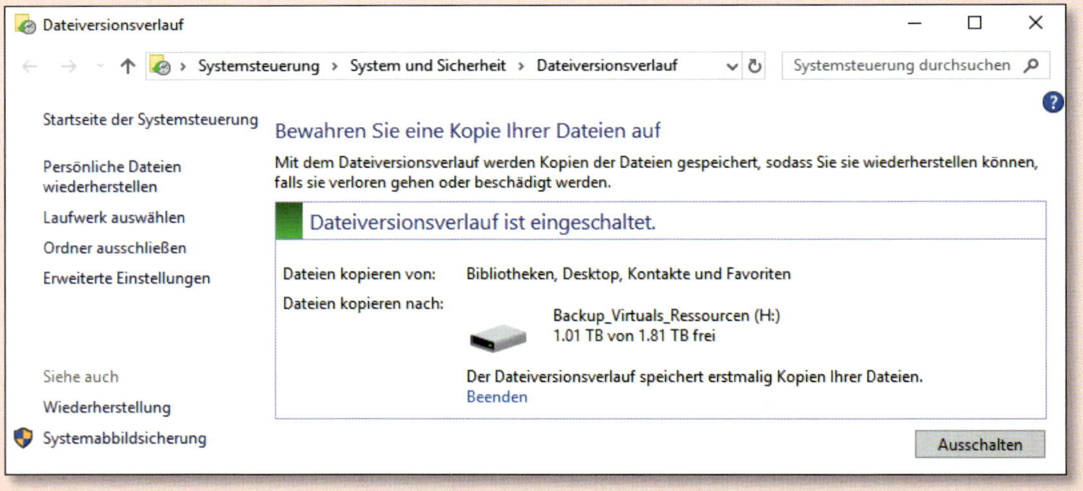

Der Dateiversionsverlauf hilft Ihnen, wenn Sie frühere Bearbeitungszustände Ihrer Dateien wiederherstellen wollen.

1. **Dateiversionsverlauf:** Wenn Sie den Dateiversionsverlauf aktivieren, speichert Windows verschiedene Bearbeitungszustände Ihrer Dateien. Sollten Sie dann feststellen, dass Sie in einer Datei eine wichtige Passage unwiderruflich gelöscht haben, können Sie dank des Dateiversionsverlaufs auf eine frühere Version zurückgreifen, in der die betreffende Passage noch vorhanden war.
2. **Systemabbild:** Das Systemabbild ist eine Kopie der für Windows notwendigen Laufwerke (also typischerweise *C:*) und kann in Notfällen zur Wiederherstellung des Systems verwendet werden.
3. **Wiederherstellungspunkt:** Wiederherstellungspunkte dienen dazu, das Windows-Betriebssystem in Notfällen auf einen früheren Zustand zurückzusetzen, als das System (hoffentlich) noch reibungslos funktionierte.

Den Datenschutz verbessern

Windows zeichnet standardmäßig alles auf, was Sie mit Ihrem Gerät machen, und sendet es an Microsoft-Server. Diese Informationssammlung ist sehr umfassend: Welche Apps werden gestartet, welche Dokumente, Filme und Musikdateien geöffnet, welche Standorte haben Sie (mit Laptop oder Windows Phone) besucht, welche Suchanfragen haben Sie per Spracheingabe (Cortana) oder über das Suchfeld abgesetzt, und welche Webseiten besuchen Sie mit dem Browser *Edge*. Falls dies bei Ihnen irgendwie ein ungutes Gefühl hervorruft, sollten Sie regulierend einschreiten.

1. Wählen Sie im Startmenü den Befehl **Einstellungen** aus, oder drücken Sie [Win] + [I].
2. Wählen Sie die Rubrik **Datenschutz > Allgemein** ❶.
3. Setzen Sie alle Schiebeschalter auf **Aus** ❷.
4. Klicken Sie auf **Aktivitätsverlauf** ❸, und deaktivieren Sie die Option **Windows meine Aktivitäten auf diesem PC sammeln lassen** ❹.

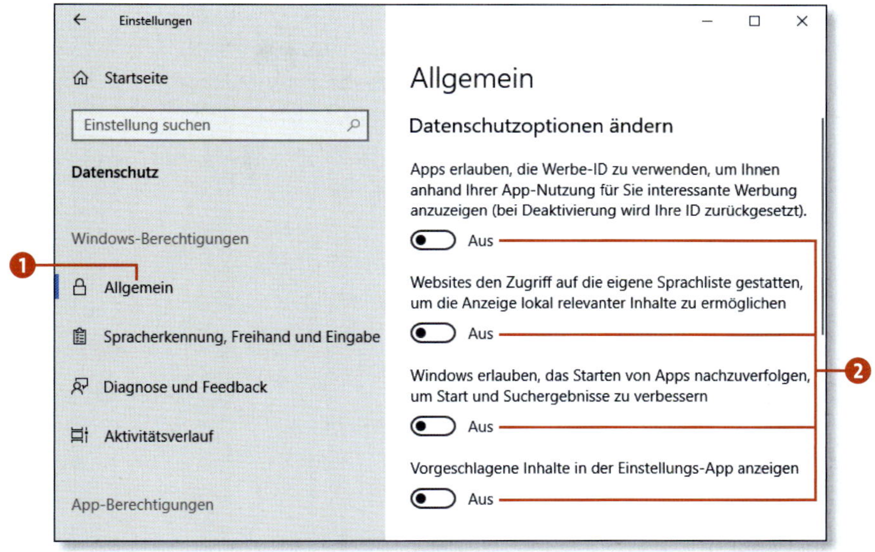

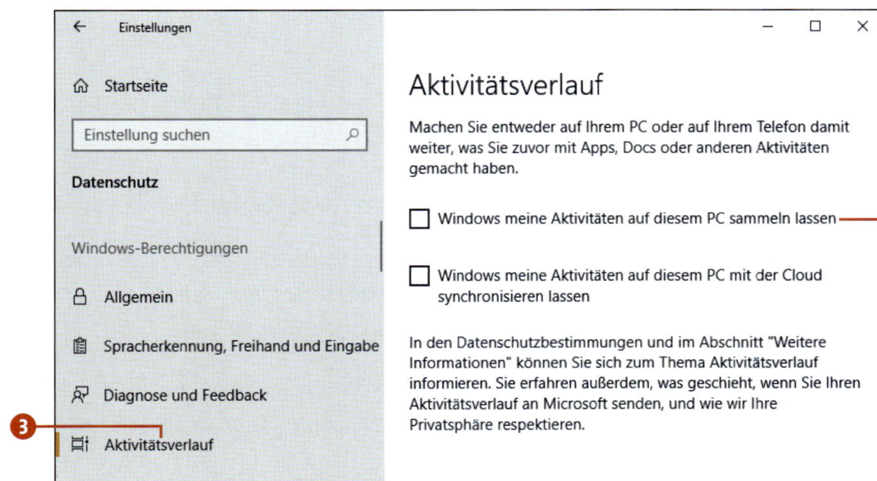

Personalisierte Werbung im Browser abschalten

Falls Sie Edge verwenden, blendet Microsoft auf Sie zugeschnittene Werbung ein. Um dies zu unterdrücken, müssen Sie mit Edge den Link *https://account.microsoft.com/privacy* aufrufen und sich mit Ihrem Microsoft-Konto anmelden. Klicken Sie dann im Datenschutz-Dashboard auf **Einstellungen für Anzeigen**, und deaktivieren Sie alle Schalter.

Den Dateiversionsverlauf aktivieren

Windows 10 bietet eine automatische Sicherungsfunktionalität der persönlichen Daten namens *Dateiversionsverlauf* (auch bekannt als *File History*). Hierbei werden alle Änderungen an Dateien in den Benutzerbibliotheken (die Ordner für Bilder, Musik, Video und Dokumente im jeweiligen Benutzerordner) sowie OneDrive, Desktop, Kontakte und Favoriten auf einem externen Laufwerk (USB- oder Netzwerklaufwerk) gesichert.

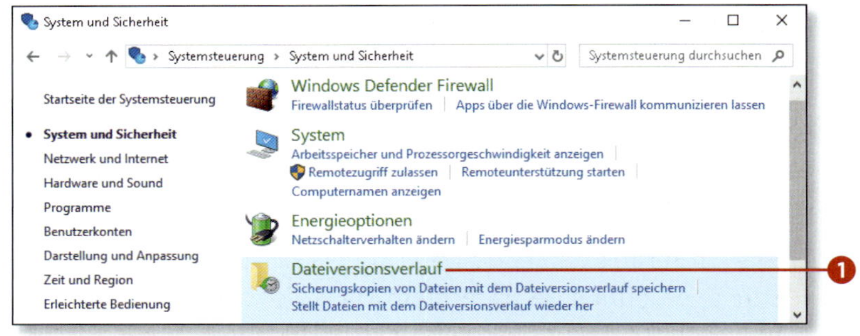

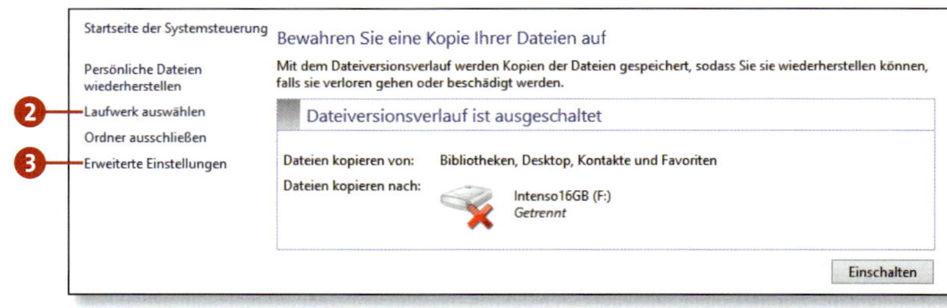

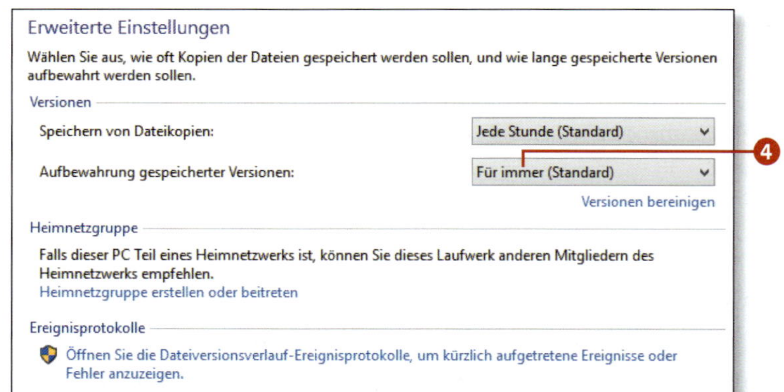

1. Verbinden Sie das USB-Laufwerk, bzw. stellen Sie sicher, dass eine Verbindung zu einem Netzlaufwerk vorhanden ist. (Netzlaufwerke werden hierbei allerdings nicht in allen Windows-Versionen unterstützt.)
2. Rufen Sie die Systemsteuerung auf: Geben Sie hierzu in das Suchfeld »System« ein, und wählen Sie in der Ergebnisliste **Systemsteuerung**.
3. Wählen Sie die Kategorie **System und Sicherheit > Dateiversionsverlauf** ❶.
4. Klicken Sie auf **Laufwerk auswählen** ❷, und wählen Sie das externe Laufwerk für die Sicherung aus. Es beginnt sofort eine erste Sicherung der Daten.
5. Klicken Sie im Fenster **Dateiversionsverlauf** links auf die Option **Erweiterte Einstellungen** ❸, um festzulegen, wie häufig der Dateiversionsverlauf aktualisiert werden soll. Außerdem können Sie festlegen, wie lange gespeicherte Versionen aufbewahrt werden ❹.

Speicherort

Die gesicherten Daten finden Sie auf dem externen Laufwerk im Ordner *FileHistory*. Natürlich müssen Sie dieses externe Laufwerk immer angeschlossen lassen, damit die automatische Sicherung auch durchgeführt werden kann.

Auf frühere Dateiversion zugreifen

Wenn Sie bei der Arbeit mit einem Dokument bemerken, dass Sie eigentlich eine ältere Version benötigen, dann können Sie darauf jederzeit zugreifen – vorausgesetzt, der automatische Dateiversionsverlauf ist für diese Datei aktiviert (siehe vorheriger Tipp).

1. Wählen Sie im Explorer die Datei, für die Sie eine ältere Version benötigen, öffnen Sie via rechtem Mausklick das Kontextmenü, und wählen Sie **Vorgängerversionen wiederherstellen** ❶.
2. Wählen Sie die Registerkarte **Vorgängerversionen** ❷. Sie sehen nun die verfügbaren Versionen; wählen Sie die gewünschte aus.
3. Wählen Sie in der Pfeilschaltfläche zwischen **Öffnen** ❸ zum einfachen Anschauen des Dateiinhalts und **In Dateiversionsverlauf öffnen** ❹. Letzteres führt dazu, dass Sie sich in einem Vorschaufenster durch die verschiedenen Versionen der Datei klicken können ❺.
4. Alternativ (und wenn Sie sicher sind) können Sie die Datei überschreiben. Wählen Sie **Wiederherstellen** ❻, um die Datei durch die gewählte Version zu ersetzen, oder **Wiederherstellen in** ❼, um eine Kopie der Datei in der gewählten Version in einem anderen Verzeichnis zu erstellen.

Nur für Bibliotheken

Der Dateiversionsverlauf ist nur für die Dateien in den sogenannten Bibliotheken verfügbar (standardmäßig die Verzeichnisse *Dokumente*, *Bilder*, *Videos*, *Musik*, *Desktop*, *Kontakte* sowie *OneDrive*). Sie können aber auch neue Bibliotheken erstellen. Klicken Sie dazu im Explorer einfach mit der rechten Maustaste auf den Ordner, und wählen Sie im Kontextmenü den Eintrag **In Bibliothek aufnehmen > Neue Bibliothek erstellen** aus.

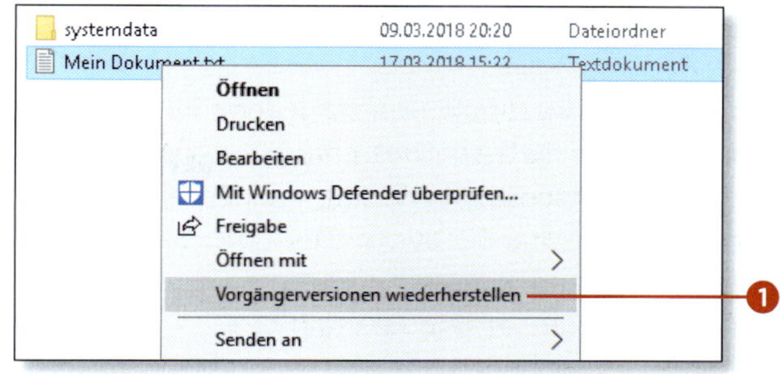

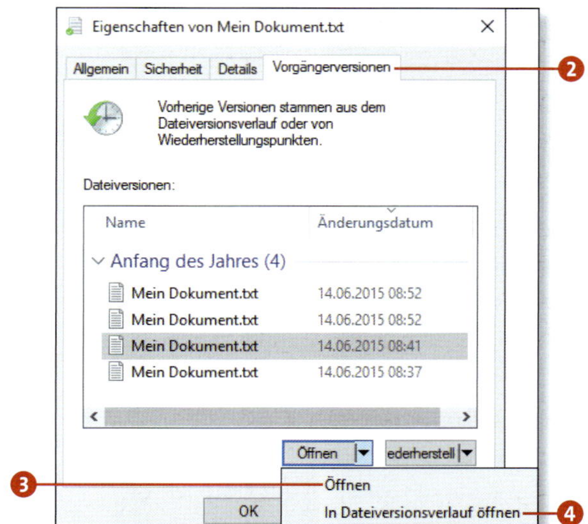

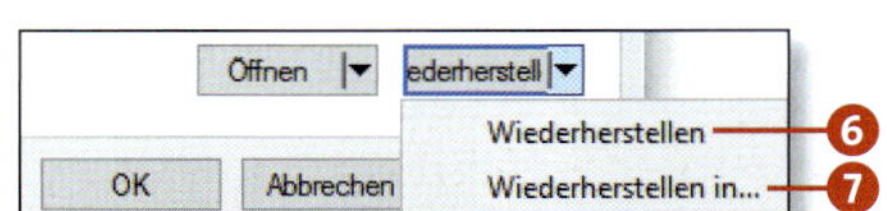

Einen Wiederherstellungspunkt erstellen

Wenn Sie mit Ihrem Windows rundherum zufrieden sind und alles gut funktioniert, sollten Sie die aktuelle Konfiguration sichern. Wenn es später einmal Probleme geben sollte, können Sie dann Windows wieder auf diesen Stand zurücksetzen. Lesen Sie dazu auch den Tipp »Windows auf einen Wiederherstellungspunkt zurücksetzen« auf Seite 306.

1. Geben Sie in das Suchfeld »Wiederherstellungspunkt« ein, und wählen Sie in der Ergebnisliste **Wiederherstellungspunkt erstellen**.

2. Stellen Sie sicher, dass auf der Registerkarte **Computerschutz** ❶ der Computerschutz für das Laufwerk *C:* und gegebenenfalls weitere Laufwerke aktiviert ist ❷.

   Falls nicht: Klicken Sie auf die Schaltfläche **Konfigurieren** ❸, und wählen Sie **Computerschutz aktivieren** ❹. Legen Sie außerdem mithilfe des Schiebereglers fest, wie viel Speicherplatz Sie maximal dafür opfern wollen ❺; 5% sind meist ausreichend. Schließen Sie den Dialog mit **OK** ❻.

3. Klicken Sie auf **Erstellen** ❼, um einen Wiederherstellungspunkt zu erzeugen. Geben Sie im erscheinenden Dialog einen aussagekräftigen Namen ein, und klicken Sie dann auf **Erstellen** ❽.

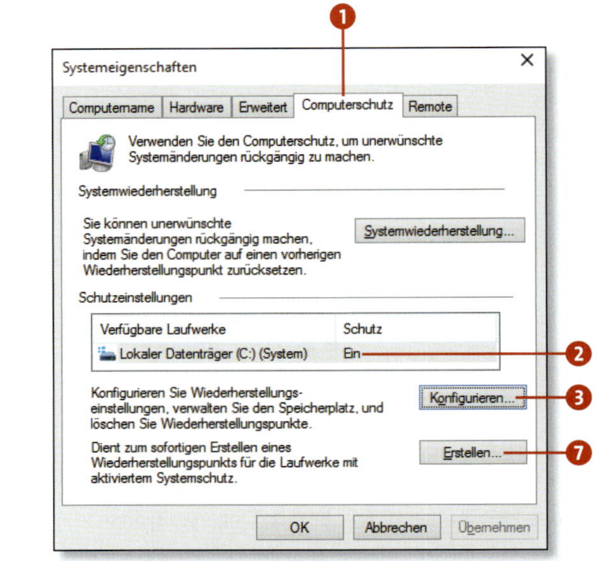

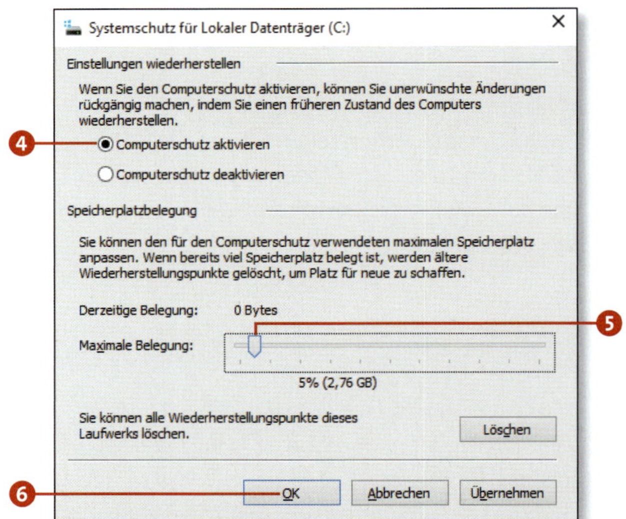

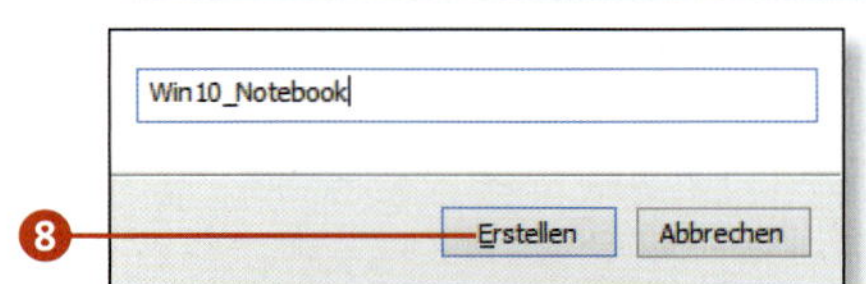

Wiederherstellungspunkt betrifft nur Windows-Daten

Verwechseln Sie die Funktion *Wiederherstellungspunkt* nicht mit einer vollen Datensicherung. Es werden hier nur Windows-Einstellungen und interne Windows-Daten gesichert, nicht Ihre eigenen Daten von Programmen und Verzeichnissen.

Einen Kennwortrücksetzdatenträger erstellen

Wenn Sie Windows 10 mit einem lokalen Benutzerkonto verwenden und nicht mit einem Microsoft-Konto, sollten Sie unbedingt einen sogenannten *Kennwortrücksetzdatenträger* (auch: *Kennwortrücksetzdiskette)* erstellen für den Fall, dass Sie das Kennwort einmal vergessen.

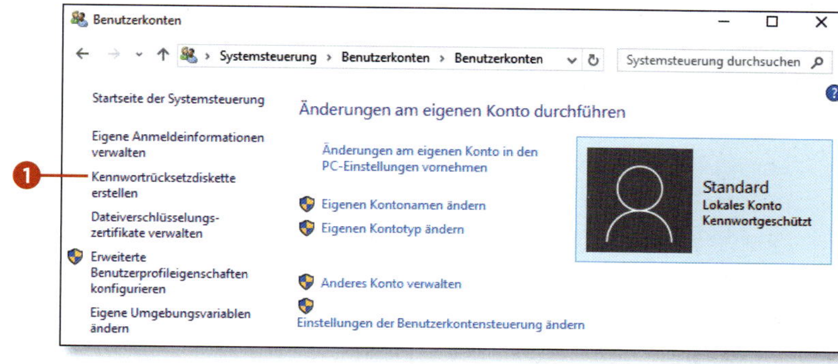

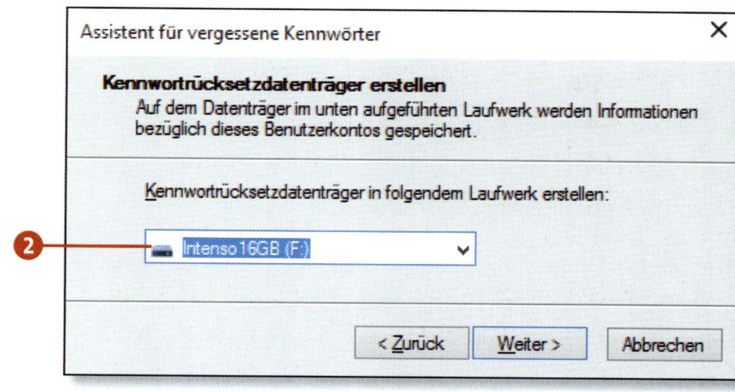

1. Schließen Sie einen USB-Stick an den Computer an.
2. Rufen Sie die Systemsteuerung auf: Geben Sie hierzu in das Suchfeld »System« ein, und wählen Sie in der Ergebnisliste **Systemsteuerung**.
3. Klicken Sie auf **Benutzerkonten**. Falls Sie sich danach immer noch auf einer Übersichtsseite befinden, klicken Sie dort wiederum auf **Benutzerkonten**.
4. Klicken Sie auf **Kennwortrücksetzdiskette erstellen** ❶, und folgen Sie den Anweisungen des Assistenten.
5. Wählen Sie den USB-Stick aus ❷, den Sie in Schritt 1 angeschlossen haben, und klicken Sie auf **Weiter**.
6. Identifizieren Sie sich auf Nachfrage mit dem Kennwort des aktuell angemeldeten Benutzers.
7. Beenden Sie den Assistenten, und bewahren Sie den USB-Stick an einem sicheren Ort auf.

Passwortdatei

Auf dem USB-Stick befindet sich nach Beendigung des Assistenten die Datei *userkey.psw*. Verwahren Sie den Stick an einem sicheren Ort, und nutzen Sie ihn im Fall der Fälle (siehe den Tipp »Kennwort vergessen, ich habe aber einen Rücksetzdatenträger« auf Seite 296).

Dateien spionagesicher löschen

Das normale Löschen von Dateien unter Windows ist im Prinzip wie das Durchstreichen eines Worts auf einem Zettel – es bereitet einem halbwegs erfahrenen PC-Anwender keine große Mühe, die Datei wiederherzustellen. Wenn Sie spionagesicher löschen wollen (z. B. vor Verkauf des Computers), dann sollten Sie etwas mehr tun. Voraussetzung hierfür ist allerdings, dass Sie mindestens eine Pro-Version von Windows besitzen.

1. Löschen Sie zunächst wie gewohnt die gewünschten Dateien und Ordner. Schließen Sie alle geöffneten Applikationen (Browser, Textverarbeitung etc.).
2. Leeren Sie den Papierkorb. Klicken Sie dazu mit der rechten Maustaste auf das Desktop-Symbol des Papierkorbs, und wählen Sie im Kontextmenü den Befehl **Papierkorb leeren** ❶.
3. Drücken Sie [Win] + [X], und wählen Sie **Windows PowerShell (Administrator)** ❷. Gegebenenfalls müssen Sie das Administratorkennwort eingeben.
4. Geben Sie den Befehl »cipher /w:c:\« ein ❸, wenn Sie auf Laufwerk *C:* sicher löschen wollen; für andere Laufwerke verwenden Sie entsprechend einen anderen Laufwerksbuchstaben, z. B. »cipher /w:d:\« für Laufwerk *D:*. Drücken Sie [Enter].

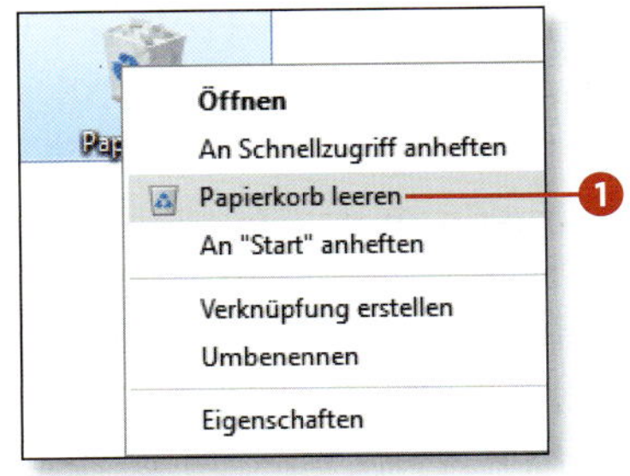

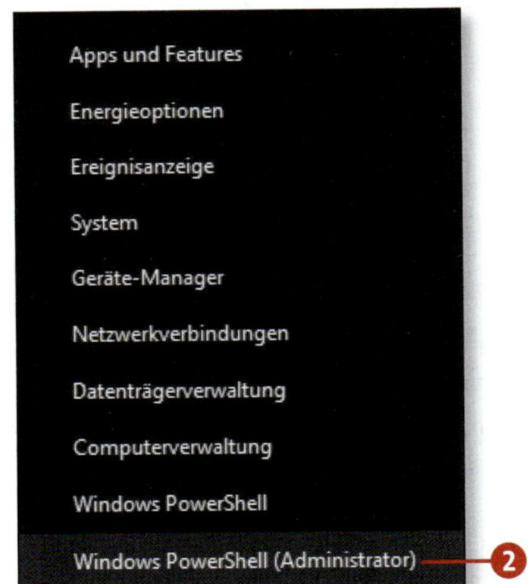

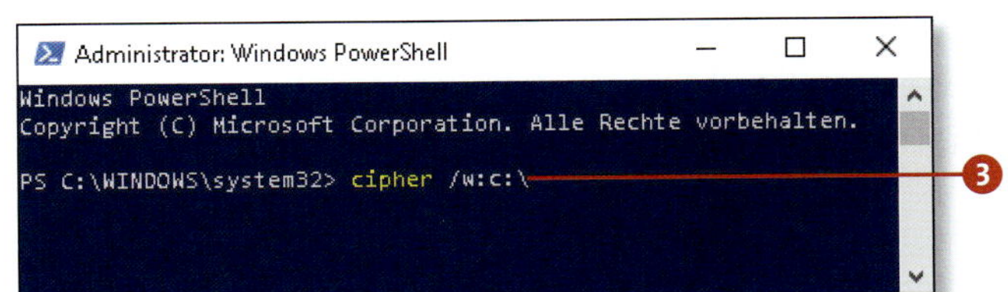

Wie »cipher« arbeitet

Das Tool *cipher* löscht nicht, sondern überschreibt gelöschte Segmente auf dem angegebenen Laufwerk mit nutzlosen Informationen, sodass die gelöschten Dateien nicht mehr korrekt wiederhergestellt werden können.

Mit Ordner verwenden

Sie können cipher statt eines ganzen Laufwerks auch nur einen speziellen Ordner übergeben, z. B.: »cipher /w:c:\Windows«.

Die Liste der zuletzt verwendeten Dateien beim Abmelden löschen

Windows 10 merkt sich für die **Schnellzugriff**-Ansicht des Explorers, welche Dateien und Ordner Sie zuletzt verwendet haben, d. h., Sie hinterlassen auf dem Rechner eine Datenspur so breit wie eine Autobahn. Sie können aber dafür sorgen, dass beim Abmelden diese Informationen automatisch gelöscht werden.

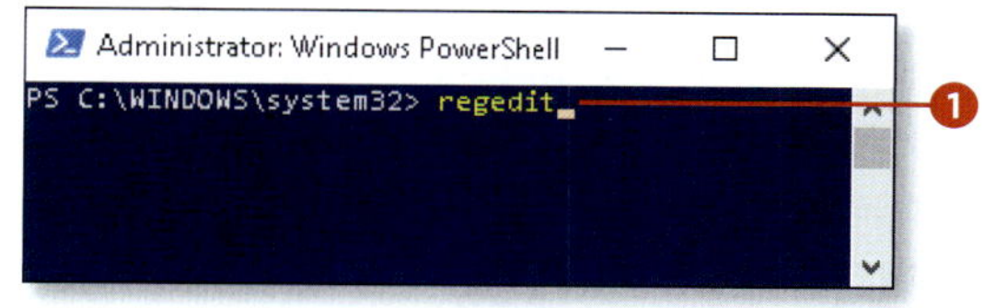

1. Drücken Sie [Win] + [X], und wählen Sie **Windows PowerShell (Administrator)**; gegebenenfalls müssen Sie das Administratorkennwort eingeben.
2. Geben Sie in das blaue Shell-Fenster den Befehl »regedit« ein **1**, und drücken Sie [↵], um den Registrierungs-Editor zu öffnen.
3. Geben Sie in das Eingabefeld Folgendes ein: »Computer\HKEY_LOCAL_MACHINE\SOFTWARE\Microsoft\Windows\CurrentVersion\Explorer\HomeFolderDesktop\NameSpace\DelegateFolders\{3134ef9c-6b18-4996-ad04-ed5912e00eb5}« **2**, und drücken Sie dann die [↵]-Taste, oder klicken Sie sich durch den Baum.
4. Klicken Sie in der Baumansicht mit der rechten Maustaste auf den ausgewählten Eintrag, um das Kontextmenü zu öffnen, und wählen Sie **Umbenennen** **3**.
5. Klicken Sie in der Editierbox ans Ende, hängen Sie einen beliebigen Buchstaben an **4**, und drücken Sie dann [↵].

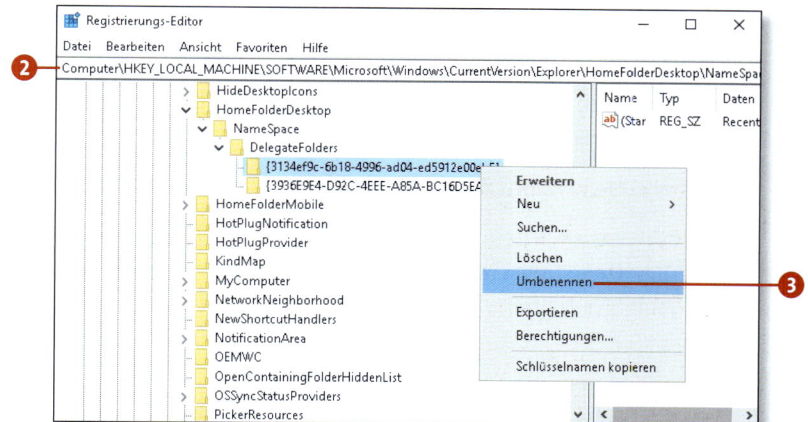

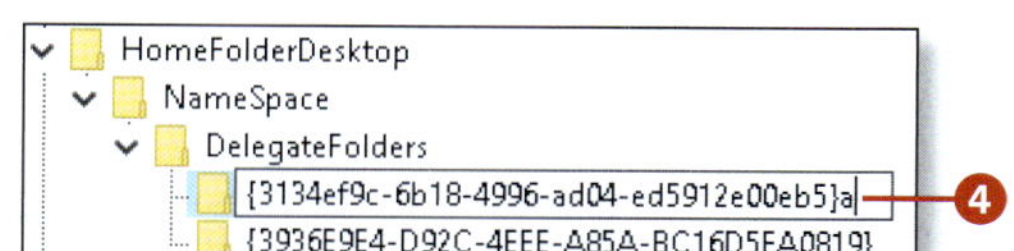

Den Dateiverlauf manuell löschen

Sie können die Liste der gemerkten Dateien und Ordner auch manuell löschen. Öffnen Sie dazu im Explorer das Menü **Datei**, und wählen Sie den Befehl **Ordner- und Suchoptionen ändern**. Klicken Sie im erscheinenden Dialog auf der Seite **Allgemein** auf die **Löschen**-Schaltfläche im Bereich **Datenschutz**.

Kamera und Mikrofon deaktivieren

Waren Sie schon mal bei einem Bekannten und ist Ihnen dabei aufgefallen, dass er die Kamera am Deckel seines Notebooks mit undurchsichtigem Klebestreifen abgeklebt hat, damit er sicher sein kann, nicht ausspioniert zu werden? Effektiv, aber nicht sehr schön. Zumal immer noch die theoretische Möglichkeit besteht, dass das Mikrofon des Notebooks angezapft wird. Dies lässt sich durch Abkleben kaum verhindern. Aber ein Ausspionieren, das immer wieder mal spektakulär von den Medien aufgegriffen wird, lässt sich in Windows 10 sehr einfach verhindern, indem Sie Kamera und Mikrofon in den Windows-Einstellungen deaktivieren.

1. Wählen Sie im Startmenü den Eintrag **Einstellungen** aus, oder drücken Sie [Windows] + [I].
2. Wählen Sie die Rubrik **Datenschutz** (1) und dann **Kamera** (2).
3. Sie können die Kamera mit **Ändern** (3) komplett deaktivieren. Falls Sie nur installierte Apps beschränken wollen, stellen Sie den Schiebeschalter auf **Aus** (4), oder lassen Sie ihn auf **Ein**, und wählen Sie in der darunter folgenden Liste einzeln aus, welche Apps die Kamera benutzen dürfen.
4. Wählen Sie nun die Rubrik **Mikrofon** (5), und gehen Sie dort analog vor.

Der Spion im eigenen Haus

Fernseher mit integrierter Kamera und eingerichtetem Internetzugang sind im Übrigen kaum sicherer als Notebooks mit Kamera. Und verlassen Sie sich bitte nicht darauf, dass bei normalem Kamerabetrieb ein Lämpchen aufleuchtet. Hacker – seien es Spanner, Geheimdienste oder einfach Datendiebe – wissen, wie das Lämpchen trotz laufender Kamera ausgeschaltet werden kann.

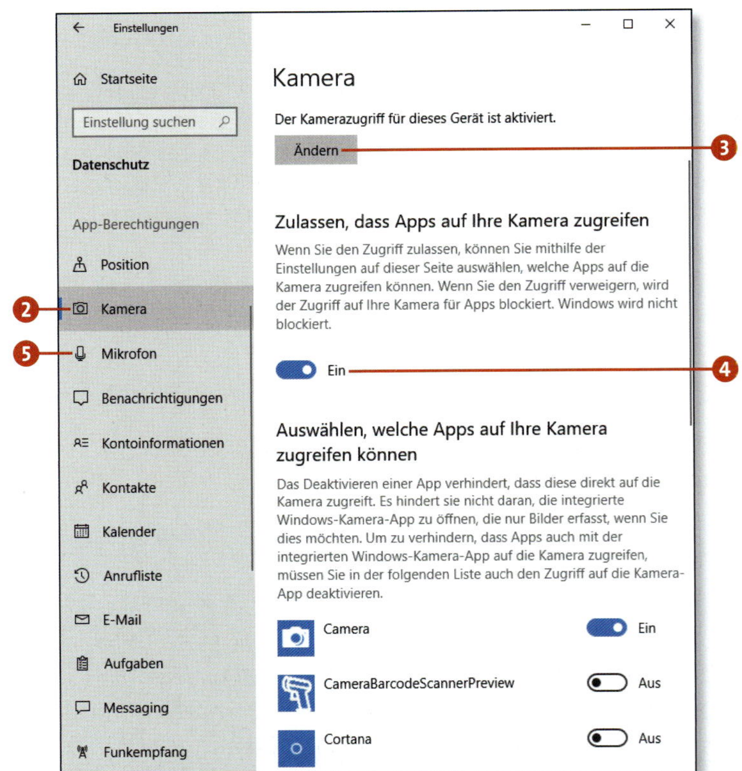

Daten verschlüsseln (nur Windows Pro/Enterprise)

Dateien und Ordner verschlüsseln

Wenn Sie sicherstellen möchten, dass bestimmte Dateien nur von Ihnen gelesen werden können und nicht auch von anderen Benutzern desselben PCs, dann sollten Sie sie verschlüsseln. Hierzu benötigen Sie keinerlei Zusatzprogramme, da Windows 10 dies direkt unterstützt – aber leider nur, wenn Sie ein Windows 10 Pro oder Enterprise haben.

1. Wählen Sie im Explorer die gewünschte Datei bzw. den Ordner aus.
2. Klicken Sie mit der rechten Maustaste auf die Datei, und wählen Sie im Kontextmenü den Befehl **Eigenschaften** ❶.
3. Im zugehörigen Dialogfenster wechseln Sie zur Registerkarte **Allgemein** ❷, und klicken Sie auf die Schaltfläche **Erweitert** ❸.
4. Aktivieren Sie die Option **Inhalt verschlüsseln, um Daten zu schützen** ❹. Schließen Sie dann alle geöffneten Dialogfelder jeweils mit **OK**.

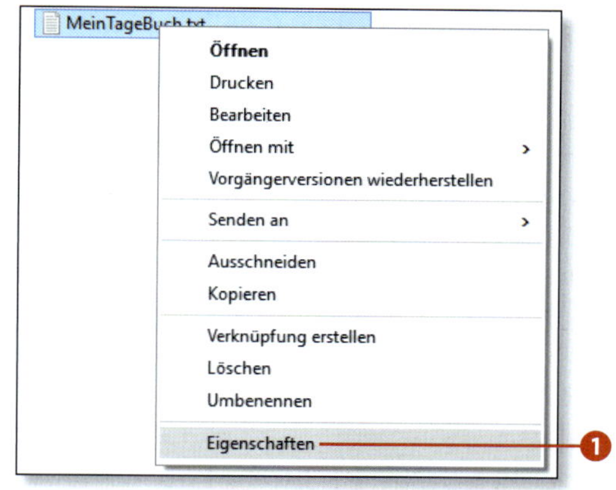

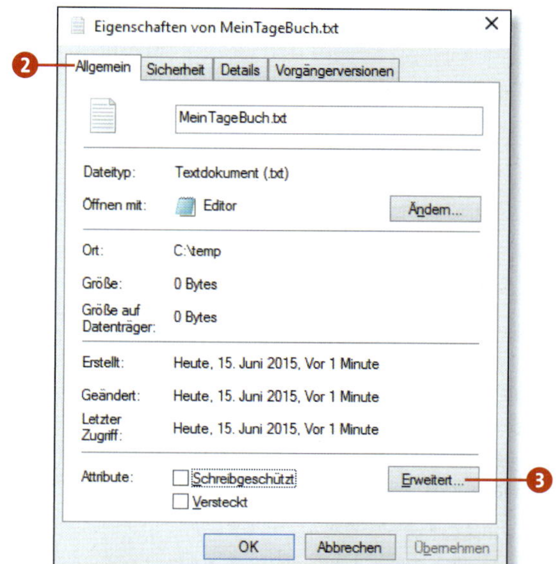

Farbliche Markierung verschlüsselter Daten

Die verschlüsselte Datei wird von nun an im Explorer in einer anderen Farbe angezeigt.

Schneller verschlüsseln

Wie Sie mithilfe eines eigenen Kontextmenüeintrags Dateien und Ordner schneller verschlüsseln, erfahren Sie im folgenden Tipp »Bequem verschlüsseln via Kontextmenü« auf Seite 246.

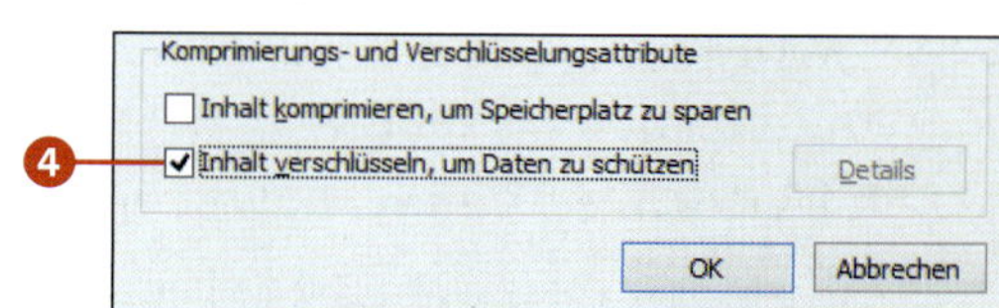

Bequem verschlüsseln via Kontextmenü

Wenn Sie des Öfteren einzelne Dateien und Ordner verschlüsseln möchten, dann ist die Aktivierung der Verschlüsselung wie im vorangehenden Tipp beschrieben recht umständlich und zeitraubend. Ein eigener Eintrag im Kontextmenü wäre doch viel eleganter!

1. Drücken Sie [Windows] + [X], und wählen Sie **Windows PowerShell (Administrator)**. Gegebenenfalls müssen Sie das Administratorkennwort eingeben. Geben Sie in das Shell-Fenster den Befehl »regedit« ein ❶, und drücken Sie [↵].
2. Geben Sie in das Eingabefeld ❷ Folgendes ein: »Computer\HKEY_CURRENT_USER\Software\Microsoft\Windows\CurrentVersion\Explorer\Advanced«, und drücken Sie [↵].
3. Klicken Sie mit der rechten Maustaste auf den Ordner **Advanced** ❸, und wählen Sie im Kontextmenü den Befehl **Neu > DWORD-Wert (32-Bit)** ❹.
4. Geben Sie »EncryptionContextMenu« ❺ als Namen des neuen Eintrags an, und beenden Sie das Ganze mit [↵].
5. Klicken Sie mit der rechten Maustaste auf den neuen Eintrag, und wählen Sie **Ändern** ❻.
6. In das Feld **Wert** geben Sie die Zahl 1 ❼ ein; klicken Sie dann auf **OK**.
7. Schließen Sie die Registrierungsdatenbank, und starten Sie den Rechner neu. Nach dem Neustart sind die Änderungen gültig, und Sie finden im Kontextmenü von Dateien und Ordnern den Befehl **Verschlüsseln**.

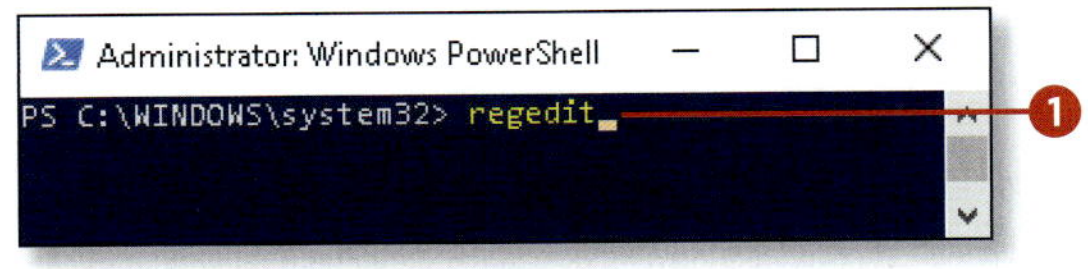

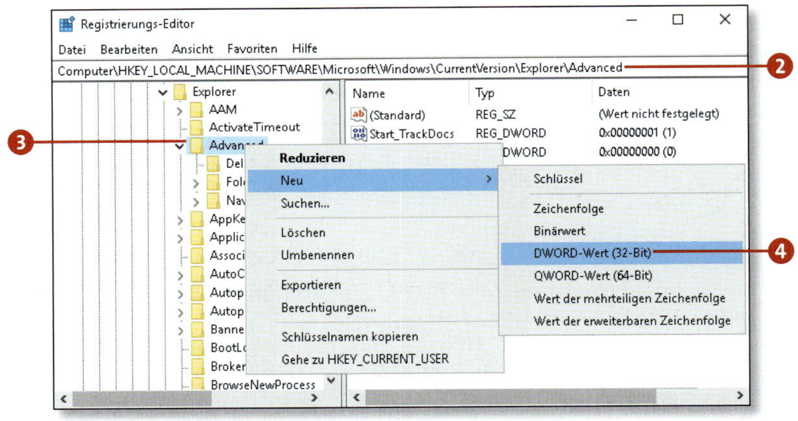

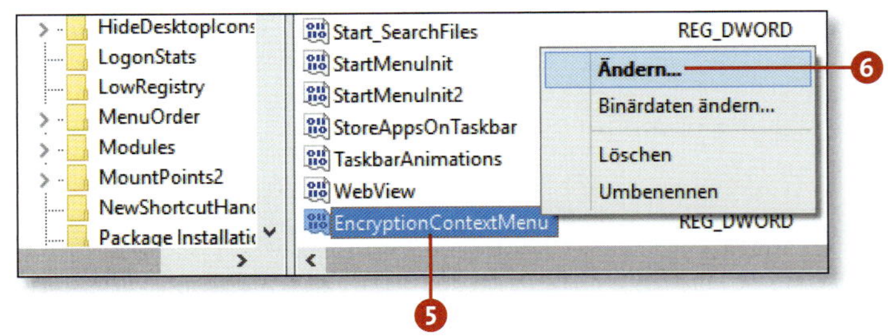

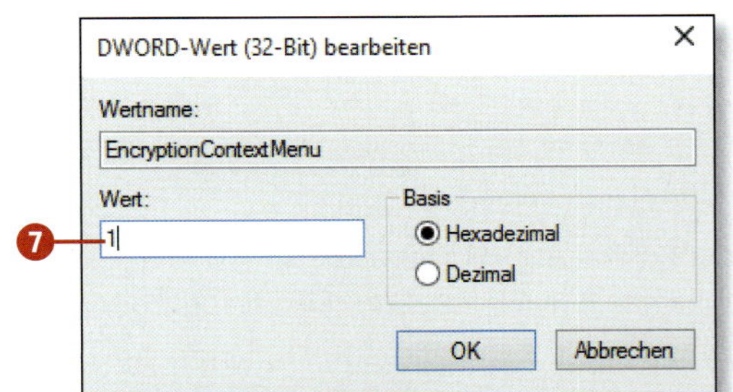

Sicherheitskopie der Registrierungsdatenbank

Bitte sichern Sie die Registrierungsdatenbank, bevor Sie Änderungen daran vornehmen, mit dem Befehl **Datei > Exportieren**. Siehe dazu auch den Tipp »Die Registrierungsdatenbank sichern« auf Seite 280.

USB-Sticks oder Festplatten verschlüsseln mit Bitlocker

Wenn Ihnen ein USB-Stick oder Ihr Notebook oder Tablet-PC verloren geht oder gestohlen wird, kann dies – abgesehen vom Verlust des Geräts – noch weit unangenehmere Folgen haben: Der Dieb verschafft sich möglicherweise Zugang zu Ihren Daten und verwendet diese Informationen. Sicherheit bietet in solchen Fällen die Verschlüsselung der gesamten Festplatte bzw. des USB-Sticks. Windows 10 stellt Ihnen hierfür – vorausgesetzt, Sie verfügen mindestens über die Pro-Edition – das Programm *Bitlocker* zur Verfügung.

1. Rufen Sie die Systemsteuerung auf. Geben Sie hierzu in das Suchfeld »System« ein, und klicken Sie in der Ergebnisliste auf **Systemsteuerung**.
2. Wählen Sie **System und Sicherheit** und dann **Bitlocker-Laufwerkverschlüsselung** ❶.
3. Klicken Sie im Dialogfenster **Bitlocker-Laufwerkverschlüsselung** auf **Bitlocker aktivieren** ❷.

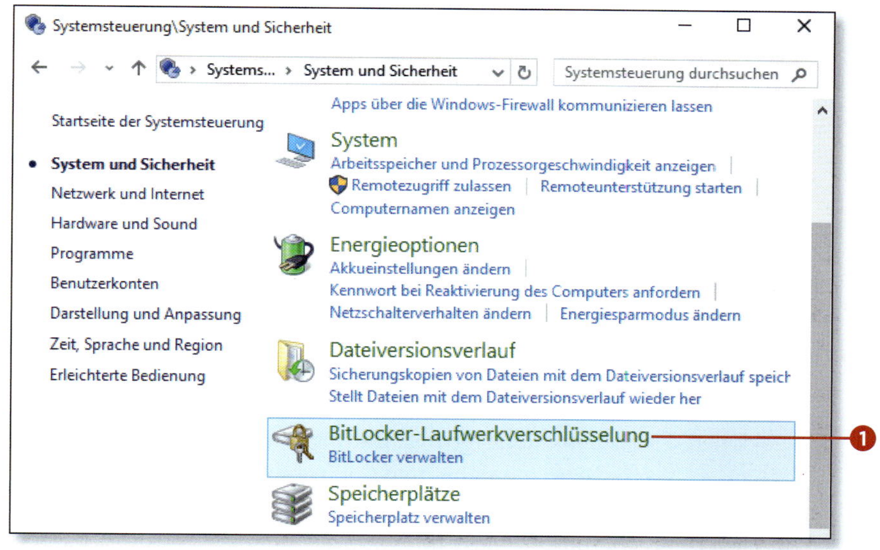

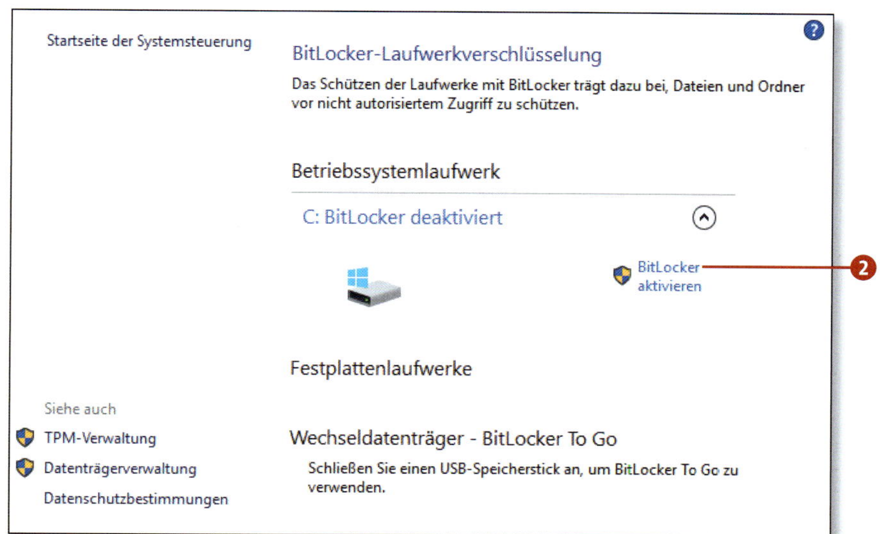

> **Bitlocker-Voraussetzung**
>
> Bitlocker kann nur auf Rechnern aktiviert werden, die einen sogenannten TPM-Chip (*Trusted Platform Module*) haben. Sie sollten auch leistungsfähige Hardware haben, da die Verschlüsselung jeden Lese- und Schreibzugriff etwas verzögert.

Meldung über Media-Player-Verwendung deaktivieren

Das Programm Windows Media Player zum Abspielen von Musik und Videos berichtet bei vorhandener Internetverbindung munter an Microsoft, was Sie da gerade abspielen. Wer das nicht möchte, sollte den geschwätzigen Media Player etwas bremsen.

1. Geben Sie in das Suchfeld »media« ein, und wählen Sie in der Ergebnisliste **Windows Media Player**.
2. Wählen Sie im Menü zur Schaltfläche **Organisieren** ganz unten den Befehl **Optionen** ❶.
3. Im Dialogfenster **Optionen** deaktivieren Sie auf der Registerkarte **Medienbibliothek** das Kontrollkästchen **Ergänzende Informationen aus dem Internet abrufen** ❷.
4. Deaktivieren Sie auf der Registerkarte **Datenschutz** alle Kontrollkästchen der Kategorie **Erweiterte Wiedergabe- und Gerätefunktion** ❸ sowie die Kontrollkästchen **Eindeutige Player-ID an Inhaltsanbieter senden** ❹ und **Daten zur Player-Verwendung an Microsoft schicken** ❺.
5. Klicken Sie auf **OK**.

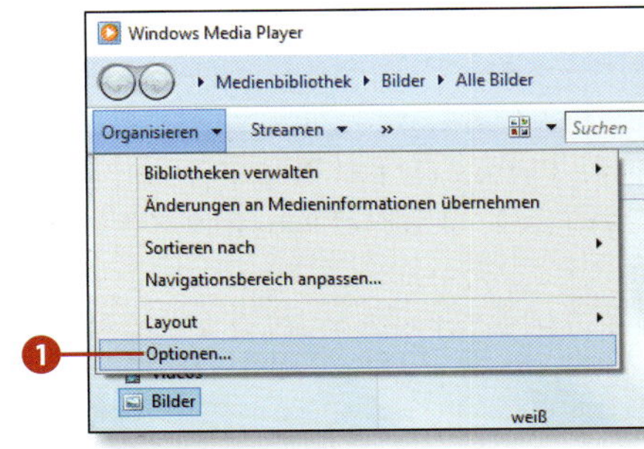

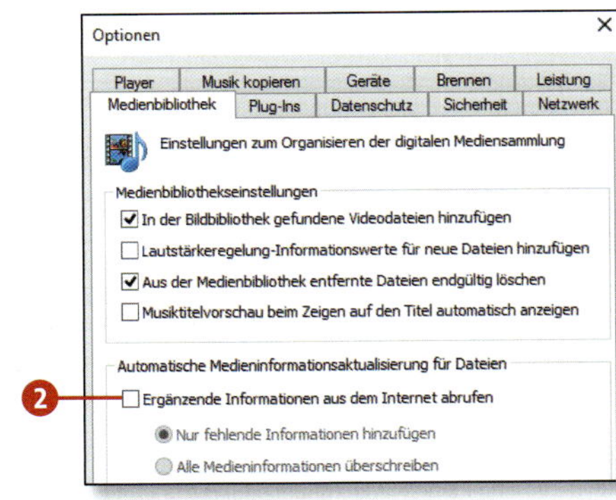

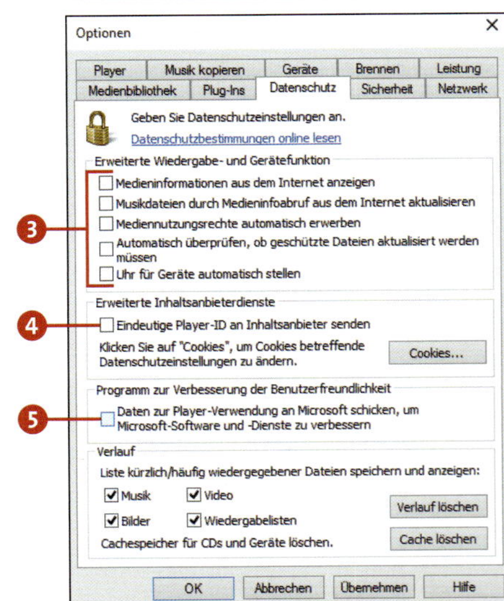

VLC – eine hervorragende Alternative

Der Media Player ist nicht das einzige Programm, mit dem Sie Musik und Filme abspielen können. Sollten Sie eine kostenlose und gute Alternative suchen, empfehlen wir Ihnen den VLC-Player: *www.videolan.org/vlc/*.

Computer beim Weggehen automatisch sperren

Manchmal verlässt man den Computer und vergisst, den Bildschirm zu sperren. Falls Ihr Computer mit Bluetooth ausgestattet ist (Notebooks haben es meistens), bietet Windows 10 einen eleganten Weg: Man kann die dynamische PC-Sperre so konfigurieren, dass Ihr Computer und Ihr Smartphone miteinander verknüpft sind. Wenn Sie sich mit dem Smartphone entfernen, sperrt sich der Rechner automatisch.

6. Rufen Sie die Windows-Einstellungen mit [⊞] + [I] auf. Klicken Sie auf die Rubrik **Konten** ① und dann auf den Eintrag **Anmeldeoptionen** ②.
7. Scrollen Sie bis zur Rubrik **Dynamische Sperre**. Wählen Sie dann **Bluetooth- und andere Geräte** ③.
8. Klicken Sie auf **Bluetooth- oder anderes Gerät hinzufügen** ④, und folgen Sie den weiteren Anweisungen, um Ihr Smartphone als Bluetooth-Gerät bekannt zu machen.
9. Kehren Sie zurück zur Rubrik **Dynamische Sperre**, und aktivieren Sie das Kontrollkästchen **Zulassen, dass Windows Ihr Gerät in Ihrer Abwesenheit automatisch sperrt** ⑤.

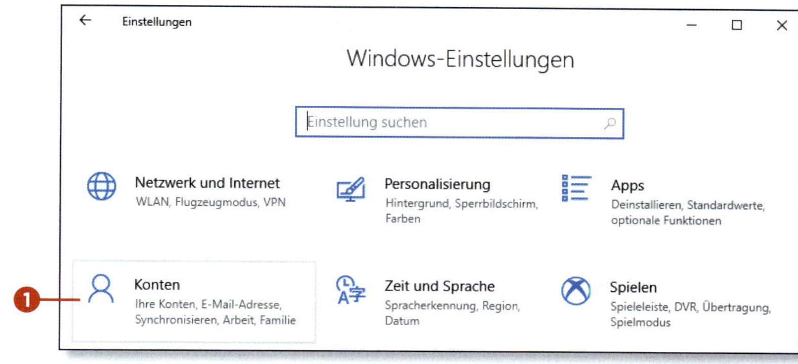

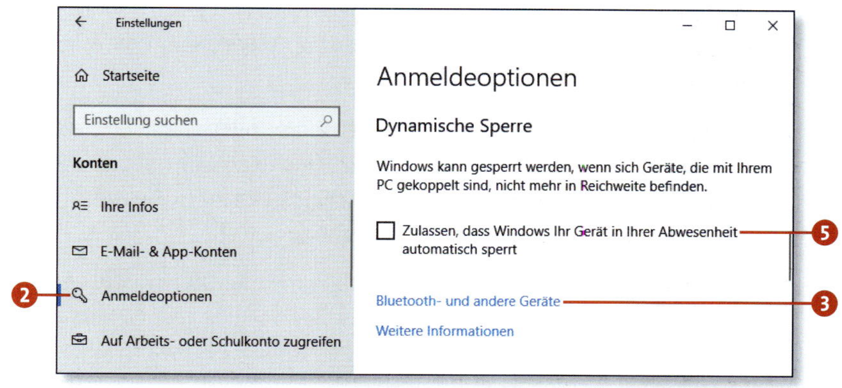

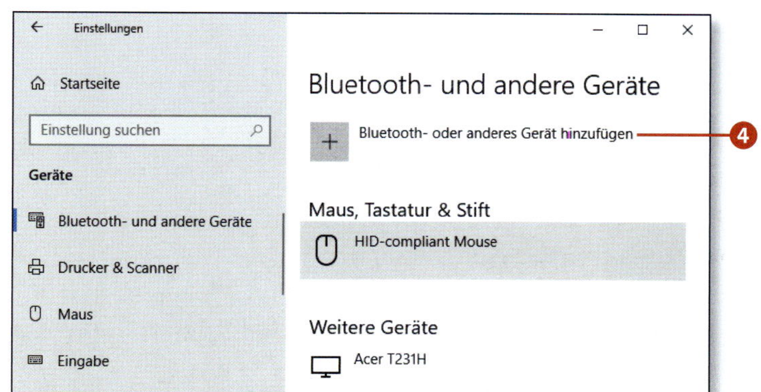

Bluetooth am Smartphone aktivieren

Stellen Sie sicher, dass Bluetooth bei Ihrem Smartphone aktiviert ist (bei Android ist die Funktion meist über die Schnelleinstellungen durch Ziehen vom oberen Bildschirmrand nach unten erreichbar, bei iOS durch Ziehen vom unteren Rand nach oben).

Was weiß Cortana über mich?

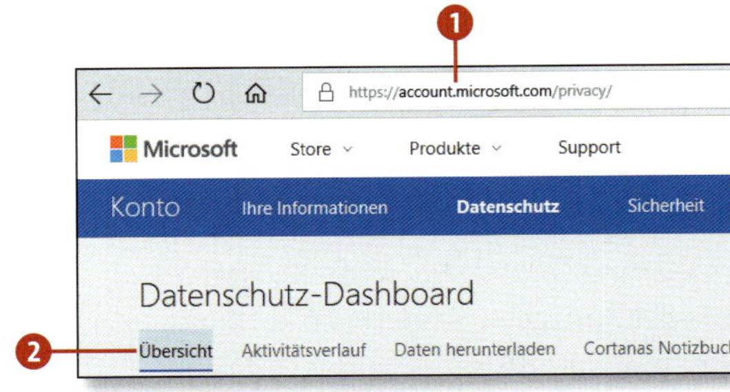

Cortana, die digitale Assistentin, erfüllt nicht nur beflissen Ihre Aufträge und Suchanfragen (per Suchfeld oder Spracheingabe), sondern sie speichert nebenbei auch eine Unmenge an Daten und sendet sie an Microsoft-Server. Dort werden diese Daten mit Ihrem Benutzerkonto verknüpft. Wie man dies unterbinden kann, können Sie im Tipp »Den Datenschutz verbessern« auf Seite 237 nachlesen. An dieser Stelle wollen wir herausfinden, was Cortana bisher überhaupt über Sie gesammelt hat.

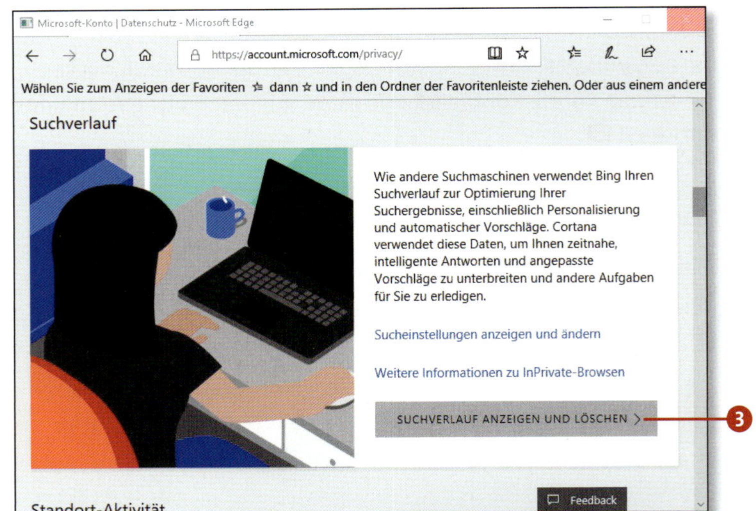

1. Öffnen Sie mit einem Browser die Adresse *https://account.microsoft.com/privacy* ❶, und melden Sie sich mit Ihrem Microsoft-Konto an (dabei erfolgt eine doppelte Identitätsprüfung per Code).
2. Wählen Sie die Kategorie **Übersicht** ❷, und scrollen Sie so lange nach unten, bis der Bereich **Suchverlauf** erscheint. Klicken Sie dort auf **Suchverlauf anzeigen und löschen** ❸. Sichten Sie die Einträge. Sie können jeden einzelnen löschen.
3. Links finden Sie weitere Kategorien, z. B. **Apps und Dienste** ❹, die Sie durchforsten sollten, um zu sehen, was alles gespeichert worden ist (wann Sie z. B. welche Apps installiert und wann Sie sie benutzt haben).

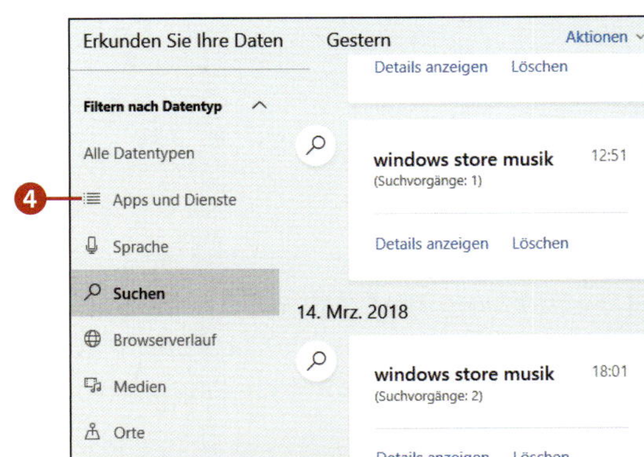

Ortsverlauf

Cortana merkt sich auch besuchte Positionen anhand von GPS- und Netzwerkinformationen (wenn Sie Windows 10 auf einem Notebook oder Tablet nutzen und dieses mit sich herumtragen). Diese Daten können Sie in der Kategorie **Orte** sehen und gegebenenfalls löschen.

Anonym surfen

Wie andere Browser auch speichern die Windows-Browser *Microsoft Edge* und *Internet Explorer* viele Daten über die besuchten Webseiten. Bei aktiviertem Aktivitätsverlauf wird sogar an Microsoft gesendet, welche Seiten Sie ansteuern. Falls Ihnen dies missfällt, finden Sie hier ein paar weitere Tipps, wie Sie sich etwas weniger leicht auszuspionieren machen.

- **Deaktivieren Sie den Aktivitätsverlauf:** Lesen Sie hierzu am besten einfach den Tipp »Den Datenschutz verbessern« auf Seite 237.
- **Starten Sie den anonymen Surfmodus (InPrivate-Browsing):** Starten Sie den Internet Explorer oder Microsoft Edge, und drücken Sie dann bei laufendem Browser die Tastenkombination Strg + ⇧ + P. Es wird daraufhin ein neues Browserfenster mit dem InPrivate-Zeichen geöffnet, mit dem Sie anonym im Internet surfen können. Es werden keinerlei Cookies auf der lokalen Festplatte gespeichert, und die besuchten Seiten werden nicht in den Browserverlauf aufgenommen. Gänzlich anonym unterwegs sind Sie deshalb aber immer noch nicht, denn auch im InPrivate-Modus protokollieren Internet-Provider und Proxy-Server, welche Internetseiten bzw. welche Server Sie besuchen.
- **Suchen Sie anonym:** Verwenden Sie zum Suchen anstatt Google oder Bing eine Suchseite wie *www.startpage.com*, die möglichst wenige Informationen über Sie und Ihre Suchanfragen speichert. (*StartPage* verzichtet darauf, persönliche Daten über ihre Nutzer zu sammeln. Es ist zwar keine staatliche Website, aber sie besitzt das Europäische Datenschutz-Gütesiegel und steht im Besitz eines niederländischen Unternehmens, das keine weiteren Geschäftsfelder verfolgt als den Betrieb von *StartPage*.)

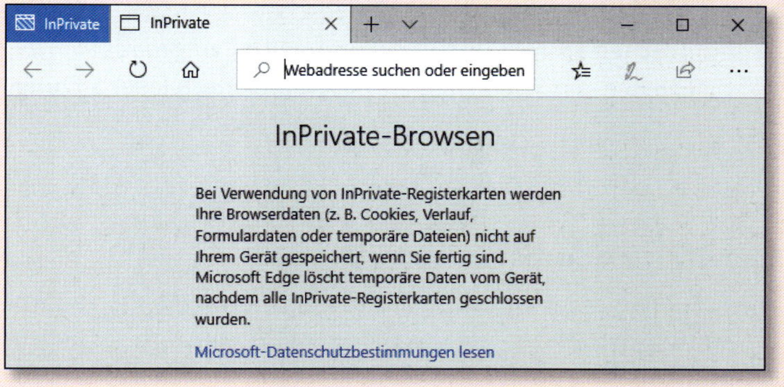

Der Browser Edge im anonymen Surfmodus

Den Browserverlauf und Cookies löschen

Verlaufsdaten, im Falle eines Browsers also die zuletzt besuchten Webseiten, können ebenfalls viel über den PC-Besitzer bzw. den angemeldeten Benutzer verraten. Und Cookies, so harmlos sie manchmal erscheinen mögen, erlauben ein perfektes Nachverfolgen Ihrer Aktivitäten im Web.

1. Starten Sie *Microsoft Edge* durch einen Klick auf das **Edge**-Symbol in der Taskleiste.
2. Klicken Sie auf das sogenannte Hub-Symbol ❶ und dann auf **Verlauf** ❷. Klicken Sie danach auf **Verlauf löschen** ❸.
3. Setzen Sie Häkchen, was Sie alles löschen wollen ❹, und klicken Sie dann auf **Löschen** ❺. Falls dies in Zukunft immer automatisch erfolgen soll, aktivieren Sie den Schieberegler **Diese Daten nach jeder Sitzung löschen** ❻.

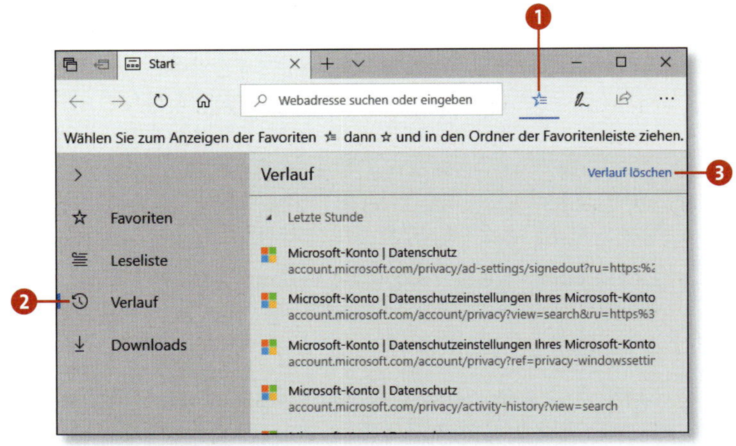

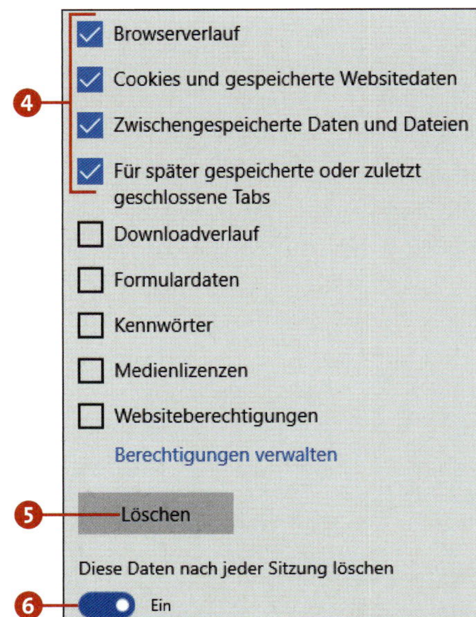

Verlauf und Cookies im Internet Explorer

Für den Internet Explorer gehen Sie so vor, dass Sie den Internet Explorer starten, danach [Strg] + [⇧] + [Entf] drücken, um die Liste der bisher besuchten Webseiten und weitere Informationen anzuzeigen, und dann auswählen, welche der Voreinstellungen Sie löschen wollen bzw. was noch zusätzlich gelöscht werden soll.

Cookie

Ein Cookie ist eine kleine Datei, die ein Browser im Auftrag einer besuchten Webseite auf Ihre lokale Festplatte schreibt. In dieser Datei stehen verschiedene Informationen, die es einer Webseite beim erneuten Besuch erlauben, Sie wiederzuerkennen und darauf in geeigneter Weise zu reagieren, z. B. zur Wiederherstellung eines beim letzten Besuch angelegten Warenkorbs.

Viren und andere Schädlinge im Griff

Malware aufspüren

Bei Malware handelt es sich um Programme, die sich selbst installiert haben – meistens als Seiteneffekt von besuchten Webseiten oder vom arglosen Öffnen von PDF-Anhängen in E-Mails. Der beste Weg, Malware zu entdecken oder ihr entgegenzuwirken, sind professionelle Antiviren- oder Anti-Malware-Programme. Manche Malware verrät sich aber auch schon bei einem Blick in den Task-Manager.

1. Rufen Sie den Task-Manager auf: Drücken Sie [Windows] + [⇧] + [Esc]; oder geben Sie in das Suchfeld »Task« ein, und klicken Sie in der Ergebnisliste auf **Task-Manager**.

2. Klicken Sie gegebenenfalls auf **Mehr Details** ❶, um in die erweiterte Ansicht zu wechseln.

3. Beobachten Sie vor allem die Werte unter **CPU** ❷ und **Netzwerk** ❸. Sie sollten misstrauisch werden, wenn ein Ihnen unbekannter Prozess im Hintergrund aktiv wird und über das Netzwerk Daten austauscht. Kann sein, dass es sich um ein harmloses Update-Programm handelt, kann sein, dass hier eine Malware Ihre persönlichen Daten ausspioniert.

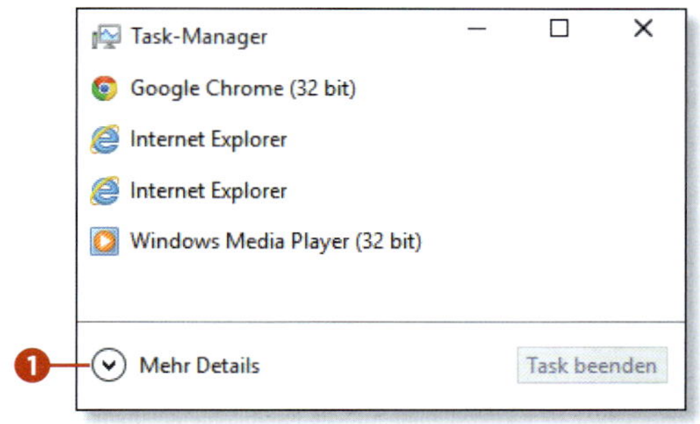

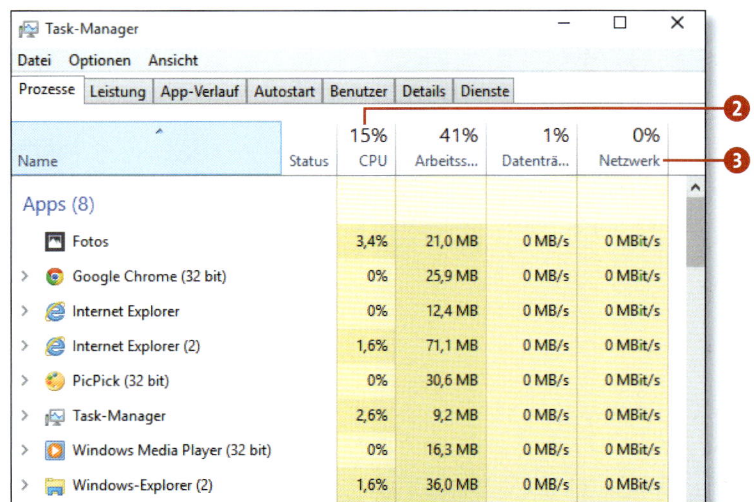

Die Aktualisierungsgeschwindigkeit anpassen

In Ihrer Anzeige tut sich überhaupt nichts? Dann setzen Sie die Aktualisierungsgeschwindigkeit über den gleichnamigen Befehl im Menü **Ansicht** herauf.

Windows Defender Firewall: einzelne Apps zulassen

Die Firewall dient dazu, den Zugriff von Programmen auf Ihrem Rechner auf das Internet zu kontrollieren sowie unerlaubte Anfragen von fremden Rechnern zu blockieren. Sie können hier für einzelne Apps festlegen, was sie genau dürfen.

1. Rufen Sie das Windows Defender Security Center auf. Geben Sie dazu »Windows Defender« in das Suchfeld ein, und wählen Sie in der Ergebnisliste **Windows Defender Security Center**.
2. Wählen Sie die Kategorie **Firewall & Netzwerkschutz** ①, und klicken Sie auf **Zugriff von App durch Firewall zulassen** ②.
3. Klicken Sie im erscheinenden Fenster auf die Schaltfläche **Einstellungen ändern** ③. Geben Sie, falls verlangt, nun das Administratorkennwort ein, und ändern Sie die Zugriffsrechte ④ der betreffenden App.
4. Aktivieren Sie die Änderung durch Klicken auf **OK**.

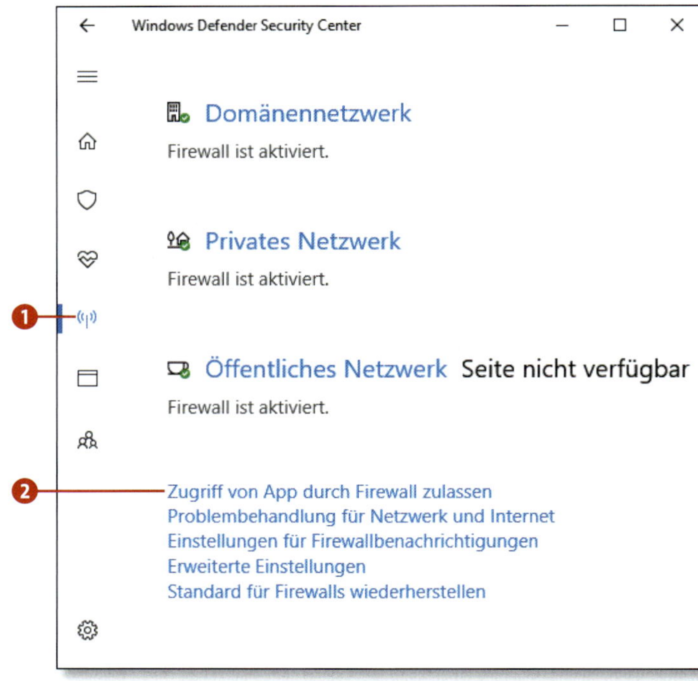

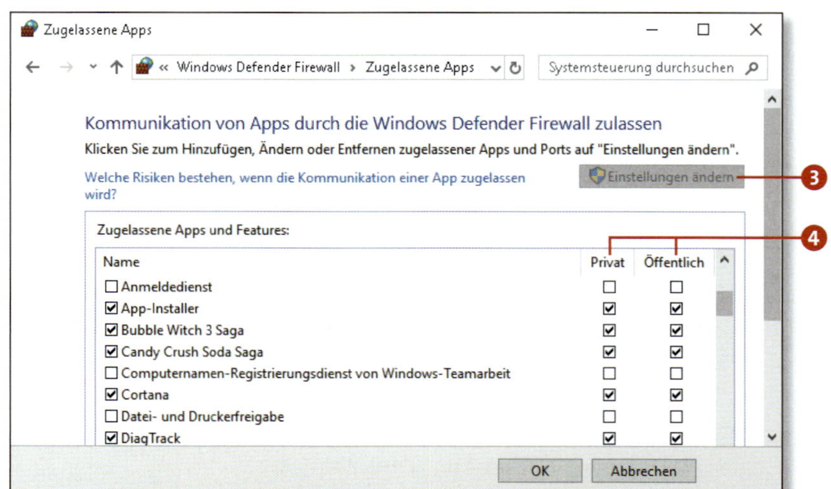

Privat und Öffentlich

Die Spalten **Privat** und **Öffentlich** ④ stehen für das Zugriffsrecht im jeweiligen Netzwerktyp. Für den öffentlichen Typ sollten Sie vorsichtshalber nur ein Häkchen setzen, wenn es unbedingt für die Kommunikation notwendig ist.

Schutz vor Ransomware

Für wichtige Ordner kann es sinnvoll sein, jeden Zugriff zu überwachen, um Missbrauch zu verhindern. Sobald eine Anwendung Änderungen an Dateien vornehmen will, werden Sie informiert und erst nach Ihrer expliziten Zustimmung wird es erlaubt.

1. Rufen Sie das Windows Defender Security Center auf. Geben Sie hierzu »Windows Defender« in das Suchfeld ein, und wählen Sie in der Ergebnisliste **Windows Defender Security Center**.
2. Klicken Sie im Windows Defender Security Center auf **Viren- und Bedrohungsschutz** 1.
3. Im nächsten Fenster klicken Sie auf **Ransomware-Schutz**.
4. Stellen Sie den Schieberegler auf **Ein** 2. Klicken Sie dann auf den Link **Geschützte Ordner** 3, um neben den bereits voreingestellten Standardordnern noch weitere Ordner in die Überwachung aufzunehmen.
5. Es gibt die Möglichkeit, einzelne Apps von der Ordnerüberwachung zu befreien, d. h., diese Apps dürfen ohne Nachfrage auch in überwachte Ordner schreiben. Setzen Sie die Option **App durch überwachten Ordnerzugriff zulassen** 4 jedoch nur mit Bedacht ein.

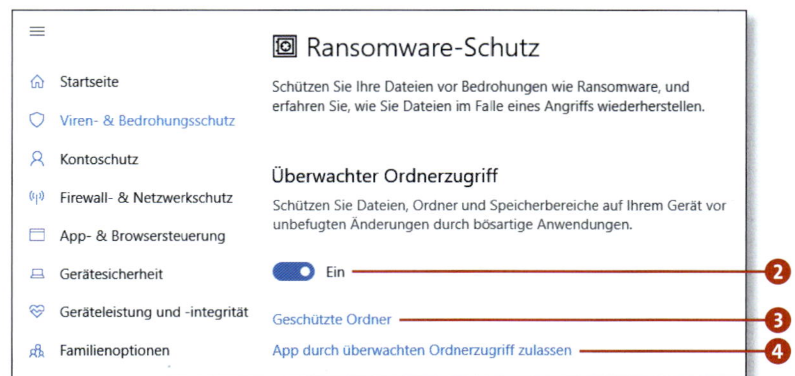

Ransomware

Gelegentlich liest man in der Presse von fiesen Schadprogrammen, die die Daten auf der Festplatte verschlüsseln und diese erst nach Zahlung eines Lösegeldes (*Ransom*) wieder freigeben. Dagegen bietet Windows 10 also einen Schutzmechanismus an.

Windows Defender durch andere Antivirensoftware ersetzen

Windows besitzt mit dem Windows Defender eine integrierte Antivirensoftware, die nach Testberichten einen recht guten Schutz bietet. Falls auf Ihrem PC oder Tablet keine Antivirensoftware oder eine veraltete Version installiert ist, wird sie von Windows automatisch deaktiviert und durch Windows Defender ersetzt. Falls Sie einen anderen Virenscanner installieren wollen, müssen Sie eventuell zuvor Windows Defender deaktivieren, falls das Installationsprogramm des Drittanbieters in Probleme gerät. Sie müssen hierzu mit Administratorrechten angemeldet sein.

1. Rufen Sie das Windows Defender Security Center auf. Geben Sie hierzu »Windows Defender« in das Suchfeld ein, und wählen Sie in der Ergebnisliste **Windows Defender Security Center**.
2. Klicken Sie im Windows Defender Security Center auf **Viren- und Bedrohungsschutz** 1.
3. Im Bereich **Einstellungen für Viren- & Bedrohungsschutz** klicken Sie in der Rubrik **Echtzeitschutz** auf den Schiebeschalter, um ihn auf **Aus** 2 zu stellen.
4. Anschließend können Sie Ihre eigene Antivirensoftware installieren.

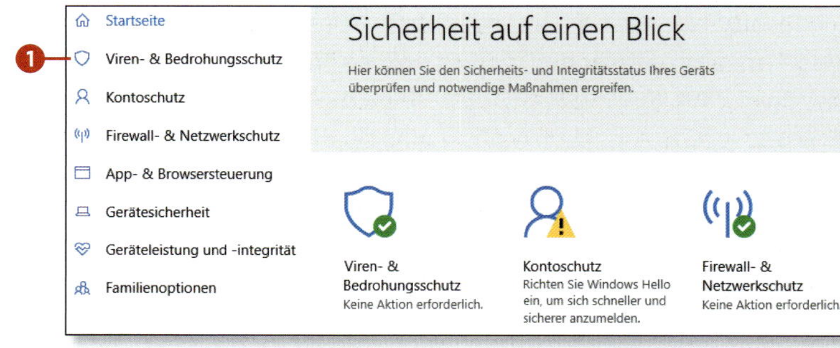

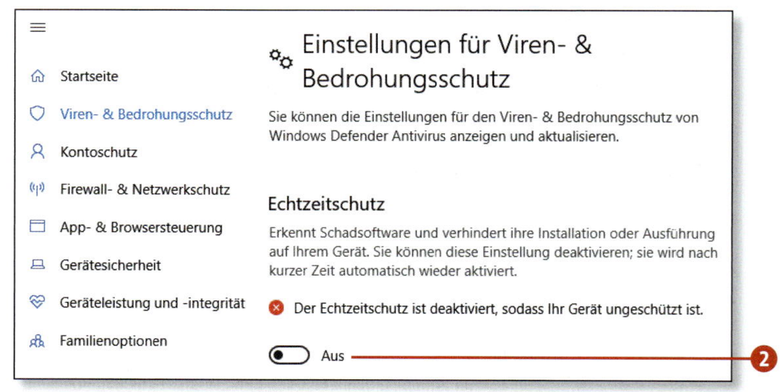

Einzelne Dateien/Ordner von der Virenüberprüfung ausschließen

Manchmal ist Windows Defender der Überzeugung, dass eine bestimmte Datei von Viren oder Trojanern befallen ist, obwohl dies nicht der Fall ist. Wenn Sie ganz sicher sind, dass diese Einstufung ein Fehler ist, können Sie die Datei als Ausnahme markieren. Scrollen Sie hierzu im oben gezeigten Dialog **Einstellungen für Viren & Bedrohungsschutz** weiter nach unten bis zur Rubrik **Ausschlüsse**, und klicken Sie hier auf **Ausschlüsse hinzufügen oder entfernen**.

Den Hashwert prüfen

Beim Herunterladen von Dateien kann es passieren, dass Schadsoftware in die heruntergeladene Datei eingeschleust wird. Um dies zu erkennen, gibt es diverse Prüfsummen (beispielsweise MD5 oder SHA-1), die sich beim Einschleusen von Viren etc. verändern. Manche Download-Seiten bieten spezielle Hilfsprogramme zum Herunterladen an, die die Prüfsummen automatisch prüfen, andere geben nur die Prüfsummen an. Mit der Freeware *HashTab* können Sie die Prüfsummen aber bequem selbst kontrollieren.

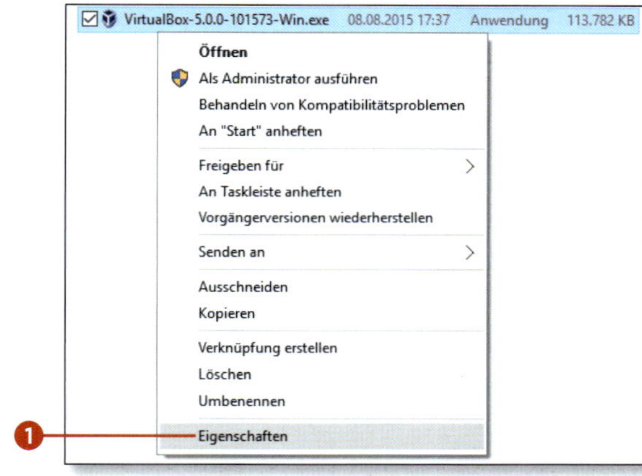

1. Gehen Sie zur Webseite *http://implbits.com/products/hashtab/* oder *www.chip.de/downloads/HashTab_30990651.html*, laden Sie die kostenlose Version von HashTab herunter, und führen Sie, gegebenenfalls nach Entpacken der ZIP-Datei, das heruntergeladene Installationsprogramm aus.
2. Starten Sie den Explorer, und wechseln Sie zu dem Ordner mit der Datei, deren Prüfsumme Sie checken möchten.
3. Klicken Sie mit der rechten Maustaste auf die Datei, und wählen Sie im Kontextmenü **Eigenschaften** aus ❶.
4. Wechseln Sie zur Registerkarte **Hashwerte** ❷. Nach wenigen Sekunden werden Ihnen daraufhin bereits die für die Datei ermittelten Prüfsummen angezeigt ❸. Sie können nun die Prüfsumme von der Download-Seite mit dem angezeigten Wert vergleichen.
5. Oder kopieren Sie die Prüfsumme in das Eingabefeld **Hash-Vergleich**, und lassen Sie HashTab die beiden Werte vergleichen ❹. HashTab vergleicht den Wert mit allen berechneten Prüfsummen, und zeigt im Falle einer Übereinstimmung ein grünes Häkchen an ❺.

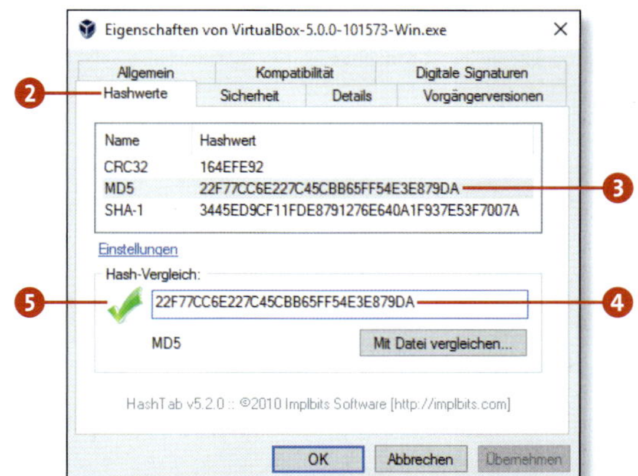

Prüfsummen machen Virenscanner nicht überflüssig!

Hashtab ist eine wunderbare Hilfe, die das Herunterladen sicherer macht. Das bedeutet aber nicht, dass Sie auf Virenscanner ganz verzichten können. Lassen Sie unbedingt den Standardvirenscanner von Windows aktiviert oder ersetzen Sie ihn durch einen anderen (siehe dazu den Tipp »Windows Defender durch andere Antivirensoftware ersetzen« auf Seite 256.

10 Windows mit mehreren Benutzern

Das Teilen von Inhalten, Bildern, Links und anderen Informationen ist derzeit sehr populär und erreicht dank sozialer Medien immer größere Personenkreise. Nicht ganz so beliebt, aber manchmal einfach unumgänglich, ist das Teilen von PCs, Notebooks oder Tablets. Dabei stellen das ungeheure Potenzial des PCs und die auf dem PC befindlichen sensiblen Daten ein nicht zu unterschätzendes Sicherheitsrisiko dar. Windows setzt diesen Gefahren das Konzept der Benutzerkonten entgegen, das kurz gefasst auf folgenden Säulen basiert:

- Jeder, der mit dem PC arbeiten möchte, muss sich mit Passwort bei einem Benutzerkonto anmelden – so wird Unbefugten der Zugriff verwehrt.
- Jedem Benutzer wird seine eigene Windows-Umgebung zugeteilt – so kann jeder Windows für sich individuell konfigurieren, und jeder verfügt über seine eigenen Kopien der Bibliotheksordner. Zudem wird der Benutzer automatisch zum Besitzer der von ihm angelegten Dateien und kann festlegen, welche anderen Benutzer auf sie mit welchen Rechten (Lesen, Schreiben, Ausführen) zugreifen können.
- Neben den normalen Benutzerkonten gibt es den Typ des Administratorkontos. Wer sich bei einem solchen Konto anmeldet, wird zum Super-User und besitzt erweiterte Rechte – wie z. B. die Möglichkeit, Konten für weitere Benutzer einzurichten und zu verwalten.

Die meisten der folgenden Tipps gehen daher davon aus, dass Sie als Administrator angemeldet sind oder zumindest das Passwort zu einem Administratorkonto kennen.

In diesem Kapitel

Einen Benutzer anlegen

Die Einrichtung von Benutzerkonten, die mit einem Microsoft-Konto verbunden sind – sei es, dass der zukünftige Benutzer bereits über ein Microsoft-Konto verfügt, sei es, dass Sie für ihn ein neues Microsoft-Konto einrichten möchten –, wird unter Windows ziemlich leicht gemacht. Etwas verwirrend dagegen ist der Einrichtungsweg, wenn Sie einen lokalen Benutzer ohne Microsoft-Konto einrichten möchten.

1. Wählen Sie im Startmenü den Befehl **Einstellungen** aus, oder drücken Sie [Win] + [I].
2. Klicken Sie im **Einstellungen**-Dialog auf **Konten**.
3. In der linken Leiste wählen Sie die Kategorie **Familie & weitere Kontakte** 1.
4. Klicken Sie auf **Diesem PC eine andere Person hinzufügen** 2.
5. Klicken Sie auf **Ich kenne die Anmeldeinformationen für diese Person nicht** 3.

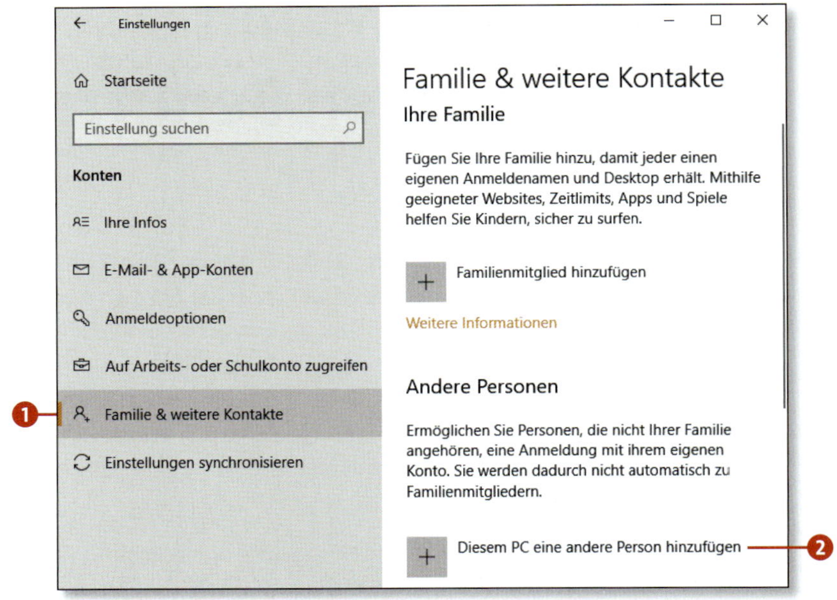

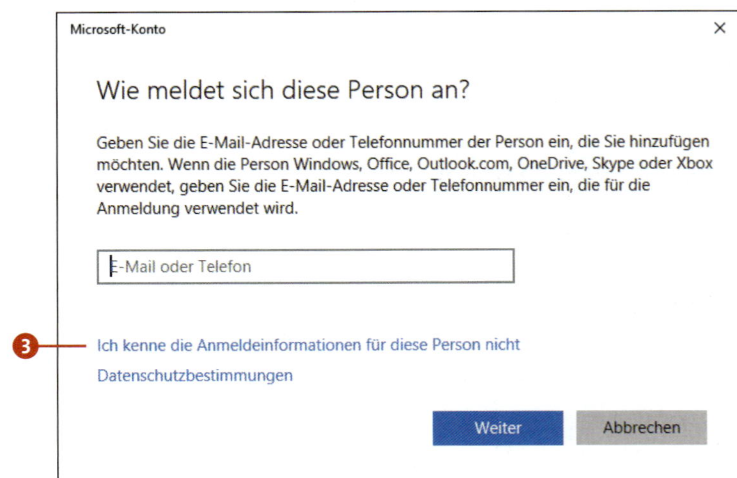

Benutzer mit Microsoft-Konto anlegen

Wenn Sie einen Benutzer mit Microsoft-Konto einrichten möchten, ist Schritt 5 übrigens die Gelegenheit, die E-Mail-Adresse des Microsoft-Kontos einzugeben. Findet Windows kein Microsoft-Konto, das mit der E-Mail-Adresse verbunden ist, können Sie ein neues Microsoft-Konto einrichten.

Microsoft-Konto nur mit bestehender Internetverbindung

Es gibt einen Trick, wie Sie lokale Konten unter Umgehung der Dialoge zur Abfrage der E-Mail-Adresse anlegen können: Trennen Sie einfach vorab die Internetverbindung.

6. Klicken Sie ganz unten auf den Link **Benutzer ohne Microsoft-Konto hinzufügen** ❹.

7. Geben Sie einen Benutzernamen ❺ für das Konto und ein Kennwort ❻ ein, über das auf das Konto zugegriffen werden kann. Außerdem müssen Sie drei Sicherheitsfragen hinterlegen für den Fall, dass Sie das Kennwort einmal vergessen sollten.

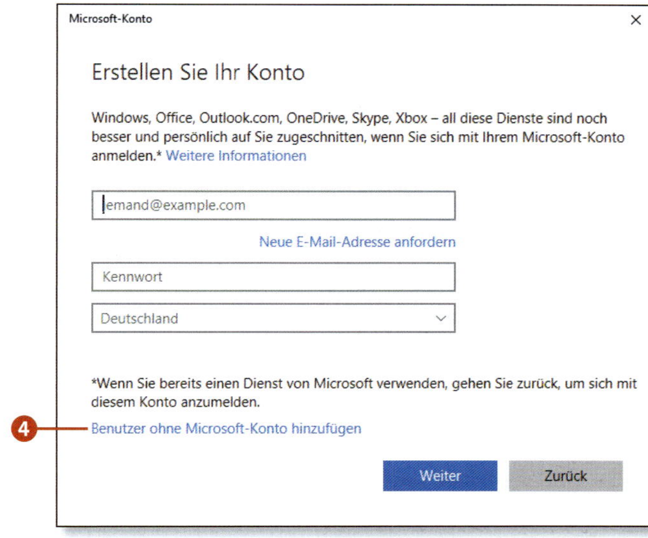

Microsoft-Konto und lokales Konto

Ohne Microsoft-Konto muss der Benutzer zwar auf einige Microsoft-Features verzichten, z. B. Synchronisierung der Daten, Nutzung von OneDrive und Einkaufen im Microsoft Store, aber dafür erfährt Microsoft auch nicht alles, was der Benutzer so treibt, und der Betrieb des Kontos ist ganz allgemein sicherer. (Wie Sie sich für ein Microsoft-Konto registrieren oder ein lokales Konto nachträglich in ein Microsoft-Konto umwandeln, erfahren Sie in den Tipps ab Seite 164.)

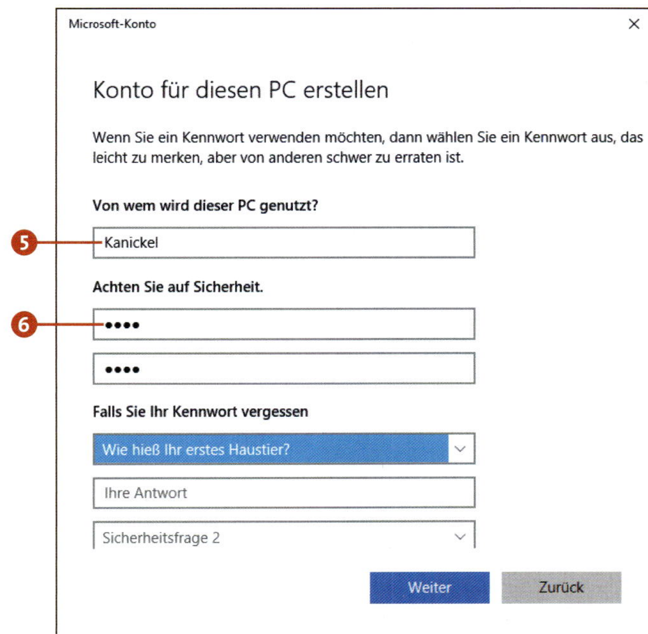

Beschränkte Einstellungen für Kinder

Wenn Sie für Ihr Kind ein lokales Konto einrichten, haben Sie leider nur beschränkte Möglichkeiten, Einschränkungen vorzunehmen (siehe den Tipp »Konten für Kinder und Jugendliche einrichten« auf Seite 267).

Das Benutzerpasswort ändern (lokales Konto)

Als Nutzer eines lokalen Kontos können Sie nur Ihre eigenen Benutzereinstellungen ändern, das dafür aber jederzeit. Wurde Ihr Passwort ausspioniert, wählen Sie einfach ein neues. Oder richten Sie eine PIN oder einen Bildcode statt Passwort ein (lesen Sie dazu die Tipps ab Seite 38). Auch das Bild, das mit Ihrem Konto verknüpft ist, können Sie selbst aussuchen. Nur die anderen Konten sind für Sie tabu. Dazu müssen Sie schon über Administratorrechte verfügen.

1. Wählen Sie im Startmenü den Befehl **Einstellungen** aus, oder drücken Sie ⊞ + I.
2. Klicken Sie im **Einstellungen**-Dialog auf **Konten**.
3. Klicken Sie in der linken Leiste auf **Anmeldeoptionen** 1.
4. Klicken Sie unter **Kennwort** auf **Ändern** 2.
5. Geben Sie in das erste Dialogfeld Ihr aktuelles Kennwort zur Bestätigung ein 3, und verlassen Sie das Fenster über die Schaltfläche **Weiter** 4.
6. Legen Sie im zweiten Dialogfenster Ihr **Neues Kennwort** 5 und einen **Kennworthinweis** 6 fest.
7. Im letzten Fenster bestätigen Sie Ihre Änderung über die Schaltfläche **Fertig stellen** 7.

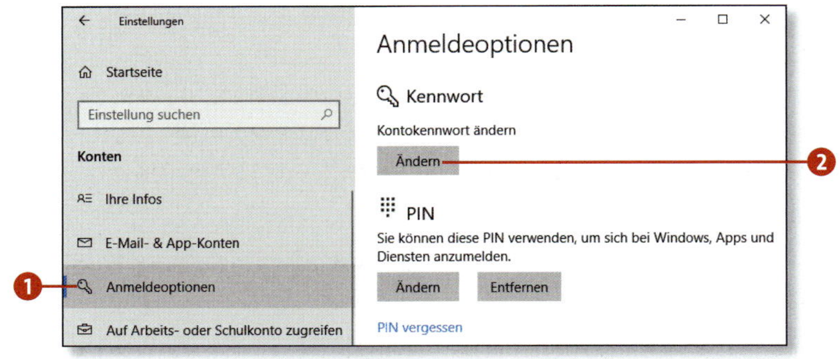

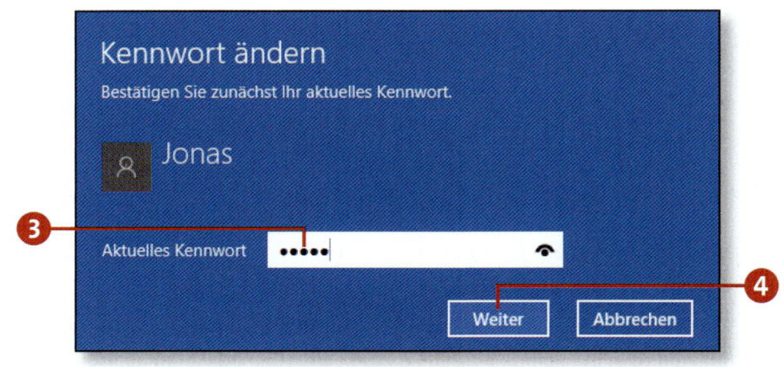

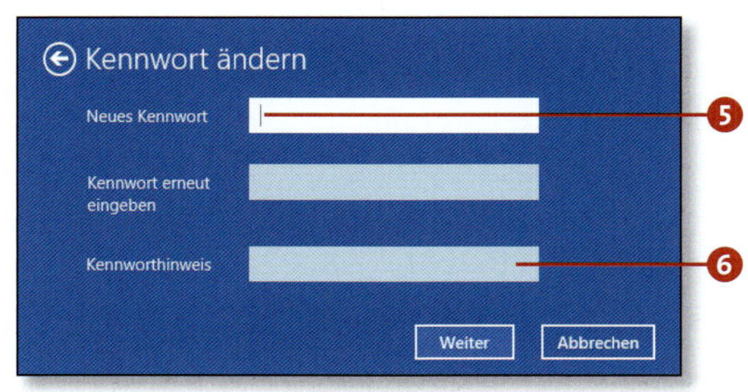

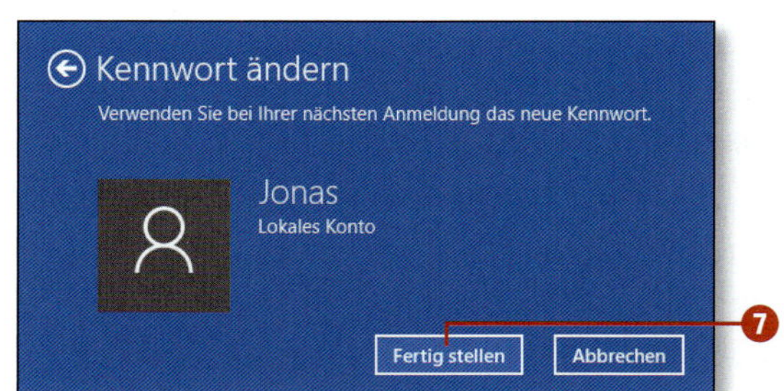

Für das Kontobild das eigene Konterfei

Auf der Seite **Einstellungen > Konten > Ihr Konto** können Sie nach einem Bild suchen oder, sofern eine Kamera angeschlossen ist, ein Foto von sich erstellen und dieses als Erkennungsbild verwenden.

Ein Konto mit Administratorrechten ausstatten

Um ein Konto mit Administratorrechten auszustatten, müssen Sie vor allem selbst mit einem Administratorkonto angemeldet sein. Denn nur als Administrator haben Sie Zugriff auf andere Konten und können Konten anlegen, löschen etc.

1. Wählen Sie im Startmenü den Befehl **Einstellungen** aus, oder drücken Sie [Windows] + [I].
2. Klicken Sie im **Einstellungen**-Dialog auf **Konten**.
3. In der linken Leiste wählen Sie die Kategorie **Familie & weitere Kontakte** ❶.
4. Klicken Sie auf das Benutzerkonto, das Sie bearbeiten möchten ❷, und dann auf die Schaltfläche **Kontotyp ändern** ❸.
5. Wählen Sie aus dem Listenfeld als neuen Kontotyp **Administrator** aus ❹, und klicken Sie auf **OK**.

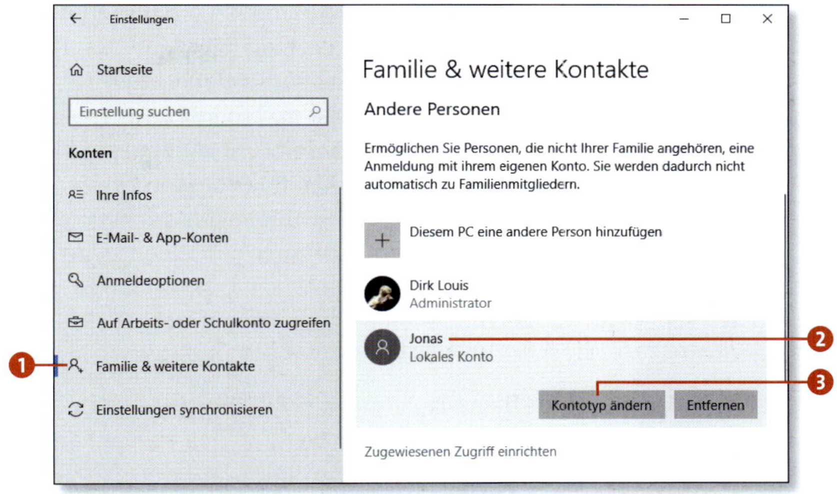

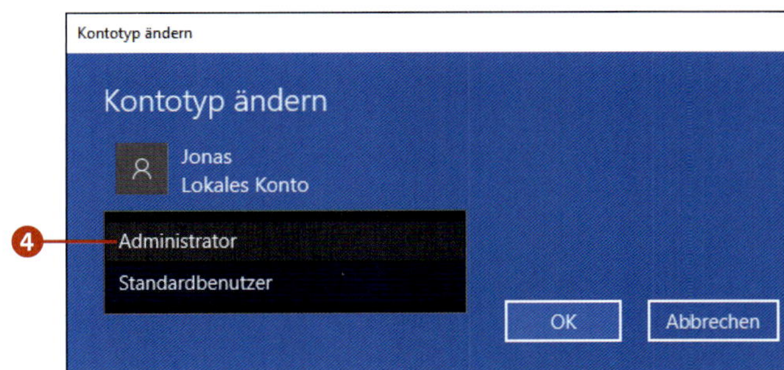

Administrator bedeutet Verwalter

Wenn Sie häufig als Administrator angemeldet sind, erhöht dies die Gefahr, dass Ihr Administratorkonto gehackt oder Malware mit Administratorrechten auf Ihrem PC platziert wird. Nutzen Sie Administratorkonten im Idealfall also möglichst nur zur Wartung des PCs.

Programme als Administrator starten

Aus Sicherheitsgründen ist es ratsam, sich grundsätzlich über ein einfaches Konto ohne Administratorrechte auf dem Rechner anzumelden – außer Sie sind weder mit dem Internet noch einem Netzwerk verbunden und es kann niemand sonst an Ihren Rechner. Dumm bloß, dass manche Programme – häufig sind es Installationsprogramme – nur von Administratoren ausgeführt werden können oder für bestimmte Befehle Administratorrechte benötigen. Um diese dennoch bequem ausführen zu können, ohne sich erst umständlich bei einem Administratorkonto anmelden zu müssen, gibt es im Kontextmenü von Programmen einen speziellen Menübefehl.

1. Klicken Sie mit der rechten Maustaste auf das Programm. Dies funktioniert für Programmsymbole auf dem Desktop ebenso wie für die Programmdatei, die Sie an der Erweiterung *.exe* erkennen, im Explorer oder die App-Kachel im Startmenü.
2. Wählen Sie im Kontextmenü den Befehl **Als Administrator ausführen** ❶.
3. Melden Sie sich im Dialogfenster **Benutzerkontensteuerung** bei einem der angezeigten Administratorkonten an ❷.

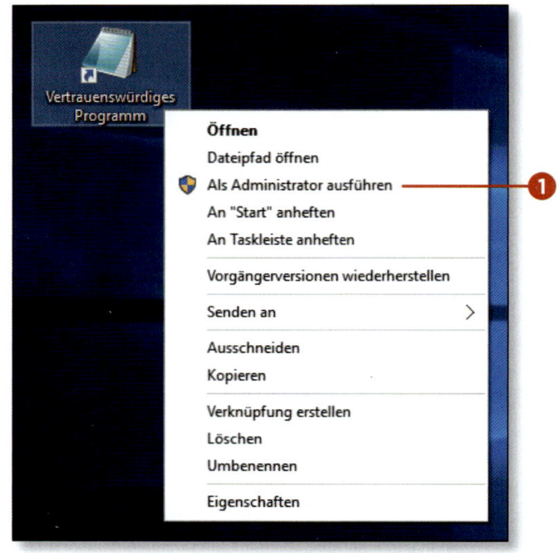

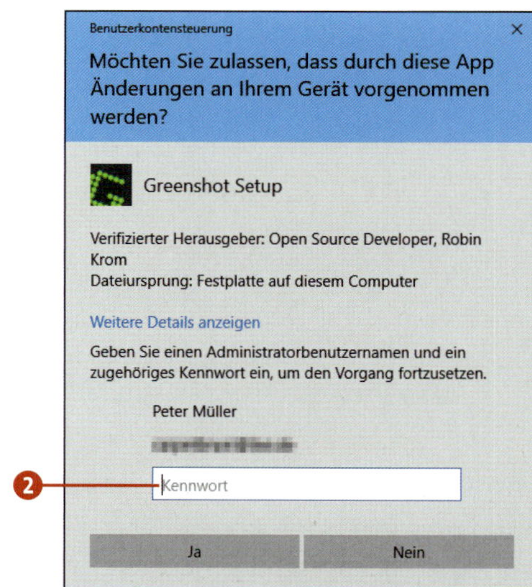

Kennwortabfrage überflüssig

Wenn Sie bereits mit einem Administratorkonto angemeldet sind, erkennt Windows dies, und die Kennwortabfrage entfällt. Es erfolgt lediglich ein Hinweis, dass die App Änderungen vornehmen kann.

Ein Programm immer als Administrator ausführen

1. Wenn Sie ein bestimmtes Programm häufiger mit Administratorrechten ausführen, können Sie das Programm auch so konfigurieren, dass es automatisch als Administrator ausgeführt wird.
2. Wechseln Sie im Explorer (Aufruf z. B. mit der Tastenkombination [Windows] + [E]) zu dem Programm.
3. Klicken Sie mit der rechten Maustaste auf das Programm, und wählen Sie im Kontextmenü den Befehl **Eigenschaften** ①.
4. Wechseln Sie zur Registerkarte **Kompatibilität** ②.
5. Aktivieren Sie anschließend die Option **Programm als Administrator ausführen** ③.
6. Schließen Sie das Dialogfenster mit **OK**.

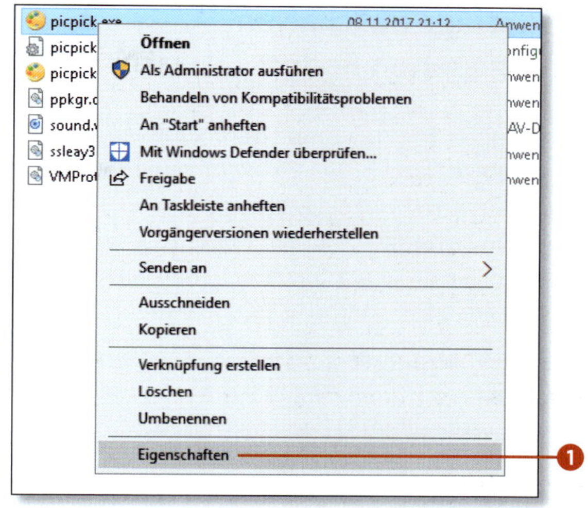

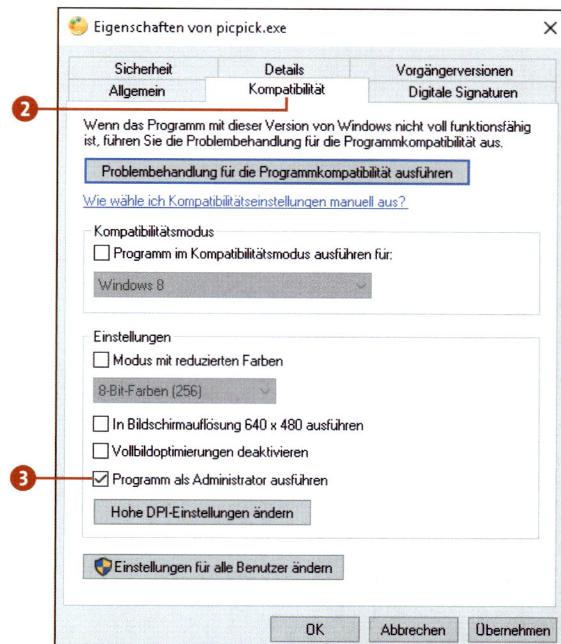

Passwortschutz bleibt

Keine Angst: Die obige Einstellung führt nicht dazu, dass das Programm automatisch mit Administratorrechten gestartet wird. Sie bewirkt nur, dass die Abfrage des Administratorkennworts aufgerufen wird. Erst wenn das richtige Kennwort eingegeben wurde, startet das Programm mit Administratorrechten.

Die Sicherheitsabfrage abschalten – ohne Netz und doppelten Boden

Melden Sie sich einmal unter einem Administratorkonto an, und versuchen Sie, eine beliebige Datei in den *Programme*-Ordner von Windows zu kopieren. Windows wird ein Meldungsfenster einblenden, in dem Sie die Aktion bestätigen müssen. Sollten Sie sich unnötig gegängelt fühlen, können Sie diese Abfrage abschalten, allerdings nur, wenn Sie eine Windows Pro oder Enterprise Edition haben.

1. Rufen Sie das Dialogfeld **Ausführen** auf. Drücken Sie dazu die Tastenkombination ⊞ + R, oder wählen Sie den gleichlautenden Befehl aus dem Kontextmenü der **Start**-Schaltfläche.
2. Geben Sie den Befehl »secpol.msc« ein ❶, und klicken Sie danach auf **OK** ❷.
3. Klicken Sie unter **Lokale Richtlinien** auf **Sicherheitsoptionen** ❸.
4. Doppelklicken Sie rechts auf **Benutzerkontensteuerung: Alle Administratoren im Administratorgenehmigungsmodus ausführen** ❹.
5. Deaktivieren Sie die Sicherheitsrichtlinie ❺.
6. Starten Sie den Rechner neu.

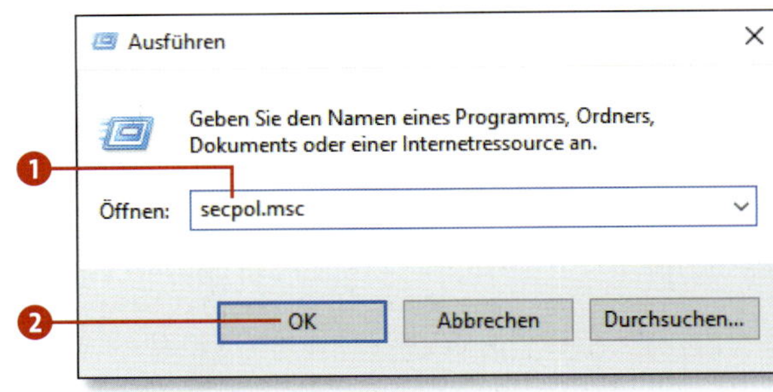

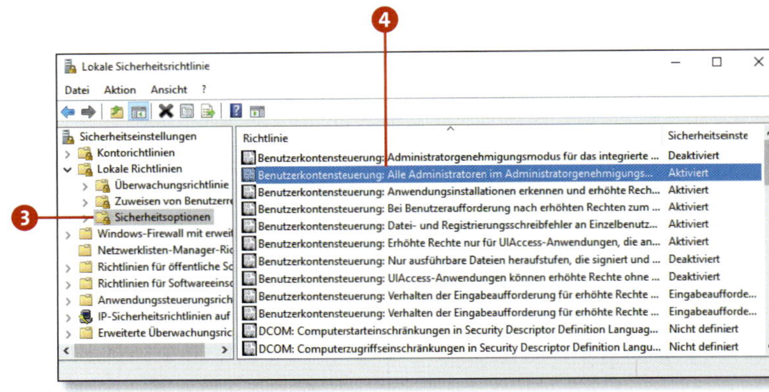

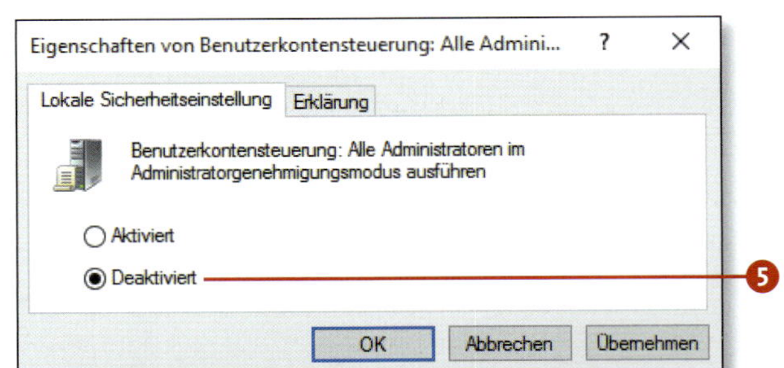

Sinn und Zweck der Sicherheitsabfrage

Welchen Sinn hat diese Sicherheitsabfrage überhaupt? Nun, stellen Sie sich vor, ein Malware-Programm hat es geschafft, sich auf Ihrem Rechner zu installieren und sich Administratorrechte zu verschaffen. Führt dieses Programm dann eine Aktion aus, für die Administratorrechte notwendig sind, würde die Sicherheitsabfrage erscheinen, und Sie würden misstrauisch, da Sie die betreffende Aktion ja nicht angestoßen haben. Ein klares Pro also für die Sicherheitsabfrage.

Konten für Kinder und Jugendliche einrichten

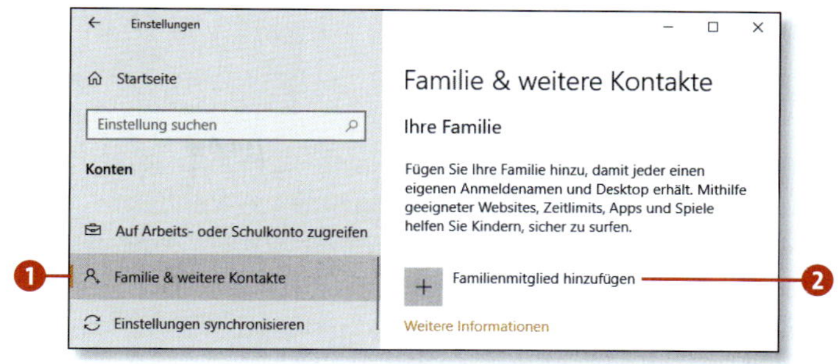

Sie wollen Ihren Kindern die Nutzung Ihres PCs erlauben, gleichzeitig aber auch Ihre Daten schützen? Oder Sie haben für Ihre Kinder nur einen PC angeschafft, den diese sich teilen müssen? Dann richten Sie am besten mehrere Konten ein – für sich selbst ein Administratorkonto und für jedes Kind separat ein Standardbenutzerkonto (d. h. ein Microsoft-Konto ohne Administratorrechte). Anschließend können Sie für jedes Konto individuell die Zugriffsrechte und Nutzungsdauer festlegen. So schützen Sie nicht nur Ihre Daten, sondern sorgen auch für eine kollisionsfreie Nutzung des PCs.

1. Wählen Sie im Startmenü **Einstellungen**, oder drücken Sie [Windows] + [I].
2. Klicken Sie im **Einstellungen**-Dialog auf **Konten**, und wählen Sie in der linken Leiste die Rubrik **Familie & weitere Kontakte** ❶.
3. Klicken Sie auf **Familienmitglied hinzufügen** ❷.
4. Klicken Sie auf **Kind hinzufügen** ❸, und geben Sie die E-Mail-Adresse (eines Microsoft-Kontos) ❹ des Kindes an, oder klicken Sie auf **Die Person, die ich hinzufügen möchte, besitzt keine E-Mail-Adresse** ❺.
5. Machen Sie Angaben zum Kind, und lassen Sie von Microsoft eine E-Mail-Adresse unter *outlook.de* anlegen ❻, d. h., Ihr Provider ist dann Microsoft. Legen Sie ein Kennwort fest ❼.
6. Nach zwei weiteren Dialogseiten, die Sie mit **Weiter** bestätigen müssen, erhalten Sie die Information, dass eine E-Mail-Adresse angelegt und ein Konto eingerichtet wurde.

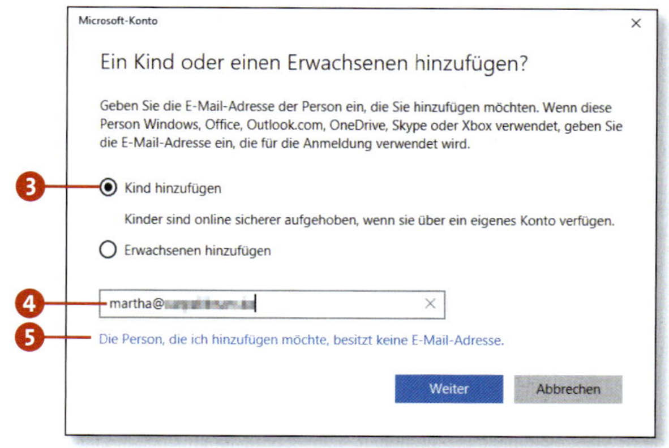

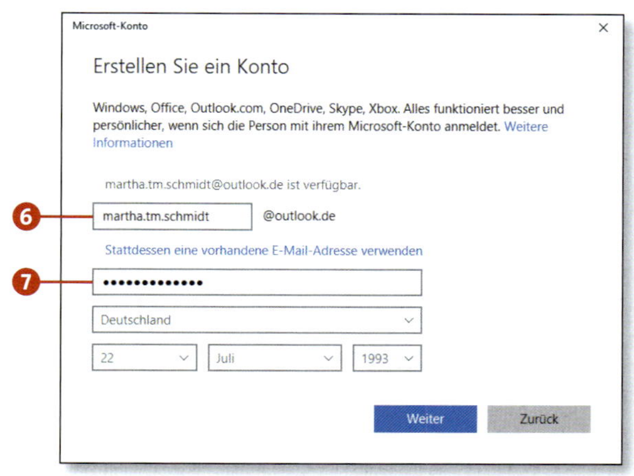

Microsoft-Konto versus lokales Konto

Wenn Sie ein neues Konto für Ihr Kind einrichten, denken Sie daran, dass Sie nur bei einem Microsoft-Konto die Zugriffsrechte und Nutzungsdauer etc. ändern können.

Die Benutzereinstellungen von Konten für Kinder ändern

Als Administrator (mit Microsoft-Konto) haben Sie selbstverständlich Zugriff auf alle Konten. Sie können Konten anlegen, löschen und ein Konto zu einem Administratorkonto heraufstufen. Darüber hinaus können Sie aber z. B. Zugriffsrechte und Nutzungsdauer festlegen, das Webbrowsen einschränken und sich Aktivitätsberichte zusenden lassen.

1. Wählen Sie im Startmenü den Befehl **Einstellungen** aus, oder drücken Sie [⊞] + [I].
2. Klicken Sie im **Einstellungen**-Dialog auf **Konten**, und wählen Sie in der linken Leiste die Rubrik **Familie & weitere Kontakte** ❶.
3. Klicken Sie auf **Weitere Informationen** ❷.
4. Wählen Sie bei Ihrem Microsoft-Konto, für welches Kind Sie Einstellungen vornehmen möchten ❸. Das angemeldete Kind sollte zuvor die Einladung angenommen und sich ebenfalls bei Microsoft angemeldet haben.
5. Legen Sie über Schalter fest, ob Aktivitätsberichte erstellt und an Sie geschickt werden sollen ❹.
6. Klicken Sie z. B. links auf **Computerzeit**, um die zeitliche Nutzung einzuschränken ❺.
7. Legen Sie für jeden Wochentag fest, innerhalb welchen Zeitraums und wie lange Ihr Kind den Computer nutzen darf ❻.

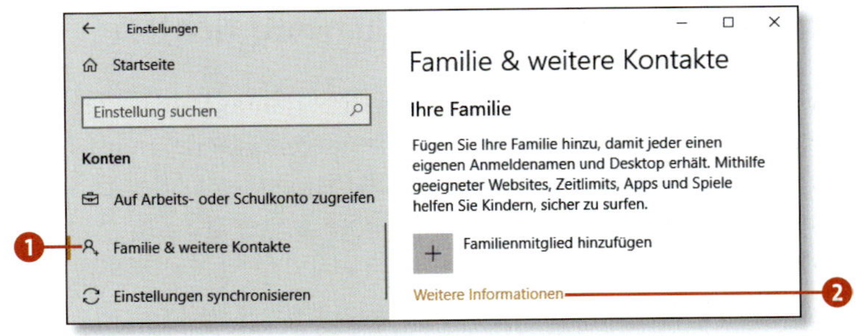

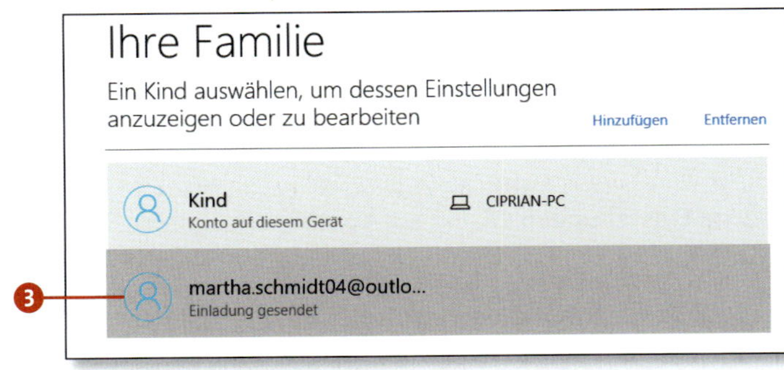

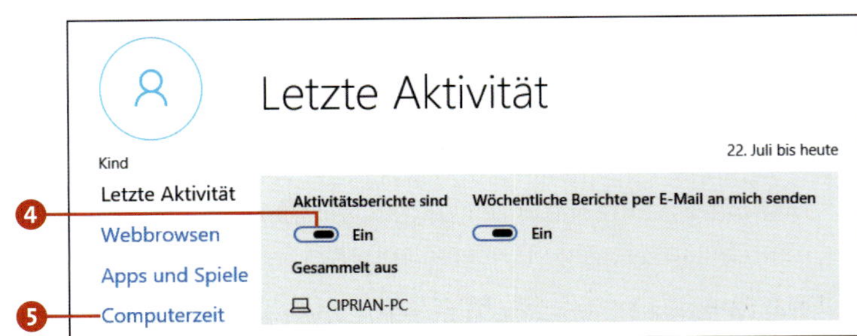

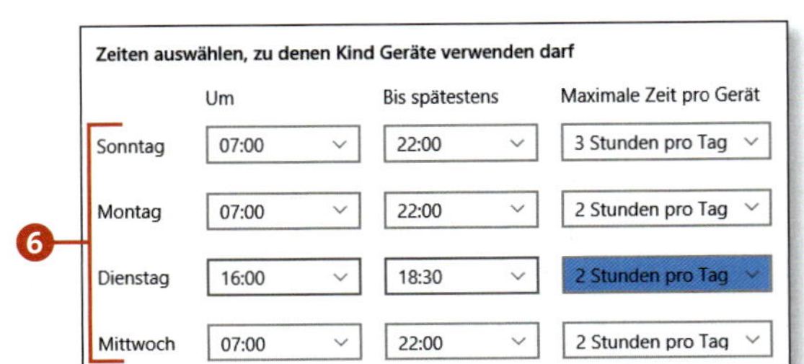

Empfohlene Nutzungsdauer

Eltern sind oft unsicher, wie lange ein Kind den Computer zum Spielen verwenden darf. Unter der Adresse *www.medienpass.nrw.de/de/inhalt/wie-lange-duerfen-kinder-am-computer-spielen* finden Sie z. B. Hinweise.

Die Benutzereinstellungen synchronisieren

Windows 10 bietet für Benutzer, die an mehreren wechselnden Rechnern arbeiten, eine tolle Erleichterung: Vorausgesetzt, Sie verwenden ein Microsoft-Konto – also ein Konto, das auf einem Microsoft-Konto basiert (siehe den Tipp »Ein Microsoft-Konto anlegen« auf Seite 164) –, können Sie ganz komfortabel sicherstellen, dass auf jedem Rechner die gleichen Einstellungen gesetzt werden.

1. Wählen Sie im Startmenü den Befehl **Einstellungen** aus, oder drücken Sie ⊞ + I.
2. Klicken Sie im **Einstellungen**-Dialog auf **Konten** ❶, und wählen Sie in der linken Leiste die Kategorie **Einstellungen synchronisieren** ❷.
3. Legen Sie auf der rechten Seite fest, was genau auf allen Rechnern für das aktuelle Benutzerkonto synchronisiert werden soll ❸.

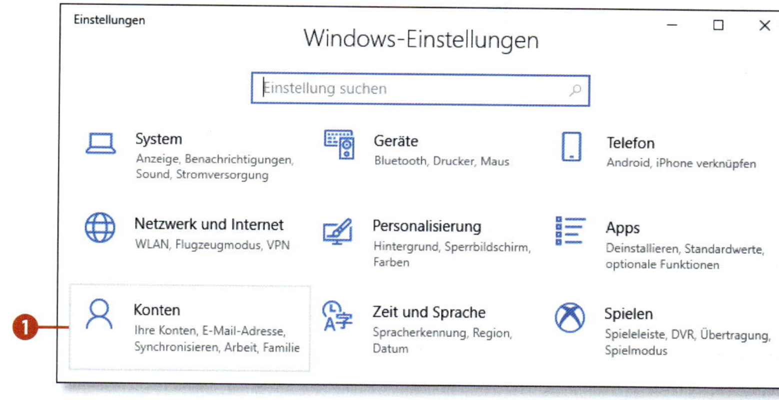

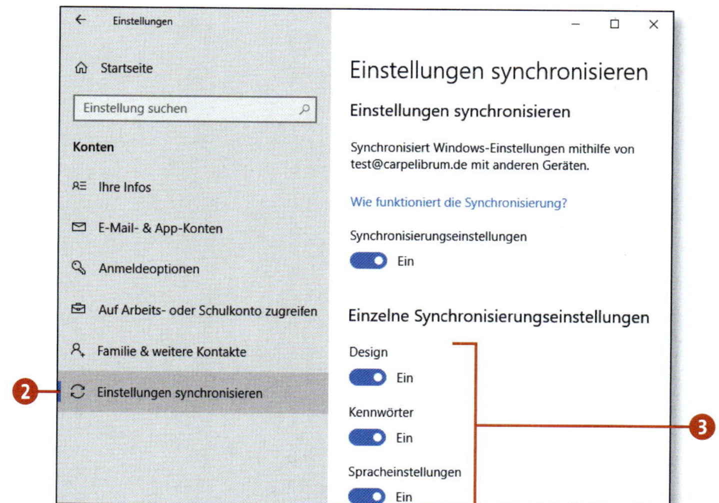

Bestätigung der Identität gefordert?

Wenn Sie über der Option für die Synchronisierung der Kennwörter einen Hinweis sehen, dass diese erst nach Bestätigung der Identität synchronisiert werden, klicken Sie auf den Link **Bestätigen**. Microsoft schickt Ihnen dann an die E-Mail-Adresse oder Telefonnummer, die Sie beim Einrichten Ihres Microsoft-Kontos angegeben haben, einen Sicherheitscode, den Sie zur Identifizierung eingeben müssen.

OneDrive synchronisieren

Wie Sie OneDrive synchronisieren, erfahren Sie im Tipp »OneDrive-Synchronisation« auf Seite 176. Und wenn Sie bereits mit Windows 8 oder 8.1 Daten in OneDrive gespeichert haben, können Sie diese bei der Einrichtung von OneDrive ebenfalls mit Ihrem PC synchronisieren.

11

Auch Windows braucht Pflege

In diesem Kapitel

- Temporäre Dateien löschen
- Besonders große Ordner und Dateien identifizieren
- Das Dateisystem überprüfen
- Die Ruhezustandsdatei löschen
- Die Festplatte defragmentieren
- Die vorherige Windows-Version löschen
- Die Registrierungsdatenbank
- Die Registrierungsdatenbank sichern
- Die Registrierungsdatenbank säubern
- Die Papierkorbgröße sinnvoll einstellen
- Die ClearType-Textdarstellung optimieren
- Partition verkleinern oder vergrößern
- Eine neue Partition erstellen
- Stromfressende Apps und Programme aufspüren
- Speicherintensive Apps ermitteln

Auch an Ihrem Windows-System geht die Zeit nicht spurlos vorbei. Während Sie Dateien anlegen, kopieren oder löschen, Programme installieren und deinstallieren, Webseiten besuchen, Webinhalte herunterladen, sich Viren einfangen und hoffentlich wieder beseitigen, sammeln sich auf Ihrem System immer mehr Altlasten an. Daher hier ein paar Tipps, wie Sie Ihr System pflegen und »frisch« halten können.

Glücklicherweise gehören die meisten »Pflegemittel«, die Sie dafür benötigen, zur Grundausstattung von Windows. Einige davon finden Sie auch im Startmenü unter **Alle Apps > Windows-System** und **Alle Apps > Windows-Verwaltungsprogramme**. Lediglich das Tool zur Entrümpelung der Registrierungsdatenbank müssen Sie aus dem Internet herunterladen. Wir können Ihnen hierfür aber ein zuverlässiges Freeware-Tool empfehlen. Krempeln wir also die Ärmel hoch, und gehen wir ans Werk!

Temporäre Dateien löschen

Viele Anwendungen, die Sie benutzen, legen im Hintergrund – ohne dass Sie es so richtig bemerken – temporäre Dateien an. Manchmal löschen die Anwendungen diese Dateien wieder, manchmal bleiben diese jedoch auf der Festplatte. Im Lauf der Zeit können sich daher viele Gigabytes an Datenmüll ansammeln. Räumen Sie also ruhig ab und an mal Ihre Festplatte auf.

1. Starten Sie den Explorer, indem Sie ⊞ + E drücken oder in der Taskleiste auf das Explorer-Symbol klicken.
2. Klicken Sie mit der rechten Maustaste auf das Symbol einer lokalen Festplatte (**Lokaler Datenträger**), und wählen Sie **Eigenschaften** ❶.
3. Klicken Sie im Dialogfenster **Eigenschaften von Lokaler Datenträger** auf der Registerkarte **Allgemein** ❷ auf die Schaltfläche **Bereinigen** ❸.
4. Es findet eine Überprüfung des Datenträgers statt, anschließend wird das Dialogfenster **Datenträgerbereinigung** angezeigt.

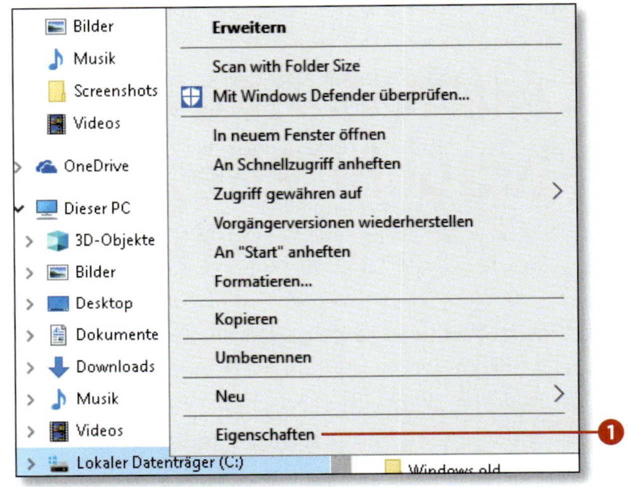

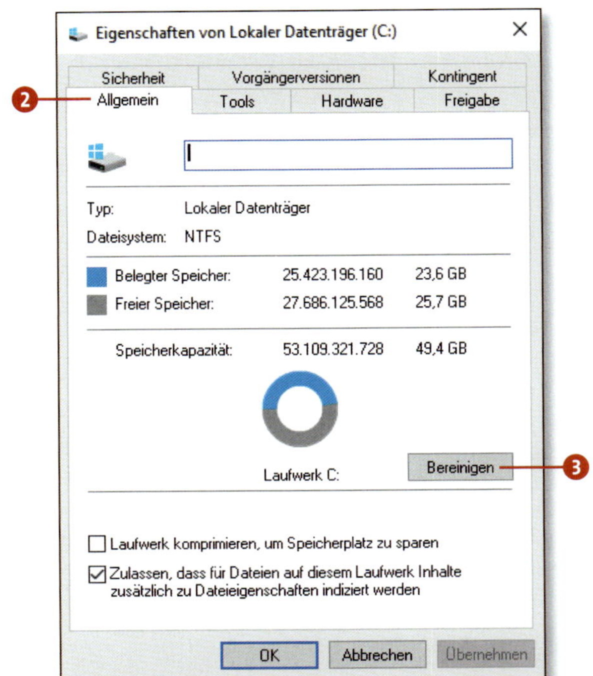

Manuelles Löschen

Aufgrund von Sicherheitseinstellungen (z. B. Schreibschutz für Dateien oder weil die Dateien aktuell in Benutzung sind) werden nicht immer alle Dateien gelöscht. In solchen Fällen müssen Sie die Dateien notfalls manuell löschen, beispielsweise die Inhalte der Ordner *C:\Benutzer\<benutzername>\temp* oder *C:\Benutzer\<benutzername>\AppData\Local\Temp*. (*<benutzername>* ersetzen Sie dabei durch den Namen Ihres Benutzerkontos).

5. Aktivieren Sie im Dialogfenster **Datenträgerbereinigung** die Kontrollkästchen der Kategorien von Dateien, die Sie löschen möchten ❹. Grundsätzlich können Sie alle Kategorien auswählen. Ein wenig Vorsicht ist vielleicht beim Papierkorb geboten – falls Sie kürzlich wichtige Daten gelöscht haben, werfen Sie lieber vorher einen Blick hinein.

   Zu manchen Löschkandidaten gibt es im Dialogfenster **Datenträgerbereinigung** die Schaltfläche **Dateien anzeigen** ❺, mit der der Ordner geöffnet wird, in dem sich diese Dateien befinden. Sie können dann noch einmal prüfen, ob Sie die Dateien wirklich löschen möchten.

6. Klicken Sie auf **OK** ❻, um die Dateien zu löschen.

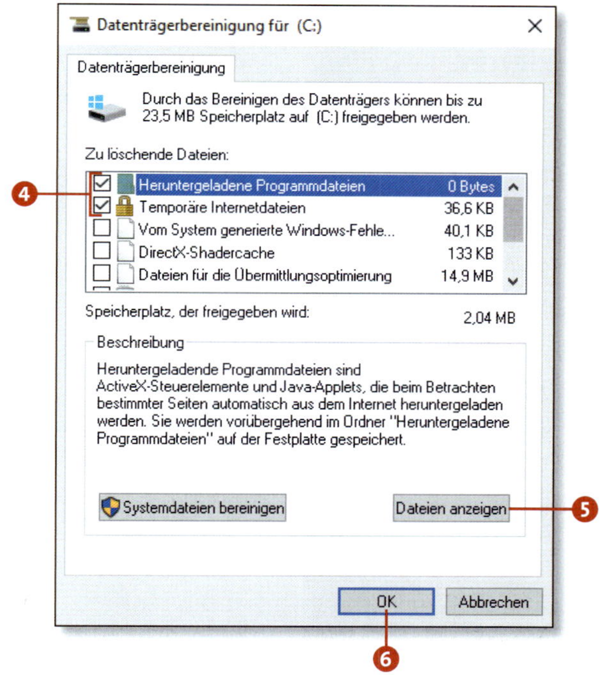

Temporäre Dateien von Browsern

Gerade Browser legen viele temporäre Dateien auf der Festplatte ab. Da die Browser dafür nicht die Standardordner von Windows verwenden, kann die Windows-Datenträgerbereinigung sie nicht löschen. Forschen Sie also in den Einstellungen Ihres Browsers nach Möglichkeiten, die Chroniken, temporären Dateien und Caches zu leeren.

Automatische Speicherbereinigung

Um das elende manuelle Löschen von temporären Dateien, die sich beispielsweise im Laufe diverser Updates ansammeln, zu vereinfachen, gibt es mittlerweile auch eine automatische Speicherbereinigung. Drücken Sie dazu [Windows] + [I], wählen Sie die Rubrik **System**, und klicken Sie dann links auf **Speicher**. Stellen Sie den Schieberegler **Speicheroptimierung** auf **Ein**.

Besonders große Ordner und Dateien identifizieren

Sicherlich wissen Sie, dass Sie sich zu jedem Laufwerk, Ordner oder jeder Datei die Größe anzeigen lassen können, indem Sie das zugehörige Symbol im Explorer mit der rechten Maustaste anklicken und im Kontextmenü den Befehl **Eigenschaften** aufrufen. Um sich eine Übersicht darüber zu verschaffen, welche Ordner besonders groß oder klein sind, ist das allerdings ein mühsames Verfahren.

1. Gehen Sie zur Website *www.mindgems.com/products/Folder-Size/Folder-Size.html*, laden Sie das Freeware-Programm *Folder Size* herunter, und führen Sie das heruntergeladene Installationsprogramm aus.
2. Starten Sie am Ende der Installation das Programm.
3. Wählen Sie im Listenfeld aus, für welches Laufwerk die Ordnergrößen ermittelt werden sollen ❶.
4. Rufen Sie im Menü **Scan** den Befehl **Scan Selected Drive** ❷ auf. Auf der einen Seite sehen Sie die absoluten Ordnergrößen ❸, auf der anderen die relativen Ordnergrößen ❹, bezogen auf die Gesamtgröße des Laufwerks. Hier ❺ sehen Sie eine grafische Aufbereitung der Ordnergrößen.

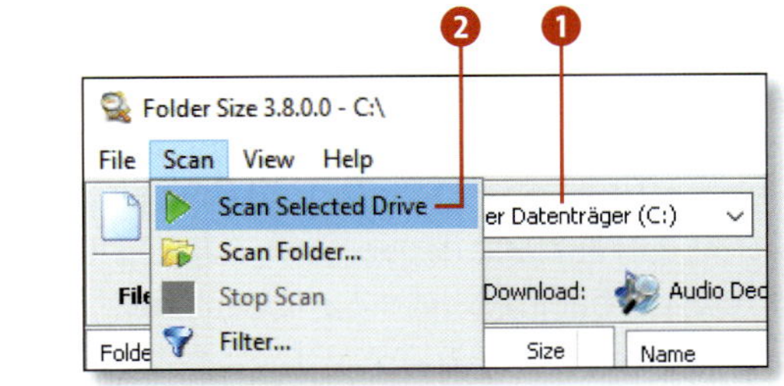

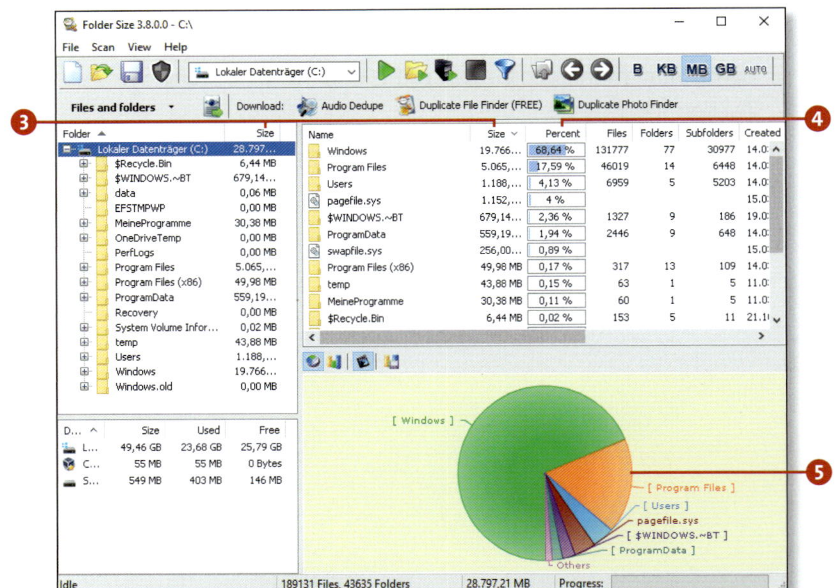

Eine Minimallösung im Explorer

Wer sich nur einen kleinen Überblick über die Ordnergröße verschaffen möchte, dem reicht es wahrscheinlich auch, mit der Maus über den Ordner zu fahren und etwas zu verweilen, bis eine QuickInfo mit der Größenangabe eingeblendet wird.

Größe eines einzelnen Ordners ermitteln

Um die Größe eines einzelnen Ordners und der darin enthaltenen Unterordner zu überprüfen, rufen Sie im Menü **Scan** den Befehl **Scan Folder** auf und wählen dann den Ordner aus.

Das Dateisystem überprüfen

Insbesondere bei einem Systemabsturz oder Stromausfall kann es passieren, dass sich im Dateisystem Fehler einschleichen, manche Dateien nicht mehr geöffnet werden können oder zumindest teilweise beschädigt sind. Bis zu einem gewissen Grad kann Windows Selbstheilungskräfte mobilisieren und die Schäden wieder für Sie beheben.

1. Drücken Sie [Windows] + [X], und wählen Sie den Eintrag **Windows PowerShell (Administrator)** ❶; gegebenenfalls müssen Sie das Administratorpasswort eingeben.
2. Geben Sie den Befehl » chkdsk c: /f« ❷ für eine Überprüfung mit Reparatur von Laufwerk *C:* ein. Für ein anderes Laufwerk müssen Sie den entsprechenden Laufwerksbuchstaben anstelle von »c« einsetzen. Drücken Sie dann [↵].

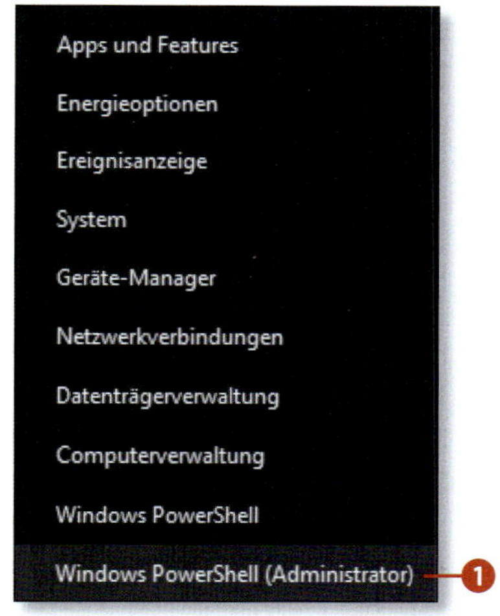

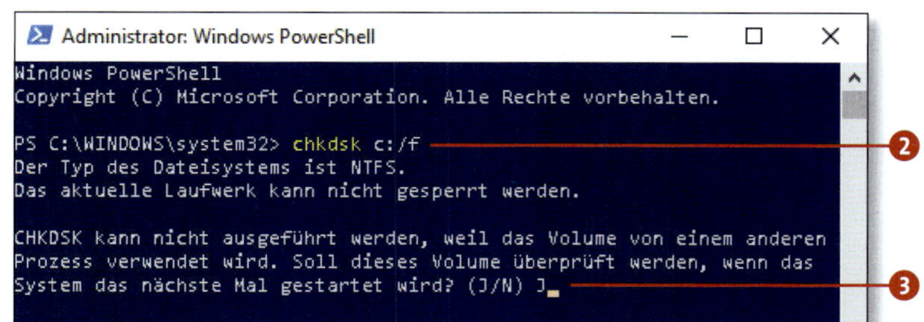

Das Laufwerk wird gerade verwendet

Wenn das angegebene Laufwerk in Verwendung ist – dies ist immer der Fall bei Laufwerk *C:* – können Sie durch Drücken der Taste [J] gefolgt von [↵] festlegen, dass nach dem nächsten Neustart die Überprüfung automatisch stattfinden soll ❸.

Die Ruhezustandsdatei löschen

Windows legt zur Unterstützung des Ruhezustands standardmäßig auf dem Windows-Laufwerk (üblicherweise *C:*) eine Datei namens *hiberfil.sys* an, die meist mehrere Gigabytes groß ist. Lesen Sie den Tipp »Start mit der letzten Sitzung« auf Seite 44 und den Tipp »Schneller weiterarbeiten dank Ruhezustand« auf Seite 119, wenn Sie mehr über den Ruhezustand erfahren wollen. Wenn Sie ihn nicht nutzen, können Sie diese Datei löschen und auf diese Weise viel Speicher auf Ihrem Windows-Laufwerk freigeben.

1. Rufen Sie die **Eingabeaufforderung** mit Administratorrechten auf – drücken Sie dazu die Tastenkombination [Windows] + [X], und wählen Sie den Befehl **Windows PowerShell (Administrator)**.
2. Tippen Sie den folgenden Befehl ein: »powercfg -h off« (1), und schicken Sie den Befehl durch Drücken von [↵] ab.
3. Kontrollieren Sie im Explorer, ob die Datei korrekt gelöscht wurde, d. h. keine Datei *hiberfil.sys* mehr erscheint (2). Sortieren Sie hierzu die Dateien am besten nach Namen, und lassen Sie auch versteckte Dateien anzeigen (siehe Kasten).

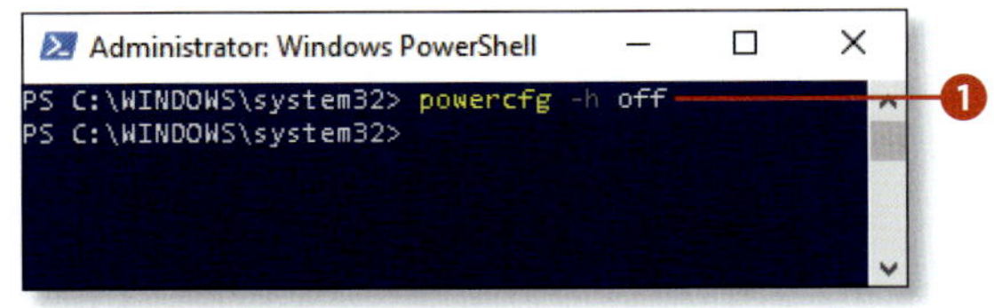

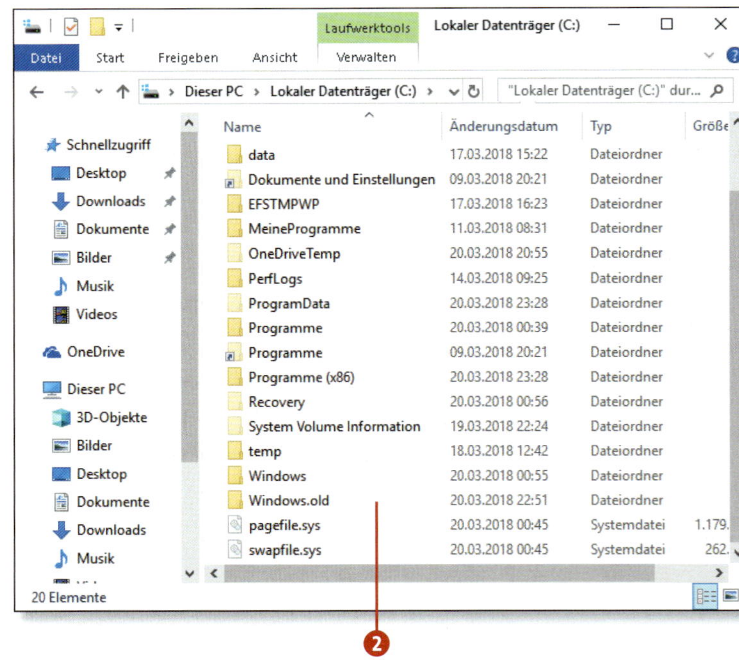

Größe der Ruhezustandsdatei prüfen

Die *hiberfil.sys*-Datei ist eine versteckte Systemdatei, die sich auf dem Laufwerk *C:* befindet. Damit Sie sie im Explorer überhaupt sehen können, müssen Sie im Menü **Ordner-Optionen** (Aufruf über das Menü **Datei**) auf der Registerkarte **Ansicht** die Option **Geschützte Systemdateien ausblenden** aus- und die Option **Versteckte Dateien und Ordner > Ausgeblendete Dateien, Ordner und Laufwerke anzeigen** anschalten.

Die Festplatte defragmentieren

Gerade größere Dateien werden auf der Festplatte oftmals nicht am Stück, sondern als Sammlung mehrerer kleiner Segmente gespeichert. Windows verwendet diese Technik, um Lücken, die durch Löschoperationen entstanden sind, möglichst effizient wiederzuverwenden. Dies reduziert den Platzverbrauch, erhöht aber etwas die Zeit zum Laden und Schreiben von Dateien. Windows versucht daher, diese Segmente von Zeit zu Zeit wieder zusammenzufassen (*Defragmentierung*). Es lohnt sich aber gelegentlich, das Ergebnis zu kontrollieren und gegebenenfalls selbst einmal eine Defragmentierung anzustoßen.

1. Rufen Sie die Systemsteuerung auf. Geben Sie hierzu in das Suchfeld »System« ein, und wählen Sie in der Ergebnisliste den Eintrag **Systemsteuerung**.
2. Wählen Sie die Kategorie **System und Sicherheit** ❶, und klicken Sie hier unter **Verwaltung** auf **Laufwerke defragmentieren und optimieren** ❷.
3. Wählen Sie das gewünschte Laufwerk aus ❸. Falls es sich um eine konventionelle Festplatte handelt, klicken Sie auf **Analysieren** ❹ (bei SSD-Laufwerken ist keine Analyse notwendig).
4. Ist eine Optimierung erforderlich, klicken Sie auf **Optimieren** ❺ und lassen die Defragmentierung durchführen.

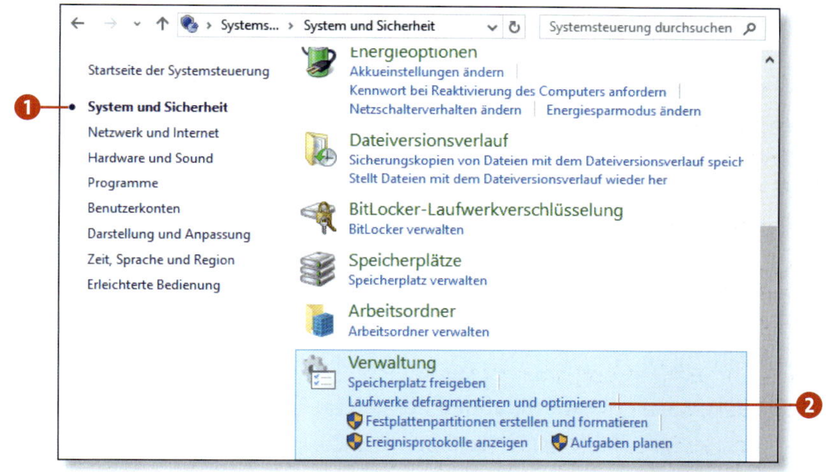

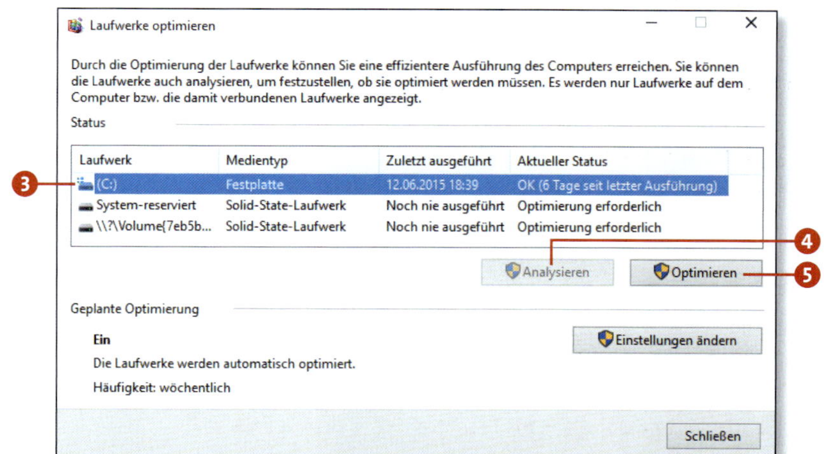

Keine Defragmentierung von SSDs

Solid-State-Festplatten (SSDs) sollten nicht defragmentiert werden, da aufgrund ihrer Speichertechnik die Zerstückelung von Dateien keine spürbaren negativen Auswirkungen hat. Die Defragmentierung würde daher nur unnötige Schreibzyklen verursachen und die Lebensdauer verringern.

Aufräumen vor der Defragmentierung

Löschen Sie vor der Defragmentierung alle temporären Dateien. Siehe dazu auch den Tipp »Temporäre Dateien löschen« auf Seite 272.

Die vorherige Windows-Version löschen

Immer wenn Windows 10 ein größeres Update macht (in der Regel passiert dies zweimal pro Jahr), wird die alte bisherige Windows-Installation nicht gelöscht, sondern bleibt auf Laufwerk *C:* liegen. Falls es auf Ihrer Festplatte eng werden sollte, können Sie diese alte Version unbesorgt löschen und somit etwas freien Platz gewinnen.

1. Geben Sie in das Suchfeld »Datenträgerbereinigung« ein, und wählen Sie in der Ergebnisliste den entsprechenden Eintrag.
2. Wählen Sie im erscheinenden Dialog **Laufwerk C:** aus.
3. Klicken Sie auf **Systemdateien bereinigen** ❶. Gegebenenfalls müssen Sie das Administratorkennwort eingeben. Übernehmen Sie das ausgewählte Laufwerk *C:* mit einem Klick auf **OK**. Windows prüft anschließend, welche Dateien bereinigt werden können. Dies kann einige Sekunden dauern ❷.
4. Scrollen Sie in der Liste bis zum Punkt **Vorherige Windows-Installation(en)**, und setzen Sie dort ein Häkchen ❸.
5. Klicken Sie auf **OK** ❹, um die Bereinigung durchzuführen.

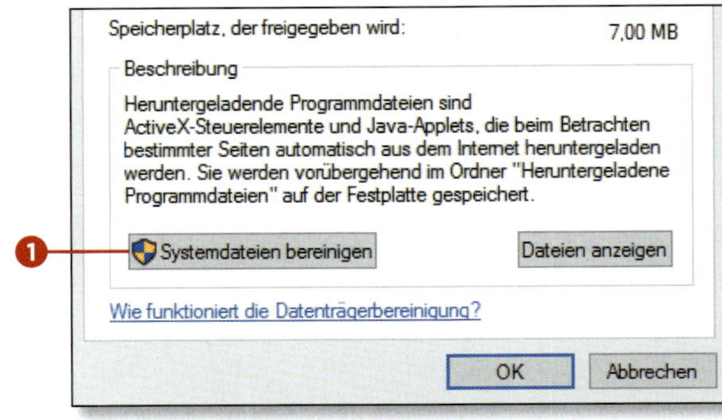

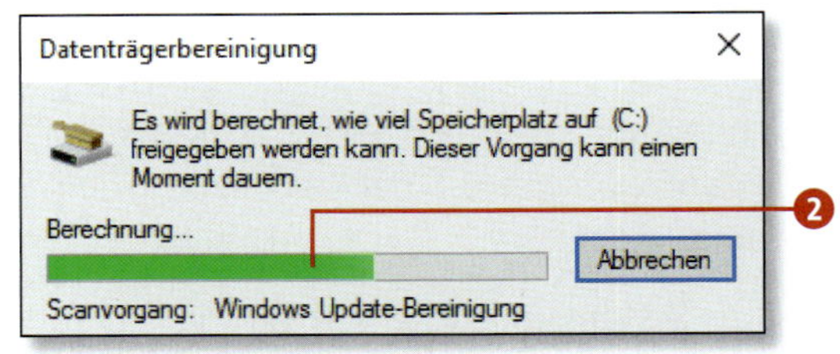

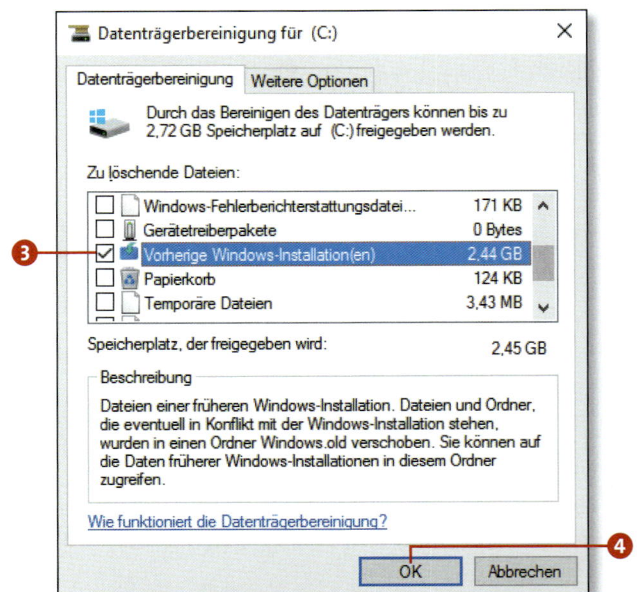

Nicht manuell löschen

Versuchen Sie nicht, den *Windows.old*-Ordner einfach im Explorer zu löschen – Sie handeln sich nur lauter Meldungen wegen fehlender Zugriffsrechte ein.

Die Registrierungsdatenbank

Die *Registrierungsdatenbank* (*Registry*) ist eine Windows-interne Datenbank, die von Windows und vielen installierten Programmen verwendet wird, um diverse Konfigurationseinstellungen und Hilfsdaten abzuspeichern. Für zahlreiche dieser Einstellungen gibt es passende Dialogfelder, die bequem und sicher zu bedienen sind und die dann die von Ihnen gewünschten Einstellungen in die Registrierungsdatenbank schreiben. Für andere Einstellungen gibt es keine andere Alternative, als die gewünschten Werte direkt in die Registrierungsdatenbank einzutragen.

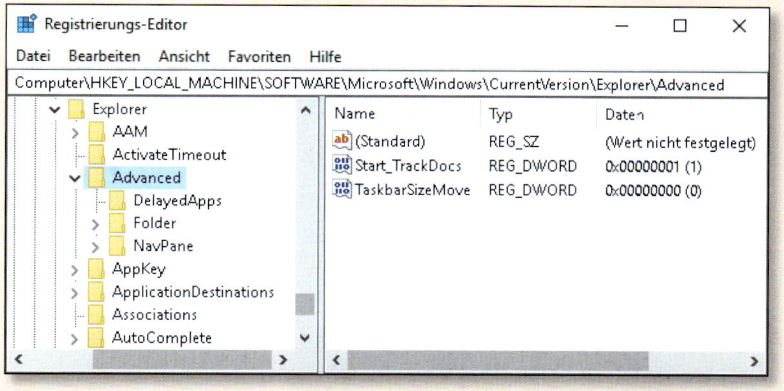

Die Registrierungsdatenbank – sie sieht kompliziert aus und ist auch nur mit Vorsicht zu bedienen. Deshalb sollten Sie unbedingt unseren Anleitungen Schritt für Schritt folgen und vorher vor allem den Tipp auf der nächsten Seite befolgen: vor einer Änderung immer eine Sicherung der Datenbank erstellen.

Vorsicht ist geboten!

Direkte Manipulationen an der Registrierungsdatenbank scheinen auf den ersten Blick recht kompliziert, doch tatsächlich können auch Laien solche Manipulationen in der Regel problemlos und sicher vornehmen. Ein wenig Respekt und Vorsicht sind allerdings dennoch angesagt. Wenn Sie das interne Format der Datenbank zerstören, wird sie unbrauchbar, und die aktuelle Windows-Installation kann nicht mehr ordnungsgemäß hochgefahren werden. Umso wichtiger ist es daher, sich an die Anweisungen zu halten und zudem vor jeder Änderung eine Sicherungskopie zu erstellen. Treten dann im Nachhinein Probleme auf, können Sie die abgespeicherte funktionierende Version der Registrierungsdatenbank wiederherstellen.

Wartung

Fehler bei der Deinstallation von Programmen, nachlässig geschriebene Deinstallationsroutinen und andere Ursachen können dazu führen, dass sich mit der Zeit in der Registrierungsdatenbank zahllose unnötige und veraltete Eintragungen ansammeln. Es lohnt daher, gelegentlich eine Reinigung vorzunehmen. Eine schlankere Registrierungsdatenbank spart Festplattenspeicher und beschleunigt viele Prozesse.

Die Registrierungsdatenbank sichern

Falls die Registrierungsdatenbank beschädigt oder durch eigenes Herumbasteln korrupt wird, dann haben Sie ein echtes Problem. Daher sollten Sie unbedingt *regelmäßig* eine Sicherung der Registrierungsdatenbank erstellen!

1. Rufen Sie den Registrierungs-Editor auf. Drücken Sie dazu die Tasten ⊞ + R, und geben Sie in das Dialogfenster **Ausführen** den Befehl »regedit« ❶ ein. Alternativ können Sie auch über das Suchfeld nach »regedit« suchen.
2. Wählen Sie im Menü **Datei** den Befehl **Exportieren**.
3. Wählen Sie als Exportbereich **Alles** ❷.
4. Geben Sie einen aussagekräftigen Dateinamen ein ❸, und klicken Sie auf **Speichern** ❹.

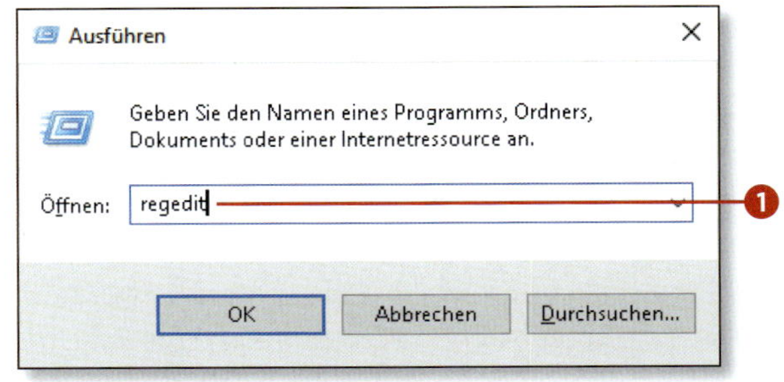

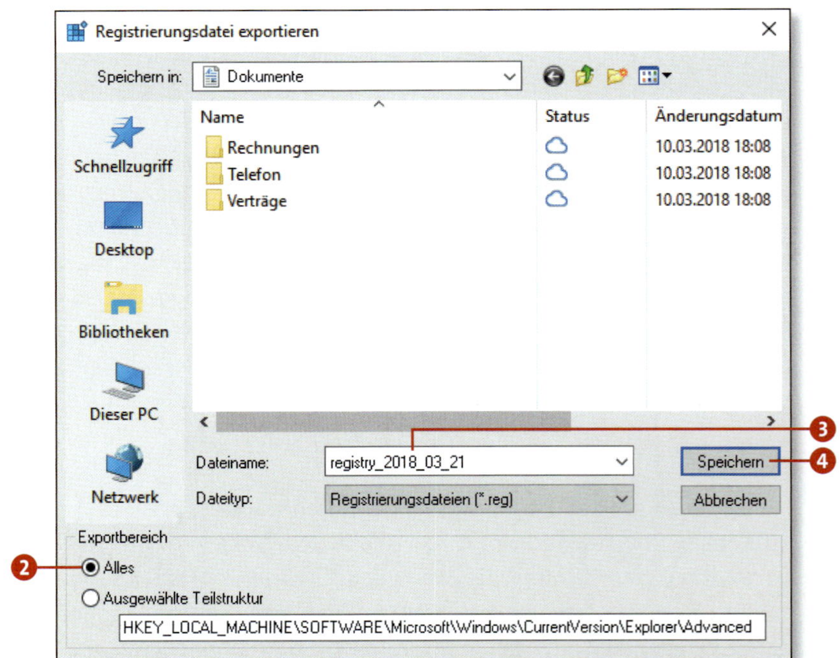

Wählen Sie einen aussagekräftigen Dateinamen

Nehmen Sie in den Dateinamen eine Datumsangabe auf, am besten nach dem Muster Jahr_Monat_Tag (in Zahlen), also z. B. *registry_2018_03_21*. Dadurch ergibt die alphabetische Sortierung durch den Explorer automatisch auch eine zeitliche Sortierung, sodass Sie später leichter die richtige Datei für ein eventuell notwendiges Importieren finden.

Die Registrierungsdatenbank säubern

Schon seit Windows 95 gibt es die Registrierungsdatenbank, und seitdem fordert Microsoft die Hersteller von Anwendersoftware auf, programmspezifische Parameter in diese Datenbank einzutragen, statt in irgendwelchen Dateien im Anwendungsordner abzulegen. Einer der Nachteile dieses Verfahrens ist jedoch, dass durch fehlerhafte Programmierung oder abgebrochene oder nicht vorschriftsmäßige Deinstallationen auf die Dauer viel Müll in der Registrierungsdatenbank zurückbleibt. Es lohnt daher, die Registrierungsdatenbank ab und an aufräumen zu lassen.

1. Suchen Sie im Internet nach einem Programm zum Säubern der Registrierungsdatenbank für Windows 10, beispielsweise *Wise Registry Cleaner*, das Sie unter *www.wisecleaner.com/download.html* herunterladen können.
2. Erstellen Sie zunächst eine Sicherung der Registrierungsdatenbank, wie im vorangegangenen Tipp auf Seite 280 beschrieben.
3. Installieren und starten Sie das Programm zur Bereinigung der Registrierungsdatenbank.
4. Lassen Sie zuerst eine Analyse durchführen, indem Sie auf **Schnellsuche** (1) klicken.
5. Starten Sie danach die Bereinigung mit einem Klick auf **Reinigen**.

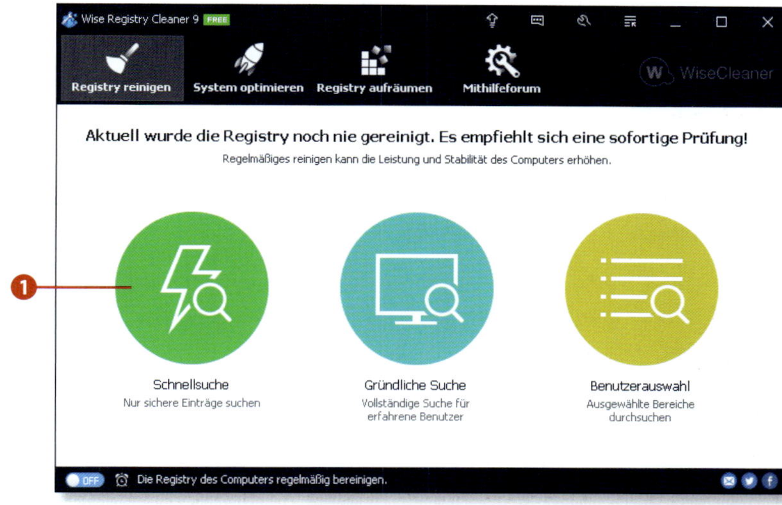

Augen auf beim Downloaden

Achten Sie darauf, dass Sie kostenlose Freeware immer von einer vertrauenswürdigen Adresse herunterladen, entweder dem Originalhersteller oder einer bekannten Computerzeitschrift oder Ähnlichem (z. B. *www.chip.de* oder *www.pcwelt.de*).

Registrierungsdatenbank wiederherstellen

Sollte es nach dem Säubern wider Erwarten Schwierigkeiten mit der Ausführung von Windows oder bestimmten Programmen geben, stellen Sie die alte Registrierungsdatenbank wieder her, indem Sie den Registrierungs-Editor wieder starten (über [Windows] + [R] und den Befehl »regedit«) und **Datei > Importieren** aufrufen. Sollte dies nicht fruchten, versuchen Sie, Windows auf einen Systemwiederherstellungspunkt oder den Auslieferungszustand zurückzusetzen. Siehe dazu auch den Tipp »Windows auf einen Wiederherstellungspunkt zurücksetzen« auf Seite 306.

Die Papierkorbgröße sinnvoll einstellen

Der Papierkorb wird standardmäßig pro Partition auf ca. 5% der Gesamtgröße eingestellt. Bei den mittlerweile sehr großen Festplatten sind dann schnell einmal 25 oder auch 50 GB nur für das Löschen reserviert. Falls Sie Platz brauchen, können Sie dies leicht ändern.

1. Klicken Sie mit der rechten Maustaste auf den **Papierkorb**, und wählen Sie **Eigenschaften** ❶.
2. Wählen Sie nacheinander auf Ihrem Rechner die vorhandenen Datenträger aus, und legen Sie für jeden die gewünschte Papierkorbgröße fest ❷.

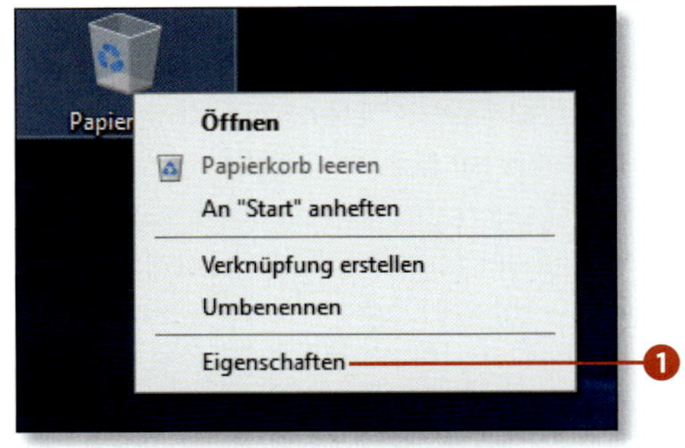

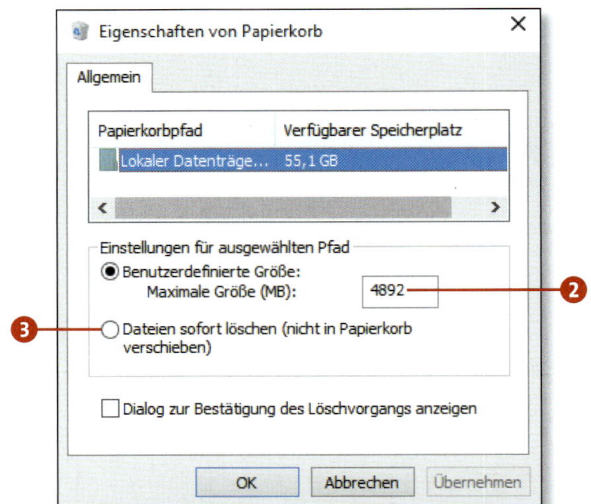

Papierkorb abschalten

Sie können in diesem Dialog über die Option **Dateien sofort löschen** ❸ den Papierkorb komplett abschalten, sodass Dateien direkt und unwiderruflich gelöscht werden. Die Erfahrung zeigt allerdings, dass man dies früher oder später bereut; wir raten daher eher davon ab, zumal Sie jederzeit auch mithilfe der Tastenkombination [⇧] + [Entf] endgültig löschen können.

Bestätigungsdialog

Wenn Sie bei eingeschaltetem Papierkorb mithilfe der Tastenkombination [⇧] + [Entf] endgültig löschen, werden Sie immer noch einmal vorab aufgefordert, den Löschvorgang zu bestätigen. Bei ausgeschaltetem Papierkorb erscheint die Bestätigungsaufforderung dagegen nur, wenn Sie die zugehörige Option ❸ setzen.

Partition verkleinern oder vergrößern

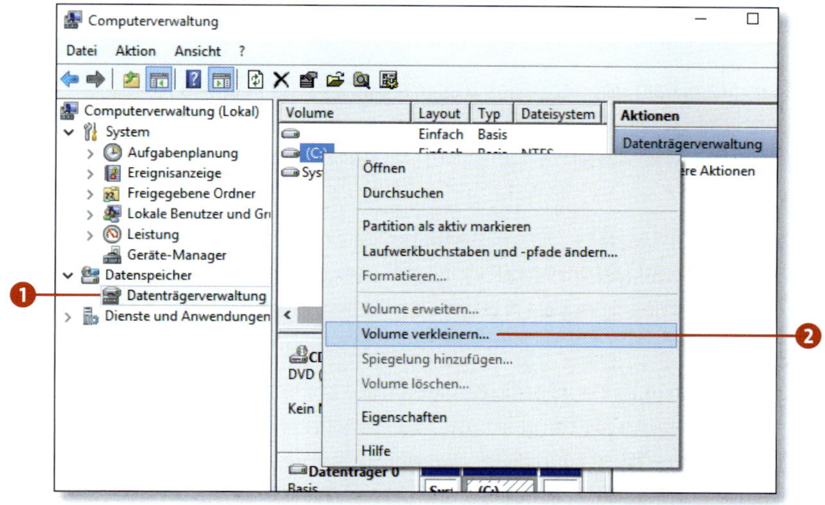

Falls Ihre Festplatte in mehrere Partitionen unterteilt ist, stehen Sie vielleicht vor dem Problem, dass die eine Partition aus allen Nähten platzt, während eine andere noch halb leer ist. Aber keine Sorge: Sie können Partitionen nachträglich verkleinern oder vergrößern.

1. Wenn möglich, führen Sie vor dem Partitionieren eine Datenträgerbereinigung durch (siehe den Tipp »Temporäre Dateien löschen« auf Seite 272), und defragmentieren Sie dann das zu teilende Laufwerk (siehe den Tipp »Die Festplatte defragmentieren« auf Seite 277).
2. Drücken Sie [Windows] + [X], und wählen Sie den Eintrag **Windows PowerShell (Administrator)**; gegebenenfalls müssen Sie das Administratorpasswort eingeben. Geben Sie in das blaue Shell-Fenster den Befehl »compmgmt.msc« ein, und drücken Sie [↵].
3. Klicken Sie links unter **Datenspeicher** auf **Datenträgerverwaltung** ❶.
4. Klicken Sie mit der rechten Maustaste auf das gewünschte Laufwerk, und wählen Sie **Volume verkleinern** ❷ bzw. **Volume erweitern**.
5. Geben Sie an, um wie viel MB das Laufwerk verkleinert bzw. erweitert werden soll (1 GB = 1.024 MB) ❸, und klicken Sie dann auf **Verkleinern** bzw. **Erweitern** ❹.

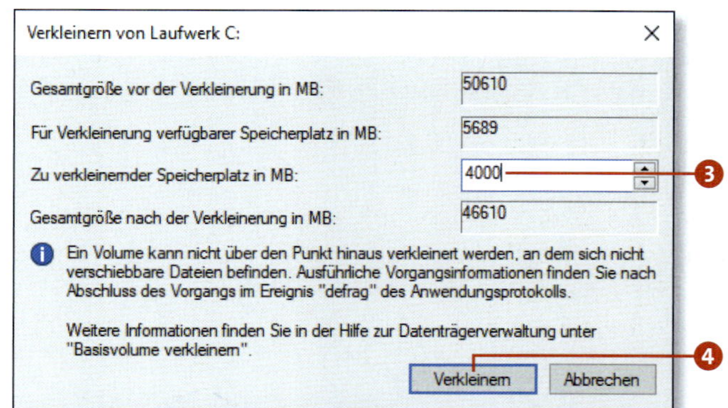

Partitionen

Windows kann eine Festplatte in mehrere logische Einheiten aufteilen: die Partitionen. Jede Partition kann dann als logisches Laufwerk im Explorer angesprochen werden (z. B. Laufwerk C:\ oder D:\). Mehrere Partitionen haben den Vorteil, dass Sie die einzelnen Laufwerke z. B. getrennt voneinander sichern können (Stichwort Systemwiederherstellung) oder für die Installation mehrerer paralleler Betriebssysteme nutzen können.

Eine neue Partition erstellen

Falls Sie eine bestehende Partition verkleinert und dadurch Platz gemacht haben, können Sie nun eine andere Partition vergrößern (Schritt 4 im vorangegangenen Tipp) oder eine zusätzliche Partition anlegen:

1. Drücken Sie [Windows-Taste] + [X], und wählen Sie den Eintrag **Windows PowerShell (Administrator)**; gegebenenfalls müssen Sie das Administratorpasswort eingeben. Geben Sie in das blaue Shell-Fenster den Befehl »compmgmt.msc« ein, und drücken Sie [Enter].
2. Klicken Sie links unter **Datenspeicher** auf **Datenträgerverwaltung**. Klicken Sie dann im mittleren unteren Bereich des Fensters mit der rechten Maustaste auf die freie, nicht zugeordnete Partition, und wählen Sie **Neues einfaches Volume** ❶.
3. Folgen Sie den Anweisungen des Assistenten. Für die Größe des neuen Laufwerks (Volume) können Sie in der Regel die voreingestellte maximale Größe übernehmen ❷.

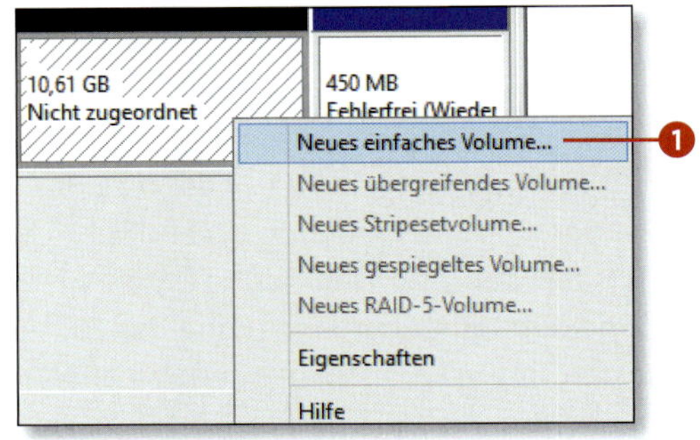

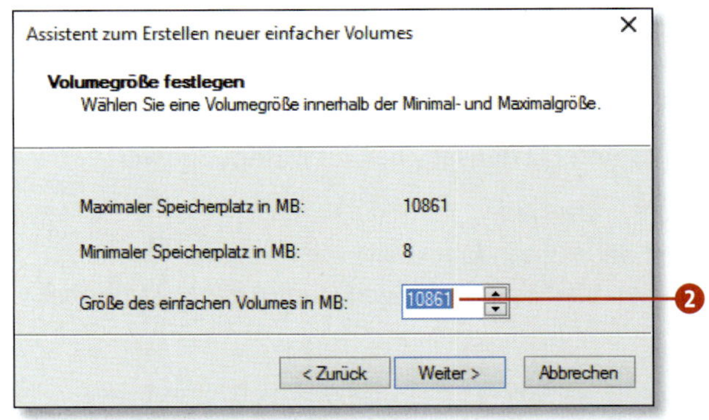

Verwendbarer Speicherplatz

Der maximal auf einem Laufwerk freizugebende oder verwendbare Speicherplatz ist oft geringer, als man erwarten würde. Dies liegt meist daran, dass sich auf dem Laufwerk Dateien befinden, die nicht verschoben werden können (z. B. die Systemdateien auf Laufwerk *C:*). Für die Repartitionierung steht dann nur der freie Speicher links oder rechts dieser Dateien zur Verfügung.

4. Wählen Sie aus, mit welchem Laufwerksbuchstaben die Partition unter Windows sichtbar sein soll ❸.
5. Lassen Sie das Laufwerk als NTFS-Laufwerk formatieren ❹.
6. Benennen Sie das Laufwerk. Mit diesem Namen ❺ wird das Laufwerk im Explorer angezeigt.

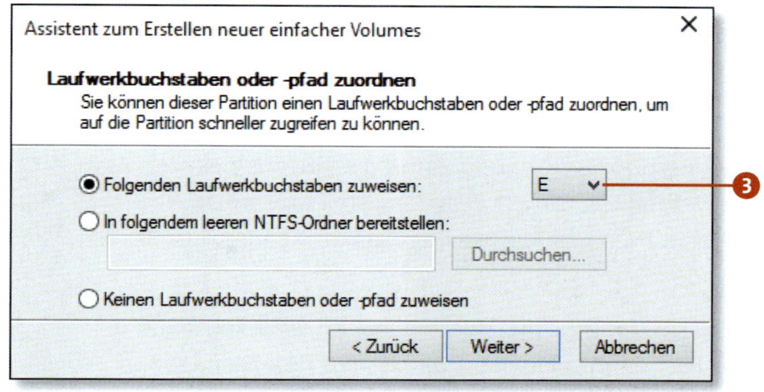

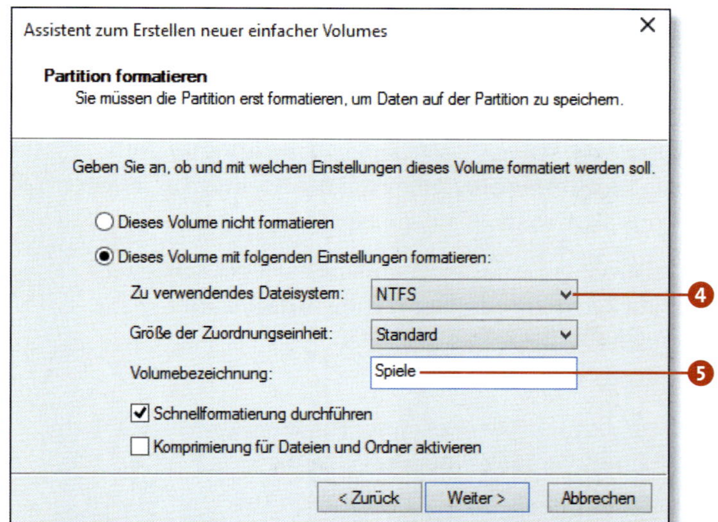

Dateisystem NTFS

In fast allen Fällen sollten Sie NTFS als Standarddatei-System wählen. Nur bei NTFS-Laufwerken ist beispielsweise eine spätere Größenänderung (Verkleinern/Erweitern) der Partitionen möglich, und Sie profitieren von weiteren Vorteilen wie Zugriffsrechteverwaltung und fast unbegrenzte Dateigrößen. Das ältere FAT32-Dateisystem bietet all dies nicht, arbeitet dafür unter Umständen etwas schneller bei Lese- und Schreiboperationen.

Stromfressende Apps und Programme aufspüren

Insbesondere für die Besitzer von Laptops oder Tablet-PCs kann es durchaus interessant sein, wie stark die Ausführung einer bestimmten App oder eines Programms den Rechner und damit die Batterie belastet. Alte Windows-Füchse werden jetzt an die Registerkarte **Prozesse** des Task-Managers denken. Doch Obacht, diese eignet sich nicht zur Kontrolle von Apps im Tablet-Modus.

1. Rufen Sie den Task-Manager auf: Drücken Sie die Tastenkombination [Strg] + [⇧] + [Esc], oder wählen Sie den Befehl **Task-Manager** im Kontextmenü der **Start**-Schaltfläche.
2. Klicken Sie gegebenenfalls auf **Mehr Details** ❶, um in die erweiterte Ansicht zu wechseln.
3. Kontrollieren Sie die Leistungsdaten für das Programm. Beobachten Sie vor allem den Wert in der Spalte **CPU**. Die meisten Programme führen überwiegend kurze Aktionen aus, nach deren Abarbeitung ihr CPU-Wert auf 0 % fällt. Arbeitet ein Programm ständig, oder wird es immer wieder von sich aus aktiv, sollte es dafür einen Grund geben.
4. Wenn Sie feststellen, dass Sie das Programm nicht länger benötigen, können Sie hier mit Rechtsklick das Kontextmenü dazu aufrufen und es mit **Task beenden** ❷ von hier aus schließen.

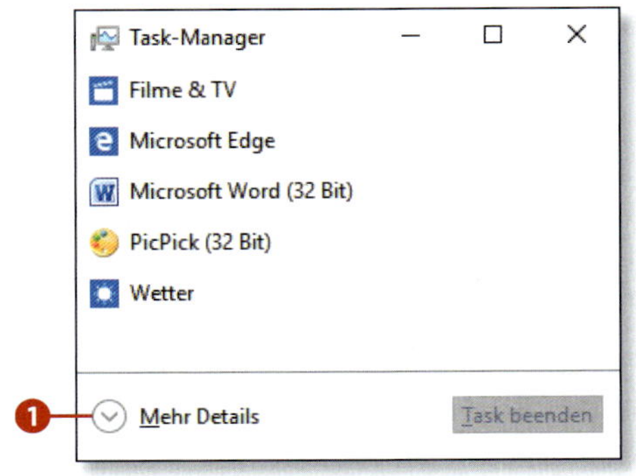

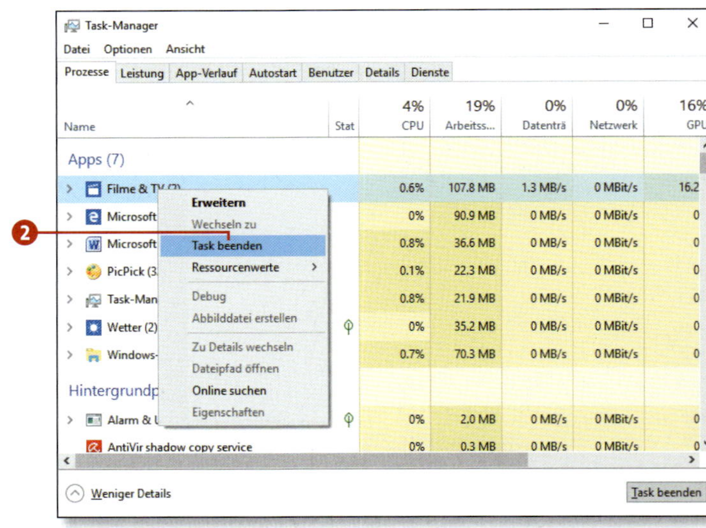

Und so geht es für Apps im Tablet-Modus

Apps im Tablet-Modus können Sie auf diese Weise nicht kontrollieren, da sie nur dann aktiv sind, wenn sie im Vordergrund sind. Mit anderen Worten, wenn Sie zum Task-Manager wechseln, werden diese Apps inaktiviert, und ihr CPU-Wert ist folglich immer 0 %. Sie können aber zur Registerkarte **App-Verlauf** wechseln und dort einsehen, wie viel CPU-Zeit die einzelnen installierten Apps seit dem Beginn der letzten Messung verbraucht haben. Um eine neue Messung zu beginnen, klicken Sie einfach auf **Auslastungsverlauf löschen**.

Die Aktualisierungsgeschwindigkeit ist anpassbar

In Ihrer Anzeige tut sich überhaupt nichts? Dann setzen Sie die Aktualisierungsgeschwindigkeit über den gleichnamigen Befehl im Menü **Ansicht** herauf.

Speicherintensive Apps ermitteln

Interessiert es Sie, wie viel Speicher eine App nach der Installation auf Ihrem Rechner belegt? Vielleicht stehen Sie ja vor dem Problem, dass sich Ihre Festplatte unaufhaltsam füllt. Vielleicht sind Sie stolzer Besitzer einer unschlagbar schnellen, aber wegen ihres immer noch recht hohen Preises eben auch eher im Speicherplatz begrenzten SSD-Festplatte. Dann lassen Sie sich doch von Windows verraten, bei welcher App sich die Deinstallation lohnt.

1. Wählen Sie im Startmenü den Befehl **Einstellungen** aus, oder drücken Sie ⊞ + I.
2. Wählen Sie die Rubrik **Apps** ❶ aus.
3. Klicken Sie links auf den Eintrag **Apps & Features** ❷.
4. Warten Sie gegebenenfalls einen Augenblick, bis die App-Größen ermittelt wurden ❸, und scrollen Sie dann durch die Liste der Apps.

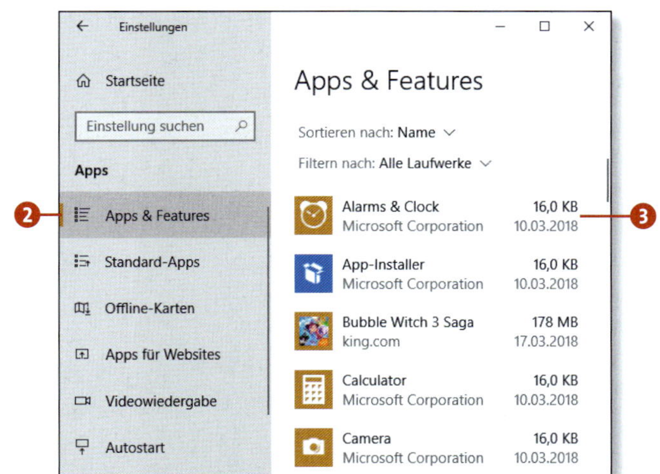

SSD

SSD ist die Abkürzung für *Solid State Disk* und bezeichnet einen besonders schnellen Typus von Festplatte. Da SSDs allerdings um ein Vielfaches teurer sind als gewöhnliche Festplatten, können Sie viel Geld sparen, wenn Sie sich bei der Plattengröße bescheiden oder einer kleinen SSD-Hauptfestplatte eine Nicht-SSD-Platte als zweite Festplatte für die Datenspeicherung zur Seite stellen. Leider besteht dann natürlich die Gefahr, dass sich die Festplatte durch Betriebssystem, Updates, Windows-Apps und häufig benötigte Daten bald füllt.

Platzbedarf der Programme kontrollieren

Für manche Desktop-Apps können Sie den Speicherbedarf auch in der Systemsteuerung kontrollieren: Wählen Sie die Anzeige als **Kleine Symbole**, und klicken Sie auf **Programme und Features**.

Die ClearType-Textdarstellung optimieren

ClearType ist eine Technik, die die Darstellung von Texten auf LCD-Monitoren verbessert. Oft sind die Voreinstellungen schon recht gut. Falls Sie aber das Gefühl haben, dass Texte schlecht lesbar sind, sollten Sie überprüfen, ob ClearType richtig konfiguriert ist.

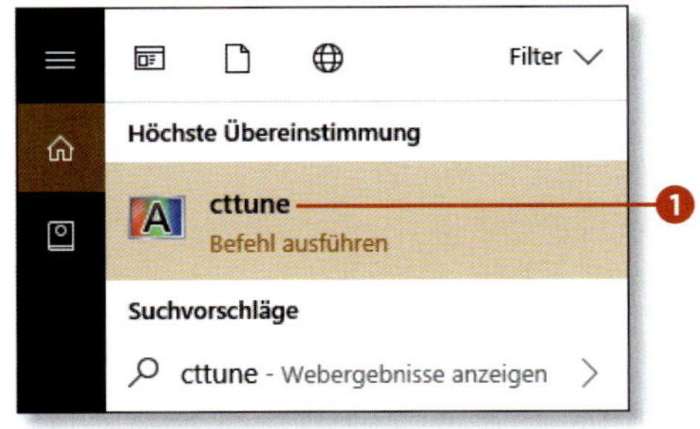

1. Geben Sie in das Suchfeld »cttune« ein, und wählen Sie aus der Ergebnisliste den entsprechenden Eintrag 1 aus; oder rufen Sie das Dialogfeld **Ausführen** mit der Tastenkombination [Win] + [R] auf, und geben Sie dort den Befehl »cttune« ein.
2. Stellen Sie sicher, dass das Kontrollkästchen **ClearType aktivieren** 2 gesetzt ist, und klicken Sie auf **Weiter** 3.
3. Folgen Sie den weiteren Anweisungen des Assistenten. Er führt Sie durch eine Reihe von Dialogseiten, die an den Sehtest beim Optiker erinnern, d. h., Sie bekommen zwei oder mehr alternative Darstellungen präsentiert und müssen entscheiden, welche Ihnen schärfer und kontrastreicher erscheint.

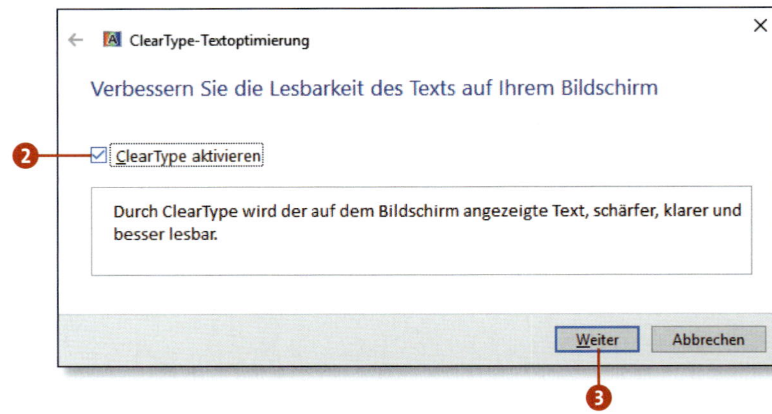

Mit dem Ergebnis unzufrieden?

Wenn Sie mit den neuen Einstellungen nicht zufrieden sind, können Sie die ClearType-Konfiguration natürlich jederzeit erneut durchführen oder ClearType zur Probe einmal ganz ausschalten.

12 Fehlersuche und Reparatur

Wenn die Windows-Installation sich unerwartet verhält oder Programme häufig längere Zeit nicht mehr reagieren oder gar vollständig abstürzen oder sich der Rechner komplett aufhängt, dann kommen Sie nicht darum herum und müssen sich daran wagen, Windows einmal genauer unter die Lupe zu nehmen.

In diesem Kapitel zeigen wir Ihnen eine Reihe von Tipps, die Ihnen dabei helfen können. Wenn Sie gar nicht weiterkommen und auch keinen Fachkundigen konsultieren können, wird Ihnen wahrscheinlich nichts anderes übrigbleiben, als Windows zurückzusetzen – auf den Anfangszustand nach der Installation.

Aber Vorsicht, wenn Ihnen Fremde via Telefon oder über Internet suggerieren, mit Ihrem System wäre etwas nicht in Ordnung! Dahinter verbirgt sich in der Regel entweder eine perfide Werbemasche oder aber der Versuch, Sie zu unüberlegten Aktionen zu verleiten, die das Hacken Ihres Systems erst erlauben. In unserem ersten Tipp geht es um eine kriminelle Werbemasche, bei der die Betrüger sich als Microsoft-Mitarbeiter ausgeben.

In diesem Kapitel

- Harmlose Ereignisfehler, nervige Trickbetrüger
- Der Windows-Problembehandlungs-Assistent
- Probleme beim Start beheben
- Kennwort vergessen?
- Apps im Kompatibilitätsmodus starten
- Welches Windows habe ich?
- Windows-Lizenzschlüssel bestimmen
- Grafikprobleme bei Spielen lösen
- Installierte Treiber bestimmen
- Beschädigte Systemdateien reparieren
- Das DVD-Laufwerk ist verschwunden
- Die Registrierungsdatenbank wiederherstellen
- Den Arbeitsspeicher überprüfen
- Windows zurücksetzen
- Die eigene IP-Adresse herausfinden
- Internetprobleme
- Probleme mit USB-Geräten
- Fernzugriff
- Der Explorer reagiert nicht mehr

Harmlose Ereignisfehler, nervige Trickbetrüger

Seit einiger Zeit räubern hierzulande Trickbetrüger mit einer Masche, die zuvor in England erfolgreich eingesetzt wurde: Die Täter geben sich am Telefon als Microsoft-Mitarbeiter aus und behaupten, Microsoft hätte vom PC der Betroffenen Statusmeldungen erhalten, die auf eine potenzielle Gefährdung des PCs hindeuteten. Zum Beweis leiten die Täter dann die Betroffenen an, die *Ereignisanzeige* zu prüfen, wo tatsächlich etliche Fehlermeldungen zu finden sind. Wie hätte der Anrufer dies wissen können? Ganz einfach: Diese Fehlermeldungen gibt es auf praktisch jedem System.

1. Rufen Sie die Ereignisanzeige auf: Drücken Sie [⊞] + [X], und klicken Sie auf **Ereignisanzeige**.
2. Erweitern Sie links den Knoten **Windows-Protokolle**, und klicken Sie auf **System** ❶.
3. Scrollen Sie im mittleren Bereich ❷ durch die Liste der aufgezeichneten Ereignisse.
4. Obwohl Ihr PC vermutlich tadellos läuft, werden Sie in der Liste viele Fehlermeldungen und Warnungen finden ❸. Dies ist nicht weiter schlimm und daher in gewisser Hinsicht normal.

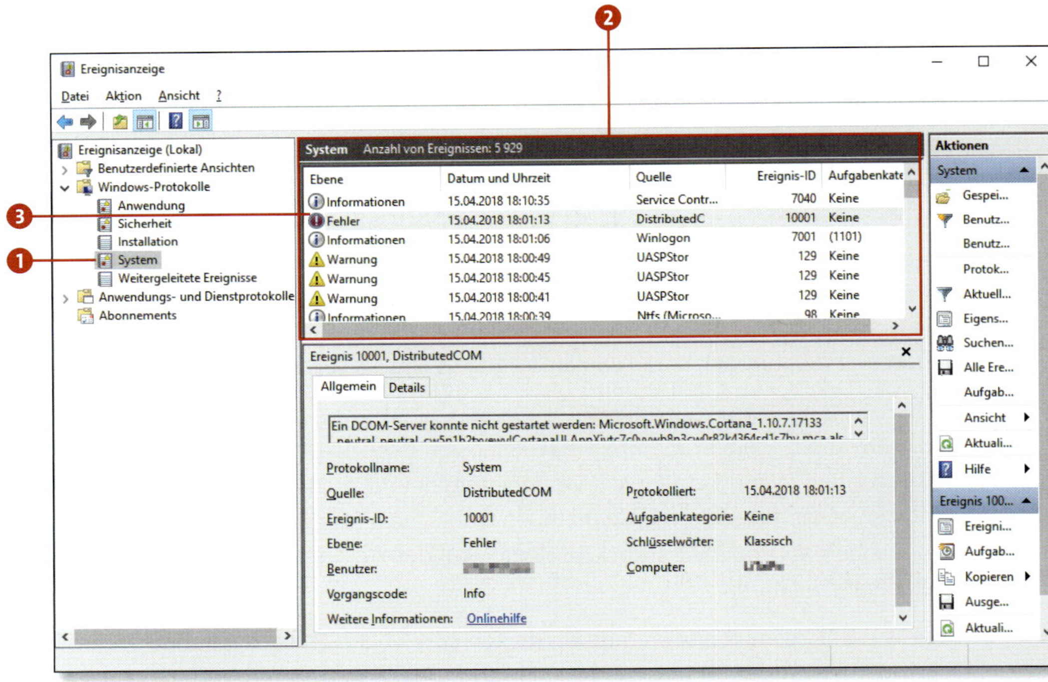

Ereignisfehler nachschlagen

Wenn Sie die Fehlermeldungen genauer prüfen wollen, klicken Sie doppelt auf den Eintrag und kopieren den Errorcode. Sie können nun einfach über StartPage oder Bing nach diesem Code suchen oder direkt eine Website wie *http://eventid.net/* aufrufen, wo Sie nachlesen können, was andere Nutzer über diesen Fehler wissen.

Der Windows-Problembehandlungs-Assistent

Windows-10-Systeme laufen in der Regel sehr stabil, und die meisten Probleme, bei denen in der Vergangenheit viele Anwender am Rande des Nervenzusammenbruchs standen, treten gar nicht mehr oder sehr selten auf. Wenn Ihr Windows dann doch mal Ärger macht, lohnt als erster Versuch, den integrierten Problembehandlungs-Assistenten zu konsultieren. Er kann zwar keine Wunder vollbringen, aber manchmal kann er tatsächlich das Problem finden und beseitigen.

1. Wählen Sie im Startmenü den Befehl **Einstellungen** aus, oder drücken Sie [Windows] + [I].
2. Geben Sie »Problem« in das Suchfeld ein, und klicken Sie in der Ergebnisliste auf **Problembehandlung** ❶.
3. Scrollen Sie durch die Liste ❷, und prüfen Sie, ob es eine Rubrik gibt, die zu Ihrem Problem passen könnte. Selektieren Sie den gewünschten Eintrag, und starten Sie mit einem Mausklick die entsprechende Fehleranalyse und -korrektur.

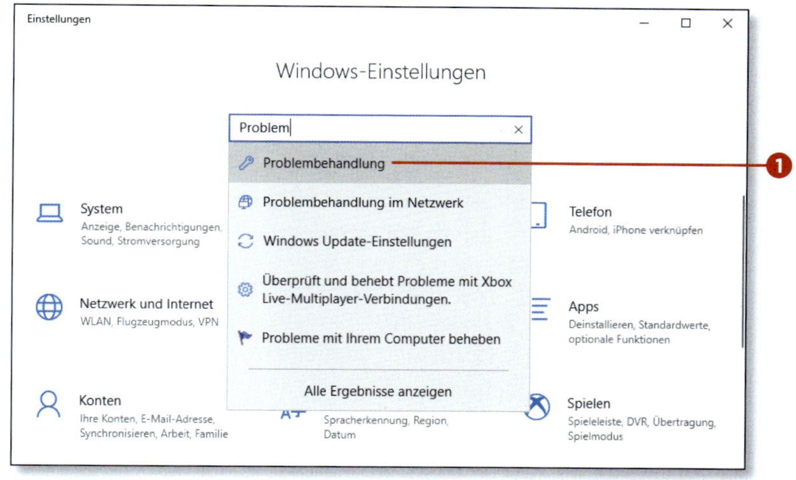

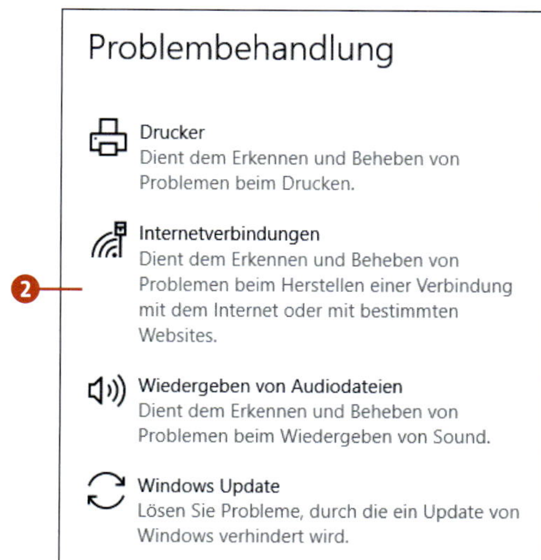

Windows-Update-Problembehandlung

Bei Problemen im Rahmen eines Windows-Updates können Sie ein besonderes Reparaturprogramm herunterladen (unter *https://support.microsoft.com/de-de/help/4027322/windows-update-troubleshooter*) und es per Doppelklick starten. Folgen Sie den weiteren Anweisungen auf dem Bildschirm.

Probleme beim Start beheben

Das BIOS/UEFI beim PC-Start aufrufen

Manche Computerprobleme haben ihren Grund nicht in Windows, sondern im sogenannten BIOS (in neueren Rechnern heißt es UEFI), das die grundlegende Schnittstelle zwischen Hardware und Betriebssystem bildet. Ein Blick ins BIOS bzw. UEFI kann daher manchmal nicht schaden.

1. Stellen Sie sicher, dass der Computer wirklich ausgeschaltet ist, sich also nicht etwa im Stand-by-Betrieb, Ruhezustand oder einem ähnlichen Modus befindet.
2. Starten Sie den Rechner, und halten Sie während der ersten Sekunden die vom jeweiligen PC-Hersteller hierfür vorgesehene Taste gedrückt. Schauen Sie im Handbuch Ihres Rechners nach. Häufig ist es eine der folgenden Tasten: Entf, F1, F2, F8, F10 oder F12.

Englische Tastaturbelegung

Wenn Sie Änderungen der BIOS/UEFI-Einstellungen gemacht haben und diese dann speichern wollen (oft über die Taste F10), werden Sie in der Regel um eine Bestätigung gebeten. Beachten Sie in diesem Zusammenhang, dass im BIOS/UEFI oft nur eine englische Tastaturbelegung vorhanden ist, also beispielsweise die Tasten Y und Z vertauscht sind. Manchmal kann man auch Deutsch als Sprache festlegen 1.

UEFI aus Windows aufrufen

Wenn Ihr PC den BIOS-Nachfolger UEFI besitzt und Sie ein funktionierendes Windows haben, können Sie festlegen, dass beim nächsten PC-Start automatisch in das UEFI gewechselt wird.

1. Wählen Sie im Startmenü den Befehl **Einstellungen** aus, oder drücken Sie ⊞ + I.
2. Wählen Sie die Rubrik **Update und Sicherheit** 1.
3. Klicken Sie links auf **Wiederherstellung** 2 und dann in der Mitte auf **Jetzt neu starten** 3.
4. Nach einiger Zeit erscheint der blaue Optionenbildschirm. Wählen Sie nun **Problembehandlung**, und klicken Sie dann auf **Erweiterte Optionen**.
5. Im zugehörigen Fenster klicken Sie auf **UEFI-Firmwareeinstellung** 4 und folgen den weiteren Anweisungen.

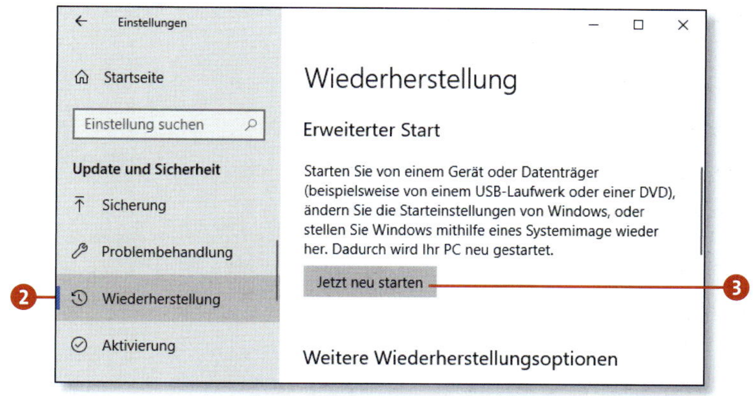

Wofür steht UEFI?

UEFI ist die Abkürzung für *Unified Extensible Firmware Interface* und bezeichnet eine moderne Variante des BIOS. UEFI soll leichter zu bedienen sein und mittels *Secure Boot* – einer Technologie, die die Ausführung von Schadsoftware beim Systemstart verhindern soll – die Systemsicherheit verbessern.

Im abgesicherten Modus starten

Wenn Windows sich seltsam verhält oder nicht mehr richtig startet oder beim Start hängen bleibt, sind oft nicht einwandfrei arbeitende Treiberprogramme die Ursache. Sie können Windows dann anweisen, mit einer Minimalkonfiguration zu starten, die sehr wahrscheinlich funktioniert.

1. Falls Windows noch einigermaßen funktioniert, können Sie den abgesicherten Modus für den nächsten Neustart vormerken. Rufen Sie mit [⊞] + [R] das Dialogfenster **Ausführen** auf, und geben Sie den Befehl »msconfig« ein ❶. Klicken Sie dann auf **OK**.
2. Aktivieren Sie auf der Registerkarte **Start** das Kontrollkästchen **Abgesicherter Start** ❷.
3. Klicken Sie auf **OK**, und starten Sie Windows neu.

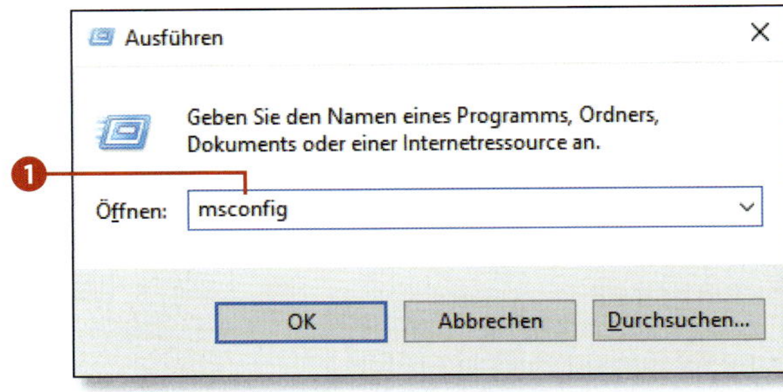

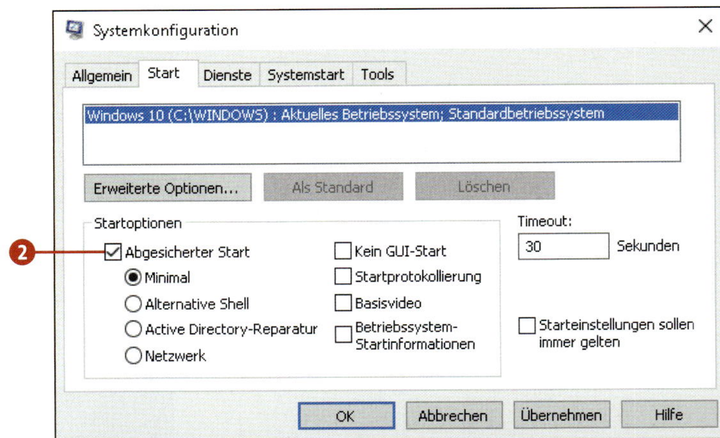

Windows direkt im abgesicherten Modus starten

Sie können auch direkt im abgesicherten Modus hochfahren, wenn der Rechner vorher ausgeschaltet war. Halten Sie dazu beim Start die Tastenkombination [⇧] + [F8] gedrückt, sobald der Windows-Ladebildschirm angezeigt wird. Es ist allerdings oft schwierig, den richtigen Zeitpunkt zu erwischen!

Kennwort vergessen?

Ich habe das Kennwort meines Microsoft-Kontos vergessen

Wenn Sie Ihr Kennwort nicht mehr wissen und es sich um ein Microsoft-Konto handelt (siehe den Tipp »Ein Microsoft-Konto anlegen« auf Seite 164), erhalten Sie über das Internet Hilfe:

1. Gehen Sie über einen anderen Computer ins Internet, und rufen Sie in einem Browser die folgende Adresse auf: *https://account.live.com/password/reset* ❶. Wählen Sie die Option **Ich habe mein Kennwort vergessen** ❷, und klicken Sie auf **Weiter**.
2. Geben Sie den Namen des Microsoft-Kontos ❸ sowie die angezeigte Zeichenfolge ein ❹ – das dient zur Verhinderung von automatisierten Hacker-Angriffen –, und klicken Sie auf **Weiter**.
3. Bestätigen Sie Ihre Identität. Hierzu müssen Sie eine hinterlegte E-Mail-Adresse eingeben ❺ und dann auf **Code senden** klicken.
4. Melden Sie sich in einem anderen Browserfenster bei Ihrem E-Mail-Konto an, und warten Sie auf die E-Mail von Microsoft mit dem Sicherheitscode. Schauen Sie auch im Spam-Ordner nach, falls keine Nachricht kommt.
5. Geben Sie den erhaltenen Code ein, und klicken Sie auf **Weiter**.
6. Vergeben Sie ein neues Passwort. Schließen Sie die Passwortvergabe durch Klicken auf **Weiter** ab.

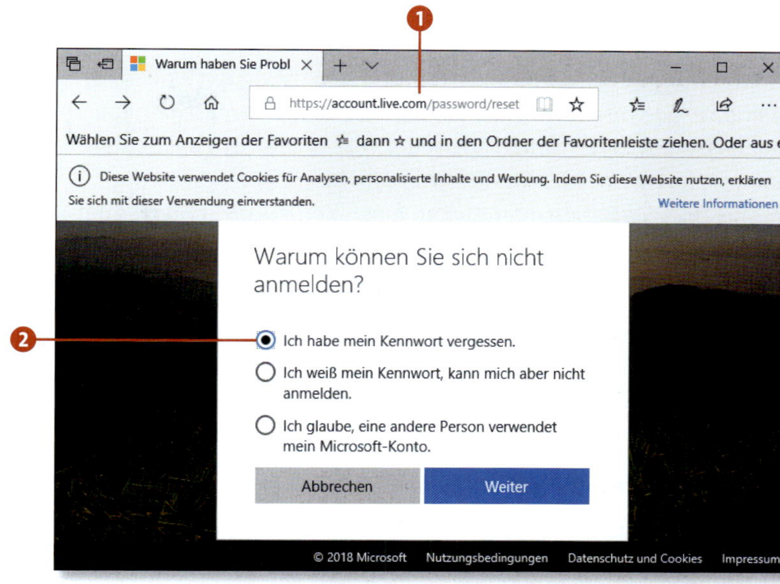

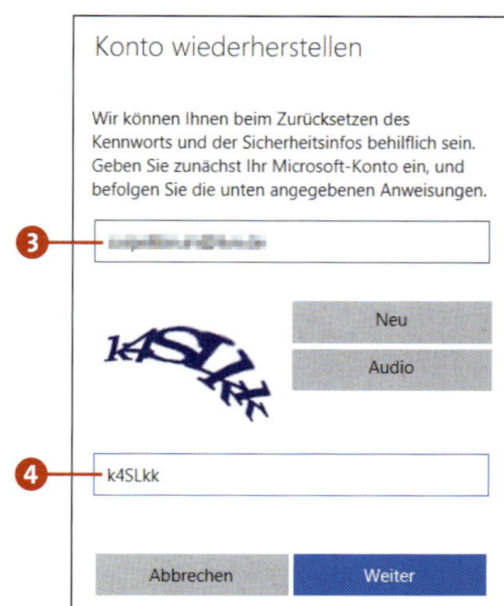

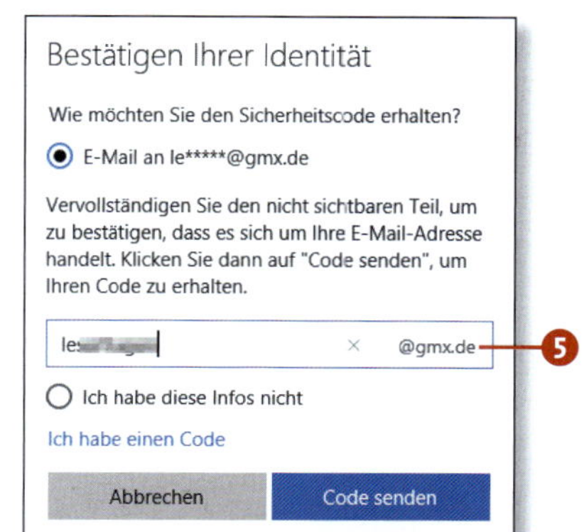

Alternative Anmeldeoptionen

Sollten Sie irgendwann einmal eine PIN oder einen Bildcode für das Konto erstellt haben (siehe Tipps zur Anmeldung ab Seite 38), dann können Sie auch versuchen, sich darüber anzumelden. Klicken Sie auf **Anmeldeoptionen**, und wählen Sie dann den entsprechenden Anmeldetyp aus.

Kennwort vergessen, ich habe aber einen Rücksetzdatenträger

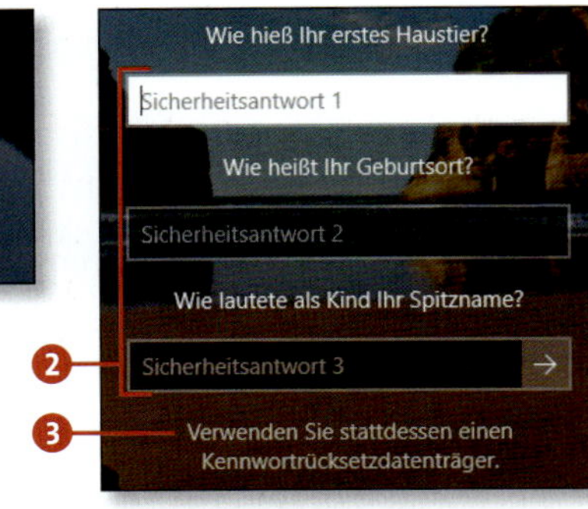

Falls Sie vor Ihrem Computer sitzen und sich einloggen wollen, aber das Kennwort für das lokale Benutzerkonto vergessen haben, gibt es trotzdem Hoffnung. Entweder wissen Sie noch die richtige Antwort auf die bei der Kontoerzeugung hinterlegten Sicherheitsfragen, oder Sie haben irgendwann einen Kennwortrücksetzdatenträger auf einem USB-Stick erstellt. Lesen Sie dazu den Tipp »Einen Kennwortrücksetzdatenträger erstellen« auf Seite 241.

1. Geben Sie in den Anmeldebildschirm ein beliebiges (falsches) Kennwort ein, und drücken Sie [↵], oder klicken Sie auf den Pfeil.
2. Wenn die Meldung erscheint, dass das Kennwort falsch war, drücken Sie auf **OK** und dann auf **Kennwort zurücksetzen** ❶.
3. Beantworten Sie die Sicherheitsfragen ❷. Bei richtiger Antwort werden Sie weitergeleitet und können ein neues Passwort vergeben.
4. Falls Sie auch die Antworten zu den Fragen nicht mehr wissen, ist die letzte Hoffnung der Einsatz eines Kennwortrücksetzdatenträgers. Schließen Sie also den USB-Stick mit den Kennwortdaten (Datei *userkey.psw*) an den Computer an, und klicken Sie auf **Verwenden Sie stattdessen einen Kennwortrücksetzdatenträger** ❸.
5. Das Fenster **Kennwortrücksetz-Assistent** erscheint. Folgen Sie den weiteren Anweisungen, und wählen Sie das Laufwerk mit dem USB-Stick aus.
6. Dann legen Sie ein neues Kennwort an ❹. Der Assistent autorisiert sich mit dem alten Kennwort und ersetzt es auf dem USB-Stick und bei Windows durch das neue Kennwort.
7. Melden Sie sich mit dem neuen Kennwort an.

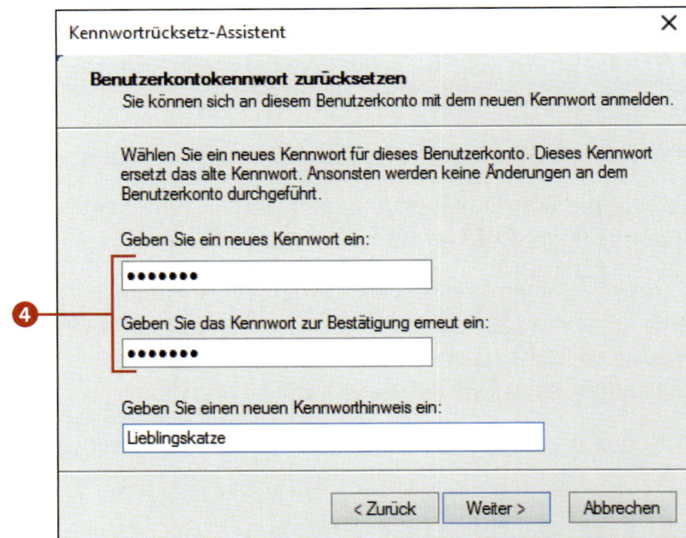

Alternative Anmeldeoptionen

Sollten Sie schon einmal eine PIN oder einen Bildcode für das Konto erstellt haben (siehe Tipps zur Anmeldung ab Seite 38), können Sie auch versuchen, sich über die betreffenden Daten oder den Bildcode anzumelden, indem Sie auf **Anmeldeoptionen** klicken und den entsprechenden Anmeldetyp auswählen.

Apps im Kompatibilitätsmodus starten

Vielleicht haben Sie ein altes PC-Spiel, das Sie gerne mal wieder spielen möchten, das aber unter Windows 10 nicht ausgeführt werden kann? Oder Sie ärgern sich, weil eines Ihrer alten Windows-7-Programme unter Windows 10 nicht mehr korrekt ausgeführt wird? Nun, dafür gibt es möglicherweise eine Lösung. Wenn Sie Glück haben, können Sie das Programm einfach im Kompatibilitätsmodus ausführen.

1. Starten Sie den Explorer, und wechseln Sie zu dem Ordner mit der Programmdatei.
2. Klicken Sie mit der rechten Maustaste auf die Programmdatei, und rufen Sie im Kontextmenü den Befehl **Eigenschaften** ❶ auf.
3. Wechseln Sie zur Registerkarte **Kompatibilität** ❷.
4. Aktivieren Sie das Kontrollkästchen **Programm im Kompatibilitätsmodus ausführen für** ❸, und wählen Sie die Windows-Version, für die das Programm ursprünglich vorgesehen war ❹.
5. Falls das Programm volle Administratorrechte erwartet, was für Installationsprogramme immer empfehlenswert ist, aktivieren Sie noch die Option **Programm als Administrator ausführen** ❺.

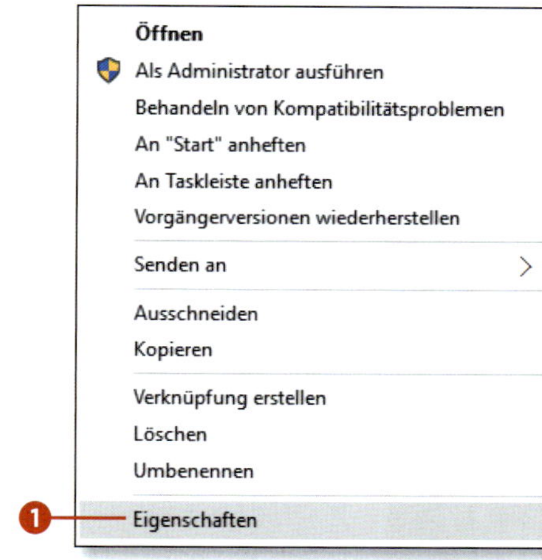

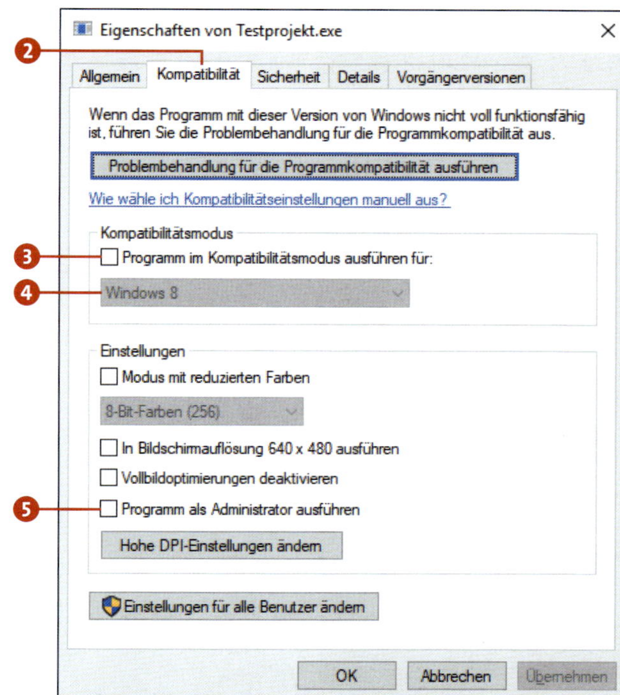

Letzter Ausweg: virtueller Rechner

Sollte der obige Tipp nicht zum gewünschten Erfolg führen, können Sie versuchen, für das alte Betriebssystem einen virtuellen Rechner zu installieren, und das Programm auf diesem ausführen. Eine gute Software zum Einrichten und Verwalten virtueller Rechner ist die Freeware *VirtualBox* von Oracle, siehe *www.virtualbox.org*.

Welches Windows habe ich?

Zum Lösen mancher Computerprobleme ist es erforderlich zu wissen, mit welcher Version von Windows Sie arbeiten. Die genauen Angaben inklusive Edition, Build-Nummer und Service Pack können Sie schnell herausfinden:

1. Rufen Sie das Dialogfeld **Ausführen** auf (⊞ + R), und geben Sie den Befehl »winver« ein ❶. Klicken Sie dann auf **OK**, oder drücken Sie ↵, um den Befehl auszuführen.
2. Im erscheinenden Dialog ❷ sind alle Informationen über die installierte Windows-Version aufgeführt.

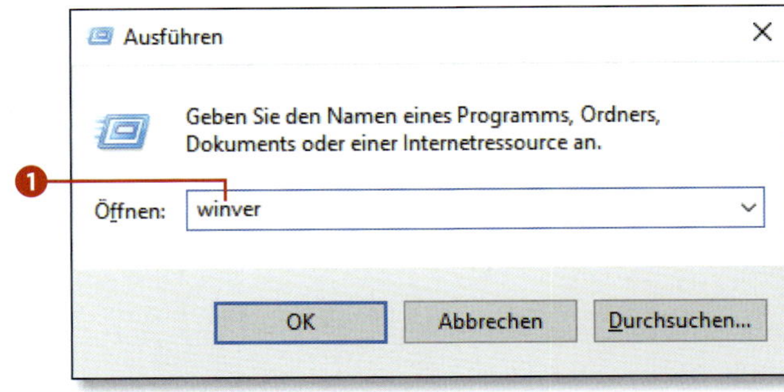

Windows-Edition

Steht hinter der Betriebssystembezeichnung im Text keine nähere Angabe zur Edition (z. B. **Professional** oder **Enterprise**), dann handelt es sich um die Standard-Edition.

Sie möchten noch mehr über Ihre Windows-Version erfahren?

Wenn Sie noch detailliertere Informationen über Windows und Ihren Rechner einsehen möchten, tippen Sie in das Suchfeld »System« ein und wählen in der Ergebnisliste die Desktop-App **Systeminformationen**.

Windows-Lizenzschlüssel bestimmen

Es gibt viele gute Gründe, den Windows-Lizenzschlüssel zu kennen. Windows legt ihn jedoch verschlüsselt in der Registrierungsdatenbank ab. Im Internet finden sich etliche Hilfsprogramme, die ihn trotzdem auslesen können (siehe Kasten). Auf modernen Rechnern wird der Schlüssel auch im UEFI (dem BIOS-Nachfolger) abgelegt, also in der Hardware des Rechners. Dies lässt sich über eine spezielle Befehlssequenz auslesen, was wir hier zeigen werden.

1. Drücken Sie [Win] + [X], und wählen Sie **Windows PowerShell (Administrator)** ❶.
2. Geben Sie in das blaue Shell-Fenster folgenden Befehl ein: »(Get-WmiObject -query ‚select * from SoftwareLicensingService').OA3xOriginalProductKey« ❷, und drücken Sie dann [↵], um ihn auszuführen.
3. Selektieren Sie mit der Maus die Ausgabe, und drücken Sie [Strg] + [C], um den Schlüssel in die Zwischenablage zu kopieren.
4. Bewahren Sie den Schlüssel auf einem anderen Rechner auf, oder drucken Sie ihn aus.

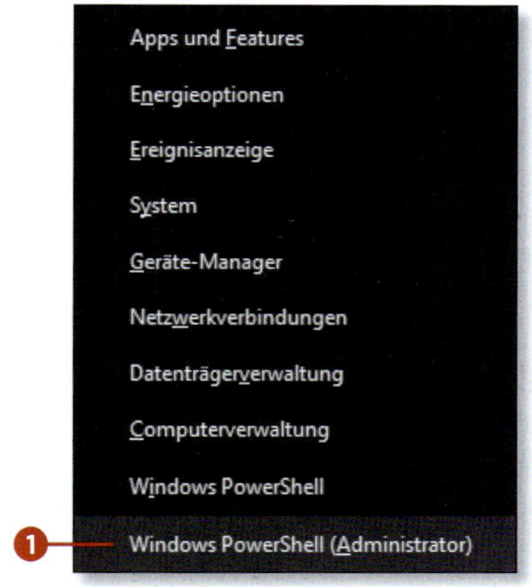

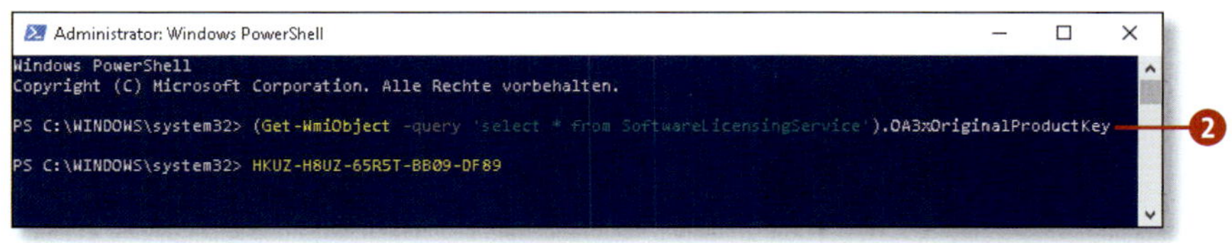

Lizenzschlüssel mit Hilfsprogramm auslesen

Wenn Ihr Rechner kein UEFI besitzt, können Sie versuchen, den Lizenzschlüssel mit einem Hilfsprogramm wie z. B. *www.majorgeeks.com/files/details/produkey.html*) auszulesen. Aber Achtung: Vermutlich wird der Virenscanner dabei falschen Alarm schlagen, weil auf den Lizenzschlüssel zugegriffen wird.

Die Ereignisanzeige prüfen

Um mehr Informationen bei Problemen zu erhalten, lohnt sich oft ein Blick in die Ereignisanzeige von Windows, in der von Programmen und Windows ausgegebene Zusatzinformationen gesammelt werden.

1. Drücken Sie [Windows-Taste] + [X], und wählen Sie den Menüeintrag **Ereignisanzeige** (1) mit einem Klick aus.
2. In den verschiedenen Kategorien, insbesondere unter **Windows-Protokolle** (2), finden Sie nun die verfügbaren Ereignismeldungen.

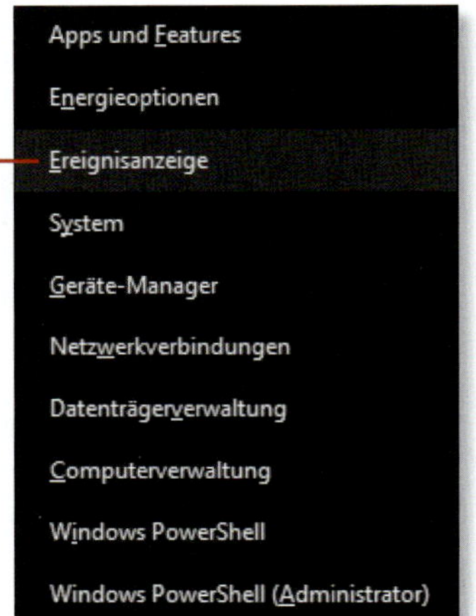

Die Startzeit kontrollieren

Unter den vielen Ereignissen, die in der Ereignisanzeige aufgeführt werden, findet sich unter anderem das Ereignis 100 der Leistungsüberwachung. Dieses Ereignis informiert über die Startzeit. Öffnen Sie links im Fenster der **Ereignisanzeige** den Knoten **Anwendungs- und Dienstprotokolle > Microsoft > Windows > Diagnostics-Performance > Betriebsbereit**. Klicken Sie im mittleren Fensterbereich auf den aktuellsten Eintrag mit der Ereignis-ID 100, dann können Sie im mittleren unteren Fenster die bereinigte Startzeit ablesen – ohne die Zeiten für Startbildschirm und Anmeldung. Lesen Sie dazu auch den Tipp »Die Startzeit kontrollieren« auf Seite 116.

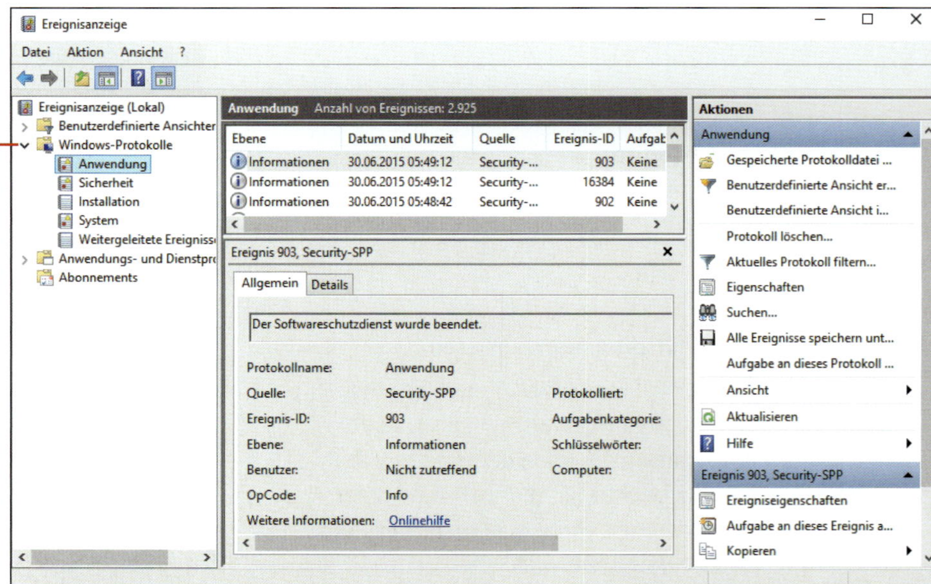

Grafikprobleme bei Spielen lösen

Wenn Sie Grafikprobleme bei grafikintensiven Spielen oder der Wiedergabe von Filmen haben, könnte die Ursache im Zusammenspiel von Grafikkarte und Windows liegen. Die verantwortliche Windows-Komponente nennt sich DirectX, und Sie können sie mit einem speziellen Analyseprogramm untersuchen.

1. Rufen Sie das Dialogfeld **Ausführen** auf ([Windows] + [R]), geben Sie den Befehl »dxdiag« ein ❶, und lassen Sie ihn durch Klicken auf **OK** ausführen.
2. Beim allerersten Start der Diagnose könnte eine Frage nach der Überprüfung von digitalen Treibersignaturen erscheinen. Wählen Sie **Ja** ❷, falls Sie mit dem Internet verbunden sind.
3. Sehen Sie sich die Informationen auf den verschiedenen Registerkarten ❸ an, um Details über das System und die verwendete DirectX-Version zu erhalten.

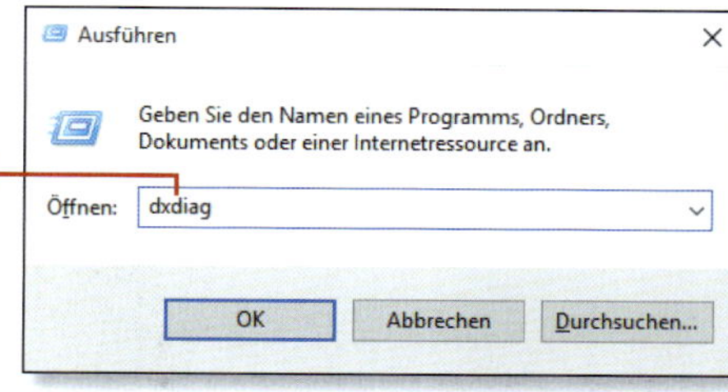

❶

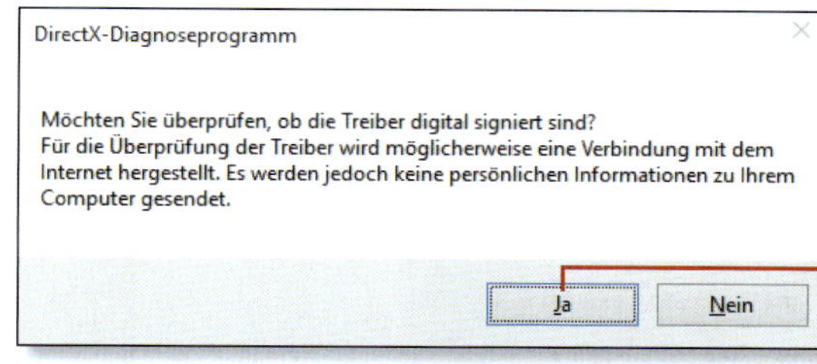

❷

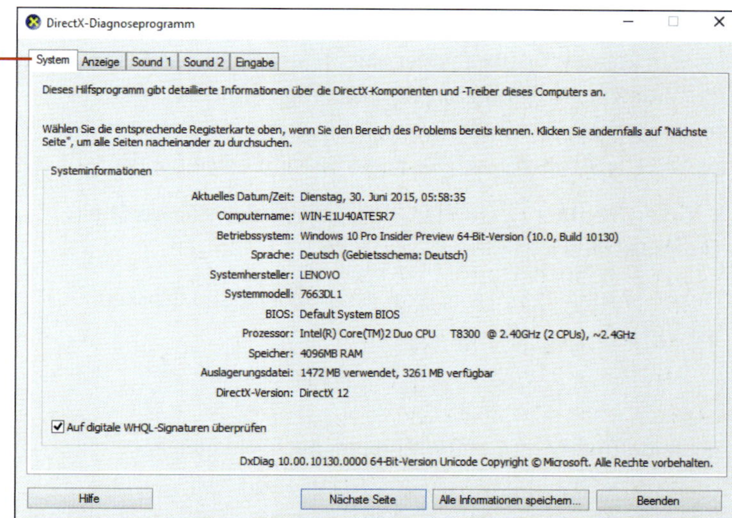

❸

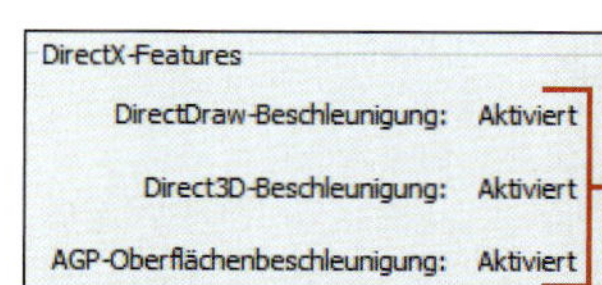

❹

Fehlende Hardware-Beschleunigung

Viele Probleme (z. B. ruckelnde Darstellung) sind darauf zurückzuführen, dass die Hardware-Beschleunigung nicht aktiviert ist. Prüfen Sie daher auf der Registerkarte **Anzeige**, ob die Beschleunigungen für **DirectDraw**, **Direct3D** und **AGP** aktiviert sind ❹. Bei älteren Spielen kann es außerdem helfen, sie im Kompatibilitätsmodus zu installieren und auszuführen (siehe den Tipp »Apps im Kompatibilitätsmodus starten« auf Seite 297).

Installierte Treiber bestimmen

Um herauszufinden, welche Treiber für die angeschlossene Hardware installiert sind, können Sie sich recht schnell eine Liste in der PowerShell ausgeben lassen.

1. Drücken Sie [Win] + [X], und wählen Sie **Windows PowerShell**.
2. Tippen Sie den folgenden Befehl ein: »driverquery > treiber.txt« ❶, und drücken Sie [↵].
3. Öffnen Sie die erzeugte Datei, z. B. indem Sie »notepad treiber.txt« ❷ eingeben und [↵] drücken. Der Texteditor wird geöffnet, und Sie erhalten eine Auflistung der aktiven Treiber ❸.

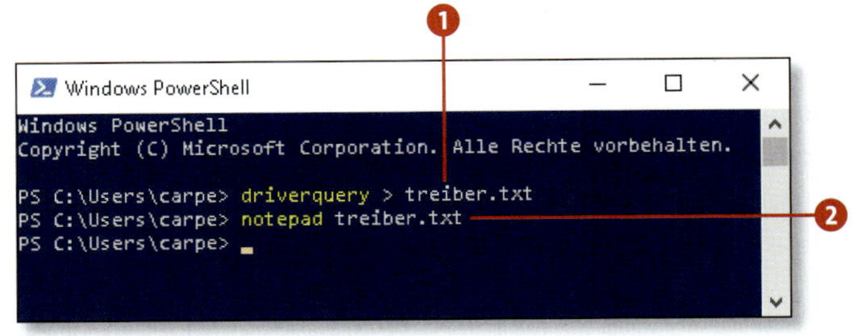

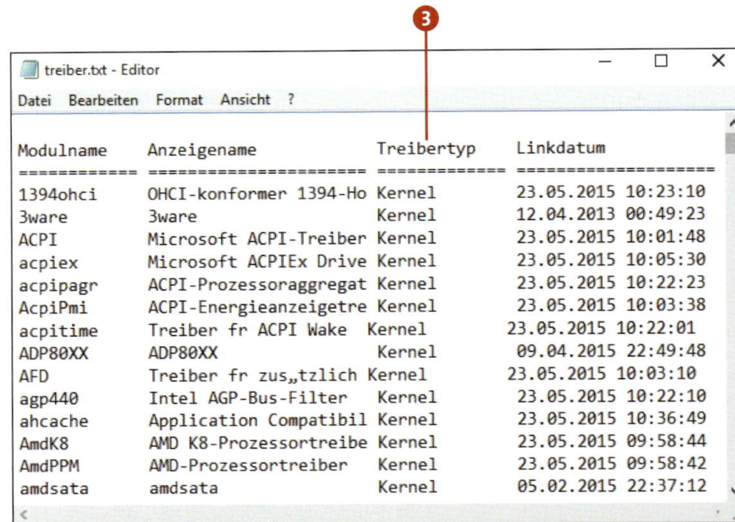

Beschädigte Systemdateien reparieren

Bei einem Windows-Absturz oder einer fehlgeschlagenen Programminstallation kann es passieren, dass wichtige Windows-Systemdateien beschädigt werden. Wenn Sie noch die Windows-Installations-DVD besitzen, können Sie diese Dateien neu einspielen:

1. Drücken Sie [Win] + [X], und wählen Sie **Windows PowerShell (Administrator)**.
2. Geben Sie den Befehl »sfc /scannow« ❹ ein, und drücken Sie [↵].

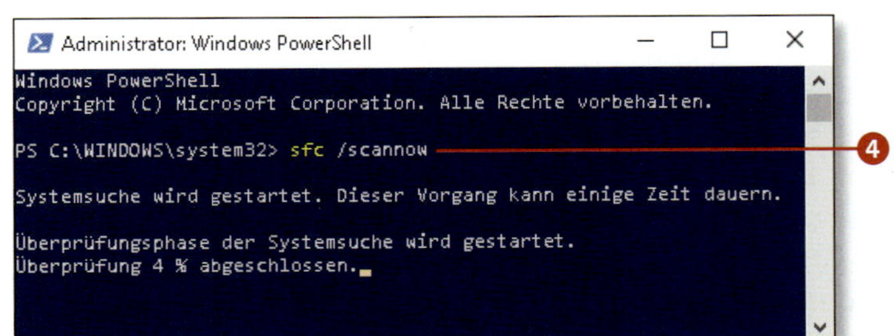

Einzelne Treiber im Geräte-Manager nachschlagen

Wenn Sie nur an Informationen zu einzelnen Treibern interessiert sind oder die Treiber bei Bedarf gleich aktualisieren oder austauschen möchten, empfiehlt sich der Weg über den Geräte-Manager. Tippen Sie »Treiber« in das Suchfeld in der Taskleiste ein, und wählen Sie in der Ergebnisliste den Eintrag »Gerätetreiber aktualisieren«.

Das DVD-Laufwerk ist verschwunden

Gelegentlich gerät Windows aus dem Tritt und hat Probleme, das DVD-Laufwerk zu erkennen, sodass Sie im Explorer nicht mehr darauf zugreifen können. Meistens lässt sich dies leicht im Geräte-Manager beheben.

1. Loggen Sie sich mit einem Administratorkonto ein. Drücken Sie [Windows] + [R], geben Sie den Befehl »devmgmt.msc« ein ❶, und führen Sie ihn durch Klicken auf **OK** oder Drücken von [↵] aus.
2. Erweitern Sie den Eintrag **DVD/CD-ROM-Laufwerke** ❷, klicken Sie dann mit der rechten Maus auf das Laufwerk, und wählen Sie **Gerät deinstallieren** ❸.
3. Bestätigen Sie die Warnung mit **OK** ❹, und starten Sie den Rechner neu. Der Treiber für das DVD-Laufwerk wird dabei automatisch wieder installiert.

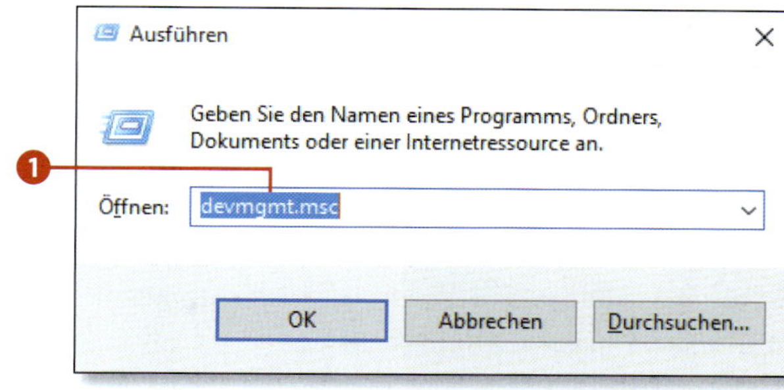

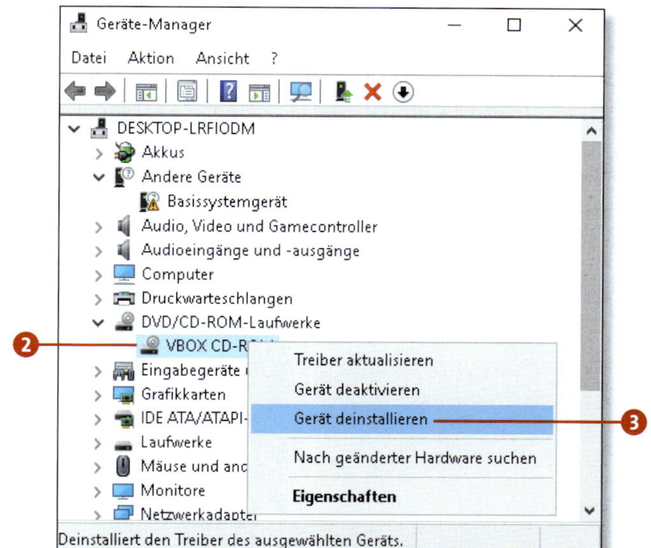

Das DVD-Laufwerk wird nicht aktualisiert?

Dieser Tipp ist wirklich nur für Fälle gedacht, in denen das CD- oder DVD-Laufwerk überhaupt nicht im Explorer aufgeführt wird. Wenn Sie einen Eintrag für das Laufwerk sehen, aber nicht auf die CD oder DVD zugreifen können, liegt das Problem meist an Beschädigungen oder Verschmutzungen auf der CD/DVD.

System lahmgelegt durch fehlerhafte CD oder DVD?

Wenn Sie fehlerhafte CDs oder DVDs einlegen, versucht der Explorer immer wieder vergeblich, die Mediuminformationen einzulesen. Dies legt den Explorer und große Teile des Windows-Systems für einige Zeit lahm. Um den Lesevorgang abzubrechen, öffnen Sie am besten das CD/DVD-Laufwerk über die Taste am Laufwerk.

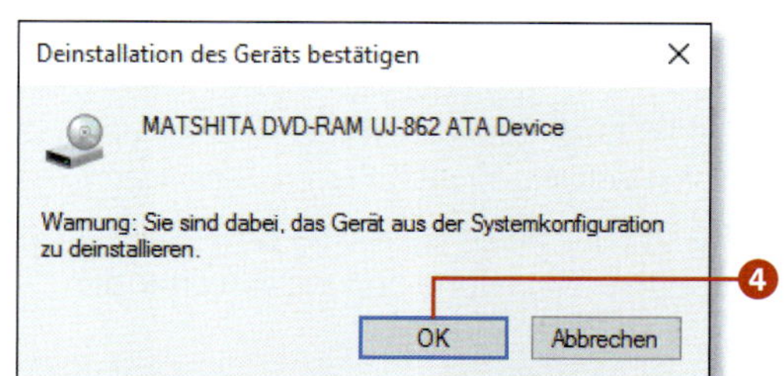

Die Registrierungsdatenbank wiederherstellen

Wenn Windows oder bestimmte installierte Programme »spinnen«, dann könnte eine beschädigte Registrierungsdatenbank der Grund sein. Sie haben hoffentlich regelmäßig eine Sicherungskopie der Registrierungsdatenbank angelegt (siehe den Tipp »Die Registrierungsdatenbank sichern« auf Seite 280). Wenn ja, dann können Sie die Registrierungsdatenbank leicht wiederherstellen:

1. Stellen Sie sicher, dass Sie mit einem Benutzerkonto mit Administratorrechten angemeldet sind, und schließen Sie alle geöffneten Programme.
2. Rufen Sie den Registrierungs-Editor auf: Drücken Sie die Tastenkombination [Windows] + [R], und geben Sie in das Dialogfeld **Ausführen** den Befehl »regedit« ein; alternativ können Sie auch über das Suchfeld nach »regedit« suchen.
3. Wählen Sie im Menü **Datei** den Befehl **Importieren** 1.
4. Wählen Sie die gewünschte Version einer vormals gespeicherten Registrierungsdatenbank 2, und klicken Sie auf **Öffnen** 3.
5. Schließen Sie den Registrierungs-Editor. Beim nächsten Neustart von Windows sind die Änderungen gültig.

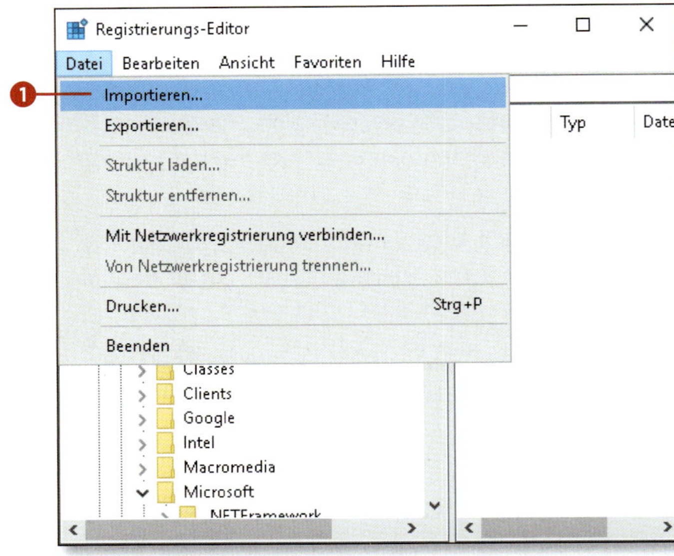

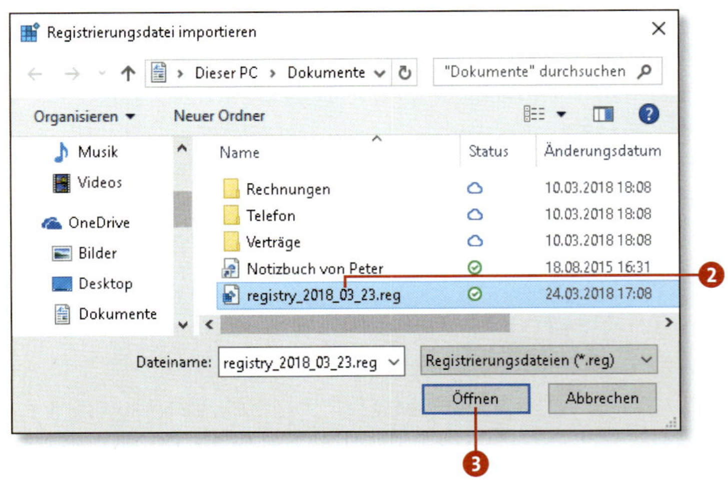

Zwischenzeitlich installierte Programme

Falls Sie in dem Zeitraum zwischen der letzten Sicherung und der Wiederherstellung neue Programme installiert haben, müssen Sie diese möglicherweise neu installieren. Überlegen Sie sich dann, ob es nicht besser ist, gleich auf einen Wiederherstellungspunkt zurückzusetzen (siehe den entsprechenden Tipp auf Seite 306).

Den Arbeitsspeicher überprüfen

Wenn Ihr PC instabil arbeitet und oft abstürzt oder einfriert, könnte es sein, dass die Chips für den Arbeitsspeicher (RAM) beschädigt sind. Glücklicherweise enthält Windows ein Diagnosetool, mit dem Sie weitere Informationen zu diesem Problem erhalten.

1. Schließen Sie alle laufenden Programme.
2. Rufen Sie das Dialogfenster **Ausführen** auf (mit [Win] + [R]).
3. Geben Sie den Befehl »mdsched« ❶ ein, und klicken Sie auf **OK**.
4. Starten Sie die Diagnose mit Klick auf **Jetzt neu starten und nach Problemen suchen** ❷.

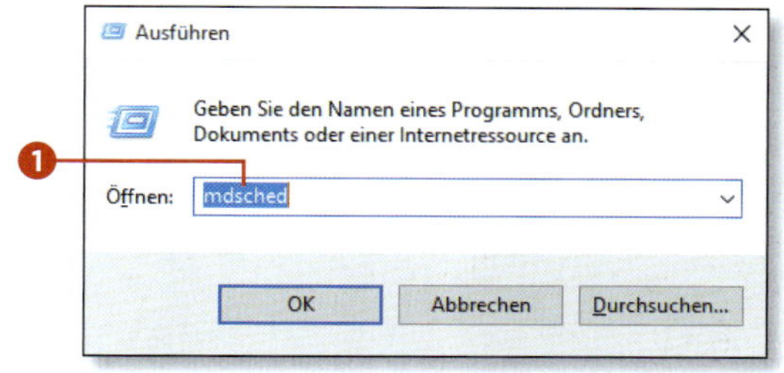

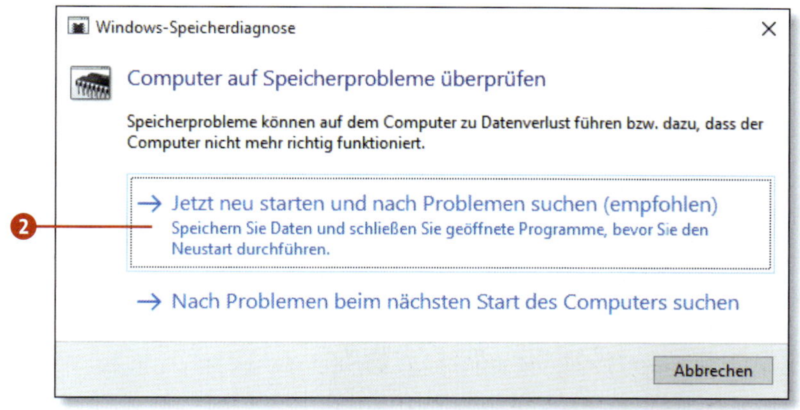

Automatischer Neustart

Die Analyse dauert einige Minuten. Anschließend wird der Rechner automatisch neu gestartet. Drücken Sie dazu [Win] + [X], und wählen Sie **Ereignisanzeige**. Öffnen Sie links im Fenster der Ereignisanzeige den Knoten **Windows-Protokolle > System**, und doppelklicken Sie in der Spalte **Quelle** auf den obersten Eintrag zu **MemoryDiagnostics-Results**.

Windows zurücksetzen

Windows auf einen Wiederherstellungspunkt zurücksetzen

Wenn Ihre Windows-Konfiguration nicht mehr rundläuft und Sie nicht mehr weiterkommen, sollten Sie auf einen früheren Stand zurückgehen, den Sie hoffentlich zuvor als Wiederherstellungspunkt gesichert haben. Lesen Sie hierzu die Anleitung »Einen Wiederherstellungspunkt erstellen« auf Seite 240.

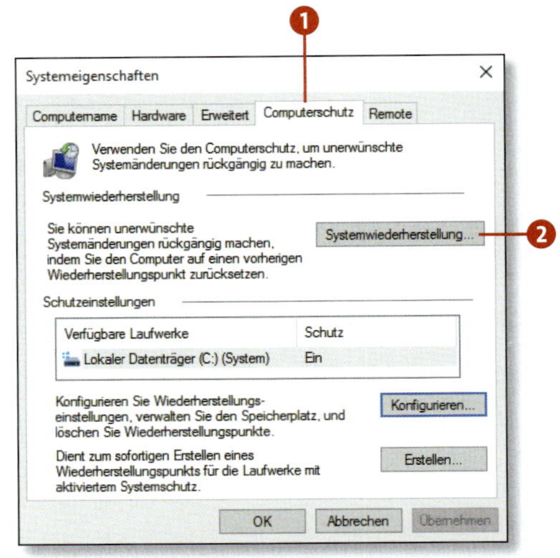

1. Schließen Sie, um Datenverlust zu vermeiden, alle anderen Programme. Dies ist notwendig, da der Rechner im Zuge der Systemwiederherstellung neu gestartet wird.
2. Geben Sie in das Suchfeld »Wiederherstellungspunkt« ein, und wählen Sie in der Ergebnisliste **Wiederherstellungspunkt erstellen**. Falls Sie keine Administratorrechte haben, müssen Sie nun gegebenenfalls das Administratorkennwort eingeben.
3. Klicken Sie im Dialogfenster **Systemeigenschaften** auf der Registerkarte **Computerschutz** ❶ auf die Schaltfläche **Systemwiederherstellung** ❷ und im nächsten Dialogfenster auf **Weiter**.
4. Wählen Sie im Dialogfenster **Systemwiederherstellung** den gewünschten Wiederherstellungspunkt aus ❸, und klicken Sie dann auf **Weiter**.
5. Starten Sie die Wiederherstellung mit einem Klick auf **Fertig stellen** ❹, und bestätigen Sie die abschließende Warnung mit **OK**.

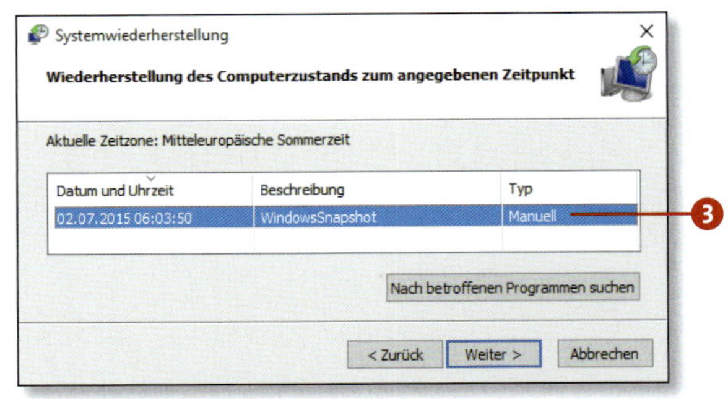

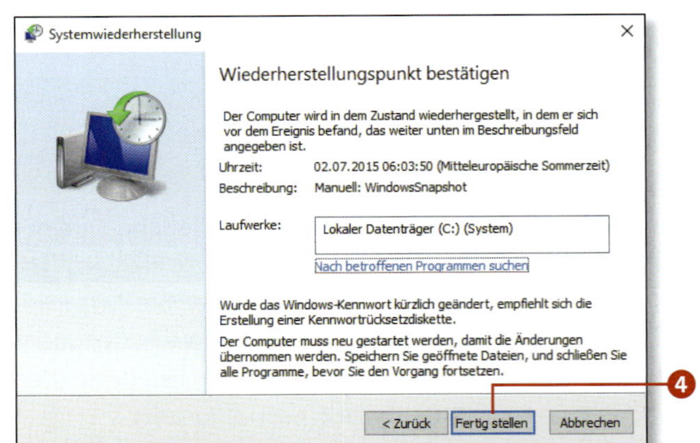

Auswirkungen auf betroffene Programme

In Schritt 4 können Sie nach der Auswahl eines Wiederherstellungspunkts über die Schaltfläche **Nach betroffenen Programmen suchen** herausfinden, welche Programme seit dem Wiederherstellungspunkt installiert wurden. Diese müssen Sie nach dem Neustart dann neu installieren.

Windows zurücksetzen

Wenn Ihre Windows-Installation nicht mehr richtig funktioniert und alle Bemühungen keinen Erfolg gebracht haben, dann können Sie Windows auf den Auslieferungszustand zurücksetzen. Dies entspricht in seiner Wirkung einer Neuinstallation, allerdings mit dem Vorteil, dass Ihre persönlichen Dateien wie Dokumente, Fotos und Videos dabei nicht entfernt werden, wenn Sie dies wünschen.

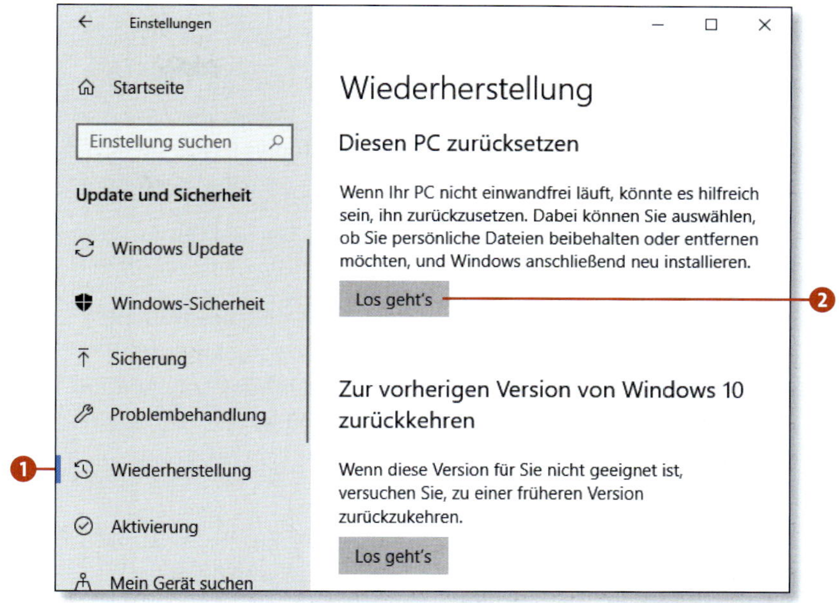

1. Wählen Sie im Startmenü den Eintrag **Einstellungen** aus, oder drücken Sie [Windows] + [I].
2. Klicken Sie auf die Kategorie **Update und Sicherheit**.
3. Wählen Sie **Wiederherstellung** ❶.
4. In der Rubrik **Diesen PC zurücksetzen** klicken Sie nun auf **Los geht's** ❷.
5. Wählen Sie den gewünschten Modus. Die Option **Eigene Dateien beibehalten** ❸ bewirkt, dass die persönlichen Dateien aus dem Benutzerverzeichnis (*C:\Benutzer\<Benutzername>*) erhalten bleiben.
6. Folgen Sie den weiteren Anweisungen. Eventuell erscheint eine Fehlermeldung wegen fehlender Systemdateien. Brechen Sie in diesem Fall ab, legen Sie das Windows-10-Installationsmedium ein, und beginnen Sie erneut.
7. Starten Sie das Zurücksetzen Ihrer Windows-Installation durch Klicken auf **Zurücksetzen**.

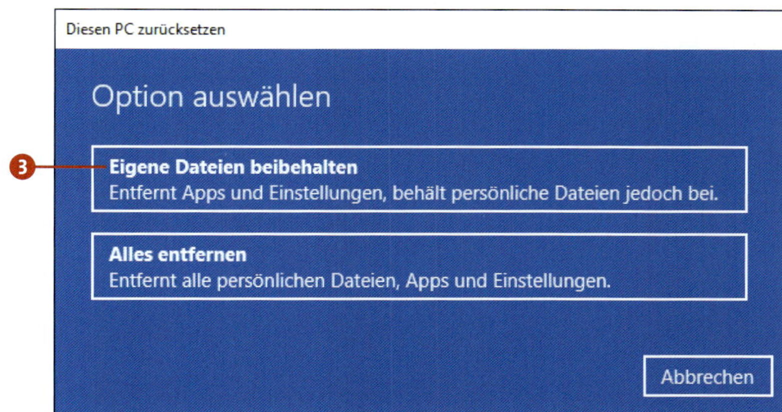

Beim Microsoft-Konto liegen die eigenen Dateien in der Cloud

Nur bei Verwendung eines lokalen Kontos liegen die Dateien in *C:\Benutzer\<Benutzername>*; bei einem Microsoft-Konto liegen diese Daten in der Cloud und nicht lokal auf Ihrer Festplatte.

Die eigene IP-Adresse herausfinden

Bei Verbindungsproblemen mit anderen Computern und insbesondere dem Internet hilft oft die Kenntnis der eigenen Netzwerkadresse, der sogenannten *IP-Adresse*.

1. Drücken Sie [Windows] + [X], und wählen Sie **Windows PowerShell (Administrator)** ❶.
2. Im Fenster **Windows PowerShell** geben Sie den Befehl »ipconfig« ein und drücken dann [↵].
3. Sie sehen eine Auflistung der verschiedenen Netzwerkadapter. Suchen Sie nach den Einträgen **Ethernet-Adapter Ethernet** (bei Verbindung mit Netzwerkkabel) und **Drahtlos-LAN-Adapter** (für WLAN). Der Eintrag **IPv4-Adresse** oder **IPv6-Adresse** ist Ihre IP-Adresse ❷.

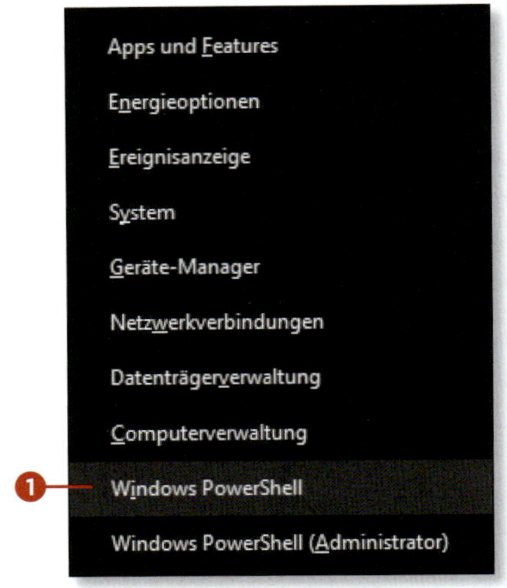

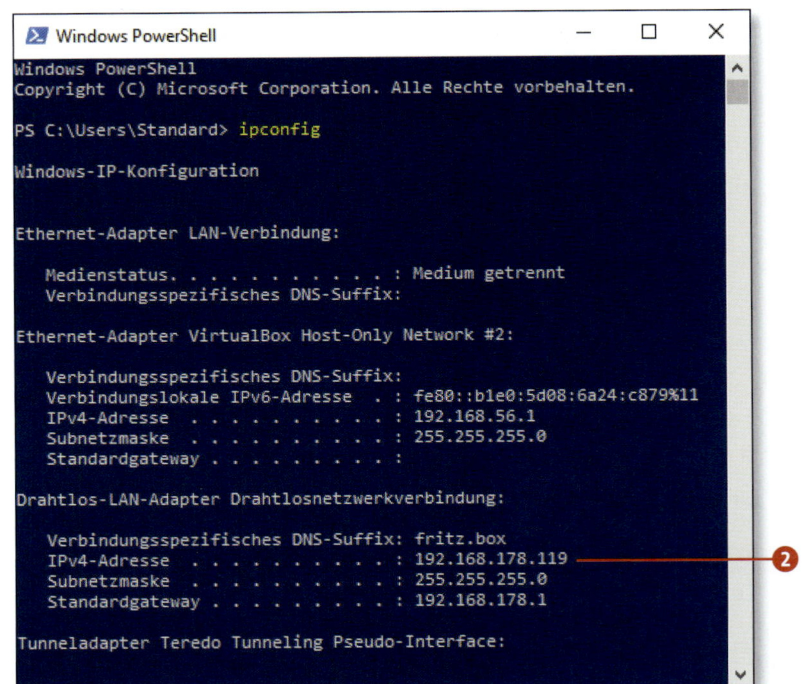

IPv4- und IPv6-Adressen

Mit hoher Wahrscheinlichkeit werden Sie noch sogenannte IPv4-Adressen verwenden (z. B. 192.168.178.23). In nicht allzu ferner Zukunft wird Ihr DSL-Router bzw. Internetanbieter auf IPv6 umsteigen. Dann müssen Sie nach den IPv6-Angaben schauen, die leider nicht mehr so leicht zu merken sind.

Keine Einträge vorhanden

Wenn keine IP-Adresse angezeigt wird (nur **Medium getrennt** oder ähnlich), wissen Sie immerhin schon einmal ein bisschen mehr: Sie haben gar keine Netzwerkverbindung!

Internetprobleme

Keine Netzwerk- oder Internetverbindung

Wenn Sie keine Verbindung zu anderen Computern und zum Internet herstellen können, dann können Sie die Netzwerkdiagnose von Windows zum Einkreisen des Problems zu Hilfe nehmen.

1. Rufen Sie das Dialogfeld **Ausführen** auf (⊞ + R).
2. Geben Sie den Befehl »ncpa.cpl« ein, und klicken Sie auf **OK**.
3. Wenn die zu untersuchende Netzwerkverbindung (**Ethernet** für Netzwerkkabel, **WiFi** für drahtloses WLAN) mit einem roten Kreuz markiert ist, gibt es ein Problem. Klicken Sie dann mit der rechten Maus auf die Verbindung, und wählen Sie **Diagnose** ❶.
4. Folgen Sie den Anweisungen der **Windows-Netzwerkdiagnose** ❷.

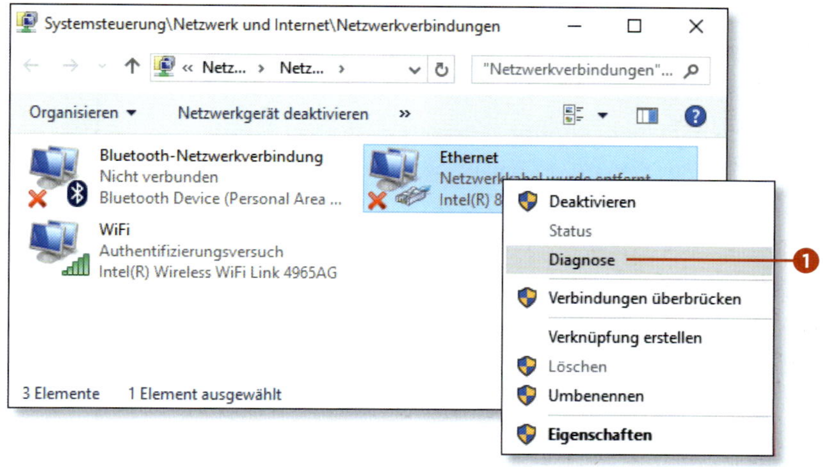

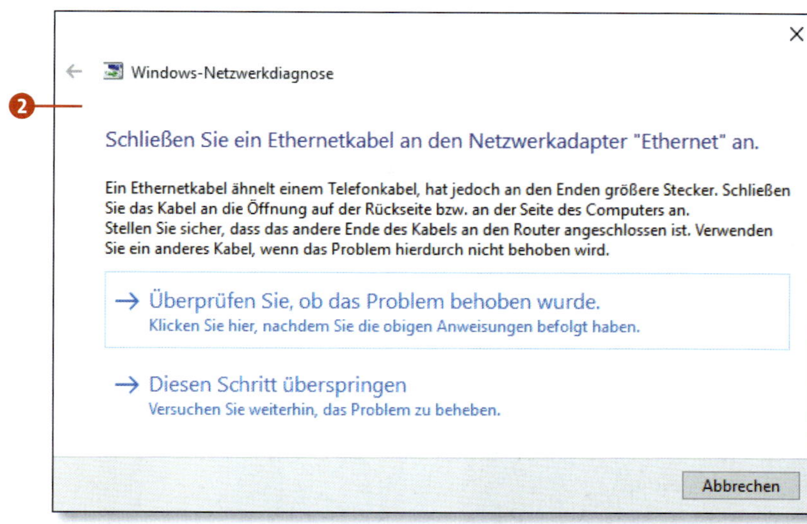

Leider hilft die Diagnose selten

Unserer Erfahrung nach hilft die Netzwerkdiagnose in den meisten Fällen leider nicht weiter. Wenn Ihr Provider eine gute Support-Hotline hat, können Sie dort eher Hilfe erwarten. Prüfen Sie aber vorher unbedingt, ob alle Kabel gemäß der Anleitung Ihres Providers angeschlossen sind.

Immer noch keine Netzwerk- oder Internetverbindung

Wenn Sie öfter das Problem haben, dass es nach einer Phase der Inaktivität des Rechners (insbesondere bei Ruhezustand oder Energiesparmodus) nicht mehr möglich ist, eine Internetverbindung herzustellen, liegt dies oft an den Energiesparoptionen des entsprechenden Treibers.

1. Loggen Sie sich mit einem Konto mit Administratorrechten ein. Öffnen Sie den Geräte-Manager. Geben Sie dazu in das Suchfeld »Geräte-Manager« ein, und klicken Sie dann auf den Eintrag **Geräte-Manager** in der Ergebnisliste.
2. Erweitern Sie den Eintrag **Netzwerkadapter** ❶, und öffnen Sie die Eigenschaften des gewünschten Adapters. Für WLAN ist das typischerweise ein Eintrag mit »WiFi« im Namen. Klicken Sie doppelt darauf, oder rufen Sie das Kontextmenü auf ❷.
3. Wählen Sie die Registerkarte **Energieverwaltung** ❸.
4. Entfernen Sie das Häkchen beim Eintrag **Computer kann das Gerät ausschalten** ❹, und schließen Sie den Dialog via **OK**.

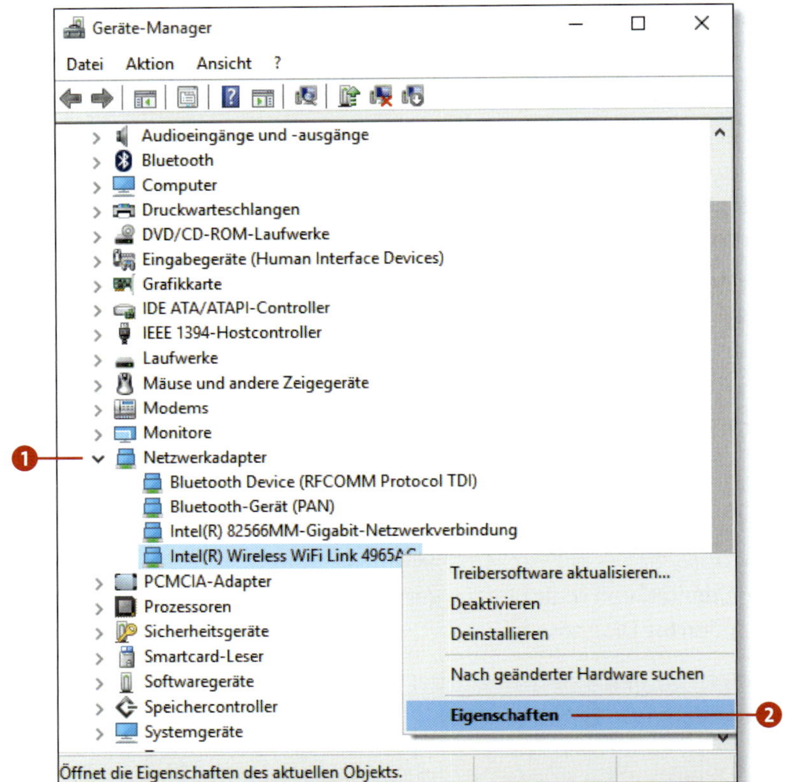

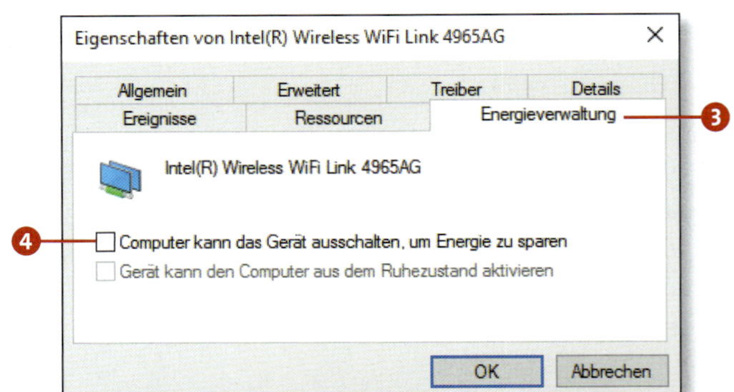

Netzwerkadapter

Für Probleme, die mit dem Netzwerkadapter zusammenhängen, bietet Windows eine besondere Reparaturfunktionalität: Geben Sie in das Suchfeld »Problembehandlung« ein, und wählen Sie in der Ergebnisliste den Eintrag **Systemsteuerung**. Klicken Sie auf **Netzwerk und Internet**, anschließend auf den Link **Netzwerkadapter** und schließlich im daraufhin angezeigten Dialogfenster auf **Weiter**.

Probleme mit USB-Geräten

Datei kann nicht auf USB-Stick kopiert werden

Falls Sie sehr große Dateien auf eine externe USB-Festplatte oder einen USB-Stick kopieren, kann folgende Situation entstehen: Windows meldet, dass nicht ausreichend Platz auf dem Zieldatenträger vorhanden ist – obwohl Sie sicher sind, dass genügend Platz zur Verfügung steht. Meistens liegt die Ursache für dieses Problem darin, dass die zu kopierende Datei mehr als 4 GB groß ist und der Zieldatenträger noch mit dem Dateisystem FAT32 formatiert ist. Sie müssen dann die Formatierung in NTFS ändern.

1. Starten Sie den Explorer, indem Sie [Win] + [E] drücken oder in der Taskleiste auf das Explorer-Symbol klicken.
2. Klicken Sie mit der rechten Maustaste auf den betreffenden Datenträger, und wählen Sie **Formatieren** ❶.
3. Setzen Sie den Typ des Dateisystems auf **NTFS** ❷, und klicken Sie auf **Starten**.

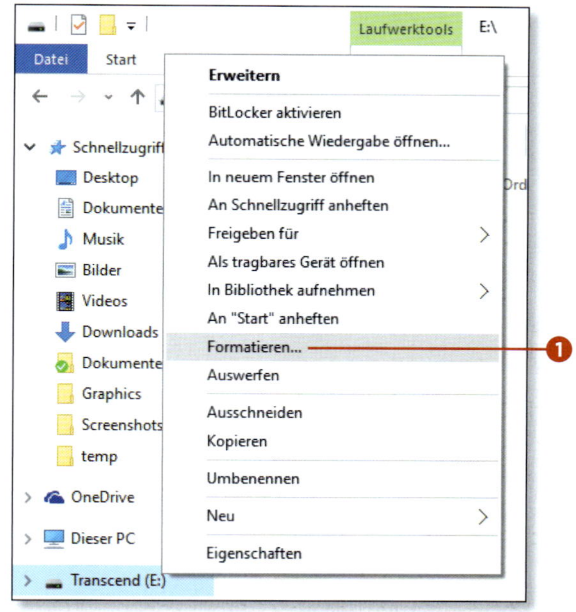

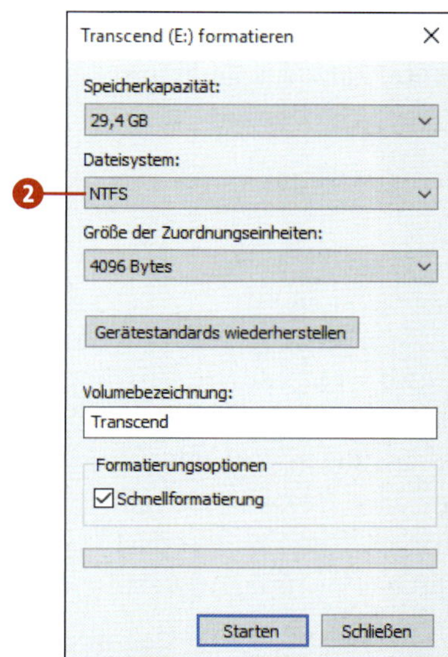

Formatieren löscht alle Daten!

Bei der Formatierung gehen alle Daten auf dem Datenträger verloren. Kopieren Sie daher bei Bedarf vorhandene Dateien um, bevor Sie formatieren. Und achten Sie darauf, nicht versehentlich den falschen Datenträger zu formatieren!

Nicht mehr reagierende Apps beenden

Auf die gleiche Weise können Sie auch Apps beenden, die abgestürzt sind und sich anders nicht mehr beenden lassen. Klicken Sie auf der Registerkarte **Prozesse** mit der rechten Maustaste auf die App, und wählen Sie im Kontextmenü **Task beenden**.

Ein USB-Gerät wird nicht mehr erkannt

Wenn ein angeschlossenes USB-Gerät plötzlich nicht mehr erkannt wird, dann probieren Sie zunächst einmal, ob sich das Problem durch Herausziehen und Wiedereinstecken lösen lässt. Funktioniert das Gerät danach wieder, war wahrscheinlich die Energieverwaltung von Windows schuld, die nach einiger Zeit der Inaktivität das Gerät in einen Schlafmodus versetzt, aus dem manche Geräte nicht wieder aufwachen. Diese Energiesparfunktion können Sie aber deaktivieren.

1. Öffnen Sie den Geräte-Manager. Suchen Sie dazu über das Suchfeld nach »Geräte-Manager«, und wählen Sie den entsprechenden Eintrag aus.
2. Erweitern Sie den Eintrag **USB-Controller** ❶. Klicken Sie den ersten Eintrag mit dem Namen **USB-Root-Hub** mit der rechten Maustaste an, und wählen Sie **Eigenschaften** ❷ aus dem Kontextmenü.
3. Im Dialogfenster **Eigenschaften** wählen Sie die Registerkarte **Energieverwaltung** ❸.
4. Entfernen Sie das Häkchen bei **Computer kann das Gerät ausschalten, um Energie zu sparen** ❹, und klicken Sie auf **OK**.
5. Wiederholen Sie dieses Vorgehen für alle weiteren USB-Root-Hub-Einträge.

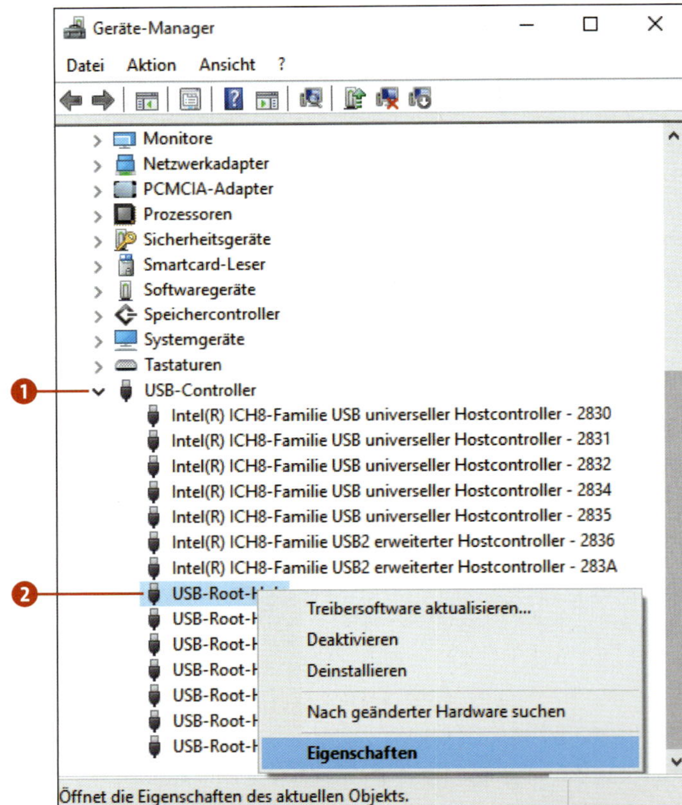

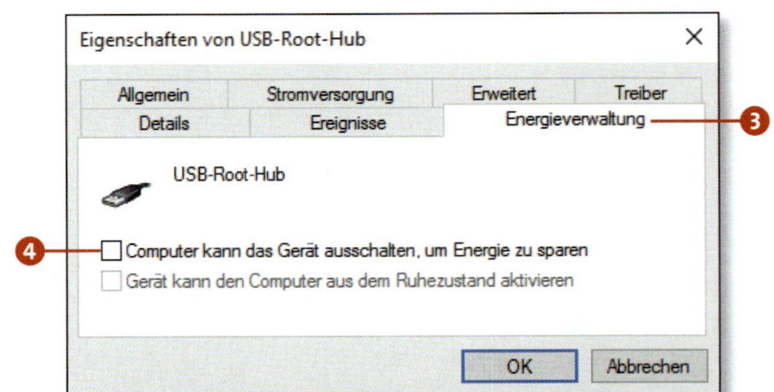

USB-Geräte immer auswerfen

Sie sollten USB-Geräte immer »auswerfen«, bevor Sie sie vom Rechner trennen. Vor allem externe Festplatten können sonst Schaden nehmen. Klicken Sie dazu auf das kleine USB-Symbol in der Taskleiste unten rechts.

Probleme dokumentieren

Screenshots zur Problemanalyse erstellen

Wenn Sie bei Software-Problemen mit Ihrem Computer Hilfe bei Dritten suchen (z. B. über eine Support-Hotline), kann es nützlich sein, ein Bild von dem Problem oder der Fehlermeldung vorliegen zu haben – ein Bild sagt bekanntlich mehr als 1.000 Worte. Dies nennt man im Fachjargon einen »Screenshot machen«; diese Funktion wird von Windows 10 direkt unterstützt.

1. Drücken Sie die Taste Druck. Eine Kopie der gesamten Bildschirmansicht befindet sich nun in der Zwischenablage. Außerdem erscheint ein Dialog mit der Frage, ob Sie den Screenshot direkt auf Ihrem OneDrive-Laufwerk speichern möchten. Falls Sie dies bejahen, wird der Screenshot auf OneDrive im Unterordner *Bilder\Screenshots* als Datei abgelegt. Das aktuelle Datum wird als Dateiname verwendet.

   Wenn Sie nicht den gesamten Bildschirm, sondern nur das aktive Fenster fotografieren wollen, drücken Sie Alt + Druck.

2. Fügen Sie mit Strg + V den Screenshot zur weiteren Verwendung in eine geöffnete E-Mail-Nachricht, ein Grafikprogramm (beispielsweise *Paint.net* ❶) oder ein Textdokument ein.

Screenshot als Grafikdatei speichern

Alternativ können Sie ⊞ + Druck drücken. Der Screenshot wird dann im Format PNG als Datei *Screenshot.png* im Ordner *Screenshots* unter Ihrem *Bilder*-Ordner ❷ gespeichert. Anschließend können Sie im Explorer zum Ordner *Dieser PC\Bilder\Screenshots* wechseln und den erstellten Screenshot bearbeiten oder gleich per E-Mail weiterleiten.

❶

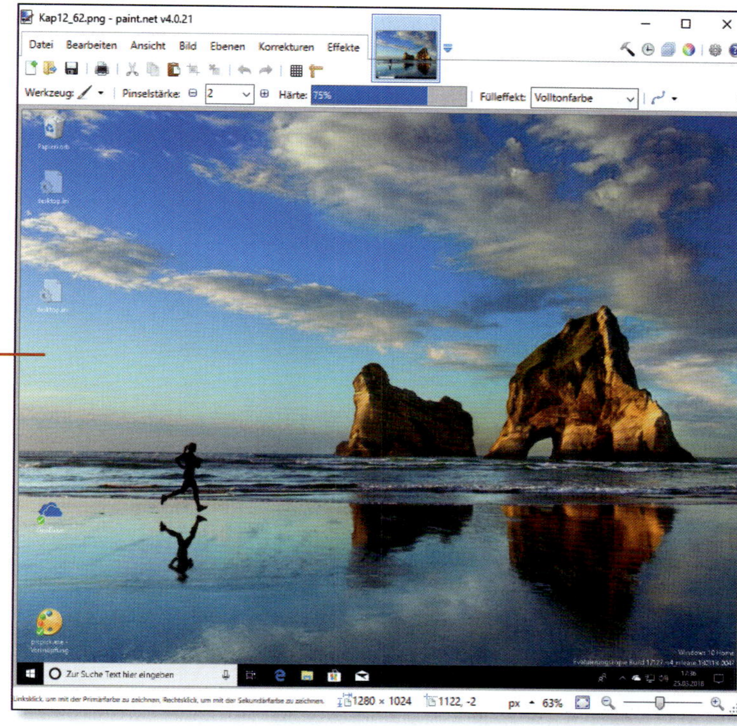

❷

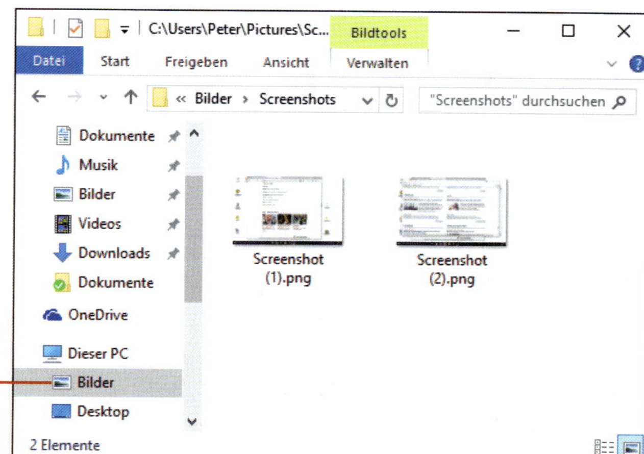

Problem als Klickfolge aufzeichnen

Wenn Sie bei einem Computerproblem selbst nicht weiterkommen, kann es helfen, die Aktionen schrittweise aufzuzeichnen und sie einem fachkundigen Freund oder einem Support-Mitarbeiter zukommen zu lassen, damit dieser nachvollziehen kann, was Sie an Ihrem Rechner genau anklicken und was das Problem ist. Hierfür bietet Windows direkte Unterstützung:

1. Öffnen Sie das Dialogfeld **Ausführen**, indem Sie [Windows] + [R] drücken.
2. Geben Sie den Befehl »psr« ein, und klicken Sie auf **OK**.
3. Wählen Sie im Menü zur Schaltfläche **Hilfe** den Befehl **Einstellungen** (1).
4. Legen Sie im Dialogfenster **Einstellungen für Schrittaufzeichnung** die Ausgabedatei fest (ein ZIP-Archiv) (2), und schließen Sie den Dialog mit **OK** (3).
5. Klicken Sie auf **Aufzeichnung starten** (4), und führen Sie die Aktionen durch, bei denen ein Fehler oder ein Problem auftritt.
6. Klicken Sie auf **Aufzeichnung beenden** (5). Nun können Sie die erstellte Datei an die gewünschte Person übermitteln.

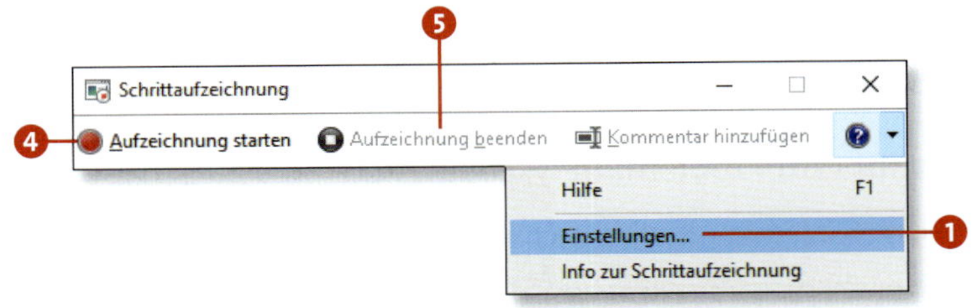

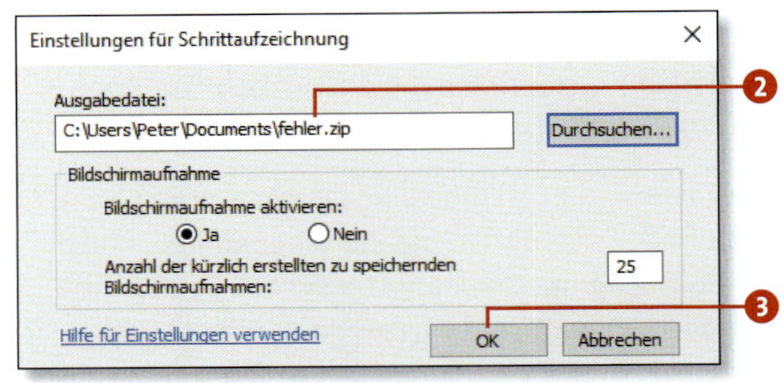

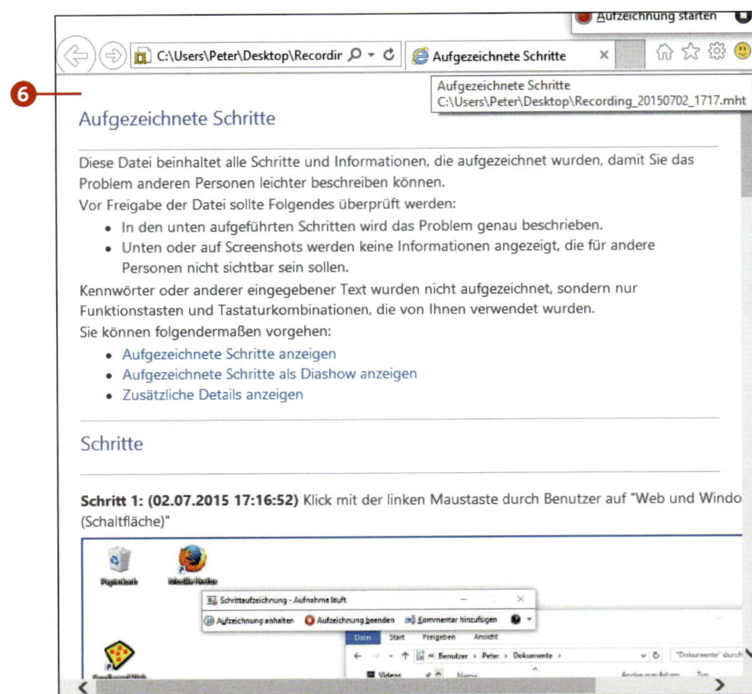

Ansicht mit Browser

Das erzeugte ZIP-Archiv enthält eine MHTML-Datei, die in jedem normalen Browser geöffnet werden kann und alle durchgeführten Schritte erläutert sowie grafisch anzeigt (6).

Fernzugriff

Rechner für einen Fernzugriff vorbereiten

Bei manchen Computerproblemen ist es sehr hilfreich, einen Dritten anzurufen und zu fragen. Meist kann der aber nur sinnvoll helfen, wenn er sieht, was auf dem Rechner tatsächlich passiert. Hierzu bietet Windows eine besondere Funktionalität namens *Remoteunterstützung*, mit der sich Ihr Helfer über das Internet auf Ihrem Rechner einloggt. Natürlich ist diese Funktion auch für Sie selbst praktisch, wenn Sie sich von einem anderen Standort aus auf Ihrem Computer einloggen möchten.

1. Geben Sie in das Suchfeld »Remotezugriff« ein, und wählen Sie in der Ergebnisliste **Remotezugriff auf den Computer zulassen**.
2. Aktivieren Sie das Kontrollkästchen **Remoteunterstützungsverbindungen mit diesem Computer zulassen** ❶.
3. Wenn Sie über Windows Pro oder eine höhere Edition verfügen, können Sie zusätzlich die Option **Remoteverbindung mit diesem Computer zulassen** ❷ aktivieren und festlegen, welche Benutzer sich zusätzlich von außen (*remote*) einloggen dürfen ❸. Dann klicken Sie auf **OK** ❹.
4. Nach erfolgtem Remotezugriff sollten Sie die Option **Remoteverbindung mit diesem Computer zulassen** wieder deaktivieren, um die Sicherheit Ihres Rechners nicht unnötig zu gefährden.

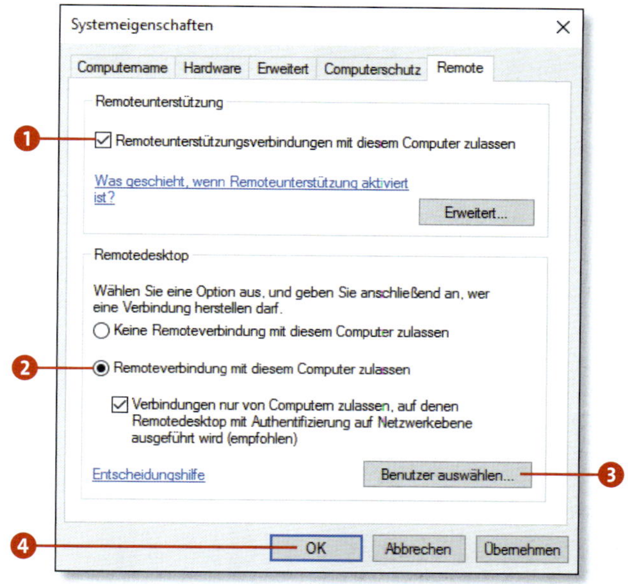

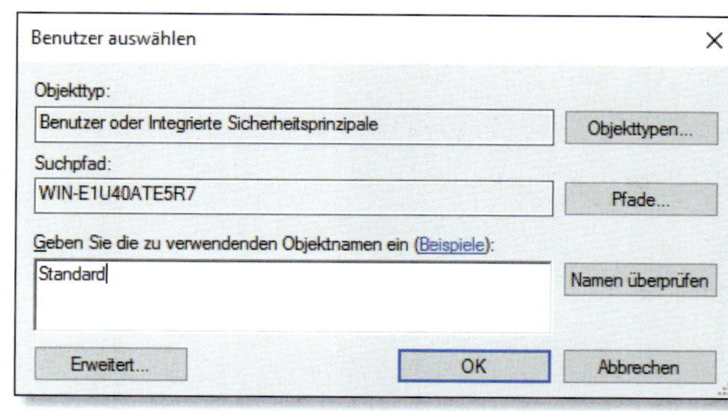

Benutzer für Fernzugriff

Für den Fernzugriff durch eine andere Person auf Ihren Rechner sollten Sie ihr zuvor ein eigenes Benutzerkonto auf Ihrem Rechner einrichten – ansonsten müssten Sie das Passwort Ihres eigenen Benutzerkontos weitergeben, was Sie vermeiden sollten.

Router konfigurieren

Wenn Sie einen lokalen Router (z. B. FritzBox oder Speedport) betreiben, muss dieser für eine sogenannte Portfreigabe auf Port 3389 konfiguriert sein. Konsultieren Sie dazu die entsprechende Bedienungsanleitung.

Fernzugriff (Remotezugriff) auf einen Rechner

Um von einem Windows-Rechner aus Verbindung mit einem anderen Windows-Rechner aufnehmen zu können, gibt es die *Remotedesktopverbindung*.

1. Geben Sie in das Suchfeld »Remote« ein, und wählen Sie in der Ergebnisliste den Eintrag **Remotedesktopverbindung**.
2. Geben Sie den Rechnernamen (inklusive Domainnamen) oder die IP-Adresse des Rechners ein, auf den Sie zugreifen möchten, sowie den Benutzernamen ❶, mit dem Sie sich auf dem Zielrechner einloggen möchten.
3. Starten Sie den Verbindungsaufbau mit **Verbinden** ❷.
4. Falls ein Hinweis erscheint, dass die Identität des Zielrechners nicht verifiziert werden konnte, klicken Sie auf **Ja**.
5. Wenn Sie den Remotezugriff beenden wollen, klicken Sie auf die Schaltfläche **Schließen**.

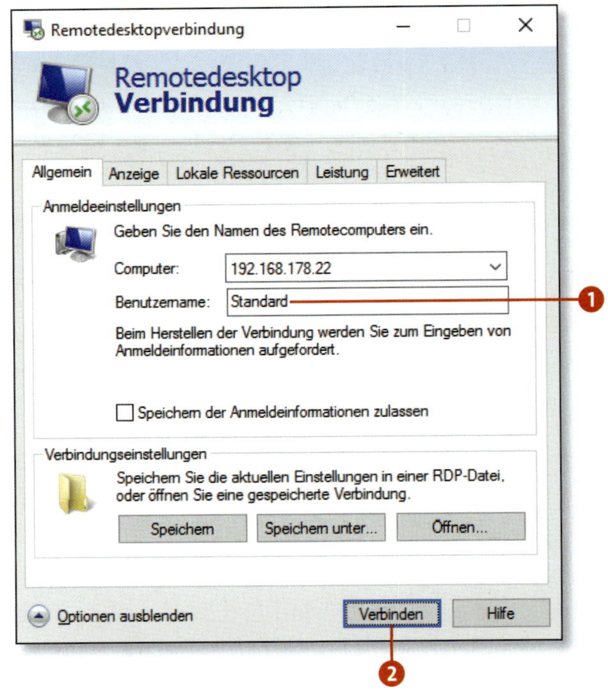

Windows Pro oder höher erforderlich

Auf dem Zielrechner muss eine Windows-Pro- oder -Enterprise-Edition laufen. Im Gegensatz zu früheren Windows-10-Versionen muss auch der Ausgangsrechner Windows 10 Pro oder Enterprise haben.

Der Explorer reagiert nicht mehr

Es wird früher oder später auch Ihnen mal passieren, dass der Explorer nicht mehr reagiert. Dies ist besonders ärgerlich, da auch der gesamte Desktop indirekt ein Teil des Explorers ist. In früheren Windows-Versionen musste man letztlich Windows neu starten, um wieder normal arbeiten zu können. Mittlerweile geht es einfacher, denn Sie können einfach den Explorer-Prozess neu starten.

1. Rufen Sie den Task-Manager auf (mit Strg + ⇧ + Esc).
2. Klicken Sie unten im Task-Manager-Fenster gegebenenfalls auf **Mehr Details**, um zur erweiterten Ansicht zu wechseln. Wenn **Weniger Details** ❶ sichtbar ist, dann sind Sie bereits in der erweiterten Ansicht.
3. Klicken Sie auf der Registerkarte **Prozesse** mit der rechten Maustaste auf den Eintrag **Windows-Explorer**, und wählen Sie **Neu starten** ❷.

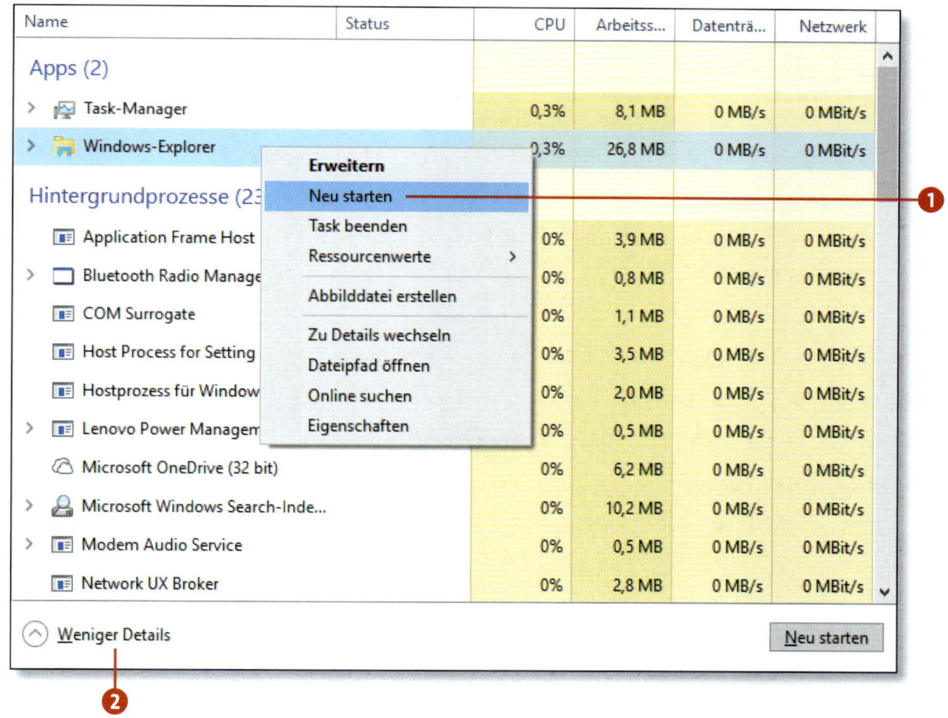

Neustart nur beim Explorer möglich

Die Option **Neu starten** ist nicht bei allen Prozessen möglich. Andere Prozesse müssen Sie zunächst beenden und dann auf dem herkömmlichen Weg über das Startmenü neu starten.

Glossar

Administrator

Ein Benutzer, der über erweiterte Rechte zur Verwaltung des Rechners verfügt. Der Benutzer erhält diese Rechte, indem er sich mit einem Administratorkonto anmeldet oder indem er eine Aktion anstößt, für die Administratorrechte benötigt werden, wie z. B. der Aufruf des Befehls **Als Administrator ausführen**, den der Explorer im Kontextmenü von Apps anbietet. In beiden Fällen wird er aufgefordert, sich durch Eingabe eines Administratorpassworts zu autorisieren.

App

Ab Windows 10 bezeichnet Microsoft nicht nur die für die Fingerbedienung optimierten Programme für Tablets und Smartphones, sondern alle Programme als *Apps*. Wenn ein Programm für den klassischen Desktop gedacht ist, wird es auch als *Desktop-App* bezeichnet.

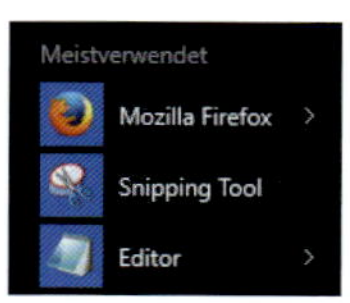

App-Listen

Diese Listen sind Teil des Startmenüs bzw. der Startseite und sollen den Zugriff auf die von Ihnen benötigten Apps erleichtern. Es gibt diverse App-Listen: eine Liste der meistverwendeten Apps, eine Liste der zuletzt installierten Apps sowie eine alphabetische Liste aller installierten Programme.

App-Menü

Menü von Microsoft-Store-Apps, das meist über die Schaltfläche mit den drei Strichen links oben in den Apps eingeblendet wird und App-spezifische Befehle enthält. Im Tablet-Modus verfügt die Startseite ebenfalls über ein App-Menü, das die Navigationsleiste mit den App-Listen enthält. Es wird oft auch als *Hamburger-Menü* bezeichnet.

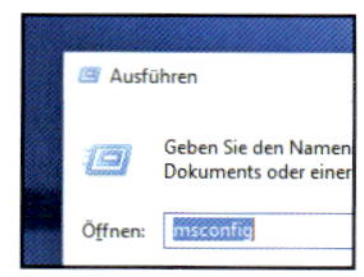

»Ausführen«-Dialog

Über diesen Dialog können Sie viele Systemdialoge und -programme direkt aufrufen. Der **Ausführen**-Dialog erscheint, wenn Sie die Tastenkombination [Win] + [R] drücken oder den gleichnamigen Befehl aus dem Kontextmenü der **Start**-Schaltfläche auswählen.

Benachrichtigungen

Die Benachrichtigungen, z. B. Update-Ankündigungen oder Informationen sozialer Medien, werden oben im *Info-Center* angezeigt. Eingeblendet wird das Info-Center über den gleichnamigen Schalter rechts in der Taskleiste.

Bildschirmtastatur

Bei mobilen Geräten, die nicht über eine Tastatur verfügen, können Sie über das gleichnamige Symbol aus der Taskleiste eine virtuelle Tastatur einblenden.

BIOS
Firmware des Rechners, deren Hauptaufgabe es ist, den Rechner beim Hochfahren betriebsbereit zu machen und das Betriebssystem zu starten.

Bitlocker
Microsoft-Technologie zur Verschlüsselung von Laufwerken. Wird meist erst ab der Windows-Pro-Edition angeboten.

ClearType
Technologie, die darauf abzielt, Schriften am Bildschirm klarer und besser lesbar darzustellen.

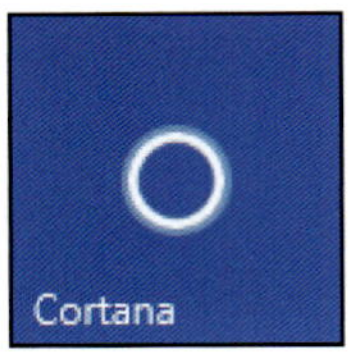

Cortana
Die Sprachassistentin von Windows 10. Wer ein mobiles Gerät verwendet, findet es unter Umständen einfacher, seine Befehle an das Gerät mündlich zu übermitteln. Cortana ist inzwischen so ausgereift, dass sie Termine eintragen, eine Telefonverbindung herstellen oder die Bing-Suche bedienen kann. Cortana kann aber natürlich auch auf normalen Desktop-PCs genutzt werden.

Dateiversionsverlauf
Backup-Technologie zum automatischen Sichern von Dateien.

Desktop-App
Klassisches Windows-Programm.

Desktop-Modus
Der klassische Windows-Modus, bei dem man die Fenster der Apps beliebig auf dem Desktop verteilen kann (siehe Tablet-Modus).

Download
Das Herunterladen von Daten aus dem Internet.

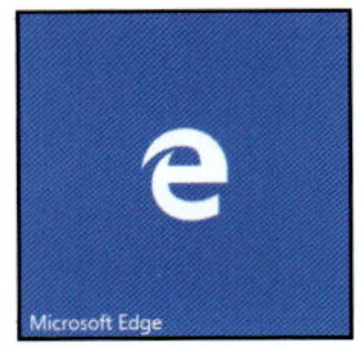

Edge
Der neue Microsoft-Browser (Nachfolger des Internet Explorers).

Eingabeaufforderung
Ein spezielles Fenster, über das Sie Windows per Systembefehle steuern können (manchmal auch *Konsole* genannt).

Flugzeugmodus
Betriebsmodus von mobilen Geräten, der verhindern soll, dass die von den Geräten ausgestoßene Strahlung den Betrieb elektronischer Geräte aus der näheren Umgebung stört (z. B. in Krankenhäusern oder Flugzeugen).

Freeware
Software, die im Internet kostenfrei angeboten wird.

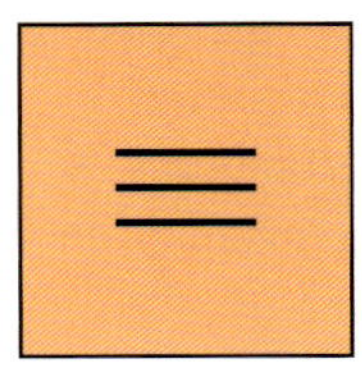

Hamburger-Menü
Spitzname für das App-Menü, dessen Linien an die Lagen eines Hamburgers erinnern.

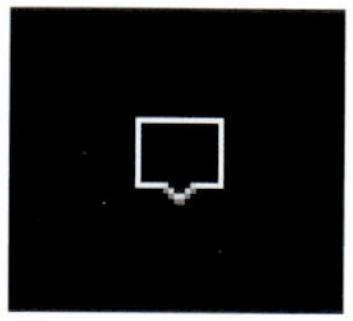

Info-Center

Dieser Bereich wird auch als *Aktions- und Benachrichtigungscenter* bezeichnet und an der rechten Bildschirmseite eingeblendet. Aufgerufen wird das **Info-Center** über das **Benachrichtigungen**-Symbol in der Taskleiste. Gibt es aktuelle Benachrichtigungen, dann stehen sie oben im Info-Center; im unteren Bereich gibt es diverse Schaltflächen wie z. B. WLAN, VPN, Bluetooth, Flugzeugmodus, Tablet-Modus etc. – die genaue Zusammenstellung ist systemabhängig.

ISO-Datei

Eine Datei, die das Speicherabbild einer CD oder DVD enthält. Mithilfe von Windows oder entsprechender Software können Sie aus einer ISO-Datei eine CD oder DVD brennen.

Kontextmenü

Durch Rechtsklick mit der Maus oder durch längeres Drücken mit dem Finger können Sie zu bestimmten Objekten, die dies unterstützen, ein Menü mit objektspezifischen Optionen, das sogenannte *Kontextmenü*, aufrufen.

Links

Verweise. Der Begriff wird meist im Zusammenhang mit Webseiten gebraucht und bezeichnet Verweise auf andere Seiten, herunterladbare Dateien etc.

Live-Kachel

Bestimmte Kacheln im Startmenü oder auf der Startseite können aktiviert werden und aktuelle Informationen anzeigen, z. B. die Kachel für die *Wetter*-App, den Kalender und die Nachrichten. Der Vorteil ist, dass Sie sich auf diese Weise, ohne die App zu öffnen, auf der App aktuelle Informationen anzeigen lassen können.

Lokales Konto

Windows-Benutzerkonto, das nicht mit einem Microsoft-Konto verbunden ist.

Malware

Oberbegriff für Schadsoftware wie Viren, Trojaner oder Würmer.

MD5

Algorithmus zur Berechnung von Prüfsummen, mit deren Hilfe man erkennen kann, wenn eine heruntergeladene Datei während des Herunterladens beschädigt oder manipuliert wurde. In diesem Fall ergibt die Berechnung der Prüfsumme für die heruntergeladene Datei nicht den gleichen Wert wie die auf der Download-Seite angegebene Prüfsumme.

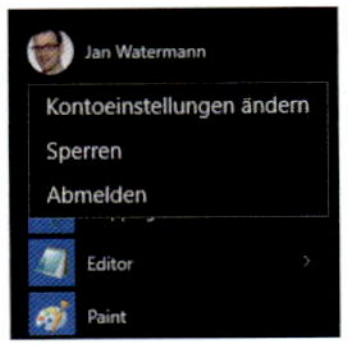

Microsoft-Konto
Im engeren Sinne ein Konto, das Sie durch Registrierung bei Microsoft erhalten und das Sie über die angegebene E-Mail-Adresse identifiziert. Im weiteren Sinne ein Windows-Benutzerkonto, das mit einem Microsoft-Konto verbunden ist. Etliche Windows- und App-Dienste können nur in Verbindung mit einem Microsoft-Konto genutzt werden.

Microsoft Store
Der Onlinemarkt von Microsoft, von wo Sie z. B. Videos oder Apps und Spiele herunterladen können. Bezahlen können Sie im Microsoft Store mit Ihrem Microsoft-Konto.

OneDrive
Dahinter verbirgt sich der kostenlose Cloud-Speicher von Microsoft, den alle Windows-Nutzer mit einem Microsoft-Konto kostenlos nutzen können. Nachfolger von SkyDrive.

OneNote
Ein virtueller Notizblock, der Daten unterschiedlichster Couleur (Text, Bilder, Handschrift, Videos etc.) aufnehmen kann.

ReadyBoost
Cache-Technologie, die Windows nutzen kann, um den Zugriff auf die Festplatte zu beschleunigen.

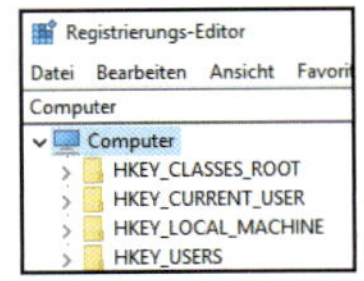

Registrierungsdatenbank
Eine Windows-interne Datenbank, die von Windows und vielen installierten Programmen verwendet wird, um diverse Konfigurationseinstellungen und Hilfsdaten abzuspeichern. Wird auch *Registry* genannt.

Registrierungs-Editor
Spezieller Windows-Editor, mit dem Sie die Registrierungsdatenbank einsehen und bearbeiten können.

Remotezugriff
Zugriff auf andere Rechner über ein Netzwerk.

Router
Gerät, das Daten in Form von Netzwerkpaketen zwischen Netzwerken überträgt.

Secure Boot
Eine Technologie, die die Ausführung von Schadsoftware beim Systemstart verhindern soll und derzeit zum Leistungsumfang von UEFI-Bootsystemen gehört.

SHA-1
Algorithmus zur Berechnung von Prüfsummen, mit deren Hilfe man erkennen kann, wenn eine heruntergeladene Datei während des Herunterladens beschädigt oder manipuliert wurde. In diesem Fall ergibt die Berechnung der Prüfsumme für die heruntergeladene Datei nicht den gleichen Wert wie die auf der Download-Seite angegebene Prüfsumme.

Sperrbildschirm
Vorgeschalteter Bildschirm, der erst entsperrt werden muss, bevor der Benutzer nach Eingabe seines Passworts die Arbeit mit dem Computer aufnehmen kann. Der Sperrbildschirm ist konfigurierbar. Lassen Sie z. B. Ihr Lieblingsbild oder aktuelle Informationen anzeigen.

Startmenü
Wichtigste Schaltzentrale des Windows-Betriebssystems. Von hier aus können Sie die installierten Programme aufrufen, zu den Systemeinstellungen gelangen oder den PC herunterfahren. Sie öffnen es über ⊞ oder die **Start**-Schaltfläche links in der Taskleiste.

Startseite
Das Startmenü des Tablet-Modus.

Suchfeld
Eingabefeld für die globale Suche auf Ihrem System und im Web. Das Suchfeld befindet sich in der Taskleiste direkt neben der **Start**-Schaltfläche. Im Desktop-Modus können Sie meist direkt in das Suchfeld klicken, im Tablet-Modus müssen Sie zuerst auf das **Suchen**-Symbol in der Taskleiste tippen, um das Suchfeld einzublenden. Wenn Sie *Cortana* aktivieren, nutzt sie das Suchfeld zum Anzeigen gesprochener Befehle und Suchbegriffe, und statt des Suchen-Symbols sehen Sie in der Taskleiste das Cortana-Symbol.

Systemsteuerung
Über diesen Dialog können Sie viele Einstellungen am System vornehmen. Sie rufen das Dialogfenster über den Eintrag **Systemsteuerung** im Kontextmenü der **Start**-Schaltfläche auf.

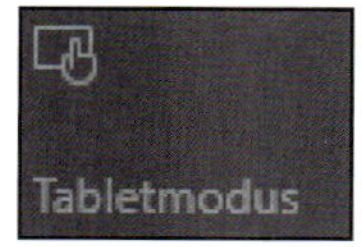

Tablet-Modus
Betriebsmodus, in dem Microsoft-Store-Apps und die Fenster der Programme immer bildschirmfüllend angezeigt werden (vor allem für Tablets und Smartphones geeignet).

Taskansicht
Präsentiert eine Übersicht über alle geöffneten Apps und erlaubt die Einrichtung und Verwaltung virtueller Desktops.

Taskleiste
Wichtige Leiste am unteren Bildschirmrand; sie zeigt im Desktop-Modus links das Suchfeld, die Taskansicht und die Symbole aller geöffneten Apps und Programme sowie rechts den Infobereich an.

Teilen
Das Versenden von Inhalten (z. B. einer Datei) an jemanden, häufig via E-Mail. In vielen Apps gibt es dafür eine spezielle **Teilen**-Schaltfläche.

Timeline
Zeitleiste, die am rechten Rand der Taskansicht eingeblendet wird und über die Sie Apps und Dokumente, mit denen Sie Stunden oder Tage zuvor gearbeitet haben, schnell erneut öffnen können.

Touchscreen
Berührungsempfindlicher Bildschirm, der die Steuerung mittels bestimmter Bewegungen (*Gesten*) der Finger oder spezieller Stifte ermöglicht. Tablets und Smartphones werden standardmäßig mit Touchscreens ausgestattet.

UEFI
Abkürzung für *Unified Extensible Firmware Interface*; eine moderne Form des BIOS.

Universelle App
Eine App, die nach einem einheitlichen Programmierstandard entwickelt wurde und ohne Änderungen auf allen Windows-10-basierten Geräten (Desktop, Tablet, Smartphone) ablaufen kann.

Virtueller Desktop
Seit Windows 10 können Sie im Desktop-Modus mehrere virtuelle Desktops anlegen, auf denen Sie jeweils verschiedene Apps geöffnet haben. Mittels virtueller Desktops können Sie z. B. unterschiedliche Arbeitsbereiche anlegen, zwischen denen Sie schnell wechseln können.

VPN
VPN steht für *Virtual Private Network*. Eine verschlüsselte Verbindung über das (unsichere) öffentliche Internet.

Xbox
Im engeren Sinn eine Spielkonsole von Microsoft. Ergänzend dazu gibt es auch eine Website *xbox.com*, auf der Sie sich mit Gleichgesinnten zu Spielen und Multimedia-Inhalten austauschen und miteinander spielen können. Diese Vernetzung ist in vielen Xbox-Spielen direkt integriert.

ZIP-Dateien
Komprimierte Archivdateien.

Stichwortverzeichnis

U

V

W

X

Z

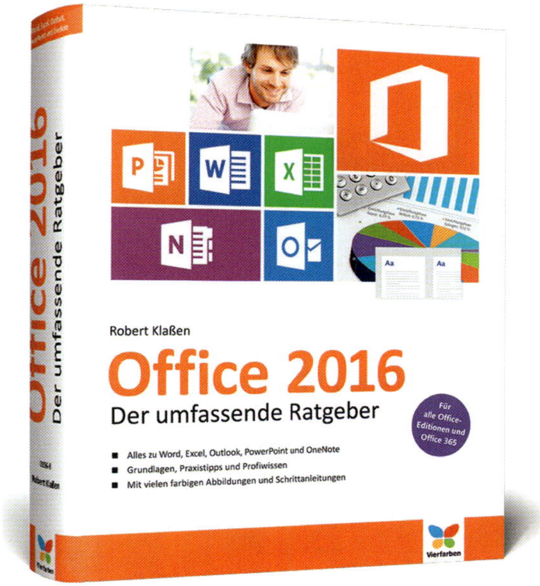

So bekommen Sie Office 2016 in den Griff

- Grundlagen, Praxistipps und Profiwissen
- Word, Excel, Outlook, PowerPoint, OneNote
- Mit leicht verständlichen Schritt-für-Schritt-Anleitungen

1.134 Seiten, gebunden, 39,90 Euro
ISBN 978-3-8421-0196-8
www.rheinwerk-verlag.de/3968

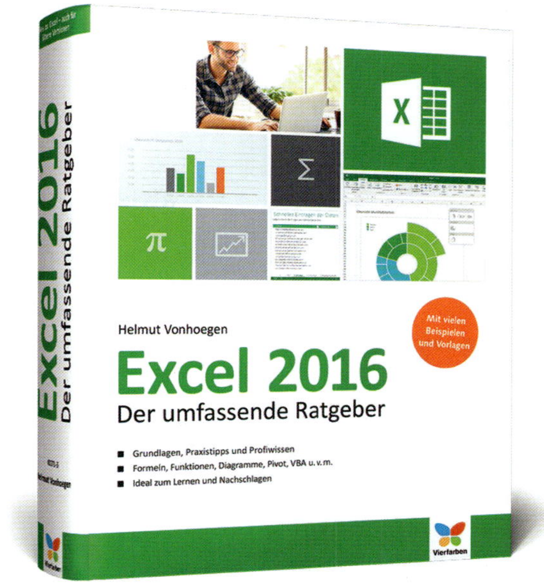

Geballtes Wissen zu Excel 2016

- Grundlagen, Praxistipps und Profiwissen
- Formeln, Funktionen, Diagramme, VBA u. v. m.
- Mit praktischen Beispielen und Schritt-für-Schritt-Anleitungen

1.017 Seiten, gebunden, 39,90 Euro
ISBN 978-3-8421-0171-5
www.rheinwerk-verlag.de/3873

Ausführliche Leseproben kostenlos im Web!